HISTOIRE DE L'ÉGLISE

DE

NOTRE-DAME-DES-VICTOIRES

OUVRAGES DE M. L'ABBÉ LAMBERT

Le Déluge mosaïque, l'Histoire et la Géologie, par l'abbé ED. LAMBERT, docteur en théologie, chanoine honoraire de Châlons, membre de la Société géologique de France, de la Société Linnéenne de Bordeaux et de plusieurs autres sociétés savantes. — Un vol. in 8 de XXVII-627 pages.................................. 6 fr.

L'Homme primitif et la Bible.

Nouveaux éléments d'histoire naturelle. — Trois vol. in-18, avec 410 gravures dans le texte...................... 7 fr. 50

Géologie, deuxième édition. Paris, 1867. — Un vol. in-18 2 fr. 50

Botanique, deuxième édition. Paris, 1870. — Un vol. in-18 2 fr. 50

Zoologie, deuxième édition. Paris, 1872. — Un vol. in-18 2 fr. 50
  Chaque volume se vend séparément.

Étude géologique sur le terrain tertiaire au nord du bassin de Paris. — Un vol. in-8.

Nouveau guide du géologue voyageur en France. — Un fort vol. in-18 (sous presse).

Notice historique et géologique sur Sinceny. — In-8.

Étude sur les Algues du département de l'Aisne, en collaboration avec M. Burgue. — In-8.

HISTOIRE DE L'ÉGLISE
DE
NOTRE-DAME-DES-VICTOIRES

depuis sa fondation jusqu'à nos jours

ET DE

L'ARCHICONFRÉRIE
DU TRÈS-SAINT ET IMMACULÉ CŒUR DE MARIE

PAR

L'ABBÉ E. LAMBERT	L'ABBÉ A. BUIRETTE
Vicaire à Notre-Dame-des-Victoires	Curé de Gland, près Château-Thierry

PARIS

F. CUROT, LIBRAIRE-ÉDITEUR

22, rue Saint-Sulpice, 22

1872

Tous droits réservés

DÉCLARATION

Conformément au décret porté par la Sainte Église, les auteurs déclarent que, lorsqu'ils emploient l'expression Miracle pour désigner des faveurs spéciales obtenues, soit dans l'ordre naturel, soit dans l'ordre surnaturel, ils ne font que se conformer à l'usage reçu parmi les fidèles, qui donnent ce nom aux grâces extraordinaires obtenues par l'intercession de Notre-Dame-des-Victoires, et qu'ils remettent purement et simplement, leur livre, au jugement, et à la correction de la Sainte Église Catholique, Apostolique et Romaine, dont ils sont et veulent demeurer toujours les fils très-soumis.

NATIONE GALLI, FIDE ROMANI.

Paris, 15 juin 1873.

Parmi tous les sanctuaires élevés à l'auguste Mère de Dieu, un des plus célèbres est assurément celui de Notre-Dame-des-Victoires construit à Paris, par Louis XIII, en souvenir des triomphes qu'il remporta sur les hérétiques, et devenu depuis le siége des grâces et des faveurs spirituelles les plus signalées.

Peut-être, aurait-on pu croire, avant toute recherche, que ce titre glorieux de Notre-Dame-des-Victoires ne datait que d'hier, et n'avait pas son fondement dans quelques bienfaits signalés accordés par l'auguste Mère de Dieu; c'est ainsi qu'en juge trop souvent l'ignorante impiété. Mais quand on a été forcé d'étudier comme nous l'avons fait, l'histoire des siècles les plus reculés du christianisme, de compulser les archives des principales églises dédiées à la

Vierge, et de recueillir dans l'antiquité les témoignages de reconnaissance et d'amour que les célèbres docteurs de l'Église ont rendus à Marie; que l'on est heureux, au milieu du concert de louanges que les siècles ont célébré en l'honneur de la Sainte Vierge, de voir mêlé ce nom si glorieux de Notre-Dame-de-la-Victoire!

Nous avons pensé qu'un travail, dans le cours duquel, nous établissons la perpétuité du culte rendu à Marie sous le nom de Notre-Dame-des-Victoires, serait précieux et cher à ses pieux serviteurs. Quel est le fils qui ne sent battre son cœur d'une douce émotion, et dont les yeux ne se remplissent de larmes, lorsqu'il entend le nom de sa mère arriver à ses oreilles au milieu des acclamations des peuples? Aussi, nous n'en doutons pas, tout ceux à qui reste cher le nom de Notre-Dame-des-Victoires, ceux dont elle a tari les larmes, apaisé les souffrances et fortifié les cœurs abattus, verront avec plaisir les titres nombreux qu'elle possède à notre reconnaissance et à notre amour. En feuilletant ces pages, fruit de nos recherches, ils s'assureront que ce ne fut ni l'ignorance d'un siècle, ni les pieuses exagérations du mysticisme, ni le désir d'innover, si naturel à l'homme, qui ont donné naissance à ce culte rendu à Marie sous le vocable de Notre-Dame-des-Victoires, mais que fondé sur le besoin que nous avons de celle qui procure à l'homme la victoire sur ses passions, il puise encore la raison de son existence, dans les secours nombreux dont Marie entoure la faible humanité.

Pour ceux qui vivent loin de nos temples et qui ne connaissent des origines du culte rendu à Notre-Dame-des-Victoires, que ce qu'ils en ont appris à travers les moqueries de l'impiété, peut-être seront-ils forcés d'avouer, que dans un siècle où l'on professe un amour si déclaré pour l'antiquité, une dévotion qui remonte aux premiers jours du Christianisme, mérite au moins qu'on en étudie les sources sacrées et qu'on se plaise à les chercher autre part que dans les colonnes du *Siècle* et de *l'Opinion Nationale*.

Puis, quand ils verront les généraux les plus vantés, faire flotter à la tête de leurs armées, les étendards de Notre-Dame-des-Victoires, des villes entières se prosterner devant son image, des mains royales jeter les fondements des temples bâtis en son honneur; le spectacle de ces épées et de ces sceptres qui s'inclinent en son honneur, pourra peut-être leur apprendre que, quand on ne veut pas louer, il est au moins prudent de se taire devant ces glorieuses manifestations des siècles envers Notre-Dame-de-la-Victoire.

Après cette introduction préliminaire, qui nous a paru indispensable; nous abordons le sujet de notre travail, que nous diviserons en deux parties. La première contiendra l'histoire complète de l'église de Notre-Dame-des-Victoires fondée à Paris par le roi Louis XIII, depuis son origine jusqu'au jour où elle fut rendue au culte public, après l'horrible profanation et le pillage de notre sanctuaire, par les fédérés de la Commune de Paris. La seconde partie sera consacrée à l'histoire de l'Archiconfrérie du Très-Saint et Immaculé Cœur de Marie.

Jusqu'ici, tous ceux qui ont parlé de l'église de Notre-Dame-des-Victoires, s'étaient contentés de renseignements incomplets, inexacts ou erronés, puisés exclusivement dans les auteurs qui ont écrit l'histoire de Paris. Nous n'avons pas suivi la même voie, nous avons voulu recourir aux sources originales et authentiques. Nous ne regrettons pas les longues années que nous avons consacrées à des recherches souvent arides et fastidieuses, car nous avons été récompensés par la découverte de manuscrits nombreux et importants inconnus à nos devanciers.

C'est ainsi que, dans les archives de l'Etat, outre un grand nombre de documents de la plus haute importance, nous avons été assez heureux pour retrouver tous les registres des actes et délibérations du chapitre des religieux Augustin déchaussés. Dans les archives et dans la bibliothèque de la ville de Paris, si malheureusement détruites par l'incendie, nous avons puisé des renseignements très-circonstanciés. Il nous a été permis aussi, de copier intégralement une collection de mémoires relatifs à l'église de Notre-Dame-des-Victoires, depuis 1629 jusqu'en l'année 1717 et réunis en un énorme manuscrit par le P. Isidore de la Madelaine. Tels sont les matériaux qui nous ont servi pour rédiger notre première partie. C'est assez dire que nous n'avons rien négligé pour rendre notre histoire complète et authentique.

Mais il nous reste une dernière tâche à remplir. Il nous reste à raconter une nouvelle gloire qui rayonnera sur le front de Notre-Dame-des-Victoires d'un immortel éclat, comme une longue suite de bienfaits qui nous rendront plus chère encore cette illustre protectrice. On pressent que nous voulons parler de l'histoire de l'Archiconfrérie du Très-Saint et Immaculé Cœur de Marie, érigée en 1836 dans le sanctuaire de Notre-Dame-des-Victoires.

Plusieurs auteurs avant nous, s'inspirant du livre excellent des annales, sorti spontanément et sans étude du cœur de M. Des Genettes, curé de Notre-Dame-des-Victoires, ont composé une histoire fort abrégée de l'Archiconfrérie du Saint Cœur de Marie; ils ont dit les débuts si prodigieux de l'œuvre, et le charme ineffable que l'on goûtait dans les réunions du soir aux pieds de l'image de Notre-Dame-des-Victoires. Mais nos devanciers n'ont pas tellement moissonné ce champs qui se féconde tous les jours, qu'ils ne nous aient laissé une gerbe de bénédictions à recueillir en l'honneur de Marie. Nous essaierons donc de marcher sur leur traces, glanant ce que leurs mains trop pleines leur ont empêché de ramasser, ajoutant à ce faisceau déjà si glorieux de conversions et de bienfaits obtenus par les prières de l'Archiconfrérie, les bienfaits et les conversions que l'inépuisable Marie nous force d'enregistrer tous les jours.

Puissions-nous, aidé des travaux de ceux qui nous ont précédé dans la carrière, concourir, comme ils l'ont fait, à propager le culte envers le Saint et Immaculé Cœur de Marie, et ajouter un rayon de gloire de plus à l'auréole de Notre-Dame-des-Victoires! Que nous serions heureux, si un seul mot tombé de notre plume pouvait faire naître envers Notre-Dame-des-Victoires, une confiance plus grande en ses bontés, et mettre sur des lèvres qui n'ont pas eu jusqu'ici le bonheur de balbutier son nom, le cri de la prière et de l'espérance !

INTRODUCTION

Les grands hommes font de grandes choses, dit un auteur, et le caractère distinctif de leur illustration, c'est de laisser après eux, des monuments de leur génie et de leurs vertus. Qu'a donc fait la Très-Sainte Vierge Marie, pour qu'après tant de siècles et à la suite de toutes les générations, nous lui donnions encore aujourd'hui le titre pompeux de Notre-Dame des Victoires? L'histoire de l'Eglise, je devrais dire l'histoire de l'humanité tout entière depuis Notre-Seigneur jusqu'à nous, peut seule répondre à cette question. L'histoire ecclésiastique n'est, en effet, qu'un écho prolongé des triomphes que Marie a remportés sur les ennemis de son peuple, et des victoires qu'elle a conquises sur celui dont elle écrasa la tête au jour de sa conception immaculée. Interrogez toutes les générations qui se sont succédées sur la terre depuis la naissance de cette humble Vierge, vous n'entendrez qu'un cri de reconnaissance et d'amour pour célébrer sa toute-puissance, et le triomphe de la nouvelle Judith sur le redoutable Holopherne.

Il est vrai que la toute-puissance de Marie n'est que relative; et si puissante qu'elle soit comme créature souverainement privilégiée, il reste toujours entre elle et Dieu une distance infinie. Cependant, c'est à bien juste titre, que l'Eglise l'appelle toute-puissante, puisque après la toute-puissance de Dieu, il n'est aucun pouvoir au Ciel et sur la terre qui approche de celle de Marie.

On juge ordinairement du crédit et du pouvoir de quelqu'un par le rang qu'il occupe. Or, par son droit d'épouse de l'Esprit-Saint, par son titre de Mère de Jésus, Marie surpasse en perfection et en puissance tout ce qui n'est pas Dieu. C'est à ce double titre d'épouse et de mère que son diadème divin éclipse tous les diadèmes, et que les générations des siècles du temps et des siècles de l'éternité, passeront et repasseront devant son trône, en déposant sans cesse à ses genoux d'immortelles couronnes; et c'est parce que Marie a toujours manifesté sa toute-puissance par des prodiges nombreux et signalés, au milieu des combats et des batailles, que les peuples attendris et reconnaissants, aiment à la saluer du nom glorieux de *Notre-Dame de la Victoire*.

Dans cette introduction préliminaire à l'histoire d'un de ses sanctuaires privilégiés, nous ne rappellerons qu'un petit nombre des triomphes, accordés par la Mère de Dieu et des hommes aux nations chrétiennes sur leurs ennemis : la simple exposition des faits recueillis à travers les âges, sera suffisante pour nous montrer que Marie a réellement mérité le titre de Vierge de la Victoire, que la reconnaissance de ses enfants lui a consacré.

1

L'honneur d'avoir fondé le culte gracieux de Marie, revient à l'Asie qui est aussi le berceau de la religion chrétienne, mais c'est en Europe et en Grèce que commença la dévotion à Notre-Dame de la Victoire. Les Grecs, en effet, sont les premiers qui ont rendu publiquement des honneurs à la Reine du Ciel, en souvenir de sa maternelle protection contre leurs ennemis. Bysance, la superbe capitale de l'Orient, bâtie par Constantin, fut appelée par excellence, la ville de la Vierge : *Civitas Virginis* (1), parce qu'elle lui avait été dédiée et consacrée avec de grandes solénnités. Le pieux empereur l'avait ainsi placée sous sa protection, et ses successeurs imitèrent son exemple. Leur confiance ne fut pas trompée, car les victoires et les secours attribués à Marie et consignés dans leur histoire, ne laissent aucun doute sur la puissante protection de celle qu'on n'invoqua jamais en vain. Bien que les Grecs lui aient attribué tous les avantages qu'ils remportaient sur leurs ennemis, cependant, ils ne commencèrent à honorer la Très-Sainte Vierge sous le titre des Victoires que vers l'an 626. Selon Ferreolus Locrius (2), ce fut après la défaite des Sarrazins et des autres barbares, qu'ils établirent une fête sous le nom de Notre-Dame de la Victoire, fixée par eux au 25 février.

Dans la suite, leur dévotion et leur confiance en Marie ne firent que s'accroître, et pour encourager leurs soldats à s'intéresser plus particulièrement la Sainte Vierge, les empereurs ordonnèrent que son image serait portée dans les rangs de l'armée. Leur piété trouva sa récompense : Marie semblait combattre avec eux, et les nombreux triomphes qu'ils remportèrent, firent donner à cette image bénie le nom de Νικοποιός, c'est-à-dire, *Affectrix victoriæ, la Faiseuse de victoires*, ou *la Cause de la victoire* (3). C'est cette image célèbre

---

(1) *Baronius, annales, eccles.* ann. 453. Nicéphore, lib. 8, c. 20. *Historicum breviarium*, traduit par le président Cousin.

(2) Ferreolus Locrius. *Mariæ Augustæ* Lib. II, cap. 5, Baronius, ann. 625.

(3) H. Spondanus. *Em. card. Baronii continuatio* ann. 1204.

que Baillet appelle *Nicopée*, et à laquelle les Grecs rendirent tous les honneurs que l'on accordait aux vainqueurs au jour de leur triomphe. La tradition rapporte que ce fameux portrait, peint par St-Luc, avait été envoyé d'Antioche à Pulchérie, fille de l'empereur Théodose.

La princesse reçut la sainte Image avec beaucoup de respect et la déposa dans l'église de Notre-Dame-des-Guides, qu'elle avait nouvellement bâtie aux portes de Constantinople, dont elle devait être la sauvegarde et la défense.

Depuis cette époque le célèbre portrait fut l'objet de la vénération de tous les Grecs (1). Les empereurs l'honoraient d'un culte spécial; et chaque année, ils le faisaient déposer dans la chapelle du palais impérial, dès le jeudi qui précède le dimanche de la Passion, et l'y conservaient jusqu'après l'octave de la fête de Pâques. Une procession où elle était portée, avait lieu tous les mardis dans Constantinople, et une fête en l'honneur de Notre-Dame des Victoires était célébrée chaque année le 28 février (2). Cette institution, qui par la suite s'établit dans tout l'empire, avait pour but de remercier la Très-Sainte Vierge de la levée du siége de la ville en 625, par les Barbares.

L'empereur Héraclius, pour venger les pertes et les outrages que les Perses avaient fait subir à l'empire, était allé porter la guerre au cœur même de ses ennemis. Il s'embarqua à Constantinople, en l'an 623, avec 5000 hommes pour Trébisonde, fit une invasion en Perse, prit et démolit plusieurs villes, et vit Chosroès se retirer devant lui, en abandonnant Gaza (Tauris) et les immenses trésors renfermés dans la place. L'hiver seul l'arrêta, et il se retira le long de la mer Caspienne et dans l'Albanie.

Au retour du printemps, l'empereur entra dans la Médie

---

(1) P. Grasset, *Dévotion à la Ste Vierge*, p. 121,
(2) Baillet, *Vie des saints*, 15 août, tom. VIII. 1re partie, p. 133.

et dans l'Irak, où aucun Romain n'avait pénétré avant lui, et poursuivit ses conquêtes jusqu'à Ispahan. Chosroès effrayé rassembla ses forces et se dirigea vers Constantinople. Le Kacan des Avares, son allié, investissait déjà la capitale avec 8000 Gépides, Russes, Bulgares et Slaves. Depuis dix jours, les Barbares étaient devant la ville; ils en battaient les remparts avec une incroyable ardeur, et leurs machines renversaient souvent des quartiers entiers, que les pauvres assiégés avaient peine à rétablir. Cependant, le patriarche Sergius s'épuisait en pieux efforts pour exciter son peuple à recourir à Marie; et, pour mettre la ville sous sa protection, il ordonna une procession à l'entour des murailles portant lui-même l'image de la Mère de Dieu, avec les autres reliques qu'il avait fait retirer du riche sanctuaire de Notre-Dame des Guides. Mais malgré tout son zèle, le courage commençait à manquer aux assiégés; et déjà les ennemis se croyaient maîtres de la place, lorsque, au matin du onzième jour (1), depuis le commencement du siége, on vit une grande et belle dame sortir de l'église de Blaquernes (2), qui était hors de la ville, mais peu éloignée des murs. Cette dame, à l'air imposant, à la démarche grave, au port de reine, n'avait pour escorte que deux eunuques. Elle traversa tout le camp d'un air calme et assuré. Les ennemis s'imaginant que c'était l'impératrice qui, en l'absence de son époux, allait trouver leur général pour traiter avec lui des conditions de la paix, la laissaient passer librement. Mais la voyant sortir du camp et franchir les tranchées, ils reconnurent leur erreur et coururent après elle pour se saisir de sa personne; mais elle s'échappa de leurs mains et disparut comme les fantômes qui se jouent de nos rêves. Les deux personnages qui l'escortaient disparurent de même. Irrités d'avoir été joués de

---

(1) Baronius, *Opere citato*. ann. 625, tom. xii, p. 207.
(2) Eglise de N.-D. des Guides.

cette sorte, les Barbares s'en prirent les uns aux autres; dans leur querelle, ils en vinrent aux mains : et, la dispute s'échauffant, ils se massacrèrent avec tant de fureur et d'acharnement que, si la nuit ne fût venue mettre fin à cette boucherie, pas un seul n'eut échappé et l'armée eut été détruite entièrement. Cette division et ses suites fâcheuses, obligèrent les chefs à lever le siége en toute hâte et à reprendre la mer, sur laquelle les poursuivit le céleste courroux: car une tempête s'étant élevée, presque toute leur flotte périt. Ce fut ainsi que Marie protégea la ville qui, avait dès lors, reçu le nom de cité de la Vierge (1).

La confiance envers Notre-Dame de la Victoire, après ce nouveau triomphe, ne fit que s'augmenter davantage dans le cœur des Grecs; elle s'y perpétua de siècle en siècle. De son côté, la Très-Sainte Vierge ne cessa de manifester les effets de sa protection. Vers l'an 976, sous l'empereur Jean Zimiscès, successeur de Nicéphore Phocas, l'empire était encore attaqué à la fois par les Bulgares, les Scythes, les Russes et les Turcs, qui, au nombre de plus de 300,000 combattants, avaient fait irruption sur les terres de l'empire. Ils mettaient tout à feu et à sang, et l'empire était à deux doigts de sa perte.

Zimiscès, dans un danger si pressant, n'a plus d'autre espoir que dans le secours d'en haut. Il implore la protection de la Reine de la victoire, l'étendard de Marie brille à la tête de ses troupes, et cette vue ranime le courage de ses soldats. Il s'avance avec intrépidité contre les ennemis, plein de confiance en celle qui, si souvent déjà, avait protégé son peuple; il les taille en pièces et les met en pleine déroute.

Après avoir soumis plus de cent villes, au nombre des-

---

(1) Theophanes, *Ann. Græc.*, an. 16, Heraclii, P. Diaconus, *Hist. lib. 18.*

quelles était Damas elle-même, Zimiscès passe l'Euphrate, s'empare de Samosate, d'Edesse, de Martyriopolis, d'Amida et de Nisibis. Il menace Bagdad, mais le manque de vivres l'arrête dans les déserts de la Mésopotamie, après une course glorieuse, comparable à celle de Trajan, que l'empereur grec attribua à la protection de sa patronne. Marie avait encore triomphé ; elle était de nouveau pour Constantinople Notre-Dame de la Victoire.

Zimiscès, dans sa reconnaissance, voulut que Marie eût tout l'honneur de son triomphe. Tout étant disposé pour son entrée dans la capitale, il ordonna que l'image de la Mère de Dieu, qui l'avait guidé au combat, fût apportée, et la fit placer sur le char magnifique que les magistrats de la ville lui avaient préparé. A ses pieds étaient déposés les trophées et les dépouilles des ennemis. Lui, suivit à cheval le char de triomphe, renvoyant ainsi à celle qui l'avait rendu victorieux les cris de joie et les acclamations des peuples (1).

Qu'ils étaient beaux ces âges de foi en Dieu, et en la protection de Marie ! Ce n'était pas seulement dans la puissance de leurs armées et dans le courage de leurs soldats que les pieux empereurs plaçaient leur confiance, mais bien plus dans le secours divin et dans la puissance et l'amour de celle qu'ils regardaient comme leur mère. *Hi in curribus et in equis : Nos autem in nomine Domini Dei nostri invocabimus* (Ps. XIX, v. 8).

En 1120 (2), Jean Comnène, vainqueur des Turcs Seldjoucides, leur reprit plusieurs places fortes qu'ils avaient enlevées à l'empire, et il se plaisait à proclamer hautement qu'il devait à Marie ces triomphes inespérés. Ses armes ne furent pas moins heureuses en Thrace contre les Petchénègues, qui avaient passé le Danube (1122). Pendant cette guerre, ce

---

(1) Baronius, *Opere citato*, an. 976.
(2) Baronius, ann. 1123.

prince donna un grand exemple de sa dévotion envers la Très-Sainte Vierge. La bataille était engagée. Pressée de tous côtés par les barbares, l'armée sentait que la victoire allait lui échapper ; Jean Comnène saute à bas de son cheval, il se prosterne devant l'image de Marie, l'étendard glorieux de ses troupes, et implore son secours avec larmes. A l'instant le sort de la bataille change, l'empereur reprend confiance, et, animé d'un nouveau courage, il remonte à cheval, fond sur ses ennemis à la tête de ses soldats et remporte une victoire signalée.

De retour à Constantinople, et dans l'élan de sa reconnaissance, il fait construire un char magnifique, enrichi d'or, d'argent et de pierres précieuses, attelé de quatre chevaux blancs, qui devaient être conduits par les premiers princes de la cour. Le jour de son triomphe, à l'exemple de Zimiscès, l'empereur, à pied et portant une croix en guise de sceptre, précède le cortége jusqu'à l'église de Sainte-Sophie, où l'on rendit à Dieu et à sa sainte Mère de solennelles actions de grâces. Le président Cousin, dans sa traduction de l'*Histoire de Constantinople* (1), ajoute que ce prince institua une fête appelée la fête des Petchénègues, pour laisser à la postérité un monument éternel de sa reconnaissance envers Marie.

Autrefois, quand le Seigneur était avec Samson, Samson étouffait les lions de la forêt; quand le Seigneur était avec Josué, Josué taillait en pièces les ennemis d'Israël. Mais quand Salomon abandonna le Seigneur, Dieu se retira, et le plus sage des rois devint l'esclave de ses passions. Quand les rois et les peuples s'éloignent de lui, le Dieu des armées appesantit sur eux son redoutable bras et les livre à leurs ennemis. Or, le Seigneur étant toujours avec Marie, à titre d'épouse et de mère, il veut sans doute que par elle, tout

---

(1) Présid. Cousin, *Hist. de Constantinople*, tome v.

nous soit possible, et que nous ayions tout à attendre de son crédit ; mais aussi, quand nous le forçons à s'éloigner de nous, Marie se retire avec lui et laisse à la justice divine le soin de nous punir et de nous ramener par le châtiment. Les Grecs devaient bientôt l'éprouver.

Depuis plusieurs années, l'empire avait perdu de sa foi et de sa piété envers Dieu et envers sa sainte Mère; l'anarchie, fruit des passions et des vices, régnait partout, et le pouvoir, devenu la proie du plus fort, était successivement disputé par des tyrans qui le conservaient à peine quelques mois.

L'un d'eux, Alexis Ducas dit Murzuphle, avait usurpé l'empire en 1204 sur Nicolas Canabé et Alexis le Jeune. Il les jeta en prison, où bientôt il fit étrangler Alexis. Mais l'usurpateur ne profita pas longtemps de son crime. Les Croisés, voyant sur le trône un empereur sans droits légitimes, résolurent de le renverser.

Le tyran effrayé, se met lui-même à la tête d'une armée de 150,000 hommes, pour les exterminer ou les rejeter des côtes de Constantinople ; et, suivant la coutume des empereurs précédents, il fait porter en tête de l'armée l'image de la Très-Sainte Vierge (1), espérant, lui aussi, par son secours remporter la victoire. Il avait oublié que Marie ne saurait jamais faire triompher l'iniquité. Les Grecs combattirent d'abord avec valeur sous les enseignes de la Mère de Dieu, et la victoire fut quelque temps incertaine. Mais bientôt les croisés s'emparèrent de la fameuse image, et avec elle la victoire se déclara pour eux. La ville de Constantinople, prise par escalade, fut livrée au pillage, et le règne de Murzuphle trouva ainsi sa fin.

Les croisés français reconnaissants, établirent en souve-

(1) Ville-Hardouin, *De la conqueste de Constantinople.* Paris, 1657, in-folio, page 92.

nir de ce triomphe, la fête de Notre-Dame de la Victoire qui se célébrait le 23 mars (1).

Après la prise de Constantinople, quelques grands de l'empire, arrachés à un luxe efféminé et à une oisiveté verbeuse, avaient pris les armes et s'étaient emparés de quelques lambeaux de territoire, où ils avaient fondé des simulacres d'empire. Parmi eux, Michel Paléologue régnait à Nicée. Bientôt il déclara la guerre à Baudouin II, empereur de Constantinople; mais, satisfait de sa condescendance, il lui avait accordé une trêve. Elle durait encore, lorsque le césar Alexis, marchant contre les Bulgares, trouva et saisit l'occasion de surprendre Constantinople. Il y pénétra sans rencontrer la moindre résistance : Baudouin s'enfuit en Italie, et l'empire des Latins sur le Bosphore cessa d'exister. Marie avait rendu aux Grecs sa protection.

En entrant dans Constantinople par la porte d'Or, sous laquelle les anciens empereurs passaient à leur retour d'expéditions, que l'on décorait du nom de triomphes, Michel Paléologue descendit de cheval, et, se dépouillant des ornements impériaux, il suivit à pied l'image sacrée de la Très-Sainte Vierge, la *Nicopée* que l'on portait devant lui (2).

Dans les décrets de la Providence, l'empire d'Orient était sur le penchant de sa ruine. Tant que la ville du grand et immortel Constantin, fut unie par les liens de la foi, de la piété et de la soumission à la ville de saint Pierre, et que son Église se borna à être une fille respectueuse de l'Église mère et maîtresse, tant qu'elle vénéra d'un culte pieux et fervent la puissante reine des cieux, elle reçut du ciel des faveurs extraordinaires. Mais, lorsqu'elle eut rompu avec le centre de l'unité catholique, et qu'elle eut levé contre la capitale de

---

(1) Baillet, *Vie des Saints*, 15 août.
(2) Spondanus, *Annal. Em. Cardin. Baronii, continuatio*, t. 1, p. 299. Paris, 1641, in-fol.

l'univers chrétien l'étendard de l'insurrection, lorsque son patriarche eut dit: je n'obéirai pas, *non serviam*, je monterai *ascendam*, je serai le premier dans l'Église du Christ, ou du moins, je marcherai l'égal et le rival des successeurs de Pierre; dès lors, le ciel n'eut plus de relations merveilleuses et sensibles avec cette cité reine de l'Orient, devenue infidèle et prévaricatrice. Leçon frappante pour la grande ville que l'on appelle la Babylone moderne, qui de nos jours, est au point de vue temporel et sous mille rapports pour les contrées de l'Occident, ce que fut autrefois Byzance pour l'Asie, l'Afrique et l'Europe! Les Grecs par leur schisme avec l'Église romaine et leur décadence morale, s'étaient rendus indignes de la protection de la mère de Dieu, Marie les abandonna, et Dieu leur suscita un ennemi terrible.

Depuis longtemps déjà, Mahomet II était dévoré du désir de prendre Constantinople; au mois d'avril 1453, il arriva sous les murs de cette ville avec une armée et une flotte formidables. L'épouvante saisit le cœur de tous les habitants faiblement défendus. Seul, Constantin XIII montrait la valeur et la prudence d'un héros patriote, et se disposait à illustrer par une fin glorieuse, les derniers instants de l'empire.

Pendant tout le temps que dura le siège, le héros ne se contenta pas de ranimer le courage des siens, il eut recours au ciel, qui seul pouvait le sauver. Des prières publiques furent ordonnées, on porta en procession à travers la ville, l'image vénérée de Marie, la célèbre *Nicopée*, qui avait conduit tant de fois leur père à la victoire; ce fut en vain. Dieu avait prononcé la ruine de l'empire. Constantin réunit ce qui lui restait de braves et les anima à combattre jusqu'à la fin. Ils versèrent des larmes, s'embrassèrent mutuellement, reçurent le saint viatique dans l'Église de Sainte-Sophie et jurèrent de tomber avec la patrie : courage d'autant plus héroïque qu'il était sans espoir. Le dernier jour de Constantinople était arrivé. L'attaque eut lieu à une heure du matin, avec une grande effusion de sang ; à huit heures une partie de la ville était déjà au pouvoir de l'ennemi. Constantin combattait à cheval et encourageait les siens, mais quand il vit périr la patrie : « N'y aura-t-il donc pas, s'écria-t-il, un chrétien pour me trancher la tête? » Et s'élançant au milieu de la mêlée, il tomba percé de coups. Alors les Grecs prirent la fuite, et les Turcs pénétrant de tous côtés commencèrent le massacre. La ville fut pillée et ravagée horriblement ; les tableaux furent brûlés et foulés aux pieds, de même que les bibliothèques qui conservaient intact le dépôt du savoir antique. La célèbre image de Marie ne devait pas être épargnée dans cet affreux pillage, elle tomba, dit-on, au pouvoir des Turcs qui arrachèrent les ornements et les richesses dont elle était revêtue. Après l'avoir ainsi dépouillée, ils la traînèrent ignominieusement par les rues et la mirent en pièces (1).

Quelques Églises d'Occident prétendent posséder le célèbre tableau de saint Luc, on le montre, dit-on, en plusieurs endroits. L'image de Marie aurait-elle échappé aux outrages des ennemis du nom chrétien? L'obscurité la plus grande règne à ce sujet. Mais, si le sort de cette image vénérée est resté douteux, son existence du moins, dans une des premières basiliques de la catholicité, prouve certainement l'ancienneté et la continuité, chez les Grecs, du culte de Marie, Vierge de la Victoire.

II

La dévotion à Notre-Dame de la Victoire passa des Grecs aux autres peuples catholiques. Les Espagnols furent les

(1) Alexander, *Chronicon paschale. Historia Byzantina.*

premiers qui l'accueillirent avec bonheur, et leurs annales religieuses sont pleines de faits qui attestent la protection que Marie leur accorda dans les combats multipliés qu'ils livrèrent contre les nombreux ennemis de la religion.

Les Arabes, guidés par le fanatisme et par l'ambition, s'étaient élancés de leurs déserts à la conquête du monde. Une seule bataille leur avait livré l'Espagne en 711. C'est alors qu'ils purent croire un moment, que le christianisme allait succomber partout avec la liberté de ce pays. La bataille de Tours, en 732, confondit, il est vrai, leurs espérances, et ils reculèrent une première fois devant les Francs. Mais l'Espagne demeura en leur pouvoir, et Cordoue ne tarda pas à devenir le siége d'un puissant khalifat.

Les rois des Espagnes eurent à soutenir, pendant longtemps, de rudes guerres contre ces infidèles; mais aussi ils conservèrent toujours une confiance inébranlable en la protection de la très-sainte Vierge, et jamais ils ne furent trompés dans leur espoir. Dans toutes leurs entreprises, ils remettaient entre les mains de Marie leur sort et celui de leurs sujets, et la préposaient à la garde et à la défense de leur royaume. Pleins de cette confiance qui, des rois, avaient passé dans le cœur de leurs sujets, les chrétiens ne cessèrent de s'avancer d'un pas lent, mais sûr, vers la mer et, après une lutte de trois siècles, ils détruisirent le brillant khalifat qui succomba pour ne plus se relever.

En 1212, Alphonse IX, roi de Castille, remporta par le secours de la Très-Sainte Vierge, une victoire éclatante sur les Maures dans les circonstances suivantes : Mohammed-el-Naser, chez qui les voluptés n'éteignaient pas l'ardeur guerrière, après avoir dompté la rébellion en Afrique et à Major-Guerrière, mit sur pied 600,000 musulmans pour assujétir l'Europe. A l'approche d'un si grand péril, les princes chrétiens effrayés, oubliant leurs inimitiés intérieures, se réunirent contre l'ennemi commun. Innocent III proclama la croisade; des chevaliers, avec leurs troupes, accoururent de France, d'Italie et d'Allemagne, au cri renouvelé de *Dieu le veut*. Les Croisés rencontrèrent les Maures le 16 juillet 1212, dans une plaine près de Tolosa (Las Navas de Tolosa), dans la Bétique. Le lendemain, l'armée entière se prépara à la bataille par la confession et la communion, préparation touchante qui devait lui attirer le secours du ciel. Le drapeau portait d'un côté l'image de la bienheureuse Vierge Marie, et de l'autre, le signe de la Croix. Le combat s'engage, les évêques de Narbonne et de Tolède s'avancent au milieu des troupes, et animent leur courage en leur montrant la croix sur laquelle notre sauveur est mort pour notre salut. « La mère de Dieu, s'écrient-ils, marche à votre tête, elle vous protégera et vous donnera la victoire sur les ennemis de son fils. » Ces paroles pleines de foi et d'espérance excitent leur courage, et ils se précipitent comme des lions, fiers et heureux de verser leur sang et de vaincre ou de mourir pour leur patrie, pour leurs foyers et pour la foi.

Les rois Pierre d'Aragon, Sanchez de Navarre et Ferdinand de Castille, commandent en personne contre Mohammed. Les Nègres et les autres Africains, remplis d'une ardeur fougueuse mais indisciplinée, ne tardent pas à être taillés en pièces. En les voyant tomber par milliers, Mohammed s'écrie : « Dieu seul est juste ! Le démon est perfide et menteur. » Il lui fallut fuir honteusement, et il ne dut son salut qu'à la rapidité de son cheval. On rapporte que 185,000 Maures furent massacrés. Les chrétiens ne perdirent selon les uns que 25 hommes, ou 150 selon d'autres (1).

Une grande part de la gloire et des avantages de cette journée revient sans doute à Alphonse de Castille, mais, dans l'esprit des peuples elle appartient tout entière à Marie, qui

---

(1) Spondanus, *opere citato* an. 1212 n. 2.

guidait elle-même les soldats au combat. On célèbre chaque année, le 18 juillet, une messe à Tolède, en actions de grâces de cette grande victoire. Le deuxième dimanche de novembre, on célèbre dans toute l'Espagne la fête de la protection de la sainte Vierge, qu'on peut regarder comme la fête de Notre-Dame des Victoires.

Cette fête fut établie, en mémoire de tous les avantages et de toutes les victoires que les rois d'Espagne ont remportés sur leurs ennemis depuis le vi^e siècle jusqu'à Philippe IV. Plusieurs églises furent dédiées à Notre-Dame des Victoires en Espagne et dans les colonies espagnoles ; en 1491, le roi Ferdinand V, en fit bâtir une à Malaga, dont il confia l'administration aux religieux Minimes, fondés par saint François de Paul. Ce saint lui avait fait annoncer par deux de ses religieux, la victoire qu'il remporta sur les Maures, et la prise de Malaga.

Le roi, fit également construire un couvent, et donna aux religieux le nom de *Pères de la Victoire* qu'ils ont conservé jusqu'à nos jours. On y célébrait la fête de Notre-Dame de la Victoire, le 7 septembre de chaque année. Ce fut probablement à l'occasion de cet évènement que les religieux Minimes consacrèrent sous le même vocable, à la sainte Vierge, la plus grande partie des églises qu'ils possèdent en Espagne. A Grenade en 1518, à Séville en 1524, à Baëza dans l'Andalousie en 1551, à Olmonte, bourg du diocèse de Séville en 1568, à Saragosse en 1576 ; à Alcala, diocèse de Séville en 1588; à Saldagne, bourg de Léon en 1606; à Albalate en 1610 (1).

La dévotion à Notre-Dame de la Victoire, était tellement naturelle aux Espagnols qu'ils la firent connaître et s'efforcèrent de l'établir jusque dans leurs colonies.

---

(1) P. de la Noue. *Chronique générale des Minimes.*

En 1509, le cardinal Ximénès, premier ministre d'Isabelle reine de Castille, et archevêque de Tolède, s'était emparé de la ville d'Oran, après une victoire sanglante remportée sur les Maures. C'était à cette époque la cité la plus riche et la plus populeuse de toute l'Afrique. Il changea les mosquées en églises; et en action de grâces de sa victoire, il dédia lui-même la grande mosquée à Notre-Dame de la Victoire.

La dévotion à la Très-Sainte-Vierge, fut importée jusqu'en Amérique; ce furent encore les Espagnols et leurs voisins les Portugais qui furent dans ces contrées lointaines les heureux propagateurs du culte de Notre-Dame de la Victoire; deux églises furent bâties sous ce titre, à l'occasion de deux victoires remarquables remportées par la protection de Marie, dans les circonstances que nous allons raconter.

Fernand Cortez, général des Espagnols, s'était avancé jusque sous les murs de Tabasco, ville du Mexique, avec trois cents hommes, un peu de cavalerie et quelques canons. Les Indiens l'attendaient au nombre de 40,000 hommes. Le combat fut livré le jour de l'Annonciation de la sainte Vierge 1519. Les Espagnols, malgré leur petit nombre, attaquèrent l'ennemi avec un courage et une valeur, que multipliait leur confiance en la protection de celle qu'ils avaient invoquée. Après un combat acharné, ils remportèrent une victoire signalée, et complète. Fernand Cortez, pour perpétuer aux âges futurs le souvenir de ce bienfait, construisit à Tabasco une église à laquelle il donna le nom de Notre-Dame de la Victoire.

Le second exemple de la protection de la Très-Sainte Vierge, se passe en Asie, dans les colonies Portugaises.

Laurent Alméide gouvernait les Indes-Orientales au nom du roi de Portugal. En 1506, Zamorin, roi de Calicut, était venu le surprendre et l'attaquer avec une flotte de soixante grands vaisseaux et cent trente galères. Laurent Alméide n'avait pour se défendre que onze vaisseaux et quatre-vingt-

dix-neuf brigantins avec huit cents hommes. Le gouverneur
sentit un moment la crainte entrer dans son cœur; comment,
en effet, avec une poignée de gens résister à des forces si
nombreuses; mais bientôt rassuré par sa confiance en celle
qui l'avait protégé tant de fois, il rassemble sa petite troupe,
se prépare avec elle au combat par la réception des sacrements de Pénitence et d'Eucharistie, et pour ranimer l'espoir
dans le cœur de ses soldats, il fait publiquement le vœu de
bâtir un temple à la mère de Dieu, s'il sort victorieux. Le
combat le plus acharné s'engage, l'ennemi est obligé de
prendre la fuite; et Alméida après la bataille, proclame Marie
la reine de la victoire. Pour accomplir son vœu il fait construire à Cananor, ville et port des Indes-Orientales, théâtre
de sa victoire, une église à la Très-Sainte Vierge et lui donne
le nom de Notre-Dame de la Victoire. Cette église placée
au sommet de la citadelle est le premier monument qui apparaît au voyageur, et atteste à l'étranger la puissance de la
mère de Dieu, en même temps qu'elle est la garde et la protectrice de la ville (1).

III

Il y a tout à l'heure deux mille ans que dans un coin obscur
de la Judée, au milieu d'une nation vaincue, une pauvre
femme, à peine connue dans son village, annonçait à l'univers que toutes les générations la proclameraient et la béni-
raient. Dans cet abrégé prophétique, cette chétive créature

---

(1) Maffeius, *Hist. Ind.* lib. III. c. 4.

entend déjà toutes les nations chanter sa gloire ; elle voit d'un seul coup d'œil, les arts les plus enthousiastes reproduire sous mille formes son image et ses attributs ; elle entend déjà l'éloquence la plus féconde, célébrer la magnificence de son nom et exalter son titre de mère.

L'Italie, la terre de la poésie et des arts, ne devait pas être la dernière à embrasser avec ardeur le culte si doux de Marie. Malgré toutes les commotions politiques qui ont successivement révolutionné ce pays, cette dévotion y subsiste encore dans toute sa religieuse poésie. Il n'est personne qui ne sache que la dévotion à Marie est, de temps immémorial, si populaire dans toutes ces contrées méridionales, que nous oserions presque l'appeler la religion de la famille. Car, non-seulement dans les maisons particulières, mais dans les magasins et les établissements publics, et même dans les auberges, il y a toujours un petit oratoire ou un piédestal sur lequel repose la *Madone*, qui est l'objet de la plus tendre confiance pour les uns, et au moins un porte-respect pour les autres. Il n'est donc pas étonnant que nous retrouvions dans cette contrée si dévouée à Marie, des preuves de la protection que la Mère de Dieu accorda à ses enfants dans les combats et qui lui firent donner, comme partout, le nom de Notre-Dame de la Victoire.

Parmi les effets de la protection de la reine des batailles, nous n'en choisirons que quelques-uns dont l'authenticité, prouvée par les documents, ne saurait être attaquée.

Charles d'Anjou, frère du roi de France, avait reçu l'investiture des royaumes de Naples et de Sicile, par Urbain IV et par Clément IV, et avait été couronné roi par ce dernier, le 6 janvier 1265. Conradin son compétiteur, s'avançait contre lui avec de grandes forces pour lui disputer le trône. Les deux armées ennemies se rencontrèrent à Tagliacozzo, près du lac de Celano, le jeudi 23 août 1268. Charles, inférieur en force, implore le secours de la Sainte-Vierge, et fait vœu solennellement de lui bâtir une église s'il est victorieux. Le combat s'engage, Conradin est battu et son armée taillée en pièces. Le prince victorieux fait bâtir au lieu même où il a remporté la victoire, une magnifique église et une riche abbaye sous le nom de Sainte-Marie de la Victoire. Les Bénédictins auxquels il confia cette abbaye devaient prier jour et nuit pour le salut de ceux qui avaient péri dans le combat. Cette église fut renversée quelques années après par un tremblement de terre.

C'est dans des circonstances analogues que fut bâtie l'église cathédrale de Nocera, dédiée à Notre-Dame de la Victoire, en reconnaissance de l'expulsion des Sarrazins qui assiégeaient cette ville. Charles II, dit le Boiteux roi, de Naples, fit présent à cette église de trois cents onces d'or, et le pape Benoît XI félicita ce prince de cet acte de piété par sa bulle du 26 novembre 1303. Nous pourrions encore citer à Palerme l'existence d'une église consacrée également à Notre-Dame de la Victoire.

Après le combat de Marignan qui fut si terrible, que Trivulzio, ce vétéran qui avait assisté à dix-huit batailles, dit que, c'étaient des batailles d'enfants auprès de ce combat de géants, François Ier, vainqueur, fit bâtir sur le lieu même du combat, à Milan, une église en l'honneur de la Mère de Dieu, reine des victoires. Il reconnaissait ainsi publiquement, qu'il devait ce mémorable triomphe à celle qu'il avait implorée dans l'ardeur de la mêlée.

Des volumes entiers ne suffiraient pas si nous voulions rapporter tous les bienfaits signalés obtenus dans les combats par la protection de Marie. Nous devons faire un choix très-restreint des principaux événements qui perpétuèrent et accrurent de siècle en siècle le culte de Notre-Dame des Victoires.

Je ne citerai plus dans ce paragraphe relatif à l'Italie qu'un seul fait, qui ne peut nulle part mieux qu'ici trouver sa place.

Il y avait près d'un siècle que les Musulmans avaient envahi une partie de l'Europe et qu'ils jetaient la terreur dans toute la chrétienté. Dans l'ivresse de leur succès, leurs armées victorieuses se promettaient déjà la conquête de l'univers, et l'anéantissement de la foi catholique. S'ils avaient franchi la seule barrière qui les arrêtait encore, c'en était fait : nous n'avions plus qu'une seule défaite à subir pour être rayés du nombre des peuples civilisés, et le monde chrétien redevenait barbare. Alarmé du danger que courait l'Église, mais appuyé sur la protection de la Sainte-Vierge, le pape S. Pie V fait appel aux rois chrétiens, il annonce une croisade contre les ennemis de la foi catholique. Seuls, le roi d'Espagne et les princes d'Italie répondent à la voix du pontife et concluent avec les Vénitiens, une ligue sainte pour le salut commun de l'Europe chrétienne

Pour maintenir la bonne intelligence parmi les confédérés le pape fut déclaré chef de la ligue. Saint Pie V confia ses faibles ressources à don Juan d'Autriche, et lui donna sa bénédiction apostolique en l'assurant positivement de la victoire. Quoique les forces fussent déjà bien loin d'être égales à celles d'un si terrible ennemi, il lui ordonna de renvoyer encore tous les soldats dont la conduite ne serait pas morale. L'Europe était en prière, et, comme un autre Moïse, le saint pape Pie V ne cessait de lever les mains au ciel et d'implorer le secours de Marie. Enfin, le 7 octobre 1571 (jour de la fête du Rosaire), les deux armées en vinrent aux mains dans le golfe de Lépante.

Dès le point du jour, Don Juan d'Autriche parcourut toute la ligne de ses vaisseaux dans un esquif, tenant à la main un crucifix, et exhortant du geste et de la voix les chefs et les soldats à faire leur devoir. En même temps, les prêtres, le crucifix à la main, donnaient l'absolution générale avec l'indulgence plénière accordée par le pape.

Le signal est donné par le généralissime, les trompettes sonnent, tous les chrétiens, à haute voix, invoquent la Sainte-Trinité et saluent la Très-Sainte Vierge. Pie V l'avait ainsi ordonné. Les deux armées restèrent quelque temps à se considérer l'une et l'autre avec une admiration réciproque; l'amiral turc rompit le silence par un coup de canon, Don Juan répondit par un autre : la bataille commença sur toute la ligne. C'était vers quatre heures après midi. Les chrétiens avaient le soleil, le vent et la fumée devant les yeux, ce qui donnait aux Turcs un double avantage, celui du nombre et de la position; mais aux cris de sainte confiance poussés par les soldats chrétiens vers Marie, le vent change tout à coup et envoie aux ennemis la fumée de l'artillerie. Vers quatre heures et demie, l'amiral s'élance entre le vaisseau amiral de Don Juan et celui de Marc-Antoine Colonne, général des galères pontificales, un autre Pacha entre Don Juan et l'amiral vénitien Veniero. On se battit avec acharnement corps à corps pendant une heure entière. Enfin un boulet blessa l'amiral turc, un soldat espagnol monté à l'abordage, lui coupa la tête et la mit au bout d'une lance; ce fut le signal de la déroute, et Don Juan, bien moins confiant dans sa valeur que dans le secours de la Sainte Vierge auxiliatrice, anéantit l'armée formidable des barbares. A l'instant même, le pape Pie V, eut à Rome la révélation de la victoire; il était alors en conseil avec les cardinaux, lorsque, se levant tout à coup par une inspiration céleste, il s'écria : « Il ne s'agit plus de parler d'affaires; nous avons maintenant à rendre grâces à Dieu de la victoire définitive qu'il vient d'accorder à l'armée chrétienne. »

C'est à cette occasion que le saint Pontife reconnaissant, détermina la fête particulière du Rosaire, sous le titre de Notre-Dame des Victoires, et qu'il fit insérer dans les litanies cette invocation qui fait aujourd'hui la consolation des chrétiens : *Sancta Maria, auxilium christianorum* (1).

IV

De l'Italie la dévotion à N.-D. de la Victoire passa dans la Belgique et dans l'Allemagne; et parmi les nations au-delà du Rhin, qui polirent leurs mœurs à la lumière de la foi, il est juste de citer les Hongrois et les Polonais. Nuls peuples n'embrassèrent le culte de Marie avec plus d'ardeur, nuls ne l'honoraient plus dévotement. A peine furent-ils chrétiens, qu'ils devinrent les plus zélés défenseurs de la Mère de Dieu, et l'histoire nous apprend que, déjà au onzième siècle, lorsque ces héros du Nord assistaient à la messe, ils avaient la coutume, non-seulement de se lever pendant l'évangile, mais encore de sortir leur glaive à demi du fourreau, en signe de dévouement pour la défense de Marie, qu'ils aimaient à appeler la Reine de la Pologne.

A Lublin ville et palatinat de Pologne, on érigea en 1413, l'église du triomphe de la Très-Sainte Vierge, avec un monastère de religieuses de l'ordre du St-Sauveur, autrement dites de Ste-Brigitte (2) Wladislas, nommé Jaghellon, avant son baptême, cinquième roi de Pologne fut le fondateur, en mémoire d'une victoire signalée qu'il remporta sur les Prussiens en 1410, par le secours de la Ste Vierge, après un combat des plus sanglants.

---

(1) De Hammer, *Histoire des Ottomans*, tome III, liv. XXXVI. de Falloux, *Hist. de Pie V*, tom. II, chap. XXV et XXVI, *Caramuëlis, Dominicus* pag. 333.

(2) Vigeneux. *Chronique de la Pologne.*
Cromaüs. *De rebus polonicis.*

A Bruxelles, on célébrait la fête de Notre-Dame de la Victoire. Molan, dans ses additions au *Martyrologe* d'Usuard, en fait ainsi mention : « A Bruxelles on fait commémoration de la bienheureuse Vierge Marie, instituée à cause de la glorieuse victoire qui fut remportée en ce jour, à Woëroug, diocèse de Cologne, par Jean Ier, duc de Lorraine, de Brabant et de Limbourg, ce qui arriva en 1288. » Et Aubert de Myrre, dans ses *Fastes de Flandre et de Bourgogne*, ajoute qu'en mémoire de cette célèbre victoire on fait tous les ans, à Bruxelles, une procession solennelle, le dimanche qui précède la Pentecôte. On a coutume de porter par la ville l'image de la Ste Vierge, avec les reliques de Ste Julienne, vierge et martyre, qui sont conservées dans une magnifique église bâtie *in arenis*, et dédiée à la Mère de Dieu.

Voici, selon la tradition, ce qui a donné lieu à cette victoire. Une grosse armée de voleurs s'était ramassée dans les terres de Cologne; ils ravageaient tout le pays, ne faisant quartier à personne, et s'étaient rendus redoutables aux princes voisins et même aux meilleures villes. Dans ce commun danger, les ducs de Julliers et de Mons s'unirent ensemble pour les repousser, et appelèrent à leurs secours le duc de Lorraine. Celui-ci accourut avec une nombreuse armée, et, implorant le secours de la Très-Sainte Vierge, il alla assiéger les ennemis dans leur retraite. Ses ennemis étaient dix fois plus forts que lui; il ne laissa pas cependant de les tailler en pièces ; il poursuivit les fuyards et fit un grand nombre de prisonniers. Le secours de Marie parut si visible en cette journée, que le duc voulut lui laisser tout l'honneur de la victoire. Il institua à cet effet une fête de Notre-Dame de la Victoire, qui est célébrée solennellement à Bruxelles, le 5 juin (1).

---

(1) Ferreolus Locrius, *Chronica*, anno 1288.

Deux victoires signalées, celle de Prague et celle de Belgrade, attestent de la manière la plus éclatante, la protection de la Vierge des Victoires sur l'Autriche et la reconnaissance des peuples envers leur bienfaitrice.

Ferdinand II venait de se faire reconnaître empereur d'Autriche, mais la Bohême révoltée, donne la couronne à Frédéric V, électeur palatin ; celui-ci malgré les avis de ses amis, signe l'acte de son élection et se fait couronner à Prague. Les Hongrois se donnent aussi pour roi en 1620 Bethlem-Gabord, Wayewode de Transylvanie, ardent calviniste qui se déclare dès l'abord pour Frédéric V. Les deux compétiteurs sont en présence, appuyés l'un, Frédéric V, sur les protestants, et Ferdinand II, sur les catholiques. Les Bohémiens viennent mettre le siége devant Vienne, que l'on regardait avec raison, comme le rempart de la religion catholique. D'un autre côté, Maximilien, duc de Bavière et Bucquoy, soutenus par l'Espagne et par la ligue catholique, envahissent la Bohême et viennent attaquer Frédéric dans sa capitale.

Les étendards de l'armée catholique indiquaient assez qu'elle plaçait surtout sa confiance dans le secours d'en haut. Celui du duc de Bavière portait l'image de la Reine des Anges avec cette légende : *Terribilis ut castrorum acies ordinata*, et sur le revers on avait brodé les chiffres emblématiques de Jésus, I✝HS et de Marie M✝RA. L'étendard de l'armée impériale portait l'image du Christ en croix avec cette légende *Exurge, domine, et judica causam tuam*, et sur le revers, l'image de la Reine des Anges, avec cette inscription : *Monstra te esse Matrem*.

Le prince Christian d'Anhalt avait rangé l'armée bohémienne en bataille, près de la ville, sur le mont Blanc. A leur arrivée, le duc Maximilien et le comte Tilly voulurent attaquer aussitôt; Bucquoy fut d'un avis différent. Alors, le P. Dominique, carme déchaussé, qui jouissait dans toute l'armée d'un grand renom de sainteté, s'avança au milieu des généraux et leur présentant une image de la Sainte Vierge, il les exhorta à la concorde et à l'attaque : « Regardez, leur dit-il, regardez cette image que j'ai trouvée dans la maison dévastée d'un pieux catholique, les hérétiques lui ont crevé les yeux. C'est à vous de venger cet outrage fait au Seigneur dans sa Mère. Je la porterai devant vous ; elle combattra pour vous et vous donnera la victoire. »

Aussitôt les généraux se trouvèrent d'accord, et résolurent d'attaquer l'ennemi avec ce cri de guerre : « Sainte Marie ! » C'était le dimanche, 8 novembre, à midi. Un combat acharné fut livré sur le mont Blanc, sous les murs mêmes de Prague, et les Bohémiens furent mis en déroute ; Frédéric s'enfuit lâchement, les auteurs de la révolte furent punis de mort, le comte de Thurn frappé de proscription, et l'union protestante détruite à jamais.

L'image miraculeuse, à laquelle toute l'armée se croyait redevable de son triomphe, fut proclamée sur le champ de bataille, Notre-Dame de la Victoire, et déposée ensuite avec respect dans l'église de Prague. Ferdinand II lui envoya vingt-cinq étendards pris sur les rebelles, et un diadème d'or d'un grand poids, et orné de pierres précieuses.

Le duc de Bavière fit ériger des arcs-de-triomphe, à la gloire de Notre-Dame de la Victoire : il déposa dans son église, l'image de Marie, qui avait protégé les orthodoxes et battu les hérétiques. Il ajouta vingt autres étendards pris sur l'ennemi, et fit aussi présent d'une couronne d'or et d'argent qu'il plaça au sommet du tableau miraculeux. La princesse Papolice donna à la même église une statue ornée de pierres précieuses ; et plusieurs autres princes témoignèrent aussi par leurs dons, leur reconnaissance à Marie : ainsi, ils offrirent deux calices d'argent très-grands et très-anciens qui avaient été arrachés des églises par les Calvinistes et les Hussites. On consacra à la sainte Vierge les dépouilles des ennemis (boucliers, cuirasses, haches, lances, flèches, mousquets, carabines, fusils, machines, mortiers, bombardes), et une clef d'or qu'un soldat avait arrachée à un camérier du comte palatin (1).

Cette image de Notre-Dame de la Victoire, regardée comme miraculeuse, fut portée à Rome, en 1622, où elle fut reçue par le Pape Grégoire XV avec les plus grands honneurs (2). Elle fut d'abord placée dans l'église Sainte-Marie-Majeure, sur un trône très-riche; peu après, elle fut transportée, avec beaucoup de pompe et de magnificence, le 8 mai de la même année, à l'église Saint-Paul, qui appartenait aux Carmes déchaussés. Il y eut à ce sujet une fête solennelle qui dura huit jours, pendant lesquels le Pape accorda des indulgences à tous ceux qui visitèrent l'église Saint-Paul, appelée depuis cette époque, l'église de Notre-Dame de la Victoire.

Nous croyons être agréable à nos lecteurs en leur donnant la relation complète de cette fête d'après J. Caramüel. Cette narration nous offrira des renseignements précieux, et sera une étude pieuse des mœurs de l'époque et de la manière dont les enfants de Marie savaient honorer Notre-Dame de la Victoire.

Le célèbre tableau avait été déposé sur un trône d'or, au milieu de l'église Sainte-Marie-Majeure; une multitude de candélabres d'or et d'argent aux mille lumières étincelantes l'entourait. Ce trône était tellement éblouissant de pierres précieuses, que la matière première disparaissait sous les richesses dont on l'avait revêtue. Une couronne d'or le plus pur, présent de l'empereur Ferdinand II, était soutenue au-

---

(1) Caramüelis *Dominicus*, page 125.
(2) Ce tableau trouvé par le P. Dominique, dans un palais à Strakonitzio représentait la Ste Vierge à genoux, adorant l'enfant Jésus, St Joseph et deux bergers étaient près d'elle. Une main sacrilège et hérétique leur avait crevé les yeux, laissant l'enfant Jésus seul intact.

dessus du tableau par deux anges en argent massif, donnés pour cette occasion par le prince Sabellius, heureux d'imiter la piété et la libéralité de son souverain. Aux pieds de la Très-Sainte Vierge, flottait une large banderolle sur laquelle on lisait, écrites en lettres d'or, ces paroles qui faisaient allusion à la bataille de Prague :

Terribilis ut castrorum acies ordinata.
(Terrible comme une armée rangée en bataille.)

Pendant tout le jour, il y eut une affluence considérable de cardinaux, de princes de l'empire, de nobles, de plébéiens de paysans; phalange nombreuse, accourus de tous les pays pour vénérer, dans l'image victorieuse, la toute-puissance de Dieu. Entre les piliers de l'église étaient rangées les compagnies de Suisses armées de pied en cap et destinées moins à maintenir l'ordre, qu'à rappeler le combat soutenu contre les Bohémiens.

Le pape Grégoire XV, pour donner à tout l'univers un témoignage de sa dévotion envers la Vierge triomphante, et en même temps pour satisfaire à sa piété privée, se rendit, un avant l'heure fixée pour la cérémonie, à l'église Saint-Paul, afin d'y recevoir le précieux tableau. Il était suivi par un grand nombre de cardinaux, de princes et de courtisans et prit place dans le chœur, que le prince Sabellius avait fait orner de draperies, afin de le rendre plus digne du Souverain-Pontife.

Cependant, à trois heures, la procession solennelle sortait de l'église Sainte-Marie-Majeure, au son de toutes les cloches, et au bruit et aux détonations des bombes et des canons, qui saluaient le triomphe de Marie.

En tête, marchaient les troupes armées de lances et de mousquets, dans leur plus brillant costume, aux casques ornés de panaches de couleurs les plus variées, puis les dépouilles remportées sur les Hongrois, les tambours et les cornets d'airain en usage chez ces peuples. C'étaient ensuite des chars dorés, des arquebuses brisées, des mousquets rompus, des cuirasses et des boucliers percés, des débris de haches, des flèches, des arcs et des carquois encore teints du sang des catholiques et enlevés aux calvinistes de Bohême.

Brillait ensuite le drapeau de l'armée, celui dont nous avons donné plus haut la description. Avant la bataille, il avait été béni solennellement par Dominique Grieskirch et confié à Maximilien, duc de Bavière. Il flottait dans les airs en signe de triomphe, suivi par les étendards pris sur les vaincus : vingt-cinq consacrés par l'empereur Ferdinand à la Vierge victorieuse, et vingt par Maximilien : ces drapeaux étaient traînés dans la poussière en signe de mépris (les armées victorieuses traitaient ainsi les drapeaux des vaincus). Tous ces étendards des rebelles, souillés de sang ou mis en pièces, étaient en tissus d'or et de soie, et portaient des inscriptions arrogantes. Après eux, six Pères de l'ordre des Carmes déchaussés, revêtus de chapes de drap d'argent, portaient la nouvelle bannière consacrée à sainte Thérèse.

Les différents religieux de Rome, précédés de la croix de leur ordre, marchaient ensuite, comme c'est la coutume dans les grandes solennités. Après eux, les chanoines de la basilique et collégiale de Sainte-Marie-Majeure, et le clergé des diverses paroisses, tous revêtus de leurs plus riches ornements. Les prélats, en grand nombre, avec leurs chasubles d'or, les laïques riches et pauvres, portant à la main des torches enflammées données par Maximilien et par le prince Sabellius, venaient sur deux rangs, et après eux, les musiciens réunis de la chapelle pontificale, ceux des autres églises et des princes romains, etc., pour célébrer sur leurs instruments divers, et par leurs chants variés et harmonieux, le salut des catholiques, la défaite des hérétiques et le triomphe de la Reine des Cieux.

Enfin apparaissait le char de triomphe : il était construit et orné à la manière antique de Rome : d'un travail précieux et exquis, il excitait l'admiration de la multitude. Douze hommes les plus robustes le traînaient, dérobés aux regards par de riches draperies, et douze chanoines, en riches chapes, portaient sur leurs épaules le trône où resplendissait l'image de l'auguste Marie.

Vital, archevêque de Bari, en habits pontificaux, délégué par le Souverain-Pontife pour le représenter, suivait le char, entouré d'un grand nombre de cardinaux, de princes et de toute la noblesse romaine.

Dès qu'on fut arrivé à l'église Saint-Paul, le précieux tableau fut déposé sur un trône préparé à l'avance. Alors les canons et les bombardes font entendre leur voix formidable, et par toute la ville, le peuple laisse éclater les transports de sa joie et de son allégresse.

Le Souverain-Pontife quitte alors le chœur, et, fléchissant le genou, il salue la Reine des victoires. Les échos de l'église redisent les louanges de Dieu et les gloires de Marie, et le *Te Deum* d'actions de grâces est chanté par des milliers de voix, auxquelles se joignent les sons harmonieux des instruments. Le lendemain, le tableau fut placé sur le maître-autel, et pendant toute l'octave il fut visité par un concours immense de peuple. Cette solennité eut lieu le dimanche 8 mai 1622. Le 9 mai, dès le matin, le Pape célébra une messe d'actions de grâces et accorda une indulgence plénière à tous ceux qui visiteraient l'église Saint-Paul pendant l'octave, et, pour perpétuer le souvenir de la bataille de Prague, il ordonna que désormais cette église porterait le nom de Notre-Dame de la Victoire. Il accorda également une autre indulgence plénière et perpétuelle, le 8 novembre, jour où près de Prague, sur le mont Blanc, la Très-Sainte Vierge renversa les forts et les puissants (les rebelles et les hérétiques), et exalta les humbles (les fidèles et les catholiques).

L'empereur Ferdinand II, en souvenir de sa victoire, donna

aux Carmes déchaussés de Prague un temple somptueux et magnifique, bâti par les hérétiques en 1611, avec la maison du ministre prédicant, et joignit à ce don, un terrain pour bâtir leur couvent. Les Religieux en prirent possession le 7 septembre 1624, par lettres patentes de l'empereur, et après toutes les formalités requises. L'année suivante, selon le pieux désir de ce prince, ils firent de ce temple une église qu'ils dédièrent à Notre-Dame de la Victoire.

Le souvenir de la bataille de Prague est célébré dans cette ville, tous les ans, le premier dimanche dans l'octave de la fête de tous les saints, par une procession générale ordonnée par l'empereur. Elle se compose du clergé de l'église métropolitaine, et de celui de trois autres paroisses : l'évêque diocésain la préside, et au milieu d'un grand concours de peuple, on se rend à l'église de Notre-Dame-de-la-Victoire. On y chante solennellement l'évangile du XXII° dimanche après la Pentecôte où se trouvent ces paroles : « Rendez à César ce qui est à César, et à Dieu ce qui est à Dieu, » parce qu'en 1620, le 8 novembre, tomba le jour où se lit cet Évangile; ensuite on chante le *Te Deum*.

L'empereur Ferdinand II, pour satisfaire pleinement à sa piété et à sa reconnaissance envers la Très-Sainte Vierge, voulut aussi faire bâtir sur le mont Blanc une nouvelle église en faveur des mêmes Carmes, sous l'invocation de Notre-Dame de la Victoire. Il plaça lui-même, en personne, la première pierre, le 23 avril 1628, en présence de son épouse, l'impératrice Éléonore de Gonzague, du roi de Hongrie et de Bohême Ferdinand III, son fils, du cardinal Ernest de Harrach, archevêque de Prague, et du P. Henri, général de l'ordre des Servites, auxquels cette église devait être confiée. Sur cette première pierre est gravée en grosses lettres cette inscription latine :

ANNO 1628 DIE 23 APRILIS (1).

FERDINANDUS II, IMP. SEMP. AUGUSTUS, CATHOLICÆ FIDEI DEFENSOR ACERRIMUS, PRO GRATIARUM ACTIONE VICTORIÆ CONTRA REBELLES ET HÆRETICOS AN. 1620 DIE 8 NOVEMBRIS, IN MONTE ALBO OBTENTÆ, HUJUS SACRI TEMPLI SANCTÆ MARIÆ DE VICTORIA PRIMUM FONDAMENTUM POSUIT. URBANO PONTIF. MAX., ELEONORA GONZAGA IMP., HUNGARIÆ ET BOHEMIÆ REGE FERDINANDO III, ARCHIEPISCOPO PRAGENSI, CARDINALI ERNESTO AB HARRACH, P. HENRICO, GENERALI ORD. SERV. B. M.

L'intention de l'empereur était aussi de faire bâtir, auprès de cette église, un célèbre monastère. Les Carmes déchaussés firent travailler sur-le-champ à l'église et au couvent, mais plus tard, ils durent abandonner l'entreprise, probablement parce qu'ils n'étaient pas assez puissants pour l'achever. Cependant on y construisit un hôpital.

Si l'église Notre-Dame de la Victoire, dont Ferdinand II avait jeté les premiers fondements, n'est point arrivée à l'état de perfection qu'il s'était proposé, il semble cependant que la Providence ait voulu y suppléer, par un moyen digne

---

(1) L'an 1628, le 23 avril, l'empereur Ferdinand II, intrépide défenseur de la foi catholique, en actions de grâces de la défaite des rebelles et des hérétiques sur le mont Blanc, le 8 novembre 1620, a posé la première pierre de l'église de Notre-Dame de la Victoire, sous le pontificat d'Urbain VIII, en présence de l'impératrice Éléonore de Gonzague, de Ferdinand III, son fils, roi de Hongrie et de Bohême, du cardinal Ernest de Harrach, Archevêque de Prague, du P. Henri, général de l'Ordre des Servites.

de Celui qui prend plaisir à se servir des hommes les plus faibles et les plus petits, pour exécuter ses desseins.

Vers 1703, un pauvre étranger, maçon poussé par une dévotion singulière envers la Très-Sainte Vierge, et par le désir de lui consacrer un monument à l'endroit même où elle avait remporté une si éclatante victoire sur les hérétiques, commença à bâtir lui-même une petite chapelle en l'honneur de Notre-Dame de la Victoire. Dans la suite, son zèle croissant avec sa dévotion, il recueillit les aumônes des fidèles. C'est ainsi qu'il parvint à agrandir tellement cette chapelle qu'elle est devenue une belle église. Plusieurs chapelles y ont été ajoutées et ornées par des personnes pieuses. Sur le maître-autel de l'église on voyait un tableau de la sainte Vierge avec des trophées d'armes et les autres attributs de la victoire. L'empereur Charles VI y fit porter les étendards et les drapeaux qui furent pris sur les Turcs. On s'y rend en foule de Prague, et un chapelain y fut établi pour entretenir le pèlerinage (1).

En mémoire de l'éclatante victoire de Prague, le pape Innocent XI, institua par un décret du 3 février 1684, la fête de Notre-Dame de la Victoire, sous le titre du saint Nom de Marie ; cette fête est célébrée par toute l'église romaine le dimanche dans l'octave de la Nativité.

Le même pape avait également en vue en établissant cette fête de reconnaître la protection signalée que la Très-Sainte Vierge avait accordée aux armées catholiques sous les murs de Belgrade contre les Musulmans en 1683. C'est dans cette célèbre bataille, du succès de laquelle dépendait la civilisation européenne, que Jean Sobieski, le dévot serviteur de

---

(1) Le mont Blanc fut ainsi appelé, à cause de son éminence et des pierres blanches que l'on en tire. Il est situé hors de la porte de Prague, du côté du septentrion, à une demi-lieue de la ville.

Marie, fit des prodiges de valeur, et par ses exploits fixa la victoire sous les drapeaux de l'armée catholique.

V

L'empereur Charles V proclamait déjà de son temps cette grande vérité, qui n'a fait qu'acquérir de la force en s'éloignant de nous : « Nulle nation, disait-il, n'a plus fait pour sa ruine que la France ; mais la Providence prend la France en si grande protection que, ses fautes mêmes tournent toujours à son avantage. »

Mais quel est donc ce moyen si puissant et cette Providence si attentive au salut de la France, qu'elle fait tourner ainsi ses fautes à profit ? C'est la Sainte Vierge Marie, qui se plaît, aujourd'hui, à faire éclater les merveilles de la puissance de Dieu en faveur de tous ceux qui implorent son secours. Terrible comme une armée rangée en bataille, c'est elle qui ruine tous les complots des ennemis de l'Église, tellement qu'on peut penser que c'est pour l'Église de France, si confiante en la sainte Vierge, que le Seigneur a dit que les portes de l'enfer ne prévaudraient jamais. N'en soyons pas étonnés, car, dès sa fondation en nationalité, la France a toujours été chrétienne, catholique, attachée par le cœur à l'Église, et en même temps, toujours dévouée au culte de la sainte Vierge. *Regnum Galliæ, regnum Mariæ.* La France est le royaume de Marie. C'est ainsi que s'exprimaient nos pères ; dans leur reconnaissance, ils aimaient à proclamer hautement les bienfaits qu'ils en avaient reçu, et nos annales sont remplies des prodiges que Marie ne cessa d'accorder à ses enfants.

La plus ancienne des églises bâties en France en l'honneur de Notre-Dame-des-Victoires fut celle qui porte encore aujourd'hui le nom de Notre-Dame de Bon-Secours, près de la ville de Senlis. C'est un lieu de pèlerinage très-fréquenté. Philippe-Auguste en fut le fondateur. Il y avait joint aussi une abbaye considérable, où il mit des chanoines réguliers de Saint-Victor de Paris. Il voulait par ces fondations attester aux siècles futurs le secours qu'il avait obtenu de la Très-Sainte Vierge (1), au pont de Bouvines, dans la mémo-

(1) Philippe-Auguste se préparait à livrer bataille près de Bouvines, mais il se défiait de ses grands vassaux. Il les réunit autour de lui, et le dimanche matin, il se leva et fit sortir son monde de Tournay, en armes, bannières déployées, les trompettes sonnant, et les bataillons en bon ordre. L'armée s'avança jusqu'à un petit pont appelé le pont de Bouvines; il y avoit là une chapelle où le roi se dirigea pour entendre la messe, attendu qu'il étoit encore matin, elle fut chantée par l'évêque de Tournay. Le roi entendit la messe tout armé; quand elle fut dite, il se fit apporter du vin et du pain, dont il fit tailler des tranches, et en mangea une. Puis il dit à tous ceux qui étoient autour de lui : *Je prie tous mes bons amis de manger avec moi en souvenir des douze Apostres qui mangèrent et burent avec Notre Seigneur. Et s'il en est qui pense à mauvaiseté et félonie, qu'il ne s'approche pas.* Alors chaque seigneur s'avança l'un après l'autre. Enguerrand de Coucy prit la première soupe, Gauthier de Saint-Pol la seconde, et il dit au roi : *Sire, on verra aujourd'hui qui sera traistre.* Il dit ces mots parce qu'il savoit que le roi l'avoit en soupçon sur de méchants rapports. Le comte de Sancerre prit la troisième, et tous les autres barons après lui, et il y eut tant d'empressement qu'ils ne purent tous atteindre l'écuelle. Le roi en fut très-joyeux, et il leur dit : *Seigneurs, vous estes mes hommes et je suis vostre Sire. Quel que je puisse estre, je vous ai beaucoup aimés, vous ai porté grand honneur, et vous ai donné largement du mien, sans vous avoir jamais fait tort ou injustice : je vous ai, au contraire, toujours guidés droitement. Pour ce, je vous prie tous de garder ma personne, mon honneur et le vostre; et si vous croyez que ma couronne soit mieux placée sur la teste de l'un de vous que sur la mienne, je la lui cède volontiers et de bon cœur.* Quand les barons l'entendirent parler ainsi, ils se prirent à pleurer d'émotion, et dirent: *Sire, par la merci de Dieu, nous ne voulons autre roi que vous : ores, chevauchez hardiment contre vos ennemis : nous voici tous presls à mourir pour vous.* »
Tous, animés d'un nouveau courage, attaquèrent avec vigueur, bien que moins nombreux, des ennemis qui ne leur cédaient point en vaillance. Le roi lui-même combattit en héros sous sa bannière fleurdelisée, et il se

rable victoire qu'il remporta, le 17 juillet 1214, sur l'empereur Othon IV et sur les Flamands et les Anglais ses alliés (1).

Meyer rapporte ainsi ce fait : « Quand on fut arrivé à Bouvines, le roi Philippe entra dans l'église du lieu, où il fit sa prière avec larmes, invoquant le secours de la sainte Vierge à qui il fit vœu de bâtir une église en son honneur (2). »

Sébastien Rouillard (3) dit également : « A la journée de Bouvines, nostre Philippe Auguste après s'estre voué à la saincte Vierge, en l'extrémité du péril auquel il se vit réduict, ayant affaire à un si puissant guerrier, que l'empereur Othon, et autres valeureux ducs, comtes et chevaliers. Après lesquels deffaicts et mis en déroute, à son triomphant retour, ne se voulant rendre ingrat du bien-faict qu'il ressentait avoir receu de la dicte saincte Vierge, fit bastir près de Senlis l'église et abbaïe de Nostre-Dame surnommée de la Victoire, afin que ce fust un monument perpétuel du subject pour lequel la dicte église auroit esté batie. »

Cette église fut bâtie en 1222. Guarin ou Guérin, chevalier de L'Hôpital, évêque de Senlis et chancelier de France, aumônier et confesseur du roi, posa la première pierre au nom du roi, le mercredi des Cendres, 16 février. La dédicace en fut faite par le même prélat, le 26 octobre 1228. Le roi donna à cette occasion, deux lampes d'argent qui devaient brûler continuellement devant l'image de la Très-Sainte Vierge. On en célébrait la fête le 4 juin.

Cette église n'a pas seulement pour motif la bataille de

---

trouva en grand danger ainsi que l'empereur ; mais, à la fin, la victoire restant aux Français, les envahisseurs laissèrent trente mille morts sur le champ de bataille. Ferdinand ou Ferrand, comte de Flandre, Regnault, comte de Boulogne, et plusieurs autres seigneurs y furent faits prisonniers. (*Chronique de Reims*, publiée Paris en 1839.)

(1) Spondanus, *Opere citato*, anno 1214.
(2) Meyer, *Annales de Flandres*, chap. vi. n° 10.
(3) Rouillard, *Parthénie* in-4°, 1609, chap. vi, pag. 178.

Bouvines, mais encore celle qui fut remportée le même jour par le prince Louis, fils du roi, dans l'Anjou, sur le roi d'Angleterre, comme on le voit par l'inscription d'une médaille :

VIRGINI DEI MATRI, OB GEMINAS UNA DIE AD
BOVINUM CONTRA OTIIONEM ET CONJURATOS,
ET IN AQUITANIA, ADVERSUS JOANNEM
ANGLIÆ, PARTAS VICTORIAS ÆDES SACRAS
EX-VOTO POSUIT.

La tradition porte qu'elle fut bâtie, par le conseil de Guérin, à l'endroit même où les courriers du roi et de son fils se rencontrèrent. On voyait autrefois, sur un bas-relief de la porte de l'abbaye, ces deux courriers échanger mutuellement la bonne nouvelle.

Louis VIII, fils et successeur de Philippe-Auguste, avait une dévotion particulière pour cette église, et pour lui en laisser des marques, il donna, par son testament du mois de juin 1225, mille livres à prendre sur son domaine.

Outre les revenus qu'il avait déjà accordés, il ordonna également que l'on vendit, en faveur de l'abbaye de Notre-Dame de la Victoire les pierres précieuses de sa couronne, ses anneaux et ses autres joyaux (1). Louis XI, dont on connaît la dévotion pour toutes les madones, visita aussi dans cette église l'image de Notre-Dame de la Victoire, et donna 2,000 florins pour y entretenir des lampes d'argent devant l'autel.

A Chartres, on faisait dans la cathédrale, la fête de Notre-Dame de la Victoire, fondée par Philippe-le-Bel, après la victoire qu'il remporta sur les Flamands, à Mons-en-Puelle, près de Douai. Rouillard nous rapporte ce fait dans sa *Parthénie.*

« Philippe-le-Bel remporta une victoire sur les Flamengs,

(1) Colvenerius. *Kalendarium Marianum.*

le dix-septième aoust 1304, auprès de Mont-en-Pouille ; car, sur quelques pour-parlez d'accord, l'armée d'icelui roi s'estant comme départie çà et là, et les Flamengs en aiant eu aduis, l'estans venu surprendre au desprouvu ; en cette consernation subite, il eut ses bataillons résolus à bien faire, à l'opposite apperceut l'ost de ses ennemis en tel désordre et désarroi, qu'il chargea roidement dessus, et les combattit avec tant de prouesse, qu'il en coucha trente-six mille sur la place, sans compter plusieurs prisonniers ; et à peine y perdit quinze cens de ses gens. A son retour, pour rendre graces condignes à la Vierge, vint en l'église de Chartres célébrer les honneurs iustement par elle meritez : lui fit don de la terre et seigneurie des Barres, vallant cinq ou six cens liures de rente : grand don pour ce tems-là ! lui offrit tout l'équipage, harnois et armeures, dont il estoit vestu lors de la dicte armée, et fonda un seruice perpetuel en la dicte église pour celebrer à mesme jour, comme il se solemnise encores de present et pour une perpetuelle memoire, tous les ans le iour de la dicte solemnité, la coustume est de pendre au poulpitre, du coté de la nef, toutes les dictes armes par lui offertes à l'église, sçavoir : son casque couronné et doré, sa cuirasse, sa iacque de maille, sa cotte d'armes de velours violet cramoisy ornée de fleurs de lis d'or, trois devant, trois derrière ; sa camisole qu'il mettoit sous ses armes, qui est cottonnée et de satin incarnat ; ses gantelets, son espée avec le pendant et la ceincture, ses brassars et cuissars (1). »

A Paris, en l'église cathédrale et dans tout le diocèse, on fait, le 18 août, la commémoration de Notre-Dame de la Victoire, en mémoire du triomphe remporté par Philippe IV le Bel sur les Flamands, en 1304. L'office est double, et, dans les leçons du 2ᵉ nocturne, on rapporte l'histoire de la bataille de Mons en Puelle et de la victoire de ce prince, en

---

(1) Rouillard, *opere citato*.

reconnaissance de laquelle il laissa à l'Église de Paris 100 livres pour cet office. Il est encore ajouté dans ces leçons que c'est lui qui fit placer la statue équestre devant la chapelle de Notre-Dame ; mais Mézeray, dans son *Histoire de France* (1), attribue cette action à Philippe de Valois. Rouillard et Sponde sont du même sentiment.

On fait également à Paris, le 23 août, commémoration de la victoire que le roi Philippe VI, dit de Valois, gagna sur les Flamands, la veille de Saint-Barthélemy, 1328, à la bataille de Cassel en Flandres. « Le roi, dit Rouillard, ayant esté surpris au desprouen comme Philippe le Bel, et s'estant voüé à la Vierge en ce danger extreme : elle inspira soudainement telle force secrette au cœur, tant du roi que de toute son armée, qu'ils desconfirent sur la place de dix-neuf à vingt mille Flamengs.

« Comme le vœu avait sorti son effect, le roi au jour de sa triomphante entrée en la ville de Paris, ne s'oublia de remercier solemnellement celle qui lui auoit procuré ce bon-heur ; car il alla visiter de plaine arrivée la grande eglise de Paris sacrée à cette saincte dame, et s'avüança icelle, tout le long de la nef armée, à cheual, et ses armeures à sa dicte patrone en lui attribuant l'hôneur de sa victoire. Et en signe de ce, est encores sa représentation toute a cheual a un pillier méridional de la nef d'icelle eglise, et lui assigna cent liures de rentes a prendre sur son domaine du Gastinois pour en célébrer a jamais la mémoire (2).

C'est surtout à Paris que la dévotion à Notre-Dame des Victoires s'est conservée dans toute sa ferveur. Les chanoinesses de Picpus, qui existèrent jusqu'à la fin du dernier siècle, avaient dédié leur église à Notre-Dame de la Victoire. On voyait sur le grand autel avant la révolution, un tableau

---

(1) Mézeray, *Hist. de France*, tom. IV, p. 308.
(2) Rouillard, *opere citato*.

de la Très-Sainte Vierge, où Marie était représentée portée sur les nues et environnée d'anges; elle tenait le divin enfant Jésus entre ses bras; vers le bas du tableau on voyait une mer couverte de vaisseaux et sur la rive, des trophées d'armes, des lances, des tambours, des turbans et des drapeaux. Le peintre avait voulu rappeler la victoire remportée sur les Turcs par le secours de la mère de Dieu en 1571, à la journée de Lépante.

Les aveugles de l'hôpital royal des Quinze-Vingts, à Paris, faisaient autrefois la fête de Notre-Dame de la Victoire dans leur église le 18 août. Il y avait ce jour-là, indulgence plénière et exposition du Très-Saint Sacrement. Cette fête de confrérie avait été établie d'abord, en 1660, en faveur des seuls aveugles de l'un et de l'autre sexe, puis autorisée par une bulle du pape Innocent XI, le 5 août 1689, visée et approuvée par François du Harlay, archevêque de Paris, le 5 juin 1697. La confrérie avait pour but de remercier la sainte Vierge des victoires qu'elle avait obtenues en faveur de Philippe le Bel et de Philippe de Valois roi de France, sur les ennemis; et de la supplier de continuer sa protection favorable sur les armes de tous nos rois, et particulièrement sur celles de Louis XIV, qui régnait au moment de sa fondation.

Les associés devaient aussi prier pour l'extirpation des hérésies et pour la conversion des pécheurs et enfin, ils devaient demander la victoire contre tous les ennemis de leur salut, et la grâce d'une bonne mort.

A Arras, en 1667, les Récollets faisaient bâtir le grand autel de leur église. La reine Marie-Thérèse d'Autriche, qui se trouvait alors dans la ville, en posa la première pierre, le 27 août, et voulut qu'on donnât à l'autel le titre de Notre-Dame de la Victoire, en mémoire des victoires que les armées de Louis XIV venaient de remporter, et surtout de la prise de la ville de Lille. Cette cérémonie se fit avec beaucoup de pompe et de solennité. Le 26 janvier suivant, 1668, cet autel étant achevé, on y célébra la messe solennelle pour l'heureux voyage du roi, et pour le succès de la grossesse de la reine.

L'église de Notre-Dame-des-Victoires du couvent des Augustins déchaussés de Rouen, située au faubourg de Martinville, fut fondée par la reine Marie-Thérèse d'Autriche.

La première pierre fut posée en son nom, le 30 août 1672, par les échevins de la ville, en action de grâces des triomphes remportés par le roi sur les Hollandais pendant cette même année. Le plan de cette église avait été dressé par Le Duc architecte du roi. On ne construisit de cette église que les fondations : les guerres que le roi avait alors à soutenir contre la Hollande, ne permirent pas à la pieuse fondatrice de terminer son œuvre.

Sur la première pierre, on avait gravé cette inscription.

DEO OPTIMO MAXIMO.

MARIA THERESIA GALLIARUM ET NAVARRÆ REGINA, DEVICTIS UNDIQUE HOSTIBUS, BATAVISQUE A REGE LUDOVICO DECIMO QUARTO, CONJUGE CLARISSIMO, SUBACTIS, MONASTERIUM ET ECCLESIAM HANC AUGUSTINIANORUM DISCALCEATORUM DEO OMNIPOTENTI, BEATISSIMÆQUE VIRGINI, SUB TITULO DOMINÆ NOSTRÆ DE VITORIIS, IN GRATIARUM ACTIONEM VOVIT AC DEDICAVIT ; ET PRIMUM HUNC LAPIDEM PER MANUS NOBILIUM VIRORUM NIC. DUFOUR, P. TABOURET, P. ASSELIN A CONSILIIS ET DOMUS REGIS ORDINARII PRÆPOSITI, JAC. LE TELLIER, ET DIONYS. MONFREULE, CONSILIARIORUM ET ÆDILIUM CIVITATIS ROTHOMAGENSIS, SUO NOMINE APPONI JUSSIT (1).

ANNO 1672 DIE VERO XXX AUGUSTI.

(1) Marie-Thérèse, reine de France et de Navarre, en actions de grâces

En tête de l'inscription, on avait gravé les armes de la reine, et au bas d'un côté, les armes de Normandie, de l'autre côté celles de la ville de Rouen.

Il y eut à cette occasion une grande solennité, dont *la Gazette de France* (année 1671, page 921), nous a conservé le récit que nous rapportons textuellement dans sa singularité :

« L'histoire, qui transmet à la postérité les actions des princes, doit particulièrement marquer celles qui ont la piété pour principe. Ainsi, on ne peut se dispenser de dire ici ce qui s'est passé par l'ordre de la reine, en la position de la première pierre de l'église des Augustins de Rouen.

« Dès le 3 août 1672, cette pieuse princesse avoit envoyé au maire et aux échevins de la ville de Rouen, une lettre de cachet par laquelle elle leur déclaroit sa volonté sur ce sujet, ajoutant que son motif étoit de rendre solennellement grâces à Dieu des conquêtes du roi, ce qui lui faisoit juger à propos que cette église fust consacrée sous le nom de Notre-Dame des Victoires.

« Ces officiers, ayant appris son intention avec beaucoup de joie, donnèrent aussitôt les ordres nécessaires pour l'exécuter avec toute la magnificence possible ; et pendant quinze jours on travailla incessamment à la décoration du lieu qui fut choisi à cette fin, dans l'enclos des Carmes déchaussés. On y éleva un dôme de la hauteur de près de quarante pieds, en forme d'ovale, soutenu de six colonnes torses, distantes de

---

des victoires de son illustre époux, Louis XIV, sur ses ennemis, et de la soumission de la Hollande, voua et dédia au Dieu tout-puissant et à la bienheureuse Vierge, ce monastère et cette église des Augustins déchaussés, sous le titre de Notre-Dame des Victoires. Posèrent la première pierre : N. Dufour, P. Tabouret, P. Asselin, Conseiller ordinaire du roi. J. Le Tellier et de Monfreule, conseillers et échevins de la ville de Rouen. 30 Août 1672.

dix pieds les unes des autres, et faisant en tout soixante de circuit. Elles soutenoient une grande couronne fermée qui contenoit toute cette étendue, au dessus de laquelle paraissoit une fleur de lys de six pieds de haut, au milieu de plusieurs autres qui l'environnoient.

« Le front de ladite couronne étoit de six pieds de large ; au milieu régnoit une bande de cuivre doré de la largeur d'un pied et demi, tout enrichie de sculptures percées à jour, et les frises, chapiteaux, architraves et corniches, aussi embellis des plus délicates pièces d'architecture, en achevoient l'ornement ; au dedans du dôme pendoit un cul-de-lampe, du centre de cette couronne, qui servoit de dais à un autel des plus propres et des mieux dressés ; et aux piédestaux des colonnes étoient de grands cadres dorés, dans lesquels étoient les chiffres de la reine en or bruni, d'un pied de haut, entrelacés et couverts de grands verres de cristal qui produisoient un très-bel effet. Il y avoit aussi, aux deux côtés de l'autel, de pareils chiffres ornés magnifiquement, avec les écussons du roi et de la reine sous une couronne fermée, et le marchepied étoit couvert d'un superbe tapis.

« Au côté du dôme, il y avait un trône au-dessous d'un dais de velours cramoisi parsemé de fleurs de lys d'or, avec les crépines de même, et dessous ce dais étoit un portrait de la reine, et, au bas du trône, un fauteuil avec un carreau dessus, et un au pied : le tout aussi de velours cramoisi et couvert de dentelle d'or. A dix pieds du trône et au-dessous, il y avoit un théâtre pour soixante musiciens, dont une partie étoit de la musique du chapitre de Notre-Dame, qui voulut ainsi contribuer à la solennité de cette cérémonie ; et de l'autre côté, vis-à-vis, il y en avait encore un pour vingt-quatre violons et quatre trompettes qui, dans les intermèdes, firent des concerts très-agréables.

« La porte de l'enclos étoit signalée par trois grands écussons ; le premier, du roi et de la reine, avec une couronne fermée, et, plus bas, un de la province à la droite, et un de la ville à gauche, tous environnés de cercles de fleurs, mêlés de rubans et d'oripeaux. A l'endroit où se devoit poser la première pierre, étoit un autel où il y avoit trois bassins d'argent dans l'un desquels, au milieu, étoient des marteaux et des truelles argentés et garnis de rubans des couleurs de la reine, et, dans les autres, des aiguières pour laver les mains du prélat officiant; et il y avoit encore sur la pierre un dais avec des écussons comme au-dessus de la porte.

« Le 30 août, choisi pour la cérémonie, l'Evêque de Fimbori, en l'absence de l'Archevêque, se rendit sur les dix heures du matin en l'église de ces religieux, ainsi que les officiers de la ville, et, ayant été reçus par le supérieur, qui leur présenta la croix avec de l'eau bénite, il leur fit un petit discours sur ce sujet; ils allèrent à leurs places, sur des estrades des deux côtés, couvertes de tapis, et sur chacune desquelles il y avoit cinq fauteuils.

« Aussitôt on fut en procession au lieu destiné pour la solennité, les Religieux précédant ce prélat revêtu des ornements pontificaux, avec une chape de velours violet parsemée de fleurs de lys d'or, soutenue par deux religieux en surplis. Le corps de ville suivoit en habits de cérémonie, précédé par les compagnies de ladite ville, et les choses se firent selon ce qui se pratique en semblable occasion, au bruit de douze pièces de canon, qui, par l'ordre du sieur Pellot, premier président, avoient été conduites aux environs du boulevard de l'une des portes.

« Ensuite, on retourna à l'église où le *Te Deum* fut chanté par la musique, ainsi que la messe qui fut célébré par le même prélat, à l'issue de laquelle il dîna avec le corps de ville, au réfectoire de ces Religieux, qui conduisirent tout avec tant d'ordre que cette action se passa sans aucune confusion. »

Tous les siècles nous fournissent donc, chacun dans leur

genre, des preuves incontestables de leur confiance en Notre-Dame de la Victoire. Mais une des plus belles manifestations publiques que la France ait données de sa gratitude et de sa piété envers la sainte Vierge, c'est le vœu de Louis XIII, surnommé le Juste, et la construction de l'église de Notre-Dame des Victoires, dont nous allons raconter l'histoire. Pour perpétuer la mémoire de cette consécration, ce prince ordonna que tous les ans il se ferait une procession solennelle dans Paris. Cet édit, si conforme à la piété de nos ancêtres, fut ensuite promulgué dans toute l'étendue du royaume, et plus tard, Louis XIV et Louis XV se firent tous deux un devoir de renouveler le même vœu pour la prospérité de leurs États, et ordonnèrent que la procession, qui n'était d'abord obligatoire que pour Paris, se ferait dans toutes les églises de France le jour même de l'Assomption. Mais si un vœu semblable suppose une tendre piété et une sincère reconnaissance de la part du roi qui suivit une si sainte inspiration, il suppose aussi un fonds de confiance et un sentiment de dévotion profondément enraciné dans le cœur du peuple français, qui l'accepta avec tant d'empressement.

De même que le voyageur aime de temps en temps à reporter ses regards sur le chemin qu'il a parcouru et à résumer les dangers qu'il a surmontés et les obstacles qu'il a franchis, nous aussi, en terminant cette introduction nous éprouvons le désir de nous recueillir un instant et de jeter un regard en arrière. La route que nous avons parcourue est déjà longue, non-seulement par les détails que nous avons donnés, mais aussi par l'immensité des recherches que nous avons faites.

Nous avons établi que, dès les premiers siècles du christianisme jusqu'à nos jours, la Très-Sainte Vierge a été honorée sous le titre de Notre-Dame de la Victoire. Nous avons énuméré les bienfaits qu'elle a toujours accordés à ceux qui lui sont dévoués, et la protection dont elle ne cesse de les entourer. Depuis le ve siècle, où l'impératrice Pulchérie fit bâtir à Constantinople la première église en l'honneur de Marie, reine de la Victoire, jusqu'à ce temple auguste dont nous allons entreprendre l'histoire particulière et qui fut élevé par la piété de Louis XIII à Notre-Dame des Victoires; dans tous les âges et à toutes les époques, nous avons salué les nombreux sanctuaires, et accueilli avec bonheur toutes les fêtes qui consacrent le souvenir de la protection et de la puissance de la Mère de Dieu.

Nous la voyons toujours, dans tous les temps, la Vierge des combats, la Vierge de la Victoire, le secours, le bras protecteur des disciples de son Fils et de l'Eglise entière. Nous avons raconté comment elle fut surtout admirable dans certaines circonstances mémorables, où tout semblait conspirer pour l'anéantissement de l'œuvre bénie et du règne du Christ.

Admirable série des victoires remportées par Marie! elles vivront à jamais dans le cœur reconnaissant de tous les pieux fidèles. La Vierge divine nous en prépare d'autres pour l'avenir, car jamais son secours ne nous fera défaut. Secours constant, secours puissant, secours universel! Secours contre la force des armes; secours contre les violences du pouvoir politique; secours contre les persécutions; secours contre tous les orages que l'Enfer peut susciter à l'Eglise de Dieu sur la terre, qui tendent à retarder ses précieuses conquêtes, à diminuer le nombre des fidèles et à entraîner une foule d'âmes à leur perte. Notre-Dame des Victoires saura toujours nous faire éviter ces dangers.

Invoquons-la donc tous les jours avec confiance; implorons-la pour notre affermissement dans la foi et dans la vertu, pour notre persévérance contre les scandales qui nous environnent. « Tout obéit à son empire, » dit saint Antonin. « Votre nom est tout-puissant après Dieu, » s'écrie saint Bonaventure.

O Marie, invincible bouclier des chrétiens, qui avez manifesté avec tant d'éclat la protection que vous leur accordez à tous, bien plus qu'à l'illustre Judith il convient de dire : « Malheur à la nation qui s'attaquera à mon peuple ! car le Seigneur tout-puissant se vengera d'elle. » Soyez glorifiée à jamais d'avoir brisé en notre faveur la force des armes, et de nous avoir donné des motifs si consolants d'espérer en vous contre tous les ennemis des enfants de Dieu et de sa sainte Eglise. Avec elle nous aimons à vous dire : « Daignez secourir constamment ceux qui gémissent sous le poids de leur misère ; daignez animer les pusillanimes, fortifier les faibles, consoler ceux qui pleurent. Daignez prier pour tout le peuple chrétien, intervenir pour les membres du Sacerdoce, intercéder pour le sexe qui vous est particulièrement dévoué. Que tous les fidèles ressentent l'effet de votre aide salutaire, mais plus encore ceux qui se souviennent de vous avec bonheur, et qui vous implorent avec une douce et fidèle confiance. »

HISTOIRE

DE

L'ÉGLISE NOTRE-DAME DES VICTOIRES

depuis sa fondation jusqu'à nos jours

———⚹———

L'église de Notre-Dame des Victoires appartenait, autrefois, aux religieux Augustins déchaussés; par décret de l'Assemblée nationale, en date du 4 février 1791, après la suppression des couvents, l'église des Petits-Pères devint paroisse sous le titre de Saint-Augustin, et eut alors pour circonscription : la rue Croix-des-Petits-Champs, à gauche, jusqu'à la place des Victoires; tout le côté gauche de la place des Victoires jusqu'à la rue Vide-Gousset; celle-ci et la rue Notre-Dame des Victoires, à gauche, jusqu'à celle de Montmartre; tout le côté gauche de cette rue jusqu'au boulevard; le côté gauche du boulevard jusqu'à la rue Richelieu; le côté gauche de celle-ci jusqu'à la rue Saint-Honoré; le côté gauche de la rue Saint-Honoré jusqu'à la rue Croix-des-Petits-Champs point de départ. Les reliques de saint Augustin, évêque d'Hippone, avaient été transportées la veille du 4me dimanche après Pâques de l'année 1791. En 1793, la Société populaire et patriotique du Mail y tint ses séances, puis elle servit de Bourse pendant quelques années, et fut enfin rendue de nouveau au culte le 9 novembre 1809.

Le couvent avait été supprimé par la Révolution, mais les bâtiments subsistèrent jusqu'en 1853, époque où l'on voyait encore tout le cloître ; ils disparurent alors pour faire place à d'autres édifices, qui furent occupés, en partie par la mairie du 2me arrondissement, et en partie par une caserne d'infanterie des gardes de Paris.

Par décret du 22 janvier 1856, la circonscription de la paroisse fut de nouveau réglée ainsi qu'il suit :

Boulevard Montmartre, côté impair ; rue des Vieux-Augustins (actuellement rue d'Argout), côté impair ; rue Coquillière, côté pair ; rue Baillif, rue Radziwill (autrefois rue Neuve-des-Bons-Enfants), côté pair ; rue Neuve-des-Petits-Champs, côté pair ; rue Richelieu, côté pair, jusqu'au boulevard Bonne-Nouvelle, point de départ. Ce territoire renferme une population d'environ dix-huit mille âmes. L'église Notre-Dame des Victoires, autrefois première succursale de Saint-Eustache, est devenue cure de première classe en vertu d'un décret de l'empereur Napoléon III, signé au palais de Saint-Cloud, le 11 novembre 1866 ; le curé titulaire fut nommé, par Mgr Darboy, archevêque de Paris, et par l'Empereur, le 7 novembre 1868.

Elle est desservie par un curé, sept vicaires, un diacre d'office, un sous-diacre d'office et un prêtre habitué.

C'est de cette église que nous avons entrepris l'histoire. Nous dirons l'origine, la fondation et les principaux événements dont elle fut le théâtre. C'est pourquoi il nous semble utile de donner quelques détails préliminaires sur les religieux Augustins déchaussés auxquels nous devons sa construction, et qui la possédèrent jusqu'à la Révolution française, époque de la suppression de leur ordre.

CHAPITRE PREMIER

Premiers commencements de l'Ordre des Ermites de Saint-Augustin. — Réforme de l'Ordre des Augustins déchaussés. — Leur introduction en France. — Ils s'établissent à Paris. — Les Petits Pères.

La fondation de l'Ordre des Augustins (1) remonte, dit-on, à saint Augustin, évêque d'Hippone. Ce saint n'était encore que simple prêtre, mais déjà la renommée de ses vertus s'était répandue au loin. Un grand nombre de pieux fidèles voulant, sous sa conduite, pratiquer les vertus chrétiennes et arriver à la perfection, vinrent se grouper autour de lui. Le saint les réunit en un double cloître, qu'il bâtit autour de l'église d'Hippone, et leur donna une règle à suivre (2). Ces religieux furent connus depuis, sous le nom d'Ermites de Saint-Augustin ; de l'Afrique, ils se répandirent bientôt en Italie, où ils fondèrent des monastères. Leur nombre s'accrut considérablement, et, au treizième siècle, ils formaient plusieurs familles soumises à différentes observances.

En 1244, le pape Innocent IV résolut de les réunir en congrégations, auxquelles il donna une règle de vie extraite des œuvres du saint docteur. Bientôt un certain nombre de monastères abandonnèrent la vie de la solitude et formèrent des communautés nou-

---

(1) Saint Augustin, baptisé en 387, par saint Ambroise, fut ordonné prêtre en 391 par Valère, évêque d'Hippone.

(2) Saint Augustin avait bâti un monastère dans un jardin qui lui avait été donné par Valère ; il suivait avec ses frères la manière de vivre des apôtres et des premiers chrétiens.

En même temps il établit à Hippone un monastère de religieuses dont sa sœur fut la première supérieure.

velles sous le nom de Chanoines réguliers de saint Augustin. En 1254, Alexandre IV confirma cette transformation par une bulle.

Ce fut vers cette époque que les Augustins fondèrent en France leurs premiers monastères (1). Saint Louis occupait alors le trône, et sa piété si éclairée ne manqua pas de favoriser dans son royaume les monastères du nouvel ordre. Charles V leur continua la bienveillante protection de saint Louis et leur octroya plusieurs priviléges.

En 1265, par les soins d'Alexandre IV, ils élurent un général, et leur choix se porta sur le prieur des Jean-Bonites, Lanfranc Septula de Milan. L'ordre jouissait alors de grands privilèges; il était exempt de la juridiction épiscopale, avait un cardinal-protecteur et l'un de ses membres était habituellement sacriste de la chapelle pontificale. En 1567, le pape Pie V plaça les Ermites de Saint-Augustin au nombre des ordres mendiants; il fixa leur rang après les Dominicains, les Franciscains et les Carmélites, sans leur défendre de posséder des biens et des revenus. Mais déjà, à cette époque, l'ordre des Augustins avait perdu de son ancienne ferveur, en cela il avait subi le sort des autres ordres religieux. En effet, il n'est point d'ordre monastique qui ait su conserver dans toute sa rigueur la règle primitive; mais il n'en est point non plus, dans lesquels Dieu n'ait suscité, en différentes circonstances, quelques sujets propres à la ranimer.

Il y eut à toutes les époques des hommes vraiment apostoliques, qui, pénétrés de la sainteté de leur état et animés du désir de faire revivre les vertus des premiers chrétiens, s'opposèrent par leur parole, et surtout par leurs exemples, au relâchement et à l'esprit du monde, qui avait envahi la plupart des ordres religieux.

Tel fut le P. Thomas de Jésus, religieux Augustin portugais de la maison d'Andrada, illustre par ses dignités et par ses services,

---

(1) On voit en 1256 plusieurs communautés de religieux, souvent appelés Ermites, quoiqu'ils ne se trouvassent pas dans les conditions de ce titre.

En 1505, selon quelques historiens (en 1574 selon d'autres), ce saint religieux entreprit le premier la réforme de son ordre; mais son zèle pour la rigueur des observances primitives rencontra beaucoup d'obstacles, qu'il aurait peut-être surmontés par la patience et par la prière, et qui le forcèrent d'abandonner son dessein. Il avait cependant commencé à établir la réforme dans son monastère, lorsqu'il fut mandé par le roi Dom Sébastien pour le suivre en Afrique.

Après la défaite de l'armée chrétienne, le saint religieux demeura captif parmi les Barbares, et il fut vendu à un Morabite qui lui fit endurer les plus cruels tourments. A quelque temps de là, il fut appelé à la cour du roi de Maroc, et sa famille offrit de payer sa rançon; mais il préféra demeurer captif pour travailler au salut des esclaves chrétiens.

Cinq ou six ans après sa mort, arrivée le 17 avril 1582, le projet de réforme fut renouvelé et accepté par le chapitre général de l'ordre, tenu à Tolède le 30 novembre 1588. Le P. Louis de Léon, autre religieux Augustin, professeur à Salamanque et premier définiteur de l'ordre, en rédigea les constitutions. C'étaient les anciennes observances dans toute leur rigueur, et elles furent approuvées par le pape Sixte-Quint. Louis de Léon établit la réforme en Espagne, et le P. André Diez en Italie. Les religieux de la nouvelle observance ajoutèrent à leurs nombreuses mortifications, celle de marcher pieds nus, ce qui leur fit donner le nom d'*Augustins déchaussés*.

Leur costume était celui des Capucins, mais il était noir, et ils avaient remplacé la corde par une ceinture de cuir (1). Ils firent

---

(1) Le pape Benoît XIII ayant été informé que les diverses congrégations des Augustins déchaussés différaient les unes des autres, pour la forme de l'habit, pour le chant, la barbe; les uns la portant entière, les autres se faisant raser; les uns ayant le capuce pointu, les autres rond; les uns chantant le plain-chant, les autres ne faisant que psalmodier, voulut établir partout l'uniformité. Il ordonna donc, par son bref

des progrès rapides en Italie et en Espagne, où ils étaient soumis à la juridiction du provincial de Castille. Les Augustins non déchaussés réclamèrent et se crurent en droit de continuer à exercer sur eux la juridiction qu'ils avaient avant la réforme ; mais le pape Clément VIII, par sa bulle du 11 février 1602, érigea les couvents réformés en province particulière, avec la faculté d'élire un provincial et des prieurs. Il les partagea en dix congrégations, gouvernées chacune par un vicaire-général ; le général de l'Ordre conservait toujours le droit de juridiction, de visite et de correction sur elles.

Les PP. François Amet et Mathieu de Sainte-Françoise, Augustins du grand ordre, ayant appris que cette réforme s'était établie à Rome, y accoururent et l'embrassèrent avec ardeur. Leur esprit, leur modestie et leur régularité les firent bientôt connaître. En 1594, Guillaume d'Avançon, archevêque d'Embrun, et ambassadeur du roi Henri IV auprès du Souverain-Pontife, ayant entendu parler de cette réforme, conçut pour ces religieux tant d'estime, qu'il voulut introduire leur ordre en France. Ce prélat était commendataire du prieuré de Villars-Benoît, situé dans le diocèse de Grenoble, entre le fort Barreau et Montmélian. Ce monastère, placé sur une éminence autour de laquelle règne la vallée de Grésivaudan, était possédé par des chanoines séculiers de Saint-Augustin ; mais les calvinistes, alors fort puissants dans cette province, après en avoir ravagé les possessions, avaient presque détruit les murs du couvent. Ce fut sur cette maison ruinée que Mgr d'Avançon jeta les yeux pour y poser les fondements de la réforme qu'il voulait introduire en France.

Il proposa son dessein au pape Clément VIII, qui l'approuva, et fit expédier un bref, daté du 23 novembre 1595, par lequel il permit aux Augustins déchaussés d'aller s'établir dans le couvent de

---

du 22 janvier 1726, que tous adopteraient le chant grégorien, et qu'ils porteraient le capuce rond et la barbe rasée. Piganiol de la Force, *Description historique de la ville de Paris*, 1765, tome III, page 127.

Villars-Benoît (1). Aussitôt, l'archevêque d'Embrun passa une transaction avec le général des Augustins, le 7 mars 1596, par laquelle il céda le prieuré de Villars-Benoît aux Augustins déchaussés, et le général de son côté, s'engagea à y envoyer le P. François Amet et le P. Mathieu de Sainte-Françoise, avec quelques autres religieux, pour en prendre possession et y établir la réforme. Ces religieux partirent au commencement du mois de juin de cette même année, et arrivèrent à Villars-Benoît à la fin du mois de juillet suivant.

Aussitôt ils s'occupèrent à relever le monastère de ses ruines, et surtout à combattre les hérésies nouvelles qui semblaient s'être retranchées sur les montagnes du Dauphiné. Le Pape ayant appris leurs travaux et leurs succès, les en félicita par un bref du 21 décembre 1600. Il leur permettait en même temps de s'étendre par toute la France, de recevoir des novices, de fonder de nouveaux couvents, et les mettait en possession de tous les droits que le Saint-Siége avait accordés à tous les monastères de l'ordre. Il écrivit aussi à Henri IV de prendre sous sa protection cette communauté naissante. Le nombre de religieux s'accrut considérablement en peu d'années, et il fallut bientôt songer à établir de nouvelles maisons. Ils vinrent donc se fixer à Marseille, et, l'an 1605, le duc de Guise, qui se déclara leur protecteur, posa la première pierre de leur église.

Le P. François Amet étant venu à Paris, pour présenter à Henri IV un nouveau bref que le pape Paul V lui adressait en faveur de sa communauté, ce prince le reçut avec bonté, et lui donna, le 26 juin 1607, des lettres patentes par lesquelles il approuvait l'établissement de Villars-Benoît et leur permettait d'en former d'autres dans le royaume.

Ce fut vers cette époque, que Marguerite (1) de France, première

(1) P. Maurice, *Sacra eremus Augustiniana*, page 173. Il rapporte les brefs de Clément VIII.

(1) Marguerite de Valois était fille de Henri II et de Catherine de Médi-

femme de Henri IV, voulut accomplir le vœu qu'elle avait fait de fonder un monastère à Paris, en actions de grâces du danger dont elle avait été délivrée lorsqu'elle était assiégée dans le château d'Usson, en Auvergne. Elle s'était mise sous la direction du P. Amet, son prédicateur ordinaire; et, soit de son propre mouvement, soit par les conseils de ce saint religieux, elle jeta les yeux sur sa communauté. Elle fit écrire au P. Mathieu de Sainte-Françoise, vicaire-général de l'ordre, qui était à Avignon, où il établissait un couvent de la réforme, lui ordonnant de se rendre de suite à Paris, avec quelques-uns de ses religieux. Ce Père obéit sur-le-champ aux ordres de la Reine; il vint à Paris avec quelques-uns de ses religieux; Marguerite les accueillit avec bonté et les logea d'abord dans son propre palais.

Il existait près de là un terrain précédemment occupé par les frères de la Charité, ce fut l'endroit qu'elle choisit pour les y établir. Elle y adjoignit une partie du petit Pré-aux-Clercs, contenant six arpents, qu'elle avait pris à cens et à rentes de l'Université. C'était un espace environné par le quai Malaquais et les rues des Petits-Augustins, Jacob et des Saints-Pères (2). Un contrat fut passé le 20 septembre 1609, pardevant Pierre Gaillard et Raoul Bontemps, notaires au Châtelet de Paris, par lequel la reine Marguerite *donna, céda, quitta, transporta, dès lors et à toujours, par donation entre-vifs et irrévocable, aux PP. Mathieu de Sainte-Françoise et François Amel, acceptant pour les Augustins déchaussés leurs frères,* une maison contiguë à son palais, dans le faubourg Saint-Germain, et six mille livres de rente perpétuelle (3). Elle promit,

cis. Elle était née en 1552; en 1572 elle épousa Henri, roi de Navarre, qui la répudia lorsqu'il devint roi de France, pour épouser Marie de Médicis. Marguerite, retirée d'abord en Auvergne, au château d'Usson, revint plus tard à Paris et bâtit un palais rue de Seine. Elle mourut en 1615.

(2) Dès le 21 mars 1608, elle avait posé elle-même la première pierre de la chapelle *des Louanges*, qui existait encore en 1782.

(3) Sur l'emplacement de ce monastère on a élevé, dans ces derniers temps, l'école des Beaux-Arts.

par le même acte, de faire bâtir en cet endroit un couvent, auquel elle voulait donner le nom de Jacob. Elle stipula également, dans ce même contrat, qu'il y aurait dans ce couvent, vingt religieux au moins, dont six prêtres et quatorze frères. Tous ensemble, et selon la pratique de leur ordre, devaient faire le service divin dans la grande église que cette reine leur ferait construire sous le nom de la *Sainte-Trinité*; et les quatorze frères, deux à deux et d'heure en heure, devaient chanter continuellement, jour et nuit, des hymnes et des cantiques *sur des airs composés exprès d'après ses ordres*.

Le contrat de donation et de fondation fut déposé au greffe du Châtelet de Paris, le 1er février 1610. La reine écrivit aussitôt au pape Paul V, le priant d'approuver l'établissement et de le revêtir de son autorité apostolique, ce qu'il fit par un bref du 1er juillet 1610. Le roi, de son côté, par lettres patentes du mois de mars de cette même année, avait déjà confirmé cette fondation et ratifié un bref du pape, en date du 26 juin 1607, par lequel il était permis aux Augustins déchaussés d'acquérir et de posséder les biens qui leur seraient donnés dans toute l'étendue du royaume.

Les Augustins réformés prirent possession du monastère et des revenus que la reine Marguerite leur avait donnés, et ils en jouissaient depuis trois ans, lorsque cette princesse, soit inconstance naturelle à son sexe, soit qu'elle fût mécontente de la liberté et de la vigueur évangélique avec lesquelles le P. François Amet la reprenait de ses fautes dans le tribunal de la pénitence, révoqua la donation qu'elle avait faite en faveur de ces religieux, et les obligea, le 20 décembre 1612, à sortir de leur couvent. Les Augustins chaussés de la réforme du P. Rabache, autrement dits de Bourges, furent substitués à leur place.

Marguerite chercha à couvrir l'inconséquence de ce procédé en alléguant que les Augustins déchaussés ne remplissaient pas et ne pouvaient pas remplir les clauses du contrat du 27 septembre 1609, dont une portait textuellement que les dits religieux s'obligeaient « de faire chanter en ladite *chapelle des Louanges*, en l'intention de ladite dame Royne, perpétuellement, les hymnes, cantiques et psaumes d'actions de grâces ci-dessus mentionnés, et selon *les airs qui en seroient baillez* par ladite dame Royne, etc.» Or, disait Marguerite, la règle des Augustins déchaussés ne leur permet pas de chanter, mais seulement de psalmodier; de plus, ils sont constitués *ordre mendiant*, donc ils ne peuvent posséder des rentes, etc. Les religieux répondaient en peu de mots, que toutes ces difficultés qui existaient au moment de la donation avaient été levées par leur acquiescement au contrat de fondation, et par la sanction du pape et du roi. Une telle réponse n'admettait aucune réplique, mais la raison du plus fort est toujours la meilleure, la puissance l'emporta sur la justice, et les Augustins déchaussés, malgré leurs réclamations et leurs protestations plusieurs fois réitérées, furent contraints d'abandonner leur couvent (1). Ils quittèrent même Paris et s'en retournèrent à Avignon et à Villars-Benoît, avec l'espoir, cependant, de revenir un jour s'établir à Paris lorsque la Providence leur en fournirait les moyens. Cette espérance ne fut pas trompée, car le chapitre général de la congrégation tenu à Avignon, le 3 mai 1619 (2) résolut de rétablir leur communauté à Paris; il choisit et députa à cet effet les PP. Hilarion de Sainte-Ursule et Simplicien de Sainte-Marie. Ces deux religieux arrivèrent

---

(1) La reine Marguerite céda leur couvent aux Augustins réformés de la province de Bourges, par contrat du 12 avril 1613.

(2) Les historiens varient sur cette époque. L'abbé Lebœuf et l'auteur des *Tablettes parisiennes* la placent en 1620, Sauval en 1625 et d'autres historiens de Paris en 1629. Il est aisé de voir que ces dates ne conviennent ni à leur premier établissement à Paris, en 1608, ni à ceux qu'ils eurent depuis, soit à Paris, soit aux environs. Sauval s'est encore trompé en disant qu'ils avaient été établis auparavant au milieu de la forêt de Saint-Germain-en-Laye, puisque le roi ne leur donna la chapelle *des Loges* qu'en 1620, que la reine Anne d'Autriche ne leur fit bâtir une église qu'en 1644, et qu'enfin elle ne s'en déclara la fondatrice que par ses lettres patentes du mois de février 1648. Ainsi c'est sans fondement que l'abbé Lebœuf place au même endroit des ermites de Saint-Augustin dans l'avant-dernier siècle. — Jaillot, *Recherches sur Paris*, tome II.

à Paris au mois de juillet suivant : d'abord ils travaillèrent à faire enregistrer au parlement les lettres patentes, obtenues en 1613, du roi Louis XIII, par lesquelles il leur était permis de s'établir dans tous les lieux du royaume. Ces lettres furent enregistrées le 17 septembre 1619. Ils se présentèrent ensuite à messire Henri de Gondy, évêque de Paris, le suppliant, en vertu de ces lettres, de leur permettre d'établir un couvent de leur réforme dans la ville de Paris. Ce prélat (1) les accueillit avec bonté, accorda leur demande, et, par lettres en date du 10 juin 1620, leur permit de fonder un monastère et d'y célébrer la messe.

Ces religieux choisirent le faubourg Montmartre comme le lieu qui convenait le mieux à leur dessein ; ils y louèrent une maison avec un jardin à Jean Charpentier, commissaire ordinaire des guerres, et s'y accommodèrent comme ils purent. Les bourgeois et les habitants du faubourg Montmartre comprenant l'avantage qu'il y aurait pour eux d'avoir une communauté religieuse dans leur faubourg, où il n'y avait ni églises ni prêtres pour leur donner les secours spirituels, particulièrement la nuit, lorsque les portes de la ville étaient fermées, les accueillirent avec faveur. Ils s'assemblèrent, et par devant Pierre Briquet et Jacques Morel, notaires au Châtelet, ils constituèrent, le 12 février 1623, un procureur pour demander en leur nom, au parlement et à messire Jean-François de Gondy (2), archevêque de Paris, qu'ils eussent pour agréable l'éta-

(1) Henry de Gondy était le neveu de Pierre V de Gondy, évêque de Paris. Il lui succéda sur le même siége dont il prit possession le 1er avril 1598, et mourut le 22 août 1622, âgé de 50 ans.

(2) Jean-François de Gondy fut le premier archevêque de Paris ; il fut élu par une bulle du 11 novembre 1622, il fut consacré et prit possession du siége le 10 février 1623. Il eut pour coadjuteur Jean-François de Gondy, son neveu, au mois de juin 1643, et mourut le 21 mars 1654. Le siége de Paris fut érigé en archevêché par une bulle du pape, en date du 20 octobre 1622 ; les suffragants furent d'abord Chartres, Meaux et Orléans, détachés de la province de Sens, et, plus tard, l'évêché de Blois qui fut enlevé à Chartres en 1697.

blissement des Augustins déchaussés, dans le faubourg Montmartre.

Les religieux achetèrent la maison où ils étaient logés la somme de 2,700 livres, et disposèrent une petite chapelle dans une des salles. Jean-François de Gondy, qui les aimait et les estimait, vint lui-même bénir cette chapelle sous le titre de Saint-Augustin. Ce prélat leur accorda aussi par ses lettres du 18 décembre 1624 et du 31 janvier 1625, les plus amples pouvoirs pour toutes les fonctions ecclésiastiques et religieuses. Ainsi légalement constitués, les Augustins déchaussés formèrent une petite communauté de plusieurs religieux qui furent d'une très-grande utilité dans ce faubourg. On les appela les *Petits Pères*, à cause de leur pauvreté primitive et de l'exiguïté de leurs revenus ; ce nom leur resta dans la suite (1). Quelques auteurs racontent autrement l'origine de ce nom : Un jour, les PP. Amet et Mathieu de Sainte-Françoise étaient allés présenter leurs hommages à Henri IV. Comme ils étaient de petite taille, le roi les apercevant dans l'embrasure d'une fenêtre demanda ce que voulaient *ces petits Pères là*. Quoiqu'il en soit de cette version, ce nom est resté au monastère, et de nos jours, l'église Notre-Dame-des-Victoires n'est connue de beaucoup de personnes que sous le nom d'église des Petits-Pères ; la place sur laquelle est placé le portail de l'église porte le nom de place des Petits-Pères, ainsi que la rue et le passage qui y aboutissent.

La Providence qui les avait conduits à Paris et qui voulait les y établir, veillait aussi à leur en procurer les moyens. Elle inspira à M. de Serres de leur laisser, par son testament, la somme de

---

(1) L'auteur anonyme de la *Vie du Frère Fiacre*, publiée en 1722, adopte ce sentiment: « Ce fut la pauvreté et la petitesse de cet établissement, dit-il, qui leur fit donner le nom de *Petits Pères*, qui, dans sa racine et son étymologie, est un nom de misère et de compassion sur la misère de cette congrégation naissante. C'est ce que j'ai voulu remarquer en passant, pour détruire les idées creuses et les contes en l'air qu'on a forgés sur l'origine de ce nom de Petits Pères ».

La Vie du vénérable frère Fiacre, page 8.

1,800 livres qui leur fut délivrée par M. l'évêque du Puy, au mois de juillet 1628. Une autre somme de 1,800 livres leur vint encore des aumônes d'un jubilé qui fut célébré à Paris, au mois de juin précédent; d'autres libéralités qui leur furent faites, leur permirent d'acquérir un plus grand terrain. C'est pourquoi, en cette même année 1628, ils achetèrent plusieurs terres sur le fief appelé la Grange-Batelière. Ces terres consistaient en marais et autres cultures situés entre le faubourg Montmartre et le faubourg Saint-Honoré, non loin de la porte Montmartre, dans un endroit appelé les *Burelles*, proche le *Palmail* (1).

Ce terrain comprenait six arpents et quarante perches, et leur coûta, pour le principal et pour les droits, 12,918 livres 2 sous 6 deniers. Ils en revendirent une partie dans la suite au sieur Louis Barbier, conseiller secrétaire du roi et de ses finances, maître d'hôtel ordinaire de Sa Majesté, qui se chargea en outre de toutes les redevances et autres droits seigneuriaux.

Ils résolurent alors de bâtir sur ce terrain un nouveau monastère avec une église; ils s'assemblèrent pour délibérer sur le choix d'un fondateur, et conclurent unanimement qu'il fallait supplier le roi Louis XIII de leur faire cet honneur. Le R. P. Anselme de Sainte-Marguerite, prieur du couvent du faubourg Montmartre, accompagné du R. P. Fulgence de Sainte-Monique, se rendirent, le 5 novembre 1629, au château de Saint-Germain-en-Laye, afin de présenter leur placet au roi. Jean de Souvré, marquis de Courtenvaux, chevalier des ordres du roi, premier gentilhomme de la chambre, gouverneur de la Touraine, et Guillaume de Simiane, marquis de Gordes, capitaine des gardes du corps qui les protégeaient, leur obtinrent une audience favorable. En effet, Louis XIII les reçut avec bonté, accueillit leur demande, et se déclara fondateur de leur église.

Il voulut qu'elle fut dédiée et consacrée en l'honneur de la

---

(1) C'était l'endroit consacré au jeu de Paume, ou le Mail, *Pale Mail*.

Sainte Vierge, sous le titre de Notre-Dame-des-Victoires, en reconnaissance de toutes les victoires qu'il avait remportées par sa protection tant sur les hérétiques rebelles, que sur les autres ennemis de son royaume, et, surtout, en souvenir de la prise de La Rochelle sur les protestants révoltés.

CHAPITRE II.

Siége de la Rochelle. — Louis XIII fonde l'église de Notre-Dame des Victoires. — Bénédiction de la première pierre. — Armoiries de l'église. — Premiers travaux. — Mort de Louis XIII. — Bienveillance à l'égard des Petits-Pères. — Les religieux prennent possession de l'église. — Difficultés multipliées qui entravent les travaux. — Consécration de l'église.

Un des grands desseins du cardinal Richelieu, ministre de Louis XIII, était la destruction des protestants en France. En l'an 1626, il les poursuivit sans relâche. Les protestants s'étaient réunis en synode national, à Castres, avec la permission du roi (1); tout s'y passait avec calme et on y désavoua par un acte authentique, les négociations faites pendant les guerres civiles avec les Espagnols. Mais tout le parti n'était pas animé de ces intentions pacifiques : des émissaires de l'Angleterre et de La Rochelle parcoururent les provinces et cherchèrent à les exciter à la guerre. Du reste, les projets du cardinal de Richelieu n'étaient pas un mystère, et il profitait des apparences de paix, dit un historien (2), pour ramasser des troupes, des vaisseaux et de l'argent, et se mettre en état d'accabler les huguenots. Ces préparatifs effrayaient les protestants les moins soupçonneux. Bientôt des troupes s'approchèrent de La Rochelle, qui se mit en défense : le prince de Rohan-Soubise demanda avec instance une flotte au roi d'Angleterre : ce prince employa le mois d'avril, de mai et de juin 1627, à la préparer. Louis XIII résolut de prendre lui-même le comman-

---

(1) *Mercure François.*
(2) *Histoire de l'Église*, par l'abbé Choisy, tome X p. 280.

dement des troupes qui étaient devant La Rochelle; une maladie l'arrêta en route, et le duc d'Angoulême le remplaça. Lorsque ce duc arriva en Poitou, la flotte anglaise s'était déjà approchée des côtes de France (1). Elle était composée de 90 vaisseaux et portait 8 à 10,000 hommes de troupes réglées avec toutes les munitions nécessaires.

Richelieu ayant appris la descente des Anglais dans l'île de Ré, envoya aussitôt, dans les ports de l'Océan, de l'argent et des ordres pour équiper les bâtiments qui s'y trouvaient. L'abbé de Marsillac, son maître de chambre, se rendit aux Sables-d'Olonne, et l'évêque de Mende au Havre, avec la mission de mettre tout en mouvement sur les côtes. Le duc de Guise reçut le commandement de l'armée navale, et Gaston d'Orléans, frère du roi, celui de l'armée de terre, que lui céda le duc d'Angoulême.

Les Rochellois se voyant pressés par cette armée, cédèrent enfin aux exhortations de Soubise, se déclarèrent en insurrection, chassèrent l'intendant de justice qui résidait parmi eux au nom du roi, et publièrent un manifeste. On commença dès lors à serrer la ville de plus près. Le roi arriva le 12 octobre et prit le commandement de l'armée. Il envoya six mille hommes dans l'île de Ré, sous la conduite de Schomberg; les Anglais furent obligés d'abandonner ce poste, après avoir éprouvé un échec.

La Rochelle fut bloquée par terre, au moyen d'une circonvallation qui embrassait toute l'enceinte de la ville; et du côté de la mer, on ferma son port par une digue de pierres sèches, de 4,450 pieds de long, assez solide pour résister à la violence des flots.

Cependant la division était au camp du roi, un grand nombre de seigneurs désapprouvèrent la guerre, et blamèrent Richelieu d'a-

---

(1) *Mercure François; Journal du siège de La Rochelle; Mémoires de Richelieu*, liv. 18 et 19.

voir forcé les Rochellois à se révolter en préparant une expédition contre eux. Le roi, ennuyé du blocus, retourna à Paris. Richelieu resta devant La Rochelle, et présida chaque jour le conseil de guerre, pour diriger les opérations du siége; après quelques tentatives inutiles pour s'emparer de la ville par surprise, il fut obligé de s'en tenir à son projet de la prendre par la famine. Une flotte anglaise parut le 11 mai, à la hauteur de l'île de Ré et s'approcha de la digue qui fermait le port. Le comte Derbigh la commandait; cet amiral n'osa attaquer la flotte française et se retira après avoir tiré quelques coups de canon. Sur ces entrefaites le roi revint au camp.

Cependant, une affreuse famine régnait dans la ville : Jean Guiton, qui avait remplacé Godefroy dans la charge de maire, montra, dans ces tristes circonstances, une énergie peu commune : il avait d'abord fait quelque difficulté d'accepter cette charge; forcé enfin par ses concitoyens, il prit un poignard et leur dit: « Je serai maire, puisque vous le voulez, à condition qu'il me sera permis d'enfoncer ce poignard dans le sein du premier qui parlera de se rendre; je consens qu'on en use de même envers moi dès que je proposerai de capituler; et je demande que ce poignard demeure tout exprès sur la table de la chambre où nous nous assemblons dans la maison de ville (1). »

Guiton soutint ce caractère jusqu'à la fin. Un jour qu'on lui faisait observer que la famine décimait affreusement la population : « Eh bien, dit-il avec calme, il suffit qu'il en reste un pour fermer les portes. »

Le 8 juillet, Richelieu écrivit aux Rochellois que, s'ils ne se rendaient sans délai, ils n'avaient plus à compter sur la clémence royale. Guiton, après avoir lu cette lettre publiquement, se déclara contre ceux qui proposeraient de se rendre; prétendit que la ville pouvait tenir encore longtemps, et annonça un secours très-prochain du roi d'Angleterre. Ayant fini son discours, il renvoya le porteur de

---

(1) *Histoire de l'Église gallicane.*

la lettre du cardinal, en lui disant qu'on n'avait pas d'autre réponse à lui donner.

La ville était loin d'avoir les forces que lui prêtait Guiton, par un motif facile à comprendre, les députés qu'elle avait envoyés au roi d'Angleterre faisaient à ce prince un tableau désolant et trop vrai de sa détresse, pour l'engager à hâter les nouveaux secours qu'il promettait. Des murmures et des attroupements commençaient à avoir lieu dans La Rochelle; on parlait tout haut de se rendre si le secours n'arrivait pas. Pour effrayer le peuple, Guiton fit décapiter les douze qui disaient le plus ouvertement qu'il fallait cesser toute résistance, et il exposa leurs têtes sur une des portes de la ville; mais la famine était si horrible, qu'on ne pouvait espérer longtemps retenir le peuple par de telles sévérités. Déjà les animaux les plus dégoûtants avaient servi de nourriture aux pauvres, et les plus riches étaient menacés de ne pouvoir bientôt plus rien se procurer, même à force d'argent.

La flotte anglaise parut enfin, le 28 septembre 1628, à la hauteur de l'île de Ré. Le 3 et le 4 octobre, une assez vive canonnade fut échangée entre les deux flottes, en vue de La Rochelle. L'amiral anglais, convaincu de l'impossibilité de secourir cette ville, conseilla aux protestants de faire la paix avec le roi. On entama des négociations qui aboutirent à une capitulation dans laquelle on accorda aux Rochellois la vie, la jouissance de leurs biens, l'abolition de leurs crimes passés et le libre exercice de leur culte. Plusieurs magistrats de la ville signèrent cette paix, le 28 octobre, au nom de leurs concitoyens. Le 30, les troupes du roi entrèrent dans la ville. Guiton en remit les clefs à Schomberg, qui lui déclara qu'il n'était plus maire et que les priviléges de la ville étaient abolis. Le roi entra dans La Rochelle le 12 novembre (1). Dans la nuit du 10 au 11 novembre, la flotte anglaise mit à la voile et quitta les

(1) La duchesse de Rohan, âgée de 90 ans, et sa fille, refusèrent d'être comprises dans la capitulation; elles furent, en conséquence, enfermées au château de Niort comme prisonnières de guerre.

côtes de France. Les fortifications de La Rochelle et des principales villes de la Saintonge et de l'Aunis furent détruites.

Ce siége fut un des plus fameux qu'on eut vu depuis longtemps. La Rochelle était une des plus fortes places de l'Europe, tant par sa situation et par son port, que par les fortifications dont elle était défendue. C'est ce qui explique le motif qui nous a déterminé à entrer dans tous les détails du siége. En effet, la prise de cette ville a été l'occasion et la raison spéciale qui a porté Louis XIII à ériger l'Eglise de Notre-Dame-des-Victoires, en souvenir et en actions de grâces de la prise de cette ville si fameuse, regardée avec raison comme le boulevard du protestantisme.

Après cette expédition, Louis XIII revint à Paris, glorieux et triomphant ; il fit son entrée dans cette ville, le 23 décembre suivant, avec toute la pompe et la magnificence qu'on réservait aux anciens empereurs romains. Les peuples faisaient retentir les airs de leurs cris de joie, et de leurs acclamations pour le prince religieux qui avait enfin abattu par sa sagesse et par sa valeur, le monstre de l'hérésie, cause de tant de maux pour l'Eglise et pour le royaume. Le roi s'avança en triomphe vers Notre-Dame, où il rendit à Dieu des actions de grâces solennelles, pour les victoires et les avantages qu'il lui avait accordés par l'intercession de la Ste-Vierge.

Les armes de Louis XIII, n'avaient pas été moins victorieuses en Italie qu'en France. Il avait chassé les Espagnols de la Valteline dont ils s'étaient emparés, assisté le duc de Savoie contre les Génois, par un secours considérable, rendu le duc de Mantoue, qu'il avait pris sous sa protection, paisible possesseur de ses états, en forçant le Pas-de-Suze, le 7 mai 1629, et obligé les Espagnols à lever le siége de Cazal. Cependant, le plus grand événement de son règne fut la ruine de la rébellion et de l'hérésie, car de là dépendait le salut de l'Eglise de France, de l'Etat et de son autorité. Aussi, pour laisser un monument éternel de cet événement, qu'il attribuait à la Très-Sainte Vierge, il accepta avec empressement d'être le fondateur d'une église en son honneur, sous l'attribut des victoires.

Le roi ayant donc résolu de bâtir une église (1) en l'honneur de N.-D. des Victoires, déclara son intention aux Augustins déchaussés. Ces religieux l'accueillirent avec de grandes marques de reconnaissance; et dès le mois de novembre 1629, ils s'empressèrent de désigner la place de cette église, et commencèrent à creuser les fondations selon le plan de Pierre-le-Muet, architecte du roi. Ils disposèrent ensuite la première pierre en marbre noir, avec une inscription en lettres d'or et des médailles en argent, au nombre de quatre, d'après les intentions du roi.

Ce prince fixa au 9 décembre de cette même année, la cérémonie de la première pierre qu'il voulut placer en personne. On construisit en conséquence à l'endroit désigné entre les portes de Montmartre et de St-Honoré, une chapelle en charpente que l'on orna avec toute la magnificence possible, on dressa aussi plusieurs tentes, et de

---

(1) Le père Jérome de Ste-Paule, augustin déchaussé, raconte dans son livre *Le sacrifice de Jésus*, imprimé en 1690, que « Louis XIII fit à Dieu, devant La Rochelle, deux vœux. Le premier était, que si le Ciel le rendait maître de la ville, il y ferait triompher le Très-Saint Sacrement de l'autel par une procession, qui serait composée plutôt de prians que de conquérans, qui porteraient à la main, non une épée nue, mais des cierges allumés, pour témoigner leurs ardeurs et leurs respects au Très-Saint Sacrement, qui avait été si longtemps méprisé dans cette ville hérétique.

« Le deuxième vœu que ce grand roi fit au Ciel, fut de bâtir une église en l'honneur de la Très-Sainte Vierge Marie, mère de J.-C., la suppliant d'intercéder pour lui, promettant de fonder une église à l'honneur de Notre-Dame des Victoires, si par sa faveur il était victorieux de la place; mettant la couronne de France sous sa puissante protection, et que toutes les années, par tout le royaume, l'on ferait des processions le jour de son entrée dans les cieux, par son assomption glorieuse ».

Cette narration fut faite après coup, et rien ne prouve que Louis XIII ait fait devant La Rochelle, le vœu de bâtir une église à Marie. Tous les historiens au contraire, sont unanimes pour regarder la fondation de l'église de Notre-Dame des Victoires, comme l'effet de la reconnaissance du roi; et non pas comme l'acquit d'un vœu qu'il aurait fait. (*Voir les pièces justificatives et l'acte de fondation*).

riches tapisseries embellirent et décorèrent l'emplacement où devait se faire la cérémonie.

Le 8 décembre, fête de l'Immaculée Conception de la Sainte Vierge, Jean-François de Gondy, archevêque de Paris, se rendit au couvent des Petits-Pères, où ayant été reçu avec les honneurs accoutumés par le père Anselme, prieur, à la tête de trente religieux, il planta la croix à l'endroit destiné pour la construction de la nouvelle église.

Le lendemain, 9 décembre, second dimanche de l'Avent, le roi accompagné des princes et des seigneurs de la cour, se rendit à cette place sur les dix heures du matin. L'archevêque de Paris l'attendait avec MM. de Ville, le Prévôt des marchands, les échevins et les autres officiers. Après les compliments d'usage au roi, le prélat revêtu du rochet, du camail et de l'étole, accompagné du prieur et des religieux, bénit solennellement la première pierre en présence du roi. Louis XIII descendit ensuite dans les fondations, et la posa avec beaucoup de solennité et de dévotion; humiliant ainsi les lauriers qui couronnaient sa tête devant la Très-Sainte Vierge, et la truelle de maçon à la main, il offrit à cette glorieuse reine du Ciel, le temple, dont il jetait lui-même les premiers fondements, au milieu d'un immense concours de peuple.

Cette première pierre fut placée sous le pilier du côté de l'Évangile à l'entrée du cancel et du presbytère (1). Le roi posa en même temps aux quatre coins de la pierre, quatre médailles en argent, frappées pour cette circonstance. L'une portait l'image de Notre-Dame des Victoires, l'autre de St-Augustin, patron du couvent, la troisième, de Louis XIII et la quatrième les armes de France.

La bénédiction et la pose de la première pierre terminées, l'archevêque de Paris parcourut toutes les fondations, en les bénissant, le roi et tout le clergé suivaient la procession. La messe fut ensuite

---

(1) Extrait du procès-verbal de la fondation de l'église N.-D. des Victoires.

chantée solennellement, en présence du roi, dans la chapelle disposée à cet effet.

Après l'Évangile, Henri de Lorraine, fils du duc de Guise, abbé de St-Denis, qui avait été nommé à l'archevêché de Reims, prit le missel sur l'autel et prêta serment de fidélité entre les mains du roi. Il n'avait alors que 16 ans et avait été élu archevêque de Reims, *per accessum*, par le pape Urbain VIII, sur la présentation du roi. On acheva ensuite la messe, et bientôt le roi se retira avec toute sa cour.

Cette pierre portait cette inscription (1), gravée en lettres d'or :

DEO. OPT. MAX.

LUDOVICUS XIII, DEI GRATIA FRANCORUM ET NAVARRÆ REX CHRISTIANISSIMUS, INVICTUS ET UBIQUE VICTOR, TOT VICTORIARUM CŒLITUS PARTARUM, PROFLIGATÆ QUE HÆRESEOS NON IMMEMOR, IN INSIGNE PIETATIS MONUMENTUM FF. AUGUSTINIANIS DISCALCEATIS CONVENTUS PARISIENSIS, HOC TEMPLUM EREXIT, DEIPARÆQUE VIRGINI MARIÆ, SUB TITULO DE VICTORIIS, DICAVIT, ANNO DOMINI MDCXXIX, DIE IX MENSIS DECEMBRIS, REGNI VERO XX (2).

(1) Les Augustins déchaussés avaient fait graver en taille douce la figure de la 1re pierre de leur église, l'inscription et les quatre médailles avec leur légende, le tout en français. Ils en firent tirer plusieurs exemplaires sur satin blanc, qu'ils offrirent ou présentèrent, l'un au roi en reconnaissance des témoignages de bonté et d'honneur qu'il venait de leur donner ; et les autres, aux grands seigneurs de sa suite.

(2) A la gloire du Dieu très-bon et très-grand.

Louis XIII par la grâce de Dieu, roi très-chrétien de France et de Navarre, partout victorieux, toujours invincible ; après avoir remporté tant de victoires insignes, par la faveur du Ciel, humilié l'orgueil de ses ennemis et l'insolence de l'hérésie, pour marquer à jamais sa piété, a fondé, en souvenir de l'extirpation de l'hérésie, cette église des Augustins déchaussés du couvent de Paris, sous le titre de Notre-Dame des Victoires, l'an de grâce MDCXXIX, le IX décembre et la XXme année de son règne.

La première des quatre médailles placées aux quatre coins de la pierre, représente la Sainte Vierge avec les attributs de la victoire. Elle est debout et ses pieds reposent sur des nuages ; revêtue d'une longue robe avec un manteau ouvert par-devant, elle a la main gauche appuyée sa poitrine, et de la main droite, elle tient une couronne de France fermée au-dessus de la lettre L, placée entre deux palmes qui viennent se rejoindre par le haut. Un ange au pied la soutient ; trois autres petits anges accompagnent la Mère de Dieu, l'un à sa gauche et deux à ses pieds, tenant dans leurs mains, des palmes, des branches, et des couronnes de laurier. Autour de cette médaille, on lit cette inscription :

VIRGO CŒLO, SIBI, NOBIS LAUREA DONAT

Sur la pièce de satin blanc que les Augustins déchaussés offrirent au roi, cette première médaille a subi une modification. Elle représente une Vierge assise, tenant d'une main son fils, J.-C., debout sur ses genoux, de l'autre, elle met avec lui, une couronne de laurier sur la lettre L, couronnée de France, placée entre deux branches de laurier ouvertes; par le haut on lit autour cette inscription :

VIRGO SOLO, CELO, SIBI, NOBIS LAUREA DONAT

Et au-dessous de la médaille :

LA VIERGE DISTRIBUE SES PALMES A TOUT LE MONDE
LE CIEL EN EST ORNÉ, LES LYS, LA TERRE ET L'ONDE.

La seconde médaille représente St-Augustin, habillé en moine déchaussé; il tient de la main droite une église et de l'autre un cœur enflammé percé d'une flèche. Autour se trouve cette inscription :

QUAM TENEO SACRAM, ME SACRA ILLEC SUSTINET ÆDES

Que l'on a traduit ainsi, sur la pièce de satin blanc :

SI JE LA PORTE,
ELLE ME SUPPORTE.

Le P. Maurice, de la Mère de Dieu, dans son histoire des Augustins déchaussés, qui a pour titre :

Sacra eremus Augustiniana, donne une autre légende à cette médaille :

POLLICE, QUAM TENEO, ME VERBO SUSTINET ÆDES.

La troisième médaille représente le buste du roi Louis XIII, la ressemblance est remarquable; il est habillé en héros. Cette inscription court autour de la médaille :

LUDOVICUS XIII, FRANCORUM ET NAVARRÆ REX.

La quatrième médaille représente les armoiries de France et de Navarre, entre deux branches de laurier.

L'inscription est celle-ci :

LILIA NON GIGNUNT LAURI, SED LILIA LAUROS.

Que l'on a traduit ainsi sur le *fac simile* de la première pierre :

LE LYS NE NAIT PAS DU LAURIER,
MAIS DU LYS NAIT UN BON GUERRIER.

Louis XIII ne se contenta pas d'accorder cette marque de faveur aux Augustins déchaussés, aussitôt après la cérémonie que nous venons de décrire pour confirmer les marques qu'il venait de donner de sa piété et honorer à jamais ces religieux de sa bienveillance et de sa protection, il fit expédier des lettres patentes du mois de décembre de la même année 1629, par lesquelles il se déclare fondateur de leur église, et leur accorde les mêmes privilèges, droits et franchises, dont jouissent les fondations royales (1).

(1) Voir aux pièces justificatives.

Le roi voulut encore donner à l'église dont il était le fondateur ses propres armoiries, offrant ainsi à Marie sa couronne et les lys de France qu'elle avait si souvent favorisés. Il ajouta l'image de la Vierge, au centre de l'écusson, entourée de lys, rappelant ainsi cette parole du cantique des cantiques : *Quæ pascitur inter lilia.*

Ces armoiries (1) consistaient en une Notre-Dame des Victoires d'argent, en pied, au milieu de l'écu blasonné du blason de France; c'est-à-dire d'azur aux trois fleurs de lys d'or, une de chaque côté de la Vierge, la troisième sous ses pieds. La Vierge porte sur sa tête une couronne fermée; sur l'un de ses bras elle supporte le petit enfant Jésus, et de la main libre elle présente une palme.

L'écu, surmonté de la couronne royale fermée, était placé entre deux palmes, avec deux anges pour supports. Le R. P. Gourdan, chanoine régulier de Saint-Victor, composa (1721) les trois vers latins suivants qui devaient accompagner les armoiries :

 Virgo pii regis custodi lilia victrix.
 Pascens, Virgo, tuum casta inter brachia natum,
 Victrix, pasce tuos inter lilia servos.

(1) Brevet du roi Louis XIII pour les armoiries du couvent royal de Paris, 6 janvier 1638.

Louis XIV, fils et successeur de Louis XIII, confirma non-seulement ces armoiries données à l'église des Augustins déchaussés de Paris, mais afin de faire connaître que ces religieux étaient placés sous la protection spéciale des rois de France, il en accorda de particulières et spéciales à leur congrégation en général, et à chaque province en particulier.

Les religieux du couvent de Paris firent graver, vers 1650, les armoiries de la congrégation sur une plaque de cuivre de huit pouces de hauteur, sur un pied de largeur, quelques pièces ont été ajoutées. Ainsi, autour de l'écu, on voit un cordon sur lequel on lit ces paroles : *Sustentant lilia corda*, et en cimier, au-dessus du tout, un ange de face, ailé des deux, tenant d'une main un cœur chargé de trois fleurs de lys et de l'autre une fleur de lys.

Les Augustins déchaussés commencèrent avec ardeur les travaux de leur église; ils comptaient sur la générosité du roi, mais les guerres soutenues contre les rebelles avaient épuisé les ressources de l'État; et les hostilités qu'il eut avec la maison d'Autriche pendant tout son règne, ne lui permirent pas de réaliser ses promesses. Ils firent donc construire à leurs frais, le monastère et l'église dans l'espoir que plus tard ils seraient indemnisés de ces avances. On résolut de bâtir d'abord le chœur et une partie de l'église, c'est-à-dire le cancel ou presbytère (1).

Ils avaient dessein d'établir le centre et le chef d'ordre de la congrégation à Paris, c'est pourquoi ils voulurent avoir un couvent qui répondît à cette destination. D'après les plans de Galopin, architecte à Paris, le monastère devait avoir la forme d'un parallélogramme, quatre corps de bâtiments le composaient et l'un de ces corps de logis, le premier qui fut construit cette année, avait deux étages et bordait la rue Notre-Dame-des-Victoires.

Les travaux de l'église furent interrompus bien souvent, et les

---

(1) Les Augustins déchaussés avaient traité des travaux avec les sieurs Simon de l'Espine et Estienne Coussaud, maîtres maçons à Paris, par acte passé par devant les notaires Camus et d'Etrechy, le 23 mai 1630.

différents architectes qui se succédèrent changèrent, modifièrent ou ajoutèrent au plan primitif. Le premier architecte et celui qui dressa un plan principal de l'église fut Pierre le Muet, architecte du roi, le même qui, plus tard, construisit le Val-de-Grâce. Primitivement, l'église devait être une construction de l'ordre Ionique, avec un dôme; sa longueur était de 44 mètres depuis le grand autel jusqu'au portail, et sa largeur de 10 mètres. La nef accompagnée de six chapelles, une sacristie d'un côté, et de l'autre le clocher, tel devait être l'ensemble de l'édifice.

De 1630 à 1632 le dortoir fut achevé dans l'aile qui bordait la rue Notre-Dame-des-Victoires, et le chœur fut élevé avec le cancel jusqu'à l'entablement. On y consacra la somme de 23,573 livres, mais les ressources étant épuisées, on fut obligé de suspendre les travaux. On se contenta de rendre le dortoir habitable, et la salle d'en bas fut destinée à servir d'église provisoire; on y construisit un autel sur lequel on plaça un tableau de Notre-Dame des Victoires; cette église fut bénie sous le titre de Notre-Dame-des-Victoires et elle servit aux offices jusqu'en 1666 (1).

(1) Les auteurs qui ont écrit sur l'église de Notre-Dame-des-Victoires nous paraissent s'être trompés ou avoir été mal renseignés au sujet de cette chapelle. Dulaure, dans son histoire de Paris, suppose qu'une première église fût bâtie par Louis XIII, en 1629, mais devenue insuffisante, elle fit place à une autre beaucoup plus somptueuse, en 1656. C'est une erreur évidente.

M. l'abbé Balthazar, auteur d'une histoire très-intéressante, mais trop abrégée de l'église Notre-Dame-des-Victoires, s'exprime ainsi : « La première église des Augustins déchaussés, celle dont Louis XIII posa lui-même la première pierre, n'était pas un édifice d'une très-grande importance; le monastère venait de s'établir, et les religieux ne pouvaient pas disposer de bien grandes ressources. Quoique nous n'ayons aucun renseignement exact sur la disposition de cette église, il faut croire qu'elle n'était pas très-vaste, puisqu'en 1656, elle était trop petite pour contenir l'affluence des fidèles qui se rendaient aux offices. » Cet auteur estimable a pu être trompé par les historiens qui l'ont précédé, et, avec eux, admettre deux églises construites successivement. C'est une erreur bien excusable, et l'auteur a, du reste, la franchise d'avouer qu'il manquait de

Cependant les religieux Augustins déchaussés transportèrent dans leur nouveau couvent leurs frères du faubourg Montmartre, et y fixèrent leur demeure d'une manière permanente, ceci se passait en 1632. Quelques années plus tard (1642) on reprit les travaux du couvent et de l'église, sous la direction de Libéral Bruant l'aîné, architecte, qui éleva les constructions de six à huit pieds. Ce fut alors que les religieux présentèrent un placet à Louis XIII pour appeler son attention et sa libéralité sur l'église dont il s'était déclaré le fondateur. Mais ce prince, alors en guerre de tous côtés, ne put répondre à leur demande comme ils l'eussent désiré; néanmoins il leur donna à prendre sur les huissiers une somme de 18,000 livres. Bientôt la mort du roi, arrivée le 14 mai 1643 (1), vint de nouveau ruiner leur espérance et interrompre les

renseignements exacts. Son histoire n'en restera pas moins comme un témoignage de ses recherches sérieuses et approfondies sur les origines de notre église. Nous aimons à avouer ici que c'est d'après ses indications que nous avons pu découvrir le manuscrit du père Isidore de la Madelaine, religieux du couvent des Augustins déchaussés de Paris, et auteur de *Mémoires historiques de Notre-Dame-des-Victoires, titulaire du couvent et de l'église royale des Augustins déchaussés de Paris*, dans lesquels nous avons puisés les renseignements que nous donnons; nous sommes heureux de témoigner ici hautement à M. l'abbé Balthazar toute notre gratitude.

L'auteur du *Pèlerin* de Notre-Dame-des-Victoires s'exprime ainsi : « Une chapelle provisoire accessible aux fidèles, *avait été élevée par les* « *soins de Louis XIII*, et elle suffisait aux exigences de la première ins-« tallation. C'était une vaste salle attenante au couvent, et sans doute dès « lors destinée à devenir la sacristie de l'église lorsque celle-ci serait « achevée. Sans doute, ajoute-t-il, la chapelle provisoire fut construite « par la munificence de Louis XIII, ainsi que tout le couvent des Augus-« tins; mais ce n'était pas cette chapelle que le sage et puissant monarque « voulait laisser dans le monde comme témoignage insigne de sa recon-« naissance; *tot victoriarum cœlitus partarum in insigne pietatis monu-« mentum.* » Les preuves qui appuient cette assertion ne sont pas citées par l'auteur; tout, au contraire, s'oppose à cette interprétation arbitraire.

(1) Louis XIII mourut à l'âge de 42 ans, après 33 ans de règne. Il était monté sur le trône le 14 mai 1610.

travaux. Le roi n'avait pas oublié la promesse qu'il avait faite d'élever un temple à Notre-Dame des Victoires, les embarras de son règne et les guerres qu'il eût à soutenir avaient seuls arrêté l'exécution de ses promesses. Il s'en souvint avant sa mort, et dans son testament, il recommande à la reine d'une manière pressante, d'achever cette église qu'il avait lui-même commencée, et d'accomplir tout ce que, dans sa reconnaissance, il avait promis à la Vierge qui lui avait accordé la victoire (1).

Les Augustins déchaussés perdaient en Louis XIII un protecteur généreux, et cette perte leur fut doublement sensible, puisque sa mort retardait encore, peut-être pour longtemps, l'achèvement complet de leur couvent et de leur église. Ils lui firent, le 10 mai suivant, un service solennel dans leur église provisoire, et demandèrent à Dieu pour lui la couronne éternelle.

Après la mort du roi, la reine Anne d'Autriche, son épouse, fut reconnue régente du royaume, Louis XIV n'avait pas encore cinq ans lorsque son père mourut. Cette princesse avait toujours été favorable aux Augustins déchaussés, et il était facile de prévoir qu'elle voudrait aider à l'achèvement de leur église et de leur couvent. Ils s'adressèrent donc à elle avec confiance, Anne d'Autriche leur donna de bonnes paroles, et leur fit de grandes promesses qu'elle ne put accomplir, car elle avait alors entrepris la construction du Val-de-Grâce.

Peu de temps après, les guerres civiles se renouvelèrent. Les travaux du Val-de-Grâce furent même interrompus et ne purent être terminés avant la mort de cette princesse.

(2) Le P. Jacques Sirmond, qui avait été confesseur du roi et qui l'avait appris du P. Bidet en donna avis en ces termes aux religieux Augustins déchaussés : « Il y a un article particulier dans le testament du feu roi, où il recommande à la reine de faire achever l'église et monastère de Notre-Dame-des-Victoires des Augustins déchaussés de la porte Montmartre ; et il répète jusqu'à deux fois et recommande à la reine d'y faire travailler incessamment. »

Cependant, les religieux, appuyés sur la promesse et la bienveillance de la reine-mère, firent de nouveaux efforts pour reprendre les travaux de leur église. En 1656, le P. Marc de Sainte-Elisabeth, vicaire-général de l'ordre, fit faire à Robert Boudin, architecte, moyennant la somme de 130 livres, le dessin de cette église d'après les plans convenus, le plan complet de toute l'église en dedans et en dehors, et l'élévation du portail. Le P. Ignace de Sainte-Christine, alors prieur du couvent de Paris, fit continuer les travaux, mais l'année suivante, l'argent vint encore à manquer et l'ouvrage fut de nouveau interrompu. En 1663, le P. Célestin de Sainte-Madelaine confia l'exécution de l'œuvre commencée à Gabriel Le Duc, architecte célèbre à cette époque. Celui-ci perfectionna le plan primitif et ajouta quatre tribunes dans les quatre gros piliers qui devaient soutenir le dôme projeté, disposa le grand autel en forme de niche percée à jour, afin de lui donner plus de grâce, et de fournir la lumière nécessaire aux deux chapelles placées de chaque côté. Le chœur venait derrière l'autel, il en était séparé par un arc hardi dont les pieds reposaient sur deux colonnes doriques. Il ne put élever l'église que jusqu'à l'entablement, fit construire aussi trois chapelles; les fonds nécessaires étant venus encore à manquer, le reste de l'édifice ne fut élevé au-dessus du rez-de-chaussée que jusqu'à la hauteur de 10 pieds seulement (3 m. 30 c.)

Cependant l'église ou plutôt la chapelle provisoire dont on s'était servi jusque-là était devenue trop petite pour les fidèles qu'attirait la dévotion à Notre-Dame de Savone, on résolut de livrer au public la nouvelle église telle qu'elle était alors. C'est pourquoi le P. Agathange de Sainte-Madelaine, alors prieur du couvent, fit, en 1666, disposer le monument inachevé. On plaça sur l'entablement une charpente solide avec un plancher en bois de sapin, avec un toit recouvert de tuiles. A l'entrée de l'église, on construisit une rotonde en bois qu'on fit saillir en dehors afin de lui donner plus de longueur. D'après les dessins de Gabriel Le Duc, le P. Pacôme de Sainte-Luce, religieux convers et menuisier fort habile, exécuta le maître-autel. C'était un temple de la Victoire en bois (1), isolé et percé à jour des deux côtés pour être vu de l'église et du chœur. Le dôme était soutenu par plusieurs colonnes et pilastres de l'ordre corinthien. Au milieu de ce temple était une statue de Notre-Dame des Victoires posée sur un nuage élevé en arc et entourée de palmes et de trophées d'armes, œuvre de Jacquin, le meilleur sculpteur de l'époque.

On prépara de même le chœur que l'on fit voûter en plâtre, et autour furent disposés provisoirement des bancs avec des prie-Dieu en sapin, et des autels furent placés dans les chapelles de manière que l'on pût chanter les offices et célébrer les saints Mystères (2).

Depuis 1633 jusqu'à la fin de l'année 1666, les Augustins déchaussés s'étaient servis pour église de la salle basse du premier dortoir, ainsi que nous l'avons dit plus haut. Ce fut dans cette chapelle que le dévot frère Fiacre, par l'intercession de Notre-Dame de Montaigu, obtint tant de grâces spirituelles et de faveurs même temporelles, comme nous le verrons plus loin; ce fut également dans cette petite église que la reine Anne d'Autriche vint remercier Notre-Dame des Victoires de sa fécondité après une stérilité de vingt-deux ans. Cette pieuse princesse y établit la confrérie célèbre de Notre-Dame-des-sept-Douleurs, dont elle se déclara le chef et la

---

(1) La tradition rapporte que ce monument en bois devait être exécuté en marbre.

(2) Le 20 janvier 1666 mourut, à l'âge de 65 ans, la reine Anne d'Autriche. Les religieux Augustins déchaussés perdaient en elle leur protectrice. La construction du Val-de-Grâce qu'elle avait entreprise arrêta l'élan de sa générosité en faveur du couvent des Petits-Pères; cependant elle ne cessa de donner des marques de sa bienveillance à tout l'ordre, car elle voulut être la fondatrice du couvent de Saint-Germain-en-Laye, appelé *les Loges*. La première pierre de l'église fut placée en son nom, par le duc de Saint-Simon, la première année de sa régence, en 1644. Elle voulut aussi donner à l'église le titre de Notre-Dame-des-Grâces, en reconnaissance des faveurs signalées qu'elle avait obtenues de la Très-Sainte Vierge en l'église de Notre-Dame-des-Victoires de Paris.

souveraine. Dans cette pauvre chapelle, le jeune Louis XIV vint en 1654 reconnaître la puissante protection de Marie et laissa de sa piété de riches souvenirs.

Toutes choses étant donc disposées, les religieux voulurent donner à la bénédiction de leur nouvelle église toute la solennité possible, ils vinrent trouver l'archevêque de Paris, Hardouin de Péréfixe(1), et le prièrent d'y célébrer la première messe. Le prélat acquiesça à leur désir et leur promit d'inviter l'évêque de Périgueux, Guillaume Le Boux, ci-devant prêtre de l'Oratoire, à faire la bénédiction de l'édifice. Ce prélat les aimait beaucoup et se rendit à leurs désirs. L'église fut parée somptueusement, comme une nouvelle épouse, selon l'expression de saint Jean dans l'Apocalypse. Elle fut tendue des plus riches tapisseries, ornée d'un grand nombre de lustres; l'autel surtout était resplendissant de lumière et d'ornements d'or et d'argent.

Le 20 décembre qui était un lundi, l'évêque de Périgueux, suivi de tous les religieux de la maison, fit la bénédiction solennelle de l'église selon l'usage accoutumé. Le lendemain mardi, fête de saint Thomas apôtre, l'archevêque de Paris accompagné de l'évêque de Périgueux et de l'évêque de Noyon, François de Clermont-Tonnerre, se rendit au couvent, où il fut reçu et complimenté par les religieux. Il entra ensuite dans l'ancienne église où le Saint-Sacrement était exposé. Après qu'il eût adoré Notre Seigneur, et qu'il se fût revêtu de ses habits pontificaux, commença la translation solennelle du Très-Saint-Sacrement, de cette chapelle à la nouvelle église.

La rue de Notre-Dame-des-Victoires, jusqu'à l'entrée de l'église, était tendue de riches tapisseries; deux religieux revêtus d'aubes et de chasubles, après les encensements, mirent le Saint-Sacrement sur un riche brancard et le portèrent en procession sous un dais

---

(1) Hardouin de Péréfixe de Beaumont fut promu à l'archevêché de Paris le 30 juillet 1662, il prit possession le 19 avril 1664, et mourut le 13 janvier 1671.

magnifique, soutenu par MM. de la Vrillière, secrétaire d'État, Tubœuf, président de la Chambre des comptes et deux autres personnages de distinction. Quatre religieux en surplis, aux quatre coins du dais, portaient des flambeaux allumés. Quatre-vingts religieux, un cierge à la main, précédaient le Très-Saint-Sacrement, en chantant l'hymne *Pange lingua*. Derrière, marchait Mgr l'archevêque de Paris, assisté des deux prélats en rochet et en camail; plusieurs personnes de qualité et un grand concours de peuple suivaient cette procession. On entra dans l'église au bruit des trompettes et des fanfares de la musique du roi convoquée pour cette circonstance.

Le Saint-Sacrement fut placé sur l'autel, et l'archevêque de Paris ayant donné la bénédiction au peuple, le rentra dans le tabernacle remarquable disposé sur l'autel. Ensuite il célébra la sainte messe en présence des deux évêques de Noyon et de Périgueux, à genoux sur les degrés du marchepied de l'autel. Pendant ce temps, le corps de musique, sous la direction du sieur Ferdinand, maître de musique du roi d'Angleterre, chantait des motets ou jouait des morceaux au milieu des transports de joie de toute l'assemblée.

La cérémonie terminée, un splendide dîner fut offert dans le couvent à l'archevêque de Paris et aux deux évêques assistants, et fut accepté à la grande satisfaction des supérieurs et des religieux (1).

L'église Notre-Dame des Victoires resta encore longtemps sans être achevée, les fonds manquaient toujours. Cependant, dès lors, elle servait au culte, et l'ancienne chapelle devint la bibliothèque jusqu'en 1682. A cette époque on en fit la sacristie de l'église, la bibliothèque fut transportée dans un autre endroit, comme nous le dirons plus loin, et de la sacristie primitive on fit un vestibule pour entrer dans l'église. Jusque-là il n'y avait qu'une seule entrée devenue insuffisante pour le grand nombre de fidèles; on jeta donc

---

(1) Extrait de la *Gazette de France*, au sujet de la bénédiction de l'église de Notre-Dame des Victoires. Paris, décembre 1666.

à bas la voûte de cette sacristie, et au-dessus on bâtit un oratoire que l'on appela le petit chœur, parce qu'il avait vue sur le chœur de l'église.

Le R. P. Clément de Sainte-Praxède, ancien provincial de l'ordre, y fit construire un autel et un rétable en bois de chêne avec pilastres de l'ordre ionique, et y mit un tableau de l'Enfant Jésus, peint par Galoche, peintre célèbre de l'Académie royale de peinture ; cet oratoire fut appelé la chapelle de l'Enfant-Jésus.

L'église demeura longtemps dans le même état d'imperfection ; il ne faut pas en attribuer la cause aux religieux, dont le zèle pour l'achèvement de leur église ne s'était nullement refroidi, mais aux circonstances difficiles dans lesquelles se trouvait le royaume. On était sous le règne de Louis XIV, glorieux sans doute par les victoires que remporta celui qu'on a surnommé le grand roi, mais célèbre aussi par les immenses dépenses qu'occasionnaient tant de guerres, et d'entreprises que ce prince conçut afin de donner plus d'éclat et de grandeur à son passage.

Bien des placets furent adressés à ce roi pour lui persuader qu'il était de sa gloire de terminer l'œuvre commencée par son père. On lui fit présenter une demande par le vénérable Frère Fiacre pour lequel il avait une estime très-grande (1). Ce bon Frère demandait au roi qu'il lui plût d'accorder une somme d'argent à prendre sur les régales des abbayes et des bénéfices de la France durant six années. Ce fut en vain, le malheur des temps s'y opposait, le bon Frère fut accueilli avec bonté, mais il ne recueillit que des paroles d'espérance.

Cependant, en 1684, les religieux Augustins déchaussés eurent une lueur d'espérance. Le duc de la Feuillade, maréchal de France, très-avancé dans les bonnes grâces du roi, conçut le dessein de bâtir une place qu'il voulait appeler la place des Victoires, en mémoire des triomphes que le roi avait remportés sur ses ennemis. Ce seigneur choisit les terrains qui avoisinaient Notre-Dame des

(1) Voir aux pièces justificatives.

Victoires, et parmi les projets qui lui furent présentés, il y en eut un, suivant lequel, la statue du roi victorieux devait être placée devant le portail de l'église de Notre-Dame des Victoires, dont on achèverait la construction. Malheureusement ce projet avorta, et le duc de la Feuillade préféra placer la statue du roi en face sa propre maison. Ainsi fut déterminée et construite la place des Victoires, telle que nous la voyons aujourd'hui; commencée en 1684, elle fut achevée en 1686. Alors s'évanouit l'espoir des religieux Augustins déchaussés, et ils durent renoncer à l'achèvement de leur église jusqu'à ce qu'il plût à la divine Providence de leur envoyer des circonstances plus heureuses.

Plusieurs années après, on crut trouver une occasion favorable pour se procurer les fonds nécessaires par l'institution d'une loterie. De tous côtés on en établissait, soit pour subvenir aux dépenses publiques excessives alors, soit pour l'achèvement des églises ou leur réparation; le roi accordait facilement les permissions nécessaires pour les établir.

En 1704, les religieux Augustins déchaussés profitèrent de la naissance du duc de Bretagne, premier enfant du duc de Bourgogne et petit-fils du roi, pour adresser à Louis XIV une supplique que rédigea le P. Ange de Sainte-Rosalie, alors provincial. Ce Père se rendit à Versailles le 30 juin de la même année, et reçut du roi, il est vrai, un accueil favorable; mais pas plus que les autres ce placet ne réussit. Neuf années plus tard, en juin 1713, une nouvelle demande de loterie fut adressée au roi; elle fut renvoyée à M. d'Argenson, lieutenant-général de police de la ville de Paris, qui seul avait le droit de l'autoriser. M. d'Argenson accueillit cette demande avec beaucoup de bienveillance et promit de s'intéresser à l'achèvement de l'illustre monument de la piété de Louis XIII. Il envoya même Liévin son architecte, pour visiter les bâtiments de l'église et faire le devis des dépenses; le dôme devait être construit plus tard.

Tout semblait présager enfin une heureuse issue à toutes les démarches qui avaient été faites jusqu'ici, et les religieux pouvaient se promettre l'achèvement prochain de leur église, lorsque, le 1er septembre 1715, Louis XIV mourut, et avec lui fut emporté tout espoir de réussir; l'établissement d'une régence et la nécessité de sortir des embarras dans lesquels la mort du roi laissait le royaume, firent ajourner encore indéfiniment les travaux.

En 1723, à l'époque de la majorité de Louis XV, les religieux, qui n'avaient pas perdu tout espoir et dont la patience résistait à toutes les épreuves, demandèrent de nouveau au roi l'autorisation d'établir une loterie. Mais ce fut en vain, le conseil du roi répondit que désormais il ne serait plus accordé d'autorisation. Pourtant cette affaire avait été conduite avec beaucoup de vigueur par le P. Félix, prieur du couvent de Paris. En 1725, nouvelles instances près de M. Hérault, procureur du grand conseil, lieutenant-général de police de la ville de Paris, magistrat très-affectionné au couvent, mais toujours inutilement; on répondit qu'il fallait attendre que l'église de Saint-Sulpice fût achevée.

Cependant la charpente du comble de l'église et le plancher menaçaient ruine, et au mois de juillet 1737 plusieurs parties de l'entablement s'étaient écroulées. Sur la déclaration des architectes, on fut obligé d'étayer le plancher de l'église pour éviter de nouveaux malheurs. Le lieutenant de police, auquel on avait présenté un compte-rendu de l'état désastreux dans lequel se trouvait le monument, appuya fortement, près du cardinal Fleury, premier ministre du roi, le mémoire que le Père provincial et le prieur lui présentèrent le 17 août 1737. Il leur obtint un arrêt par lequel il leur était permis de faire les emprunts nécessaires, et un autre qui leur attribuait tous les lots non réclamés des loteries qui avaient cours alors.

On assembla donc plusieurs chapitres conventuels, vu le danger imminent que présentait le monument, on conclut qu'il fallait en reprendre la construction et l'achèvement, et ajouter au portail principal, deux autres portails latéraux afin de faciliter l'écoulement de la foule qui se pressait dans le temple. A cet effet, le P. Michel-Ange, prieur, fut constitué procureur spécial, pour agir au nom de la communauté, procurer les fonds, faire les emprunts, donner les hypothèques, et remplir tous les autres actes nécessaires. En même temps, on choisit Sylvain Cartaud, architecte du duc de Berry. Son plan du portail et son devis des dépenses qui s'élevaient à la somme de 191,000 livres, furent adoptés, et Gabriel-Joseph Roussein entrepreneur, se chargea de la construction. Le 23 août, jour de l'octave de l'Assomption de la Très-Sainte Vierge, fut choisi pour la reprise des travaux. Une messe fut célébrée, afin d'implorer l'assistance de la Mère de Dieu, en faveur de son temple. Messire Hyacinthe Le Blanc, évêque titulaire de Joppé, en Palestine, revêtu de ses habits pontificaux, bénit une pierre, et la plaça conjointement avec les PP. Guillaume de Ste-Anne, provincial, et Michel-Ange de Ste-Catherine, prieur, tous deux en chapes, sous le pilier droit du grand portail, au son des cloches et des tambours, en présence d'un peuple immense qui laissait éclater ses transports de joie.

Sous cette pierre on plaça une plaque de cuivre, sur laquelle on avait gravé cette inscription, composée par le R. P. Ambroise, ci-devant provincial.

D. O. M.

ANNO SALUTIS 1737, DIE VERO 23 AUGUSTI POST CENTESIMUM ET FERE OCTAVUM ANNUM INCŒPTI ÆDIFICII ECCLESIA AUGUST. DISCALC. CONVENTUS REGII PARISIENSIS, SUB LUDOVICO XIII GALLIÆ ET NAVARRÆ REGE, QUI PROSTRATA ET CAPTA RUPELLA PRO GRATIIS A DEO ACCEPTIS LAPIDEM PRIMARIUM, UT DECEBAT, POMPA ET PIETATE MANU PROPRIA FUNDAVIT SUB TITULO DOMINÆ NOSTRÆ DE VICTORIIS, ANNO 1629, DIE 9ª DECEMBRIS. NUNC REGNANTE LUD. XV EJUS PRONEPOTE, PRIMARIUS LAPIS ANGULARIS FRONTIS EJUSDEM ECCLESIÆ IN DEXTRA PARTE AD PERFECTIONEM TANTI OPERIS AB ILLUST. ET Rmo D. D. HYACINTHO LE BLANC Epo JOPPENSI BENEDICTUS FUIT ET COLLOCATUS IN FUNDAMENTIS, CŒMENTOQUE FIRMATUS ASSISTENTIBUS PP. GUILLELMO A Sta ANNA PROVINCIALI ET MICHAELE ANGELO A CATHAR. VIC. PRIORE.

Après la cérémonie Messire Hyacinthe Le Blanc, évêque de Joppé, adressa ces paroles au peuple assemblé :

« Il n'y a aucun de nous, mes Très-Chers Frères, qui ne prenne part et qui ne soit édifié de la cérémonie qui nous assemble. La gloire de Dieu en est l'objet, l'utilité et la sûreté publiques en sont les motifs. Cette église qui, depuis plus d'un siècle, procure à la religion par ses membres, tant de secours de charité et de si pieux exemples, doit à la libéralité du roi Louis XIII, de glorieuse mémoire et à la piété des fidèles son heureux commencement, ne trouvera-t-elle point la même ressource dans la vôtre pour l'achever? Chaque pierre élevée dans ce temple, par votre générosité, vous servira de titre pour participer aux prières et aux saints sacrifices que ces dignes religieux y offrent tous les jours avec tant d'édification; et cette pieuse générosité vous fera mériter les indulgences que l'Eglise accorde à ceux qui y contribueront. D'autres motifs peuvent exciter votre zèle : Votre utilité et votre commodité vous les font apercevoir; mais nous ne voulons devoir vos aumônes qu'à votre piété et à votre religion. »

Ensuite le prélat donna la bénédiction solennelle, et la cérémonie fut ainsi terminée.

On se mit de suite à l'œuvre, mais pour couvrir les dépenses, on recourut à de grands emprunts. On fit aussi une quête dans toute la ville, afin d'implorer les secours et la charité des fidèles, et tous les moyens furent mis en œuvre pour faire arriver l'argent. Le lieutenant de police favorisait cependant de tout son pouvoir les désirs des religieux, mais il ne put obtenir du roi, autre chose que les deux arrêts dont nous avons parlé plus haut. Le premier fut donné à Versailles, le 3 septembre 1737. Il était permis aux Augustins déchaussés de continuer leur église et de faire des emprunts jusqu'à la concurrence de 200,000 livres, et d'affecter et d'hypothéquer au paiement de ces sommes, leurs biens immeubles, etc. Cet arrêt était revêtu des lettres d'attache adressées au parlement où, par arrêt du 18 avril 1738, il fut enregistré avec quelques clauses, pour 200,000 livres, après deux arrêts préparatoires sur les conclusions du procureur-général, pour s'assurer de plus en plus et des dépenses qu'il y aurait à faire à l'église, et des hypothèques suffisantes pour cette somme. Le second arrêt du Conseil d'Etat, donné à Fontainebleau, le 20 octobre 1737, portait que le roi voulant procurer aux Augustins déchaussés les moyens de continuer leur église, leur accorde les lots non-réclamés de la loterie des communautés religieuses, depuis le 1er juillet, jusqu'à ce que les sommes empruntées par eux et qu'ils emprunteront pour les ouvrages de leur église, soient entièrement acquittées, à condition pourtant, qu'ils paieront sur les produits desdits lots, par préférence aux Capucins de la rue St-Honoré, à qui on les avait ôtés, la somme de 27,000 livres.

Afin que les travaux puissent être activés plus facilement, on construisit devant le chœur, une cloison en charpente, le séparant ainsi de la nef, où le service divin devait se continuer provisoirement. Cette partie de l'église, depuis le transept jusqu'au portail, en y comprenant les deux chapelles déjà construites de St-Jean et de St-Nicolas de Tolentino, fut donc préparée avec soin. La charpente était recouverte de riches draperies, le grand-autel fut adossé à la cloison, le parloir des religieux servit de sacristie et au-dessus de la porte que l'on construisit pour entrer dans l'église, on dressa une tribune où l'orgue fut placé.

Le samedi, 11 avril 1739, cette nef fut bénie par le révérend P. Paul, vicaire-général, avec la permission de l'archevêque de Paris. La Ste-Messe fut célébrée : sur le soir, avant Complies, le St-Sacrement fut transporté en procession, de l'ancienne partie de l'église dans la nouvelle, et le salut fut donné solennellement par le vicaire-général. Néanmoins, pour satisfaire à l'empressement des fidèles, trop nombreux pour l'exiguité de l'église, on continua de célébrer en même temps les saints Mystères dans l'oratoire du chapitre, jusqu'à l'entier achèvement du temple.

Enfin l'église et le chœur furent entièrement et heureusement terminés sous la direction de l'architecte Cartaud, et on s'empressa de fixer la cérémonie de la consécration au 13 novembre 1740.

Cette solennité fut affichée, publiée et annoncée par tous les quartiers de la ville. Et l'évêque de Joppé, messire Hyacinthe Le Blanc, ami et protecteur des religieux, en fit la cérémonie avec toutes les solennités prescrites par le pontifical romain.(1) On célébra une octave solennelle, et chaque jour, les prédicateurs les plus distingués et plusieurs évêques firent entendre leur parole pour l'édification des fidèles. Le total des dépenses faites pour la construction de l'église allait à la somme de 600,000 livres.

Le 23 juillet 1741, quatrième dimanche du mois, on célébra pour la première fois la fête du jour anniversaire de la dédicace de l'église de N.-D. des Victoires, anticipée du 13 novembre 1740; et cette date fut assignée et fixée pour toujours par le prélat consécrateur, *in actu consecrationis*.

(1) Chroniques journalières du couvent des Augustins déchaussés de Paris.

CHAPITRE III

Description de l'église de Notre-Dame des Victoires : le chœur, la nef, le portail. — Chapelles du Saint-Esprit, de Notre-Dame de Savone, de Saint-Augustin, de Notre-Dame des Sept douleurs, de Saint-Jean-Baptiste.

'église de N.-D. des Victoires, comme monument, ne mérite qu'une médiocre attention. Elle appartient à ce style monotone et froid du 17ᵐᵉ siècle qui ne dit rien à la pensée.

Extérieurement elle présente l'aspect d'un parallélogramme terminé par une abside octogone à pans coupés. A l'intérieur, c'est une croix latine dont la branche supérieure est allongée. Les bras de la croix forment transepts et sont terminés carrément, mesurant une largeur égale à celle de la nef. Il n'y a qu'une seule nef sans bas-côtés, mais de chaque côté, une série de quatre chapelles disposées entre chaque travée les remplace. Les transepts continuent la série des chapelles. Autrefois, avant la révolution, de chaque côté de l'autel, il existait une sixième chapelle, ouvrant à la fois, sur les transepts et sur l'Autel. Ces deux chapelles servent actuellement de sacristies.

L'église mesure 44 mètres de longueur. La largeur de la nef est de 11 mètres, les chapelles ont 5 mètres de profondeur ; l'élévation de la voûte est de 17 mètres 60 centimètres, celle des combles de 28 mètres 60 centimètres. L'ordre d'architecture, qui règne dans l'édifice est l'Ionique, moins riche sans doute que l'ordre Corinthien, mais qui présente quelque chose de plus mâle et de plus noble.

NEF. — La nef formée de quatre travées, est supportée par 8 piliers ornés de pilastres ioniques, au-dessus desquels règne un entablement et une corniche qui s'étendent autour de l'église. La voûte est sphérique percée de fenêtres en lunettes, séparées les unes des autres par des archivoltes tombant à l'aplomb des piliers. Chaque travée est éclairée par une fenêtre cintrée, pratiquée entre chaque arceau, surchargée à l'intérieur de caissons, de tables chantournées, d'un goût convenable qui fut à la mode sous le règne de Louis XV.

Les chapelles de la nef et celles qui se trouvent de chaque côté de l'autel ont une voûte en coupelles avec leurs cordons, elles ont 5 mètres carrés de superficie, et 8m 30 d'élévation; au-dessus du cintre de leurs portes, il existe un cartouche accompagné de festons, décoré tout dernièrement (1867), du chiffre de la sainte Vierge.

La croisée ou travée centrale de jonction du chœur, de la nef et du transept, est terminée par une coupole hémisphérique qui a été construite à la place du dôme projeté d'abord. Elle remplit tout l'espace compris entre les deux transepts; elle est bordée d'un grand cordon qui l'environne, ornée de moulures et de quatre belles agraffes dans les entre-deux desquelles, hors le cordon, sont quatre rosettes. Dans le centre de cette coupole, on voit une gloire entourée de rayons et ornée de têtes d'anges, œuvre remarquable de Rebillé. Dans les encoignures des quatre gros piliers, sont sculptés quatre panaches d'un effet agréable. Dans chacun des transepts et dans l'épaisseur des quatre piliers destinés à supporter le dôme projeté, sont placés de face, deux balcons ou tribunes ornés d'une balustrade à jour, de pierres façonnées en petits jambages ou potelets; au-dessous de ces tribunes, sont des sortes de culs-de-lampe d'un effet assez singulier. Primitivement, ces tribunes étaient beaucoup plus grandes et faisaient dans l'église une plus grande saillie, elles étaient fermées par des balustrades travaillées en fer avec beaucoup d'art. On les a descendues de 0m60 en leur ôtant leur saillie, et on a remplacé la balustrade par celle qui existe en pierre.

Autel. — Le Maître-Autel de l'église placé entre la nef et le chœur était très remarquable. C'était une sorte de petit temple de la Victoire, en bois sculpté avec beaucoup d'art. Il était en forme de rotonde de 12 pieds de haut, sur 11 de large. Le comble ou la coupelle cintrée, était portée sur des colonnes à jour : aux deux côtés à droite et à gauche, il y avait une tablette soutenue par deux colonnes, supportant chacune deux petits anges hauts de trois pieds, les uns tournés vers la nef, et les autres vers le chœur. Ce petit temple, était isolé et à deux façades, deux portes cintrées, d'une très-belle symétrie, laissaient voir l'image de N.-Dame des Victoires, également dans les deux parties de l'église. Les colonnes avaient six pieds de hauteur; il y en avait quatre sur le devant et quatre sur le derrière; entre deux, un double pilastre : le tout d'ordre corinthien. Le fond de la coupelle, était orné en-dedans de compartiments ouvragés et de rosettes dorées.

Au dehors, un fronton en corniche, également doré, au milieu duquel resplendissait l'écusson de France, doré et entouré de feuillages ; enfin, au sommet du temple brillait une croix anglée.

La statue de la Sainte Vierge, en bois sculpté et d'un travail exquis, avait cinq pieds ; elle était vêtue d'une draperie délicate et légère. Marie tenait de la main droite un sceptre de bois doré, et de l'autre, debout sur ses genoux, le petit Enfant-Jésus, d'environ trois pieds de hauteur. L'enfant regardait sa mère qui lui souriait. Tous deux portaient sur la tête une couronne d'or. La Très-Sainte Vierge était assise sur des trophées composés de faisceaux d'armes, de casques, de sabres, de cottes d'armes et de palmes dorées. Elle était entourée d'un nuage de quatre pieds de largeur, avec ces mêmes attributs en plusieurs endroits. Tout l'ensemble, en chêne sculpté, avait huit pieds de hauteur.

Au bas de la porte extérieure, et sous les pieds de la statue, on voyait deux anges ailés, d'environ deux pieds et demi, soutenant chacun d'une main, une couronne de France dorée sous laquelle on plaçait le Très-Saint Sacrement quand on l'exposait. Au-dessous, il y avait une façade en menuiserie marbrée, au milieu de laquelle était la porte du Tabernacle, entourée de festons. A droite et à gauche de cette façade, deux petites montées de six degrés, ornées de moulures, et au milieu de ces degrés, deux anges en adoration, hauts de quatre pieds.

Ce petit temple a été détruit en 1739, on ne conserva que l'Autel sans rétable, il subsista en cet état jusqu'à la révolution. A la réouverture des églises, on construisit l'Autel au fond de l'abside et cette partie qui avait été le chœur, devint le sanctuaire. L'Autel actuel construit en 1864, et consacré par Mgr Darboy, archevêque de Paris, le 8 décembre 1864, est en marbre blanc d'une qualité très-médiocre. Son exécution n'offre rien de remarquable, comme architecture. Nous signalerons cependant le bas-relief en bronze doré, représentant la déposition de Notre-Seigneur au tombeau, qui ne manque pas d'un certain mérite.

Chœur. — Le chœur venait derrière le grand autel ; la voûte qui le recouvre, a été faite en bois recouvert de plâtre, selon la coutume qui existait chez les ordres religieux mendiants. L'élévation est la même que celle de la nef, 17m 60. Sa longueur 16 mètres, sa largeur 10 mètres. Il était éclairé par un double rang de fenêtres : 7 au-dessous de l'entablement, (elles ont été fermées lorsque l'on a posé les tableaux de Carle Vanloo), et 7 au-dessus de l'entablement.

Le clocher, d'une belle et solide charpente, est situé au-dessus du chœur, il est élevée de 8m 30 au-dessus du faîte de l'église. C'est un hexagone à six piliers et autant de jours ou de fenêtres cintrées, avec pilastres et chapitaux.

De nos jours le clocher est encore à peu près le même, la coupole, seule, a disparu avec la croix ; elle a été remplacée par une plate-forme entourée d'une balustrade de fer. Il était primitivement décoré, sur ses différentes parties, de panneaux et de moulures, et revêtu de plomb sur tout son pourtour, depuis le premier cordon jusqu'à celui qui borde la rotonde ou calotte à six pans, qui en fait le comble, et qui est terminée par une croix de fer à double croisillon, fleurdelysée, placée sur son globe. Le beffroi du clocher est fait d'une belle charpente, travaillée avec légèreté et néanmoins solide, où sont suspendues quatre cloches assez peu fortes, mais cependant d'une sonnerie harmonieuse.

DESCRIPTION DU PORTAIL. — La façade de l'église ou le portail, a de longueur 24m 30, et d'élévation 28 mètres. Elle consiste en deux parties, l'une inférieure, depuis le sol jusqu'à l'entablement est bordée de pilastres, d'ordre ionique, elle est saillante au milieu et décorée de chaque côté de deux pilastres ioniques, posés sur leur soubassement. Dans les entre-deux existent des panneaux d'architecture. Il y a trois portes d'entrée dont la principale a 5m 30 de hauteur sur 2m 60 de largeur. Elle est carrée mais surmontée d'un cintre enrichi dans son fronton d'une gloire sculptée par Rebillé, au milieu de laquelle apparaît le triangle avec le nom de Jéhovah. Au-dessous de cette gloire et dans un cartouche au milieu du cintre, est incrustée une pierre de marbre bleu où l'on voit gravé en grosses lettres dorées, l'inscription suivante :

D. O. M.
VIRG. DEIPARÆ
SACRUM
SUB TITULO
DE VICTORIIS. (1)

Les deux autres portes ont 4 mètres de haut sur 2 mètres de large; elles sont à demi cintrées, entre deux pilastres ioniques et se retirent un peu en enfoncement. Elles sont revêtues de chambranles. La pierre qui enferme le cintre est saillante et encorniché, accollée de deux palmes, au-dessus sont des cadres ou tables.

La partie supérieure du portail, règne au-dessus de l'entablement. Elle s'élève avec ses consoles de côté et d'autre en manière

---

(1) Cette inscription et la pierre sur laquelle elle était gravée, ont disparu; il est question de les rétablir.

de rétable et en se rétrécissant avec grâce, laissant de chaque côté sur les deux cimes de l'entablement, un espace où sont posées sur leurs bases deux pyramides d'environ 5 mètres de haut couronnées d'une fleur de lys (1) pleine, en plomb, de couleur blanche. Cette partie est décorée de chaque côté de deux pilastres proportionnés, d'ordre corinthien, dans le milieu une grande croisée cintrée de 6 mètres de hauteur sur 3m 30 de largeur, avec des ornements au-dessus, et des festons pendants le long du cintre ; le tout terminé par un fronton élégant sculpté par Rebillé, orné de modillons et de roses au milieu desquelles sont les armoiries de France, environnées de trophées d'armes, de drapeaux, d'étendards, de piques, de palmes, etc., symboles des victoires que la Ste Vierge fit remporter au roi Louis XIII, fondateur de l'église, et à ses successeurs. Sur la cime du fronton, est placée une croix de pierre dure, de deux mètres de hauteur, posée sur un piédestal profilé.

L'ensemble de ce portail est très-ordinaire, il n'a rien de majestueux, ni de comparable à la grandeur et à la majesté de nos portails gothiques, cependant il présente un ensemble très-satisfaisant ; tout y est bien harmonisé, et distribué avec une exacte régularité, et dans sa simplicité, il ne manque pas d'un certain air de noblesse et de grandeur. Toutes les sculptures du portail sont de Charles Rebillé et de Fournier.

Chœur de l'église, 1735. — La longueur du chœur, proprement dit (2), est de 16 mètres. Sa largeur de 10m 60. Depuis, il a été agrandi de la travée où se trouvaient les chapelles du Saint-Esprit et de St-Augustin ; l'autel qui était à la romaine a été reporté au fond de l'abside. La voûte, comme nous l'avons dit, est en plâtre avec des cintres ou arcs, dont les pieds reposent sur des culs-de-lampe ; dans ces cintres sont ouvertes des fenê-

(1) Ces fleurs de lys ont été abattues et n'ont pas été replacées.
(2) Actuellement le chœur a été agrandi des chapelles du Saint-Esprit et de St-Augustin, que l'on a converties en sacristies, et devant lesquelles est placé l'orgue d'accompagnement.

tres au nombre de sept; autrefois, il existait à ces fenêtres des vitraux dont les bords étaient peints de festons, de fleurs et de cœurs; ils formaient comme une arcade dont le cintre était supporté par deux colonnes corinthiennes, au milieu du bord cintré était un petit cartouche sur lequel on lisait alternativement le nom de Dieu en différentes langues, en hébreu, en grec, en latin. Aux panneaux du milieu de chaque vitrail, on avait représenté les armoiries des bienfaiteurs de l'église ou du couvent : à la première fenêtre du côté de la rue, près la chapelle du Saint-Esprit, celles de M. de la Vrillière, secrétaire du roi; à la seconde, celles du maréchal Grancéi; à la troisième, celles du marquis de Vassé; à la quatrième fenêtre, étaient les armes de M. Nevel, conseiller au parlement, avec celles de ses deux femmes; à la cinquième fenêtre, du côté du petit chœur, les armoiries du chevalier de Souvré, grand-prieur de France; à la sixième, celles de M. de Bullion, surintendant des finances et au bas, la date de 1666. La fenêtre placée au fond du chœur, outre les ornements communs aux autres fenêtres, était encore, ornée d'une espèce d'arcade, soutenue par quatre colonnes corinthiennes : au milieu brillait une grande croix argentée avec une couronne d'épines dans son croisillon et une tête de mort, placée au pied sur une petite estrade de trois gradins.

Le chœur fut primitivement parqueté dans toute sa longueur; depuis 1723, il fut dallé de pierres blanches et de petits carreaux de marbre noir. Les lambris d'abord de bois de sapins ainsi que les sièges étaient d'une très-grande simplicité; le P. Arsène de Ste Clotilde, prieur de Paris, conçut le dessein de les remplacer par des boiseries et des stalles en bois de chêne. Ce projet fut adopté par acte capitulaire du 26 juin 1688. On s'adressa au sieur Bardou très-habile menuisier, et on convint du prix de 6,000 livres; vers la fin de 1689, les lambris furent placés.

On a suivi dans l'exécution l'ordre d'architecture adopté pour l'église. Ils s'élèvent à 3^m 60 du sol, et se composent de panneaux et de moulures placés au milieu d'arcades et surmontés dans les cintres de cercles saillants, ornés de chaque côté de branches sculptées. Ces cercles sont remplis alternativement à l'intérieur, l'un d'une fleur de lys grainée; l'autre d'un cœur enflammé percé de deux flèches, accolé de deux palmes, le troisième d'une mitre et d'une crosse liées par un cordon. Tous ces panneaux d'une sculpture riche, ainsi disposés, sont entre deux pilastres d'ordre ionique, ornés de deux petits festons avec une fleur de lys au milieu. Le lambris est terminé par une corniche enrichie de modillons et autres ornements. Au fond du chœur et au centre de l'abside, était la place du vicaire-général qui présente quelques particularités. Au-dessus et adossée à la corniche, il existe une avance ou espèce de petit dais plat, soutenu par deux têtes de chérubins, au centre et en dessous, on a sculpté une colombe entourée de rayons, figure du St-Esprit, d'un travail remarquable. Il y avait deux rangs de stalles, hautes et basses, les formes ou stalles hautes étaient au nombre de 22, de chaque côté et avec celle du vicaire-général formaient un total de 45; les formes d'en bas étaient au nombre de 32; 16 de chaque côté. Les bras de ces stalles et les culs-de-lampe au-dessous des siéges, sont ornés de feuillages sculptés.

Par suite du transport de l'autel au fond de l'abside, le chœur est devenu le sanctuaire. les boiseries sont bien restées à leur place primitive, mais les stalles ont dû être reportées dans le chœur actuel; elles sont au nombre de 20 de chaque côté disposées sur deux rangs (1).

L'ancien pupitre du chœur, bien qu'il n'existe plus, présentait,

---

(1) Depuis longtemps déjà, on avait fermé la grande ouverture qui était au-dessus du grand Autel et qui perçait dans le chœur, par un châssis de bois revêtu de toile, ce qui produisait un effet fort désagréable. Par les soins du P. Célestin de la Madeleine on y substitua par acte capitulaire du 11 décembre 1590, un châssis en fer et un vitrage de 5 mètres de haut placé en 1691, avec deux panneaux qui s'ouvraient et se fermaient à volonté. Ce châssis fut enlevé en 1731.

tant dans sa forme que dans son travail, un certain intérêt : on nous pardonnera de le mentionner ici. Quoique façonné dans le même goût que les boiseries et travaillé par les mêmes ouvriers, c'était un grand morceau assez singulier. Il avait 2ᵐ 60 de hauteur, le pied est une espèce de coffre octogone de 1ᵐ 15 de haut sur 1ᵐ 10 de large, entouré d'un cordon feuillé. Dans les quatre principaux panneaux on avait sculpté les quatre évangélistes avec les attributs qui les distinguent. Les angles étaient ornés de festons. Sur le milieu du coffre, une tige d'environ 0ᵐ 50ᶜ feuillée, soutenait le pupitre également de forme octogone et pyramidale, orné de feuillage et surmonté d'une fleur de lys à quatre côtés et grainée. Tout l'ensemble de ce pupitre était travaillé avec beaucoup d'art, il reposait sur quatre griffes, et portait les symboles qui indiquaient les fondations royales et l'ordre de St-Augustin ; il faisait, dit-on, l'ornement du chœur (1).

Primitivement, le clocher avait été placé sur le donjon de l'escalier, le P. Célestin de la Madeleine, ancien prieur de Paris, obtint par acte capitulaire du 12 août 1692, de le transporter sur le chœur, ce qui fut exécuté la même année.

Presqu'en même temps, le P. Clément de Sᵗᵉ Praxède, ancien provincial, forma le dessein de faire peindre la voûte et les murailles au-dessus des lambris ; on projeta d'y représenter différentes scènes allégoriques, empruntées à l'Écriture Sainte. Ici un autel fumant avec des anges adorateurs, plus loin, David chantant les louanges du Seigneur sur sa harpe ; là, des anges, un livre à la main et chantant les hymnes du Dieu d'Israël. Sur les fenêtres, des trophées d'instruments de musique, surmontés d'un cœur enflammé et percé de flèches, accompagné de deux anges. On conserva longtemps l'esquisse de ce dessin dans la bibliothèque, mais la dépense fit reculer, et on se contenta de peindre les voûtes du chœur. (2)

---

(1) Ce panneau a été enlevé partout, nous ne savons à quelle époque.
(2) Il y avait aussi depuis longtemps au rétable du petit autel du chœur, un tableau du baptême de St-Jean, d'après Albano, on le remplaça par

Le chœur a deux entrées aux deux côtés de l'autel, formées par deux portes de bois travaillées avec beaucoup d'art. On y avait joint en même temps deux grilles en fer qui restaient fermées continuellement; les dimanches et les fêtes, ou dans les cérémonies extraordinaires, on ouvrait les portes de bois pour laisser mieux entendre les chants du chœur. Ces grilles ont disparu depuis longtemps.

L'orgue, qui exista jusqu'en 1870, était de huit à seize pieds et à quatre claviers : il consistait en trente-deux jeux, et était enfermé dans une armoire d'une très-belle menuiserie exécutée par le sieur Regnier. Le principal corps du buffet est décoré de cinq tourelles garnies de leurs tuyaux, et dont les unes sont terminées par des vases, les autres par des instruments de musique, celle du milieu par un ange qui tient sur ses genoux un livre ouvert; l'extrémité inférieure de ces tourelles est ornée de têtes de chérubins, d'anges à demi-corps, et de culs-de-lampe d'une sculpture soignée et délicate. L'autre corps de buffet, placé inférieurement, est beaucoup plus petit et offre des sculptures qui, quoique moins riches, sont en parfaite harmonie avec le reste du meuble. Ce buffet d'orgue est placé dans une tribune ornée dans le même goût. Il existe au-dessous un vestibule pour entrer dans l'église. Cet orgue, assez remarquable, était l'œuvre de Sclop, facteur très-renommé de son temps. Celui qui l'a remplacé sort des ateliers de Barker.

un tableau de J.-C. en croix, peint par Claude de la Fosse, ancien directeur de peinture, qui en fit présent en considération de P. Jacques de St-Gabriel, son confesseur. Pour conserver ce tableau, on le fit coller sur un massif de bois, il avait 1m 45 de haut sur 1m 30 de large, et était entouré d'une belle bordure dorée.

DESCRIPTION DES CHAPELLES

Chapelle du Saint-Esprit

La première chapelle, du côté de l'épître à droite, était celle du Saint-Esprit (elle sert maintenant de sacristie). Elle était attenante au chœur (près du grand autel) et à la rue Notre-Dame-des-Victoires. Elle fut dédiée au Saint-Esprit, non-seulement parce qu'étant le principe et la source de tout bien, c'est à lui qu'on doit rapporter la fondation faite par le roi Louis XIII, mais encore pour reconnaître le Père des lumières qui anime, dirige et conduit le corps mystique de l'Église. Cette chapelle fut fondée par François Berthelot, fermier-général, qui, vers 1635, fit construire l'autel et le rétable. Celui-ci était élevé jusqu'à la fenêtre du fond, orné de chaque côté d'une colonne et d'un pilastre cannelés de l'ordre corinthien, qui soutenaient une corniche modillonnée, et surmontée d'un vase flamboyant. Au milieu de la corniche, il y avait une croix posée sur une espèce de piédestal ou petit fronton. Au milieu du rétable, on voyait un tableau de 2 mètres de haut sur 1^m,30 de large, représentant la descente du Saint-Esprit, sous forme de langues de feu, sur les Apôtres, la Très-Sainte Vierge et les disciples. Ce tableau entouré d'une bordure dorée, était une copie faite d'après Albano, par Du Breuil, un des plus habiles peintres de son temps. Aux deux côtés du rétable, il y avait deux niches cintrées, ornées de festons, avec fronton également cintré surmonté d'un vase flamboyant et ayant au milieu une tête de chérubin. Dans l'une de ces niches, était la statue en bois de saint François d'Assises, et dans l'autre celle de sainte Anne.

Depuis 1702, la marquise de l'Hôpital obtint cette chapelle pour en faire le lieu de sépulture de son époux (1), le marquis de l'Hôpital, de la sienne et de ses descendants. Elle lui fut accordée par contrat et par acte capitulaire du 30 décembre 1702, au prix de 150 ou 175 livres de rente.

La marquise de l'Hôpital ayant donc acquis cette chapelle, fit dorer et orner de marbre le rétable et les niches. Elle fit fermer les deux entrées par des portes grillées en fer ouvragé. Au-dessus de la principale, du côté du chœur, on plaça un fronton accompagné de côté et d'autre d'un vase flamboyant, et terminé par une croix. Au milieu étaient les armoiries du marquis et de la marquise de l'Hôpital. La chapelle était revêtue d'un lambris et garnie de bancs fermés; un grillage à pointes d'environ 1^m,65 de hauteur partageait la chapelle, où l'on voyait un mausolée de marbre et de stuc.

Ce mausolée, ouvrage de Poultier, occupait tout l'espace de la fenêtre; il consistait en un soubassement de plusieurs pièces de marbre noir, sur lequel, à 2 mètres de hauteur, était placé un tombeau de marbre noir. Sur ce tombeau était, à demi-assise, une femme pleurant, tenant d'une main un mouchoir et de l'autre un cœur et un médaillon sur lequel était un buste à deux têtes, en relief, représentant le mari et l'épouse; derrière, une pyramide ornée de trophées d'armes, et au sommet une urne. Au-dessous du tombeau étaient gravées les armoiries de la maison de l'Hôpital, avec d'autres ornements en bronze; le tout était découvert par une espèce de rideau qui règne au cintre de la fenêtre. Le tombeau a disparu, mais on peut encore voir les traces de ce rideau dans la sacristie actuelle.

Sur le panneau principal du soubassement on lisait cette inscription :

---

(1) Marie Mestaïer avait épousé en premières noces M. Douilly, receveur-général des finances à Poitiers, et en deuxièmes noces le marquis de l'Hôpital.

DEO, OPTIMO, MAXIMO

P. Perenni memoriæ Nobilissimi Viri
Et Marchionis
Francisci de l'Hopital
Tulli, et provinciæ Tullensis in Lotharingia
Gubernatoris, et proregis;
Qui ex antiqua, et illustri Hospitaliorum
Familia, sanguinis et nominis
Splendorem nactus, veram et propriam
Nobilitatem suis ipse moribus expressit :

IN BELLO

Omnia ducis mœnia per 30 annos ea
Prudentia, fortitudine et fide exsecutus,
Ut Regis, Regnique gloriæ dignissime
Servire videretur :

IN AULA

Sine ostentatione probus, sincerus sine
Cujusquam offensione, sine invidia
Amabilis :

DOMI

Inter suos placidus et hilaris, nulli
Acerbus, omnium officiorum diligentissimus :
Erga omnes beneficus, charissimæ uxoris
Familiam pari cum sua benevolentia
Liberosque ex altero conjugio natos, paterno
Amore complexus :

UBIQUE

Religionis cultor verus, et timens Deum,
Vir fidei inconcussæ, generosæ virtutis ;
Erga omnes comis et humanus ; inimicis
Etiam, si quos habuit, non infensus :
Heu tanta virtus inter varios mortis
Vices tot annos incolumis, decorisque
Probata vulneribus, inter domesticæ
Pacis delicias communem mortalitatis sortem
Tandem experta anno ætatis 62, die aprilis 29,

An. redemptæ salutis 1702.
Amantissimi conjugis memoriæ, ut conjux
Mœstissima parentaret, monumentum hæc posuit
Bene precare Viator, et Imitare.

Dans un autre petit panneau, au-dessous de cette inscription, la marquise de l'Hôpital a fait graver de même, en lettres d'or, sur une pierre de marbre noir, l'inscription suivante pour elle :

> Dame Marie Mestaïer, veuve des sieurs Doñilli, et Marquis de l'Hôpital, a fait poser ces Epitaphes à leur mémoire, et acquis cette chapelle pour leur servir de sépulture et à elle et à ses descendants : elle est décédée le (1). . . . .
> Priez Dieu pour le repos de leurs âmes.

Au-dessus de la porte de la chapelle qui est sous la voûte du balcon, et vis-à-vis l'autel, est l'épitaphe de M. de Doñilli, gravée en lettres d'or sur une pierre de marbre noir, revêtue d'une bordure de marbre blanc cintré, au-dessus de laquelle sont ses armoiries, et des deux côtés des vases fumants et des têtes de mort bronzées :

> D. O. M.
> Piis manibus.
> Nobilissimi Viri Petri Rioult, domini de
> Doñilli; Estoui, Cohem, Lits, La Rue,
> Saint-Pierre, Curzai, Forzon, Boismetaye,
> etc.
> Cujus eximia in Deum pietate
> Templa ornata, solemnesque in hoc
> Singulis mensibus preces
> In honorem Sanctissimi Sacramenti fundatæ :

---

(1) Les intentions de dame Marie Mestaïer n'ont pas été suivies à l'égard de sa sépulture, car étant morte à Curzay, en Poitou, elle y a été inhumée.

Liberalitate cujus pauperes passim sublevati,
Beneficentiam experti omnes,
Virtutum splendore avita nobilitas illustrata :
Hoc amoris sui monumentum mœrens
          Conjux erexit.
Obiit 19 septemb. an. Salut. 1685 ætat. 62.

Dans la chapelle, il y a un caveau où reposent les corps de plusieurs personnages :

1º Haut et puissant seigneur, Messire François marquis de l'Hôpital, gouverneur et lieutenant-général pour le roi des villes, pays, comté, évêché de Toul, mort le 29 avril 1702. Nous avons donné la description de son tombeau.

2º Messire Pierre Rioult, escuyer, seigneur de Douilli, de Curzai, Forzon, Estoui, Liz, La Rue, Saint-Pierre, Boismelaye, etc., conseiller-secrétaire du Roi, maison et couronne de France, receveur-général des finances à Poitiers, mort le 19 septembre 1685. Il fut d'abord déposé dans la cave commune qui est au milieu de l'église; ensuite transporté, en 1703, dans le caveau de la chapelle du Saint-Esprit.

3º Messire Jacques Rioult, escuyer, seigneur de Douilli, de Neuville, Pont-de-Neuilly, Roulle et autres lieux, conseiller-secrétaire du Roi, maison et couronne de France, et de ses finances, déposé dans le caveau le 25 mars 1704.

4º Haute et puissante Dame, madame Charlotte de Rohan de Marigny, veuve de haut et puissant seigneur Messire Charles comte de l'Hôpital, enterrée dans la cave de la chapelle du marquis de l'Hôpital, son fils, le 21 nov. 1703.

5º Messire Séraphin Rioult Douilly, chevalier, seigneur de Curzai, lieutenant du roi, de la province de Poitou, déposé dans ce caveau le 25 juillet 1738.

Chapelle de Notre-Dame de Savone

Après la chapelle du Saint-Esprit, et du même côté vers la rue Notre-Dame-des-Victoires, se trouvait la chapelle de Notre-Dame de Savone (1). Voici ce qui a donné lieu à la statue et à la dévotion à Notre-Dame de Savone ; nous rapportons intégralement la légende :

Le samedi 18 mars 1536, un paysan nommé Antoine Botta, du village de San-Bernardo, près de la ville de Savone, s'étant arrêté sur le bord d'un ruisseau, aperçut une lumière extraordinaire qui venait du ciel et entendit une voix qui lui disait : « Lève-toi, ne crains « point, je suis la Vierge Marie : va trouver ton confesseur, dis-lui « qu'il annonce au peuple de jeûner 3 samedis, tu te confesseras, « tu communieras et tu reviendras le 4me samedi. »

Botta obéit ponctuellement, et étant revenu le quatrième samedi, la Vierge lui apparut, vêtue d'une robe et d'un manteau blancs, et ayant une couronne d'or sur la tête. Elle le chargea de faire annoncer que l'énormité des crimes des hommes avait irrité son Fils contre eux, et que sa colère était prête à tomber sur eux. Le confesseur de Botta, instruit de cette vision par son pénitent, monta en chaire, publia l'apparition de Notre-Dame et prêcha le repentir et la pénitence.

La Vierge parla une troisième fois à Botta, et lui ordonna d'aller à Savone annoncer également la pénitence. Le clergé, les magistrats et le peuple de cette ville allèrent en procession à

---

(1) La petite ville de Savone est située sur le golfe de Gênes, non loin de cette grande cité ; elle renferme une image de la Sainte Vierge, qui fut couronnée par le pape Pie VII en reconnaissance des consolations que lui procura la consolatrice des affligés, lorsque, captif en cette ville, il demandait avec ferveur le secours du ciel. Notre-Dame de Savone est très-célèbre.

la vallée de San-Bernardo, où la Sainte Vierge avait apparu à ce paysan; et, pour conserver à jamais le souvenir de ce miracle, on institua une fête solennelle qui se célèbre tous les ans le 18 mars, et que le pape Paul III autorisa par une bulle du 4 août 1537. Les magistrats de la ville firent ensuite bâtir, auprès du ruisseau où la Sainte Vierge avait apparu à Botta, une magnifique chapelle qui est desservie par des Théatins.

Marie est représentée telle qu'elle apparut, et Botta, qui avait eu l'honneur de la voir, est à genoux à côté de la Vierge, habillé d'un justaucorps de treillis, un bonnet à la main et des guêtres et des sabots aux pieds.

Or, le roi Louis XIV et la reine, sa mère, avaient envoyé le F. Fiacre, Augustin déchaussé, homme d'une grande piété, pour accomplir un vœu que LL. MM. avaient fait en actions de grâces de la paix des Pyrénées; le bâtiment sur lequel ce religieux s'était embarqué fut obligé de relâcher dans le port de Savone. F. Fiacre frappé du concours de peuple qui venait tous les jours dans cette ville pour honorer Notre-Dame de Savone, résolut d'introduire en France cette dévotion particulière. A son retour, il entretint Anne d'Autriche et Marie-Thérèse des merveilles de Notre-Dame de Savone et du désir qu'il avait d'établir cette dévotion à Paris. Il les supplia de vouloir l'aider de leurs libéralités pour faire sculpter à Gênes la statue de la Vierge et celle de Botta en marbre blanc. Les deux princesses y consentirent; mais cette statue, arrivée à Paris en 1664, demeura dix ans sans recevoir de destination. Le F. Fiacre avait conçu le projet de fonder à Montmartre un nouveau monastère de son ordre, et d'en consacrer l'église sous le titre de Notre-Dame de Savone. Ce dessein ne put réussir; l'abbesse de Montmartre, Françoise-Renée de Lorraine, fille de Charles de Lorraine duc de Guise, craignant que la nouvelle dévotion n'effaçât celle de son abbaye, mit dans ses intérêts Hardouin de Péréfixe, archevêque de Paris, qui refusa absolument de consentir à l'établissement d'un nouveau monastère. Le frère Fiacre résolut de faire ériger, dans l'église Notre-Dame des Victoires, une chapelle à Notre-Dame de Savone.

Il s'adressa à la reine-mère, dont il avait tant de fois éprouvé les libéralités ; il lui représenta que c'était avec ses aumônes qu'on avait fait cette image, qu'il avait eu l'honneur de l'entretenir souvent des merveilles de Notre-Dame de Savone ; enfin il ajouta, avec une simplicité pieuse et aimable : — « Madame, c'est une Reine étrangère qui vous demande l'hospitalité dans votre royaume pour le combler de bénédiction. La reine, qui le regardait comme un saint, fut touchée du zèle et de la confiance avec laquelle il prononça ces paroles ; elle lui promit qu'elle ferait bâtir une chapelle dans son église, et qu'elle y ferait placer cette grande Reine étrangère (1) ». Mais sa mort, arrivée le 20 janvier 1666, empêcha Anne d'Autriche d'accomplir ce pieux projet (2). Elle avait, en mourant, recommandé au roi l'exécution de son projet.

Louis XIV s'empressa de remplir les volontés de sa mère, et chargea Colbert (3), ministre-secrétaire d'État et contrôleur des

---

(1) La *Vie du vénérable frère Fiacre, Augustin déchaussé*, par le P. Gabriel de Sainte-Claire (selon Barbier), livre III, page 316. Paris, 1722.

(2) Anne d'Autriche, née le 22 septembre 1601, cinq jours avant Louis XIII, était fille aînée de Philippe III, roi d'Espagne, et de Marguerite d'Autriche, sœur de l'empereur Ferdinand II, de Philippe et de Marie, femme de l'empereur Ferdinand III. Elle donna Louis XIV à la France. Un tel concours de circonstances glorieuses et le mérite personnel de cette princesse ont donné lieu à ce distique :

Et soror et conjux et mater, nataque regum
Nulla magis tanto sanguine digna fuit.

(3) Jean-Baptiste Colbert, marquis de Seignelay, naquit à Reims, le 29 août 1619 ; d'abord placé chez Maseranni et Cenami, banquiers du cardinal Mazarin, fut distingué par ce ministre, qui lui confia ses affaires. En 1661, il succéda à Fouquet dans la charge de contrôleur-général des finances, ministre et secrétaire d'État. Il obtint la confiance de Louis XIV, qui le nomma, en 1664, surintendant des bâtiments. Il mourut le 6 septembre 1683, assisté à ses derniers moments par le P. Bourdaloue.

finances, de faire ériger cette chapelle. La construction en fut confiée à Claude Perrault, célèbre architecte, qui l'exécuta sur les dessins du Vénitien Scasmozzi. Cette chapelle était d'ordre ionique comme le reste de l'église; elle avait 8^m 30 de hauteur. Les colonnes étaient en marbre de Languedoc; le fond de l'autel et le socle étaient de petite brèche. Lorsque les travaux furent terminés, Colbert voulut en voir l'effet; il fit ajouter deux consoles de chaque côté de l'autel. On plaça ensuite la statue de Notre-Dame de Savone sur un piédestal de marbre blanc au milieu de l'autel, et à côté, sur l'assise préparée, celle d'Antoine Botta, qui apparaissait à genoux devant la Sainte Vierge, en la posture où il était quand elle lui apparut (1). Le 2 avril 1674, la chapelle fut solennellement bénie, et on y célébra pour la première fois le saint sacrifice de la messe.

Le frère Fiacre, au comble de ses vœux, se prosterna devant l'image vénérée et demanda, avec une nouvelle ferveur, à la Sainte Vierge, que, dans cette église où son image était placée par une providence particulière, elle fût le refuge des pécheurs, et accordât à la France les mêmes bénédictions qu'aux habitants de l'Italie (2). On sait s'il a plu à la bonté de Dieu d'exaucer la prière de son serviteur: deux cents ans plus tard, la chapelle où brillait autrefois l'image de Notre-Dame de Savone devenait un sanctuaire privilégié, et la miséricorde divine y faisait éclater ses prodiges par l'intercession du cœur de Marie.

L'autel et la statue de Notre-Dame de Savone ont disparu pendant la tourmente révolutionnaire. L'ornementation actuelle de cette chapelle est assez simple. L'autel, de marbre blanc, d'un travail assez remarquable, a été solennellement consacré par Monseigneur Georges Darboy, archevêque de Paris, le 8 décembre 1863.

---

(1) Nous publions plus loin l'histoire de la dévotion à Notre-Dame de Savone.

(2) *Histoire religieuse de l'église de Notre-Dame des Victoires de Paris*, par M. l'abbé Balthazar, Paris, 1855, in-18, page 27.

Sous la table de marbre, était déposé un *Corpo Santo* offert en présent à Notre-Dame des Victoires par le pape Grégoire XVI ; c'était le corps saint de sainte Aurélie, martyre, extrait des catacombes de Sainte-Priscille, à Rome, le 18 avril 1842. La cérémonie de la translation des saintes reliques sous l'autel de l'archiconfrérie eut lieu le 25 mars 1843. « Un fragment de marbre qu'on aperçoit au fond de la châsse, dit l'auteur du *Pèlerin à Notre-Dame des Victoires*, indique le nom de la sainte. Ce marbre, qui fermait son tombeau dans les catacombes, porte cette inscription : *Aurelia bene merenti :* A Aurélie, qui a bien mérité. La figure de cire qui recouvre les saints ossements a été modelée à Rome. Les riches vêtements qui servent de parure à la jeune sainte sont le symbole de son martyre. L'urne d'or placée à ses pieds renferme une fiole de son sang : elle fut trouvée auprès de son tombeau ».

Deux colonnes cannelées, de l'ordre ionique, surmontées d'un fronton triangulaire, forment l'encadrement de la statue de Notre-Dame des Victoires, enfoncée dans une niche. Cette statue est assez connue pour que nous nous dispensions d'en faire une description détaillée. La Très-Sainte Vierge est debout. Ses pieds reposent sur des nuages ; elle soutient et entoure de ses bras l'Enfant Jésus, debout sur un globe parsemé d'étoiles. Le divin Enfant tend les bras comme pour attirer à lui le pécheur et l'affligé, et le recommander à sa Sainte Mère. Au-dessus de l'autel, il existe une verrière d'une exécution remarquable. Ce vitrail, exécuté en 1854, a été offert à M. des Genettes par les associés de l'archiconfrérie. Nous en empruntons la description à l'auteur du *Pèlerin à Notre-Dame des Victoires :* « L'origine de la sainte œuvre fondée par M. Des Genettes et ses admirables résultats sont racontés ici sous de mystérieux emblèmes. Au milieu du vitrail, la Sainte Vierge apparaît dans une lumière éblouissante, telle que la représente la statue de l'autel. Autour d'elle se tiennent, les uns dans l'attitude du repentir, les autres dans l'exaltation de leur âme, des pécheurs convertis. Parmi eux on distingue un jeune homme prosterné, auprès duquel on aperçoit une femme vénérable dont la tête est entourée de l'auréole des saints. C'est saint Augustin, encore pécheur, que sa mère, sainte Monique, présente à Marie. A leurs pieds, une banderolle porte ces mots : *Maria refugium peccatorum*. C'est le cri qui semble s'échapper de tous ces heureux convertis.

« Dans un coin du vitrail, un ange couvert d'une armure d'airain, perce d'une lance le démon qui voudrait mettre obstacle aux miséricordes de Marie envers les pécheurs. Tout à fait au bas, un autre ange présente à M. des Genettes les statuts de l'archiconfrérie. »

Chapelle de Saint-Nicolas de Tolentino

La troisième chapelle qui suit, près de la chapelle de Notre-Dame de Savone, est celle de Saint-Nicolas de Tolentino. Elle fut ornée et bâtie par le président de Metz, qui l'avait acquise, suivant acte capitulaire du 30 décembre 1702, au prix de 216 livres 13 sous pour en faire le lieu de sa sépulture et de celle de sa famille. Il avait acquis aussi le balcon ou tribune qui donnait d'un côté sur cette chapelle, et de l'autre sur celle de Notre-Dame de Savone. L'autel et le rétable étaient d'une menuiserie assez commune, adossés contre la fenêtre qui donne sur la rue, qu'il fit également revêtir de menuiserie avec le cintre qui la bordait. Aux deux côtés de l'autel sont deux colonnes ou piliers carrés avec leurs chapiteaux et leur corniche d'ordre ionique, qui soutiennent la menuiserie du grand cintre de la fenêtre. Le rétable n'était élevé que jusqu'à celle-ci ; c'était une bordure à moulures, cintrée à oreilles, couverte d'une corniche cintrée, qui portait à son sommet une croix entre deux petits anges adorateurs assis sur cette corniche. Au milieu, il y avait un tableau de 2 mètres de large sur 1^m,06 de hauteur, également cintré, représentant saint Nicolas de Tolentino guérissant un malade qui lui est présenté, et invoquant la Très-Sainte Vierge qui apparaît dans le haut du tableau. Ce tableau était l'œuvre du peintre d'Olivet.

La chapelle, revêtue tout entière d'un lambris très-simple, était fermée par deux portes grillées en fer ouvragé. Sur celle de devant, deux chapiteaux corinthiens portaient chacun leur vase flamboyant. Au-dessus de la porte était un fronton assez bien travaillé, terminé par une croix fleurdelysée ; au-dessous, et au milieu du fronton, les armoiries du président de Metz.

Il existe dans cette chapelle, un caveau où reposent les corps :

1° De Messire Gédéon de Metz, chevalier, comte de Rosnay, vicomte de Pernan, seigneur de Corbeille, Courcelles, Chaletto et autres lieux : conseiller du roi en ses conseils, président honoraire en sa Chambre des comptes, intendant et contrôleur-général des meubles de la couronne, déposé dans ce caveau le 12 septembre 1709 ;

2° Le cœur de Messire Louis de Metz, aumônier du roi, abbé de Saint-Martin de Suiron et de Sainte-Croix de Guinguan, doyen de l'église collégiale de Saint-Maclou de Bar-sur-Aube, prieur de Rosnay, qui mourut à Rosnay en Champagne, le 7 novembre 1699 ;

3° Dame Marie Mallet, veuve de Messire Gédéon de Metz, morte le 4 mars 1730, dont le corps a été déposé dans le même caveau le 5 du même mois et de la même année ;

4° Messire Jacques de Metz, brigadier des armées du roi, chevalier de Saint-Louis, mort le 19 octobre 1730, âgé de quarante-sept ans, déposé dans ce caveau le 20 octobre de la même année ;

5° Dame Élisabeth Guigou, veuve du même, morte à trente-huit ans et demi, le 15 juin 1731, déposée le 16 juin 1731.

C'était aussi dans cette chapelle que reposaient les reliques du corps entier de saint Hyacinthe, martyr, renfermées dans une châsse de bois d'ébène, décorée de plusieurs ornements et placée au-dessus de la porte qui sert de communication avec la chapelle de Notre-Dame de Savone. Cette chapelle est maintenant sous le vocable de sainte Anne.

La première chapelle du côté de l'évangile attenante au grand autel, était la chapelle de Saint-Augustin (1). Il était bien juste et bien naturel que ce grand docteur, ayant déjà été titulaire de la première église du faubourg Montmartre, et d'ailleurs, fondateur, d'après la tradition, et patron principal de l'ordre des Augustins, possédât une des premières chapelles de la nouvelle église. Là, du moins, on pourrait l'invoquer d'une manière particulière et le prier de soutenir et de protéger l'Église par ses prières, comme il la soutient par sa doctrine, en obtenant aux fidèles assemblés dans ce saint temple, les lumières dont il fut éclairé et la charité qui l'animait.

Cette chapelle ne paraît pas avoir eu rien de remarquable dans son ornementation; elle ne servit, du reste, que jusqu'en 1682. On fut obligé, à cause du grand concours de fidèles, d'y percer un passage; aussi l'usage de cette chapelle fut suspendu à cette époque, et nous ne trouvons aucune preuve qui indique qu'elle fut rétablie depuis.

Chapelle de Notre-Dame des Sept-Douleurs (2)

La dévotion de Notre-Dame des Sept-Douleurs était la dévotion particulière des Augustins déchaussés de France. Le décret en fut porté dans un chapitre général de l'ordre tenu à Grenoble le 20 septembre 1642, confirmé par différents chapitres, et notamment par celui qui eut lieu à Lyon, le 23 septembre 1678.

Ce décret porte, qu'en reconnaissance des grâces et des bienfaits reçus de Dieu par l'intercession de la Sainte Vierge, les Augustins déchaussés se mettent, eux et leur congrégation, sous la protection de cette Sainte Vierge, compatissante aux douleurs de son Fils

---

(1) Cette chapelle, parallèle à celle du Saint-Esprit, a été aussi supprimée. Elle sert de sacristie.
(2) On en a fait, en 1740, la chapelle du Saint-Esprit, et on y a mis au rétable un tableau de la descente du Saint-Esprit.

Jésus-Christ, et s'abandonnent aux soins de sa charité maternelle. Il ordonne en même temps de faire solennellement, tous les ans, la fête de sa compassion, sous le titre de Notre-Dame des Sept-Douleurs, le samedi immédiatement avant le dimanche des Rameaux, dans toutes les églises où il sera élevé un autel en l'honneur de Notre-Dame des Sept-Douleurs.

Voici les termes du décret :

In gratiam beneficiorum per intercessionem Deiparæ a deo Optimo Maximo acceptorum, nos nostramque congregationem ejus compatientissimæ protectioni, ex charitati committimus, ejusque compassionis festum sub titulo Nostræ Dominæ septem dolorum singulis annis die Sabbati immediate præcedente dominicam Palmarum, ab omnibus et singulis religiosis nostris solemniter celebrari præcipimus ; et volumus ut in in omnibus ecclesiis nostris Deo omnipotenti erigatur altare sub titulo præfata Nostræ Dominæ septem dolorum.

En exécution de ce décret, on fit construire une chapelle à Notre-Dame des Sept Douleurs, dans l'ancienne église. Selon la disposition de cette église, cette chapelle était placée dans un des cintres du premier cloître, où l'on avait fait construire un petit bâtiment, le tout disposé assez convenablement. Ce fut à cette chapelle, comme nous le dirons plus loin, que la reine Anne d'Autriche vint en dévotion, plusieurs années de suite, au jour où l'on célébrait la solennité de Notre-Dame des Sept Douleurs. Cette princesse assistait à une partie de l'office et y entendait le sermon, toujours prêché par les meilleurs prédicateurs.

La petite chapelle de Notre-Dame des Sept Douleurs, subsista jusqu'au temps où l'on commença à se servir de la nouvelle église, dans laquelle on en érigea une autre dans l'endroit le plus apparent. D'abord, malgré le désir des religieux, cette chapelle n'eut rien que de très-modeste dans son ornementation. Vers 1652, le P. Eustache de Ste-Agnès, alors sacristain de l'église, se chargea à ses frais de la décoration nouvelle.

L'Autel et le rétable étaient en menuiserie sculptée et travaillée avec soin ; le rétable composé de plusieurs panneaux, était décoré d'ornements; il avait 5 mètres de haut sur 7 de large, orné de chaque côté de deux colonnes d'ordre ionique, portant chacune un vase flamboyant, posé sur la corniche qui règne sur toute sa longueur. Au milieu du rétable était une forme de niche cintrée et, de chaque côté deux chérubins dorés à demi-corps terminés en festons. Au devant de cette niche, il y avait une figure en relief de Notre-Dame des Sept Douleurs (1), en bois, peinte en blanc de 2 mètres de hauteur, c'était l'œuvre du sculpteur François. Au-dessus de la niche, on voyait une tête de chérubin dorée et voilée. Toutes les parties du rétable étaient peintes en marbre de différentes couleurs et or; sur le dernier degré du marche-pied, régnait une balustrade de fer ouvragé, à hauteur d'appui.

Le balcon qui était entre cette chapelle et celle de St-Augustin, fut occupé autrefois par différentes personnes et en dernier lieu par Dumarest, contrôleur général des finances et par de Bercy, son gendre, intendant des finances.

Après la révolution et depuis la réouverture de l'église, la chapelle de N.-D. des Sept Douleurs, devint la chapelle de St-Augustin, patron et titulaire de l'église de N.-D. des Victoires; anciennement, la chapelle de St-Augustin était la première du côté gauche et faisait face à celle du St-Esprit. Depuis qu'un passage et une sacristie furent établis dans cette chapelle, on fit de la chapelle de N.-D. des Sept Douleurs, celle du saint docteur; heureuse idée de placer le pécheur converti et devenu saint, en face de la Mère de Dieu, le refuge des pécheur !

L'autel est construit sur le plan de celui de N.-D. des Victoires, et en diffère très-peu; il n'offre rien de particulier ni de bien remarquable, si ce n'est le vitrail qui orne la grande fenêtre et

---

(1) Le 18 novembre 1720, on mit à la place une peinture.
La statue de Notre-Dame des Sept Douleurs, avait coûté de 150 à 200 livres.

dont nous empruntons la description à l'auteur du *Pèlerin*, à *N.-D. des Victoires* (page 195).

« Trois panneaux, l'un beaucoup plus grand, les deux autres de même dimension, partagent le vitrail. Le premier représente Louis XIII, consacrant la France à Marie. La Vierge est sur une espèce de trône dans une pose assez semblable à celle de la statue de N.-D. des Victoires; l'enfant Jésus est auprès de sa mère, porté sur des nuages. Le pieux monarque, à genoux, présente à Marie son sceptre et sa couronne. Il est couvert du manteau fleurdelysé. A côté de lui est son royal ancêtre, saint Louis, sur les vêtements duquel, les lis brillent aussi. Anne d'Autriche, à genoux comme Louis XIII, contemple la Vierge et s'unit à l'acte solennel qu'accomplit son époux. Sa patronne, Ste-Anne, est debout auprès d'elle. Sur la draperie, qui couvre le trône ou piédestal, sur lequel repose la Ste Vierge, on aperçoit les armes de France et de Navarre.

« Deux faits qui se rapportent à la naissance de Louis XIV, sont représentés dans les deux panneaux du vitrail, au-dessous du sujet qui vient d'être décrit. Dans celui de droite, un religieux en prière dans sa cellule, voit apparaître la Sainte Vierge. Elle tient dans ses bras un petit enfant. Ce religieux est le Frère Fiacre, il prie pour obtenir qu'Anne d'Autriche devienne mère; l'enfant que Marie lui présente, est le jeune dauphin qu'elle va donner à la France.

« Dans le panneau de gauche, un personnage vêtu de rouge, adresse la parole à une noble dame. C'est Anne d'Autriche et le cardinal de la Rochefoucault. L'Eminence a tout récemment appris la nouvelle de l'apparition du Frère Fiacre; elle vient féliciter la reine.

« Ce beau vitrail, a été offert par le duc de la Rochefoucault; aussi voit-on au milieu des arabesques de la bordure, les armes de la Rochefoucault et des Bissacia. »

Chapelle de Saint-Jean-Baptiste

La chapelle suivante(1), était celle de St-Jean-Baptiste. Tout le fond de la chapelle où est la fenêtre, était revêtu de marbre ; l'autel et le rétable étaient d'un travail assez beau ; le cintre intérieur de la fenêtre revêtu de marbre rouge veiné, à moulures ; reposait sur des colonnes ou piliers carrés, aussi de marbre rouge d'ordre ionique. Le rétable s'élevait de 3 mètres à 3m 30 au-dessus de l'autel, il était cintré, à oreilles, soutenu de chaque côté par un pilastre corinthien. Au-dessus était une croix avec deux têtes de chérubins, accolés et bronzés. Au milieu du rétable régnait une bordure de marbre à moulures, cintrée aussi, avec oreilles, et renfermant un tableau de St-Jean-Baptiste, de 2m 30 sur 1m 45 de large. Le saint était représenté en grandeur naturelle, dans le désert, revêtu d'une peau de chameau, tenant à la main une croix, du sommet de laquelle pendait une banderolle, portant écrits ces mots : *Pœnitentiam agite, appropinquavit regnum cœlorum.* Ce tableau avait été peint par Bon Boullongne, aîné, un des peintres les plus célèbres de l'époque.

Madame de Lully, après la mort de son mari, demanda cette chapelle pour y établir sa sépulture et celle de sa famille. On la lui accorda moyennant les conventions exprimées dans le contrat passé par-devant MM. Chuppin et Mouffle, notaires à Paris, le 5 mars 1688. Cette dame, voulant honorer la mémoire de son époux, fit élever son mausolée dans cette chapelle.

Ce mausolée remplissait tout le fond du côté gauche de la chapelle, depuis le haut jusqu'en bas. Il était composé de plusieurs pièces de marbres différents. Le bas était de stuc appliqué contre le

---

(1) M. le curé actuel de l'église de N.-D. des Victoires, a le projet de consacrer cette chapelle au Sacré-Cœur de Jésus, déjà des fonds ont été recueillis à cet effet.

mur, orné seulement aux deux extrémités des côtés, d'un pilastre de marbre. Environ à 2ᵐ 30 de hauteur, était une espèce d'entablement large, soutenu par des consoles bronzées et sur lequel sont adossées deux statues de femmes, en marbre blanc, dans l'attitude de la douleur, et versant des larmes. Le tombeau en marbre noir, était surmonté d'un buste de bronze, représentant Lully et au-dessus de ce buste et en marbre blanc, on voyait deux petits enfants en pleurs. Sur le haut du cintre, un squelette bronzé, figurant la mort, et tirant un rideau de stuc, semblait découvrir tout le mausolée. Au milieu de l'entablement, aux deux extrémités duquel étaient gravées les armoiries de Lully, il existait une table de marbre noir entourée de sa bordure, et sur laquelle on lisait gravée en lettres d'or l'épitaphe suivante :

Ici repose Jean-Baptiste de Lully, écuyer, conseiller, secrétaire du roi, maison, couronne de France, et de ses finances, surintendant de la musique de la Chambre de Sa Majesté, célèbre par ce haut degré de perfection où il a porté les beaux chants et la symphonie, qui lui ont fait mériter la bienveillance de Louis-le-Grand, et les applaudissements de toute l'Europe. Dieu, qui l'avait doué de ces talents, par-dessus tous les hommes de son siècle, lui donna pour récompense de ses cantiques inimitables qu'il a composés à sa louange, une patience vraiment chrétienne dans les douleurs aiguës de la maladie, dont il est mort le XXII de mars MDCCLXXXVII, dans la LIIIᵉ année de son âge, après avoir reçu tous ses sacrements avec une résignation et une piété édifiantes.

Il a fondé une messe à perpétuité, qui se doit célébrer tous les jours à onze heures dans cette chapelle, et pour l'exécution de cet article de son testament, Madelaine Lambert, sa femme, en a passé contract devant M. Molineau et Mouffle, notaires à Paris, le XXVIII may de la même année. Et depuis ayant acquis des RR. PP. religieux de cette maison, par un contract passé par-devant M. Chuppin et Mouffle, le V may 1868, cette chapelle et la cave au-dessous pour sa sépulture et celle de ses descendans à perpétuité et a fait dresser ce monument à la mémoire de son époux, comme une marque de son affection et de sa douleur.

Priez Dieu pour le repos de leurs âmes (1).

(1) Lully était né à Florence, en Italie, en 1633. Il était encore fort jeune, lorsqu'une personne de qualité l'amena en France. Peu de temps après, il entra chez Mlle d'Orléans, et ensuite chez le roi, dès lors, sa réputation s'augmenta de jour en jour : jamais de son temps, homme ne porta si haut, l'art de jouer du violon. Ce fut lui qui introduisit en France l'Opéra. Dès l'enfance il fut un musicien merveilleux et quelques jours avant sa mort, il disait à une personne digne de foi : « Qu'il n'avait jamais appris plus de musique qu'il n'en savait à l'âge de 17 ans; mais qu'il avait travaillé toute sa vie à se perfectionner et cherché toujours à donner aux choses qu'il mettait en air, des expressions convenables à leur sujet. » Lully était d'ailleurs fort agréable. Il avait beaucoup d'esprit, et était fort recherché. Les souverains, qui ne le connaissait que par ses ouvrages, lui envoyaient leurs portraits et de grands présents. Son mérite lui fit obtenir la charge de surintendant de la musique du roi. A cette époque, Perrin, introducteur des ambassadeurs, près le duc d'Orléans, obtint le privilége d'introduire les opéras en France; il fit société avec Lambert, maître de musique de la Reine-Mère. Cette nouveauté plût au public et obtint grand succès. Mais Perrin, s'étant brouillé avec Lambert, transporta son privilége à Lully, qui le conserva jusqu'à sa mort. Quelques jours avant qu'il tombât malade, il fit chanter dans l'église des Feuillants un *Te Deum* pour rendre grâce à Dieu du retour de la santé du roi. Sa mort fut très-chrétienne, et en mourant il fit un nombre considérable de legs pieux. Le roi donna la charge de surintendant de la musique à un de ses fils, et lui accorda également le privilége de l'Opéra. Mme Lully eut un tiers des bénéfices et ses six autres enfants, en possédérent les deux tiers.

Lully avait épousé Melle Lambert, fille de Lambert, musicien renommé; elle mourut le 3 mai 1720, âgée de 77 ans, et fut déposée le 5 mai, dans la chapelle de St.-Jean-Baptiste.

Lully ne consacra pas seulement ses talents à la musique profane, il a composé un grand nombre de motets qui eurent un très-grand succès, le *Miserere*, *Benedictus*, *Te Deum*, *de Profundis*, *Dies iræ*, le motet *Plaude, lætare Gallia*, pour la naissance du dauphin en 1660.

Ce mausolée fut érigé en 1690, il est l'œuvre de Cotton, sculpteur célèbre à cette époque. Le reste de la chapelle était revêtu de lambris de menuiserie, peints en blanc avec des filets d'or autour des panneaux. Elle était fermée par deux grandes grilles en fer travaillées artistement. La porte principale avait deux pilastres à chapitaux corinthiens, portant chacun un vase flamboyant. Le dessus de la porte était orné d'un fronton surmonté par une croix.

Il y a, dans cette chapelle, un caveau, dans lequel reposent les corps de :

1° Jean-Baptiste Lully, secrétaire et surintendant de la musique du roi, qui fut d'abord déposé en 1687, dans la cave commune d'où il fut transféré le 15 septembre 1691. Il mourut très-chrétiennement, assisté dans ses derniers moments par le R. P. Chérubin, de la Vierge Marie, alors prieur du couvent de Paris. Le P. Ange de St-Rosalie, inséra cette légende dans le nécrologe du couvent des Augustins déchaussés, 23 mars 1687.

Depositus jacet apud nos, Joannes-Baptista de Lully, scutarius, consiliarius, secretarius Domini nostri Regis, domus, coronæ Franciæ, et ærarii, nec non ipsius musicæ cubicularis præfectus : vir in civitate et aula famosus, qui acutissimos dolores mira incredibilique patientia spatio plusquam duorum mensium perpessus ipsa die D.-N. Septum Dolorum sacra diem suum extremum meruit claudere, susceptis cum summa humilitate, singularique omnium ædificatione sacræ ecclesiæ sacra-

Mme de Sévigné, après avoir entendu la musique de Lully, exécutée au service funèbre de M. le chancelier Séguier, écrivait le 7 mai 1672 : « Je ne crois pas qu'il y ait une autre musique dans le ciel. »

Ses opéras furent imprimés à partir de l'année 1679 : Mme de Lully après la mort de son mari, donna à la bibliothèque des Augustins déchaussés les motets imprimés et 12 volumes de ballets et d'opéras, excepté ceux de Proserpine, Cadmus, Alceste, Isis et Psyché.

Lully fut le premier musicien de son siècle, et ses ouvrages encore estimés sont extrêmement précieux et considérés par ceux qui veulent étudier les progrès de l'art musical en France. (*Mercure français*, mars 1687; *Dictionnaire* de Moreri).

mentis, quibus se indignum maxima cum lacrymarum effusione palam et aperte non semel passus est. In his humilitatis pœnitentiæque exercitiis ad ultimum usque perseverans, inter manus R. P. Cherubini a Virgine Maria, pro tunc hujusce cænobii prioris, cui fidelem generalemque suorum rectorum confessionem fecerat, et a quo spatio unius mensis noluit ne ullo fere momento derelinqui, animam ætatis suæ 54 tranquillo Deo reddidit. In communi nostro sarcophago ut cum pœnitentibus pœnitens resurgeret die sequenti 23 martii, ut in votis moriens habuerat, inhumatus est fundata pro requie animæ suæ in ecclesia nostra missa quotidiana. De quo potest dici illud apostoli, quod ubi delictum abundavit, superabundavit et gratia quantumque se in deliciis glorificaverat, tantum sibimet in lectulo suo, veluti in cruce, ut ipse aiebat decumbens, cubiculum suum velut calvariæ locum intuens, seipsum latroni digna factis recipienti assimilans, tormentum et luctum dedit. Illo solo tactus dolore quod satisfactionem publicam in plateis, ut optaret, de criminibus publicis non posset facere. Sed numquid multum satisfactionis non obtulit, qui ut ait Augustinus, erubescentiæ dominans nihil eorum quæ commiserat, nuntio Dei denegarit domesticis vero, filiis, uxori, omnibus, uno verbo, ut male conversationis veniam peteret, pia impudentia patefecit. Dignus misericordia Christi qui spiritali labore, ut Augustinus concludit, gratiam postulabat.

2º Dans le même caveau. Jean-Louis de Lully, écuyer, surintendant de la musique du roi, mort le 23, et déposé dans le caveau le 24 décembre 1688, il était âgé de 21 ans, c'était le fils de Lully;

3º Michel Lambert, intendant de la musique du roi, déposé le 28 juin 1696;

4º Catherine-Magdelaine de Lully, femme de Jean-Nicolas de Francine, chevalier, conseiller, maître d'hôtel ordinaire du roi, fille de Lully, déposée le 3 janvier 1703;

5º Louis de Lully, fils du grand Lully, déposé le 2 avril 1734;

6º Louis-André de Lully, petit-fils de Lully, déposé le 22 juillet 1735;

7º Jean-Baptiste de Lully, fils de Lully, déposé le 10 mars 1743.

Le balcon qui était entre la chapelle de Saint-Jean-Baptiste et celle de Notre-Dame-des-sept-Douleurs était occupé par le comte de Toulouse, fils légitimé de Louis XIV, amiral de France, chef du conseil de marine, etc., qui l'obtint en octobre 1715.

Le tombeau de Lully a été enlevé de cette chapelle à l'époque de la révolution française, au mois de janvier 1796, et placé dans les musées de la république française. Il fut rendu à l'église par un arrêté de M. de Chabrol, préfet de la Seine, en date du 15 mars 1817 et replacé, non pas dans la chapelle qu'il occupait précédemment, mais dans l'avant-dernière chapelle de l'église, près des Fonts baptismaux, mais il a subi quelques modifications. Tout le bas du mausolée, qui était de stuc, a été remplacé par quatre pilastres de marbre rouge qui encadrent la porte de communication de la chapelle, le squelette qui était de marbre blanc au-dessus du mausolée a disparu. Dans la chapelle précédente adossé au mur, on a placé le portrait très-ressemblant de Lully, en marbre blanc, œuvre remarquable de Coysevox, et, dans le mur de communication, entre les deux chapelles, sur une plaque de marbre sur laquelle on lit les vers suivants de Santeuil :

> Perfida mors, inimica, audax, temeraria et excors,
> Crudelisque et cœca, probris te absolvimus istis;
> Non de te querimur, tua sint hæc munia magna,
> Sed quando per te, populi, regisque voluptas,
> Non ante auditis rapuit qui cantibus orbem,
> Lullius eripitur, querimur modo; surda fuisti.

Les chapelles de l'église actuelle sont ainsi disposées :

Du côté de la rue Notre-Dame-des-Victoires, la chapelle de la Sainte Vierge, siège de l'archiconfrérie du Saint et Immaculé Cœur de Marie, celle de Sainte-Anne, celle de Notre-Dame-des-sept-Douleurs, la chapelle de Saint-Joseph et celle de Saint-Pierre. Du côté de l'Évangile; la chapelle de Saint-Augustin, du Sacré-Cœur, de la Sainte-Enfance, de Saint-Jean l'Évangéliste, et enfin celle des Fonts baptismaux.

À l'exception de la chapelle de l'archiconfrérie et de celle de Saint-Augustin, patron de l'église, placée en face, il serait difficile de faire l'historique de chacune des autres chapelles, elles ont changé tant de fois de nom et de vocable, qu'il est à craindre que bientôt elles n'aient encore de nouvelles destinations. Leur fondation et leur dénomination, jusqu'ici, n'ont reposé que sur la volonté des curés ou des directeurs de l'archiconfrérie. Il est à regretter qu'elles n'aient pas conservé le nom des saints auxquels elles avaient d'abord été dédiées.

Cave commune des morts

Ce caveau est situé sous la croisée de l'église et s'étendait jusque sous le grand autel, c'est-à-dire jusqu'à l'entrée du chœur : il était séparé en deux par un mur, un côté était réservé pour la sépulture des religieux, et l'autre pour celle des personnes séculières. Dans cette dernière partie, il y avait des petites niches dans le mur pour y déposer les cœurs de ceux qui le demandaient. Nous citerons quelques-uns des personnages les plus illustres qui voulurent être enterrés dans l'église des Petits-Pères :

1° Messire Sylvestre de Crusy de Marcillac, évêque de Mende, qui mourut à Paris, d'apoplexie, le 20 octobre 1659, âgé de 88 ans. Ce prélat, pendant son séjour à Paris, logeait au couvent des Augustins déchaussés. Il mourut comme il était en visite sur la paroisse Saint-Roch. Le *Gallia christiana* s'exprime ainsi sur son compte :

« Sylvester de Crusy de Marcillac, ex nobili Marcillanorum familia, apud *cadurcos* natus post multa regno et regi Ludovico XIII præstita obsequia, episcopus Mimatensis nominatus fuit die XXVI, martii 1628. In sua diœcesi quam plurima curæ pastoralis et præclari in tutenda catholica religione ardoris monumenta dedit : acerrimum hæreticorum hostem semper se præbuit. Tandem multis perfunctus laboribus vitæ finem invenit, die XX oct. an. 1659, apoplexia oppressus, ætatis 88 ; jacetque ibidem in ecclesia Augustinianorum discalceatorum.

2° Messire Joseph comte d'Ornano, originaire de l'île de Corse, maître de la garde-robe de Monsieur Gaston de France, duc d'Orléans, mort à Paris, le 1er juin 1670. Il était fils de Pierre, seigneur de Sainte-Croix, troisième fils d'Alphonse d'Ornano, chevalier des ordres du roi, maréchal de France, général des Corses, etc., qui mourut à Paris, vers 1610. Le corps de la comtesse d'Ornano, Charlotte Perdriel, dame de Baubigny, épouse du comte d'Ornano, décédée avant lui, fut mis dans le même caveau, le 21 octobre 1643, aussi bien que celui de l'abbé d'Ornano, 15 février 1656 ou le 30 décembre 1655.

3° Messire Claude Vanel, seigneur de Frécourt, conseiller du roi en ses conseils, secrétaire de Sa Majesté et de ses finances, et contrôleur général du duc d'Orléans, déposé dans la cave commune le 25 novembre 1650.

4° Pierre de Nyert, premier valet de chambre du roi, gouverneur de Limoges, bienfaiteur particulier du couvent des Augustins, mort le 12 février 1682, âgé de 86 ans, et inhumé le 14 suivant.

5° Constant de Silvecanne, conseiller du roi en ses conseils, président en sa cour des monnaies, commissaire général en icelle au département de Lyon et autres provinces, ancien prévôt des marchands de Lyon, mort à Paris, le 3 mai 1694.

Dame Madeleine Prost, son épouse, fut inhumée, dans le même caveau, le 1er mai 1708.

6° Dame Anne Brunel, veuve de Jean-Baptiste Stoppa, chevalier, colonel du régiment suisse d'infanterie et brigadier général des camps et armées du roi, déposée le 11 mai 1696.

On déposa aussi dans le même caveau les cœurs de plusieurs personnes de distinction.

1° Le cœur et les entrailles de haute et puissante dame Louise de La Marck, épouse de Maximilien Echallart, marquis de La Boulaye, morte le 17 mai 1688, âgée de 56 ans. Elle était fille de Henri-Robert de La Marck, comte de Braine, capitaine des cent-suisses de la garde du roi, qui prit le titre de duc de Bouillon.

2° Le cœur de Jacques Tubœuf, chevalier, seigneur de Blanzac et de Ver, conseiller ordinaire du roi en tous ses conseils, président en sa chambre des comptes, ci-devant surintendant des finances, domaines et affaires de la reine-mère Anne d'Autriche, mort le 10 août 1670, âgé de 64 ans; c'était un des grands protecteurs de l'ordre des Augustins déchaussés. Pour reconnaître ses bienfaits il fut ordonné dans un chapitre de l'ordre, qu'il serait fait à perpétuité, de lui et de son épouse, mention spéciale à la messe conventuelle destinée déjà pour tous les bienfaiteurs et qu'après l'antienne *Ave regina* et l'oraison *Defende* qui se disent à la fin de cette messe, on ajouterait l'oraison *Omnipotens sempiterne Deus, qui virorum dominaris*, etc.

3° Le cœur du comte d'Hamilton, d'une des plus illustres maisons d'Écosse, chevalier, maréchal des camps et armées du roi, tué en Allemagne; il fut inhumé le 10 juillet 1676. Dans le même caveau reposent encore les corps de ses deux fils, dont l'un mourut le 12 janvier 1677, et l'autre, Georges de Hamilton, le 4 octobre 1678.

4° Le cœur de Gabriel de Saint-Estienne, chevalier, marquis de Carmain, baron de la Pomarède, maistre de camp de cavalerie, sous-lieutenant des gendarmes du Dauphin, chevalier de l'ordre militaire de Saint-Louis, mort à Paris, le 3 février 1706, déposé le 5 du même mois.

Un grand nombre d'autres personnages de qualité obtinrent la faveur d'êtres inhumés dans ce caveau. Michel Begon, écuyer, 5 avril 1728; Guillaume Beguin, écuyer, secrétaire du roi (167 ?); Marie Bigot, veuve de Sébastien Ruau, écuyer, seigneur du Tronchet, 25 mars 1717; Antoinette de la Chasse, veuve de Mathurin Grantaut, conseiller du roi, contrôleur ordinaire de sa maison (169 ?); Pierre Daviart, écuyer, seigneur de la Pierre, capitaine et ancien exempt des gardes du corps du roi, 22 juin 1686; Antoine Drouard, écuyer, seigneur de Basoche, vétéran et doyen des 400 anciens gardes du corps (168...?); Marthe Brodie, sa femme (?); Michel Eschord, épicier et apothicaire ordinaire de la reine, juré, mouleur de bois et bourgeois de Paris (30 août 16...?) Catherine Guillot sa femme; Marie-Louise Lefèvre, veuve de Tavernier, bourgeois de Paris, et mère de frère Jean-Chrysostôme de Sainte-Cécile, religieux du couvent des Augustins déchaussés, 31 août 1727; François de Joigny de Belbrune, chevalier de Saint-Jean de Jérusalem, (167...?); François Le Lièvre, garde du roi en la prévôté de l'hôtel (16...?); Pierre de Monceaux, conseiller du roi et grand audiencier de France (168...?); Claude de Mousy, sa femme ....?); Marie Peñlot de la Garde, veuve de Thomas Boud, chevalier, baronnet d'Angleterre (17...?); Pierre Regnier, seigneur du Jard, contrôleur ordinaire de la maison de M. le duc d'Orléans, frère unique du roi (16...?); Alexandre de Savorny, chevalier, seigneur de la Clavelle, écuyer ordinaire de la grande écurie du roi (2 décembre 16...?).

CHAPITRE IV

Tableaux et légendes : Saint-Grégoire pape et Saint-Nicolas de Tolentino. — Le Frère Fiacre, sa vie. — Tableau de Notre-Dame des Victoires. — Vision du Frère Fiacre. — Naissance de Louis XIV. — Seconde vision du Frère Fiacre. — Naissance du grand Dauphin.

our achever notre description archéologique de l'église de Notre-Dame des Victoires avant la révolution, nous devons parler de quatre tableaux principaux.

Tableau de Notre-Dame de la Pitié

Le premier est celui de Notre-Dame de la Pitié ou des Sept-Douleurs, il était placé du côté de l'épitre du grand autel, au milieu du gros pilier, près la chapelle du Saint-Esprit (1), entouré d'une bordure dorée, il mesurait 3 mètres de haut sur 2 mètres 30 c. de large. Cette peinture représentait la Sainte Vierge, un mouchoir à la main, à genoux auprès de son fils Jésus-Christ, descendu de la Croix, appuyé le long d'un petit autel sur lequel il y avait un coussin rouge où reposait sa tête. Ce tableau avait quelque mérite, il avait été peint d'après Govarchin, peintre assez célèbre. Cette copie avait été faite en 1652 ; elle était du P. Bonaventure de la Mère de Dieu, Augustin déchaussé, ancien ermite de Saint-Paul, du couvent de Rome. Ce tableau avait d'abord été placé au rétable de l'autel de la chapelle des Sept-Douleurs, mais il en fut ôté en 1682, et à sa place on dressa la statue de Notre-Dame-des-Sept-Douleurs, qui fut remplacée à son tour en 1730, par un tableau représentant la Sainte-Vierge avec une épée qui lui traverse le cœur.

(1) Plus tard, en 1738, il fut transporté dans le chapitre.

Tableau de Saint-Thomas de Villeneuve

Saint Thomas de Villeneuve fut ainsi appelé du lieu où il fut élevé, et non du lieu de sa naissance. Il était espagnol et religieux de l'ordre des ermites de Saint-Augustin. Il fut prédicateur de l'empereur Charles-Quint qui le nomma à l'archevêché de Valence. Il mourut en cette ville, le 8 septembre 1554, âgé de 68 ans. Alexandre VII le canonisa le 1er mars 1658, et ordonna qu'on en fît la fête le 18 septembre.

Saint Thomas fut surnommé l'Aumônier, à cause des grandes aumônes qu'il fit toute sa vie, jusqu'à donner son lit sur lequel il allait mourir.

Ce tableau était placé sur le mur, entre la chapelle de Notre-Dame de Savone et celle de Saint-Nicolas de Tolentino, il était encadré d'une bordure dorée et mesurait 4 mètres de haut sur 3m50 de large. Il représentait, saint Thomas de Villeneuve en habits pontificaux, accompagné de son porte-croix et de plusieurs religieux en surplis tous vêtus en Augustins déchaussés et environnés d'un grand nombre de pauvres. Le saint fait la charité à une pauvre femme qui porte un enfant sur le dos. Ce tableau remarquable était de Boulogne le père, qui avait figuré dans ce tableau ses deux enfants alors fort jeunes, et qui devinrent plus tard des peintres habiles. Il fut peint en 1603, et donné au couvent d'Argenteuil en 1738 ou 1739.

Tableau de Saint-Grégoire pape et de Saint-Nicolas de Tolentino

Ce tableau était placé dans l'église, au milieu du mur, entre la chapelle de Notre-Dame-des-Sept-Douleurs et celle de Saint-Jean-Baptiste, en face de celui de Saint-Thomas de Villeneuve. Il était entouré d'une bordure dorée et mesurait 2 mètres de haut sur 1m60 de large. Il représentait d'un côté saint Grégoire (1) en habits pontificaux, la tiare en tête, à côté de laquelle on voyait le Saint-Esprit sous la forme d'une colombe blanche. Au bas du tableau était représenté le purgatoire, dont ce pape retirait une âme par la main; de l'autre côté était peint Saint-Nicolas de Tolentino, aussi en pied, habillé en Augustin déchaussé, priant pour les âmes du purgatoire. Dans le haut du tableau Dieu le père, à demi corps, les bras étendus et regardant en bas.

Les fidèles avaient beaucoup de dévotion au *trentain*, qu'on appelle de saint Grégoire, qui consistait à dire la messe pendant trente jours de suite pour un défunt.

L'usage en était commun dans l'Église, et il venait de ce que ce pape ayant prescrit à l'abbé Pretiosus, d'offrir le sacrifice de la messe pendant trente jours de suite pour l'âme d'un religieux nommé Juste, il arriva, dit la légende, qu'au bout du trentième jour, ce religieux apparut à son frère et lui dit qu'il avait bien souffert jusqu'à ce jour, mais que depuis peu, il était dans le séjour des bienheureux. « *Vade itaque*, dit saint Grégoire à Pretiosus, *et ab hodierna die diebus triginta continuis offerre pro eo sacrificium stude.* » Saint Grégoire, *Dialog.*, lib. 4, cap. 55.

Saint Nicolas de Tolentino, appelé ainsi à cause du long séjour qu'il fit dans la ville de Tolentino, en Italie, était un religieux de l'ordre des ermites de Saint-Augustin. Il mourut dans cette ville, le 10 septembre 1305, et fut canonisé par Eugène IV, le 5 juin 1446.

Il y avait une cérémonie qui s'observait dans l'église Notre-Dame des Victoires et dans tout l'ordre de Saint-Augustin, c'était la bénédiction des pains de Saint-Nicolas de Tolentino; elle avait lieu tous les ans avec beaucoup de solennité, le jour de la fête de ce saint, le 10 septembre.

---

(1) Saint Grégoire, surnommé le Grand, à cause de la sainteté de sa doctrine et des grands services qu'il a rendus à l'Église, était romain. Il fut élu pape après la mort de Pélage II, le 4 septembre 590. Il mourut le 12 mars 604.

L'origine de la bénédiction des pains vient, de ce qu'un jour, saint Nicolas de Tolentino étant tombé malade d'une fièvre violente et en danger de mourir, aima mieux s'adresser à la Sainte-Vierge plutôt qu'aux médecins pour obtenir sa guérison. En effet, la Sainte-Vierge lui ayant apparu : « Prenez, lui dit-elle, un petit morceau de pain trempé dans l'eau et vous recouvrerez la santé. » Il le fit et fut parfaitement guéri. C'est en souvenir de ce prodige que l'usage s'est établi dans l'ordre, de bénir des petits pains tous les ans au jour de la fête de ce saint, avec une certaine formule de prières approuvée par le pape Eugène IV. On en faisait la distribution aux fidèles qui s'en servaient contre une infinité de maux, d'accidents et de dangers. Ils étaient utiles aussi, dit-on, pour guérir les fièvres ; on les employait également dans les incendies, dans les tempêtes et contre la peste, etc. (1).

On invoquait aussi particulièrement Saint-Nicolas de Tolentino pour la délivrance des âmes du purgatoire ; voici, d'après une légende, l'occasion de cette dévotion. Un jour, ce saint entendit une voix lugubre et plaintive qui lui demandait le secours de ses prières et du sacrifice de la messe, pour elle et pour beaucoup d'autres âmes dont il voyait en esprit les souffrances. Il dit la messe tous les jours pendant une semaine, pria, jeûna et fit d'autres mortifications pour leur soulagement et leur délivrance. Au bout de la semaine, cette âme vint le remercier, et lui dit, qu'elle et plusieurs autres âmes avaient été délivrées de leurs peines par ses prières, et qu'elles allaient jouir du bonheur éternel.

Cependant le sujet du tableau n'a pas seulement été tiré des deux légendes de saint Grégoire et de saint Nicolas de Tolentino, ce fut le frère Fiacre qui en conçut l'idée, et le peintre n'a fait que

---

(1) L'usage de la bénédiction des pains existait aussi dans l'ordre des religieux Servites ; elle se fait solennellement le 23 août, jour de la fête de saint Philippe de Denis, en mémoire de ce qu'il obtint, par les prières de la Sainte Vierge, dans un moment de grande nécessité, du pain abondant pour nourrir les religieux.

l'exécuter. Le sujet a été fourni par une vision qu'eût ce bon frère aussi naïf que saint. Évidemment, si les paroles de l'apôtre saint Paul : *Infirma mundi elegit Deus ut confundat fortia*, doivent être appliquées surtout aux apôtres, il nous sera permis, dans une certaine mesure, de les rapporter à ce saint religieux. La vie du Frère Fiacre, dont nous avons déjà prononcé plusieurs fois le nom, est tellement liée à l'histoire de l'église de Notre-Dame des Victoires, et son nom se représentera si souvent dans la suite sous notre plume, que nous devons résumer, en quelques mots, cette belle vie toute d'humilité, de prières et de mortifications, avant de raconter la vision qui donna naissance au tableau de Saint-Nicolas de Tolentino.

Denis Antheaume naquit à Marly-la-Ville, le 21 février 1609. Son père s'appelait François Antheaume et sa mère Suzanne, gens pauvres et qui n'avaient d'autre ressource que le travail de leurs mains, leur profession était de labourer la terre et ils gagnaient leur pain à la sueur de leur front, mais du reste, gens d'honneur et de piété, et, dit l'auteur de la vie du Frère Fiacre (1), il suça la piété et le goût de Dieu avec le lait. Denis conçut de bonne heure le projet d'embrasser la vie religieuse, et il s'y préparait par une grande obéissance et une grande soumission à ses parents, attendant avec patience le moment fixé par la Providence. On lui fit apprendre dans son village à lire et à écrire, mais le fils du laboureur ne poussa guère ses études plus loin. Nous avons eu la bonne fortune de retrouver à la Bibliothèque nationale, au département des archives, deux longues lettres du Frère Fiacre qui prouvent que le défaut des sciences et des lettres humaines n'est pas un obstacle pour parvenir à la sainteté. Quand il eut atteint quinze ans, ses parents le menèrent à Paris et lui firent choisir un état. Il préféra celui de potier d'étain ; comme il fut le modèle des enfants, il fut aussi celui des ouvriers. Denis fut encore plus régulier à Paris qu'il ne l'avait été dans son village. Il se levait de grand matin

(1) *Vie du Frère Fiacre*, par le P. Gabriel de Sainte-Claire, p. 2.

pour prier et entendre la messe; de retour à l'atelier, il offrait son travail au Seigneur, il s'appliquait avec ardeur aux devoirs de sa profession, la volonté de son maître était la règle de sa conduite. Les dimanches et les fêtes il les passait en exercices pieux, assistait aux offices de sa paroisse, aimait à entendre la parole de Dieu, et le reste de la journée il visitait les monastères.

La boutique de son maître était située dans le faubourg Montmartre; les Augustins déchaussés venaient de s'établir près de là ; il n'est donc pas étonnant que le jeune Denis ait choisi de préférence cette maison pour s'y consacrer à Dieu. La grâce divine toucha plus fortement son cœur, et les obstacles qui le retenaient dans le monde ayant disparu, Denis Antheaume se présenta chez les Augustins déchaussés, pour y demander à revêtir l'habit de l'ordre et à entrer dans la communauté. Il fut reçu par le R. P. Anselme de Sainte-Marguerite, alors prieur du monastère, qui lui donna l'habit tant désiré, et en même temps lui imposa le nom de Frère Fiacre de Sainte-Marguerite. Le nouveau Frère fut confié au P. Éléazar de Sainte-Dauphine, maître des novices (1). Deux mois après sa vêture, il tomba malade et fut conduit à l'infirmerie. Là il apprit de la bouche des infirmiers que la reine, dans sa pieuse charité, fournissait aux religieux malades tous les médicaments dont ils avaient besoin. Sa maladie fut assez longue et le Frère Fiacre, par reconnaissance prit la résolution de prier tous les jours pour la reine, afin de lui obtenir un fils. C'est ce qui explique la conduite du Frère Fiacre pendant toute sa vie et la reconnaissance qu'il conserva toujours pour la famille royale. Quelle que soit l'opinion que l'on ait pour les visions du Frère Fiacre, dont nous parlerons plus loin; ce touchant exemple de reconnaissance, n'en est pas moins

---

(1) Relations du P. Hilarion de Sainte-Ursule, général de la congrégation des Augustins déchaussés en France, et du frère Ange de Sainte-Eugénie, prieur du couvent de Paris, au sujet du Frère Fiacre.
Bibliothèque Impériale, recueil de Léonard de Sainte-Catherine. *Personnages illustres*. Département des manuscrits, 23,068.

admirable ; et n'oublions pas que la prière qui part d'un cœur pur et reconnaissant est toute puissante sur le cœur de Dieu.

Dans la solitude du monastère, il marcha à grands pas dans les voies de la perfection, et Dieu fit connaître par des marques extérieures et évidentes, l'éminente sainteté de son serviteur.

La dévotion du Frère Fiacre envers la Sainte-Vierge était admirable ; mais il honorait surtout Marie, sous le titre de Notre-Dame-des-Sept-Douleurs et de Notre-Dame de Savone ; il fit établir ces deux dévotions dans l'église Notre-Dame-des-Victoires. Lorsqu'il eut obtenu un sanctuaire à Notre-Dame de Savone dont la reine avait donné la statue, le bon religieux n'eut plus rien à désirer, il sentait que son heure approchait ; il se recueillit en Dieu, fit ses dispositions dernières et se prépara saintement à mourir. Quelques jours avant sa mort, il écrivit au roi en ces termes :

« Sire, le pauvre Frère Fiacre, religieux Augustin déchaussé des « Petits-Pères du couvent de Paris, supplie très-humblement Votre « Sacrée Majesté, de permettre à ses supérieurs de faire porter son « cœur après son décès en l'église des révérends Pères de l'Oratoire « de Notre-Dame-de-Grâce, proche de Cotignac, en Provence, pour « être mis et posé dessous le marchepied de l'autel de la Très-« Sainte Vierge, en actions de grâce de l'heureuse naissance de « Votre Majesté, et je prieray Notre Seigneur pour elle en reconnais-« sance de cette faveur s'il lui plait de l'accorder à mes supérieurs. « Fait à Paris, ce 1er janvier.

« FRÈRE FIACRE DE SAINTE-MARGUERITE,

« *Augustin déchaussé* (1) ».

Le 16 février 1684, il alla recevoir au ciel la récompense de ses

(1) *La vie du vénérable frère Fiacre, Augustin déchaussé*, par le P. Gabriel de Sainte-Claire, page 300.

vertus. Il avait acquis, dans toutes les classes de la société, une réputation de sainteté justement méritée. La famille royale ne vint pas seule lui demander le secours de ses prières, mais des personnages de tout rang, de la condition la plus élevée comme de la plus humble, obtinrent de Dieu ce que le Frère Fiacre avait demandé pour eux. Il était surtout en grande vénération chez les pauvres gens. On avait une si grande confiance en ses prières, qu'après sa mort, on plaça son image dans toutes les voitures de louage. C'est de là que vient le nom de *fiacres* qu'elles portent encore (1).

Après ces détails biographiques sur le frère Fiacre que nous avons cru indispensables de donner, revenons au tableau de saint Nicolas de Tolentino, dont le sujet a été fourni par une vision du vénérable religieux. Nous la trouvons dans le livre des *Visions du Frère Fiacre*, page 225.

Le Frère Fiacre, en 1667, avait été prié par les Dames de Vassé (2), supérieures de l'hôpital de Saint-Gervais, à Paris, de joindre ses prières aux leurs pour le repos de l'âme de feu M. de l'Epée, mort depuis environ six mois. On commença, par ordre de sa veuve, le 20 juillet, un trentain de messes dans l'église des Petits-Pères, il fit de son côté des prières, des neuvaines et des communions en l'honneur de saint Grégoire et de saint Nicolas de Tolentino. Le 5 août suivant, au milieu du trentain, après avoir fait la sainte communion, pour l'âme du défunt, et pendant qu'il faisait son action de grâces, le Frère Fiacre eut une vision ; entre les deux élévations du corps et du sang de Jésus-Christ, il aperçut saint Grégoire, revêtu de ses habits pontificaux, et saint Nicolas de Tolentino en habit d'Augustin déchaussé. Le premier prenait le bras droit et l'autre le bras gauche de l'âme de M. de l'Epée et la reti-

---

(1) *Histoire religieuse de l'église Notre-Dame-des-Victoires de Paris*, par M. Balthasar, 1853, page 28.

(2) Françoise de Vassé, supérieure ou prieure perpétuelle, et N. de Vassé, sa sœur, coadjutrice. La première est morte le 20 décembre 1691, dix ans après le Frère Fiacre.

raient peu à peu à des flammes du purgatoire. Quelques instants après la communion, il aperçut les dames de Vassé derrière ces deux saints, qui présentaient à Dieu les prières de ces deux religieuses avec les leurs pour la délivrance de l'âme de M. de l'Épée. Le Frère Fiacre ajoute que, voulant continuer ses prières pour cette même âme, Dieu lui dit intérieurement qu'il fallait plutôt penser à délivrer d'autres âmes qui souffraient beaucoup (1).

Déjà, quelques années auparavant, c'était en 1664, le Frère Fiacre avait eu une semblable vision (2), quoiqu'avec des circonstances différentes. On faisait un trentain dans la même église des Petits-Pères, auquel le Frère Fiacre joignait ses prières, neuvaines et communions, en l'honneur de saint Grégoire, de saint Thomas de Villeneuve et de saint Nicolas de Tolentino ; de même faisaient de leur côté les dames de Vassé pour l'âme du sieur de Milly, gentilhomme de Picardie et capitaine au régiment des gardes. Ce gentilhomme avait péri dans un naufrage en vue de Toulon, au retour de Gigery, petite ville d'Afrique, que les Français avaient été obligés d'abandonner dans la nuit du 23 au 24 décembre 1664. Le Frère Fiacre fut transporté en esprit sur le bord de la mer ; là il vit un marinier, vénérable vieillard, qui le pressa d'entrer dans sa barque. Lorsqu'il y fut, ils firent ensemble leur prière, et le vieillard conduisit la barque en mer. « Ne craignez rien, lui dit-il, Dieu et saint Grégoire sont avec vous. » Il lui présenta alors deux cordes, la première était celle du purgatoire et l'autre celle du paradis, en lui recommandant de les bien tenir. Le F. Fiacre s'étant endormi, vit dans son sommeil quantité de corps morts qui flottaient entre deux eaux ; et ayant lâché les cordes il en fut aussitôt réprimandé par le vieillard. Ensuite il survint une tempête qui agita terriblement leur barque ; alors, au travers des flots, il aperçut un grand

---

(1) Le Frère Fiacre parle des dames de Vassé, comme de saintes et vertueuses religieuses, dont il exalte la foi et la dévotion pour le soulagement des âmes du purgatoire.

(2) *Livre des visions*, p. 197.

nombre de corps morts dans différentes situations, tous criaient : « O grand saint Grégoire, ayez pitié de nous, sauvez-nous et nous tirez dans votre barque. » Alors saint Grégoire s'étant revêtu de ses habits pontificaux, leur tendit son étole, et les retira tous les uns après les autres dans son vaisseau. Le premier qui prit l'étole et fut sauvé fut le sieur de Milly.

Ce fut pour exprimer les grâces que Dieu lui avait faites en faveur des âmes du purgatoire, et pour inspirer en même temps aux fidèles la compassion et la charité pour elles, que le Frère Fiacre fit faire ce tableau. Il voulait rappeler aux fidèles ce que peuvent les prières auprès de Dieu, par l'intercession de saint Grégoire et de saint Nicolas de Tolentino. « Je crois, disait-il dans une lettre du 13 avril 1683, adressée au prieur de Paris, je crois que Dieu permettra que l'on fasse dire plusieurs messes pour ces pauvres âmes ». C'est dans cette même lettre qu'il rapporte à Dieu la pensée qu'il eût de faire peindre ce tableau. Il fixa la somme de 250 livres, et l'exécution en fut confiée à Coipel le père.

Tableau de Notre-Dame des Victoires

Ce tableau était placé du côté de l'évangile, dans la largeur du gros pilier, près du grand autel (1). Avec sa bordure il mesurait quatre mètres de haut sur deux mètres trente centimètres de large. On avait représenté la Très-Sainte Vierge tenant son fils dans ses bras ; l'enfant Jésus portait une palme à la main. Marie était environnée d'anges, qui tous, avaient des palmes et des couronnes de laurier et de fleurs. Elle-même tenait à la main une couronne de laurier qu'elle présentait à Louis XIII. Celui-ci était représenté au bas du tableau, couronné de laurier et revêtu de ses habits royaux, et à genoux à côté de lui, un ange ailé tenant d'une main une épée nue présentait de l'autre ce prince à la Très-Sainte Vierge. En face

(1) Plus tard, en 1738, on le transporta dans le chapitre.

du roi, et au bas du tableau, saint Augustin en habit d'Augustin déchaussé paraît comme tomber à la renverse à la vue de la mère de Dieu. L'auteur du tableau est inconnu, mais par l'inventaire du couvent, il semble qu'il fût peint en 1632. Au bas du tableau et sur la bordure il y avait des armoiries : un losange et l'écu de France semé de fleurs de lys, l'écu entre deux palmes.

Ce tableau était précédemment placé au rétable du grand autel de l'ancienne église provisoire. Ce fut devant lui que le frère Fiacre eût une vision qu'il rapporte ainsi (1) : « Le 31 mai, jour de la Fête-
« Dieu, ces lumières (qu'il avait vues précédemment), m'ont repa-
« rues extraordinairement en servant la messe à la chapelle de
« Notre-Dame des Victoires, c'est-à-dire au grand autel de l'église,
« environ à 9 heures du matin, et à 2 heures après midi, il est sorti
« deux grandes lumières comme deux belles étoiles du firmament,
« qui sortaient du tableau du grand autel de la Sainte Vierge, et
« sont venues à moi et se reposer sur l'autel, lorsque le prêtre di-
« sait la sainte messe. Pour conclusion de cette vision, cela m'a
« réjoui et fait aimer Dieu davantage. »

Le F. Fiacre rapporte encore, au sujet de ce tableau, une vision qu'il eût le 10 septembre 1658 : « Comme j'étais, dit-il, devant le
« Saint-Sacrement exposé le jour de la fête de saint Nicolas de To-
« lentino, durant mon heure qui était l'heure des vêpres, en
« élevant sans y songer ma vue pour adorer le Saint-Sacrement,
« je vis par deux diverses fois différentes, deux lumières si éclatantes
« qui sortaient des chérubins et des anges qui sont à l'entour de
« la Sainte-Vierge qui est dépeinte au grand tableau du maître-
« autel de notre église de Paris : ces lumières étaient claires comme
« des étoiles, non pas comme les rayons du soleil. Les rayons de
« ces étoiles venaient darder à l'entour du Saint-Sacrement, et du
« Saint-Sacrement sur moi, et à l'entour de mon cœur, et s'en re-
« tournant, ont abimé mon cœur de l'amour de Dieu et de la Sainte

---

(1) Au IIIe *Livre des visions*, p. 82.
(2) *Livre des visions*, p. 97.

« Vierge. Plusieurs fois ces choses m'ont paru en d'autres fois, dans
« d'autres rencontres que je n'ai pas écrites de peur de vaine
« gloire. J'ai été obligé par mon confesseur à écrire celle-ci. »

En 1662, le 14 juin, sur les quatre heures du soir, le frère Fiacre eut encore une nouvelle vision devant le tableau de Notre-Dame des Victoires. « Après que j'eus salué l'image de la Ste-Vierge,
« de Notre-Dame des Victoires, dit-il (1), à l'heure même la Sainte-
« Vierge me rendit le salut par deux grandes lumières qui sortirent
« de ses deux yeux, qui revinrent darder leurs rayons sur ma tête et
« sur mon corps comme les rayons du soleil. Dans cette première
« vision j'eus peur et frayeur ; à l'heure même j'emplorai l'assis-
« tance du Saint-Esprit et le priai de m'être favorable : alors cela
« se passa et je me remis dans le train de ma méditation : et envi-
« ron un bon quart d'heure après, sans y songer, je levai ma vue,
« par une seconde fois j'aperçus de rechef les mêmes lumières et
« les même rayons sortir des yeux de la Sainte Vierge : et à tous les
« saints anges, il sortait des lumières de leurs yeux comme des
« rayons de soleil, et comme ceux que j'avais vus sortir des yeux
« de la Sainte Vierge. Le tableau de la Sainte Vierge devint quasi
« comme une gloire du paradis : alors que j'eus vu cette seconde
« vision, je dis à Dieu : Si ces choses sont de Dieu je les crois bon-
« nes, cela ne me mit plus en peine et après, je me remis dans le
« train de ma méditation, et dans un détachement des choses sen-
« sibles et me rappliquai particulièrement à ce Très-Saint-Sacre-
« ment. »

Que ces visions aient été réelles ou qu'elles aient été l'effet de l'hallucination d'un cerveau fatigué par les austérités du cloître, et d'une imagination exaltée, c'est ce que nous n'avons pas mission de dire, c'est pourquoi nous n'avons rien voulu changer au récit du Frère Fiacre lui-même ; l'auteur qui les rapporte ajoute que les supérieurs de ce religieux, d'abord incrédules, prirent toutes les

(1) *Livre des visions*, p. 147.

précautions nécessaires pour s'assurer de leur authenticité, et que ce ne fut que sur leur ordre exprès et d'après l'injonction de son confesseur que, cet humble religieux consentit à les écrire. Le genre même de rédaction du Frère Fiacre, par sa naïveté, témoigne au besoin de sa bonne foi, et éloigne toute idée de supercherie de sa part.

Avant de parler des révélations plus extraordinaires du Frère Fiacre, je ne saurais résister au désir de communiquer une autre vision qui lui advint le 15 octobre, jour de la fête de sainte Thérèse, pour laquelle il avait une dévotion toute particulière ; j'en ai trouvé le récit dans le département des manuscrits de la Bibliothèque impériale, c'est le Frère Fiacre lui-même qui parle :

« Mon Dieu, j'ai été combattu depuis le 15 de ce mois, jusque
« au second jour du mois de novembre de l'année 1683 d'écrire
« une belle vision, en attendant la prédication de cette sainte au
« monastère des dames Carmélites de la rue Chapon. J'avais tou-
« jours différé à écrire cette vision, m'en trouvant indigne de l'é-
« crire et de mettre les choses à moi révélées par la même
« sainte.

« Or ça, parlons, mon Dieu, et puisque votre Providence le per-
« met, le sujet de ma méditation finit devant votre Très-Saint Sa-
« crement; durant les vêpres je m'abandonnais à la sainte Provi-
« dence, alors mon cœur se remplit de l'onction du divin amour de
« Dieu et de celui de la séraphique sainte Thérèse, ma mère et ma
« maîtresse de la vie spirituelle. Alors que j'ai aperçu la sainte,
« éclatante et rayonnante dans le ciel empyrée, assise à cette
« heure là, à côté de la Sainte-Trinité, revêtue des rayons de la
« gloire rejaillissant de la Sainte-Trinité, attentive à ce divin
« mystère, je regardais fixement la Sainte-Trinité, qui congratulait
« la sainte de trois degrés de gloire, le premier est le rayon du
« Père Éternel qui sortait de lui-même, qui communiquait à la
« sainte, qui dardait droit au cœur de la sainte. Dieu m'a fait voir
« le divin amour de Dieu dans le cœur de la sainte comparé à la
« mer océanne. Je voyais le divin amour flotté et reflotté dans le

« cœur, comme j'ai vu autrefois quand j'ai été à Rome par mer. Là,
« je voyais des vagues aussi grandes dans le divin cœur de cette
« sainte, je regardais cet amour avec joie et attention. Dieu, par
« une spéciale grâce me fit entrer dans le divin cœur de cette
« sainte durant la moitié de mon oraison ; alors Dieu et la sainte
« me congratulèrent en me disant : Eh bien ! mon enfant, avez-
« vous perdu le temps de votre oraison? Au commencement, je vous
« ai fermé la porte de votre cœur par des peines et par des croix, et
« à présent je vous l'ai ouverte à la moitié et à la fin de votre orai-
« son. Eh bien! êtes-vous content de moi et de votre maîtresse de
« la vie spirituelle? En voilà assez, mon Dieu, je suis très-content;
« et moi, je ne le suis pas de vous, puisque vous différez à suivre
« ma volonté et celle de ma bien-aimée sainte Thérèse.

« Or çà, parlons de l'amour de Dieu, mon fils, je vous ai dit
« que j'avais vu trois rayons qui sortaient de la Sainte-Trinité, le
« premier, je viens de vous l'expliquer, je vous dis à présent, j'ai
« vu un rayon du Fils de Dieu presqu'aussi éclatant que celui du
« Père Éternel, ce second rayon du Fils s'est répandu à l'entour du
« cœur de la sainte, et celui du Père a entré dans le cœur. Et le
« troisième amour du Saint-Esprit m'a été à comparer à un brasier
« ardent qui faisait brûler et échauffer le rayon du Père Éternel, et
« le rayon du Fils tellement que ces trois rayons se sont assemblés
« et conjoints ensemble. Alors ces trois amours m'ont été repré-
« sentés comme un globe de feu qui éclairait le cœur de la séra-
« phique sainte Thérèse, et alors ma vision s'est disparu de moi à
« mon grand contentement. J'ai décrit cette relation avec la per-
« mission de mon confesseur et de mon directeur, le Révérend
« Père Chérubin, mon directeur. »

Frère Fiacre, *Augustin déchaussé.*

Le roi Louis XIII avait épousé, en 1615, Anne d'Autriche, in-
fante d'Espagne. Dieu permit que cette reine fût stérile pendant un
grand nombre d'années, ce qui affligeait beaucoup cette princesse

et toute la cour. Elle s'adressa à Dieu, fit faire de tous côtés de ferventes prières, et répandit de grandes aumônes afin d'obtenir de devenir mère.

En 1631, le frère Fiacre étant tombé malade pendant son noviciat, ainsi que nous l'avons dit plus haut, apprit que les médicaments étaient donnés par la reine aux religieux Augustins malades; dès ce moment, par reconnaissance, il résolut de faire des prières particulières pour obtenir de Dieu, par l'intercession de la Sainte Vierge, qu'il lui plût d'accorder un prince à la France; il continua ses prières, ses communions et ses autres exercices pendant plusieurs années à cette intention. Au bout de quatre ans il se sentit pressé par de violents mouvements intérieurs, de révéler à la reine qu'elle fît faire trois neuvaines, une à Notre-Dame-de-Grâce, en Provence, une à Notre-Dame de Paris et la troisième à Notre-Dame des Victoires, aux Augustins déchaussés du couvent de Paris (1).

Il communiqua son désir à son confesseur, le R. P. Pierre de Sainte-Hélène. Celui-ci en parla au P. Jean Évangéliste, alors prieur du couvent, et tous deux résolurent de l'éprouver afin de reconnaître si cette inspiration venait de Dieu ou de quelque illusion de son esprit; ils lui ordonnèrent de continuer ses prières. On lui promit néanmoins, que si cette inspiration était évidemment prouvée, il obtiendrait une obédience du P. Hilarion de Sainte-Ursule, cinquième général, pour aller en personne accomplir ces neuvaines. Frère Fiacre répondit qu'il se sentait pressé de communiquer cette révélation à la reine; cependant il se soumit à la décision de ses supérieurs, et, quoique poussé intérieurement à accomplir ce qu'il regardait comme une mission, il attendit cependant deux ans entiers.

---

(1) Relation manuscrite du P. Hilarion de Sainte-Ursule, général de la congrégation des Augustins déchaussés en France, et du frère Ange de Sainte-Eugénie, prieur du couvent de Paris, au sujet du frère Fiacre.
Bibliothèque impériale, département des manuscrits.

La veille de saint Simon et saint Jude, de l'année 1637, il se sentit pressé davantage de communiquer sa révélation à la reine, et le même jour, pendant qu'il était à l'oraison du soir, au chœur, avec son confesseur, le P. Jean-Chrysostôme, sous-prieur du couvent, il lui déclara les violences intérieures qui le poussaient avec plus de force. Il se mit alors à pleurer ; son confesseur le consola et lui dit qu'il devait attendre avec patience que Dieu manifestât plus clairement ses volontés. Il lui promit néanmoins d'en parler au P. prieur, le P. Ange de Sainte-Eugénie, ce qu'il fit le lendemain matin. Celui-ci fut d'avis qu'il ne fallait rien précipiter, dans une affaire de si grande importance. Enfin, le troisième jour de novembre, veille de saint Charles Borromée, de l'année 1637, le Frère Fiacre étant sorti de matines une heure environ après minuit, entra dans son oratoire et se mit en prières.

Quelque temps après il entend crier un petit enfant ; surpris, il tourne la tête du côté où partaient ces cris, et il aperçoit la Sainte Vierge environnée d'une lumière éclatante et portant un enfant dans ses bras. Elle était vêtue d'une robe bleue semée d'étoiles, ses cheveux flottaient sur ses épaules, elle était assise sur une chaire (1), et portait trois couronnes sur la tête. Elle lui dit : « Mon enfant, n'aie pas peur, je suis la mère de Dieu ». Aussitôt le naïf religieux se prosterne à terre pour adorer l'enfant qu'elle tenait entre ses bras, il pensait que c'était l'enfant Jésus. Mais la Vierge Sainte : « Ce n'est pas mon fils, lui dit-elle, c'est l'enfant que Dieu veut donner à la France. » Alors la vision disparut, elle avait duré un grand quart d'heure.

Le Frère Fiacre émerveillé se lève et ouvre la fenêtre et la porte de sa chambre, pour voir s'il n'y avait point d'enfant dans la rue ou quelque frère dans le dortoir, comme il n'aperçut rien, il entra dans son oratoire et se remit en prières. Quelques instants après, il entendit pour la seconde fois la voix du petit enfant et se retournant, il aperçut encore la Sainte Vierge avec Jésus-Christ près

(1) C'est le mot propre qui se trouve dans la relation.

d'elle, couvert des plaies de la flagellation. Cette fois Marie ne lui parla pas, mais cette vision dura encore au moins un quart d'heure. Cette seconde apparition l'impressionna vivement, cependant il doutait encore de sa réalité. Il se remet donc encore en prières, et sur les trois heures et demie du matin, la Sainte Vierge lui apparut une troisième fois, portant le même enfant entre ses bras, et à côté d'elle, il vit Notre Seigneur Jésus-Christ resplendissant de gloire, portant les plaies glorieuses de ses pieds, de ses mains et de son côté. Marie ne lui adressa pas encore la parole, mais cette vision dura plus longtemps que la seconde. L'humble religieux, de plus en plus troublé, hésitait encore, c'est pourquoi il revint en son oratoire pour y continuer son oraison.

Sur les quatre heures du matin, la Sainte-Vierge lui apparut encore pour la quatrième fois, toujours avec le même enfant entre ses bras : « Ne doutez plus, mon enfant, lui dit-elle, ce que vous avez dit à votre confesseur est vrai ; et pour vous prouver ma volonté, que la reine fasse faire les trois neuvaines, regardez, voici la vraie image qui est à Notre-Dame-de-Grâce et voici la figure de l'église. Il regarda aussitôt cette image qui lui parut de quatre doigts plus haute et plus brune que celle de Notre-Dame de Paris. L'église était demi-circulaire, les murs étaient peints d'azur et parsemés d'étoiles autour de l'autel.

Cette apparition aussi circonstanciée, permit à son confesseur et au P. Prieur de prendre des renseignements et des informations près des religieux qui avaient été en pèlerinage à Notre-Dame-de-Grâce. Il se trouva que la description du Frère Fiacre était exacte et quant à la statue et quant à la description de l'église.

Cependant le confesseur et le P. prieur l'envoyèrent au P. Hilarion de Sainte-Ursule, vicaire-général de leur congrégation. Celui-ci le fit venir dans sa chambre et lui commanda, en vertu de la sainte obéissance, de lui raconter fidèlement et simplement les révélations qu'il avait eues. Le frère obéit, et à mesure qu'il parlait, le secrétaire de la compagnie écrivait ses paroles dans le livre original des archives. Le P. Général et le P. Prieur signèrent cette relation, et c'est d'après la copie qu'en a faite sur l'original, le P. Léonard de Sainte-Catherine, que nous avons rapporté plus haut les détails de cette vision.

Malgré tant de sages précautions, les supérieurs, quoique convaincus de la vérité de l'apparition et de la grande vertu du Frère Fiacre, ne voulurent jamais se charger d'en parler à la reine (1). On les soupçonnerait, disaient-ils, de supercherie et d'intérêt, d'être les juges dans leur propre cause, ou bien ils exciteraient le rire incrédule de la cour, il convenait mieux de laisser agir la Providence. Le Frère Fiacre leur répondit que son confesseur lui ayant ordonné de demander à la Sainte Vierge un signe qui pût dissiper les doutes, il n'y avait pas pour lui de plus sûr moyen, que d'aller consulter son ami le P. Bernard, le pauvre prêtre, lui seul pouvait résoudre la difficulté. On le lui permit et il s'y rendit.

Le P. Bernard savait déjà de Frère Fiacre les mouvements intérieurs qui le poussaient à aller parler à la reine, et M. Le Gauffre, auteur de la *Vie du P. Bernard*, assure que le pauvre prêtre en avait de pareils depuis que le bon frère lui avait communiqué son désir. Il en avait même parlé au P. Marnat qui lui avait ordonné de garder le silence le plus absolu (2). Quand il eut appris toutes les apparitions dont le Frère Fiacre lui avait fait le récit, il sentit redoubler son désir, et en parla à son confesseur. Celui-ci, après un sérieux examen, jugea à propos d'en avertir le cardinal de Larochefoucault, qui, touché de la protection singulière que Dieu faisait paraître pour le royaume, assembla plusieurs personnes remarquables par leur piété et leurs lumières et envoya chercher le P. Bernard et le Frère Fiacre qui ignorait toutes ces démarches. Il vint avec son supérieur et son confesseur, et raconta ce qu'il avait éprouvé. Le cardinal lui ordonna de garder sur cela le silence le plus profond et de prier Dieu afin de connaître davantage sa volonté

---

(1) *La vie du vénérable frère Fiacre*, par le P. Gabriel de Sainte-Claire, p. 43.
(2) P. Lempereur, *Vie du vénérable P. Bernard*, p. 192.

Mais le Frère Fiacre, éclairé des lumières d'en haut et contrarié du retard apporté au désir que la Sainte Vierge lui en avait exprimé, commença ses neuvaines le 9 novembre, elles devaient finir le 5 décembre suivant.

Cependant le P. Bernard, pressé de plus en plus de découvrir à la reine ce secret qui devait tant l'intéresser, se rendit au Louvre et lui raconta la révélation qu'avait eue le F. Fiacre : « La bonté infinie
« de Dieu a jeté les yeux de sa miséricorde sur la misère de son
« peuple et sur l'humilité de sa servante, et vous a choisie pour
« être la mère d'un fils qui sera la joie de l'univers : ne m'estimez
« pas pour ce que je ne suis point, et ne prenez pas la bluette de
« la lampe pour la lumière du soleil : je vous assure, Madame,
« que je vous révèle des choses, qui ne passent pas moins le vol de
« mon imagination que, la plus belle intelligence s'élève sur le
« plus faible cerveau : et je vous le confesse, Madame, en tout ce
« mystère je ne suis qu'une bien chétive voix; j'en ai la connais-
« sance d'un homme si saint (il parle du F. Fiacre), que je ne suis
« pas digne de baiser les vestiges de ses pas. Ce bon homme est
« tel, qu'il a mérité de voir par deux fois la magnificence du Ciel
« en sa petite cellule, et la Reine de tout l'univers, portant en ses
« mains le plus bel enfant du monde, qu'il eût pris pour son Jésus,
« si cette Mère de la belle dilection ne lui eût dit que ce n'était
« point son enfant, mais bien celui qu'elle destinait à la France.
« Elle ajouta qu'il fallait que Votre Majesté le sût, afin qu'elle se
« disposât à le recevoir le plus dévotement qu'il lui serait possible.
« Ce bon religieux, saisi de crainte lui répartit qu'on ne le croirait
« non plus que Moïse, s'il ne donnait des témoignages de sa mission,
« elle lui dit alors des choses que personne ne pouvait savoir et dont
« j'ai fait le récit à Votre Majesté ».

La reine l'écouta tranquillement, et, après qu'il eut cessé de parler, elle fit une réponse chrétienne et sage, qui prouve combien
elle était élevée au-dessus des événements de la vie (1).

(1) La *Vie du vénérable Frère Fiacre*, page 47.

7

« Que me dites-vous? mon Père; ces nouvelles que vous m'an-
« noncez sont bien les plus aimables : mais je veux bien que vous
« sachiez que, je suis tellement soumise au bon plaisir de mon
« Dieu, que si j'avais à choisir, ou la jouissance, ou la privation de
« ce que vous m'annoncez, j'aimerais mieux être privée d'un si
« grand bien, s'il n'était conforme à la volonté divine, que de le
« posséder autrement. Je crois ces bonnes nouvelles, mon Père,
« puisque vous les croyez, et je vous avoue que si vous n'êtes le
« premier qui m'en faites l'ouverture, vous êtes bien le premier
« qui me les persuadez. Plusieurs m'en ont souvent entretenu ;
« mais la foi ne m'en est pas venue, et à l'heure présente, elle fait
« une telle impression en mon âme, que je n'en doute plus, et en
« attends le succès avec humilité. »

Le Frère Fiacre avait donc commencé, le 9 novembre 1637, les trois neuvaines; il disait tous les jours le Rosaire, le divisant en trois : un tiers pour saluer Notre-Dame de Grâce, un tiers pour Notre-Dame de Paris, et l'autre pour saluer Notre-Dame des Victoires. Ces neuvaines furent terminées le 5 décembre, veille de Saint-Nicolas ; ce fut ce jour que le P. Bernard parla à la reine. Le roi ayant appris ces faits par le P. Simond, son confesseur, fit demander le F. Fiacre; et, après l'avoir entendu, il ordonna que cet humble religieux accomplirait les trois neuvaines que la Sainte Vierge demandait, et qu'il partirait à Notre-Dame de Grâce avec un prêtre (ce fut le P. Jean-Chrysostôme, prieur du couvent de Paris) pour y célébrer la messe pendant neuf jours. Ce qui fut exécuté. Le 5 septembre 1638, à onze heures, la reine donnait heureusement le jour à un fils au château de Saint-Germain-en-Laye.

Ce fait, quelque extraordinaire qu'il paraisse, fut attesté par les journaux du temps. La *Gazette de France*, du 5 septembre 1638, après avoir annoncé la naissance de Louis XIV, ajoute : « Il y a un an qu'un religieux avertit la reine qu'elle devait accoucher d'un fils, assurant en avoir eu révélation ».

Le *Mercure français* (1) rapporte aussi qu'un religieux lai, des Augustins déchaussés du faubourg Montmartre, à Paris, dit « avoir eu révélation particulière que la reine accoucherait d'un fils, et en avoir averti Leurs Majestés. »

Ce ne fut pas la seule grâce que le F. Fiacre obtint de la Sainte Vierge en faveur de la couronne de France. Il y avait six mois environ que le roi Louis XIV était marié à Marie-Thérèse d'Autriche. Toute la France désirait voir naître bientôt un fils qui serait l'appui du trône. Cependant rien n'indiquait que la reine dût bientôt être mère. Elle en était très-affligée, et le F. Fiacre nous apprend cette particularité, « que dans l'appréhension qu'elle avait d'être stérile, elle versa des larmes durant quelque mois devant Dieu et devant la Mère de Dieu (2). » Cette princesse communiqua ses peines à une religieuse d'une vertu éminente, Mme de la Fayette, supérieure de la Visitation de Chaillot. Leur conversation tomba sur le Frère Fiacre, qui avait obtenu Louis XIV à la France après vingt-deux ans de stérilité. La jeune reine, étonnée des merveilles que Mme de la Fayette lui racontait de la vertu de ce frère, lui ordonna de lui écrire et de le faire venir.

Le Frère Fiacre se rendit le jour même, et cette dame le pria, de la part des deux reines, de faire une neuvaine en l'honneur de Notre-Dame-de-Bonnes-Nouvelles à l'abbaye de Saint-Victor, afin qu'il plût à Dieu de rendre la reine féconde. Il commença le lendemain, 21 novembre 1660, jour de la Présentation de la Sainte Vierge, et s'en acquitta avec ce zèle et cette piété qui lui étaient comme naturelles. Cette neuvaine finie, les deux reines le prièrent d'en faire une seconde à l'honneur de Notre-Dame des Victoires, dans l'église de son couvent. Il commença le 8 décembre, jour de la Conception. Dans la nuit du sixième au septième jour de la neuvaine, la Sainte Vierge lui apparut, accompagnée de sainte Thé-

---

(1) 1638, tome XXII, page 289.
(2) *Vie du vénérable F. Fiacre*, par le P. Gabriel de Sainte-Claire, page 197.

rèse, portant entre ses bras un petit enfant que Dieu voulait donner à la France. Laissons encore la parole au pauvre frère ; la simplicité, la piété et la bonne foi qui règne dans sa narration ne peuvent que nous la rendre plus intéressante (1).

« Le huitième décembre, je commençai la neuvaine avec fer-
« veur, selon les intentions de la reine, qui m'avait prié de deman-
« der à Dieu des enfants par les mérites de la Sainte Vierge. La
« nuit donc du six au sept de notre neuvaine, Dieu me voulut con-
« soler d'une belle vision. O belle vision, d'où venez-vous? Venez-
« vous de la part de Dieu ou de la part du démon ; et alors je con-
« nus qu'elle venait de la part de Dieu. Je me réveillai, et l'on me
« dit : Veillez et priez, il est temps, et la Mère de Dieu veut vous
« parler. Alors je répondis à cette voix : Que vous plaît-il, mon
« Dieu? Je priai de tout mon cœur durant un quart d'heure, et je
« me rendormis. Quelque temps après, j'entendis encore cette
« voix, qui me dit : Il est temps de prier ; à l'heure même, je me
« réveillai à demi-sommeillant ; et alors la Mère de Dieu s'apparut
« à moi tenant un enfant entre ses bras, accompagnée de sainte
« Thérèse, et m'a dit en souriant : L'on s'est adressé à vous, mon
« petit serviteur, pour demander encore des enfants à la France.
« Tenez, en voilà un que je remets à sainte Thérèse pour vous
« donner. O France heureuse, puisque la Mère de Dieu va te don-
« ner des enfants! O bonne reine, que ta dévotion est agréable à
« Dieu, puisqu'en si peu de temps tu as fléchi son cœur! Heureuse
« reine, prenez garde de ne pas relâcher de votre dévotion. »

Cette vision disparut, laissant le bon religieux rempli de conso-

(1) Cette révélation est attestée par le P. Germain, son confesseur, et par le P. Ange de Pomeuse, sous-provincial, qui, tous deux, ont signé le procès-verbal.
Le P. Ange était de la maison de Puget, et avait quitté la Croix de Malte pour se faire Augustin déchaussé : depuis, il avait refusé l'évêché de Marseille, qui fut donné, en 1643, à son frère, déjà évêque titulaire de Dardanie.

lation et de joie. Il passa le reste de la nuit à remercier Dieu de la faveur qu'il avait reçue, et du bonheur qui allait arriver à la France. Mais pour assurer la grâce qui lui était promise, il fit, le 29 janvier 1661, un vœu en l'honneur de la Sainte Vierge et de sainte Thérèse, en son nom et au nom des deux reines, qui le confirmèrent. Si, dans l'intervalle qui devait s'écouler du 29 janvier au 29 novembre suivant, la reine devenait mère, il irait à Notre-Dame des Vertus faire un pèlerinage en actions de grâces. Il promit, de plus, que les deux reines iraient dans les trois églises où il avait fait ses neuvaines ; de plus, elles devaient offrir à Notre-Dame des Victoires une statue en vermeil de sainte Thérèse tenant entre ses bras le Dauphin, qu'elle présenterait à la Vierge.

Il commença sa troisième neuvaine à Notre-Dame le 2 février, et s'y rendait tous les jours avec un religieux prêtre pour y célébrer la messe dans les mêmes intentions. Ce fut pendant cette troisième neuvaine que la reine Marie-Thérèse reconnut qu'elle était mère, et en apprit la nouvelle au roi et à toute la cour. Le 1er novembre 1661, elle mit heureusement au monde le Dauphin, précisément dans l'intervalle de temps fixé par le F. Fiacre.

Les deux reines acquittèrent leur vœu avec beaucoup de piété et de reconnaissance.

Elles vinrent à Notre-Dame-des-Victoires le 14 janvier 1662, jour de la fête du Saint Nom de Jésus. Le F. Fiacre partit pour accomplir les trois pèlerinages promis, le premier à Notre-Dame-de-Chartres, le second à Notre-Dame-de-Grâce, en Provence, et le troisième à Notre-Dame-de-Lorette, à laquelle il offrit, de la part des deux reines, de magnifiques présents.

La statue de sainte Thérèse, en vermeil, fut présentée à Notre-Dame des Victoires, en accomplissement du vœu, le 15 août 1664.

Le P. Isidore de Ste-Madelaine, rapporte une guérison arrivée en 1644. Anne Yvelin Morin, épouse du fameux Morin, écuyer, conseiller secrétaire du roi, l'un des plus riches partisans de son temps et dont une fille était mariée au comte d'Estrées, maréchal et vice-amiral de France, était tombée dangereusement malade. Ayant invoqué avec confiance et dévotion N.-D. des Victoires, elle recouvra la santé, et en reconnaissance de ce bienfait, elle offrit, en *ex voto*, un tableau où elle était représentée devant la Très-Sainte Vierge.

CHAPITRE V

Confréries et dévotions établies en l'Église de Notre-Dame des Victoires. — Confrérie de Notre-Dame des Sept Douleurs. — Confrérie des Agonisants. — Confrérie des Salpêtriers. — Confrérie de la ceinture de Sainte-Monique.

Confrérie de Notre-Dame des Sept Douleurs

La dévotion aux douleurs de la Très-Sainte Vierge, est très-ancienne dans l'Eglise ; elle est fondée sur les paroles mêmes de l'Evangile. Le juste Siméon, au moment où Marie présentait son divin Fils au temple de Jérusalem, lui adressa ces paroles : « Cet enfant, lui dit-il, est pour la ruine et pour la résurrection de plusieurs en Israël, et pour être en butte à la contradiction des hommes ; et votre âme sera percée d'un glaive de douleur. *Tuam ipsius animam pertransibit gladius.* (1) » Ce glaive signifiait la douleur extrême dont la Passion du Sauveur perça le Cœur de sa Sainte Mère. Et en effet, y eut-il jamais supplice plus grand pour une mère, que de voir son fils et son Dieu outragé, humilié, souffrant et mourant dans les supplices les plus infâmes et les plus horribles. Cette douleur morale que ressentit la Très-Sainte Vierge, fut donc comme une épée qui perça son âme si aimante, en même temps que les épines et les clous s'enfonçaient dans la chair adorable de son divin Fils.

C'est l'explication qu'en donnent tous les Pères de l'Eglise. Saint

---

(1) Ecce positus hic in ruinam et in resurrectionem multorum in Israel, et in signum cui contradicetur, et tuam ipsius animam pertransibit gladius. Luc : Cap. 2, v. 34-35.

Augustin, dans sa lettre à Paulin, la 149e de l'édition Bénédictine s'exprime ainsi : « *Tribulationem igitur nomine gladii significatam esse credibile est, quo materna anima vulnerata est doloris affectu* ». S.-Jérôme dans un sermon sur l'Assomption de la Sainte-Vierge, attribué dans l'édition Bénédictine, à Sophrone auteur grec et son ami, dit que la Sainte Vierge, ayant souffert dans une partie impassible, a été plus que martyre : « *Quia in parte impassibili passa est, plusquam martyr fuit : quia spiritualiter et caro ejus passa est gladio passionis Christi.* » Saint Bernard dans un sermon sur la Vierge, expliquant ces paroles *Signum magnum*, etc., Saint Anselme, saint Jean Damascène au livre IV de *la Foi*, et un grand nombre d'autres Pères, sont du même avis. Presque tous les interprètes l'ont expliqué de même.

Selon Baillet (1), la dévotion aux douleurs de la Sainte Vierge, a pris naissance en Orient et elle y était en usage parmi les religieux. De là, elle est passé dans l'Occident, au temps des croisades et, elle était devenue si commune parmi les fidèles au XVe siècle, qu'on en fit une fête particulière et publique.

Elle était certainement établie et ordonnée en 1423, car le concile de Cologne en parla en termes très-positifs (2) et très-explicites. Cette fête s'établit non-seulement dans tout le diocèse métropolitain de Cologne, mais encore dans tous les autres diocèses suffragants. Cette fête, dit encore Baillet, fut instituée sous le titre de N.-D. de Compassion ou de Pitié. Mais si l'on s'en rapporte à l'histoire d'une confrérie de Notre-Dame des Sept Douleurs, établie

---

(1) Vie des Saints, tome IV, p. 182-183.

(2) Ad gloriam Sanctæ et intemeratæ Dei genitricis... nec non ad honorem illius angustiæ et doloris, cum redemptor noster J.-C. expansis manibus in ara crucis pro salute nostra immolatus matrem suam benedictam dilectissimo discipulo suo Joanni evangelistæ commendarit. Statuimus et ordinamus ut festum præfatæ angustiæ, et doloris B. M. V. deinceps solemniter celebretur, singulis annis, feria sexta post dominicam *jubilate*.

Canon XI, P. Labbé, tome 12, p. 365.

à Cologne, par Ferdinand de Bavière, qui en était archevêque en 1622; c'est plutôt sous le titre de Notre-Dame des Sept Douleurs, que cette fête a été instituée, car la dévotion à la Vierge des Douleurs, existait dans le pays bien avant le Concile.

Cette dévotion, il est vrai, portait différents noms; on l'appelait la fête de la Compassion de la Sainte-Vierge, de Notre-Dame de Pitié, de la Lamentation de la Vierge, de N.-D. des Souffrances, du Spasme ou de la Pâmoison de la Bienheureuse Vierge Marie. D'autres enfin, ont déterminé les Douleurs au nombre de sept, et les ont honorées par une fête qu'ils ont appelée Notre-Dame des Sept Douleurs. En France, plus universellement, c'était Notre-Dame de Pitié; néanmoins, à Paris, dans l'église métropolitaine et dans tout le diocèse, à Poitiers et dans quelques autres églises, c'était la fête de la Compassion de la Sainte-Vierge. Depuis quelques années, tous les diocèses qui ont accepté la liturgie romaine, font la fête de Notre-Dame des Sept Douleurs.

Chez les Annonciades le Spasme ou la Pâmoison était la dévotion et la fête de l'ordre; elle fut approuvée par Alexandre VI, vers 1501. Ces religieuses semblaient n'honorer qu'une seule circonstance des douleurs qu'éprouva Marie au temps de la Passion de son divin Fils. Quelques auteurs prétendent qu'elle tomba en pâmoison ou en défaillance, lorsqu'elle rencontra Notre-Seigneur, tout couvert de sang et de poussière et portant sa croix au Calvaire.

La dévotion de Notre-Dame des Sept Douleurs, remonte à une assez grande antiquité en Europe; elle a pris naissance, dit-on, vers l'an 1240, avec un ordre célèbre en Italie, l'ordre des Servites ou Serviteurs de Marie. Elle était propre et spéciale à cet ordre, comme la dévotion de la ceinture est particulière à l'ordre de Saint Augustin, celle du Scapulaire aux Carmes, celle du rosaire aux Jacobins, celle du cordon aux Cordeliers. Saint Philippe de Benizi florentin, qui embrassa l'ordre des Servites, en 1247, y trouva la dévotion et la fête des Sept Douleurs établies; il y institua même une confrérie de Notre-Dame des Sept Douleurs, comme le rapporte la légende (1) qu'on lit à l'office du jour de sa fête.

La dévotion aux Sept Douleurs de la Sainte-Vierge, se répandit bientôt dans différentes parties du monde par le zèle de Saint Philippe. L'auteur de la vie de ce saint remarque, qu'étant passé de l'Italie en France pour y visiter quelques couvents de son ordre, et y prêcher en même temps, la dévotion à la Sainte Vierge, il vint à Paris, et travailla par ses discours et ses entretiens à inspirer cette dévotion. Il donna même à plusieurs personnes de qualité et à d'autres, le petit habit noir des Sept Douleurs de la Sainte Vierge. Ce saint alla ensuite en Flandre où il prêcha et établit cette dévotion, qui s'y est toujours maintenue depuis. Des fêtes et des confréries ont été instituées en l'honneur de N.-D. des Sept Douleurs, et par son intercession, dit Colvenerius (2), il s'est opéré un grand nombre de miracles. On en a fait une fête particulière à Delfes, en Hollande, le 1er octobre, et à Bruges, le 13 novembre.

S. Philippe passa de la Flandre, dans la haute et basse Allemagne, et en même temps qu'il fondait des couvents, il y établissait la même dévotion. Dans la suite, cette confrérie s'étendit aussi en Espagne. Clément X pape, en 1670, accorda un office et une messe propres de N.-D. des Sept Douleurs, à tous les royaumes et à tous les pays soumis au roi d'Espagne, aussi bien qu'à la république de Venise (3).

(1) Sodalitia septem dolorum Dei matris instituit.
Office de St Philippe Benizi, 23 août, Leçon 1e des Matines.
(2) Colvenerius, *Kalendarium Marianum*. Die 1a octobris, Delfis in Hollandia, festum miraculorum confraternitatis septem dolorum sacratissimæ Virginis Mariæ.
Die 13 novembris, Brugis, festum miraculorum Beatæ Virg. Mariæ de septem doloribus.
(3) La fête des Douleurs de la Sainte Vierge, se célébrait différemment selon les différents noms qu'elle portait.
1° La fête de N.-D. de Pitié, était célébrée presque partout en France et ailleurs, le vendredi d'après le dimanche de la Passion. Dans l'ordre

Le nombre Sept dans lequel on enferme les Douleurs de la Très-Sainte Vierge, est mystérieux, dit saint Augustin, il exprime une certaine universalité. On attribue Sept Douleurs à la Sainte Vierge, non qu'elle n'en ait éprouvé davantage, mais seulement les principales qu'elle a ressenties pendant sa vie et sous lesquelles on comprend toutes celles qu'elle a éprouvées.

de Citeaux, c'était le 10 avril; à Arras, dans l'église St-Aubert, le vendredi des quatre temps du mois de décembre.

2° La fête de la Compassion était célébrée dans le diocèse de Paris, le vendredi d'après la Passion, avec un office propre ; chez les Chartreux, le samedi avant le dimanche des Rameaux; à Liège, le premier vendredi d'après l'octave de Pâques; à Maëstricht, le samedi après le dimanche in albis; les religieuses de Sainte Brigitte, la célébraient le même jour. Les Chanoines réguliers, au moins en Flandre, le vendredi qui suit le deuxième dimanche après Pâques ; d'autres, le vendredi de la troisième semaine après Pâques, d'après la détermination du concile de Cologne.

3° Les Annonciades faisaient la fête du Spasme ou de la Pâmoison de la Sainte Vierge, le lundi de la Passion avec une espèce d'octave qui durait jusqu'au samedi suivant avec office propre. Elles appelaient aussi cette fête, la fête de Notre-Dame des Souffrances.

4° Sous le nom des Sept Douleurs, en Flandre, on la célébrait le vendredi qui précède le dimanche de la Passion.

Dans l'ordre de St-Augustin, le vendredi qui suit le dimanche de la Passion. Les Augustins déchaussés de France célébraient très-solennellement cette fête le samedi, veille des Rameaux. Depuis 1713, ils l'ont remise au vendredi précédent. A Naples, la fête de N.-D. des Sept Douleurs, patronesse de la ville et du royaume, se célébrait le 18 septembre, chez les religieux Servites. La même fête était célébrée solennellement à Naples, dans l'église de St-Jacques-des-Espagnols, le 18 août. En Espagne, et dans les pays qui sont sous sa domination, comme dans une partie de l'Amérique et des Indes Orientales, on faisait la fête de N.-D. des Sept Douleurs, le vendredi, d'après le dimanche de la Passion, ainsi que dans la République de Venise, dans la Toscane, et dans toute l'Italie, selon le décret de Clément X, qui a accordé l'office. A Louvain, dans l'abbaye de Sainte-Gertrude, c'était le 3me dimanche après Pâques. Le pape, Benoît XIII, par son décret, en date du 22 août 1727, a assigné et fixé cette fête, au vendredi de la Passion, pour toute l'église universelle. (Colven. Kalend. Marian).

La première est celle qu'elle reçut lorsque, présentant J.-C. au Temple de Jérusalem, le saint homme Siméon lui prédit qu'une épée lui percerait le cœur (1).

La seconde, lorsqu'elle fut obligée de fuir en Egypte, pour éviter la persécution d'Hérode qui voulait faire mourir l'enfant Jésus (2).

La troisième, la perte de l'Enfant Jésus, qu'elle chercha pendant trois jours, et qu'elle retrouva discutant avec les Docteurs (3).

La quatrième, lorsqu'elle le rencontra chargé de sa croix, et tout baigné de sang, dans le chemin du Calvaire (4).

La cinquième, lorsqu'elle le vit attaché à la croix, entre deux voleurs et y mourir (5).

La sixième lorsqu'elle le reçut après qu'il fut descendu de la croix (6).

La septième, lorsqu'elle le vit ensevelir et mettre dans le tombeau (7).

C'est en cet ordre que les Sept Douleurs de la Sainte Vierge sont honorées chez les religieux Servites, et dans le livre des Miracles de la Confrérie de Notre-Dame des Sept Douleurs, établie en Flandre, en 1482, et imprimé à Douay, en 1610. Le même ordre est conservé dans le bréviaire d'Utrecht, et dans le *Petit Jardin de dévotion*, imprimé dans la Chartreuse de Cologne, en 1541. Un abbé de Ste Gertrude, dans la vie de Ste Begge, les rapporte de même.

Quelques-uns mettent pour première douleur de la Sainte Vierge, la Circoncision de Notre-Seigneur à la place de la prophétie de Siméon ; d'autres, pour 4e douleur, admettent la prise de Jésus au Jardin des Oliviers, et pour cinquième, la rencontre de Jésus, portant sa croix, la sixième, le crucifiement et la mort sur la croix,

(1) Luc, C. 2. V. 35.
(2) Math. C. 2. V. 20.
(3) Luc 2. V. 48.
(4) Joan. cap. 19, V. 17, Luc. C. 23, V. 27.
(5) Joan. Cap. 19, V. 25.
(6) Ib. V. 38.
(7) Ibid V. 42.

et omettent la sépulture. L'ordre des Douleurs que nous avons suivi plus haut, nous paraît le plus communément adopté et doit être préféré; car il a été confirmé par les lettres de deux papes, Alexandre VI, en 1495, et Léon X, en 1517.

Dans les images et les tableaux qui représentent Notre-Dame des Sept Douleurs, la Très-Sainte Vierge est figurée avec sept épées qui lui percent le Cœur; c'est l'usage chez les servites, et le sceau même du général de l'ordre, porte une Notre-Dame avec les sept épées. Cet usage est aussi fort commun en Flandre. En France, on dépeint plus souvent la Très-Sainte Vierge avec une seule épée, selon la prophétie de Siméon (1).

Dévotion de N.-D. des Sept Douleurs chez les Augustins déchaussés de France (2)

Ce fut en 1662, que les Augustins déchaussés de France, adoptèrent N.-D. des Sept Douleurs, pour patronne spéciale de leur ordre; ils en faisaient d'abord, la fête solennelle, tous les ans, le

---

(1) Dans le tableau de N.-D. des Sept Douleurs, qui existe encore en l'église N.-D. des Victoires. La Très-Sainte Vierge est représentée assise au pied de la croix, portant sur sa tête, une couronne fermée, avec 12 étoiles autour de l'auréole, qui enveloppe sa tête. Son cœur est percé de sept épées, quatre à droite et trois à gauche. La Vierge tient sur ses genoux, le corps de son divin Fils descendu de la croix. Au-dessous des deux bras de la croix et de chaque côté, le peintre a figuré un ange; deux autres anges sont représentés près de Marie à gauche, l'un porte une branche de lys, l'autre se voile la figure et sanglotte; au côté droit, est un ange qui tient à la main la couronne d'épines, au bas du tableau sont les tenailles, le marteau et un bassin dans lequel on voit une éponge imbibée de sang. Comme peinture, ce tableau a une médiocre valeur.

(2) L'ordre des Servites, en Italie, a été, dès le principe, une confrérie de Notre-Dame des Sept Douleurs. En effet, les Sept Nobles fondateurs de Florence ne s'étaient associés que pour honorer la Sainte Vierge, par le désir de mener une vie plus parfaite. Plusieurs personnes excitées par leur exemple, ayant désiré vivre parmi eux; cette confrérie se multiplia

samedi, veille des Rameaux ; mais depuis 1743, ils se conformèrent à la coutume de tout l'ordre, et la célébrèrent le Vendredi de la semaine qui suit le Dimanche de la Passion.

et devint un ordre religieux dont le but était d'honorer plus particulièrement les Douleurs de Marie. Ces religieux s'appelaient Serviteurs de Marie, et depuis Servites. La règle de St-Augustin et l'habit noir, leur furent donnés par la Sainte Vierge elle-même, qui selon la légende, apparut en 1239, à ces sept dévots, pendant qu'ils méditaient sur ses douleurs et sur celles de son divin Fils.

Ce fut Saint Philippe de Benizi, dont le cœur était enflammé d'amour pour la Sainte Vierge, qui institua une confrérie de Notre-Dame des Sept Douleurs, comme nous l'avons dit plus haut. Ce saint homme mourut en 1285, et sa confrérie servit dans la suite de modèle à toutes les autres.

Depuis, cette dévotion s'est beaucoup répandue surtout en Flandre, et les évêques la favorisèrent de tout leur pouvoir. La plus ancienne confrérie érigée dans cette contrée, le fut en 1482, et elle fut approuvée par les évêques de Maëstricht et de Tournay. Douze ou treize ans après son établissement, Philippe, archiduc d'Autriche, prince des Pays-Bas, depuis, roi d'Espagne, et père de l'empereur Charles-Quint, fit supplier le pape Alexandre VI d'approuver et de confirmer cette dévotion de son autorité apostolique, avec tous ses règlements et ses statuts. Ce que ce pape fit par ses lettres du 20 octobre 1495.

Presque dans le même temps, une semblable confrérie fut établie à Delfes, en Hollande, où par les mérites de la Sainte Vierge, il se fit un si grand nombre de miracles, qu'on institua une fête spéciale. Nous en avons parlé plus haut. A Bruges, vers 1521, la même confrérie fut aussi établie. Elle était presque détruite par le malheur des temps, lorsque Elisabeth-Claire-Eugénie d'Autriche, princesse des Pays-Bas, fille de Philippe II, roi d'Espagne, voulut la rétablir et la relever, ce qu'elle fit le 3 octobre 1625, par l'autorité de Denis Christofle, évêque de cette ville.

A Gand, elle fut érigée en 1625, par Antoine Triest, évêque de cette ville, en actions de grâces du secours que la Sainte Vierge avait accordé à la patrie affligée. A Malines, ce fut l'évêque Jacques Boonen qui l'établit en 1626. Un auteur remarque, que dès la première année de son institution, plus de 10,000 personnes se firent inscrire, et en 1629, on comptait jusqu'à 11,000 confrères.

A Rome, la confrérie de Notre-Dame des Sept Douleurs, fut instituée en 1615, dans l'église de St-Marcel-des-Servites. (Annales des Servites.) Colven. *Kalendarium Marianum.*

La première église, où cette dévotion fut établie, est celle du Couvent de la Croix-Rousse, de Lyon. Ce fut Urbain VIII, qui l'institua par un bref, donné à Rome, le 5 mars 1644.

Pastoris æterni..... vnam confraternitatem vtriusque Sexus Christi fidelium quæ non sit pro hominibus vnius specialis artis sub invocatione Beatæ Mariæ Septem Dolorum, sine alicujus præjudicio et dummodo venerabilis fratris archiepiscopi Lugdunensis ad hoc accedat assensus applicata auctoritate tenore præsentium perpetuo erigimus et instituimus.

Le reste du bref contient les indulgences qu'il accorde à cette confrérie. Cette dévotion reçut l'approbation de l'ordinaire, Mgr Alphonse-Louis du Plessis de Richelieu, cardinal-archevêque de Lyon, le 22 avril 1644, et fut érigée canoniquement dans l'église des Augustins déchaussés de Lyon.

Elle devint célèbre dans cette ville; plusieurs miracles opérés par l'intercession de N.-D. des Sept-Douleurs, lui donnèrent un grand éclat.

Douze ou treize ans après, elle prit un grand accroissement dans le couvent de Paris. Voici à quelle occasion :

La reine Anne d'Autriche, avait une grande dévotion à N.-D. des Sept-Douleurs. Elle assistait tous les ans régulièrement, à la solennité qui s'en faisait dans l'église de Louis XIII. Ce fut d'après l'inspiration du F. Fiacre, que cette princesse eut la pensée d'établir tout à la fois, un ordre pour les dames de la première noblesse, et une confrérie pour le reste des fidèles, sous l'invocation de N.-D. des Sept-Douleurs. Cette reine déchargée des soins de la régence, voulut employer le reste de sa vie à honorer le deuil de la Sainte Vierge, après la mort de son divin Fils, afin de lui témoigner de plus en plus la reconnaissance pour les grâces signalées qu'elle en avait obtenues. Elle résolut donc d'établir une société occupée, non-seulement à honorer les douleurs de cette divine Mère, mais encore à consoler les affligés; et s'en déclara la protectrice, le chef et la régente souveraine. Elle choisit l'église de N.-D. des Victoires, pour en faire le siège de la confrérie. Ayant communiqué son projet au Frère Fiacre, celui-ci prit l'avis de ses supérieurs, et il fut résolu de demander au Pape, l'érection canonique de la confrérie de N.-D. des Sept Douleurs. Alexandre VII accorda un bref avec indulgences, pour les confrères, le 26 mars 1656; ce bref fut soumis à l'ordinaire, et il fut visé le 24 octobre suivant, par Alexandre de Hodencq, docteur de Sorbonne, curé de St-Séverin et grand-vicaire du cardinal de Retz, archevêque Paris. La reine envoya des lettres patentes en date du 20 décembre, dans lesquelles elle exprimait ses volontés.

Ces lettres portaient en substance : que pour honorer le deuil de la Sainte Vierge et à l'exemple d'Anne de Bretagne, qui établit en son temps, l'ordre de la Cordelière pour honorer les liens de J.-C., elle avait résolu d'établir une compagnie en forme de confraternité en l'honneur des douleurs de Marie. Elle en avait choisi pour directeurs les Augustins déchaussés, et s'en constituait la protectrice, le chef et la souveraine régente. Elle priait les reines qui lui succéderaient, de vouloir aussi pour l'amour de la sainte Vierge, la remplacer à perpétuité, dans les qualités qu'elle y prend. Pour rendre aux douleurs de la Vierge, tout l'honneur possible, la reine ordonne que l'on fasse la nomination de cent dames, princesses, duchesses et autres de la cour et de sa maison, en qualité de dames de son grand deuil de J.-C., dont sera composé son premier ordre, laissant aux supérieurs religieux, l'administration des autres fidèles.

En conséquence de ces lettres patentes, on fit tous les préparatifs nécessaires pour l'établissement de cette confrérie. Le 24 mars 1657, fête de Notre-Dame des Sept Douleurs, fut le jour choisi. L'église fut parée magnifiquement et revêtit ses plus riches ornements; l'évêque de Montauban, Pierre Berthier, prêcha le sermon. La reine se rendit ce jour-là à l'église N.-D. des Victoires, accompagnée d'un grand nombre de princesses, duchesses, et autres dames de la cour. Après le discours de l'évêque de Montauban, sur les douleurs de la Sainte Vierge et sur l'établissement de la confrérie, Anne d'Autriche voulut être reçue avec les formalités ordinaires et elle fut admise par le R. P. Victor de la Vierge Marie, provincial de la province de France, en qualité de protectrice, de chef et de souveraine régente de la confrérie. Plusieurs autres Dames de sa suite et un grand nombre d'autres personnes de conditions différentes, (1) suivirent son exemple.

La tradition rapporte que la reine Anne d'Autriche, pour rendre son ordre des Sept Douleurs plus illustre, avait préparé une marque d'honneur pour les dames qui y entreraient, c'était une espèce de cordon tout particulier.

Plusieurs personnages illustres, prêchèrent le sermon de la fête de N.-D. des Sept Douleurs.

En 1658, François du Harlay de Chanvallon, archevêque de Rouen, fut désigné pour prêcher ; la reine fut si satisfaite de son discours, qu'elle le fit complimenter, ce qui donna lieu à ce prélat disgracié, de rentrer dans les bonnes grâces de la reine et de la cour. Peu d'années après, en 1671, il fut nommé par le roi, à l'archevêché de Paris.

En 1662, le R. P. Senaut, célèbre par son éloquence, prêcha devant la reine-mère et devant Marie-Thérèse. Il était prêtre de l'oratoire, et en devint le général la même année.

En 1665, Guillaume Le Boux, évêque d'Acqs, prêcha aussi devant les deux reines, les douleurs de la Sainte Vierge. Il était prêtre de l'oratoire et fut élevé à l'épiscopat, en considération du grand mérite qu'il s'était acquis par ses prédications.

Malgré tout l'éclat donné à son installation, la confrérie de N.-D. des Sept Douleurs, est demeurée stérile dans ses développements, bien que la reine continuât plusieurs années de suite à venir faire ses dévotions à la chapelle des Sept Douleurs, consacrée à la confrérie. Le P. Isidore de la Madeleine, qui nous a conservé ces renseignements précieux, attribue deux causes à l'affaiblissement de cette dévotion : Elle n'était pas, dit-il, érigée canoniquement. Dans son bref du 26 mars 1656, Alexandre VII, accorde bien des indulgences aux confrères, mais nulle part, il n'est fait mention

(1) Gazette de France, 31 mars 1657.

d'érection, et les mots *erigimus et instituimus* manquent absolument, la confrérie n'a donc pas été érigée canoniquement. (1) La seconde raison qu'il invoque, serait le peu de bon vouloir qu'auraient mis les religieux Augustins déchaussés et le peu de soin qu'ils auraient apporté pour seconder les désirs de cette princesse. Bien qu'il eut été ordonné dans un chapitre général de l'ordre, de faire des règlements, des lois et des statuts en faveur de cette confrérie, ils n'en tinrent aucun compte.

En effet, nous avons compulsé tous les registres des actes et délibérations des Augustins déchaussés du couvent de Paris; jamais et nulle part, il n'est fait mention de la dévotion à Notre-Dame des Sept Douleurs (2).

« Si la confrérie des Sept Douleurs a manqué de s'établir dans
« notre église, ajoute le P. Isidore de la Madeleine, (3) par le
« défaut d'érection de l'ordinaire; on aurait lieu de croire, par un
« événement assez extraordinaire, que la Providence a permis de
« reconnaître que la Sainte Vierge désirait être honorée dans notre
« église par une société consacrée à l'honneur de ses douleurs.
« Un religieux du couvent, qui travaillait à un petit traité historique
« de l'origine de l'antiquité et du progrès de la dévotion et de la
« fête de N.-D. des Sept Douleurs, avait fait prier le vicaire général
« apostolique de l'ordre qui est à Rome, de lui procurer des mé-
« moires sur ce sujet. Le R. P., soit qu'il n'en ait pas trouvé, ou
« autrement, fut inspiré d'envoyer des lettres patentes d'érection
« de la confrérie de N.-D. des Sept Douleurs qu'il avait obtenues

---

(1) Nous avons déposé une copie exacte du bref d'Alexandre VII, dans les archives de l'Église de N.-D. des Victoires, ainsi que de toutes les autres pièces relatives à cette dévotion.

E. L.

(2) Voir aux archives nationales, les six registres des actes et délibérations.

(3) Mémoires pour servir à l'histoire de N.-D. des Victoires, par le P. Isidore de la Madeleine.

(Manuscrit).

« du vicaire-général apostolique des Servites. Ces lettres datées du
« 23 janvier 1718, furent adressées au prieur du couvent de Paris;
« elles lui donnent le pouvoir d'ériger dans son église, du consen-
« tement de l'ordinaire, la confrérie de N.-D. des Sept Douleurs,
« pourvu qu'il n'y en ait point une semblable dans la même
« ville. Elles contiennent aussi les indulgences qui son commu-
« niquées à la même confrérie. Ces lettres ont toutes les forma-
« lités requises et ordonnées par la constitution de Clément VIII.
« *Quæcumque* du 7 décembre 1604, confirmée par ses succes-
« seurs. » (1)

Une communauté de filles s'établit aussi sous l'invocation de la Sainte Vierge; on lui donna le nom de *Communauté de Notre-Dame des Sept Douleurs*. Ce fut la duchesse de Latere Farnèse (2) qui la fonda à Rome en 1652. Les filles qui la composaient devaient être toutes nobles, elles s'appelaient, les filles oblates des Sept Douleurs de la Sainte Vierge. Elles n'avaient point d'autres vœux que l'oblation d'elles-mêmes avec promesse de perpétuelle stabilité, de conversion des mœurs et d'obéissance à la supérieure. Elles portaient l'habit noir des religieuses avec un voile noir et suivaient la règle de St-Augustin. Les constitutions qui leur furent données par leurs fondatrices avaient reçu l'approbation des papes Alexandre VII et Clément IX. Clément X les confirma le 25 mars 1671.

On avait aussi, à cette époque, dédié des églises à Notre-Dame des Sept Douleurs, outre les chapelles et les autels qui lui étaient consacrés dans les églises où la confrérie avait été établie, et toutes les chapelles qui furent érigées dans toutes les églises de la congrégation des Augustins déchaussés de France, en exécution du décret donné par le chapitre général en 1642. Nous citerons quelques églises parmi les plus importantes. L'église

---

(1) Une copie authentique de cette lettre et des bulles et constitution des souverains pontifes existe dans les archives actuelles de N.-D. des Victoires.

(2) Histoire des ordres religieux. Tome IV, ch. 10, page 318.

du couvent de Bourgoin, bourg situé au diocèse de Vienne en Dauphiné, bâtie en 1621 ; celle du couvent de Grenoble, en 1623, dont le fondateur fut le duc de Lesdiguières, maréchal de France et gouverneur de la province. L'église Notre-Dame des Sept Douleurs du couvent de Taulignan, fondée en 1631 par le comte de Virville, de Mont-Renard. L'église du couvent d'Arles, en 1638, ce couvent avait d'abord été établi en 1634, à Trinquetaille auprès de la ville, il y fut transféré en 1638. L'église de N.-D.-des-Sept-Douleurs du couvent de Malausen, petite ville du comtat d'Avignon, en 1643, celle du couvent de Perpignan, en 1647, celle du couvent d'Auxerre, en 1662.

Enfin, en 1718, on bâtit en cette ville, une nouvelle église sous le titre de N.-D.-des-Sept-Douleurs. Louis Henri, duc de Bourbon-Condé, prince du sang, grand-maître de la maison du roi, gouverneur de la Bourgogne et chef du conseil de régence pendant la minorité de Louis XV, voulut en être le fondateur. La première pierre fut posée en son nom et par son ordre, par le maire et les échevins de la ville, le 27 avril 1718. Gabriel de Caylus, évêque d'Auxerre, fit la cérémonie de la bénédiction de la 1re pierre. (1) Elle portait cette inscription :

D. O. M.
VIRGINIQUE DEIPARÆ
DE SEPTEM DOLORIBUS NUNCUPATÆ
SACRUM.

HUJUSCE TEMPLI PRIMARIUM LAPIDEM AB ILLUSTRISSIMO ET REVERENDISSIMO ECCLESIÆ ALTISSIODORENSIS EPISCOPO D. D. CAROLO GABRIELE DE TUBIERES DE LEVY-CAYLUS, BENEDICTUM, JOANNES BAYDESSON REGIS CONSILIARIUS, URBIS PRÆFECTUS, RERUMQUE URBANARUM PRÆTOR, PETRUS DURAND, FACTI COMMUNIS ADMINISTRATOR, CAROLUS FRANCISCUS BREUZARD, STEPHANUS

(1) Cette église fut bénie, le 30 mars 1720, par le même évêque.

Regnaudin, Edmundus Caillat, Petrus Billeton, œdiles, nomine jussu que serenissimi e regia stirpe, Ludovici Henrici, ducis Borbonii, Borgundiæ proregis, Regiæ domus summi administratoris, sanctiorisque consilii principis, pupillo Ludovico XV regnum administrante Philippo Aurelianensium duce, die 27 mensis aprilis posuere.

ANNO MDCCXVIII.

Confrérie des Agonisants

Depuis le péché du premier homme, tous les descendants d'Adam ont été condamnés à mort. C'est un arrêt prononcé et irrévocable, tous les hommes doivent mourir. La mort est entrée dans le monde par le péché, elle en est la peine ; mais l'éternité dépend de la mort, et une mort précieuse devant Dieu, peut seule conduire à l'immortalité bienheureuse ; rien n'est donc plus important pour nous que d'obtenir cette bonne mort. Une fin heureuse est ordinairement la récompense d'une vie passée dans la vertu. Cependant, il ne faut pas l'oublier, l'âme humaine a des combats terribles à soutenir, de la part de la nature et de l'ennemi de notre salut, et un seul instant suffit pour faire perdre tous les fruits d'une vie chrétienne. C'est pourquoi l'Église, en ordonnant des prières pour les agonisants, a encore fondé des sociétés de personnes pieuses, qui dans leur charité, prient et font des bonnes œuvres pour leurs frères mourants, afin de leur obtenir cette bonne mort qui conduit à la vie éternelle.

L'usage des prières pour les agonisants, selon Gavantus (1), est plus ancien que St-Grégoire. Ce pape, en effet, en fait mention dans l'homélie 37, sur les évangiles ; ainsi, l'usage existait au plus tard au Ve siècle ou au commencement du VIe. Métaphraste écrivait de

---

(1) Tome II, sect. 0, cap. 5, n° 1.

St-Jean l'aumônier, patriarche d'Alexandrie, en 608, qu'il allait souvent voir les malades mourants et donnait une bénédiction à ceux qui étaient à l'agonie.

Un auteur qui a écrit l'histoire de France, rapporte que Louis le Débonnaire étant sur le point de mourir, fit venir Diogène, évêque de Metz, et lui demanda la bénédiction. Saint Charles Borromée obtint, le 30 septembre 1580, le pouvoir à tous les évêques de la province de Milan, de donner indulgence aux malades qu'ils visiteraient.

Quoiqu'il en soit, la prière pour les agonisants a paru si importante, qu'en plusieurs lieux, on a établi des confréries dont l'objet principal était d'aider par la prière et les bonnes œuvres à obtenir la grâce d'une bonne mort à tous ceux qui étaient arrivés à la fin de leur vie.

En 1682, quelques personnes de piété sollicitèrent les Pères Augustins déchaussés, d'établir dans leur église, une confrérie des agonisants. Après une sérieuse délibération, ce projet fut adopté et l'on s'empressa de le mettre à exécution. On plaça la nouvelle confrérie sous l'invocation de Notre-Dame de la Victoire, c'était le moyen le plus sûr et le plus puissant, pour obtenir aux agonisants, par l'intercession de la Sainte Vierge, la victoire dans le dernier combat de leur vie contre l'ennemi du salut des hommes. Mgr l'archevêque de Paris, du Harlay de Champvallon (1), à qui on devait en référer, approuva ce pieux dessein. Alors, les religieux envoyèrent à Rome le procureur-général de la congrégation, afin de solliciter du Pape Innocent XI, un bref d'indulgences pour les confrères. Ce pape le leur accorda le 13 mai 1683. Ils dressèrent aussitôt les statuts, et l'archevêque de Paris les ayant approuvés érigea cette œuvre pour la gloire de Dieu et le soulagement spirituel et corporel des agonisants, par lettres patentes du 24 septembre

(1) François II de Harlay de Champvallon, fut élu archevêque de Paris, le 2 janvier 1671, il prit possession du siège, le 18 mars de la même année et mourut le 6 janvier 1695.

1683 (1). Il visa aussi le bref d'indulgences et en permit la publication dans tout le diocèse.

On avait encore obtenu de Rome en même temps que le bref des indulgences, un autre bref qui accordait la faveur de l'autel privilégié à la confrérie des agonisants, tous les jours de l'octave des morts et tous les lundis de l'année, pour la délivrance du purgatoire de l'âme d'un confrère ou d'une sœur, ce bref était seulement pour sept ans, à partir du 13 mai 1683.

Cette confrérie cependant ne dura pas longtemps dans l'église des Augustins déchaussés, il est même douteux qu'elle ait été installée publiquement, dit le père Isidore de la Madelaine (2) ; probablement des difficultés insurmontables arrêtèrent cette pieuse entreprise. Cet auteur pense qu'elles furent fondées sur la constitution de Clément VIII *Quæcumque*, en date du 16 décembre 1604, qui porte expressément qu'il n'y aura dans chaque ville ou tout autre lieu, qu'une seule confrérie d'une même espèce. Or, la confrérie des agonisants avait été érigée canoniquement en 1650, dans l'église des Petits-Augustins du faubourg St-Germain à Paris. Ces religieux se seront peut-être opposés au nouvel établissement de la même confrérie. Mais ce n'est qu'une conjecture, ce qu'il y a de certain, c'est que la confrérie des agonisants n'a été qu'à l'état de projet avec un commencement d'exécution seulement dans l'église de Notre-Dame des Victoires (3).

---

(1) Toutes les pièces relatives à cette confrérie, copiées par nous-mêmes, sur les originales, sont déposées dans les archives de l'église de N.-D. des Victoires.

(2) Mémoires historiques de N.-D. des Victoires. (Manuscrit.)

(3) Vers 1680, une confrérie des agonisants fut établie à Paris, en la paroisse de St-Nicolas-du-Chardonnet. Chez les Théatins de Paris, elle existait déjà en 1648. A la Merci et au Billettes il y avait également une semblable confrérie.

Ces faits sembleraient détruire les raisons apportées par le père Isidore de la Madelaine, il est probable qu'il y en eut d'autres qui sont restées inconnues.

Confrérie des Salpêtriers

Cette confrérie, très-ancienne, était établie d'abord au couvent des religieuses de l'*Ave Maria*, rue St-Antoine; elle y existait dès l'année 1620; sous le nom de Confrérie des canoniers trésoriers et officiers d'artillerie. Leur patronne était Sainte Barbe, vierge et martyre, dont on fait la fête le 4 décembre, et la translation le premier dimanche d'août.

En 1702, les confrères, par les avis et les conseils de Pierre Deschiens, secrétaire du roi, qui avait alors la direction des poudres, prirent la résolution de transférer leur confrérie de l'église de l'*Ave Maria*, dans celle de Notre-Dame-des-Victoires.

Sur la demande du P. Pierre de Ste-Marie, Augustin déchaussé, et fils de Pierre Deschiens, les religieux, par acte capitulaire du 13 novembre 1702, acceptèrent la proposition moyennant la somme de 75 livres, non comprises les offrandes des deux messes chantées le 4 décembre, jour de la fête de Sainte Barbe, et le jour de sa translation, le premier dimanche d'août. De plus, on devait célébrer deux services, le lendemain de chacune de ces fêtes, pour les confrères décédés, et une messe basse, au grand autel, tous les premiers dimanches de chaque mois. Le cardinal de Noailles (1), approuva ces dispositions et accorda le transfert de la confrérie.

« C'était, dit le père Isidore, de la Madelaine, l'unique confrérie de corps de métiers, établie dans l'église des Augustins déchaussés, et jusqu'alors il n'y en point encore eu. »

Les deux fêtes de la confrérie étaient célébrées avec beaucoup de pompe et de solennité. Le grand autel était paré magnifiquement, l'église ou au moins le chœur était tendu de riches tapisseries:

---

(1) Louis-Antoine de Noailles fut élu archevêque de Paris, le 10 août 1695, il prit possession, le 19 novembre suivant et mourut le 4 mai 1720; il était cardinal depuis le 21 juin 1700.

on tirait douze boîtes d'artillerie, placées dans le jardin, au commencement de la messe et douze autres à l'élévation. Il y avait ordinairement 18 ou 20 pains bénits, garnis presque tous de cierges, et de petits étendards, qui, du chapitre, étaient portés avec ordre à l'église, au bruit d'une symphonie de hautbois, de trompettes et de timballes.

Cette confrérie retourna au couvent de l'Ave Maria à la fin de novembre 1729 (1).

Confrérie de la Ceinture de Sainte-Monique

La confrérie de la ceinture de Sainte Monique, si célèbre dans l'ordre des Augustins déchaussés est fondée sur une légende que dans toute sa naïveté, nous rapportons d'après le P. Charles Moreau (2).

« Sainte Monique, mère de Saint-Augustin, très-fervente et
« très-zélée au service de la Sainte Vierge, cherchait tous les jours
« nouveau moyen de lui plaire de plus en plus, et mérita d'être
« consolée d'une visite qui fut telle. La Sainte Vierge lui apparut
« vêtue d'un habit simple mais honnête, qui était noir, sur lequel
« elle était ceinte d'une ceinture de cuir, et lui dit : que c'était la
« vraie forme et manière de vestir qu'elle avait portée dans ce
« monde ; et que, puisqu'elle avait un si grand désir de l'imiter en
« toute chose, qu'elle se vestit dorénavant en la manière qu'elle
« voyait ; ce qu'ayant dit, la vision disparut. Et Sainte Monique et
« ses trois filles, Sainte Perpétue, Sainte Félicité et Sainte Basili-
« que, averties de cette céleste vision, portèrent dorénavant le
« même habit et ordonnèrent que celles qui voudraient professer

---

(1) Depuis la réouverture des églises, jusqu'après 1830, les ouvriers tapissiers célébraient leur fête patronale le jour de l'ascension, dans l'église de Notre-Dame des Victoires ; cet usage que nous ne connaissons que par une tradition vague, n'existe plus depuis un certain nombre d'années.
(2) Le Zodiaque mystique Ch. 11, p. 601, Paris, 1621.

« leur manière de vivre, seraient obligées de porter cet habit noir
« et se ceindre par-dessus d'une ceinture de cuir. »

Saint Ambroise, dit encore la légende, ayant baptisé Saint Augustin, le revêtit d'un nouvel habit, et lui mit la chappe, par-dessus et Saint Simplicien lui ceignit les reins d'une ceinture de cuir (1).

---

(1) Voici les propres paroles du P. Ch. Moreau, dans le *Zodiaque mystique* (a).

« Il reste maintenant à montrer quel fut son habit, et s'il porta la *ceinture de cuir*. Entre mille tesmoins que le pourrois alléguer sur ce faict, je me contenteray de produire l'autheur du supplément au catalogue de Pierre de Natalibus, en la vie de Sainct Simplicien, Basile Santoro, Mambrice et Hilarion, grans historiens et chroniqueurs de l'église de Milan, et plusieurs autres, qui disent que Sainct Ambroise, après auoir baptisé Sainct Augustin, le vestit d'vn nouuel habit et luy mit par-dessus la chappe, et Sainct Simplicien lui *ceignit* les reins d'vne *ceinture de cuir* (b). Et Ierome Torrensis (c), religieux, de la compagnie de Iesus, apres Maurolicus et Marulus : *Augustinus cuculla nigra indutus et cingulo coriaceo præcinctus*. Augustin vestu d'vne chappe noire et ceint d'vne *ceinture de cuir*. Et ce grand patriarche et docteur de l'Église donna cette forme d'habit aux Ermites d'Afrique desquels nous sommes descendus. Voyez Baronius où parlant de Sainct Fulgence, évesque de nostre ordre, dit qu'il porta le mesme habit et professa mesme façon de viure qu'il auoit embrassé, et marque nommément que *Pelliceo cingulo tanquam monachus vtebatur* : il se seruait comme estant moine de la *ceinture de peau*. Et après que Sainct Augustin ayant appris ceste forme de viure de l'Église Milanoise et Romaine l'introduisit par après et l'amplifia en Afrique, il conclud : *Vt plane intelligas quam sanctus Fulgentius professus est monasticam regulam, ab ipso sancto Augustino deriuasse* : de sorte que vous cognoissiez clairement que Saint Fulgence a deriué de Saint Augustin la profession et reigle monastique. Et peu après, ayant parlé des deux ordres des Chanoines réguliers et des Ermites, la façon de leurs habits estant telle : *Vna induti tunica eadem que PELLICEA ZONA constricta, quam nec soluerent dormituri* : Vestus d'une tunique, et icelle serrée d'vne *ceinture de peau* laquelle ils ne quittoient pas mesme en dormant. »

(a) Zodiaque mystique, Ch. 15. Paris, 1624.
(b) Lib. I. Confess. August. C. vm, § 6.
(c) In martyr. Rom. 3 non. maii.

Ce fut, dit-on, ce grand docteur de l'Église, qui imposa dans la suite, le même habit à ses religieux. Baronius rapporte la même tradition. C'est sur ce fondement que repose la confrérie de la ceinture ; et tous les religieux soumis à la règle de Saint Augustin, l'adoptèrent avec empressement.

Cette confrérie, selon quelques auteurs, prit naissance en 1446, sous le pontificat d'Eugène IV, à l'occasion de la canonisation de Saint Nicolas de Tolentino. Les peuples, par dévotion à ce saint, marquèrent un grand désir de porter la ceinture de cuir. On commença à leur en distribuer, et bientôt on réunit ceux qui la portaient en une société spirituelle ou confrérie. Il semble assez probable que cette association fut instituée par le même pontife en l'église St-Jacques des PP. Augustins de la ville de Bologne, en Italie.

Le P. Eustache de St-Ubalde, distingue parmi les *ceinturés*, ceux qui portaient simplement la ceinture, et les confrères proprement dits de la ceinture, c'est-à-dire, ceux qui étaient enregistrés dans la confrérie érigée et établie avec toutes les formalités requises. Il pense que les ceinturés ont commencé en 1490, sous Innocent VIII, et que la confrérie de la ceinture n'a été établie que sous le pontificat de Clément VII, qui fut élu pape en 1523 (1). Mais cet auteur, pas plus que les autres qui placent cette institution en 1446, ne nous rapporte aucune preuve, ni aucun document relatifs à son établissement.

En 1495, le P. Martin de Verceil, religieux de l'ordre, mort depuis en odeur de sainteté, prêchant le carême à Bologne, avait établi dans la même église de Saint-Jacques la confrérie de Notre-Dame de Consolation, où se trouvait déjà celle de la Ceinture. Ces deux confréries subsistèrent simultanément et séparément jusqu'en

---

(1) Il appelle ceinturés, simplement ceux qui avaient succédé aux tierçaires qui, laissant l'habit de l'ordre s'étaient contentés de porter simplement la ceinture, ce qui fut approuvé par Innocent VIII, en 1490.

1570. Alors le R. P. Maître Thadée de Péruse, général de l'ordre, réunit la confrérie de Notre-Dame de Consolation à celle de la Ceinture, sous le nom d'archiconfrérie de la Ceinture de Saint-Augustin et de Sainte-Monique, sous l'invocation de Notre-Dame de Consolation. Ce qui fut confirmé par le pape Grégoire XIII par une constitution du 15 juin 1755.

Il nous a semblé intéressant de donner, d'après le P. Ch. Moreau, la relation de ces faits telle qu'elle se trouve consignée sur un vieux parchemin conservé dans les archives de l'église Saint-Jacques.

« Au nom de la très saincte Trinité, du Père, du Fils et du Sainct-Esprit, et de la très-saincte, très-glorieuse et tousiours Vierge Marie, et des bienheureux Apostres sainct Pierre et sainct Paul, et des saincts Martyrs et Confesseurs, saincte Petronie, sainct Dominique, sainct François, sainct Florian, protécteurs et défenseurs de nostre cité de Boulongne, et à l'exaltation et accroissement de l'estat et gouvernement de ceste ville florissante, et à la consolation, paix et repos du très-illustre seigneur Iean Bentivolle, et sa très-honorée et très-vertueuse femme Geneufre, et à l'honneur de toute la noble famille de Bentivolle; bref, pour mémoire perpétuelle, ioye et contentement, honneur et renommée de la très-honorable et deuote confrérie intitulée de Nostre-Dame de Consolation.

« Le révérend P. frère Martin de Verceil (lequel est maintenant bienheureux et mis au roolle des beats de l'ordre de nostre Père sainct Augustin), preschant le carême de l'an 1495, en l'église des révérends pères Augustins, intitulée Saint-Iacques de Boulongne, fit depeindre une image de Notre-Dame, auprès du grand portail de l'église, là où par l'efficace de ses prières et l'énergie de ses prédications, il vint à confirmer le peuple en la déuotion qu'il auoit à la très-pure mère de Dieu, et induisit vn si grand nombre de citoyens à s'enroller en la dicte confrérie; et la voyant croistre de iour en iour, il ordonna des officiers pour le bon gouuernement et manutention de la dicte confrérie; et fit-on faire un roolle dans lequel ont esté mis les noms de toutes les personnes de l'vn et de l'autre sexe qui se sont enrollées à la dicte compagnie par moi Iacques de Pose. Et pour ce ie prie le tout puissant Iesus-Christ et sa glorieuse mère royne des cieux, qu'ils conservent en paix toutes les personnes de la dicte confrérie, et l'augmentent de iour en iour à la gloire de Dieu et au salut de leurs ames.

« Or, comme cette confrerie érigée en l'honneur de la glorieuse Vierge, l'année sixiesme du pontificat d'Alexandre sixiesme (comme il appert par le bref de Iulien euesque d'Hostie) estoit distincte et séparée de la confrérie des *Ceintures*; les assemblées, processions et autres deuotions se practiquant separement de part et d'autre en nostre dicte église de Sainct-Iacques de Boulongne : Maistre Thadée de Peruse, pour lors general de nostre ordre, les vnit et agregea ensemble de son pouuoir ordinaire regulier. Et nostre sainct père le pape Grégoire treiziesme, d'heureuse mémoire, a confirmé de son propre mouuement et de science certaine la susdite vnion. Et pour plus grande asseurance, a de nouueau vny et incorporé ensemble les dictes confréries de Nostre-Dame de Consolation et de la Ceinture, tellement qu'il n'en a fait qu'vn corps et a voulu qu'on ne peust recognoistre aucune différence entre les dicts confrères, leur communiquant à tous indistinctement et indifféremment les mesmes priuileges et indulgences, ainsy qu'il appert par le bref du mesme pape, donné à Rome, à sainct Pierre, soubz l'anneau du Pescheur, le quinziesme de Iuin mil cinq cens septante cinq, le quatriesme de son pontificat (1). »

Outre les religieux et les religieuses de l'ordre de Saint-Augustin qui faisaient de droit partie de la confrérie, on admettait des *tierçaires* composés des fidèles de tout sexe et de toute condition qui, par le désir d'une vie plus parfaite s'unissaient à l'ordre et receuaient l'habit et la ceinture. Ils suivaient la règle et participaient à tous les privilèges, exemptions et indulgences accordées à l'ordre, quoiqu'ils ne quittassent point le monde ni les engagements qu'ils

(1) P. Ch. Moreau, *Opere citato*.

pouvaient y avoir. Plus tard, comme nous l'avons raconté, la confrérie de Notre-Dame de Consolation fut réunie à celle de la Ceinture sous le nom d'archiconfrérie de Saint-Augustin et de Sainte-Monique, sous l'invocation de Notre-Dame de Consolation, et jouit de tous les biens spirituels et de toutes les indulgences particulières à cette institution.

Aussitôt que les Augustins déchaussés se furent établis au faubourg Montmartre et qu'ils eurent fondé leur église, leur première pensée fut d'instituer la confrérie de la Ceinture. Ils s'empressèrent de demander des lettres d'aggrégation qui leur furent accordées par le R. P. Maître Gérome de Ghettis romain, général de l'ordre, sur la proposition du P. François de Saint-Guillaume, définiteur de la congrégation des Augustins déchaussés. Ce général, par lettres datées de Rome, le 14 juin 1627, unit et aggrège à l'archiconfrérie de Bologne, la confrérie de la Ceinture, érigée dans l'église de Saint-Augustin, au faubourg Montmartre (1). La confrérie jouit des mêmes indulgences, privilèges ou grâces spéciales accordées à l'archiconfrérie-mère.

Le P. Isidore de Sainte-Madelaine, selon son habitude, élève des doutes sur l'établissement canonique de la confrérie de la Ceinture au faubourg Montmartre. On n'a trouvé dit-il, ni acte d'érection de cette confrérie, ni statuts, ni consentement de l'ordinaire, ni registre; elle ne pouvait d'ailleurs être érigée que suivant les formalités prescrites par Clément VIII. Ce pape, dans la constitution *Quæcumque*, ordonne expressément qu'il n'y aura dans chaque ville ou tout autre lieu, qu'une seule confrérie d'une même espèce. Or,

---

(1) Le père Isidore de Sainte-Madelaine nous a conservé la copie de ces lettres, dont l'original existait dans le dépôt des archives du couvent de Paris.
Voir aux archives nationales.
Une copie de ces lettres a été déposée par nous aux archives de l'église Notre-Dame des Victoires.

E. L.

Clément X, par la constitution *Cum accepimus*, du 3 mars 1674, déclare que les Augustins déchaussés sont les vrais enfants de saint Augustin et qu'ils jouissent de tous les mêmes droits, privilèges et exemptions que les Augustins chaussés. Ceux-ci ayant déjà établi la confrérie de la Ceinture dans leur église, elle ne pouvait être érigée dans l'église du faubourg Montmartre. Cependant le P. Laurent de Sainte-Marguerite, vicaire général, donne, en vertu de cette constitution, des lettres patentes datées du 1er septembre 1667, adressées au P. Chérubin de la Vierge-Marie, alors prieur du couvent de Paris, par lesquelles il a le pouvoir d'ériger dans l'église Notre-Dame des Victoires, la confrérie de la Ceinture, du consentement de l'ordinaire. Il déclare en même temps qu'il aggrège cette confrérie à l'archiconfrérie de Saint-Jacques de Bologne, avec les mêmes grâces, privilèges et indulgences (1).

Quoiqu'il en soit de la solidité des raisons apportées par le P. Isidore de Sainte-Madelaine, les Augustins ne laissèrent pas d'établir la confrérie dans leur église, et il existait autrefois un registre commencé par le P. Eustache de Sainte-Thérèse, sur lequel on inscrivait le nom des confrères.

Un fait qui pourrait servir encore à prouver l'établissement de cette confrérie en l'église Notre-Dame des Victoires, ou du moins la bonne foi des religieux et la croyance que réellement ils la possédaient, c'est l'habitude qu'ils avaient conservée de faire la procession le quatrième dimanche du mois. Cette procession spéciale à la confrérie de la Ceinture, fut d'abord le privilège exclusif de la confrérie de Notre-Dame de Consolation, et l'usage en subsistait encore en 1570, au moment de sa réunion à celle de la Ceinture. Elle devint propre à la nouvelle archiconfrérie, et l'on fit ajouter les images de sainte Monique et de saint Augustin sur la bannière qui servait à la confrérie de Notre-Dame de Consolation et qui représentait la Très-Sainte Vierge. Le pape Paul V accorda une indulgence plé-

---

(1) Voir archives de l'église Notre-Dame des Victoires.

nière à tous les confrères qui assisteront à cette procession, dans les églises de l'ordre où la confrérie est établie.

La solennité de l'archiconfrérie et la procession avaient d'abord été fixées au premier dimanche de l'avent, ainsi l'avait établi Grégoire XIII en 1576; mais quand le premier dimanche de l'avent ne tombait pas le quatrième dimanche de novembre, jour de la procession, celle-ci était transférée avec l'indulgence, au premier dimanche de l'avent, jour de la solennité de la fête. Plus tard, en 1675, on supplia Clément X de transférer cette fête avec la procession et l'indulgence au premier dimanche qui suivait la fête de saint Augustin, ce qui s'est pratiqué depuis. On conserva toujours, néanmoins, l'usage de faire la procession de la Ceinture le quatrième dimanche de chaque mois.

Les Augustins déchaussés du couvent de Paris, persuadés qu'ils possédaient dans leur église la confrérie de la Ceinture, continuèrent à faire cette procession, ils voulurent même la rendre plus solennelle et plus auguste. Ils firent présenter à François du Harlay, archevêque de Paris, par le P. Célestin de Sainte-Madeleine qu'il aimait beaucoup, un placet par lequel ils suppliaient ce prélat de leur permettre d'exposer le Saint-Sacrement dans leur église, le quatrième dimanche de chaque mois, et de le porter en procession dans leurs cloîtres. Ce prélat leur accorda leur demande le 20 avril 1676, afin, disait-il, de ranimer la piété des fidèles et leur confiance à l'archiconfrérie.

Ils commencèrent donc cette même année, à exposer le Saint-Sacrement pendant tout le jour; et après complies eut lieu la procession. L'usage s'en établit non-seulement au quatrième dimanche du mois, mais encore aux fêtes de Notre-Dame de Consolation, de saint Augustin et de sainte Monique (1).

Le cérémonial de cette procession varia selon les époques, d'abord l'officiant qui portait le Saint-Sacrement était seulement revêtu

---

(1) Cette procession fut interrompue en 1722, mais dans la suite elle fut reprise.

d'aube et d'étole, et les religieux qui portaient le dais, au nombre de quatre prêtres, étaient aussi en aubes. Le porte-croix était un frère en surplis, accompagné de deux autres frères aussi en surplis, qui portaient des chandeliers. Ceci s'est pratiqué jusqu'en 1690.

Alors le chapitre général qui se tint à Paris, ordonna l'usage de la chape à toutes les processions et bénédictions du Saint-Sacrement. Cet usage fut adopté pour le célébrant aussi bien que les dalmatiques pour les portes-dais. En 1698, les religieux obtinrent l'usage du plain-chant (2) pour les services, processions et bénédictions. Ce fut une raison pour augmenter le cérémonial. Deux religieux, diacre et sous-diacre en dalmatiques, accompagnèrent le célébrant; un sous-diacre revêtu aussi de dalmatique, portait, selon la solennité de la fête, une croix d'ébène ou d'argent; il était accompagné de deux acolytes en aubes. Deux chantres en chape entonnaient les hymnes et autres chants d'après les cérémonies romaines. Quatre frères, revêtus de surplis, portaient chacun un flambeau de cire blanche, deux à deux, de chaque côté du dais, pendant que deux thuriféraires en aube, encensaient continuellement le Saint-Sacrement.

Jusqu'en 1687, quoiqu'on portât le Saint-Sacrement à cette procession, on chanta les litanies de la Sainte Vierge; mais, à cette époque, le chapitre général de l'ordre tenu à Lyon, ordonna que, dorénavant, il n'y serait plus chanté que des hymnes au Saint-Sacrement, et depuis on conserva cet usage.

En 1700, le 28 août, jour de la fête de saint Augustin, Joachim Colbert de Croissy, évêque de Montpellier, officia à cette procession, il y porta le Saint-Sacrement et donna la bénédiction, deux religieux faisant les fonctions de diacre et de sous-diacre l'accompagnaient; les quatre porte-dais étaient en chape, et quatre chantres étaient revêtus d'aubes et de chapes.

(1) Nous dirons plus loin à quelle occasion.

En 1703, à la même fête, Humbert Ancelin, évêque de Tulle, parent d'un frère convers, officia également à la procession.

En 1707, Louis-Antoine, cardinal de Noailles, archevêque de Paris, vint au milieu d'un grand concours de peuple, donner la bénédiction du Saint-Sacrement ; la procession fût remise au dimanche suivant.

CHAPITRE VI

Origine et établissement du plain-chant en l'église des Augustins déchaussés. — Des cloches. — Des litanies de la Sainte Vierge tous les samedis de l'année. — Fondations établies dans l'église de Notre-Dame des Victoires.

L'usage du chant dans les cérémonies saintes, remonte à la primitive Église; Saint Paul écrivant aux Éphésiens, les exhorte à chanter entre eux au Seigneur, des psaumes, des hymnes et des cantiques spirituels. *Loquentes vobismetipsis in psalmis et hymnis et canticis spiritualibus, cantantes et psallentes in cordibus vestris Domino....* Eph. C. V, P. 10. Le cardinal Bona dit qu'on doit entendre avec les interprètes, ces paroles dans le sens d'un chant réciproque et alternatif. Quoiqu'il en soit, on attribue généralement, selon cet auteur, l'origine du plain-chant au pape Hilaire, ou à Saint Grégoire-le-Grand, à qui du moins on doit la restauration du chant. Il est certain que l'on chantait dans l'Église, dès son origine et bien avant ce Pape, mais quel était ce chant, quelles en étaient les modulations? On l'ignore complétement; et c'est à ce grand Pape qu'on peut attribuer avec quelque certitude, le plain-chant, qui a été appelé de son nom, le chant grégorien. C'est celui dont on s'est servi dans toute l'Église, depuis Saint Grégoire, pour les offices divins.

Les ordres religieux qui ont été établis depuis, l'ont adopté pour leurs offices. Mais, comme il se glisse toujours des abus, même dans les choses les plus saintes, on s'aperçut qu'au lieu de chanter de cœur, certains s'occupaient plus de montrer leur belle voix, avec une complaisance et une vanité peu convenables pour des religieux. Plusieurs congrégations religieuses interdirent le plain-chant dans leurs communautés et se contentèrent de la psalmodie, c'est-à-dire, d'un chant uni, sans modulations, afin que n'étant plus préoccupées des notes, des tons et de la mesure, la louange du Seigneur, fut la seule expression du cœur; cette manière de chanter fut généralement adoptée et suivie.

Les Augustins déchaussés, adoptèrent la psalmodie sans notes et sans modulations; et afin d'éviter toute variété en ce point, ils en avaient fait un point de leurs constitutions; ils agirent ainsi depuis l'institution de leur réforme.

Quand ils s'établirent à Paris, au faubourg Montmartre (1), leur église fut bientôt fréquentée par un grand concours de peuple; les fidèles témoignèrent souvent le désir que les fondations qu'ils faisaient, fussent chantées, ainsi que les offices, afin d'exciter et de nourrir davantage leur piété. On crut devoir user de condescendance pour les fondations, qui ne faisaient point partie de l'office; il n'y avait en cela rien de contraire aux constitutions de l'ordre, c'était d'ailleurs, un excellent moyen pour favoriser les fondations, la maison venait d'être bâtie et elle était pauvre. D'un autre côté, le roi et la reine d'Angleterre assistaient souvent aux saluts, qui se disaient dans l'église du couvent des Loges, près St-Germain-en-Laye, ils témoignèrent le désir que les saluts fussent chantés en plain-chant; il n'en fallut pas davantage pour que le définitoire général de l'ordre, donnât ordre au procureur général de la congrégation en cour de Rome, de solliciter auprès du Pape Innocent XII, l'autorisation de prendre le plain-chant, dans la seule province de France et seulement pour les services et les saluts. Le Pape l'accorda par un bref du 17 mars 1698, accepté par le définitoire général, le 9 avril de la même année. Aussitôt on commença

---

(1) Nous avons vu plus haut, qu'un des grands griefs que Marguerite de Valois, articula contre eux, quand elle les chassa, fut, qu'ils psalmodiaient leurs offices, au lieu de les chanter, ainsi que l'exigeait l'acte de fondation.

à la mettre à exécution et à chanter les services, les saluts et les litanies de la Sainte Vierge en plain-chant (1).

Cette manière de chanter ayant été acceptée avec joie par les fidèles, on désira la même faveur pour tout l'office. Les personnes de distinction qui fréquentaient l'église, la plupart des religieux même le demandaient avec instance; ce point était plus difficile à obtenir, car il s'agissait d'un article des constitutions, par lequel il était défendu de chanter l'office en plain-chant. Cependant, comme il s'agissait de favoriser la piété des fidèles, et que les religieux devaient surtout rechercher à procurer davantage la gloire de Dieu, l'affaire fut proposée au définitoire du chapitre général qui se tint à Paris, le 25 septembre 1699. On y conclut qu'il fallait demander le plain-chant à Rome, pour tous les offices, et le procureur général en cette cour, reçut ordre de faire toutes les démarches nécessaires pour l'obtenir.

Le P. Mathieu de Ste-Paule, élu procureur général à ce chapitre, partit sur le champ, de Paris pour Rome, muni non-seulement de pleins pouvoirs, mais de lettres de recommandations des plus grands personnages du royaume pour plusieurs cardinaux. Il emporta même des lettres du marquis de Torcy, ministre et secrétaire d'état pour les affaires étrangères, par lesquelles, au nom de Louis XIV, il enjoignait au cardinal de Janson Toussaint de Forbin, évêque de Beauvais, grand-aumônier de France, ministre de France en cour de Rome, de favoriser l'affaire du plain-chant.

Dès que le P. Mathieu fut arrivé à Rome, il présenta sa requête au pape Innocent XII. Elle fut sur-le-champ renvoyée à la congrégation des Rites, et celle-ci d'après le rapport du cardinal Janson, qui avait pris cette affaire à cœur, accorda par décret du 31 juillet 1700, et sous le bon plaisir de sa Sainteté, le plain-chant à la seule province de France, pour tous les offices. Ce décret fut approuvé par Clément XI, le 12 janvier 1701 ; et pour affermir cette

(1) Archives de l'église de N.-D.-des-Victoires. On y trouve la copie du bref d'Innocent XII et celle de l'acceptation du définitoire.

concession, ce Pape, dans un bref spécial du 29 du même mois, permet aux Augustins déchaussés de la province de France, de chanter tous leurs offices en chant grégorien.

Lorsque le bref fut reçu en France, il fallut changer le cérémonial des offices. Les PP. Sulpice de Ste-Pélagie et Benoit de Ste-Geneviève, tous deux très-versés dans les rubriques et les cérémonies de l'église, composèrent un nouveau cérémonial avec beaucoup de soin et de recherches. On se procura des chapes et des dalmatiques de toutes couleurs, deux croix pour la procession et autres cérémonies, l'une d'ébène, avec un Christ argenté et une autre de cuivre argenté ; en un mot, tout ce qui était nécessaire pour augmenter la solennité de l'office.

Il fut réglé cependant, qu'on ne chanterait le plain-chant, les simples fêtes et les dimanches, qu'à vêpres et à complies, à toutes les bénédictions du Saint-Sacrement et aux services ; aux fêtes solennelles seulement, on devait chanter l'office tout entier. On fit mettre en chant le Propre de l'ordre, quant à l'office et aux messes, par Nivers, maître de chapelle de la reine et organiste de la chapelle du roi ; et on le joignit au graduel et à l'antiphonaire romains.

Afin que l'uniformité fut gardée dans la province, le définitoire du chapitre provincial, tenu en 1698, et le chapitre intermède du 15 avril 1701, ordonnèrent qu'on chanterait dans tous les couvents, le plain-chant suivant l'usage observé à Paris, autant que faire se pourrait.

Cependant, ce ne fut pas sans quelques murmures de la part de plusieurs religieux, qu'on introduisit toutes ces nouveautés. Ils gémissaient de voir détruite et renversée, l'antique simplicité de leurs pères ; ils se plaignaient que le chant et les cérémonies étaient contre les lois et les usages de l'ordre, et que, loin de favoriser la piété, cela ne servait qu'à dissiper les religieux, empêcher les études et anéantir l'esprit de silence, de retraite et de pauvreté conforme à leur état. Des divisions survinrent dans la province, les plaintes furent plus fortes et parvinrent aux oreilles du roi. Ce prince, instruit des troubles qui régnaient, ordonna par arrêt du

Conseil-d'état du 8 décembre 1706, que le plain-chant et les cérémonies seraient supprimés, et que dorénavant on devrait suivre le chant prescrit par les constitutions et le cérémonial de l'ordre. Ainsi, le plain-chant et les cérémonies ne subsistèrent que pendant huit ans. Ils furent rétablis en 1725, en vertu d'une bulle du pape Benoît XIII, approuvée par le conseil du roi, et enregistrée au parlement, le 27 juillet 1726. Ce fut en 1732 que l'on introduisit en l'église N.-D. des Victoires, l'usage des orgues.

DES CLOCHES. — Comment et en quel temps plusieurs ont été introduites dans l'église Notre-Dame des Victoires

On n'a commencé à se servir des cloches dans l'Eglise, qu'après les persécutions, c'est-à-dire, vers le commencement du ve siècle. L'invention en est attribuée à St-Paulin, évêque de Nole, dans la Campagne romaine en Italie ; de là, le nom latin qu'ont pris les cloches : *Campana* de la province, ou *Nola* de la ville. Il existait, il est vrai, des cloches bien longtemps avant St-Paulin, mais ce fut lui qui le premier, a commencé à s'en servir pour les offices, et en a introduit l'usage dans l'Eglise.

Les réguliers n'eurent d'abord qu'une cloche, pour sonner leurs offices, ce ne fut que plus tard et progressivement qu'ils en possédèrent plusieurs. L'usage des Augustins déchaussés était de n'en avoir qu'une ; cependant, leurs constitutions ne leur défendirent pas d'en posséder un plus grand nombre. Il est vrai que leur cérémonial, en parlant de la manière de sonner, suppose une seule cloche ; mais rien n'empêchait qu'ils en eussent davantage, se conformant en cela à l'usage reçu chez tous tous les réguliers.

Lorsque le plain-chant fut introduit pour le service divin dans leur église, afin de rendre l'office plus majestueux, et y attirer les fidèles en excitant et en réveillant leur piété par l'harmonie de plusieurs cloches, les religieux Augustins déchaussés ne crurent pas devoir refuser, l'offre généreuse qui leur était faite par un particulier d'y contribuer pour la plus grande part. Cette offre fut acceptée en 1701. Sur-le-champ, on fit fondre, par Florentin Leguay le plus habile fondeur de Paris, trois cloches pour les joindre à celle qui existait déjà dans le clocher; celle-ci même fut refondue afin de la mettre d'accord avec les nouvelles ; on eut ainsi une sonnerie de quatre cloches, fort belle et très-harmonieuse.

Les deux cloches moyennes, comprises entre la grosse et la petite, furent bénites ensemble le 23 mars 1702, par le R. P. Léon de Sainte-Monique, alors provincial de la province de France. La plus grosse des deux eut pour parrain Gédéon Barbier de Metz, président de la chambre des comptes et garde des meubles de la couronne, et pour marraine Mme Marc de la Ferté, épouse de M. Tarteron, conseiller au grand conseil. Elle fut nommée Gédéon-Anne-Françoise. On lisait autour de cette cloche, en lettres majuscules :

L'AN 1702, J'AI ÉTÉ NOMMÉE GÉDÉON-ANNE-FRANÇOISE PAR M. GÉDÉON BARBIER DE METZ, CHEVALIER ÉCUYER COMTE DE ROSNAY, VICOMTE DE PERNAN, CONSEILLER DU ROY EN SES CONSEILS, PRÉSIDENT DANS SA CHAMBRE DES COMPTES, INTENDANT GÉNÉRAL DES MEUBLES DE LA COURONNE; ET PAR ANNE-FRANÇOISE-MARC DE LA FERTÉ, ÉPOUSE DE ALEXANDRE TARTERON, CHEVALIER ET SEIGNEUR DE MOUTIERS, CONSEILLER DU ROY EN SON GRAND CONSEIL.

Au-dessous de l'inscription, on lisait :

FR. SYMPHORIEN FRESNEAU DE SAINTE-FARE.

C'était le religieux qui avait procuré la plus grande partie des sommes nécessaires pour l'exécuter.

L'autre cloche eut pour parrain Pierre Deschiens de Valcour, vicomte de Verneuil, etc., secrétaire du roi, et pour marraine Jeanne de Bordez, épouse de Charles Deschiens de la Neuville, président à mortier au parlement de Navarre. Elle fut nommée Pérette-Jeanne.

On lit autour de cette cloche :

L'an 1702, j'ai été nommée Pérette-Jeanne par M. Pierre Deschiens de Valcour, vicomte de Verneuil, seigneur de la Vieilleville, Duguy et autres lieux, conseiller secrétaire du Roy, maison et couronne de France et des finances ; et par Mme Jeanne de Bordez, épouse de M. Charles Deschiens de la Neuville, chevalier seigneur de la Longue et autres lieux, conseiller du Roy en ses conseils, Président a mortier en la cour du Parlement, comptes, aides et finances de Navarre.

Et au-dessous :

FR. SYMPHORIEN FRESNEAU DE SAINTE FARE

M. Deschiens fit présent de 300 livres.

Le 26 avril 1702, la petite cloche fut bénie par le même P. Léon. Elle eut pour parrain M. du Breuil, fermier général ; et pour marraine Mme Marie Moricet, épouse de Pierre Deschiens de Valcour et belle-mère de M. du Breuil.

Le 29 du même mois de la même année eut lieu la cérémonie de la bénédiction de la grosse cloche par le P. Léon. Elle eut pour parrain le duc de Fronsac, pair de France, fils du duc de Richelieu, et pour marraine Mlle de Durfort de Duras, fille du duc de Duras, et fut nommée Louise-Armande-Marguerite-Henriette. On lit autour l'inscription suivante :

L'an 1702, j'ai été nommée Louise-Armande-Marguerite-Henriette, par très-haut et très-puissant seigneur Monseigneur Louis-Armand-François Duplessis, duc de Richelieu, Pair de France, Chevalier des Ordres du Roy, et par très-haute et

TRÈS-PUISSANTE DEMOISELLE MARGUERITE-HENRIETTE DE DURFORT DE DURAS, ET DE TRÈS-HAUTE ET TRÈS-PUISSANTE DAME, Mme LOUISE-MADELAINE DE LA MARCK, DOUAIRIÈRE DE DURAS ET COMTESSE DE BRAINE.

Au-dessous on lit :

FR. SYMPHORIEN FRESNEAU DE SAINTE-FARE.

Le parrain et la marraine firent présent chacun de vingt louis, et la marraine ajouta une belle écharpe de brocard à fleurs d'or.

En 1706, quelques religieux se plaignirent qu'il était contre l'usage de la communauté d'avoir plus d'une cloche; des troubles s'élevèrent, comme cela était arrivé pour l'introduction du plain-chant; un arrêt du conseil du roi, en date du 8 décembre 1706, ordonna de retrancher trois de ces quatre cloches, et de revenir à l'ancien usage qui n'en permettait qu'une. En conséquence de cet arrêt, le prieur du couvent de Paris vendit, en 1707 (1), la petite cloche aux filles dites Repenties ou du Sauveur, et il conserva les trois autres. Bien lui en prit, car, en 1718, la grosse cloche vint à casser, et on put la remplacer par la seconde. Cette cloche fut refondue à la fin de l'année 1727, et elle fut consacrée le 20 septembre suivant.

L'interdiction des quatre cloches subsista jusqu'en 1731 ; à partir de cette époque, on put les sonner toutes.

Des Litanies de la Sainte Vierge qui se chantaient dans l'église des Petits-Pères tous les samedis de l'année.

Le mot litanie vient du grec et signifie prière par laquelle nous implorons la miséricorde de Dieu et la protection des saints près

---

(1) Cette cloche a été retirée de chez ces filles en 1731, et remise dans le clocher, le 30 du mois de mai. On leur en donna à la place, une autre du même poids.

de lui; elles contiennent donc deux prières, l'une à Dieu, l'autre aux saints.

L'usage des litanies était établi longtemps avant saint Grégoire, selon le témoignage de saint Avit et de Sidoine Apollinaire ; Wolfride Strabon croit qu'elles ont commencé après que saint Jérôme eût traduit et disposé un abrégé du martyrologe d'Eusèbe.

Les Grecs, dans les premiers siècles de l'Église, avaient leurs litanies, et c'est d'eux que l'Église latine a pris le *Kyrie eleison*, qui est fort commun dans leur liturgie. On ne connaît point d'auteur particulier qui ait composé les litanies ; elles se sont formées par additions différentes, selon les temps et selon les Églises.

Il y a plusieurs sortes de litanies : les unes sont formées de prières par lesquelles on invoque plusieurs saints; les autres ont été instituées pour honorer la Sainte Vierge et lui demander sa protection. Quoiqu'elles soient moins anciennes que celles des saints, les litanies de la Sainte Vierge n'en sont pas moins authentiques dans l'Église. Elles furent en usage dans l'église de Notre-Dame-de-Lorette, où on les chante tous les samedis de l'année et le jour des fêtes de la Sainte Vierge. Un auteur pense, qu'il n'y a que ces deux sortes de litanies qui soient reçues et approuvées dans l'Église, et que les autres ne sont point permises; cependant, les litanies du Saint-Sacrement et du saint nom de Jésus sont en usage partout; les réguliers mêmes ont, pour la plupart, des litanies qui leur sont propres, les litanies de leur fondateur.

Les litanies de la Sainte Vierge sont appelées litanies de Notre-Dame-de-Lorette ; faut-il en conclure que, leur antiquité ne remonte pas au-delà du temps où la sainte maison de la Sainte Vierge fut transportée à Lorette, en Italie, en 1291, c'est-à-dire vers la fin du treizième siècle ?

On n'en connaît point l'auteur; elles sont composées des louanges de la Sainte Vierge, prises des plus belles figures de l'ancien Testament et recueillies des Saints Pères.

De Lorette, ces litanies se répandirent rapidement dans toutes les églises, où elles furent universellement reçues. Saint Bonavenlure, qui florissait en 1265, a composé des litanies de la Sainte Vierge, fort belles, mais tout à fait différentes ; on les voit à la fin du tome 1er de ses opuscules. On trouve aussi des litanies de la Sainte Vierge dans des heures imprimées à Reims en 1569, et dans un livre de prières imprimé à Paris en 1589, mais elles diffèrent peu des nôtres.

Dans l'*Histoire de Notre-Dame-de-Lorette*, imprimée à Macérata, en Italie, en 1596, il y a des litanies de la Sainte Vierge en tout semblables à celles que nous avons sous le nom de litanies de Lorette.

En voici, au reste, quelques-unes qui ont cours selon la dévotion particulière : les litanies de la Sainte Vierge, composées par saint Bonaventure, les litanies des grandeurs de la Sainte Vierge, les litanies des vertus de la Sainte Vierge ; les litanies de Notre-Dame-des-Sept-Douleurs, les litanies de Notre-Dame-des-Victoires etc.; mais de toutes ces litanies, il n'y a que celles de Lorette qu'il soit permis de réciter publiquement ou de chanter dans l'église.

La plupart des ordres religieux les récitent dans leurs églises ou dans leur chœur, et même aux processions. Elles sont établies depuis longtemps dans l'ordre de Saint-Augustin, et on les chantait tous les samedis de l'année à la procession qui se fait autour des cloîtres. Un décret du général Paul Luchin, dans la visite qu'il fit des grands ordres de France en 1589, ordonne à tous les religieux sans exception d'y assister.

Les Augustins déchaussés avaient aussi cette coutume, et entre autres ils récitaient les litanies tous les jours au chœur après complies. Ils y ajoutaient deux nouvelles invocations : *Mater dolorosa* pour honorer la Sainte Vierge sous le titre des sept douleurs, patronne de leur congrégation, et *Protectrix Augustinianorum*.

Afin d'augmenter la dévotion aux litanies, les Petits-Pères obtinrent du pape en 1628, une indulgence de cent jours pour tous les fidèles qui y assisteraient. Les litanies étaient chantées au grand autel, et ce jour-là, on exposait l'image miraculeuse de Notre-Dame-de-Montaigu.

Depuis 1732, un salut du Saint-Sacrement fut fondé tous les samedis de l'année ; on supprima dès lors le chant des litanies de la Sainte Vierge.

Fondations établies dans l'église Notre-Dame des Victoires

Les fondations perpétuelles de messes n'ont commencé que dans le neuvième siècle. Ce fut alors qu'au lieu des oblations ou offrandes de pain et de vin que l'on faisait aux prêtres, on introduisit l'usage des aumônes pécuniaires, qu'on appelle l'honoraire des prêtres. On a toujours fait dans l'Église l'anniversaire pour les défunts, c'est-à-dire le bout de l'an de leur décès, selon le témoignage de Tertullien (*lib. de corona militis*), mais on ne faisait que celui-là ; les autres anniversaires, qui consistent en un service qui se doit célébrer tous les ans à perpétuité au jour du décès, portent improprement ce nom. Ils n'étaient point en usage dans les premiers siècles de l'Église, ce n'est que vers le neuvième siècle qu'ils devinrent plus fréquents.

Il n'entre point dans notre pensée de rapporter ici toutes les fondations qui ont été faites dans l'église des Petits-Pères. Nous ne parlerons que de la principale.

Les Augustins déchaussés avaient chanté un service anniversaire pour le repos de l'âme de Louis XIII ; c'était un acte de reconnaissance pour ce roi qui leur avait témoigné tant de bonté ; Louis XIV, son fils et son successeur, voulut fonder chez eux un service à perpétuité pour le repos de l'âme de son père, et un autre pour la reine Anne d'Autriche sa mère. A cet effet, il donna aux religieux, par lettres patentes du mois de mars 1665, soixante et dix cordes de bois de haute futaie et deux milliers de cottrets, à perpétuité, chaque année, pour leur chauffage, à prendre d'abord dans la forêt de Cuise, près Compiègne, et plus tard, dans la forêt de Cressy en Brie. Ces lettres furent enregistrées en la chambre des comptes, le 21 mai 1655 ; mais on réduisit le nombre des cordes de bois à 46, elles furent ensuite enregistrées également au greffe des forêts de France, au siége général de la table de marbre du palais de Paris, le 18 juin 1655, elles l'avaient été aussi au Parlement, le 10 mai précédent.

Cette fondation de Louis XIV fut reçue et acceptée au chapitre général tenu à Avignon, le 28 septembre 1657, en ces termes : *Cum omni qua possumus reverentia ac veneratione, acceptamus fundationem anniversarii a christianissimo rege nostro Ludovico XIV in conventu Parisiensi, in perpetuum factam, pro quiete animæ invictissimi ac triumphantis memoriæ regis Ludovici XIII, munificentissimi fundatoris ejusdem conventus sub titulo Dominæ nostræ de Victoriis.*

Dès 1655, on commença à acquitter cette fondation avec le plus de solennité possible, et par ordre du roi, assistaient à ce service solennel, le gouverneur de Paris, le prévôt des marchands et les échevins de la ville, un grand nombre de personnes de qualité les accompagnaient. On fit la même chose pour la reine Anne d'Autriche, après sa mort arrivée en 1666, ainsi que le prouve le certificat suivant dressé par le P. Germain de Sainte-Geneviève, prieur du couvent de Paris (1).

« Nous, frère Germain de Sainte-Geneviève, prieur des Augustins déchaussés de cette ville de Paris, fondés par le feu roy Louis XIII, de triomphante mémoire, certifions à tous qu'il appartiendra, que, depuis l'année 1655 jusqu'aujourd'hui, il s'est célébré dans l'église de leur couvent dudit Paris, par chacun an, un service solennel pour le repos de l'âme du feu roy, que Dieu absolve, à une partie desquels ont assisté, quand ils ont pu, MM. les prévôts des marchands et échevins de cette dite ville et quelques fois M. le gouverneur d'icelle, accompagné de plusieurs personnes de remarque, ainsi qu'il appert par l'extrait des gazettes cy-devant écrit, tiré de la bibliothèque de Monseigneur Colbert, des années 1657, le 9 mai 1658, le 25 may 1659, le 30 may 1660. Et qu'il paraîtrait par autres

(1) Voir Archives nationales.

gazettes, si le gazettier s'en était souvenu ; comme aussi par la table écrite en lettres d'or, attachée dans la sacristie dudit couvent ; et depuis le mois de janvier 1666 jusques aussi à ce jourd'hui, il s'est célébré dans ladite église une autre service solennel par chacun an pour le repos de l'âme de la feue reine-mère Anne d'Autriche, auxquels deux services le roy Louis XIV à présent régnant, nous a obligés par ses lettres patentes du mois de mars 1655, pour les causes et considérations y contenues : en conséquence desquelles nous promettons de continuer lesdits services. En foy de quoi nous avons soussigné ces présentes dans notre dit couvent, le 10e juillet 1770 et apposé le sceau de notre office. »

En 1661, Jean-Baptiste Colbert, contrôleur des finances, voulant opérer des réformes dans les finances de l'Etat obéré de dettes, supprima cette donation ; les religieux n'en continuèrent pas moins d'acquitter ces deux fondations, par reconnaissances des bienfaits qu'ils avaient reçus.

CHAPITRE VI

Tablettes chronologiques des faits les plus importants qui se sont passés en l'église de Notre-Dame-des-Victoires jusqu'en l'année 1789. — Hommes illustres de l'ordre des Augustins déchaussés.

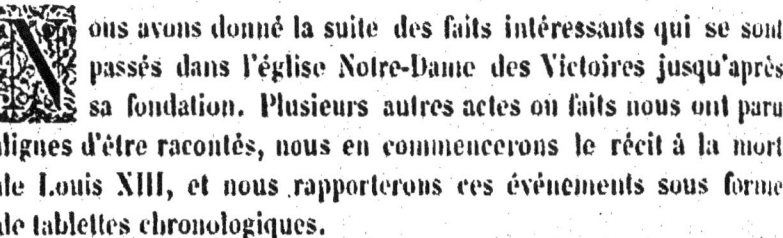ous avons donné la suite des faits intéressants qui se sont passés dans l'église Notre-Dame des Victoires jusqu'après sa fondation. Plusieurs autres actes ou faits nous ont paru dignes d'être racontés, nous en commencerons le récit à la mort de Louis XIII, et nous rapporterons ces événements sous forme de tablettes chronologiques.

14 mai 1643. — A deux heures de l'après-midi, le roi Louis XIII meurt après une longue maladie au château de Saint-Germain-en-Laye, après avoir reçu tous les sacrements avec la piété digne d'un roi très-chrétien. Il était âgé de 42 ans et en avait régné 33. Aussitôt après le décès du roi, l'évêque de Meaux, 1er aumônier, deux autres aumôniers, six chapelains des religieux Récollets, et des Augustins déchaussés, demeurent auprès du corps et y prient Dieu pour l'âme du roi défunt. Le lendemain, le corps du roi est exposé sur un lit de parade en velours rouge, des religieux, au nombre de vingt-quatre, des jésuites, des religieux mendiants, Capucins, Récolets, Augustins déchaussés et Feuillants veillent autour du corps, priant et psalmodiant continuellement. On célébra un service solennel dans l'église des Augustins déchaussés pour Louis XIII leur fondateur.

Le 28 août 1644. — La reine-mère, Anne d'Autriche, accompagnée de Mademoiselle et d'une partie de la cour vient faire ses dévotions à l'église des Petits-Pères, et Sa Majesté, après les vêpres, assiste au sermon donné par le sieur Escalopier son prédicateur ordinaire.

Le 28 août 1645. — Anne d'Autriche vient dans l'après-midi à l'église Notre-Dame des Victoires pour y gagner les indulgences, c'était le jour de la fête de saint Augustin, la reine était accompagnée de quelques princesses, du cardinal Mazarin et d'autres seigneurs et dames de la cour. Le sermon fut donné par le sieur Cohon, évêque du Dôle.

En 1647. — Le 28 août, fête de saint Augustin, le cardinal Barberin accompagne la reine, célèbre la sainte messe et donne la communion à tous les religieux ; le sermon est prêché par M. l'abbé de Loyac.

1648. — La tradition rapporte qu'après la victoire remportée à Lens sur les Espagnols, le 20 août 1648, par le duc d'Enghien, depuis prince de Condé, qui commandait les armées du roi en Flandre, la plus grande partie des drapeaux pris sur l'ennemi fut envoyée à Notre-Dame de Paris. Six furent envoyés aux Feuillants, parce que cette victoire avait été remportée le jour de saint Bernard.

La reine-régente en envoya aussi pareil nombre à l'église Notre-Dame des Victoires. Ils furent pendus au plancher de l'ancienne église et y demeurèrent jusqu'en 1666. Ils ne furent point transportés dans la nouvelle église, et on ne sait ce qu'ils sont devenus.

28 août 1649. — Anne d'Autriche, Mademoiselle, la duchesse de Chevreuse et d'autres dames de la cour visitent l'église des Augustins déchaussés, elles y entendent le salut et reçoivent la bénédiction du Saint-Sacrement.

En 1653. — Le 28 août, elle assiste à la messe à Notre-Dame des Victoires, et va entendre les vêpres et le sermon en l'église des Augustins du faubourg Saint-Germain, où se célébrait la fête du grand docteur.

4 mai 1654. — Après avoir fait d'abord ses dévotions au Val-de-Grâce, la reine vient entendre la messe en l'église des Augustins déchaussés, on solennisait la fête de sainte Monique.

Le 13 septembre 1654. — Le jeune roi Louis XIV ayant résolu de visiter l'église Notre-Dame des Victoires y vint entendre la messe, accompagné de son frère unique et de quelques seigneurs de la cour. Sa Majesté est reçue par tous les religieux qui, un cierge à la main, précèdent leur supérieur, le P. Augustin de Sainte-Marguerite. Celui-ci, après avoir présenté l'eau bénite et fait baiser au roi l'image miraculeuse de Notre-Dame de Montaigu, le félicita sur ses nouvelles victoires. Après le *Te Deum* chanté à cette occasion, Sa Majesté assiste avec piété à la messe qui est dite par un de ses aumôniers.

31 mars 1657. — La reine, assistée de plusieurs princesses, duchesses et autres dames de la cour, assiste à l'établissement de la confrérie de Notre-Dame-des-Sept-Douleurs. Elle en est proclamée la protectrice par le P. provincial de la province de France. Plusieurs dames de la cour se font agréger à cette confrérie à l'exemple de la reine. L'évêque de Montauban prêche à cette occasion.

20 avril 1658. — La reine Anne d'Autriche, Mademoiselle et d'autres princesses et dames de la cour assistent, dans l'église des Augustins déchaussés, à la solennité de la fête de Notre-Dame-des-Sept-Douleurs. Mgr du Harlay, archevêque de Rouen, depuis archevêque de Paris, y prêche avec une éloquence qui fut remarquée.

2 mars 1659. — La fête de Saint-Thomas-de-Villeneuve est célébrée avec une grande magnificence; la reine-mère y assiste, le sermon est prononcé par le P. Valentin, religieux du couvent.

5 juin 1660. — Service anniversaire de la mort du roi Louis XIII; il est célébré en présence du maréchal de l'Hospital, gouverneur de la ville et du corps de ville.

1661. — Anne d'Autriche et Marie-Thérèse assistent, dans l'église des Petits-Pères, à la bénédiction du Saint-Sacrement; elles sont complimentées par le P. Ange, provincial, qui présente à la reine l'image miraculeuse de la Vierge de Montaigu, donnée par l'archiduchesse d'Autriche, sa grand'tante.

En 1662 et 1663. — Les reines vinrent encore plusieurs fois faire leurs dévotions dans l'église de Notre-Dame-des-Victoires.

Le 15 novembre 1664. — La reine-mère, afin d'accomplir le vœu qu'elle avait fait à sainte Thérèse pour la naissance du Dauphin, envoie à l'église des Augustins déchaussés une statue de cette sainte en vermeil doré, aux pieds de laquelle est enfermé un de ses os qu'elle avait reçu du roi d'Espagne. Cette statue fut présentée en son nom par l'abbé de la Barde, un de ses aumôniers. Le prieur vint le recevoir, suivi de soixante-dix religieux portant chacun un cierge à la main. On chanta le *Te Deum*, pendant lequel la relique fut posée sur le grand autel, puis on célébra le saint sacrifice de la messe.

4 avril 1665. — Les deux reines se rendent à l'église pour entendre le sermon que devait prononcer l'évêque de Dax à l'occasion de la fête de Notre-Dame-des-Sept-Douleurs; elles assistent au salut et à la bénédiction du Saint-Sacrement.

Janvier 1666. — La reine-mère ayant été surprise par une fièvre continuelle, le 17, par ordre de l'archevêque de Paris, on exposa le Saint-Sacrement dans toutes les églises pour demander la santé de cette princesse. Elle mourut le 20 janvier, âgée de soixante-quatre ans, au Louvre, le quatorzième jour de la fièvre. Le 22 janvier, son corps ayant été exposé dans une chapelle ardente, les religieux de tous les ordres vinrent successivement chanter l'office des morts.

Le 21 décembre 1667. — Cérémonie de la bénédiction de Notre-Dame-des-Victoires. (Voir plus haut).

21 novembre 1668. — La reine Marie-Thérèse vient faire ses dévotions en l'église des Petits-Pères; elle est reçue et complimentée à la porte par le P. Léandre, provincial, à la tête de quatre-vingts religieux.

4 mai 1670. — Le roi Casimir de Pologne, vient à Notre-Dame-des-Victoires, où l'on célébrait la fête de sainte Monique. Le P. Mascaron, de l'Oratoire, fait le panégyrique de la sainte.

Le 19 mai 1673. — Fin de l'octave de la translation du corps de saint Hyacinthe, martyr au quatrième siècle. Le panégyrique fut prononcé par Dom Gérôme, Feuillant, et par le P. du Castel, prêtre de l'Oratoire.

17 septembre 1675. — La reine, accompagnée de Mademoiselle, de Mme de Guise et d'un grand nombre de personnes de qualité, vient célébrer la fête de Saint-Nicolas-de-Tolentino ; elle est reçue par le P. Clément, provincial, à la tête de ses religieux.

7 juin 1676. — Michel Phelippeaux de la Vrillière est sacré évêque d'Usez, en l'église des Augustins déchaussés, par le cardinal de Bonzy, archevêque de Narbonne, assisté des évêques de Béziers et de Montauban.

6 décembre 1676. — L'abbé Félix, fils de Félix, premier chirurgien de Louis XIV, est sacré évêque de Digne dans l'église de Notre-Dame-des-Victoires, par François du Harlay, archevêque de Paris, assisté des évêques d'Angoulême et de La Rochelle. Ce prélat, fort ami des Augustins déchaussés, fut transféré ensuite à l'évêché de Châlon-sur-Saône, et ce fut en cette qualité qu'il ordonna prêtre *extra tempora* le P. Ange de Sainte-Rosalie, le mardi, jour de Saint-Thomas, 21 décembre 1677, dans la chapelle du Saint-Esprit.

1682. — A la naissance du duc de Bourgogne, le 6 août, à Versailles, les Augustins déchaussés, après avoir chanté le *Te Deum* au bruit de trois décharges de cinquante boîtes, allumèrent un grand feu dans la cour, ce qu'ils continuèrent les deux jours suivants, et firent tirer quantité de boîtes et autres pièces d'artifice.

16 février 1684. — Mort du vénérable F. Fiacre de Sainte-Marguerite au couvent des Petits-Pères. Il avait soixante-quinze ans et en avait passé cinquante-trois en religion. Il laisse quelques manuscrits cachetés qui ne doivent être ouverts que dix ans après sa mort.

2 janvier 1687. — Les religieux, en actions de grâces de la guérison du roi, chantèrent le *Te Deum* en musique, au bruit de trois salves de cent cinquante mousquetaires. Le maréchal duc de la

Feuillade fit allumer ce jour-là et le suivant des feux de joie et tirer quantité de boîtes sur la place des Victoires, et distribuer du vin comme on avait fait quelques jours auparavant. Le 10 suivant, les officiers et cavaliers du guet firent chanter le *Te Deum* en musique dans la même église.

24 décembre 1695, veille de Noël. — Madame entend la messe en l'église Notre-Dame des Victoires et visite le couvent avec toutes les personnes de sa suite.

10 septembre 1702. — L'abbé de Feuquières est sacré évêque d'Agde dans l'église des Petits-Pères, par l'archevêque de Sens, assisté des évêques de Montpellier et d'Alet.

1704. — On lit dans le *Mercure galant* : « Les Augustins déchaussés étant d'autant plus sensibles à ce qui regarde la maison royale, qu'ils ont l'honneur d'avoir Louis XIII pour fondateur, ont cru devoir donner d'une manière distinguée, des marques éclatantes de la part qu'ils prenaient à la joie publique. Ils choisirent pour cela le 29 juin, fête de saint Pierre, et ce jour-là fut entièrement consacré à cette solennité. Après avoir rendu grâces à Dieu, le matin, par une messe solennelle, accompagnée de tout le majestueux appareil que permettent les cérémonies romaines, le soir, à l'issue du salut, ils chantèrent le *Te Deum* au son des cloches et des tambours, suivi d'une salve de cinquante boîtes. Leur autel était éclairé de plus de deux cents cierges rangés sans aucune confusion, et qui faisaient un très-brillant effet. A peine la nuit eut-elle commencé, que la façade de leur cour se trouva illuminée d'une si prodigieuse quantité de bougies et de lampions, qu'elle parût tout en feu ; elles étaient placées dans un ordre si singulier, que cette illumination fut admirée de tous les spectateurs. Il y avait dans cette cour un grand feu de bois fort élevé, autour duquel ces religieux, au nombre de cent, se rendirent processionnellement. Ils l'allumèrent en chantant l'*Exaudiat*, au bruit des tambours, au carillon des cloches et aux acclamations d'un nombre presque infini de peuple, dont leur cour et leur carrefour étaient remplis, pendant que cinquante boîtes rangées dans leur jardin annoncèrent de nouveau la joie de ces frères aux quartiers les plus éloignés. Les quatre faces du bâtiment qui composent le carré de leur couvent, se trouvèrent en même temps entièrement éclairées par plusieurs lumières mises à toutes leurs fenêtres.

« Ils tirèrent pendant plus d'une heure un nombre considérable de fusées volantes, dont plusieurs furent trouvées d'une grosseur et d'une beauté toute extraordinaire; elles furent entremêlées de quantité d'autres artifices. La fête se passa sans confusion; l'illumination attira un nombre incroyable de personnes de tous états, qui ne se retirèrent qu'à minuit, pour laisser ces religieux en liberté d'aller chanter leurs matines. »

28 août 1707, fête de St-Augustin, patron de l'ordre. — Le cardinal de Noailles, archevêque de Paris, vint donner la bénédiction du St-Sacrement. Il fut reçu à la porte de l'église, par le P. provincial, revêtu d'aube, accompagné de la croix et des acolytes, et de plusieurs autres religieux, selon les cérémonies du pontifical romain. Après la bénédiction, il y eut un grand concours de peuple. Son Eminence, accompagnée du provincial et du prieur du couvent, visita le jardin et pendant plus d'une demi-heure, s'entretint très-gracieusement avec les supérieurs.

7 mai 1711. — Les Augustins déchaussés célébrent dans leur église un service solennel pour le repos de l'âme de Louis, dauphin, fils de Louis XIV, mort à Meudon de la petite vérole, le 14 avril 1711, âgé de 49 ans et demi. L'église était toute tendue de noir; il y avait un grand nombre de cierges, lit de parade, représentation, armoiries, etc. Le vicaire-général de l'ordre officia.

Mars 1712. — Service solennel avec représentation, pour le repos des âmes de Louis dauphin, ci-devant duc de Bourgogne, mort à Marly, le 18 février 1712, dans sa trentième année, et de Marie-Adelaïde de Savoie dauphine, son épouse, morte à Versailles, le 12 février 1712, à l'âge de 26 ans.

12 mai 1714. — Charles de France, duc de Bretagne, mourut à Marly, le 4 mai, et son corps ayant été transporté au palais des Tuileries, à Paris, toutes les communautés allèrent lui jeter l'eau

bénite ; les Augustins déchaussés y vinrent en corps, la croix à leur tête, chantèrent le *de Profundis* et jetèrent l'eau bénite.

16 septembre 1714. — Un abbé grec, nommé Adriani, religieux de St-Basile, âgé de 72 ans, catholique, apostolique et romain, abbé de N.-D. de *Monts Sancto* ou du mont Athos, en Macédoine, célébra la messe dans l'église de Notre-Dame-des-Victoires, selon le rit grec. Deux de ses religieux lui servaient la messe, au milieu d'un grand concours de peuple. Après le Saint-Sacrifice, cet abbé distribua le pain bénit ; c'était un petit pain dont on pris le dessus pour la consécration, le reste, coupé en morceaux, fut distribué au peuple. Les Grecs disent qu'on en peut faire usage pour différentes maladies et surtout pour la fièvre.

22 novembre 1714. — L'archevêque de Césarée, en Palestine, accompagné de l'évêque de Sébaste, en Arménie, et d'un autre prêtre arménien, vint célébrer la messe, le 22 novembre, jour de Ste-Cécile. L'évêque de Sébaste, revêtu du rochet, du camail noir et d'une étole et le prêtre arménien répondaient à la messe, deux religieux, revêtus de dalmatiques, remplissaient les fonctions de diacre et de sous-diacre.

1715. — Louis XIV étant mort le 1er septembre, à Versailles, âgé de 77 ans moins cinq jours, les Augustins déchaussés voulurent donner des marques de reconnaissance à la mémoire du roi leur bienfaiteur ; ils allèrent à Versailles, recevoir du cardinal de Rohan, grand-aumônier de France, le rang et l'heure pour assister avec les autres religieux de différents ordres, auprès du corps du feu roi, y psalmodier et dire la messe.

6 septembre 1715. — On célébra un service pour le repos de l'âme du roi. Il n'y eut qu'une représentation ordinaire, autour de laquelle étaient 12 chandeliers, on en mit aussi douze à l'autel, selon l'usage des autres églises. Le feu roi avait déclaré qu'il souhaitait que la plus grande simplicité régnât à ses obsèques ; le prieur a officié.

1715. — Le 1er dimanche d'octobre, 17e jour du mois, Madame douairière, mère du duc d'Orléans, régent de France, vint entendre la messe dans l'église des Augustins déchaussés. Le P. Ange de Ste-Rosalie, l'a reçue à la descente de son carrosse, pendant que les supérieurs et grand nombre de religieux l'attendaient à l'entrée de l'église. Le vicaire-général de l'ordre, lui présenta l'eau bénite et la complimenta.

1717. — Les religieux obtiennent du comte d'Armagnac, la permission de faire porter aux suisses de leur église, la livrée du roi, comme ils l'avaient fait auparavant, en vertu de leur fondation royale. Cette permission est datée du 20 mai 1717. Le costume consistait : en un habit de la grande livrée du roi, une veste bleue, galonnée en or fin, une culotte bleue, des bas bleus, un baudrier de la grande livrée du roi, un chapeau avec un bord or fin et un plumet, et un surtout bleu.

1718. — La paroisse St-Jacques-de-la-Boucherie, à Paris, était dans l'usage, chaque année, d'aller en procession à l'église de son prédicateur du carême, ou à celle désignée par lui, ou enfin à celle de son couvent, s'il était religieux. Le P. Cyrille, de l'Assomption, religieux Augustin déchaussé, prêchait le carême cette année. Cette paroisse vint en procession, à l'église de Notre-Dame-des-Victoires, le lundi de Pâques, 18 avril ; on chanta le *Regina cœli* en fauxbourdon, et elle s'en est retournée après avoir fait le tour du cloître.

1718, 23 mars. — Léopold-Joseph, duc de Lorraine, époux de mademoiselle de Chartres, sœur du régent, se trouvant à Paris, visita l'église des Petits-Pères, et y entendit la messe. Le P. Prieur, accompagné de plusieurs religieux, alla recevoir ce prince à la porte, et lui présenta l'eau bénite.

1718, 23 août. — On chanta dans l'église, un *Te Deum* en musique, en actions de grâces du rétablissement de la santé du prince Charles de Lorraine, grand écuyer de France. Ce sont les officiers des écuries du roi, qui l'ont fait chanter. La musique avait été composée par du Tartre, musicien du roi et maître de musique à Paris ; elle fut bien exécutée et fort applaudie. Douze boîtes furent tirées au commencement et à la fin du *Te Deum*.

20 août 1721. — *Te Deum* en actions de grâces du rétablissement de la santé du roi. La musique en fut composée et exécutée par Campra. François-Honoré-Antoine Beauvilliers de St- Agnan, évêque de Beauvais, comte et pair de France, officia pontificalement assisté de quatre religieux en dalmatiques riches et de deux autres en aubes, dont l'un portait la mitre d'une riche broderie d'or et l'autre la crosse. Après le *Te Deum*, il donna la bénédiction au peuple. On avait chanté précédemment le psaume *Exaudiat* de la composition du même auteur, le chœur de musique était composé de 130 musiciens, violons, basses de violes, haut-bois, trompettes, timballes, accompagnés du jeu d'orgue. Le soir, la cour fut splendidement illuminée, et sur les 9 heures on tira un magnifique feu d'artifice.

20 septembre 1727. — Bénédiction de la grosse cloche, par le P. Basile, provincial. Le parrain fut M. Hérault, lieutenant-général de police de la ville de Paris, la marraine, dame Gaillard, veuve de M. Hérault et mère du lieutenant de police.

16 février 1729. — Les Augustins déchaussés célèbrent avec une grande solennité, la fête de la découverte du corps de St-Augustin. Le chapitre de l'église métropolitaine se rendit à leur église ornée et éclairée avec beaucoup de magnificence, il y chanta la messe en musique ainsi que le *Te Deum*. Le cardinal de Noailles, archevêque de Paris, officia pontificalement, l'évêque de Toul, officia aux vêpres, et l'archevêque de Rouen, à la procession et au salut.

22 juin 1729. — Paul-Robert de Beaufort, évêque de Lectoure, ami de la maison, donne dans l'église des Petits-Pères, le sacrement de Confirmation à dix jeunes gens. Il donne également le même sacrement, le 7 juillet de la même année, à 39 personnes, et la tonsure à 11 religieux.

4 septembre 1729. — La reine étant accouchée heureusement d'un dauphin, on sonna toutes les cloches et le soir, après le salut, les religieux entonnent le *Te Deum* en présence de l'évêque de Joppé, officiant. A huit heures du soir, le même prélat, en rochet et en camail, est conduit processionnellement à la grande cour du mo-

nastère dont les murs et les portes étaient illuminés de lampions et de terrines. Pendant le chant de l'*Exandial*, le prélat mit le feu au bûcher préparé d'avance, ensuite on tira quatre douzaines de fusées volantes.

1747. — Service solennel fondé pour feu Samuel Bernard ; les religieux reçurent une somme de 10,000 livres, constituée sur les aides et gabelles de France, produisant 400 livres de rentes, à la charge d'acquitter un annuel perpétuel, messe basse, célébrée chaque année à 10 heures du matin, dans la chapelle appartenant à la famille de Samuel Bernard, conseiller d'État, pour le repos de l'âme du président Bernard de Rieux, et un grand service au maître autel, le 13 décembre de chaque année. Il y aura à ce service, représentation, les religieux assisteront avec un cierge à la main. Le service sera annoncé la veille par une volée de cloches, à 7 heures du soir, et la messe par 3 volées et une quatrième au moment du *Libera*.

10 mars 1749. — Sur la proposition faite par le R. P. Gaspard de Ste-Jamme, et en conséquence du plan approuvé par le conseil de la maison, on décide de construire une chapelle en bois, vis-à-vis et parallèle à celle de N.-D. de Savone, aux frais et aux deniers d'une personne de piété. On décide également de faire sculpter une statue de St-Augustin, en pierre de Tonnerre, par Pigalle, sculpteur du roi, après avoir pris l'avis de Cartaud, architecte.

21 avril 1751. — On décide la construction du maître autel en marbre, sur les desseins de Cartaud ; il sera employé les sommes suivantes, léguées : 1° 4,800 livres, provenant des héritiers de messire Maçon de Plissé de la Manneire, gentilhomme du roi. 2° 2,000 liv. léguées par feu M. Hocquart. 3° 875 liv. léguées par feu l'abbé Brissard. 4° 648 livres données par des amis du P. Gervais, ce qui donne un total de 8,323 livres.

8 février 1770. — Concession d'une chapelle à M. Vassal, receveur général des finances du Languedoc et pays de Foix ; droit de sépulture pour toute sa famille, au prix de 6,000 livres. Il sera tenu de faire placer une boiserie à peu près pareille à celle des héritiers

Bernard, placée en face, il devra également fermer la chapelle de deux grilles de fer semblables à celles des autres chapelles.

C'est dans cette chapelle que fut enterré Jean Vassal, son père écuyer, conseiller et secrétaire honoraire du roi. Son mausolée existe encore, mais il a été très-probablement transporté ; il devait être dans la chapelle précédente. A quelle époque fut-il déplacé? Nous ne pouvons le dire, ce fut probablement après la révolution et lorsque l'église fut rendue au culte.

Le mausolée comprend un sarcophage de marbre noir, avec un médaillon en relief, représentant le portrait du défunt, ce médaillon est couvert dans le haut par un rideau de marbre blanc. Au-dessus, une pyramide de marbre gris verdâtre surmontée d'une boule noire à moitié engagée dans le mur, un rameau feuillé circule le long de la pyramide de la base au sommet. De chaque côté sont deux anges de marbre blanc, l'un debout accoudé à la pyramide et pleurant, l'autre couché à moitié au pied de la pyramide porte une torche renversée et semblant l'éteindre. De chaque côté du sarcophage sont deux vases flamboyants, et au pied sur une tablette de marbre noir séparée par une corniche, on lit cette inscription :

D. O. M.
D. D. JOANNI VASSAL, REGIS A SECRETIS
PARENTI DILECTISSIMO
VIRO PIETATE IN DEUM, OBSEQUIO IN REGEM, MERITIS IN PATRIAM
COMENDATISSISSIMO
FILII MŒRENTES POSUERE.

17 février 1776. — On lit dans les actes capitulaires du couvent : « Nous prieur et religieux, prêtres vocaux du couvent royal des Augustins réformés établis près la place des Victoires de Paris, capitulairement assemblés au son de la cloche, en la manière accoutumée pour délibérer sur des affaires de la maison et particulièrement sur des propositions qui nous auraient été faites par le R. P. Denis

Duclos, prieur, savoir : que MM. les agents de change désiraient établir leurs assemblées dans notre maison, qu'en conséquence ils demandaient l'usage de la salle du chapitre et de la salle royale, qu'ils s'y assembleraient à des heures qui ne gêneraient pas la communauté, qu'ils donneraient par chaque assemblée pour le loyer desdits lieux, 16 livres pendant l'été, et 18 livres pendant l'hiver, à cause du bois et de la bougie qu'on leur fournirait, que le jour de St-Jacques et de St-Christophe, ils feraient chanter une messe solennelle pour l'honoraire de laquelle, ils donneraient par chaque année, la somme de 20 livres, à la charge par le R. P. sacristain, de satisfaire l'organiste, le loueur de chaises et les suisses, qu'au décès de quelqu'un de leur compagnie, ils feraient chanter un service solennel sans messes basses, pour lequel ils donneraient 50 livres, à la charge aussi par le P. sacristain de leur faire fournir des chaises ».

25 janvier 1777. — Le marquis du Terrail, décédé en 1770 et déposé en l'église St-Roch, fut transporté en l'église des Petit-Pères et placé dans une tombe en marbre, conformément au désir exprimé par lui-même, dans son testament en date du 27 juin 1759. Il voulut qu'on érigeât dans cette église à la chapelle de Saint-Augustin, du côté de l'évangile, un mausolée dont la base supporterait un sarcophage sur lequel serait une statue de femme, appuyée sur une urne et adossée à une pyramide ou obélisque terminée par une lampe sépulcrale. Il offrait en indemnité, une somme de 1,500 liv. une fois payée, se réservant de faire construire à ses frais et dépens, un autre monument dans la même chapelle, du côté de l'épitre pareil à l'autre pour lui servir de pendant. Ce monument devait rester à la communauté, pour en faire par la suite ce qu'elle jugerait à propos. « Enfin, il donnait une somme de 10,000 livres pour être employée chaque année, sauf les dixièmes, vingtièmes et autres impositions royales, amortissements et autres droits quelconques : la somme de 107 livres à un chapelain nommé par l'aîné de la famille, pour célébrer à la chapelle une messe basse les fêtes et dimanches, pour le repos de l'âme de feu le marquis de Terrail,

ou un contrat de 50 livres de rente sur les aides et gabelles, voulant que, si ledit contrat éprouvait quelque réduction ou diminution, celle-ci ne regardât pas la communauté, mais le chapelain ; et que la communauté reçût en entier, franc et quitte de toute retenue ou diminution sur la somme de 500 livres et celle de 105 livres qui sera payée chaque année au R. P. sacristain, pour le pain, le vin, la cire, les ornements et le linges nécessaires à la célébration du saint sacrifice ». Ce fut le duc de Cossé, chevalier du roi, gouverneur de Paris, qui fut chargé de faire exécuter cette fondation.

Hommes illustres de la Congrégation du Couvent de Paris

Pierre Guibourg naquit à Paris. En entrant dans la congrégation des Augustins déchaussés, il quitta son nom de famille pour prendre celui d'Anselme de la Vierge Marie, sous lequel il est connu dans la république des lettres. Dès qu'il eut embrassé l'état religieux, il donna la plus grande partie de son temps à la pratique de sa règle, et l'autre à l'étude de l'histoire. Il publia en assez peu de temps deux ouvrages historiques : le *Palais de l'honneur* et le *Palais de la gloire.* En 1674, il publia, en deux volumes in-4°, l'*Histoire généalogique et chronologique de la maison royale de France et des grands officiers de la couronne.* A peine ce livre eut-il paru, que le P. Anselme s'appliqua à le revoir, le corriger et l'augmenter, afin d'en donner une seconde édition, mais il mourut, avant d'y avoir mis la dernière main, le 17 janvier 1694, âgé de 69 ans, après en avoir passé cinquante dans la congrégation. Le P. Anselme, avant de mourir, déposa son ouvrage entre les mains de celui de ses amis qui était le plus capable de le corriger et d'y ajouter. Cet ami était Honoré Caille, sieur de Fourni, auditeur en la chambre des comptes de Paris, homme d'un grand discernement, très-versé dans l'histoire et la diplomatique. Celui-ci donna une nouvelle édition de l'ouvrage du P. Anselme, l'an 1712, en deux volumes in-f°. Du Fourni étant mort le 20 février 1713, à l'âge de 83 ans, les Augustins déchaussés firent rentrer cet ouvrage dans le couvent de Paris, où il avait pris naissance. Le P. Ange entreprit de corriger et d'augmenter l'édition de Du Fourni, et associa à ses travaux le P. Simplicien. Celui-ci a donné une nouvelle édition en neuf volumes in-f°.

Le P. Placide de Sainte-Hélène était né à Paris le 15 septembre 1649; il était fils d'Antoine Des Marest, marchand passementier. Il prit l'habit religieux le 6 juin 1666, et fit profession le 6 juin de l'année suivante, à l'âge de 18 ans moins 3 mois. Pierre Duval, fameux géographe, ayant épousé, en 1655, une des sœurs du P. Placide, se fit un plaisir de lui enseigner la géographie lorsqu'il n'était encore qu'enfant. Placide s'étant ensuite consacré à l'état monastique, ménagea les moments que l'observance régulière lui laissait et les partagea entre la géographie et la prédication. Il a travaillé avec succès à un grand nombre de cartes géographiques qu'il présenta au roi Louis XIV. Ce prince qui l'estimait beaucoup, disait un jour du P. Placide : « Le Père travaille bien, ses ouvrages sont très-beaux et très-justes, et me font plaisir. » Ce même prince donna encore à ce religieux des marques de son estime, en le nommant son géographe ordinaire, par brevet du 20 janvier 1705. Le P. Placide mourut le 30 novembre 1734, âgé de 86 ans.

Le P. Isidore de Sainte-Magdelaine, l'auteur des mémoires pour servir à l'*Histoire de Notre-Dame des Victoires*, ouvrage manuscrit qui nous a beaucoup servi dans notre travail, s'occupa plus spécialement de recherches historiques relatives à l'ordre des Augustins déchaussés, et surtout au couvent de Paris. Il a laissé en outre, les *Chroniques du couvent de Notre-Dame des Victoires*, ouvrage manuscrit qu'il nous a été impossible de retrouver. Il s'appelait dans le monde François Godart. Il naquit en 1667 à Garches, près Paris, de Roch Godart et de Françoise Bobeuf. Il entra au couvent d'Argenteuil en qualité de frère clerc, reçut, le 21 septembre 1688, l'habit des mains du R. P. Maximin de Sainte-Magdelaine, prieur de ce couvent; passa ensuite au couvent de Paris, où nous le voyons sous-prieur en 1711. Dans la suite, il devint provincial de l'ordre. On ignore l'année de sa mort.

CHAPITRE VII

Histoire de l'église de Notre-Dame-des-Victoires pendant la Révolution, depuis 1789 jusqu'à la réouverture de l'église. — Tendance de la Révolution à l'égard du clergé régulier et séculier. — Le clergé renonce à ses privilèges. — Les Augustins déchaussés envoient leur argenterie à la Monnaie. — Suppression des ordres religieux. — Inventaire des possessions et du mobilier du couvent des Petits-Pères; ils sont chassés de leur maison. — L'église est érigée en paroisse sous le vocable de saint Augustin. — Elle est supprimée et on y établit la Bourse.

Le 5 mai 1789, la messe du Saint-Esprit préludait, à Versailles, à la réunion du roi et des trois ordres de l'État : « Sire, disait l'évêque de Nancy, recevez les hommages du clergé, les respects de la noblesse, les humbles supplications du tiers-état ; » et les pompes austères de la religion, les fêtes brillantes de la monarchie accueillaient une Assemblée qui devait renverser le trône et l'autel. Paris, c'est-à-dire la France, voyait avec une inquiète curiosité défiler ces députés élus par quatre millions de citoyens réunis sur divers points du royaume, dans cinq cents collèges électoraux, pour révéler et pour corriger les abus, aux termes du mandat qu'ils avaient reçu. Que ne pouvait-on pas espérer de l'admirable accord avec lequel ces mandats avaient été rédigés ?

Déjà le christianisme avait proclamé l'égalité des hommes devant Dieu. On voulait alors l'égalité devant les hommes ; on voulait extirper du sol les traces des anciennes distinctions de race ; abolir les privilèges des familles fondés sur la propriété, et dans les familles les privilèges de naissance ou de sexe, ainsi que dans l'État les différences de classes ; placer toute une nation sous des charges égales et sous une justice uniforme ; diviser la propriété, étendre l'aisance, honorer le travail ; n'imposer au droit de chacun d'autres limites que le droit de tous ; enfin, soumettre cette égalité noblement acquise à un ordre qui ne détruisit pas la liberté.

Telles étaient les idées qui fermentaient dans les esprits formés à l'école des économistes et des philanthropes. Il en résulta que ces députés, assemblés pour rétablir les finances, portèrent leurs vues bien plus haut : ils ne prétendaient à rien moins qu'à renouveler la constitution, à changer les rapports entre le clergé, la noblesse, le tiers-état, les parlements et le roi.

Nous ne pouvons entrer dans le détail des faits relatifs à la Révolution française qu'autant qu'ils ont rapport à l'histoire de notre église.

Une des grandes préoccupations de l'Assemblée constituante était de remédier aux besoins croissants du trésor. Mirabeau, en montrant aux portes la hideuse banqueroute, avait fait voter d'acclamation sur la proposition de Necker un sacrifice patriotique d'un quart du revenu par tous les citoyens. Le clergé fut à la hauteur de sa mission, il ne recula devant aucun sacrifice. Ainsi, dans la fameuse nuit du 4 août, qui fit, selon l'expression de l'abbé Grégoire, un immense abattis dans la forêt des abus, le clergé avait renoncé aux dîmes et à tous les autres droits féodaux.

De La Fare, évêque de Nancy, s'était écrié : « Accoutumés à voir de près la misère et la douleur des peuples, les membres du clergé ne forment pas de vœux plus ardents que ceux de les voir cesser. Le rachat des droits féodaux était réservé à la nation qui veut établir la liberté. Les honorables membres qui ont déjà parlé n'ont demandé le rachat que pour les propriétaires ; je viens exprimer, au nom des membres du clergé, un vœu qui honore à la fois la justice, la religion et l'humanité : je demande que, si le rachat est accordé, il ne tourne pas au profit du seigneur ecclésiastique, mais qu'il soit fait des placements utiles pour les bénéfices mêmes, afin que leurs administrateurs puissent répandre des aumônes plus abondantes sur l'indigence. »

Cette idée était excellente, et, bien qu'elle ne fût pas acceptée, elle n'en témoignait pas moins des dispositions du clergé. Les dîmes furent abolies à l'unanimité, et le clergé renonçait en outre aux priviléges particuliers des lieux et des corporations dont il était le représentant. Non-seulement les dîmes, mais la pluralité des bénéfices, les annates et autres redevances de quelque nature que ce fût, furent abolies par décrets réguliers qui furent présentés au roi avec d'autres réformes politiques, dans un arrêté composé de dix-neuf articles.

Dans la séance du 24 août suivant, un membre de l'Assemblée ayant émis le vœu de voir le clergé sacrifier au bien de la nation, l'argenterie considérable qui était dans les églises et qui n'était pas nécessaire au culte, de Juigné, archevêque de Paris, se leva et parla ainsi :

« Nous avons vu l'Église consentir au dépouillement des temples pour secourir les pauvres et subvenir aux besoins de l'État : ces exemples que nous offre l'histoire nous déterminent, au moins c'est le vœu de tous les confrères qui m'environnent, de soutenir l'État par la portion de l'argenterie qui n'est pas nécessaire à la décence du service divin. Je propose de faire ce dépouillement de concert avec les officiers municipaux, les curés et les chapitres. »

Ces paroles furent accueillies par de chaleureux applaudissements, et l'Assemblée *incita*, par un décret, les églises à envoyer à la Monnaie leur argenterie qui ne serait pas nécessaire au culte(1). Quelques jours après, les religieux de St-Nicolas-des-Champs de Paris offrirent à l'État tous leurs biens, ne se réservant qu'une rente de 1,500 livres pour chaque religieux, et prenant l'obligation de se dévouer au saint ministère et à l'enseignement. Bel exemple de générosité et d'abnégation ! Nous savons, par une note que nous avons découverte dans les archives de la ville de Paris, que les religieux Augustins déchaussés du couvent de Notre-Dame-des-Victoires envoyèrent, le 2 octobre 1789, à la Monnaie, une partie de

(1) Séance du 29 septembre 1789.

leur argenterie; cent soixante-dix-neuf marcs quatre onces trois deniers. Cette note est signée du P. Delatour, alors prieur, mais elle ne donne aucun détail des objets.

Il est très-probable qu'ils déposèrent alors le groupe en argent doré pesant environ cent marcs, et qui représentait sainte Thérèse tenant entre ses bras Louis dauphin, et le présentant à la Sainte Vierge. C'était le présent qui avait été fait pour l'accomplissement du vœu que la reine Anne d'Autriche et la reine Marie-Thérèse d'Autriche, sa belle-fille et sa nièce, avaient fait pour la naissance du dauphin Louis. Le piédestal était d'ébène, orné des armoiries de ces deux reines et de plaques d'argent sur lesquelles leur chiffre était gravé. Au pied était renfermé, dans un petit reliquaire, un des os de sainte Thérèse, dont le roi d'Espagne avait fait présent à la reine Marie-Thérèse. Ce qui nous fait supposer que ce groupe a dû être déposé à la Monnaie en 1789, c'est qu'il en est parlé dans tous les auteurs qui ont écrit sur Paris, et jusqu'en 1785 on le cite comme existant dans la sacristie de l'église des Petits-Pères. En 1790, le P. Delatour n'en parle pas dans l'inventaire détaillé qu'il donne des objets mobiliers de l'église et de la sacristie, et son inventaire se termine par la note suivante : « Déclare mon dit sieur Delatour, qu'ils ont envoyé à la Monnaie, le deux octobre dernier, pour cent soixante-dix-neuf marcs quatre onces trois deniers d'argenterie. »

Le gouffre immense du déficit (1) s'agrandissait de jour en jour et paraissait prêt à tout engloutir. Le peuple, écrasé par une longue suite de vexations et de malheurs, loin de pouvoir supporter un accroissement de charges, avait besoin d'un prompt soulagement. Il fallait donc de nouvelles ressources, et elles étaient toutes épuisées; il fallait du crédit, et il était anéanti. Cependant l'infâme banqueroute était là : il fallait l'écarter à l'instant même, ou voir frapper de mort le corps politique, et souiller de la tache la plus

---

(1) *Moniteur*, n° 87, du 9 au 10 novembre 1789. Appréciation du plan financier de l'évêque d'Autun.

honteuse la gloire du nom français. Tous les regards se tournaient vers le clergé, dont les immenses possessions se présentaient, dans cette tourmente, comme le seul abri contre le naufrage.

On hésitait cependant encore, on était épouvanté du grand sacrifice qu'on allait demander au nom de la patrie ; on l'était de la masse d'intérêts particuliers et de la masse des préjugés qu'on allait heurter. Ce fut un évêque qui osa porter le premier coup. Ce prélat le plus jeune, le plus intrépide, Talleyrand-Périgord, alors évêque d'Autun, devait à partir de cette époque avoir une célébrité très-grande et, disons-le sans crainte, une célébrité non moins triste. Il proposa hautement à l'assemblée de chercher dans l'aliénation de l'universalité des biens du clergé un remède aux maux du royaume. Deux jours après la lecture du rapport de Talleyrand, dans la séance du 14 octobre, Mirabeau prononça ces paroles :

« Dans une saison de craintes, de terreurs, il est important de montrer que la nation n'a jamais eu de si instantes, de si belles et de si abondantes ressources ; je demande donc qu'on décide deux principes : 1º que la propriété des biens du clergé appartient à la nation, à la charge pour elle de pourvoir à l'existence des membres de cet ordre ; 2º que la disposition de ces biens sera telle, qu'aucun curé ne pourra avoir moins de 1,200 livres avec le logement. »

D'Angevilliers exposa qu'il était possible de trouver d'autres plans que celui de l'évêque d'Autun, pour mettre de l'ordre dans les finances, qu'il fallait les examiner avant d'exproprier le clergé, et que ce procès de propriété ne devait être jugé qu'à la dernière extrémité. Cette opinion produisit une agitation soudaine et de bruyants applaudissements parmi les membres du clergé ; un grand nombre d'entre eux cherchait à éloigner la discussion de cet objet. On décréta néanmoins qu'on examinerait la motion de Mirabeau.

De Montlosier prit ensuite la parole et son discours se réduisit à ces trois propositions : 1º La nation n'est pas propriétaire des biens du clergé, parce qu'elle ne les a pas acquis et qu'ils ne lui ont pas été donnés ; l'acquisition et le domaine sont, en effet, les deux seuls moyens de posséder ; 2º le clergé comme corps moral n'est pas propriétaire et ne peut l'être : les biens dont il jouit n'ont pas été acquis par lui ; ils n'ont pas été non plus donnés au clergé en général, mais à des institutions particulières : les vrais propriétaires des biens ecclésiastiques sont les institutions ou établissements auxquels ils ont été donnés. La nation ne peut donc pas disposer de ces biens à titre de propriétaire, mais à titre de souveraineté. Le clergé n'étant pas propriétaire peut être dépossédé ; 3° les titulaires des établissements ne peuvent l'être à moins d'être indemnisés par la nation. Ces paroles semblaient être l'expression de la majorité de l'assemblée.

Dans la fameuse nuit du 4 août, l'évêque d'Uzès avait dit : « Je voudrais avoir une terre, il me serait doux de la remettre entre les mains des laboureurs. Mais nous ne sommes que des *dépositaires*. » L'assemblée considérant en effet les biens du clergé comme un simple dépôt, décida que ces biens retourneraient à la nation qui jadis en avait fait le dépôt.

Alors le clergé se prétendit propriétaire au nom de la prescription de l'intérêt du culte, des hôpitaux et des pauvres. « Que sont devenues, s'écria l'archevêque d'Aix, les promesses que vous nous avez faites, que nos propriétés seraient inviolables et sacrées? »

Mais le clergé cessant d'être une corporation, répondait-on, il perdait la qualité de propriétaire; l'état, alors, prenait les biens par droit de déshérence. C'est ce qui fut décrété le 2 novembre 1789, malgré les efforts de Maury et de Cazalès, sur la proposition de Mirabeau, conçue en ces termes :

« Premièrement : Qu'il soit déclaré que tous les biens ecclésiastiques sont à la disposition de la nation, à la charge de pourvoir d'une manière convenable aux frais du culte, à l'entretien de ses ministres et au soulagement des pauvres, sous la surveillance et d'après les instructions des provinces. Secondement : Que selon dispositions à faire pour les ministres de la religion, il ne puisse être affecté à la dotation des curés moins de 1,200 livres non compris le logement et jardins en dépendants. »

Cette motion fut adoptée par 568 voix contre 340 ; 40 voix nulles.

« La séance est levée, lit-on dans dans le *Moniteur*, au bruit des appaudissements de l'auditoire. » Nous n'avons pas à juger ces faits, ils l'ont été, nous les constatons.

L'assemblée nationale s'occupa des ordres religieux en même temps que de la vente des biens du clergé.

Depuis assez longtemps on cherchait à restreindre le nombre des communautés religieuses, beaucoup trop multipliées, il faut bien le reconnaître. Cette réforme était nécessaire, trop d'abus de toute nature s'étaient introduits dans les couvents; le clergé lui-même en était convenu dans ses dernières assemblées. Un grand nombre de monastères fort riches, n'étaient habités que par quelques moines, dont la vie n'était pas toujours régulière, et qui dépensaient en superfluités et même d'une manière scandaleuse des biens qui étaient plus aux pauvres qu'à eux.

Dès le 12 décembre 1789, le chartreux Dom Gerle, avait adressé à l'assemblée un discours fort sage aux sujet des religieux. Il avait eu pour but de concilier les droits de la religion avec les intérêts de ceux qui, en trop grand nombre, avaient embrassé sans vocation, l'état monastique.

« La lenteur de l'assemblée, dit-il, a jeté dans l'inquiétude deux espèces de religieux; ceux qui craignent la perte de leur maison sans savoir le sort qui leur sera réservé, et ceux qui ont hâte de se voir délivrés de ce qu'ils regardent comme une captivité.

En attendant que l'assemblée puisse s'occuper d'un décret définitif, ne pourrait-elle pas assurer les premiers, qu'ils pourront vivre en repos, soit dans leurs maisons, soit dans celles qui leur seront assignées, avec les biens qu'ils conserveront ou les pensions qui leur seront accordées? Ne pourrait-elle pas autoriser ceux qui veulent quitter la vie monastique à se faire séculariser aux frais de leurs maisons, et de donner dans les deux mois avis de leur résolution à leurs supérieurs majeurs. »

L'assemblée applaudit aux idées de Dom Gerle, et ordonna l'impression de son discours; mais au lieu de rien statuer de provisoire, elle chargea son comité des affaires ecclésiastiques, d'élaborer un décret touchant les ordres religieux. Treilhard le présenta dans la séance du 17 décembre. Il était composé de 17 articles, dont voici le résumé (1).

« Les religieux qui voudraient rentrer dans le siècle, en donneront avis dans un délai de trois mois. Ils recevront des pensions de 700 fr. à 1,000 fr., selon leur âge. Les supérieurs sécularisés recevront 2,000 fr. de pension. Ces pensions seront diminuées de moitié, si ceux qui les recevront sont nommés à des cures. Les religieux qui voudront rester en communauté, seront placés dans des maisons de leur ordre, autant que possible, soit à la campagne, soit dans les petites villes. On ne conservera dans les grandes villes que les maisons des religieux voués à l'enseignement ou au soin des malades. Chaque maison devra avoir au moins quinze membres, non compris le supérieur. Les maisons de religieux voués à l'enseignement ou aux soins des malades, pourront avoir un revenu plus considérable. »

Treilhard présenta le rapport du comité des affaires ecclésiastiques dans la séance du 11 février 1790. Il y rendit pleine justice à l'institution monastique, « dont les annales, dit-il, présentent tant de personnages illustres et vertueux, et qui compte de si grands services rendus à la religion, à l'agriculture et aux lettres, mais, ajoute-t-il, tel est le sort de toutes les institutions humaines qu'elles portaient toujours en elles le germe de leur destruction. » Treilhard fit ensuite un tableau exact et calme de l'état de décadence où étaient tombés les ordres religieux, et il indiqua les moyens principaux qu'il faudrait employer pour les réformer et les rendre utiles.

Dans la séance du 12 février, on abandonna le projet de loi du comité pour examiner ces trois questions : Abolira-t-on les ordres religieux? Quel sort fera-t-on aux religieux qui ne voudront pas rester dans les maisons et dans l'habit de leur ordre? Quel sort fera-t-on à ceux qui voudront rester dans ces maisons et dans cet habit?

(1) *Moniteur*, séance du 17 décembre 1789.

Sur la première question s'établit un débat important. De La Rochefoucauld répondit affirmativement et prétendit que les ordres monastiques étaient inutiles au point de vue religieux, littéraire et agricole. L'abbé Grégoire se fit leur apologiste à ce triple point de vue et demanda que plusieurs maisons fussent conservées. De la Torre, évêque de Nancy, soutint la même opinion contre Barnave. Plusieurs orateurs lui succédèrent à la tribune. Une partie du clergé se montra fort animée en entendant certaines propositions peu orthodoxes, ce qui engagea l'évêque de Nancy à demander que l'on décidât sur le champ que la religion catholique était la religion de l'état (1), afin que toute attaque contre elle, fut considérée comme un délit. On écarta cette question, et l'assemblée, sur la proposition de l'abbé de Montesquieu, déclara qu'elle ne reconnaissait plus les vœux solennels, et qu'en conséquence, les ordres religieux étaient supprimés. On ajourna la décision sur les congrégations chargées de l'éducation et du soin des malades. On reconnut en principe, que des maisons seraient conservées pour les religieux qui voudraient vivre selon la règle qu'ils avaient embrassée : on autorisa provisoirement les religieuses à rester dans leurs maisons.

Les Augustins déchaussés durent se conformer à la loi ; la maison était composée de 28 religieux prêtres, 10 clercs étudiants et 9 frères convers. Aussitôt la promulgation de la loi, 15 prêtres demandent à quitter la vie commune, les 10 clercs étudiants et 3 frères convers, prennent la même résolution.

Quelques mois plus tard, presque tous avaient renoncé à la vie commune, s'étaient fait séculariser et jouissaient de la pension de 700 livres qui leur avait été accordée. Le prieur lui-même, le P. Delatour, qui d'abord avait déclaré vouloir rester à la maison, prêta dans la suite le serment civique et quitta l'ordre. Il est triste de le dire, mais ce n'est pas dans les communautés religieuses qu'alors le courage et la conviction se montrèrent ; généralement, au contraire,

---

(1) *Moniteur*, séance du 13 février.

ce fut dans les ordres religieux que l'on rencontra plus de défaillances, de lâchetés et de défections (1).

Le décret d'abolition des ordres religieux avait donc porté le trouble et la consternation chez les Augustins déchaussés. La congrégation était fort riche, et bien qu'ils fussent un des ordres mendiants, les Petits-Pères avaient amassé de grandes richesses, et ils avaient su les conserver. D'après la déclaration du P. Delatour, le revenu des immeubles, indépendamment du mobilier dont il n'a pu donner la valeur (2), qui avait été de 87,000 liv. en 1784 et de 86,000 liv. en 1786, n'était plus, au 12 mars 1790, que de 51,116 liv. 6 sols, ainsi réparties : 17,000 liv. payées par les Messageries royales pour le terrain qu'elles occupaient et le jardin loué à un sieur de Saint-Maurice; 3,227 liv. 10 sols pour deux fermes, sises à Jonchères, près Rambouillet; 10,333 livres pour rentes et contrats désignés tant sur le roi que sur des particuliers; 1,800 livres en loyer de deux salles du couvent et de trois tribunes; 42 livres en aumônes du roi; 10,000 livres pour le loyer des chaises de l'église; 1,110 livres pour la liberté du passage des Petits-Pères, et 8,000 liv. pour le casuel de la sacristie tous frais payés.

Les dépenses qui avaient dépassé, en 1784 et en 1786, la somme de 75,000 livres, n'étaient que de 29,180 livres 13 sols 9 deniers en 1790, savoir : rentes perpétuelles et viagères 2,721 liv. et 26,459 liv. 13 sols 6 deniers pour les dernières pensions de deux religieux, gages des suisses, apothicaire, chef de cuisine et domestiques. De plus, les religieux avaient droit à un recouvrement pour la somme de 22,833 liv. 5 sols 8 deniers pour dettes échues; ils devaient en outre, selon la simple déclaration du P. Delatour, 104,030 liv. 15 sols 9 deniers.

Les biens-fonds et le mobilier représentaient un capital de

---

(1) Voir pièces justificatives.
(2) D'après le tableau des religieux, selon le même P. Delatour, le nombre des religieux était moindre, il se subdivisait ainsi : 23 prêtres, 10 clercs étudiants, 9 frères convers. Total, 47 personnes.

2,094,895 liv. 13 sols 4 deniers. Leur revenu annuel étant de 51,116 liv. 16 sols, les charges de 29,180 liv. 13 sols 9 deniers, les dettes de 104,030 liv. 15 sols 9 deniers ; mais il leur était dû 328,210 liv. 15 sols 9 deniers ; la balance faite de l'actif et du passif, il restait à leur actif la somme de 2,666,651 liv. 17 sols 7 deniers. Telle était, en 1790, la situation des Augustins déchaussés du couvent de Notre-Dame-des-Victoires, appelés les Petits-Pères.

Leur couvent était placé très-avantageusement, dans un des plus beaux quartiers de Paris, il était très-grand, bien bâti et assez régulier. Il consistait en un corps de bâtiment carré et renfermant quatre dortoirs qui communiquaient l'un à l'autre de plain-pied, et où il y avait un grand nombre de cellules. Les quatre ailes avaient un double cloître superposé, celui d'en haut était vitré et orné de tableaux nombreux, de 2 mètres 70 centimètres de haut sur 2 mètres de large, non compris la bordure ; ils avaient été peints par d'Olivet.

Le réfectoire était de plain-pied avec le cloître supérieur, il avait 30 mètres de long sur 9 mètres de large et 6 mètres de hauteur, le plafond était en plâtre et en anse de panier ; douze grandes fenêtres l'éclairaient, il était lambrissé et orné de treize tableaux de 1 mètre 70 centimètres de haut sur 2 mètres 70 centimètres à 3 mètres de large ; ils représentaient pour la plupart les principaux événements de la vie de saint Augustin : sa conversion, par Lafosse ; son baptême, par Louis Boullongne ; son ordination, par Louis Boullongne ; son sermon devant l'évêque Valère, par d'Olivet ; son sacre, par le même ; sa dispute avec Donat, par Alexandre ; ses miracles, par Parrossel ; sa mort, par Alexandre, et la translation de ses reliques de l'église Saint-Étienne d'Hippone, où il avait été inhumé, en l'île de Sardaigne, par Galoche ; ce tableau était regardé comme son chef-d'œuvre ; la perte de sainte Monique, sa mère ; les autres étaient un Christ, par Lafosse ; la Vierge et saint Jean, par Jouvenet. Les trumeaux qui étaient entre les croisées étaient ornés de beaux cartouches portant des sentences de l'Écriture-Sainte.

L'apothicairerie était décorée de plafonds peints à l'huile, de lambris et d'armoires. Par le cloître supérieur, on entrait dans le jardin orné de nombreuses et belles allées bordées de tilleuls de Hollande.

La bibliothèque qui était très-belle, était au-dessus des dortoirs et avait vue sur deux jardins. Lorsqu'en 1632, les Augustins déchaussés vinrent habiter cette maison, ils n'avaient que les livres nécessaires ; ainsi, il n'était pas question de bibliothèque ni de bibliothécaire. Cependant, le nombre des volumes qu'ils possédaient augmentant tous les jours, ils les mirent dans une chambre de leur premier dortoir du côté du cloître. En 1650, le P. Bonaventure de Sainte-Claire se proposa d'augmenter le nombre des volumes et d'en faire une bibliothèque convenable ; il employa à acheter des livres, les aumônes qu'il se faisait donner par plusieurs personnes de qualité dont il avait la confiance, et il avait soin de faire mettre le nom des donateurs au bas des volumes qu'il faisait relier.

En 1666, l'église nouvelle ayant été livrée au culte, on transporta les livres dans la salle qui avait été jusque-là l'église provisoire, ce fut le commencement de la bibliothèque, bien humble d'abord, mais qui prit en peu de temps de très-grands accroissements. Le P. Bonaventure étant mort en 1675, le P. Germain de Sainte-Geneviève lui succéda en qualité de bibliothécaire. En 1682 le P. Chérubin de la Vierge Marie acheta pour la somme de 3,500 livres, la bibliothèque d'un sieur Le Goux de la Bretonnière, composée de 1,900 volumes. Ce studieux religieux avait déjà augmenté précédemment le nombre des ouvrages par des dons qu'il sut obtenir de sa famille et de ses amis. Le lieu destiné à contenir cette bibliothèque étant devenu insuffisant, on songea à la transporter ailleurs. Elle était composée, en 1715, de 25,000 volumes.

Cette bibliothèque fut placée dans les combles du couvent, au-dessus des dortoirs. Elle consistait en trois ailes correspondantes l'une avec l'autre ; deux étaient plus basses de plafonds et garnies, ainsi que celle du milieu, de grandes armoires prenant d'en bas jusqu'à la hauteur des fenêtres fermées en œils-de-bœuf, et distinguées dans deux ailes par des titres désignant les matières contenues.

La galerie qui servait d'entrée avait 28 mètres de longueur sur 4 mètres 60 de largeur et 3 mètres 60 de hauteur; de chaque côté, à droite et à gauche, il y avait huit travées, et dans chacune des travées une armoire de 1 mètre 92 centimètres de hauteur sur 2 mètres 45 centimètres de largeur. Ces armoires étaient placées dans le fond d'autant d'arcades soutenues par des pilastres corinthiens. Les travées communiquaient ensemble par de petites portes ornées des portraits de papes, de rois, de princes, de cardinaux et d'autres personnages illustres.

Le vaisseau principal avait 44 mètres de long sur 16 mètres 30 centimètres de largeur, ce plafond était en anse de panier. Les fenêtres étaient percées dans l'attique, de deux mètres en deux mètres de distance. Au milieu du plafond il y avait un tableau peint à fresque en 1703, par Paul Mattei, peintre napolitain. Ce tableau, de 4 mètres de long sur 2 mètres 60 centimètres de large, était allégorique, il représentait *la Religion* accompagnée de *la Vérité* qui, portant sur sa poitrine l'image du soleil avec ses rayons et un fouet à la main, s'efforçait d'éclairer et de ramener l'erreur représentée dans un coin du tableau. Un ange est auprès de la Vérité et tient un livre ouvert; on y lit ces paroles qu'il adresse à l'Erreur : *Quare detraxistis sermonibus veritatis?* (Job 6, v. 25.) Ce tableau, dit-on, fut peint en dix-huit heures à plusieurs reprises, circonstance qui prouve la rapidité du pinceau de Paul Mattei. Par reconnaissance, les Augustins déchaussés ont affilié le peintre, sa femme et ses enfants à leur congrégation, et les ont fait participer pendant leur vie et après leur mort à toutes les messes, offices, prières, méditations, prédications, abstinences, jeûnes, mortifications, pénitences, veilles, pèlerinages et généralement à toutes les bonnes œuvres qui se pratiquent dans leur congrégation. Les lettres d'affiliation et d'association sont du P. Chérubin de Sainte-Elisabeth, vicaire général des Augustins déchaussés de la congrégation de France, et sont datées du 13 septembre 1703.

Les faces du grand vaisseau étaient décorées de quinze armoires d'un côté et de seize armoires de l'autre.

Sur les corniches et entre les fenêtres on avait placé les portraits des papes Clément XI et Clément XII, le portrait de Louis XIV peint par Cavin (1) qui en fit présent à cette maison au mois de décembre 1712; les portraits du duc du Maine, du comte de Toulouse, des cardinaux de Janson, de Noris, Imperiali, du P. Jacques de Saint-Gabriel, religieux de cette maison, peint par Rigaud, celui du Frère Fiacre et celui du P. Eustache, peints aussi par Rigaud; un portrait d'Erasme, un saint François tenant l'enfant Jésus.

Sur la porte, en dedans du grand vaisseau de la bibliothèque, on voyait un Christ en croix, de 2 mètres de haut et de 0,66 centimètres de large, peint par Cazes, d'après Lafosse. On voyait aussi dans la bibliothèque, deux globes de Coronelli.

D'après la déclaration du P. Delatour, au 26 mars 1790, le nombre des volumes était de 39,545; 5,970 in-f°, 4,000 in-4°, 5,675 in-8° et 23,898 in-12, et dans une armoire 23 volumes in-f° d'estampes, et 14 cartons d'estampes; une autre armoire contenait 69 volumes d'estampes et 14 cartons.

Le nombre des tableaux et des peintures déposés dans la bibliothèque, dans le cabinet des médailles et antiques et dans la galerie d'histoire naturelle était considérable. Outre ceux que nous avons indiqués, il y en avait encore dans le cabinet des antiques, un très-grand nombre dont la plupart venaient des grands maîtres, du Titien, de Michel-Ange de Caravage, de l'Espagnolet, de Vanmol, du Mole, du Crémonais, de Sébastien Bombel, du vieux Le Fèvre, de Bourdon et d'autres peintres des derniers temps, La Fosse, Paul de Plaisance, Pellegrini, etc.

Tous ces tableaux (2) étaient, comme nous l'avons indiqué, répartis dans les trois ailes qui composaient l'ensemble des collections. En

---

(1) Cavin était un peintre estimé surtout pour les bonnes copies qu'il fit du roi Louis XIV, d'après le portrait original de Rigaud.
(2) Déclaration du P. Delatour.

voici la disposition : dans la grande aile du milieu, à droite, douze portraits des anciens vicaires généraux de l'ordre, un portrait d'un prince, un tableau de perspective, et huit autres portraits de vicaires généraux. A gauche, dans la même galerie, quatorze portraits de rois, papes, cardinaux, évêques, etc., une Sainte Famille; cinq bustes, dont deux en plâtre et trois en marbre. Dans la première aile, deux tableaux de grands hommes, vingt-neuf de savants et de rois et trois petits sujets allégoriques. Dans l'aile de la perspective, trente-deux portraits de grands hommes, deux modèles ou projets de monuments publics. Dans le cabinet des journaux, trois tableaux de Vierges, deux esquisses des tableaux du réfectoire, une tête de vieillard, etc. Sur la porte du cabinet d'histoire naturelle, trois esquisses des tableaux du réfectoire, et un grand tableau représentant le buste d'un vieillard. Dans la grande aile, à gauche, le triomphe de la Sainte Vierge et le buste de Diderot.

Pendant que nous parlons des richesses du couvent des Augustins déchaussés à l'époque de la Révolution française, nous ne pouvons passer sous silence la riche collection de médailles qu'il possédait. Nous copions textuellement la relation du P. Delatour, faite à la nation le 11 février 1790 (1).

« Deux grandes armoires remplies de bronzes représentant des divinités égyptiennes, grecques, romaines et gauloises. Le plus grand nombre constaté vraiment antique et de la plus belle conservation.

« Un cabinet de bois de palissandre, composé de quatre tiroirs contenant chacun dans leurs cartons 47 médailles, grand bronze, ce qui forme une suite, depuis Auguste jusqu'à Posthume inclusivement, de 1,118 médailles toutes bien conservées et de la plus sûre antiquité. Dans cette série, il se trouve des médailles fort rares, comme l'Othon d'Antioche, trois Pertinax, quatre Gordiens d'Afrique, etc.

« 16 tiroirs, remplis de médailles petit bronze, dont quatre con-

(1) Déclaration du P. Delatour, 11 février 1790.

tenant chacun un grand carton avec 62 médailles, et 12 autres tiroirs renfermant dans chacun de leurs petits cartons 48 médailles. Sur chacun des deux meubles de Boule une belle figure de bronze de la plus grande rareté.

« Un petit cabinet de médailles modernes en bronze contenant une suite complète de Louis XIII, plusieurs médailles de Louis XV et quelques-unes de la maison de Lorraine.

« Dans un meuble de Boule, une collection très-précieuse de médailles d'argent, du haut et du bas-empire, formant une suite de 1238 médailles dont un assez grand nombre sont très-rares. Dans un autre meuble de Boule, toute la suite des rois grecs, tant en argent qu'en bronze, au nombre de 86. Dans cette série, on remarque plusieurs extra-drachmes très-bien conservés.

« De plus, une petite série de médailles de ville et une série des personnages consulaires, au nombre de 233. En outre, des bustes assez nombreux en bronze ou en marbre de la plus haute antiquité. »

Les Petits-Pères possédaient, aussi, une magnifique collection de minéralogie, de conchyliologie et un très-grand nombre d'objets de zoologie ou d'ostéologie, quelques ouvrages indiens très-curieux, un certain nombre d'armes antiques, et beaucoup d'autres raretés.

Le cabinet des médailles et des antiques, de même que celui d'histoire naturelle, fut commencé vers l'an 1701, par les soins du P. Albert de Sainte-Eugénie. Ce religieux était fort habile, et travailla toute sa vie, avec une ardeur infatigable, à augmenter les collections.

Nous n'entreprendrons pas de raconter les richesses innombrables qui ornaient l'église ou qui étaient déposées dans la sacristie ; l'inventaire du P. Delatour, que nous donnons au pièces justificatives, pourra en fournir une idée : nous nous contenterons de mentionner les sept tableaux qui ornent encore le chœur de l'église actuelle, et qui ont été rendus à l'église après la restauration de la religion catholique en France et la réouverture des églises. Ce sont, dit-on, les chefs-d'œuvres de Carle Vanloo, seule collection de ce fameux artiste. Le premier rappelle la dédicace de l'église de Notre-Dame-des-Victoires par Louis XIII, et les six autres sont tirés de la vie de saint Augustin. Nous en donnerons le détail plus loin.

On dut procéder bientôt à l'enlèvement de toutes les richesses que possédaient les Augustins déchaussés. Ainsi que nous l'avons dit plus haut, pendant l'année 1790, un grand nombre des religieux avaient quitté la vie commune. Neuf religieux prêtres et cinq frères convers étaient restés au couvent.

Le P. Delatour prieur, avait, selon les termes de la loi, donné l'inventaire de toutes les possessions du monastère. L'ordre vint, le 4 octobre 1791, de transporter les objets mobiliers de la maison des Petits-Pères dans la maison des Petits-Augustins (1). Le 12 octobre 1791, Philibert Dorie, officier municipal, commissaire à l'administration des biens nationaux ecclésiastiques, arrivait au couvent de la place des Victoires pour faire exécuter l'ordre du comité. Il signifia l'intention où il était de transférer les religieux des Petits-Pères de la place des Victoires dans la maison des Carmes de la place Maubert. Alors les PP. Delatour, prieur ; Gaviaud, La Biche, de Beauve, Jacquemard, Pirouel, Gandolfe et Bèze, tous religieux profès, et les frères laïques Le Rat, Piou et Garnier, déclarent tous qu'ils sont dans l'intention de quitter la vie commune et demandent qu'on leur accorde encore quelques jours pour préparer leur départ. Le P. Rivière, religieux profès, préfère continuer la vie commune, et les deux frères laïques Geoffroy et Dubuisson se joignent à lui. Le P. François Delatour se rétracte plus tard, le 31 décembre 1791, et déclare vouloir persister dans sa vocation. Ainsi, sur les quatorze religieux et profès qui restaient dans le couvent, huit prêtres et trois frères d'abord, abandonnent leur congrégation et quittent la vie religieuse.

Il n'y eut qu'un seul prêtre, le P. Rivière, et deux frères qui

(1) Voir le procès-verbal aux pièces justificatives.

persistèrent dans leur vocation. Le P. Delatour se rétracte plus tard pour venir se joindre à eux, mais ils seront bientôt emportés tous dans la tourmente révolutionnaire.

Une commission de savants, composée de Gaspard-Michel Le Blond, Antoine Mongès, Hubert-Pascal Ameilhou et l'officier municipal Hardy, se transporta, le samedi 11 juin 1791, à neuf heures du matin, au couvent des Petits-Pères ; et, levant les scellés apposés sur le cabinet d'histoire naturelle et d'antiquités, ils font transporter tous les objets dans une des salles de la bibliothèque et confient le tout à la garde de Gratien Février, directeur général de la caisse de l'extraordinaire.

Depuis le 13 octobre jusqu'au 26 du même mois, tous les meubles, etc., furent envoyés au dépôt général destiné à recevoir le mobilier provenant des maisons religieuses. Les médailles et les antiquités furent plus tard données à différents musées nationaux, et les volumes furent partagés dans la suite entre les bibliothèques de la nation ; les deux globes de Coronelli furent envoyés à la bibliothèque nationale.

Telle fut la triste fin de la congrégation des Augustins déchaussés du couvent de Notre-Dame-des-Victoires de Paris.

Cette même année, un décret de l'Assemblée nationale, en date du 4 février 1791, érige l'église des ci-devant Augustins en église paroissiale sous le titre de Saint-Augustin-des-Petits-Pères. Un curé constitutionnel, nommé Morel, fut chargé de l'administrer ; il mourut, dit-on, au bout de quelques mois. Un autre, dont nous ignorons le nom, le remplaça.

La paroisse eut alors pour circonscription : la rue Croix-des-Petits-Champs, à gauche, jusqu'à la place des Victoires ; tout le côté gauche de la place des Victoires jusqu'à la rue Vide-Gousset ; celle-ci et la rue Notre-Dame-des-Victoires (1), à gauche, jusqu'à

---

(1) Contre le mur de la cour du couvent des Petits-Pères qui précédait l'église, et dans la rue Notre-Dame-des-Victoires, on voyait adossée une fontaine publique. Elle fut du nombre de celles dont Louis XIV or-

celle de Montmartre; tout le côté gauche de cette rue jusqu'au boulevard; le côté gauche du boulevard jusqu'à la rue Richelieu; le côté gauche de la rue Saint-Honoré jusqu'à la rue Croix-des-Petits-Champs, point de départ.

Les reliques de saint Augustin, évêque d'Hippone, furent transportées dans l'église des Petits-Pères, la veille du quatrième dimanche après Pâques de l'année 1791.

Vint l'année 1793 : les prêtres constitutionnels disparaissent et l'église est fermée. Quelques mois plus tard, elle sert d'asile à la société populaire patriotique du Mail, dite Société de Guillaume Tell, qui y tint ses séances. Quelques années après, un arrêté du Directoire, daté du 18 nivôse (8 janvier 1796) an IV de la République, y installe la Bourse de Paris, et celle-ci y demeure jusqu'au temps où elle fut transportée au Palais-Royal.

donna la construction en 1671, et consistait en un piédestal à peu près carré. Sa façade était composée d'un soubassement et d'une embase. Le tout était surmonté d'un fronton supporté par deux pilastres angulaires. A la base est un mascaron d'où jaillit l'eau. Elle était alimentée par les pompes de Notre-Dame et de Chaillot. Sur une plaque de marbre de Dinant, on lisait ces vers de Santeuil :

> Quæ dat aquas, saxo latet hospita nympha sub imo
> Sic tu cum dederis, dona latere velis.

> La nymphe qui donne cette eau
> Au plus creux du rocher se cache
> Suivez un exemple si beau
> Donnez sans vouloir qu'on le sache

BOSQUILLON.

CHAPITRE VIII

Réouverture des églises. — M. Rivière, premier curé de l'église de saint Augustin dite des Petits-Pères. — Démission de M. Rivière, M. Gravet, curé de l'église des Filles St-Thomas, est nommé curé de N.-D. des Victoires, formation de la paroisse. — Réconciliation de l'église, par Mgr l'évêque de Mende. — Restauration et ornementation de l'église. — Description des tableaux de Carle Vanloo. — Mort de M. Gravet, M. Decroix lui succède. — M. Fernbach, curé de N.-D. des Victoires, Détails touchant son administration. — Visite de Charles X à N.-D. des Victoires. — M. Dufriche des Genettes. — M. Chanal, curé actuel.

La révolution qui s'était insurgée avec fureur contre la royauté languissante et pompeuse, avait voulu aussi déraciner les préjugés, les distinctions, le pouvoir et avec eux, ce qu'il importe le plus de croire et d'observer. Les doctrines du Christ furent considérées comme allant de pair avec les institutions d'une époque d'ignorance, comme bonnes tout au plus à l'enseignement de l'enfance du genre humain. Puis on supprima Dieu lui-même, ou du moins, on l'exclut du gouvernement du monde et de toute action sur les événements humains. La providence, l'ordre, le bien, l'immortalité, parurent des hypothèses qu'il fallait reléguer à l'écart pour embrasser celles de la fatalité, du hasard, du désordre, du mal, du néant. Le gouvernement révolutionnaire s'était montré trop fidèle à ce vœu insensé de Diderot « d'étrangler le dernier des rois avec les boyaux du dernier des prêtres. » Un grand nombre d'ecclésiastiques furent égorgés durant la terreur ; d'autres et même depuis, avaient été incarcérés ou déportés. Enlevez à l'homme l'idée d'une destination suprême, imprimée en lui par la religion et par le culte, il ne différera plus de la brute que par une infortune supérieure à tout avantage quelconque ; car il ne lui restera plus que l'orgueil d'un savoir menteur, la conviction de l'incertitude en toute chose, et les désespoirs d'une ambition impuissante.

Sous le directoire, les theophilantropes introduisirent leur culte absurde. On vit alors ces nouveaux prêtres venir déposer au retour de certaines fêtes consacrées aux vertus, des fleurs sur les autels dont on avait repoussé le rit sacré de l'expiation.

La Reveillère-Lépeaux, inventeur de cette abstraction, écrivait le 21 octobre 1796, à Bonaparte, alors en Italie; « il faut empêcher que l'on ne donne un successeur à Pie VI, et profiter de la circonstance pour établir à Rome un gouvernement représentatif et délivrer l'Europe de la suprématie papale. » Mais Bonaparte, qui dès lors osait désobéir et s'accoutumait à commander, usait d'égards envers le pape, tout en le traitant en vaincu. Devenu consul, il fit rendre les honneurs funèbres à Pie VI, qui était mort prisonnier à Valence, âgé de 81 ans, il assista en Italie, au *Te Deum* qui célébraient ses victoires, et s'aperçut que le peuple y était et voulait être chrétien. Mais l'impiété continuait d'être à la mode en France.

À la mort de Pie VI, les philosophes disaient : *nous avons enterré le dernier des papes;* les catholiques avaient craint que l'Eglise ne restât veuve, au moins pour longtemps. Mais le conclave s'était réuni à Venise et le cardinal Barnabé-Chiaramonti, était présenté comme candidat. Ce pontife, lorsqu'il était évêque d'Imola avait déclaré dans une lettre pastorale qu'il avait publiée : que la liberté chère à Dieu et aux hommes, était la faculté de faire et de ne pas faire, mais toujours sous la loi divine et humaine, que la forme démocratique ne répugnait pas à l'Evangile, et qu'elle exigeait même, ces hautes vertus qui ne s'apprennent que dans l'école de Jésus-Christ : « Ces vertus, disait-il, feront de bons démocrates. d'une démocratie droite, étrangère à l'infidélité, à l'ambition, et dévouée au bonheur commun. Elles conserveront la véritable égalité, qui, en montrant que la loi s'étend sur tous, montre en même temps, dans quelle proportion doit se tenir chaque individu par rapport à Dieu, à lui-même et aux autres. L'Evangile, les traditions apostoliques et les saints docteurs ont, bien plus que les philosophes, créé la grandeur républicaine en rendant tous hommes des héros d'humilité, de prudence à gouverner, de charité à fraterniser entre eux et avec Dieu. Suivez l'Evangile, et vous serez la joie de la république ; soyez chrétiens, et vous serez d'excellents démocrates. »

Cet esprit de modération parut convenir au temps, et le cardinal Chiaramonti fut élu sous le nom de Pie VII (14 mars 1800). D'un caractère très-doux lui-même, il choisit pour ministre Gonsalvi, homme aussi habile que modéré.

Si d'un côté, Bonaparte voyait de mauvais œil l'accord que la persécution mettait entre les prêtres conventionnels, le système unique et fort de l'église catholique convenait à son génie. Il comprenait qu'en dominant sur l'Eglise comme il se le promettait, il obtiendrait aussi l'empire sur les consciences, et qu'en rattachant l'ancienne France à la nouvelle, il raviverait l'un des éléments les plus puissants de l'unité nationale.

D'un autre côté, le temps des persécutions était passé ; de même que beaucoup d'émigrés étaient rayés de la liste fatale, de même, beaucoup de prêtres étaient admis à rentrer dans leur patrie, moyennant une simple promesse substituée au serment qui d'abord avait été exigé d'eux, et peu à peu, il parut possible de rapprocher la république de l'Eglise. Trois jours après la bataille de Marengo Bonaparte s'entretint à ce sujet avec le cardinal Martiniana ; puis, Gonsalvi et Joseph Bonaparte entamèrent des négociations à Paris ; elles furent longues et pénibles, de grandes difficultés étaient en présence, elles furent surmontées et le concordat de 1801 fut enfanté. Pie VII le ratifia le 15 août.

La France eut un ministre des cultes (Portalis) et un légat à *Latere*. Le jour de Pâques 1802, une salve d'artillerie salua la première fête chrétienne célébrée depuis 93, et le peuple entendit avec enthousiasme le son des cloches si longtemps muettes ; il accourut en foule aux rits solennels, et se nourrit avec bonheur de la parole divine.

Toutes les églises de France furent donc ouvertes et rendues au culte; seule, l'église de Notre-Dame-des-Victoires ne put jouir de cette faveur. L'église de Louis XIII, comme nous l'avons dit, servait de Bourse et rien ne faisait prévoir qu'elle dut être bientôt rendue à l'exercice du culte; l'église des filles de St-Thomas, sa voisine, fut plus heureuse (1), car dès le 3 avril 1803 elle avait été rouverte. Cependant l'exercice du culte divin fut repris le 19 décembre 1803, dans la sacristie de l'ancienne église de Notre-Dame-des-Victoires, et M. Antoine Rivière, ancien religieux Augustin déchaussé, l'un du petit nombre, ou plutôt le seul des anciens religieux, qui fut demeuré fidèle à sa conscience, fut installé curé de l'église de St-Augustin dite des Petits-Pères.

Le premier soin du nouveau curé fut d'organiser la fabrique (2) de St-Augustin, qui n'était devenue paroisse que par l'effet d'une nouvelle circonscription.

---

(1) Le monastère des filles St-Thomas était placé le long de la rue qui porte ce nom sur l'emplacement de la place de la Bourse. Les Filles-St-Thomas étaient des religieuses de l'ordre de St-Dominique. Dame Anna de Caumont, épouse de François d'Orléans-Longueville, comte de St-Pol et duc de Fronsac, obtint du cardinal Barberin, légat d'Urbain VIII, une bulle en date du 5 octobre 1625, qui lui permettait de fonder à Paris ou dans les faubourgs, un monastère de l'ordre de St-Dominique, sous l'invocation de Sainte-Catherine-de-Sienne. Avec l'approbation de l'archevêque de Paris, elle établit dans cette dernière ville, sa mère, Marguerite de Jésus, et six autres religieuses du même ordre. Elles arrivèrent le 27 novembre 1626, et occupèrent leur monastère en 1642, époque où il fut terminé. Les religieuses furent dispersées en 1792, et leur église, devenue en 1801, église paroissiale, fut démolie en 1808, lorsqu'on jeta les fondements de la Bourse.

Note de N. Balthasar; *Hist. relig.* de N.-D.-des-Victoires.

(2) Extrait des délibérations du conseil de fabrique de l'église de St-Augustin, dite des Petits-Pères, à Paris. — Procès-verbal du Vendredi 17 frimaire l'an XII, de la République (9 décembre 1803).

Depuis 1803 jusqu'au 1er avril 1809, ces deux églises de Notre-Dame-des-Victoires et des Filles-de-Saint-Thomas (1), dont le curé était M. Gravet, furent concurremment des succursales de Saint-Eustache. Leur réunion en une seule paroisse dont le siège a été, et est toujours l'église de Notre-Dame-des-Victoires s'est effectuée le 1er avril 1809, en vertu d'une ordonnance de MM. les vicaires généraux de l'archevêché de Paris, en date du 27 février 1809.

« Le 1er mars suivant, les administrateurs de l'église Notre-Dame des Victoires réunis, ayant pris connaissance de l'ordonnance de MM. les vicaires généraux, du 27 février, portant qu'à dater du 1er mars, la circonscription des paroisses de Paris recevrait son exécution en ce qui concernait la succursale de Notre-Dame-des-Victoires, et que le sieur Gravet, nommé desservant de ladite succursale par S. Em. Mgr le cardinal de Belloy, en exercerait seul les fonctions dans toute l'étendue de la nouvelle circonscription, à partir dudit jour : M. Rivière a remercié les autres administrateurs des preuves d'intérêt, d'estime et d'amitié, qu'il a constamment reçues d'eux pendant tout le temps qu'il a été leur pasteur, et leur a fait part de l'espoir qu'il avait de conserver encore avec eux quelques relations en gardant le titre de curé honoraire, suivant la promesse qui lui avait été faite par MM. les vicaires généraux.

Les autres administrateurs ont prié M. Rivière de recevoir ici l'expression de leurs regrets, de lui voir cesser ses fonctions qu'il a remplies si dignement et d'une manière si désintéressée (2), que

---

(1) Sur une partie de l'emplacement de l'ancienne église des Filles-de-Saint-Thomas s'élève aujourd'hui, d'après les soins de M. Brongniart, l'hôtel de la Bourse de Paris. La première pierre a été posée au mois de mars 1808. Le 3 janvier 1809, un décret du gouvernement rendit au culte la partie principale de l'édifice de Notre-Dame-des-Victoires, alors occupée depuis 1796, par la Bourse qui, conformément à ce décret, fut transférée au Palais-Royal. La remise de l'église au clergé se fit le 9 novembre 1809, avec le cérémonial usité.

(2) M. Rivière avait, de ses deniers et à ses frais, fourni tous les ornements et vases sacrés destinés au culte.

ce fut lui qui a fourni à tous les besoins de l'église et de la fabrique, chaque fois que les revenus ont été insuffisants pour les couvrir. Ils saisissent avec grande satisfaction l'espoir de le voir toujours dans la paroisse avec le titre de leur curé honoraire ; ils conserveront toujours dans leur cœur la vénération due à la personne et la gratitude due à ses bienfaits pour son église (1). »

Le 11 avril 1809, M. Gravet, nommé seul curé de Notre-Dame des Victoires par ordonnance de feu S. Em. le cardinal de Belloy, le 20 mars 1808, prenait possession de sa cure (2).

Le 9 novembre 1809 avait lieu, en présence du conseil de fabrique et de la plupart des curés de Paris, la réconciliation de l'église par Mgr de Chabot, ancien évêque de Saint-Claude et, plus tard, de Mende, délégué à cet effet (3).

Mgr l'évêque de Mende officia pontificalement et M. Laurent, curé de Saint-Leu, prononça un discours analogue à la cérémonie. L'orateur prit pour texte ces paroles de l'évangéliste saint Jean. *Ego sum pastor bonus*, Je suis le bon pasteur. Il développa de la manière la plus édifiante les devoirs des curés. Il invita ensuite les fidèles à se réunir souvent dans le temple consacré, pour y faire leurs prières accoutumées en y joignant leurs vœux pour la conservation des jours de S. M. l'empereur et roi, qui a bien voulu ordonner le rétablissement de cette église pour l'exercice du culte catholique (4).

(1) Extrait des délibérations du conseil de fabrique.
(2) Le conseil de fabrique, en vertu du décret impérial du 3 janvier 1809, portant que l'église des Petits-Pères serait mise à la disposition de MM. les grands-vicaires administrateurs pendant la vacance du siège, décida que la prise de possession de l'église aurait lieu le jeudi 9 novembre.
(3) Mgr J.-B. de Chabot fut évêque de Saint-Claude en 1785, probablement évêque assermenté du même diocèse en 1791 ; évêque de Mende en 1802 et démissionnaire en 1803. Il mourut à Paris en 1819, chanoine-évêque de Saint-Denis. Il était donc ancien évêque de Mende quand il réconcilia l'église Notre-Dame des Victoires.
(4) Extrait du registre des délibérations du conseil de fabrique.

Pour conserver le souvenir de la réconciliation de l'église Notre-Dame des Victoires on plaça, dans la suite, l'inscription suivante sur l'un des piliers qui fait face à la chapelle de Saint-Augustin.

> CURIALEM · HANC · ÆDEM
> OLIM · P · P · AUGUSTINIARUM · EXCALCEATORUM
> A · FUNDATORE · LUDOVICO · XIII FRANCORUM · REGE
> TITULO · DOMINÆ · NOSTRÆ · A · VICTORIIS
> ANNO · CHRISTI · MDCXXIX · INSIGNITAM
> POSTEA · IN · SPLENDIDIOREM · QUAM · CERNIS · FORMAM
> REFECTAM · AMPLIATAM
> HYACINTHUS · LEBLANC · JOPPENSIS · EPISCOPUS
> DELEGANTE · KAROLO · DE · VINTIMILLE
> PARISIENSIUM · ARCHIEPISCOPO
> DIE · XIII · NOVEMBRIS · MDCCXL
> SOLEMNIBUS · CÆREMONIIS · CONSECRAVIT
> INFANDIS · VERO · TEMPORIBUS · PROFANATAM
> JOHANNES · BAPTISTA · DE CHABOT · EPISCOPUS
> OLIM · MIMATENSIS
> REI · SACRÆ · DENUO · MANCIPATAM
> ANNO SALUTIS · MDCCCIX RITE · PIAVIT
> DEIN · AB · ANNO · MDCCCXXXVI · DEO · PROPITIO
> ET · FORTUNANTE · VIRGINE · FACTA · SEDES
> ARCHISODALITII · A CORDE · MARIÆ · IMMACULATO
> ERRANTIBUS · IN RECTAM TRAMITEM · REDUCENDIS
> LAUS · NOMINIS · EJUS · ET · IN · CHRISTO · GLORIA
> LATE · PER · ORBEM · UNIVERSUM · PROPAGATÆ

Cette église dédiée à Notre-Dame des Victoires (1),
fut fondée en 1629, par Louis XIII,
en action de grâce de la prise de la Rochelle.

(1) Nous ne prétendons pas donner la traduction de l'inscription latine, mais rapporter simplement l'inscription telle qu'elle existe sur la table de marbre. Toutefois, nous exprimerons le regret que l'on n'ait pas fait une traduction plus exacte.

Considérablement agrandie plus tard,
elle fut consacrée, le 13 novembre 1740,
par Mgr Hyacinthe Leblanc, évêque de Joppé ;
Mgr Charles de Vintimille, étant archevêque
de Paris.
Profanée en des temps malheureux,
elle fut réconciliée en 1809,
par Mgr Jean-Baptiste de Chabot, ancien évêque
de Mende.
Elle devint en 1836 le berceau de l'Archiconfrérie
du Très-Saint et Immaculé Cœur de Marie,
pour la conversion des pécheurs.

Le premier soin du nouveau curé fut d'orner son église ; en effet elle ne présentait qu'un vaisseau nu et dépouillé de tout ornement. La première dépense fut l'emploi de 3,500 fr. pour l'achat de plusieurs tableaux qui furent placés dans la nef et dans les chapelles latérales. Sept tableaux d'égale grandeur furent placés sur les pilastres de la grande nef et décoraient l'entrée de l'église. A droite, en entrant, *la Visitation de la Sainte Vierge ; la Sainte Vierge jardinière ; Jésus retrouvé dans le temple.* A gauche, *l'Annonciation ; la Sainte Vierge tenant l'Enfant Jésus ; l'Enfant Jésus ; l'Imposition des mains sur saint Paul,*

On s'occupa aussi dans la suite de l'ornementation des chapelles latérales qui furent réparties ainsi : A gauche, en entrant dans l'église, après la première travée qui servait de passage pour aller au cloître, était la chapelle de Sainte-Geneviève, patrone de Paris, cette sainte était représentée dans trois tableaux différents ; dans cette chapelle étaient les fonts baptismaux qui furent transportés en 1821 dans la première travée. La chapelle qui suit du même côté, fut celle de saint Charles Borromée. On y voyait dans un tableau d'autel, le saint archevêque administrant aux malades les secours de la religion durant la peste de Milan. Plus loin, l'emplacement où devait, d'après le premier projet, être rétabli le tombeau de Lully (1). En

(1) Ce tombeau fut restauré en partie, non pas dans la chapelle où il existait d'abord, mais dans la chapelle Sainte-Geneviève.

entrant, à droite, fut la chapelle de Ste-Hélène, en face la chapelle de Sainte-Geneviève, on y voyait un tableau représentant Jésus descendu de la croix. Plus loin la chapelle Saint-Joseph, un tableau d'autel rappelait le Lavement des pieds; dans la troisième chapelle du même côté, un mausolée érigé à la mémoire de Jean Vassal. Ce mausolée a été transporté plus tard dans la chapelle de Sainte-Hélène, devenue dans la suite la chapelle de Saint-Joseph. Cette chapelle est actuellement dédiée à sainte Anne. La chapelle de la Sainte-Vierge fut rétablie à la place qu'occupait autrefois Notre-Dame de Savone. Une statue de pierre remplaça celle de Notre-Dame de Savone, donnée à l'église par Louis XIV, qui aurait été enlevée le 17 nivôse an IV (7 janvier 1796) et transportée avec l'autel en marbre au musée des monuments français. Mais ce ne fut que dans l'année 1822 que la statue actuelle fut érigée par M. l'abbé Fernbach, curé de Notre-Dame-des-Victoires. Cette statue a un mètre 85 de hauteur, 2 mètres 12 avec les nuages sur lesquels elle repose, 2 mètres 90 avec le piédestal. La Vierge divine est debout, elle retient dans ses bras l'Enfant Jésus; il est posé sur un globe parsemé d'étoiles, ses bras s'élèvent suppliants vers Marie. La statue de l'Enfant Jésus a 83 centimètres de hauteur. Le transept opposé fut désigné pour la chapelle de saint Augustin, patron de l'église. Une statue en pierre remplaça celle de Pigalle; deux tableaux accompagnaient de chaque côté la statue du saint, c'étaient la Purification de la sainte Vierge et la naissance de Notre Seigneur. Deux tableaux représentant l'un la Présentation de la sainte Vierge, l'autre l'Assomption accompagnaient également la statue de Marie.

Le 6 novembre 1809, M. Girard donnait à l'église plusieurs tableaux et objets précieux : la Vierge de Pérugin, le tableau ovale de Lebrun, représentant Jésus au Jardin des Olives; le tableau de la Conversion de saint Pierre, un beau Christ sur velours dans un cadre cintré avec gloire, deux autres tableaux représentant l'un, un Christ en croix, l'autre, une Sainte Famille. Dans la suite tous ces tableaux disparurent. Quelques-uns furent remplacés par d'autres qui ne les valaient peut-être pas. Tel est le sort des tableaux dans l'église Notre-Dame des Victoires, qu'ils ne peuvent espérer une longue durée, à l'exception, toutefois, de l'admirable collection des tableaux de Carle Vanloo, représentant la vie de saint Augustin, qui ornent encore le sanctuaire.

Cette collection peut servir à juger de l'état de la peinture en France au milieu XVIIIe siècle. On y reconnaît un pinceau facile, une ordonnance noble, une composition savante, un dessin correct et une excellente manière de draper. Ce que l'on admire surtout, c'est la majesté des poses, le naturel des figures, la beauté du coloris, en un mot, la vie qui règne dans ces tableaux; ils portent le millésime de 1753, 1754, 1755. Le premier tableau à droite, en regardant l'autel, représente le baptême de saint Augustin. Le saint, à l'âge de trente-deux ans, et Adéodat, son fils, reçurent ensemble les eaux saintes du baptême, le 28 avril, veille de Pâques, de l'an 387. Il est à genoux, un cierge à la main, revêtu de la robe blanche des cathéchumènes, et reçoit le baptême de saint Ambroise qui avait converti le jeune africain; à sa gauche est son fils Adéodat dans la même attitude. Alipe, ami de saint Augustin, est à genoux derrière lui et se dispose à recevoir aussi ce sacrement. Sainte Monique, mère de saint Augustin, Navigius son frère, Verecundus son ami, Trigèce et Liconcius ses disciples, Lastidien et Rustique ses parents qui l'avaient accompagné dans sa retraite à la maison de Vérécundus, sont aussi présents à cette cérémonie.

Le premier tableau en face de celui-ci nous montre Augustin encore prêtre, prêchant devant Valère.

Valère, évêque d'Hippone, grec de naissance, ne parlait qu'avec beaucoup de difficulté le latin qui était alors en usage dans cette ville, soumise à la domination romaine. Il chargea donc saint Augustin du soin de prêcher en sa présence. C'est le premier exemple dans l'église d'Occident d'un prêtre qui ait prêché devant un évêque. Il prononça son premier discours à Pâques de l'année 391, quelques mois après avoir été ordonné prêtre. L'évêque, à la tête de son clergé, le regarde de son siége et l'écoute avec admiration. Au bas de la tribune est un scribe qui recueille ses paroles.

Le second tableau, à droite, nous montre le sacre de saint Augustin. Valère, accablé sous le poids des années, craignait qu'Augustin ne lui fût enlevé et que quelqu'autre église ne le demandât pour évêque. Il résolut donc de le faire son coadjuteur dans l'épiscopat. Il sollicita et obtint en secret le consentement d'Aurélius, archevêque de Carthage, ainsi que l'approbation du peuple et celle des évêques de la Numidie. Augustin voulut s'opposer à l'exécution de ce projet, mais il fut obligé de se rendre à la divine volonté, et il fut sacré au mois de décembre de l'an 395, au commencement de sa 42e année.

Le deuxième tableau, à gauche, est la conférence entre les Catholiques et les Donatistes.

Le schisme introduit dans l'église par Donat, évêque de Carthage, homme d'un mérite éminent, troubla l'Afrique pendant plus d'un siècle, et fatigua la rigueur et la patience de trois empereurs. La fureur des Donatistes contre saint Augustin fut poussée à son comble parce qu'ils ne pouvaient résister à son éloquence. Pour mettre fin à ces cruels débats où le sang coula plus d'une fois, les Donatistes et les Catholiques obtinrent, en 410, de l'empereur Honorius, qu'ils se réuniraient en conférence.

L'année suivante, deux cent quatre-vingt-un évêques Catholiques et deux cent soixante-dix-neuf évêques Donatistes s'assemblèrent à Carthage. On choisit de part et d'autre sept évêques pour disputer; saint Augustin fut du nombre des sept évêques orthodoxes. La conférence s'ouvrit le 1er juin 411, et dura trois jours. Le comte Marcellin, tribun qui la présidait, se prononça en faveur des catholiques. Carle Vanloo a exactement reproduit tout ce qui s'y passa, les Donatistes ayant refusé de s'asseoir, le tribun fit aussi enlever son siège et resta debout, comme on le voit, à côté des Donatistes. Saint Augustin qui avait eu la principale part à la dispute, eut la douce satisfaction de voir ses travaux apostoliques couronnés de succès.

Le troisième tableau, à droite, représente la mort du grand docteur. Saint Augustin étant tombé malade le troisième mois du siège d'Hippone par les Vandales, ne pensa plus qu'à se disposer à la mort. Il fit à ce dessein écrire les sept psaumes de la pénitence sur la muraille pour les lire de son lit; il ne pouvait y jeter les yeux sans verser des larmes. Pour n'être pas interrompu dans ses exercices de piété, il défendit, environ dix jours avant son heure suprême, que personne entrât dans la chambre, excepté pendant le temps de la visite des médecins. La maladie de saint Augustin ayant augmenté de jour en jour, il expira tranquillement, le 28 août 430, âgé de soixante-seize ans, dont près de quarante s'étaient écoulés dans les travaux du ministère. Possidius, évêque de Calame, qui assista au saint sacrifice qu'on offrit pour lui, dit qu'il fut enterré honorablement dans l'église de Saint-Étienne, et son corps y resta jusqu'au temps où il fut porté en Sardaigne.

Le sujet du troisième tableau, à gauche, est la translation des reliques de saint Augustin à Pavie.

Le pieux magnifique Luitprand, roi des Lombards, ayant appris que les reliques de saint Augustin, transportées en Sardaigne, étaient profanées par les barbares, les fit acheter des Sarrazins pour une somme d'argent considérable. Le sarcophage ayant débarqué à Gênes, le roi vint en pompe, suivi de toute la noblesse, de tous les évêques et des prêtres accompagnés d'un peuple innombrable, pour le recevoir et le conduire à Pavie. Arrivé au lieu où était déposé le corps du saint, il quitta toutes les marques de la royauté et, ayant les mains jointes et la tête découverte, il suivit, pieds nus, les vénérables reliques. A côté de Luitprand, marchait un page portant son sceptre et son diadème. Dieu permit alors de grands miracles ; plusieurs malades à qui on fit toucher les reliques du saint évêque furent aussitôt guéris.

On apporta à Pavie ces précieux restes, qui furent déposés dans l'église Saint-Pierre, *au Ciel d'or*, et placé en un lieu préparé avec une magnificence toute royale. Ce fut environ l'an 722. L'é-

…vêque de Pavie vérifia ces reliques en 1708, et reconnut qu'elles étaient incontestablement celles du saint docteur.

Deux autres tableaux complétant la vie de saint Augustin furent donnés à l'église, en 1816, par le comte de Chabrol, au nom de la ville de Paris. Ils étaient de Gaillot, peintre assez généralement estimé de son temps. Le premier rappelait la vision de sainte Monique ; au dire des artistes et des connaisseurs, l'exécution en était gracieuse, le coloris vif, la pose admirable et la figure de sainte Monique d'une grande expression (1).

Monique eut la douleur d'apprendre que son fils Augustin était tombé dans l'hérésie des Manichéens. Cette chute lui coûta beaucoup de larmes ; mais Dieu ne voulut point qu'elle demeurât longtemps sans consolation et sans espérance ; il lui envoya un songe qui devait lui présager l'avenir ; mais laissons la parole au grand docteur :

« D'où pouvait, je le demande, ô mon Dieu, lui venir ce songe qui la consola, et lui fit rétracter l'ordre qui m'avait éloigné de sa présence et de sa table, alors qu'elle avait en horreur mes blasphèmes et ma chute ? Elle se vit sur une règle en bois, à elle se présenta un jeune homme brillant, joyeux, et qui lui souriait : elle, cependant, était triste et pleurait. Ce jeune homme lui demanda la cause de ses chagrins et de ses larmes sans cesse renaissantes, non pour s'instruire, mais, selon la coutume, pour l'instruire elle-même. Elle lui répondit qu'elle pleurait ma perte, alors il lui dit : Consolez-vous, tournez la vue et voyez, il est où vous êtes. Ma mère se retourna en effet, et me vit assis sur la même règle… Lorsqu'après m'avoir raconté sa vision, elle s'aperçut de mes efforts pour la convaincre qu'il fallait entendre par là peut-être, qu'elle deviendrait un jour ce que j'étais moi-même : Non, s'écria-t-elle, non, car on ne m'a pas dit : Vous êtes où il est ; mais il est où vous êtes. »

Cette réponse toucha plus Augustin que le songe même qui avait soulagé la douleur de sa mère. Cependant le bonheur dont il était

(1) Le sujet est tiré des *Confessions de saint Augustin*, livre troisième.

le présage était encore bien éloigné, puisque l'erreur d'Augustin dura encore près de neuf ans.

Le second tableau, peint par le même artiste, représentait la conversion de saint Augustin. Ces deux tableaux n'eurent pas un sort plus heureux que beaucoup d'autres qui les avaient précédés. Ils étaient placés dans le chœur, mais en 1853, à l'occasion du couronnement de N.-D. des Victoires, on les enleva pour peindre à leur place les armoiries du Pape et celles du Vatican. En 1857, on décida l'érection des buffets d'orgue de chœur, alors ils disparurent pour toujours.

Le septième tableau de Carle Vanloo, placé derrière l'autel, au fond du sanctuaire, représente Louis XIII dédiant à la Sainte Vierge l'église Notre-Dame-des-Victoires. Marie portant son divin Enfant apparaît au roi de France et lui présente une palme; elle est environnée d'anges et de chérubins. Le roi, prosterné, lui offre le dessin et le plan de l'église; à côté de lui, à gauche, est le cardinal Richelieu, et au-dessous de lui, à sa droite, un ministre qui présente au roi, sur un plateau, les clefs de La Rochelle, dont on aperçoit dans le lointain les remparts et les édifices; derrière le roi, sont des officiers de ses gardes et quelques religieux Augustins. L'hérésie vaincue est figurée par un soldat renversé et entouré en partie par un drapeau blanc fleurdelysé.

Ce tableau ne fut rendu à l'église qu'en 1811, le 11 novembre. Il avait été transporté à la cathédrale de Versailles, sur les instances réitérées du conseil de fabrique de Notre-Dame-des-Victoires. L'évêque de Versailles consentit enfin à le restituer, à la condition qu'on lui remettrait un autre tableau en place. Voilà ce qui résulte de l'examen du registre des délibérations du conseil de fabrique.

On raconte au sujet de ce tableau l'anecdote suivante, dont nous ne prétendons nullement garantir l'authenticité :

« Lorsque l'église Notre-Dame-des-Victoires fut rouverte au culte en 1810, ce tableau avait disparu; les autres, placés dans des musées nationaux, avaient été réintégrés dans leurs anciennes places, mais on ignorait où avait été transporté celui du fond. Le P. Rivière (1), alors curé de Notre-Dame-des-Victoires, se mit à la recherche : il découvrit le tableau dans la cathédrale de Versailles, qui l'avait reçu en don du gouvernement. Le P. Rivière offrit à la fabrique et à l'évêque de donner le prix qu'on exigerait du tableau : mais il éprouva un refus de Mgr Charrier de La Roche, évêque de Versailles, et du conseil de fabrique.

« Ayant eu occasion d'approcher de Napoléon, le curé de Notre-Dame-des-Victoires lui parla de son tableau et lui fit part de la peine qu'il éprouvait à le voir hors de son église.

« Tranquillisez-vous, monsieur le curé, répondit l'Empereur, vous aurez votre tableau sans être obligé de le payer.

« Le soir du même jour, des ouvriers tapissiers se présentent à la cathédrale de Versailles, dont ils se font ouvrir les portes au nom de l'empereur. Ils détachent le tableau en question, et à la place en mettent un autre de même dimension, dont le sujet était la résurrection du fils de la veuve de Naïm. Le lendemain matin, la première chose qui frappa les regards du P. Rivière fut son tableau qu'il trouva dans la sacristie. »

L'auteur du *Pèlerin à Notre-Dame-des-Victoires* rapporte un autre épisode relatif à ce tableau, mais, cet auteur ayant oublié de citer les sources où il a puisé ses renseignements, nous lui en laissons toute la responsabilité.

« Plusieurs décrets de la Convention avaient ordonné d'enlever partout les emblèmes de la royauté et de la féodalité. Le tableau en question fut signalé comme suspect. Dans le courant de septembre, les citoyens de Mailly, Boizot et Barthélemy, commissaires des

---

(1) *Histoire religieuse de l'église Notre-Dame-des-Victoires*, page 189. M. l'abbé Balthasar commet ici une erreur. Le P. Rivière avait cessé d'être curé de Notre-Dame-des-Victoires en 1809; M. Gravet lui avait succédé : après la mort de celui-ci, M. Décroix était devenu curé de Notre-Dame-des-Victoires, le 12 mars 1811. Dans les archives de la paroisse, c'est M. Décroix qui administre la paroisse et provoque toutes les réclamations près de Mgr de Versailles.

arts, se rendirent à l'église de Saint-Augustin, église des ci-devant Petits-Pères, constatèrent la chose, et dressèrent le procès-verbal suivant, qu'ils adressèrent au curé :

« L'an IIme de la République, une et indivisible, le 4 septembre
« 1793,
« Les commissaires des arts nommés en vertu du décret de la
« Convention nationale du 4 juillet dernier, pour la surveillance de
« la destruction des signes de royauté et de féodalité, instruits
« qu'il existe des signes sur le tableau de l'autel de Saint-Augustin,
« chargent le citoyen Martin de les faire disparaître avec toutes les
« précautions que son art lui indiquera, et invitent le citoyen curé
« de lui procurer toute la facilité possible pour l'exécution du dé-
« cret indiqué ci-dessus ».

Le citoyen Martin (Laporte), demanda soixante-douze livres pour son travail, comme en fait foi le mémoire suivant, que nous avons trouvé dans les archives de la Ville (1).

« Mémoire. — Travail fait en l'église Saint-Augustin, pour faire disparaître les marques de royauté et de féodalité au tableau du fond du chœur représentant le vœu du ci-devant Louis XIII.

« D'après le pouvoir que m'ont donné les commissaires des monuments nationaux, j'ai fait disparaître en cinq jours de travail : 1° les marques de royauté, le cordon bleu et le Saint-Esprit ; il a fallu repeindre la cuirasse par-dessus ces objets ; 2° faire disparaître le cordon du cardinal Richelieu et peindre par-dessus un rochet et une robe rouge ; 3° faire disparaître une quantité de fleurs de lys, qui étaient sur le drapeau, au premier plan de ce tableau et repeindre à chaque place.

« J'ai été obligé de faire ce travail à près de vingt pieds de hauteur, sur une échelle tremblante, pour éviter les frais d'un échafaud.

« Pour ce travail, soixante-douze livres ».

---

(1) Ce mémoire a été introuvable, malgré les recherches les plus minutieuses que nous avons faites dans les archives de la Ville.

Le dernier acte (1) de l'administration de M. Gravet, fut la construction du maître autel au fond du chœur et l'établissement d'un sanctuaire.

Il mourut le 15 janvier 1811; pasteur recommandable par sa piété et sa bienfaisance, il a laissé de vifs regrets dans la paroisse.

M. Décroix fut appelé à le remplacer dans la cure de N.-D.-des-Victoires. Il fut nommé par le cardinal Maury, le 5 mars 1811, et installé le 12 du même mois par M. l'abbé Bossu, curé de St-Eustache. Ce fut, ainsi que nous l'avons dit plus haut, sous son administration que le conseil de fabrique délégua deux de ses membres, MM. Ganneron et Robin, pour réclamer à l'évêque de Versailles, le grand tableau représentant la dédicace de l'église à la Sainte Vierge par Louis XIII (2).

Le nouveau curé ne demeura pas longtemps à la tête de la paroisse, il mourut le 7 septembre 1814, plein de zèle, bienfaisant et pieux. Il fut durant sa vie, chéri des pauvres de sa paroisse, dont il était le soutien, estimé et respecté de tous les fidèles qu'il n'a cessé d'édifier par ses vertus. Il légua par son testament, à son église, une vraie croix et divers objets en argent, propres à l'exercice du culte, ses habits sacerdotaux, 600 francs pour faire construire une grille en fer autour de la chapelle de la Sainte Vierge, ses vins pour servir au saint sacrifice de la Messe, quelques sommes pour être distribuées aux pauvres, 400 francs pour qu'il soit dit des messes à son intention, 1,200 francs pour faire encadrer quelques tableaux du chœur, et son portrait, grandeur naturelle, pour être placé dans la chambre du conseil. C'est probablement le tableau qui se trouve dans la première sacristie, au-dessus de la porte de communication du côté de l'autel de la Sainte Vierge.

M. Fernbach, curé de St-Philippe-du-Roule, ancien religieux

---

(1) Registre des délibérations du conseil de fabrique.
Procès-verbal du 17 mai 1810.
(2) Extrait du registre des délibérations du conseil de fabrique. Procès-verbal du 28 septembre 1811.

dominicain, fut appelé à la cure de N.-D.-des-Victoires, le 11 février 1815, par son Éminence le cardinal Maury, et installé en cette qualité, le 21 février suivant. Le nouveau curé continua les traditions de ses prédécesseurs, son zèle pour l'ornementation de son église, son dévouement pour ses paroissiens et sa charité pour les pauvres, lui gagnèrent tous les cœurs.

Nous avons bien peu de renseignements sur M. Fernbach, ce que nous en avons appris, nous a été communiqué par un de ses anciens vicaires qui a vécu dans son intimité, et c'est avec son autorisation formelle, que nous transcrivons ici les notes qu'il nous a envoyées...

M. l'abbé Fernbach naquit en Alsace, en 1756. Encore fort jeune, il entra dans l'état monastique et embrassa la règle de Saint-Dominique. Ses études furent brillantes, il fit avec succès son cours de théologie; et de bonne heure il montra de grandes dispositions pour la prédication. Il eut la faiblesse, dit-on, pendant la révolution, de prêter serment à la constitution civile du clergé, erreur qu'il s'empressa de rétracter dans des temps meilleurs et qu'il expia par une vie de bonnes œuvres et de dévouement. Nommé curé de Notre-Dame-des-Victoires, sur la recommandation pressante de l'impératrice Joséphine, à laquelle il avait rendu service pendant le temps malheureux de la Révolution, il se montra constamment le pasteur infatigable, l'ami dévoué, le père charitable de son troupeau.

« Je n'ai eu jamais personnellement qu'à me louer de M. Fernbach, dit M. l'abbé E..., son ancien vicaire et son ami, je l'ai toujours trouvé prévenant, juste et courageux, ne desservant personne, s'attachant exclusivement à ceux qui remplissaient leurs obligations avec une exactitude scrupuleuse, non-seulement à l'heure, mais à la minute et à la seconde; car M. l'abbé Fernbach était l'homme de la ponctualité.

« Il passait pour rude, un peu trop allemand, mais il n'y avait en lui de rude que la forme, au fond, il était humain, incapable de nuire à personne par ses appréciations hasardées, précipitées ou malveillantes, auprès d'une autorité quelconque.

« Mais aussi, il ne craignait pas de dire en face, des choses nullement douces, soyeuses ou flatteuses : les reproches qu'il était obligé à regret de faire, pouvaient peut-être paraître vifs, incisifs, un peu durs, cependant sa parole n'était ni acerbe, ni mordante, ni satirique ; il n'avait qu'un but, aviser plus vite au résultat désiré, et produire un peu de bien. Il agissait toujours dans l'intérêt de l'individu qu'il réprimandait, qu'il fut vicaire, employé de son église ou même simple paroissien. Il était heureux quand il avait quelque intérêt à soutenir ou à défendre, on le trouvait toujours prêt à rendre service, et son dévouement et sa charité ne furent jamais en défaut.

« M. Fernbach ne s'absentait presque jamais ; il aimait les offices. Toujours le premier arrivé à la sacristie, pour se préparer, s'habiller sans précipitation, il se rendait ensuite à l'heure sonnante, à l'autel ou à sa stalle. Il aimait beaucoup à annoncer la parole de Dieu et remplissait fort bien cette charge.

« Il eut quelquefois des différents avec MM. les vicaires-généraux capitulaires, entr'autres avec M. Jalabert, 1er grand-vicaire, à cause de la facilité avec laquelle il concédait à des réunions de musiciens de chanter des messes à grand orchestre, sans en avoir préalablement donné avis à l'administration diocésaine, et en avoir obtenu sa permission. M. Fernbach avait de la peine à comprendre qu'un curé fut obligé de demander une autorisation spéciale pour cela ».

Au commencement de 1819, le conseil de fabrique fit placer dans le clocher deux cloches d'inégale grosseur, en remplacement de celles qui avaient été enlevées pendant la révolution ; la bénédiction en eut lieu le 25 mars 1819.

Huit années plus tard on en acheta une troisième du poids de 222 kilogrammes, pour servir de timbre à l'horloge, elle fut baptisée le 2 septembre 1827. Cette cloche fut fêlée en 1828 et elle fut remplacée la même année ; on en ajouta une autre du poids de 180 kil. Ces deux cloches furent bénies le 27 novembre 1828. La sonnerie de l'église N.-D.-des-Victoires fut ainsi complétée, c'est celle qui existe maintenant ; sans doute, ces quatre cloches ne sont pas aussi fortes que celles qui les ont précédées, mais elles ne laissent rien à désirer sous le rapport de l'harmonie et de la pureté des sons.

Nous n'avons à citer aucun événement extraordinaire dans l'administration de la paroisse, cependant nous mentionnerons la visite que fit Charles X, le 7 mars 1826, à l'église de N.-D.-des-Victoires, à l'occasion du jubilé. Nous en trouvons les détails dans le registre des délibérations du conseil de fabrique.

Le 7 mars 1826, à deux heures moins un quart, M. le curé, précédé de son clergé et suivi de M. le maire et de MM. les adjoints, ainsi que de MM. les membres du conseil de fabrique se sont rendus à la grande porte de l'église. La garde nationale formait la haie dans la nef, les gardes du corps de Sa Majesté, compagnie d'Havré, étaient placés dans le chœur. Les confréries et les élèves des différents pensionnats établis dans la paroisse, occupaient les places qui leur avaient été assignées dans la nef où se trouvait un grand nombre de fidèles. L'arrivée de S. M. a été précédée de son Exc. Mgr le comte Frayssinous, évêque d'Hermopolis, 1er aumônier, de M. l'abbé Iocard confesseur en cour, de M. l'abbé d'Esparbez, aumônier, qui ont été se placer dans le chœur, pour y attendre le roi. S. M. est arrivée à deux heures très-précises suivie des hauts personnages.

Le roi s'étant placé sous le dais, M. le curé, après lui avoir présenté l'eau bénite et l'encens, lui adressa le discours suivant : « Sire, l'Eglise comme une tendre mère, toujours attentive aux be-
« soins de ses enfants, leur prépare dans sa bonté, un trésor de
« grâces et d'indulgences qu'elle leur distribue dans les temps fixés
« par sa sagesse. Le souverain pontife a parlé pour annoncer cette
« faveur; les fidèles ont entendu sa voix, ils viennent de toutes
« parts dans les temples, pour mériter ses grâces et pour y parti-
« ciper. Quelle gloire ! Quelle délicieuse jouissance pour le peuple
« français, en suivant la route tracée par la religion et la piété, d'y

« marcher à la suite de son prince et de rencontrer dans le sanc-
« tuaire, son roi sollicitant les bénédictions du ciel pour ses
« heureux peuples autant que pour lui-même. C'est alors le devoir
« des pontifes, des lévites et de tout le peuple de se réunir dans
« les mêmes vœux, bien certains que demander à Dieu le bonheur
« de S. M. et de toute votre auguste famille c'est demander en
« même temps le bonheur de la France ».

S. M. a répondu avec la plus affectueuse bienveillance que son dessein était de prier pour le bonheur de la France. Le cortége s'est aussitôt mis en marche dans l'ordre suivant : le clergé précédé de la croix et de deux acolytes portant des chandeliers; le duc de Reggio commandant en chef la garde nationale de Paris, le duc de Grammont, le duc de Duras, le duc de Polignac, plusieurs officiers généraux; S. M. sous le dais, des pages sur les côtés; S. A. R. Mgr le Dauphin, et, la Dauphine ayant à ses côtés la comtesse de Béarn et la marquise de Biron; plusieurs grands officiers des maisons de LL. AA. RR., le maire, les adjoints, et les membres du conseil de fabrique. Arrivée dans le chœur, S. M. s'est prosternée devant son prie-Dieu, le Dauphin et la Dauphine se sont aussi prosternés devant leurs prie-Dieu, placés l'un à droite, l'autre à gauche de S. M.

Le roi et leurs Altesses Royales sont restés en prières pendant la célébration de l'office prescrit par le rituel. Après la bénédiction, et au moment où S. M. allait se placer sous le dais, M. le Maire s'étant trouvé sur son passage, le roi a daigné lui dire que la tenue de l'église était remarquable. Le cortége s'est rendu du chœur à la porte de l'église dans le même ordre que lors de l'entrée. L'orgue a joué et les cloches ont sonné pendant toute la cérémonie. S. M. et la famille royale ont été accueillies à l'entrée et à la sortie de l'église par les plus vives acclamations.

M. Fernbach mourut en 1832, pendant que le choléra sévissait dans Paris, il a passé pour avoir été victime du terrible fléau. Cependant, hélas ! des bruits très-fâcheux ont couru sur la cause réelle de sa mort qui a été précédée de grands vomissements.

On a dit que ce curé avait été victime d'un attentat criminel contre ses jours, d'une manière lâche et secrète ; il fut, dit-on, empoisonné par des individus qui avaient intérêt à commettre ce crime, et qui ont jugé à propos de mettre sur le compte du choléra une mort qui était le résultat d'un attentat. Le fait est-il vrai ? Dieu seul le sait.

Voici, en terminant, un trait parmi plusieurs, de son énergie, de son courage et de sa force physique. C'est encore M. l'abbé E... qui nous le raconte : « M. Fernbach était alors curé de N.-D.-des-Victoires ; deux militaires crurent pouvoir un jour, l'insulter dans la rue, et l'appeler *calottin, pauvre soldat du pape, pauvre trembleur; ne faisant peur qu'aux vieilles*.... — Ah ! ah ! c'est ainsi que vous m'insultez, répondit le curé, vous ne savez pas à qui vous avez affaire ? D'abord, vous saurez que j'ai servi bel et bien, dans un régiment français sous la République pour sauver ma tête (En effet M. Fernbach passait pour avoir servi). Je vais, dit-il, à l'un de ces soldats, te montrer que je ne suis pas un trembleur, ni un soldat *éreinté* du pape,... Il le saisit à l'instant à la poitrine, le soulève au-dessus du sol l'appuyant fortement contre le mur, avec une énergie peut-être un peu trop véhémente, et avec son genre décidé bien connu de tous : — « Dédis-toi, fais-moi des excuses sinon *Confringam ossa tua!* Le soldat qui avait peur de ce dragon de nouvelle espèce, et n'entendant pas son *confringam ossa tua*, répondit interdit, au curé Fernbach qui l'étreignait à la poitrine et au col de ses deux vigoureuses et puissantes mains, alors un peu étouffantes : — « Mon Dieu ! qu'est-ce qu'il dit, ce curé, je ne l'entends pas, il m'étouffe, camarade, à mon secours !... pardon, pardon, M. le curé, lâchez-moi... je vous fais mes excuses ! Alors M. Fernbach lâcha prise lui dit son nom et l'invita à venir se confesser.... »

Le 27 août M. Dufriche Des Genettes ancien curé de la paroisse St-François-Xavier dite des missions étrangères est nommé pour succéder à M. Fernbach. Toute la vie administrative de M. l'abbé Des Genettes se résume dans l'établissement de l'Archiconfrérie du

Très-Saint et Immaculé Cœur de Marie pour la conversion des pécheurs; les détails biographiques que nous devons donner, trouveront naturellement leur place dans l'histoire de l'Archiconfrérie.

M. Des Genettes mourut le 25 avril 1860, à une heure trois quarts du matin, âgé de 82 ans, et le 8 mai suivant, M. l'abbé Hippolyte Chanal, était nommé pour le remplacer. Le nouveau curé prit possession de sa paroisse le 25 mai suivant.

La loi des convenances nous interdit de porter un jugement quelconque sur l'administration actuelle.

Nous n'aurions du reste que quelques faits peu importants à signaler. Ce qui s'est passé de réellement intéressant dans notre église, se rattache plutôt à l'Archiconfrérie, et nous en parlons plus loin. Les seuls faits plus importants sont les suivants :

Le 8 décembre 1863, Mgr Darboy, archevêque de Paris, consacre solennellement l'autel de marbre blanc récemment construit dans la chapelle de la Sainte-Vierge.

Le 8 décembre 1864, consécration, par le même prélat, du maître autel de l'église construit en marbre blanc, sur le mérite duquel les avis sont très-partagés.

Nous arrivons à l'année 1871, et c'est avec des larmes dans le cœur et dans les yeux, que nous allons raconter la profanation, le pillage et l'horrible dévastation du sanctuaire de notre Mère.

CHAPITRE IX

Siège de Paris. — Les Bretons et les Vendéens. — La Commune à Notre-Dame-des-Victoires. — Départ de M. le curé. — L'église est menacée. — Elle est investie. — Le maire Pottier. — Le Moussu. — Horrible profanation. — Dévastation et pillage de l'église. — Scènes d'horreur. — Violation des sépultures. — Les Versaillais à Paris. — Fuite des insurgés et réconciliation de l'église.

Les années 1870 et 1871 dateront dans l'histoire de la patrie et dans celle de l'Église. Que d'événements, de ruines, de pertes et de malheurs ! La patrie envahie ! Un ennemi farouche et sanguinaire foule de son pied honteux le sol de notre belle France. Partout c'est la ruine, la désolation qu'il promène. Pour lui rien n'est sacré, ni l'âge, ni le sexe, ni les lois de l'humanité, ni le droit des gens. Descendant des Barbares, des Huns et des Vandales, ce peuple voulut montrer que dix-huit siècles de civilisation n'avaient point affaibli la barbarie dans son cœur.

Paris assiégé ! Paris, qui eût osé le penser ! Paris, cerné par l'étranger, succombe, et la France vaincue, terrassée et pressurée par un ennemi implacable, voilà ce que nous avons vu ! Ah ! c'est avec raison que la guerre a toujours été regardée comme un fléau redoutable ; mais, ne l'oublions pas, les hommes s'agitent, Dieu les mène ; seul, il tient dans ses mains le sort des peuples et des empires, sa Providence règle les destinées des nations, et quand il déchaîne la calamité sur un peuple, c'est qu'il veut le corriger et le ramener à lui.

L'épreuve, n'est-ce pas elle qui nous force à rentrer en nous-mêmes, à réfléchir sur notre conduite, à reconnaître que nous avons mérité les maux que Dieu nous envoie? L'indifférence, l'irréligion, l'incrédulité, le blasphème, le mépris de la loi de Dieu, la dépravation des mœurs, conséquence inévitable d'un luxe effréné, d'un orgueil et d'une fatuité sans exemples dans l'histoire, voilà, il faut bien l'avouer, les causes de l'épreuve que la colère divine nous a infligée. Un coup de tonnerre se fit entendre, Dieu commanda aux flots ravageurs de la tempête, et la France fut envahie et submergée. Mais, au milieu de nos douleurs, nous avons eu dans notre sanctuaire de bien douces consolations. On comprit que si Dieu pouvait être fléchi et apaisé, c'était surtout par Marie, la mère des douleurs, la reine des victoires; et, pendant ces longs jours du siège, bien des prières furent déposées, bien des larmes répandues au pied de son autel et dans son sanctuaire béni. Chaque jour une foule empressée accourait au pied de son autel, implorer la Mère toute-puissante de Dieu, et emportait avec la consolation, l'espérance de meilleurs jours.

Toutes les paroisses de Paris, dociles à la voix du premier pasteur, l'illustre archevêque de Paris, celui qui devait être martyr du devoir, s'empressèrent de venir chaque jour à leur tour, pendant une neuvaine de prières, répandre à l'autel de Marie leur cœur avec leurs larmes. Qu'il était beau et touchant, le spectacle que nous donnèrent les braves enfants de la France, les nobles fils de la Vendée et de la Bretagne! Chaque soir ils accouraient au pied de l'autel de Notre-Dame-des-Victoires, avides d'entendre une parole chrétienne et patriotique, et d'emporter, avec la bénédiction du ciel, un courage invincible et le mépris de la mort. Qu'il était beau et touchant, d'entendre chaque soir, ces braves soldats chrétiens entonner d'une voix forte et puissante, le chœur qui guidait leurs pères au milieu des combats, alors qu'eux aussi combattaient pour leur Dieu et pour la patrie.

> Je mets ma confiance
> Vierge en votre secours,
> Soyez mon assistance
> En tous lieux et toujours.
> Et quand ma dernière heure

Viendra fixer mon sort,
Obtenez que je meure
De la plus belle mort (1).

Tel était le spectacle qu'il nous fut donné d'admirer. Hélas! l'épreuve n'était pas complète. Un second coup de tonnerre devait retentir. Paris, l'orgueilleuse cité, la capitale de la France et de la civilisation, la grande désolée dans la patrie vaincue et ruinée, Paris n'avait pas assez compris la voix de Dieu! Paris avait marché à la tête du relâchement des mœurs; c'est de son sein qu'étaient sorties l'indifférence religieuse, une philosophie mensongère, l'irréligion, la haine de Dieu et de son Église; Paris s'était fait l'apôtre de Satan, il lui fallait une épreuve particulière. Elle fut terrible, c'est avec des larmes de sang qu'il faudrait redire nos malheurs; il faudrait emprunter ses accents au prophète qui, seul, sut égaler les lamentations aux douleurs, pour écrire cette page si triste et si lamentable de notre histoire.

Une horde furieuse et farouche, guidée par des monstres que l'enfer semblait avoir vomis, promène partout la terreur et l'effroi. Un joug tyrannique et sanguinaire nous enlève même jusqu'à la liberté de penser. Haine à Dieu, haine à la religion, haine à la société tout entière, tel était le programme. Le meurtre, l'assassinat, le pillage, la dévastation, l'incendie, tels étaient les moyens d'exécution. Et pendant trois mois, l'enfer domina dans la grande capitale. Les plus beaux monuments, l'orgueil de la cité, qui nous rappelaient les gloires de la patrie, brûlés et renversés, le vol et le pillage à l'ordre du jour! Que de richesses englouties! Que de ruines amoncelées! Que de larmes versées! Et comment ne pas épancher notre douleur au souvenir de l'illustre et héroïque archevêque de Paris, Mgr Darboy, si dévoué à Notre-Dame-des-Victoires, et qui avait tant à cœur la propagation de son culte. Comment ne pas confondre aussi dans nos regrets et dans nos prières, tous les autres

---

(1) C'est de cette époque que date l'introduction de ce cantique dans les chants ordinaires de l'archiconfrérie.

prêtres, nobles victimes expiatrices, dont le sang fut la rançon des coupables !

Pendant quelques temps, nous avions eu l'espoir que notre église vénérée serait épargnée, et que la mère des affligés pourrait encore accueillir notre prière et voir ses enfants dans son sanctuaire s'efforcer, par leurs gémissements, d'apaiser la justice d'un Dieu irrité. Nous avions compté sans la rage de l'enfer, l'église de Notre-Dame-des-Victoires devait la dernière tomber sous la fureur des ennemis de la religion, mais elle devait aussi éprouver d'une manière navrante, ce que l'on doit attendre de la barbarie la plus féroce et de l'impiété la plus éhontée.

L'insurrection était maîtresse de Paris, la Commune s'était établie au nom de la liberté, de l'égalité et de la fraternité ; mais elle avait en même temps organisé l'arrestation arbitraire, les réquisitions forcées, les condamnations à mort. Le vol, le brigandage et le meurtre étaient à l'ordre du jour. Le clergé surtout eut le privilège de concentrer sur lui la haine de la Commune. Cela devait être. Les curés des paroisses de Paris, plus directement menacés, durent, pour la plupart, se soustraire immédiatement aux recherches des fédérés.

Le 5 avril, jour du mercredi saint, eut lieu le départ de M. le curé de Notre-Dame-des-Victoires ; voici en quelles circonstances. M. le docteur G., membre du conseil de fabrique vint avec un des amis de M. le curé à la sacristie le conjurer de partir. Ce vénérable vieillard pouvait courir des dangers ; son âge, sa position, sa renommée, les aumônes qu'il distribuait lui-même chaque jour à la porte du presbytère, tout attirait sur lui les regards. M. le curé hésitait ; le pasteur, dit-il, doit rester à la tête de son troupeau. Plusieurs vicaires joignirent leurs instances à celles du docteur G., après avoir hésité longtemps, M. le curé dut, malgré lui, céder aux affectueuses instances de ceux qui l'aimaient, il monta dans une voiture qui l'attendait et partit.

Avant son départ il avait voulu pourvoir au salut du trésor de Notre-Dame-des-Victoires ; toutes les valeurs et le trésor de l'église furent déposés dans une cachette et le secret dut en être inviolablement gardé; toutes les mesures qu'indiquaient la prudence humaine furent prises. Hélas! combien notre confiance devait être cruellement trompée.

Cependant, tous les cœurs fidèles redoublaient leurs ferventes prières, et chacun comprenait que Dieu et la Sainte Vierge pouvaient seuls nous sauver et protéger leur temple de la fureur des vandales. MM. les vicaires chargés, l'un de l'administration de la paroisse, en l'absence de M. le curé, l'autre du service de l'Archiconfrérie, consentent, après de mûres réflexions, et sur les pressantes sollicitations des fidèles, à ce qu'on établit un premier *triduum* de prières en l'honneur de la Très-Sainte Vierge, puis un second en l'honneur de saint Denis, patron du diocèse. On commença également une neuvaine pour implorer la protection de la mère de Dieu. L'exercice eut lieu à quatre heures du soir, au milieu d'un concours immense de fidèles.

Le mois de mai approchait, mois consacré à la Très-Sainte Vierge, et qui chaque année, attire à notre sanctuaire une foule considérable de fidèles, empressés de recueillir les bénédictions de notre Mère. En quel temps, en effet, avions-nous plus besoin de grâce et de protection?

Jusqu'à présent, disait-on, la multitude qui se presse dans le saint lieu semble retenir au loin les fédérés; d'ailleurs ils n'oseront rien entreprendre contre le quartier de la Banque.

Il fut donc résolu que trois exercices auraient lieu chaque jour en l'honneur de la Sainte Vierge, comme les années précédentes, sauf une légère modification dans les heures.

En même temps, on dut prendre des mesures pour que les offices fussent très-courts, et que tout se passât avec prudence, pour ne pas attirer sur l'église la tempête qui grondait tout autour.

Le 30 avril, un délégué de la Commune, au nom du bureau de bienfaisance, vint solliciter la permission de quêter chaque jour dans l'église et aux portes, pour venir en aide aux braves fédérés. On accorda ce qu'on ne pouvait refuser. Le délégué galant homme, dont nous regrettons de ne pouvoir connaître le nom, se confondit en remerciements et promit avec effusion son aide et sa protection. Les quêtes eurent lieu avec assez d'ordre : les citoyennes quêteuses furent convenables, il y en eut même parmi elles qui savaient comment l'on doit se tenir dans une église. Cependant les recettes furent peu abondantes, les fidèles souffraient impatiemment la présence de la Commune dans le lieu saint.

Jusqu'ici l'administration municipale de la mairie du 2e arrondissement avait laissé à l'église toute sa liberté d'action. On avait bien eu à souffrir, pendant le siège, des taquineries mesquines de l'ancien maire, le citoyen Tirard *que les lauriers religieux du citoyens Mottu* (1) *empêchaient de dormir*, mais cela, comparativement, était fort peu de chose. Le citoyen Tirard, dans son omnipotence, avait de sa propre autorité et au mépris de tout droit établi et reconnu, interdit et cadenassé, pendant tout le temps du siège et de la Commune, la porte de sortie de l'église qui s'ouvre sur la mairie. Était-il juste de se plaindre? Fallait-il crier à la tyrannie? Il n'y avait là tout au plus que, le droit et la légalité de lésés, et une taquinerie à l'endroit du clergé. Devait-on attendre du citoyen Pottier qui succédait au citoyen Tirard, plus de justice, plus de respect du droit et de la légalité? Évidemment non, en présence de ce qui se passait dans toutes les autres églises au nom de la liberté, de l'égalité et de la fraternité.

M. C..., trésorier de la fabrique, eut, le 5 mai, un entretien avec le maire du 2me arrondissement, le citoyen Pottier, afin de le sonder sur ses intentions relativement à l'église.

Le maire lui répondit que *l'on n'inquiéterait point les églises de son ressort*, pourvu que l'on ne se mêlât pas : 1° des affaires politiques; 2° des actes de son administration; et il daigna ajouter ensuite que l'église étant la propriété de la Commune, il se proposait de la louer ultérieurement.

(1) M. Mottu maire du 11e arrondissement avait ordonné que l'on enlevât des écoles communales l'image du Christ et tout emblème religieux.

M. C... se trouvant quelques jours après à la sacristie avec M. de B..., membre de la fabrique, fait part aux vicaires de cet entretien. Il est convenu qu'on fera encore plus d'attention que par le passé, pour ne pas exciter les défiances et les susceptibilités de la municipalité, et ne pas attirer des malheurs sur l'église.

Les choses en étaient là, quand la Commune, qui avait tout préparé en silence, s'apprêta à porter le grand coup.

Le citoyen Pottier devait commencer l'attaque ; un jour, il envoie la lettre suivante :

« VILLE DE PARIS

« *Mairie du 2me arrondissement.*

Paris, ce 9 mai 1871.

« Lea (sic) membres de la fabrique de l'église Notre-Dame-des-
« Victoires,

« Citoyens,

« La municipalité du 2me arrondissement se met en mesure de soulager toutes les misères réelles, et elle entend faire respecter les arrêtés récents de la Commune relativement à l'interdiction de la mendicité.

« Nous vous avertissons, en conséquence, que nous ne saurions tolérer l'exhibition de ces mendiants qui se tiennent sous le portail de l'église Notre-Dame-des-Victoires, et auxquels vous donnez pour ainsi dire patente.

« Si la fabrique veut venir en aide aux indigents, elle peut le faire d'une manière plus intelligente et plus digne, qu'en favorisant un déballage de misères affectées qui nous reporte aux scènes du moyen-âge.

« Veuillez prendre note de cet avis, que vous pouvez considérer comme un ordre.

« Salut et égalité,

« *Le membre de la Commune délégué*
« *au 2me arrondissement,*

« Eugène Pottier. »

L'administration de l'église, loin d'avoir attiré ces mendiants, avait toujours fait les plus grands efforts pour les écarter, et maintes fois elle avait réclamé, mais toujours en vain, le secours de la municipalité. Tous ces amis de la fraternité étaient les partisans dévoués de la Commune; ils avaient été, pour la plupart, les électeurs éclairés du citoyen Pottier, et ils se prévalaient de son autorisation, pour *implanter sur le parvis de l'église le déballage de leurs misères affectées.* Le citoyen maire le savait bien ; mais, qu'importe, il fallait lancer la première flèche, il fallait un prétexte pour arriver au but, la spoliation, le vol et le brigandage.

Le 14 mai, le citoyen Pottier se rappelle encore qu'il a réservé la location de l'église; d'ailleurs, il a besoin d'argent; nouvelle lettre du citoyen maire :

« VILLE DE PARIS

« *Mairie du 2me arrondissement.*

« Paris, 14 mai 1871.

« Aux membres de la fabrique de l'église Notre-Dame-des-
« Victoires,

« Citoyens,

« La question de la location des immeubles où vous exercez votre industrie, n'a pas encore été réglée entre la fabrique et la Commune, dont nous sommes les gérants.

« Notre intention est de régulariser cette situation à compter du 18 mars, et nous désirons que vous vous entendiez avec nous dans le plus bref délai, d'abord sur les conditions de cette location, puis sur le meilleur système de paiement.

« Nous avions d'abord pensé à déléguer près de vous, un architecte chargé de déterminer la quotité de la location d'après les dispositions et les dimensions des locaux occupés par vous, mais, comme vous devez avoir des plans, ce travail peut être évité.

« Quant au mode de paiement, nous désirons qu'il soit journalier, et il n'y aura qu'à fixer la façon dont il pourra s'effectuer.

« Nous avons, de plus, l'intention de percevoir de suite le prix de la location.

« Nous attendons votre visite immédiate.

« Salut et égalité,

« *Le membre de la Commune délégué*

« *au 2ᵐᵉ arrondissement,*

« Eugène POTTIER. »

Cette lettre est remise à M. de B..., en l'absence du trésorier de la fabrique. Celui-ci, à son retour, va trouver le citoyen Pottier. La municipalité exigeait 80,000 fr. de location par an ; soit 12,000 fr. pour la location depuis le 18 mars, et 200 fr. payables chaque jour. Le conseil de fabrique, représenté par M. de B..., espérait que le maire consentirait à n'imposer que 100 fr. de location par jour. Vu l'insuffisance actuelle des fonds, il proposait de faire appel à la générosité des fidèles, qui seraient, disait-il, heureux de conserver leur église et s'imposeraient tous les sacrifices. Le sous-directeur de l'archiconfrérie n'était pas de cet avis, parce que : 1° c'était un précédent fâcheux pour les autres églises qui seraient également rançonnées ; 2° la plupart des fidèles étaient pauvres ou peu aisés, comme il était facile de s'en convaincre par la composition de l'assemblée journalière. Il ajoutait qu'on ne trouverait pas assurément 100 fr. par jour, les riches ayant quitté Paris ; 3° les exigences de la Commune s'élèveraient certainement de plus en plus. Le trésorier de la fabrique ayant décidé avec le maire qu'on n'entrerait point en pourparlers avant le vendredi suivant, on convint d'ajourner toute décision. Ce fut le 16 mai au soir que M. de B... crut devoir donner connaissance de la lettre à M. l'abbé Del...

Le mercredi 17 mai, veille de l'Ascension, vers quatre heures trois quarts de l'après-midi, au moment où éclatait la poudrière de l'avenue Rapp, le 150ᵉ bataillon des fédérés, précédé par le citoyen

Le Moussu, commissaire central de police, débouche, musique en tête, sur la place des Petits-Pères. En un instant, l'église est cernée, toutes les issues en sont gardées. L'exercice du Mois de Marie touchait à sa fin ; le prédicateur, M. l'abbé Le R..., terminait son instruction. Les fédérés n'osant pas interrompre le service divin, la bénédiction du Très-Saint Sacrement fut donnée et M. l'abbé D... reporta le Saint Sacrement à la sacristie, afin de le sauver de la profanation. On voulait consommer les Saintes Espèces ; mais, après quelques instants de réflexion, on les renferma dans un corporal préparé à l'avance en cas d'événements majeurs, et M. l'abbé Del..., escorté de M. le docteur G..., les porta à l'église de Saint-Roch.

L'office était à peine terminé, le tumulte commence ; un des fédérés monte aux orgues, d'où il veut dire quelques paroles qu'on ne peut entendre ; un autre se met à fumer sa pipe, on veut le faire cesser ; les réclamations des fidèles, les blasphèmes des fédérés, les interpellations diverses, le bruit des armes qui résonne sur la dalle, tout donne à cette scène de tumulte un caractère indescriptible.

M. l'abbé D... essaya de se concilier la protection de l'autorité civile, en envoyant chercher le citoyen Pottier, avec lequel, ainsi que nous l'avons dit plus haut, on était entré en pourparlers (1). « Sur « ma demande, dit notre honorable confrère, il arriva et j'entendis « le colloque suivant : « Citoyen, dit Pottier à Le Moussu, en vertu « de quel mandat vous présentez-vous ici? — En vertu, répondit « celui-ci, de mon autorité souveraine de commissaire central, « supérieure à la vôtre. — Vous avez tort, lui répliqua le maire « provisoire, de procéder ainsi, car j'allais obtenir de la fabrique « de cette église un droit de location de 200 francs par jour, avec « un effet rétroactif à partir du 18 mars, qui, dès demain, faisait

---

(1) M. l'abbé D... nous a autorisés à puiser les renseignements dont nous aurions besoin dans son intéressante brochure, *La Commune à Notre-Dame-des-Victoires* ; nous lui en témoignons notre vive reconnaissance.

« tomber dans les caisses de la Commune une somme de
« 12,000 francs ».

« Alors je voulus hasarder auprès du citoyen Pottier une tentative de conciliation ; mais à peine avais-je ouvert la bouche, que celui-ci, se retournant vers moi les yeux pleins de colère, s'écria de toute la force de ses poumons : « Ne croyez pas que je viens ici « pour vous protéger ; sachez au contraire, que je vous exècre, « vous et tous les gens de votre secte ; vous êtes tous des empoi« sonneurs au point de vue physique et moral. »

M. l'abbé A..., vicaire à la paroisse, était au confessionnal ; il en sort précipitamment, court à la sacristie revêtir un surplis et une étole, et, avec une fermeté toute sacerdotale, il se présente en face des fédérés et leur barre le passage : « Hâtez-vous, leur dit-il avec une sainte indignation, hâtez-vous de terminer votre besogne, car un second exercice du Mois de Marie doit avoir lieu à sept heures du soir ; il faut que l'église soit libre. » Ce courage et cette liberté d'un prêtre ne firent aucune impression sur ces forcenés ; on saisit l'intrépide vicaire, on le fouille, et malheureusement on trouve sur lui un coup de poing, instrument de défense, avec une lettre qu'il avait reçue de Versailles et qui traitait exclusivement de matières religieuses. Il n'en fallait pas davantage pour exciter la rage ; on le décrète d'arrestation, et il est gardé à vue dans la salle des catéchismes, où il devait rester privé de toute communication pendant près de trente heures.

Déjà l'église était occupée militairement, et les fédérés expulsaient brutalement les fidèles. « Alors, dit M. l'abbé D..., eut lieu une scène digne des premiers âges du christianisme et qui laissera dans mon âme les plus impérissables comme les plus touchants souvenirs. La force armée ne pouvait rien en présence de l'attitude saintement énergique de nos paroissiens ; on défiait les baïonnettes et les revolvers des envahisseurs ; on les traitait, avec une noble audace, de sacrilèges et de maudits ; on se groupait autour de l'autel de la Très-Sainte Vierge, comme pour lui faire un rempart d'honneur et de dévouement : enfin, nos héroïques fidèles, se cramponnant aux balustrades de la chapelle, demandaient comme une grâce, de mourir sous le regard protecteur de Marie plutôt que de laisser profaner son sanctuaire.

« Un jeune homme, entre tous, se signala par son intrépide courage : ce fut M. B..., bibliothécaire de la Conférence de Saint-Vincent-de-Paul. A peine Le Moussu eut-il pénétré dans l'église, le chapeau sur la tête, la main sur son revolver, et suivi de ses fédérés, le fusil au bras, que M. B..., vêtu en garde national, mais sans armes, alla droit à lui et lui dit : « Que venez-vous faire ici ? — « Cela ne vous regarde pas, répondit Le Moussu, vous devriez être « dans nos rangs. — Cela me regarde, puisque c'est mon église ; « quant à être dans vos rangs, moi, j'en ai fait assez, j'ai servi « la patrie jusqu'à la mort ; et vous ? »

« Le Moussu ne répondit pas et se dirigea brusquement d'un autre côté. M. B... s'attachait à ses pas, résolu à s'opposer à tout acte de violence. Le Moussu, qui s'en aperçut, lui dit : « Vous me « regardez bien méchamment, citoyen. — Pas assez, dit M. B... » Et, s'animant, il ajouta : « Dans huit jours, vous serez vaincus. — « Comment, s'écria Le Moussu, vous dites que les Versaillais « entreront dans Paris, chouan, gueux, coquin ! — Oui, ils seront « ici dans huit jours, et si vous n'êtes pas content, tuez-moi... « tuez-moi ! » Le Moussu avait la main sur son revolver ; mais M. B..., animé par une sainte indignation, se rapprochait tellement de lui, que celui-ci se vit obligé de reculer, comme dominé par tant de courage. M. de D... s'interposa : « Respectez ce jeune « homme ; c'est un brave ; il a gagné la médaille militaire sur le « champ de bataille de Montretout pour la défense de Paris. »

« Le Moussu donna alors l'ordre d'arrêter M. B. Quatre fédérés allaient exécuter cet ordre, lorsqu'un de leurs capitaines, nommé Meyer, s'y opposa. — « Je ne veux pas qu'on arrête ce citoyen. » Et se tournant vers ses hommes : « Je vous défends de l'arrêter. » Devant cette opposition, Le Moussu se contenta de dire : — « Allez « donc, fanatique, on n'a pas besoin de vous ici, » et M. B. sortit. »

« L'attitude des fidèles, non-seulement de nos paroissiens les plus dévoués, mais encore de nobles femmes qui ne pouvaient se décider à quitter, même au péril de leur vie, le sanctuaire de Notre-Dame-des-Victoires en imposait aux fédérés. Ils sentaient qu'ils ne pouvaient accomplir librement leur œuvre de spoliation.

« Comprenant enfin, dit M. l'abbé D. qu'il ne pouvait rien par la force, même en présence d'un sexe timide, Le Moussu m'interpella en disant : « Citoyen prêtre, faites donc sortir toutes ces fanatiques ! »

« Immédiatement, et avec le concours de M. de B., j'interposai ma faible autorité, et ce que ne pouvaient faire les baïonnettes et les revolvers des insurgés, la voix d'un pauvre prêtre l'obtint. En un instant, l'église fut évacuée, mais non sans beaucoup de larmes et de sanglots. Alors commencèrent les perquisitions. Tandis que M. P., maître de chapelle, qui avait voulu rester spontanément, et au dévouement duquel nous ne saurions trop rendre hommage, conduisait une bande de ces forcenés au grand orgue et le sauvait du vandalisme ; tandis que, d'autre part, MM. de B. et le docteur G. s'offraient à ces misérables, le premier pour les conduire dans les caveaux souterrains, le second pour aller chercher un serrurier qui faciliterait leurs opérations, je me présentai à Le Moussu et le guidai à travers nos sacristies et toutes les dépendances de l'église. Croyant les perquisitions terminées, je me rendais dans la salle des mariages pour y rejoindre les dignes marguilliers dont les exemples m'offraient de si précieux encouragements ; lorsque je fus arrêté au milieu du chœur par l'indigne agent de la Commune, qui me cria devant toute sa bande, en montrant un coup de poing qu'il tenait à la main. — « Voilà comment vous savez rendre le bien pour le mal. » C'était un instrument trouvé sur M. l'abbé A., avec une lettre qu'on affecta de regarder comme très-compromettante, par laquelle on lui accordait l'autorisation de donner la bénédiction du Très-Saint Sacrement et d'établir des exercices religieux, et j'arrivai enfin dans la sacristie des mariages, où se trouvaient déjà les deux honorables marguilliers nommés plus haut, ainsi que M. P. A peine étions-nous réunis, qu'immédiatement nous fûmes cernés et gardés à vue par trois factionnaires et un capitaine. Il pouvait être environ six heures. Le secrétaire de Le Moussu, nommé L., vint nous fouiller et nous interroger, sous prétexte qu'on avait trouvé des pièces très-compromettantes sur M. l'abbé A..., et que nous étions sans doute ses complices. Le secrétaire garda deux lettres trouvées sur M. de B. et une lettre prise sur M. le docteur G. Il s'éloigne en donnant l'ordre d'augmenter le nombre des factionnaires qui nous gardaient ».

Toute l'église avait été passée en revue, les armoires ouvertes et fouillées, toutes les pièces attenant à l'église visitées, et l'on n'avait pu découvrir aucune trace d'armes, ni de dépôt de poudre, car, selon leur dire, les fédérés n'étaient venus que pour faire une perquisition. Bien que l'arme de défense et la lettre trouvées sur M. l'abbé A. eussent déterminé l'arrestation de M. l'abbé D... et de MM. G. et de B., on pouvait peut-être encore conserver l'espoir que l'église ne serait pas profanée davantage, quand tout à coup une voix avinée s'écrie : « Sondons les murs, il y a ici des trésors cachés, j'en suis sûr, on me l'a dit, ils doivent être dans un caveau. » Hélas ! cela n'était que trop vrai ! Le secret de la cachette avait donc transpiré ! On savait que les richesses de l'église y étaient demeurées ! Alors on envoya chercher des pelles et des pioches, et l'on se mit à sonder et à creuser partout. Les fédérés ouvrirent tous les caveaux, violèrent les sépultures et amenèrent au jour les ossements des anciens religieux et des nobles familles ensevelis dans l'église depuis sa fondation. Ils avaient une arrière-pensée dans cette exhumation sacrilège ; nous le verrons plus loin. Arrivés au caveau de Lully, ils n'eurent pas de peine à découvrir la cachette. Ce fut avec des cris et des hourrahs de joie, que ces vandales virent apparaître au jour, les calices et les ciboires enrichis d'émaux et de pierres précieuses, le grand et magnifique ostensoir en vermeil, les deux couronnes en or que le Saint Père avait données pour le couronnement de la statue de Notre-Dame-des-Victoires, deux couronnes ornées de nombreuses améthystes données par la marquise de Wellesley, vice-reine d'Irlande, deux autres couronnes en or massif offertes récemment, une quantité de bracelets, de bijoux, de colliers, de pierres précieuses, de diamants, de cœurs d'or enrichis d'émeraudes, etc., et enfin les titres de rentes de l'Archiconfrérie, représentant une somme de 70,000 fr. (1). Ce caveau renfermait toutes les richesses de l'église, évaluées approximativement à une somme de deux cent cinquante à trois cent mille francs. Encouragés par cette importante capture, les forcenés organisent le pillage et la dévastation de l'église tout entière. Cela les occupa toute la soirée et la nuit suivante.

« A neuf heures et demie du soir, dit M. l'abbé D., Le Moussu, qui sans doute avait oublié que nous étions là depuis plus de trois heures, entra dans la sacristie, et jugeant à propos de trouver innocents de toute conspiration, MM. de B. et P., il les remit en liberté. Quant à M. G..., il demeura prisonnier avec moi.

« Nous passâmes ensemble toute la nuit du 17 au 18 mai, sous le regard scrutateur et défiant de trois factionnaires, qui se relevaient d'heure en heure, comme il convenait à de dignes séides de la Commune. Cependant, nous rencontrâmes parmi eux quelques âmes moins endurcies. Tandis qu'on procédait au pillage complet de l'église, et qu'on nous faisait assister à la profanation des ornements et des vases sacrés, un capitaine me glissait à voix basse quelques paroles de sympathie; un autre qui se disait parent de S. E. le cardinal Morlot, ancien archevêque de Paris, protestait, avec la réserve qu'imposaient les circonstances, contre les spoliations commises ; d'autres enfin, nous disaient qu'ils n'avaient pas complètement abdiqué tout sentiment de reconnaissance envers les Frères qui les avaient élevés, à l'égard des Sœurs de Ménilmontant qui les avaient soignés dans leurs maladies. Je n'oublierai jamais la confidence émue que me fit celui de tous qui me paraissait avec raison le moins hostile : — « Je suis Frère des écoles chrétiennes. »

(1) Le capital de ces rentes avait été donné à l'archiconfrérie : 1º pour l'entretien des lampes du sanctuaire ; 2º pour deux autels à construire, l'un en l'honneur du saint nom de Jésus, l'autre sous l'invocation de saint Joseph ; 3º pour l'achat d'un ostensoir.

Je conserverai même un sentiment de véritable gratitude envers l'un des plus jeunes, que sa douceur relative avait fait surnommer par ses camarades du sobriquet de *Bibi*, et qui me proposa au péril de sa vie, de se charger d'une lettre pour ma famille. De temps en temps, le secrétaire de Le Moussu traversait notre salle de détention et nous jetait en passant ces mots d'une rare audace : — « Votre position s'aggrave de plus en plus, nous trouvons des pièces de plus en plus compromettantes. » On affectait de saisir tous les prétextes possibles de nous trouver coupables d'intelligence avec Versailles.

« Enfin, le soleil de l'Ascension qui d'ordinaire apporte dans les âmes de si précieuses et si consolantes allégresses projeta sur nous ses premiers rayons. Vers huit heures, le capitaine de garde, nommé L., m'invita à faire demander mon déjeuner ; je refusai, déclarant que je voulais conserver l'espoir de célébrer la sainte messe, sinon dans notre église, au moins ailleurs en ce grand jour de fête. J'attendais donc patiemment, lorsque la Providence permit que M. l'abbé R., prêtre habitué de la paroisse, qui s'était présenté à l'heure de sa messe, nous fut adjoint comme compagnon de captivité. »

M. l'abbé R. était venu vers huit heures du matin à l'église, et voyant tout bouleversé, il voulut rétrograder. — On ne sort pas, dit un des fédérés. M. R. insiste, on lui répond qu'il faut parler au capitaine. Celui-ci était à la chapelle du Sacré-Cœur, et d'un air menaçant : — Fouillez ce citoyen. — On ne me fouillera pas, répondit le courageux prêtre, vous entendez, je parle français, vous me comprenez. M. l'abbé R., une clef à la main, faisait un signe expressif que comprit l'exécuteur des hautes œuvres du capitaine. Celui-ci ordonna de le conduire avec les autres. Dans le trajet, un jeune homme lui dit : — Vous serez avec vos amis. — C'est vous, répond le prisonnier, mais ce sont aussi les vôtres. Ce jeune homme, ému, lui serra fortement la main et il disparut.

Pendant ce temps, les fouilles continuaient toujours dans l'église, les sépultures violées rendaient les dépôts que les siècles leur avaient confiés, il fallait profiter de cette découverte. Des drames terribles avaient dû se passer dans l'église, des assassinats, des crimes hors nature, toute espèce d'horreurs que le clergé avait dû se permettre; il fallait que tout fut découvert, que le bon peuple que l'on trompait depuis si longtemps, connut enfin la vérité et en fit justice (1).

Pour exciter l'indignation de la foule contre les prêtres et contre la religion, le bataillon des Enfants-Perdus, les Vengeurs de Flourens, qui avaient succédé au 159e bataillon des fédérés de Belleville, étalèrent devant le portail de l'église le grand et riche tapis du chœur et amoncelèrent dessus les ossements qu'on retirait des souterrains. Ils en formèrent des pyramides au sommet desquelles ils placèrent les têtes des squelettes retrouvés dans les caveaux. Le citoyen Pottier présidait.

---

(1) Plusieurs personnes ont cru que les ossements profanés par les fédérés étaient exclusivement ceux des anciens religieux; c'est une erreur. Les Augustins déchaussés étaient enterrés dans la cave commune, sous le chœur actuel; ils ont été exhumés il y a déjà plusieurs années, quand on construisit le calorifère de l'église, et leurs restes furent déposés dans le caveau qui est situé sous la statue de saint Pierre.

Avec ces ossements, les communards profanèrent les restes des anciennes familles déposés dans les autres caveaux.

Dans le caveau de Lully, outre les restes du célèbre musicien, il y avait encore ceux de Madeleine Lambert, sa femme, de Michel Lambert, le musicien, et ceux des cinq enfants de Lully.

Plusieurs autres familles avaient fondé dans l'église des Petits-Pères des chapelles qui devaient servir à leur sépulture. Ainsi, les familles du marquis de l'Hôpital et de Douilli possédaient un caveau dans la chapelle du Saint-Esprit. La famille de Gédéon, de Metz, dans la chapelle de Saint-Nicolas de Tolentino, aujourd'hui de Sainte-Anne. La famille de Vassal dans celle de Saint-Joseph, etc. Les fédérés ne respectèrent pas davantage les sépultures de ces familles.

N. B. Le mausolée de Lully n'est plus où il était avant la révolution, il fut enlevé à cette époque et déposé dans les magasins de l'Etat; plus tard, il fut restitué à l'église, mais on le replaça deux chapelles plus loin, à l'endroit où il est actuellement.

Un peigne en écaille, une *magnifique chevelure blonde*, trouvés, grâce à l'intuition du citoyen Le Moussu, témoignaient assez du sexe des victimes. Ces cadavres étaient ceux de jeunes femmes assassinées par le clergé. Le citoyen Pottier l'avait déclaré ainsi (1).

Malgré tout, on ne pouvait réussir à frapper l'esprit du peuple. Toute la place des Petits-Pères était encombrée par une foule immense, et de tous côtés s'élevaient des cris d'horreur contre toutes ces abominations. Les mots d'assassins, de brigands, de scélérats, de voleurs, de menteurs et de faussaires étaient les expressions les plus douces. Plusieurs femmes, qui exprimaient plus librement et plus directement leur pensée, furent arrêtées, puis relâchées quelque temps après.

A l'intérieur de l'église, une scène non moins lamentable se passait : une quarantaine de brigands habillés en gardes nationaux, appartenant au 159ᵉ bataillon de Belleville, s'occupaient à dévaster l'église. Les uns décrochaient les tableaux (2) et les ornements de cuivre, les autres arrachaient les dalles et sondaient les soubassements des autels, afin de découvrir les autres cachettes de « ces brigands de curés, que l'on devrait brûler avec leur église » (*sic*). On défonçait les tabernacles à coups de pied, on jetait les saints par terre, au vent les reliques.

Autre scène plus ignoble encore dans la sacristie : les fédérés avaient ouvert tous les tiroirs ; ils en retiraient les ornements sacrés pour s'en revêtir et, prenant des livres liturgiques, parodiaient les offices de l'Église, en chantant les chansons les plus obscènes entremêlées de versets des psaumes ; d'autres, s'emparant des nappes d'autel et de communion, s'en entouraient le corps en dessous de leurs vareuses; ils se revêtaient de surplis, de rochets,

---

(1) Lettre de M. l'abbé Giraudet, publiée dans l'*Univers*, le 5 juillet 1871.

(2) Il est étonnant que les fédérés aient respecté les sept tableaux du sanctuaire, dus au pinceau de Carle Vanloo ; peut-être n'ont-ils pas eu le temps de les enlever?

d'aubes, se mouchaient dedans, les souillaient de leurs crachats....
La plume se refuse à donner d'autres détails plus immondes.

Quelques-uns arrachaient les franges et les galons d'or et d'argent des étoles et des autres ornements, en remplissaient leurs poches, tandis que leurs camarades, montés sur les buffets, volaient tout ce qui paraissait à leur convenance.

Des enfants de quinze ans à peine, revêtus des aubes et des chasubles, couraient les uns après les autres dans l'église et se montraient sur le portail en chantant des refrains obscènes. Ils parodiaient, eux aussi, la liturgie sacrée, à l'exemple de leurs braves pères les fédérés ; ils promettent pour l'avenir. Ils se jetaient à la tête des poignées de pains azymes non consacrés qu'ils avaient trouvés dans la sacristie, en criant : « Tiens, communie, toi! » Le tout était accompagné de libations copieuses, et par les pères et par les enfants.

Vers midi, quatre femmes, habillées élégamment de noir, avec une écharpe rouge sous leur mantelet, furent amenées cérémonieusement par un délégué de la Commune. C'étaient les ravageuses. Il fallait qu'elles fussent parfaitement au courant des usages de la sacristie, car elles indiquaient avec précision et avec un acharnement indescriptible, à tous les bons travailleurs, les endroits qu'il fallait fouiller de préférence. Elles les encourageaient à la destruction la plus complète. « Il faut, disaient-elles, faire disparaître les lampes et les lustres, et ne laisser que des murs absolument nus ».

L'une d'entre elles, qui paraissait avoir une autorité supérieure aux autres, ordonna que tout ce qui rappelait la religion disparût, à l'exception de la chaire à prêcher pour les orateurs du club, et du banc d'œuvre pour le bureau. A ce moment, un des brigands souillait de ses immondices un des coins du maître-autel, un autre fumait sa pipe, étendu sur la table de marbre de l'autel.

Vers une heure et demie, trois dames et une jeune fille, arrêtées pour avoir osé reprocher aux fédérés leurs horribles sacriléges, sont amenées prisonnières dans la sacristie. L'une d'elles prend son livre de messe et l'ouvre, lorsqu'une cantinière entre, et la voyant, s'écrie en frappant sur l'épaule d'un des geôliers : « Dis donc, citoyen, tu ne vois donc pas la citoyenne qui dit sa messe ; pauvre biche ! » Et, riant aux éclats, la furie ajoute en lui donnant un verre d'eau-de-vie : « Tiens, avale ; cela sera meilleur que dix messes. Et la dévastation, et les blasphèmes, et les chants continuaient toujours.

Un délégué *ad hoc*, — son nom appartient à la postérité, — le citoyen Roussel, l'ami intime de Raoul Rigault, faisait décrocher les ex-voto, les lampes et les bronzes; le tout était jeté pêle-mêle dans la sacristie avec les soieries des ornements découpés, les cœurs d'or et d'argent, les joyaux précieux, les vases sacrés et tout le trésor, découvert dans le caveau de Lulli.

Les otages arrêtés étaient toujours gardés à vue ; on leur avait adjoint deux nouveaux compagnons d'infortune, M. l'abbé G..., vicaire à Saint-Augustin, et M. H..., organiste de la même église. Ces deux nouveaux captifs, arrêtés le matin, devaient comparaître devant le citoyen Le Moussu. A peine les prisonniers avaient-ils échangé entre eux quelques paroles, que la porte s'ouvrit pour livrer passage au fougueux et impitoyable Pottier. Le maire, s'adressant à M. l'abbé R..., s'écrie avec une exaltation féroce : — « On vient de découvrir des cadavres, misérable ! Combien en as-tu tué pour ta part ? » Notre digne confrère le regarde fixement aux yeux et se contente de hausser les épaules. M. l'abbé D... et M. le docteur G... furent interrogés à leur tour. On demanda même à ce dernier quels pouvaient être les instincts mal dissimulés, les passions, le tempérament enfin de ces prêtres dont il paraissait l'ami.

L'honorable docteur répondit à ces questions avec une dignité et une noble fierté qui firent clore son interrogatoire. Vint le tour de M. l'abbé D...; on lui demanda l'origine de tous ces squelettes que l'on trouvait dans l'église. Il ne fut pas difficile à notre confrère de répondre à cette question. Tous ces ossements provenaient de la sépulture des anciens religieux qui avaient occupé autrefois le couvent des Augustins déchaussés ; en outre, plusieurs familles, telles que celles de Lulli, du marquis de l'Hôpital, de Vassal, avaient fondé des chapelles et y avaient construit des caveaux pour servir à leur sépulture. Depuis la Révolution, un seul corps avait été inhumé dans l'église : c'était celui du vénérable M. Des Genettes, fondateur de l'Archiconfrérie, ancien curé de la paroisse, qui avait été déposé, en 1860, dans un caveau au pied de l'autel de l'Archiconfrérie. Le citoyen Serailler, adjoint et secrétaire de Pottier, et non moins honorable que son maître, prenait des notes. M. l'abbé D... crut devoir faire remarquer au citoyen maire, l'injustice et l'illégalité de son arrestation, la futilité et le ridicule de ses accusations, et la bienveillance qu'avait eue l'administration de l'église en autorisant des quêtes pour les blessés de la Commune. Ces arguments ne purent toucher le farouche Pottier, qui se retira en s'écriant avec une indignation affectée et sentimentale : « Je vais faire afficher dans tout Paris que vous avez assassiné quatorze personnes, toutes femmes et enfants. »

Il tint en effet parole, car, le lendemain, Paris apprit par des affiches apposées partout, que le citoyen Pottier, maire du deuxième arrondissement, par sa sagacité et sa vigilance, avait su découvrir les assassinats et les crimes commis par le clergé de Notre-Dame-des-Victoires. Les cadavres des jeunes filles, leurs victimes, étaient exposés à la porte de l'édifice ; tous les bons patriotes étaient invités à s'assurer de la vérité du fait.

Le soir du jour de l'Ascension, vers sept heures, une lueur d'espérance vint ranimer le courage des prisonniers. Le commandant du 159e bataillon les interrogea avec un calme qui leur parut extraordinaire et qui pouvait même ressembler à de la bienveillance ; il donna à comprendre que plusieurs d'entre eux seraient remis en liberté. En effet, une heure s'était à peine écoulée, que M. le docteur G..., sous prétexte d'une constatation médicale, fut rendu à la liberté.

Une autre victime vint bientôt le remplacer ; on amena M. l'abbé A..., retenu au secret dans une chambre séparée depuis le commencement de la profanation de l'église. Quelque temps après, cet ecclésiastique voulut offrir aux factionnaires une part des aliments qui leur étaient servis pour leur dîner ; mais Roussel, membre de la Commune, feignit de croire qu'ils voulaient corrompre leurs geôliers : — « Nous n'aurons la paix, s'écria-t-il, que lorsque, comme Santerre, nous ferons tomber une tête toutes les cinq minutes. » Cependant il parut bientôt s'adoucir un peu ; et poussa l'effort jusqu'à demander à ses prisonniers s'ils ne manquaient pas du nécessaire ; il voulut même leur faire apporter des fauteuils.

Peu à près, M. l'abbé G... et M. H... furent à leur tour rendus à la liberté. M. l'abbé D..., enhardi par la compassion apparente du citoyen Roussel, se hasarda à lui demander une audience particulière. Le monstre la lui accorda et le conduisit dans le sanctuaire même de l'église. — « Monsieur, lui dit notre honorable confrère, vous avez eu une mère, et ce souvenir réveille peut-être en votre âme des sentiments qui vous honorent. Or, moi aussi, j'ai une mère qui, depuis plus de vingt-six heures, souffre de mon absence et de ma captivité. Permettez-moi de vous demander, au nom de votre mère et de la mienne, l'autorisation de rentrer chez moi, me constituant prisonnier sur parole. » Vit-on jamais un tigre s'attendrir ? Roussel, pour réponse, lui fit cette horrible révélation : — « Prisonnier sur parole très-bien ; mais, moi qui vous parle et qui jouis actuellement de ma liberté, j'ai été condamné aux travaux forcés à perpétuité. » Cet homme était l'ami de Raoul Rigault ; le disciple valait le maître. Il ajouta, un instant après : — « Je voudrais bien vous laisser partir ; mais si je prenais une telle détermination sans consulter mon entourage, je pourrais être fusillé avant vous ! » Cependant, sur les instances de M. D..., il voulut bien consulter ses amis ; mais ces gens, rendus furieux par les fumées de l'ivresse, repoussèrent cette demande avec des cris de rage ; ce fut de toutes parts un *tolle* d'imprécations. Le soir, les quatre captifs, M. l'abbé D..., M. l'abbé R..., M. l'abbé A... et le frère Honeste, suisse de l'église, qui devait rester encore dix jours entre les mains de ces forcenés, furent conduits, pour y passer la nuit, dans une chambre au-dessus de la sacristie.

« Nous fûmes enfermés tous les quatre, dit M. l'abbé D..., dans une pièce de l'étage supérieur de la sacristie qui ne pouvait offrir aucune facilité d'évasion. D'ailleurs, trois factionnaires furent placés à la porte de notre chambre, fermée à double tour, et, se relevant d'heure en heure ; ils nous répétaient sur tous les tons que nous ne pourrions leur échapper, que même la fusillade serait pour nous un supplice trop doux, qu'il vaudrait mieux nous hacher à coups de baïonnettes. Impossible donc de dormir : derrière nous des gardiens bruyants et impitoyables ; à côté, des pillards qui renouvelaient avec un horrible vacarme les hideuses saturnales de 93. »

En effet, une scène inouïe, même aux plus mauvais jours des révolutions, avait lieu dans l'église. Il y avait, à l'autel privilégié de la Sainte Vierge, sous un châssis de cristal, un *corpo santo*, c'est-à-dire le corps recouvert de cire d'une jeune martyre, sainte Aurélie, donné par N. S. P. le Pape Pie IX. Les fédérés enlevèrent la tête de la sainte, et après l'avoir fixée à la pointe d'une baïonnette, ils l'exposèrent dans le sanctuaire, en ayant soin de fermer les grilles du chœur pour qu'on ne pût approcher de trop près. On ouvrit les portes de l'église et on permit au brave peuple d'entrer pour voir cette mise en scène. Nombre de femmes furent conviées à ce spectacle et aux fêtes qui devaient se donner ensuite.

« Cette tête pâle et triste, encadrée d'épais cheveux blonds, dit M. l'abbé Giraudet, était dans la demi-obscurité, d'un effet saisissant. — « Voyez, criaient-ils alors au peuple, voilà l'ouvrage des
« prêtres, de ces monstres que vous défendez encore! Voilà la
« dernière jeune fille qu'ils ont égorgée. Nous croirez-vous mainte-
« nant ? » — « Eh bien! oui, ma chère, disait une femme à sa
« voisine, je ne l'aurais pas cru si on me l'avait dit, mais je l'ai
« vu, vu, et j'y crois ; c'était une jeune femme de vingt ans à
« peine, pâle et flétrie ; elle avait une magnifique chevelure blonde.

A la porte de l'église, sous le portail, d'autres fédérés *jouaient à la boule* avec les têtes des squelettes exhumés, ils se les jetaient et se les renvoyaient les uns aux autres.

Il fallait couronner l'œuvre par une fête de nuit. Les fédérés convièrent les cantinières et retinrent un certain nombre de femmes douteuses, à leur banquet et à leurs hideuses débauches. Parmi ces femmes, qui avaient renié toute pudeur, il y en eut une qui se fit remarquer par sa violence. C'était une jeune fille de vingt-deux ans à peine ; se plaçant devant la statue de Notre-Dame-des-Victoires, elle affectait de lui cracher à la face, en vomissant les plus horribles blasphèmes et les paroles les plus impudiques, aux applaudissements frénétiques des assistants.

Un banquet ou festin eut lieu ensuite au banc d'œuvre, et d'abominables excès furent commis en compagnie de ces femmes, de ces furies sorties de l'enfer. Les cris, les blasphèmes, les voix avinées, les danses immondes furent les conséquences de ces agapes de la Commune.

Notre plume doit se respecter et s'arrêter devant les actes honteux qui s'accomplirent ; l'église, en un mot, subit la plus révoltante comme la plus complète profanation.

Certains bruits ont circulé à l'occasion de ces saturnales ; nous devons rétablir la vérité. On a dit que la statue de la Sainte Vierge avait été habillée en cantinière, et qu'un de ces misérables ayant voulu lui mettre sa pipe à la bouche était tombé mort, frappé par la vengeance divine. Ces faits ne sont pas exacts. Une voix s'était bien écriée qu'il fallait habiller la Vierge en cantinière, mais comme il était physiquement impossible de le faire pour la statue miraculeuse, on prit une petite statue de l'Immaculée Conception, en bois sculpté, placée au-dessus du banc d'œuvre ; on lui mit sur la tête un chapeau de cantinière et on drapa autour de son corps une ceinture rouge.

Il y eut, cette même nuit d'orgie, un fédéré qui mourut dans l'église, mais ce fut d'indigestion, de vin et de débauche. C'était vers dix heures et demie du soir ; on déposa son cadavre dans la chapelle des fonts baptismaux, et à une heure du matin, quand

15

l'orgie eut lassé tout le monde, on l'emporta pour l'enterrer secrètement.

Voilà ce qui m'a été raconté.

Le bataillon des Vengeurs de Flourens avait fait assez pour sa gloire, c'était au tour d'un autre. Le 10 mai, à midi, le 125ᵐᵉ bataillon venait le remplacer et cueillait à son tour de nouveaux lauriers.

Jusqu'ici, bien que l'on eût ouvert le caveau où était déposé le corps de M. l'abbé Dufriche Des Genettes, on avait respecté les restes du vénérable fondateur de l'Archiconfrérie. Ce respect paraît extraordinaire de la part des Vengeurs de Flourens; tenait-il à l'impression qu'avait produite un fait qui se passa lorsqu'on voulut ouvrir le cercueil? Dieu seul le sait; ce fait, le voici :

L'un des gardes descend dans le caveau, il s'approche du cercueil, et le reconnaissant pour celui de l'ancien curé, il dit à ses compagnons : — Oh! pour celui-ci, vous n'y toucherez pas, il m'a élevé, il a donné du pain à mes enfants, il était pour moi un père, faites des autres ce que vous voudrez, mais vous ne profanerez pas celui-ci tant que je serai vivant. Que fit-on? On emmena le garde passer quelques heures à Mazas, et le cercueil fut ouvert, mais on n'osa profaner le corps. Cet exploit était réservé au 125ᵐᵉ bataillon. La tête fut séparée du tronc, plantée au bout d'un fusil et promenée autour de la place de l'église; c'était encore une nouvelle victime du clergé. Cette exhibition monstrueuse n'ayant plus aucun succès, et n'inspirant que le dégoût et l'horreur contre les sacrilèges, le trophée fut rapporté dans l'intérieur de l'église et rejeté dans le cercueil. Quelques phalanges des doigts des mains avaient été coupées et avaient disparu, ainsi que le constate le procès-verbal qui fut dressé plus tard. Ce fut la dernière profanation, l'esprit inventif de ces malheureux était épuisé, ils ne purent que renouveler les tristes scènes des jours précédents.

Ce fut ce jour-là même, et de grand matin, que l'on enleva de l'église tous les objets volés. Tout ce qui était en cuivre ou en bronze et de moindre valeur fut transporté au garde-meuble, quai d'Orsay, ancienne Ile des Cygnes ; les livres liturgiques, les tableaux, les ornements et ce qu'il avait plu aux cantinières de laisser de linge, les provisions de bougie et les porte-cierges furent déposés à la mairie du 2me arrondissement et au bureau de bienfaisance. Les objets précieux devaient être la proie d'un petit nombre d'individus. On fit venir des fiacres que l'on remplit de ces objets, et ils reçurent sans doute des destinations particulières. C'est ainsi que plusieurs ont été retrouvés chez un certain Maillot, commissaire de police de l'arrondissement, qui avait organisé le pillage de l'église avec Le Moussu. Quant aux autres objets d'une très-grande valeur, il est plus que probable que les chefs, les Le Moussu, les Pottier, les Serailler et autres, ont su les mettre en sûreté et les faire disparaître à leur profit.

« J'ai vu, m'écrivait un témoin oculaire, j'ai vu emplir une voiture de paquets ficelés, apportés de l'église ; dans une grande toile grise se trouvaient probablement des ostensoirs, des ciboires et autres objets précieux, car, à travers la toile, on voyait paraître les angles ; et ce paquet ne pouvant entrer dans la voiture, on le plaça près du cocher. Un fédéré a emporté une petite cassette fermée. Ce matin, de très-bonne heure, les ambulancières ont fait rafle partout. »

Le Moussu et Pottier n'avaient pas pour cela perdu de vue leurs victimes. Ce même jour 19 mai, vers huit heures du matin, on les fit comparaître de nouveau dans la salle des mariages. Un capitaine osa présenter à M. l'abbé D... une note provenant de la maîtrise de l'église, sur laquelle, très-probablement, il venait lui-même d'écrire ces mots : « Je n'avais que dix-huit ans, je fus enfermé dans un « cercueil... je me rongeai les poings... je me traînai jusqu'à l'ou-« verture d'un soupirail... Enfin je pus faire entendre mes gémis-« sements et mes larmes et obtenir ma délivrance !!! » — « Donnez-moi, disait ce capitaine, l'explication de ces lignes qui vous condamnent. » Le silence fut la réponse de M. l'abbé D... Sur la permission d'un des chefs, plusieurs citoyens et citoyennes obtinrent de défiler devant les captifs.

Ils avaient déjà, sans s'en douter, reçu une autre visite. La veille, vers les cinq ou six heures du soir, comme on attendait le commandant qui devait décider de leur sort, M. l'abbé R... remarqua un mouvement dans l'église, plusieurs personnes parurent près de la porte de leur prison, et il entendit une voix : — Qu'a-t-on fait de ces D...? — Ils sont là. — Eh bien! qu'on les fasse passer dans la cour et qu'on en finisse. Cette voix était celle de Raoul Rigault.

M. l'abbé A... fut singulièrement affecté de ce fait, et remarquant que la vigilance la plus soupçonneuse redoublait à son égard, il sentait son courage prêt à l'abandonner. — « Je viens d'entendre dire que je serai fusillé ce soir », disait-il à M. l'abbé D... En vain on essaya de le rassurer, son oreille l'avait trompé, jamais une telle parole n'avait été prononcée; il persistait de plus en plus dans ses appréhensions. Il chargea aussi son confrère de ses dernières volontés, de ses adieux suprêmes pour son père, très-âgé, pour son frère, plus jeune que lui, et également vicaire à Notre-Dame-des-Victoires. Sous l'influence persistante de cette triste pensée, il écrivit sur son bréviaire, à défaut de papier, ses dernières pensées. Immédiatement on le dénonça, le citoyen Maillot arriva en toute hâte et confisqua le livre, sous prétexte qu'on voulait le faire passer pour un assassin.

Le 10 mai, à onze heures du matin, MM. D. A. et R. furent emmenés dans deux voitures à la préfecture de police, au milieu des protestations sympathiques de la foule attendrie. Arrivés au greffe, le commissaire sous la surveillance duquel ils furent placés, sépara de ses confrères M. l'abbé A... qui devait être conduit à Mazas et ensuite à la Roquette. MM. D... et R... comparurent devant Ferré, ce digne satellite de Raoul Rigault. Celui-ci, malgré son désir, ne trouvant rien à leur reprocher, n'osa pas les condamner et se vit, à son grand regret, obligé de les rendre à la liberté, ce dont ils s'empressèrent de profiter.

Le 20 mai, le 152ᵉ bataillon des fédérés, 5ᵉ et 6ᵉ compagnies, vinrent à leur tour occuper l'église. Les saturnales continuèrent chaque jour, les débauches, les festins, les orgies se renouvelèrent. Ces gens ivres, ne pouvant plus se tenir debout, étaient étendus sur la dalle, et sous l'influence alcoolique, ils salissaient l'église et surtout les confessionnaux, de la manière la plus honteuse; l'église était devenue un véritable cloaque.

Ces scènes d'horreur et d'impiété ne se terminèrent qu'à l'arrivée des troupes de Versailles, dans les quartiers qui avoisinent Notre-Dame des Victoires. C'était le 24 mai. Aussitôt, on vit disparaître comme par enchantement toute cette tourbe impure, fédérés, cantinières, femmes de mauvaise vie, etc. Trois zélés paroissiens, M. D. et son fils, avec M. B., montaient en toute hâte au clocher, et arrachaient, au péril de leur vie, l'ignoble drapeau rouge. L'église était sauvée.

Le samedi soir, 3 juin, veille de la Sainte-Trinité, la réconciliation de l'église fut faite par M. le curé, en présence du clergé et des membres de la fabrique présents à Paris. Après la cérémonie, le sous-directeur de l'archiconfrérie s'adressant à la foule nombreuse des fidèles qui attendait devant les grilles de l'église, leur annonça que le temple était réconcilié. L'heure avancée et les travaux de réparation que nécessitaient les désastres commis par les fédérés ne permettaient pas à l'empressement des fidèles de satisfaire leur piété, mais il ajouta que le lendemain, les offices reprendraient leur cours accoutumé. Ce fut une grande joie dans cette pieuse multitude, et comme un transport d'allégresse; rendez-nous Marie, rendez-nous notre mère. Tous, d'un élan commun, se prosternèrent à genoux et récitèrent à haute voix le *Memorare* et l'*Ave Maria* pour remercier la bonne Mère qui, de nouveau, appelait ses enfants dans sa maison et dans son sanctuaire béni.

Le lendemain, l'église fut ouverte à la piété des fidèles; bien des choses manquaient; tout avait été enlevé, cependant on put avec décence célébrer la sainte messe.

Le soir il y eut réunion de l'archiconfrérie à l'autel de Marie. Qu'il était beau et touchant le spectacle de cette foule immense et attendrie qui entourait l'autel de la Très-Sainte Vierge! Comme aux plus beaux jours, l'église était trop petite. Marie revoyait ses enfants chéris qui, par leur empressement et leur émotion, voulaient témoigner à leur protectrice, à leur Mère, que leur cœur n'était pas changé, et par la ferveur de leur prière et de leur amour, réparer les sacriléges commis dans son temple.

M. l'abbé Le R., ancien vicaire général de Paris, qui le dernier avait porté la parole quand l'église fut envahie par les barbares, devait aussi le premier renouer la chaîne interrompue de nos conférences du dimanche soir. Il le fit avec une noble simplicité, et tout en laissant parler les événements, il sut émouvoir les auditeurs qui ne purent, sans verser des larmes d'attendrissement, voir sur ces murs désolés les traces éloquentes de la plus sacrilége comme de la plus inique des profanations.

HISTOIRE DE L'ARCHICONFRÉRIE

DU TRÈS-SAINT ET IMMACULÉ CŒUR DE MARIE

CHAPITRE PREMIER

De la dévotion au Très-Saint Cœur de Marie. — Son antiquité dans l'Église. — Les raisons solides sur lesquelles elle repose. — Son objet. — Le nom de ses propagateurs en France. — La dévotion au saint cœur de Marie en Normandie. — Dans le comtat d'Avignon. — Dans la haute Auvergne. — Quelle est la contrée qui peut revendiquer pour elle les origines de ce culte? — Monuments divers qui nous en restent.

I

Avant de parler de l'Archiconfrérie du Très-Saint-Cœur-de-Marie, fondée dans l'église de Notre-Dame-des-Victoires de Paris, il nous semble nécessaire de donner un précis historique de cette dévotion, de raconter ses origines, d'indiquer son objet, de faire connaître les noms de ceux qui travaillèrent à l'étendre, et d'énumérer, autant que possible, les principaux monuments que l'histoire nous en a conservés. La route ainsi éclairée, si elle n'offre pas d'agréments sérieux, au moins elle paraîtra moins fatiguante aux lecteurs qui voudront bien nous suivre.

« C'est une des belles institutions de l'église, disait Mgr le cardinal Giraud dans un de ses discours les plus pathétiques sur la dévotion au Sacré Cœur de Jésus, et l'un des bienfaits les plus précieux dont l'humanité soit redevable à la religion, que cette nombreuse variété de dévotions touchantes, proposées à la piété des fidèles, dévotions si conformes à nos besoins et à nos misères, dont l'attrait se fait sentir au sage comme au vulgaire, qui consolent l'adversité, embellissent le bonheur, intéressent l'âme en la nourrissant d'espérances, rendent plus sensibles les plus hautes vérités intellectuelles en leur donnant une expression par où l'esprit puisse les saisir, et entretiennent enfin parmi les hommes l'aimable émulation de la piété et la glorieuse émulation des vertus. Que de jeunes innocences, en effet, le culte de Marie n'a-t-il pas préservées du souffle contagieux du vice? Que de larmes amères la dévotion à la Croix n'a-t-elle pas changées dans les douces larmes d'une piété attendrie et d'une compassion pieuse? On n'a pas assez apprécié peut-être, tout ce que de semblables institutions ont apporté de consolations au malheur, de lumières à l'ignorance et d'encouragements à la faiblesse. »

Parmi ces dévotions touchantes dont le savant archevêque de Cambrai vient de peindre les bienfaits sous de si attrayantes couleurs, il faut placer la dévotion au Très-Saint et Immaculé Cœur de Marie, qui, depuis un demi-siècle surtout, fit tant de progrès dans l'univers catholique. Que de vertus aimables ce culte fit éclore! que d'innocences il sut protéger! et combien de fois, en présence de ce cœur si compatissant de la Vierge, les infortunés retrouvèrent l'espérance, et les pécheurs versèrent les larmes saintes du repentir!

La dévotion au Saint Cœur de Marie n'est pas, dans sa substance, comme on pourrait le croire, une dévotion nouvelle. Dès les premiers âges de l'Église, la personne de la Sainte Vierge n'a cessé d'être l'objet de la vénération des fidèles. Que l'on parcoure les écrits de saint Augustin, de saint Ambroise, de saint Bernard, de saint Ildefonse et de saint Anselme. Quel tribut d'hommages s'échappe de ces plumes inspirées en l'honneur de la personne sainte de Marie! Sous leur inimitable pinceau, ses regards sont purs comme ceux de la colombe; sa voix, mélange de gravité et de douceur, revêt je ne sais quel charme inexprimable, et il n'est pas jusqu'à la majesté de son port et à la gravité de sa démarche qu'ils ne se soient efforcés de peindre. Et quand ces grands docteurs se sont montrés si prodigues de louanges pour célébrer les grâces et les attraits de la reine du ciel, pourrions-nous croire qu'ils n'aient pas accordé un culte tout particulier d'honneur au cœur si pur de Marie, sur lequel reposa, pendant les jours de son enfance, notre divin Sauveur? Aussi, saint Bonaventure l'appelle le palais le plus ravissant de la Trinité tout entière; saint Ambroise, le miroir le plus parfait dans lequel se reflète la Majesté divine; pour saint Ephrem, pour saint Bernard et saint Jean de Damas, c'est le chef-d'œuvre des mains de Dieu, le ciel de l'Homme-Dieu, un abîme de merveilles et un océan de pureté et de vertus.

Ce n'est donc pas une nouveauté d'honorer ainsi le Cœur de la Très-Sainte Vierge. L'Église, dans cette circonstance, n'a fait qu'imprimer une forme nouvelle et prêter un nouveau symbole à une dévotion qui remonte aux premiers jours du christianisme. Telle est du reste sa mission à travers les siècles. J'aime à me représenter la religion chrétienne comme un grand et superbe édifice dont les bases fondamentales ont été posées et les grandes lignes architecturales dessinées par la main de Jésus-Christ. Mais il faut ensuite décorer ce temple auguste. C'est l'œuvre des siècles qui viendront tour à tour inscrire sur ses murs leur génie, leur foi, leur piété et leurs espérances, de sorte que les œuvres du temps s'y rencontreront avec celles de l'éternité, et qu'à côté de la main de Dieu, qui grave pour les siècles sur un airain indestructible, apparaîtra la main sage et prudente de l'Église, qui prendra dans chacun des âges qu'elle traverse, ses mœurs, ses aspirations et ses besoins pour en graver l'expression dans ses fêtes et dans sa liturgie. C'est ainsi qu'aujourd'hui nous la voyons, secondant cette tendance qui porte les peuples vers les autels de Marie, donner à cette dévotion un signe et un symbole nouveau qui est le cœur très-pur et miséricordieux de la Vierge.

II

La critique, si ardente dans les matières religieuses, s'est attaquée, souvent même sans les connaître, à toutes les pratiques saintes de la religion. Osera-t-elle blâmer la sagesse qui a déterminé l'Église à choisir le Cœur Immaculé de Marie pour en faire l'objet d'un culte particulier? Que ce serait peu connaître l'antiquité! Consultons l'histoire de tous les peuples, il nous sera facile de voir, dans l'étude de ses monuments divers, que les hommes ont toujours attaché, dans la personne humaine, une prééminence au cœur sur toutes les parties du corps. Le cœur, pour les anciens, c'était l'inspiration des nobles pensées et la source des dévouements immortels qui ont illustré l'humanité. « Dans toutes les langues, comme dans toutes les pensées humaines, dit Mgr le cardinal Giraud, le cœur a toujours été considéré comme le siége de la sensibilité, le symbole de la tendresse et la source des affections. Ce n'est pas par son esprit, par ses talents, par ses connaissances que l'homme est quelque chose, c'est par son cœur. C'est le cœur qui fait tout l'homme, c'est dans le cœur que s'allume le feu du génie et la flamme sacrée de la vertu ; c'est du cœur que jaillissent les grandes pensées, les illuminations soudaines, les inspirations, les dévouements sublimes. Les moralistes, les littérateurs de tous les siècles n'ont pas ici un autre langage que l'Évangile. » Aussi, dans l'antiquité païenne, lorsque venait à s'éteindre un de ces grands hommes dont le génie ou le dévouement avait immortalisé son pays, était-ce pour sa famille ou sa ville natale un suprême honneur que de posséder l'urne sacrée qui renfermait son cœur ! Et il n'y avait pas, pour contenir ce précieux trésor, ni d'or assez pur, ni de marbre assez riche.

Voilà ce que l'antiquité fit pour honorer le cœur de ses grands hommes, cœurs généreux sans doute, mais dans lesquels, toutefois, les passions et les faiblesses humaines se trouvaient mêlées aux inspirations du génie et du dévouement. Faut-il s'étonner alors que l'Église eût dressé des autels au Cœur de Marie? Ne devrait-on pas s'étonner, au contraire, que ce Cœur n'eût pas eu plus tôt ses fêtes et ses autels? Quoi! Rome élève des temples et des statues à la tendresse maternelle; elle immortalise, par un glorieux monument, le courage d'une héroïque jeune fille qui sut préférer la vertu à la mort, et les chrétiens, moins clairvoyants que les païens, seraient sans culte et sans prières pour le Cœur Immaculé de la Vierge, pour ce Cœur, sanctuaire de toutes les vertus, et après celui de Jésus, le plus saint et le plus pur! Car, de quelque côté que l'on étudie le Cœur de la Sainte Vierge, soit que l'on s'arrête aux liens sacrés de miséricorde et de tendresse qui l'unissent aux hommes, ou aux relations intimes et ineffables qu'il eût avec la divinité, ne se sent-on pas porté à prodiguer à ce Cœur si maternel et si tendre de Marie une vénération toute particulière?

C'est cette considération qui détermina le P. Eudes Mezeray, ce religieux serviteur de Marie, à propager en France la dévotion au Saint Cœur de la Vierge. Écoutons les raisons qu'il en donnait, puisées dans sa foi et dans son amour pour la Mère de Dieu : « Quand nous honorons le Cœur sacré de Marie, disait ce saint religieux, nous honorons le Cœur le plus parfait après celui de Jésus, le plus admirable, le plus aimé de Dieu, le plus orné de vertus, le plus rempli de grâces et d'amour de tous les cœurs; le Cœur le plus tendre pour les pauvres pécheurs, le plus compatissant, le plus charitable, le plus bienfaisant, enfin, après Jésus, l'objet le plus charmant du ciel et de la terre. C'est donc avec une grande raison, que nous devons faire, de ce Cœur sacré, le plus tendre objet de nos dévotions, et lui rendre tout le culte et tout le respect que son excellence particulière et tous les biens que nous avons reçus de lui exigent de notre reconnaissance et de notre amour. »

Ainsi pensait le révérend Père de Mac-Carthy lorsque, prêchant en 1829, à notre France ignorante et frondeuse les merveilles du Cœur de Marie, il s'écriait : « Que dire maintenant de ceux qui applaudissent aux hommages que l'on rend à Marie, qui approuvent que l'on se prosterne devant les autels qui lui sont dédiés, qu'on célèbre des fêtes pour honorer son nom, ses douleurs, les mystères de sa vie, mais qui ne peuvent souffrir que l'on vénère spécialement son Cœur, comme s'il y avait quelque chose en sa personne qui fût plus digne de respect et de vénération que ce Cœur sacré, siège de la pureté virginale, de l'amour de Dieu le plus ardent, et du plus tendre amour pour les hommes ? »

Il n'y a donc pas de dévotions qui reposent sur des raisons plus excellentes que la dévotion au Très-Saint Cœur de Marie. Et il est certain que l'Église, sentinelle placée par Dieu pour observer les besoins des peuples chrétiens, attendait d'âge en âge, l'occasion de propager un culte si fécond en consolations pieuses et en saintes espérances.

III

Les origines de la dévotion au Très-Saint Cœur de Marie sont assez incertaines. On dirait que la Providence a voulu envelopper du charme du mystère ce culte si délicat et si tendre. On avait toujours cru jusqu'ici que cette dévotion prit naissance en Normandie, vers le milieu du dix-septième siècle. C'est le sentiment de Toutain, moine bénédictin de Saint-Maur, dans son histoire du Cotentin. « Avant cette époque, dit le célèbre historien, il nous restait sans doute des milliers de monuments qui attestaient la vénération des siècles envers l'auguste mère de Dieu, mais nous ne possédions alors aucun vestige spécial qui révélât la dévotion à son Cœur Saint et Immaculé. Ce fut seulement vers l'année 1643 qu'apparût cette dévotion qui fût le signe précurseur de la dévotion au Sacré Cœur de Jésus. Et c'est encore une fois la France, cette terre si dévouée à Marie, qui fut son berceau. »

Or, voici d'après l'historien que nous venons de citer et les annales des religieux Eudistes de Coutances, les origines de la dévotion au Très-Saint Cœur de Marie. Eudes Mézeray, frère de l'historien de ce nom, avait voué dès son enfance, à Jésus et à Marie, la dévotion la plus tendre. Élevé en la compagnie de M. Olier et sous la direction des R. P. de Bérulle et de Condren, il sentit chaque jour s'accroître sa piété pour la personne sainte de Jésus et celle de sa Mère, et bientôt ne voulut plus avoir d'autre terme à son amour que leurs divins Cœurs. C'est dans ce but que, dès l'année 1641, il résolut d'employer le reste de ses jours à établir et à propager leur culte.

Il commença sa carrière de religieux par consacrer au Cœur de la Très-Sainte Vierge les deux congrégations qu'il fonda, l'une à Caen, en 1641, et l'autre en 1643, sous le titre de *Congrégation de Jésus et de Marie*.

Mais ce fut surtout dans les nombreuses missions que le P. Eudes et ses religieux prêchèrent à Autun, à Bayeux, Coutances, Lisieux et Rennes, qu'ils rendirent populaire cette dévotion au Saint Cœur de Marie.

Dès l'année 1646, il est parlé d'une fête en l'honneur du Cœur Immaculé de la Vierge. Mais c'est deux ans plus tard, le 8 février 1648, que l'on rend au Cœur de Marie un hommage plus solennel. Le P. Eudes donnait alors une grande mission à Autun, et, pour en clore les exercices, il obtint de Mgr de Ragny l'autorisation de célébrer dans sa cathédrale l'office de ce divin Cœur, ce qu'il fit avec une pompe extraordinaire. Le P. Eudes fit imprimer à cette occasion son premier opuscule sur le Saint Cœur de Marie; l'évêque en l'approuvant, autorisa l'office qu'il contenait et exhorta, disent les annales, tous et chacun de son diocèse, tant régulier que séculier, de s'en servir pour la gloire et la vénération qui sont dues au Cœur tout divin de la Mère de Dieu.

Bientôt cet exemple est suivi par Claude Auvry, évêque de Coutances, et par Mgr de Matignon, évêque de Lisieux, et, en quelques jours, voici la Normandie tout entière qui vénère le Saint et Immaculé Cœur de Marie.

Mais ces succès ne suffisent pas à la piété du R. P. Eudes Mézeray; ce qu'il veut aujourd'hui, pour immortaliser son pieux dessein, ce sont des temples en l'honneur de celle dont il aime et vénère le Cœur. Le 3 juillet 1652, grâce à son zèle dont aucun obstacle n'arrête les efforts, on bénit à Coutances la première pierre d'une chapelle dédiée au Saint Cœur de la Vierge, et le samedi 4 décembre 1655, on y célébrait une messe solennelle en l'honneur de ce divin Cœur. C'est, au rapport du P. Eudes, la première église qui ait été bâtie à la gloire du Très-Saint Cœur de la bienheureuse Vierge.

L'impulsion sainte est donnée. En 1664, le P. Eudes pose à Caen la première pierre d'une seconde église consacrée au Saint Cœur de Marie. Partout un saint enthousiasme accueille les progrès de cette pieuse dévotion. Louis XIV donne deux mille livres et madame de Guise douze mille pour la construction de la nouvelle église. Monseigneur de Nesmond, évêque de Bayeux, vient la consacrer solennellement, au milieu des pompes du culte catholique, et le pape Clément X la désigne lui-même sous le titre de chapelle du Sacré Cœur de Jésus et de Marie.

Mais le journal *l'Ami de la Religion* résume bien mieux que nous ne pourrions le faire, le développement de la dévotion au Saint Cœur de Marie dans le monde catholique et surtout en France : « Le P. Eudes, dit ce journal, mit un grand zèle à établir la fête du Saint Cœur de Marie, qui, dès l'année 1648, avait été approuvée déjà par cinquante-six archevêques et évêques de France. Toutefois en 1503, Jules II vénérait déjà le Cœur de la Vierge lorsqu'il disait : « O très-glorieuse reine de miséricorde, je salue votre Cœur virginal dont la parfaite pureté n'a jamais été altérée ni souillée d'aucun péché. » Le 2 juin 1668, le cardinal de Vendôme, légat du saint-siège, approuva la dévotion elle-même au nom de Clément IX, et son successeur, Clément X, autorisa par six bulles différentes, le zélé missionnaire de Coutances à établir dans les chapelles de son ordre, des confréries en l'honneur des Saints Cœurs de Jésus et de Marie, et les enrichit des faveurs les plus précieuses. Mais c'est principalement depuis l'établissement de la dévotion au Sacré Cœur de Jésus que les progrès de la dévotion au Saint Cœur de Marie ont été plus considérables, car elle s'est répandue avec celle du Cœur de Jésus dans la plupart des provinces du monde chrétien. Outre un très-grand nombre de confréries établies en l'honneur de ces deux divins Cœurs, il y avait, en 1743, dans l'univers catholique, quatre-vingt-quatre associations érigées en l'honneur du Très-Saint Cœur de la Vierge ; et ce qu'il nous est doux de publier à la gloire de notre France, c'est que sur ce nombre, elle en possédait cinquante-trois dans ses différentes provinces ».

Il semblerait, d'après ces témoignages, que la Normandie fut le berceau de la dévotion au Très-Saint Cœur de Marie, et que la congrégation des religieux Eudistes put revendiquer l'honneur de compter son plus illustre membre, Eudes Mézeray, pour son fondateur. Certes, nous ne voudrions pas atténuer la gloire de ce célèbre religieux. Jamais piété ne fut plus vive que la sienne envers l'auguste Mère de Dieu, et nous passerions sous silence le zèle ardent qu'il déploya pour l'extension de son culte que Lisieux, Coutances, Rouen, Bayeux, Rennes, la Normandie et la Bretagne tout entière s'élèveraient à juste titre contre l'injustice de ce regrettable oubli. Toutefois, les recherches que nous avons faites dans plusieurs provinces de France, notamment dans le comtat d'Avignon et dans l'Auvergne, ne nous permettent pas de partager l'opinion de Toutain de Billy sur le berceau de la dévotion au Très-Saint Cœur de Marie. Que providentiellement inspiré, Eudes Mézeray ait travaillé avec ardeur à étendre dans le nord de la France cette tendre et sympathique dévotion, les témoignages les plus irrécusables l'attestent ; mais qu'il en soit le père et le fondateur, comme le prétendent les annales et le savant historien du Cotentin, Apt et Aurillac s'élèvent avec leur histoire contre cette assertion.

IV

Voici en effet, ce que nous lisons dans les archives religieuses de la ville d'Apt. « Après un long différend entre les chanoines de l'église de St-Martin et les religieux Carmes qui voulaient revendiquer pour leur ordre cette abbatiale, les pères du Carmel, dans l'intervalle qui s'écoula entre 1492 et 1544, firent enfin élever leur église dans l'intérieur de la ville. Ils la construisirent dans de belles proportions, et suivant les règles les plus parfaites du style ogival. Consacré à Marie, comme tous ceux de l'ordre du Mont Carmel, ce temple eut la gloire de donner naissance à une dévotion inusitée jusqu'alors, et qui dut être bien chère à cette immaculée Vierge. Il a été, de tous les édifices construits dans le monde en son honneur, le premier où l'on ait rendu un culte spécial à son Très-Saint Cœur. C'est de là que ce grand acte de si haute piété, approuvé par une bulle de Clément IX, le 28 avril 1668, s'est répandu dans tout l'univers catholique.

« Pour transmettre aux siècles à venir le souvenir d'une institution si honorable pour la ville d'Apt, on grava sur la pierre une inscription qui en indiquait la date et l'objet.

En effet, à la fin du siècle dernier, on lisait encore à l'entrée de la chapelle dédiée au Saint-Cœur de Marie dans l'église des Carmes de la ville, l'inscription suivante écrite en latin : « La ville d'Apt et tous ses citoyens se donnent, se dévouent et se consacrent au Cœur de Marie, et sont prêts à sacrifier leur vie plutôt que de renoncer au culte de ce Cœur virginal. »

Cette pierre, hélas ! l'un des monuments les plus intéressants de la dévotion au Très-Saint Cœur de Marie, n'existe plus. Peut-être aura-t-elle été brisée dans la tourmente révolutionnaire, avec les objets les plus chers de notre culte, ou gît-elle sans honneur sous d'informes reconstructions qu'a subies l'édifice. Mais toute la ville d'Apt rend témoignage de son existence. « Les anciens du pays, nous écrivait M. le curé d'Apt, l'ont vue, et il n'est rien de plus authentique que ce fait.

« Pour ce qui regarde les origines de cette dévotion dans nos contrées, ajoute M. Bertrand, les voici : Les religieux du Carmel, vinrent dans le cours du XIII° siècle fonder dans la ville d'Apt un couvent de leur ordre. Très-dévoués à la Vierge d'après les règles de leur institut, ils sollicitèrent vers 1667, l'autorisation du souverain Pontife, pour célébrer la fête du saint Cœur de Marie dans leur église. Rome agréa leurs vœux, et la tradition de notre ville porte qu'ils furent les premiers à célébrer cette fête en l'honneur du St-Cœur de la Vierge, honneur qui ne tarda pas à s'étendre à la ville tout entière.

Nous ne voulons pas faire ici une dissertation historique dans toutes les règles sur l'origine du culte rendu au St-Cœur de Marie, ni réfuter les pieuses prétentions des Eudistes sur le berceau de cette dévotion et le nom de son fondateur. A l'époque où se rédigeaient leurs annales, l'impossibilité des communications établissait des abimes entre les provinces du Nord et du Midi de la France, et l'on pouvait ignorer à Caen ce qui se passait dans l'antique diocèse d'Apt. Mais nos lecteurs peuvent voir, d'après ces monuments, que la dévotion envers le St-Cœur de Marie ne s'était pas localisée en Normandie, mais, qu'antérieure à Eudes Mézerai dans nos provinces méridionales, elle avait un horizon plus large que celui qui s'étend des bords de l'Eure et de la Vilaine, aux rivages de la Manche.

Cependant, quoique la ville d'Apt et celle de Coutances, prétendent l'une et l'autre, sainte et pieuse rivalité ! avoir été les premières à bâtir des autels en l'honneur du Cœur de Marie, nous croyons, avec juste raison, qu'il faut chercher encore ailleurs la source de cette tendre dévotion envers la Vierge. Ce n'est pas que nous pensions donner le dernier mot de la science sur ces matières ; l'antiquité n'a pas été assez étudiée dans ses sources précieuses, pour que l'on puisse déterminer d'une manière précise l'époque et le lieu où cette dévotion prit naissance. Mais d'après nos dernières recherches, ce serait à Aurillac, capitale de la haute Auvergne, qu'il faudrait aller chercher de préférence le berceau de la dévotion au Très-Saint Cœur de Marie.

V

Si nous nous en rapportons, comme témoignage, à la légende du bréviaire du diocèse de St-Flour, approuvée le 17 avril 1856, par le St-Siége apostolique, il y avait, dès le dixième siècle, dans l'église abbatiale de St-Géraud-d'Aurillac, une chapelle célèbre, dédiée au St-Cœur de Marie. Rendue à jamais illustre par le concours immense des pèlerins de l'Europe et par l'éclat des miracles qui s'y produisirent, elle fut la première chapelle, ajoute la liturgie, que l'on eut encore bâtie dans le monde catholique, en l'honneur du Cœur vénéré de la Vierge.

Tous les historiens qui ont fait l'histoire de cet antique sanctuaire, depuis Dom Branche, qui écrivait vers la moitié du XVIIe siècle, jusqu'à M. Bonange, vicaire-général de St-Flour et d'Autun, sont unanimes sur ce point. « L'antique tradition de l'abbaye d'Aurillac sur le culte public du Cœur de Marie dans l'église St-Géraud en fait remonter, dit Branche, l'origine au Xe siècle. Depuis cette lointaine époque, le concours incessant des pèlerins qui venaient de France, d'Italie et d'Espagne honorer Notre-Dame du Cœur était immense, et les miracles obtenus par ce culte, sans nombre ».

Depuis ce temps, des recherches, plus complètes encore, ont été faites sur les origines si intéressantes de cette dévotion; et sous leur inspiration, voici ce que M. Bonange, le dernier et savant historien de cette abbaye, nous écrivait à la date du 19 février 1871. « Le berceau de la dévotion au St-Cœur de Marie, comme culte public et liturgique, est bien la chapelle érigée sous le titre de N.-D. du Cœur, dans l'antique basilique abbatiale des bénédictins d'Aurillac. Nous trouvons cette chapelle mentionnée déjà vers 974, dans le testament de Garsinde, veuve de Raimond Pons, comte de Toulouse.

« Ce codicille est le titre le plus ancien que je connaisse, qui nous donne lumière, sur le culte rendu, dès le dixième siècle, à Aurillac, au Cœur sacré de la Mère de Dieu. »

Mais M. Bonange avait déjà donné beaucoup plus d'extension à l'étude de ces origines dans son histoire du monastère de St-Géraud.

« La tradition antique d'Aurillac, ajoute-t-il dans ce travail rempli d'intérêt, nous atteste que dès le dixième siècle, s'élevait dans l'église abbatiale un autel dédié au Cœur de Marie. C'est le premier qui ait été érigé sous ce vocable dans la catholicité ; c'est le premier culte liturgique qui ait été rendu au Cœur si pur et si aimant de notre divine Mère. Ce culte plein de suavité et qui s'harmonisait si bien avec la piété de notre Saint-Comte (St-Géraud), nous croyons pouvoir lui en attribuer l'institution et en fixer l'origine au jour même où il fit consacrer son église.

« Cette institution déjà si glorieuse pour Aurillac, à ne la considérer même que comme initiative d'un grand culte, le Seigneur voulut la marquer du sceau dont il marque ordinairement les œuvres qu'il inspire à ses élus. La chapelle de N.-D.-du-Cœur devint on ne peut plus célèbre dans la contrée et au loin par les faveurs miraculeuses qu'on y obtenait de la bonté de Marie. Elle vit accourir à flots si pressés les pieux pèlerins, qu'il fallut bien souvent diviser dans leur longueur, les rues de la cité par des chaînes de fer, pour prévenir tout tumulte et tout accident fâcheux, en marquant ainsi les deux voies que devaient suivre ceux qui se rendaient au sanctuaire vénéré et ceux qui en sortaient. Mais nous raconterons ailleurs tous ces émouvants souvenirs ; et que de fois nous aurons à célébrer la gloire neuf fois séculaire du culte de Notre-Dame-du-Cœur ! »

Il nous semble que, devant ces graves affirmations, il ne doit plus rester dans l'esprit du lecteur aucun doute sur la haute antiquité du culte rendu au Saint Cœur de Marie. Mais ce qui ajoute une grande force à ces renseignements, puisés aux sources pures de l'histoire, c'est que, de distance en distance dans le cours des siècles, nous les voyons confirmés par une tradition non interrompue qui vient déposer son témoignage au pied de l'autel de Notre-Dame-du-Cœur. En 1252, la Chronique des abbés d'Aurillac rappelle que Bertrand Ier fut enterré dans la crypte de la chapelle de Notre-Dame-du-Cœur. Le treizième et le quatorzième siècle attestent par leurs donations au sanctuaire privilégié l'antiquité de la dévotion au Saint Cœur de Marie. Vers 1560, après la sécularisation de l'abbaye de Saint-Géraud, les chanoines récitaient, à la suite du grand office, le petit office de la Sainte Vierge, en l'honneur du Sacré Cœur de Marie. En 1601, lisons-nous dans le livre des *Consulats et antiquités de la ville d'Aurillac*, « sur la nouvelle de la naissance du Dauphin, fils de Henri IV, depuis Louis XIII, Messieurs les consuls, en robe, accompagnés de leurs massiers et suivis d'une grande foule, allèrent faire leurs dévotions à la chapelle de Notre-Dame-du-Cœur, rendant grâces à Dieu. »

Tels sont les renseignements que nous avons recueillis dans la religieuse Auvergne sur l'origine de la dévotion au Saint Cœur de Marie. Nous ne pouvons mieux faire, pour les clore, que d'emprunter à la *Vie des Saincts et Salnctes d'Auvergne* ce passage qui les résume admirablement. « La chapelle de Notre-Dame-du-Cœur, écrivait Jacques Branche en 1658, est dans l'église de Sainct-Géraud, à costé gauche du grand autel. Elle est ancienne de cinq à six cents ans et, depuis, toujours visitée par les peuples, honorée de plusieurs miracles ; et tient-on qu'anciennement on y venait d'Italie, d'Espagne et d'ailleurs avecque une si grande foule, qu'on qu'on était contrainct de barriquader les rues, de peur que l'affluence des pèlerins n'estouffât quelqu'un, à cause de la grande dévotion du lieu et de la quantité d'indulgences que les papes Innocent, Urbain, Clément et plusieurs autres ont données à cette saincte église, etc. »

Nous bornerons là le récit des documents divers que nous avons empruntés à la Normandie, à l'ancien diocèse d'Apt et à l'Auvergne sur l'antiquité du culte rendu au Cœur de Marie. Guidé par une sévère impartialité, sans parti pris pour les Eudistes de Coutances ou les Bénédictins d'Aurillac, nous avons exposé avec simplicité les témoignages que nous a fournis l'histoire sur l'origine de cette touchante dévotion. On criait à la nouveauté naguère, quand on parlait de la dévotion au Sacré-Cœur de la Vierge ; les impies s'en moquaient, les chrétiens timides et peu éclairés s'affligeaient des efforts que faisait l'église pour propager ce culte béni. Que nous avons été heureux de le voir remonter, même avec le symbole que nous lui prêtons aujourd'hui, jusqu'à l'antiquité la plus vénérée ! Et combien il nous paraît plus cher, depuis que nous le voyons honoré de la double consécration des siècles et des miracles !

Cette dévotion si justement sympathique aux cœurs purs ou éprouvés par la souffrance, jeta longtemps un vif éclat dans les provinces du centre et du midi de la France. Mais il vint un jour lugubre dans notre histoire, où tout sembla disparaître, autels, croyances, dévotions saintes, avec tout ce qui avait fait, pendant quatorze siècles, notre gloire et notre prospérité. Un grand nombre de monuments de ce culte disparut en 1792, les uns détruits par le marteau de la révolution, les autres, brûlés avec les archives qui eussent été si utiles à notre histoire nationale. A partir de cette lamentable époque, la dévotion au Très-Saint-Cœur-de-Marie reçut un coup mortel. Il n'était plus permis d'élever vers la Vierge, des mains suppliantes. Les étendards de Marie, sur lesquels brillaient les signes de l'innocence et du dévouement, avaient été remplacés par des drapeaux teints dans le sang le plus pur des Français. La Révolution qui n'avait pas craint les armées coalisées de l'Europe, semblait redouter les armes pacifiques de la prière. Les mains désarmées des fidèles, l'effrayaient plus que les canons ennemis qui tonnaient à nos frontières. Et comme si ce n'eut pas été assez pour elle d'avoir la guerre avec l'Europe entière, dans son délire, elle l'avait déclarée à Dieu, et à toutes ces antiques dévotions qui soutenaient les cœurs.

Mais Dieu, qui se rit des desseins insensés des hommes, arrête aussi facilement, quand il lui plaît, les flots de leur orgueil que les vagues courroucées de l'Océan. La paix fut enfin rendue à la France et à son église meurtrie et désolée. Toutefois, la religion et la dévotion au Cœur Immaculé de la Vierge se ressentirent longtemps du coup terrible qui leur avait été porté. En vain les princes et les évêques sollicitent-ils du Souverain Pontife, l'autorisation de célébrer par toute la France, la fête du St-Cœur de Marie, en vain Pie VII, par son décret du 31 août 1805, répond-il aux vœux de notre patrie, ce culte resta longtemps sans reprendre son éclat primitif. Mais la Providence qui veille d'une manière spéciale sur la France et qui tient toujours un miracle en réserve pour elle dans les trésors de sa miséricorde, vient, sous nos yeux presque, de ressusciter cette touchante dévotion, et de lui donner une extension qu'elle n'avait jamais eue. Ce fut l'œuvre de l'Archiconfrérie de Notre-Dame-des-Victoires, dont nous allons bientôt dire les modestes origines et les développements admirables.

CHAPITRE II

Vie abrégée de M. Des Genettes. — Son caractère vif et bouillant. — Les appréhensions qu'il cause à sa mère par sa vivacité. — Éducation maternelle avant la Révolution. — M. Des Genettes et le confesseur du collège de Chartres. — Le collégien de Chartres et le fameux révolutionnaire Jean Bon Saint-André. — Zèle du jeune collégien pour les proscrits de la Révolution et pour l'Église. — Charles Des Genettes prélude à la carrière sacerdotale par la vie évangélique qu'il mène. — Son goût pour les fonctions du Sacerdoce. — Opposition de son père à sa vocation. — Assentiment de M. Des Genettes aux volontés de son fils. — Charles au Séminaire de Séez. — Son Vicariat à Saint-Lomer, à Argentan. — Sa conduite admirable auprès des prisonniers de guerre. Son attachement à la cause royale. — M. Des Genettes curé de Montsort, l'une des paroisses d'Alençon. — Sa conduite ferme et énergique dans cette cure. — Cause de son départ. — Son arrivée à Paris aux Missions étrangères. — M. Des Genettes, curé des Missions étrangères. Il institue l'orphelinat de la Providence. — 1830 — Son départ de Paris pour la Suisse. — Son retour à Paris en 1832. — Sa nomination de Curé à Notre-Dame des Victoires.

I

L'étude que nous venons de faire sur les origines de la dévotion au Saint Cœur de Marie, nous conduit tout naturellement à retracer en quelques traits, la vie de celui qui employa presque toute sa carrière à la propager dans le monde. Rien ne nous paraît plus essentiel que ce travail. Lorsqu'un homme fonde une œuvre, il lui imprime son caractère et sa vie ; elle devient comme une partie de lui-même. Son âme, dans le silence de la méditation, s'est tellement identifiée avec elle, qu'elle a passé dans cette création, fruit de son génie ou de son cœur, avec toutes les qualités qui la distinguent. C'est pourquoi il nous semble bien difficile d'embrasser l'ensemble d'une œuvre, d'en mesurer la portée et les progrès, si nous ne connaissons pas d'avance les traits distinctifs du caractère de celui qui l'a fondée.

Essayons donc, dans ces quelques pages, de mettre en lumière les traits dominants du caractère du vénérable fondateur de l'Archiconfrérie.

M. Charles-Éléonore Dufriche Des Genettes, fondateur de l'Archiconfrérie du Saint-Cœur-de-Marie pour la conversion des pécheurs, naquit à Alençon, le 10 août 1778, d'une ancienne famille de magistrats. Il compta parmi ses parents, plusieurs personnages de marque qui jouèrent un rôle sous la République et dans les premiers jours de l'Empire, entre autres Dufriche-Valasé, l'un des plus fameux Girondins, et M. Des Genettes, son cousin-germain, qui devint le médecin en chef de toutes les armées de l'Empire. Mais, élevé à l'humble école de Jésus-Christ, nous n'attachons qu'une médiocre importance à ces distinctions extérieures. Ce que nous remarquons de préférence dans la naissance de M. Charles Des Genettes, c'est qu'il eut pour mère une sainte femme qui veilla sur son berceau avec cette tendresse et cette sollicitude que la religion porte encore plus loin que la nature. Laissons les distinctions et les titres à qui les ambitionnent, et retenons, nous, que la seule et véritable noblesse, c'est la vertu.

Charles était doué d'un caratère vif, impétueux et décidé. Enfant, il en donna quelquefois des preuves qui faisaient naître les plus vives appréhensions dans le cœur de sa mère. Jeune homme, il ne parvint pas toujours à modérer les saillies de cette riche et bouillante nature, et on raconte même, tant la transformation du caractère est une œuvre difficile, qu'une couronne de cheveux blancs entourait déjà le front de M. Des Genettes, qu'il conservait encore ces allures brusques et décidées du jeune âge.

Mais Dieu est admirable dans ses œuvres. Si les dispositions de notre caractère sont la source de nos défauts, ne sont-elles pas en même temps celle de nos qualités et de nos vertus? Charles est d'une nature ardente et vive; mais cette vivacité, habilement dirigée par une pieuse mère, se communique à son esprit et l'enflamme. A trois ans, il saura lire; à six, il entreprendra l'étude du latin; il entrera dans la classe de cinquième, au collège de Séez, quand un grand nombre d'enfants possèdent à peine à cet âge les premières notions de lecture. Vous le trouverez parmi ses camarades, impétueux et turbulent, et dans le cours de sa vie parfois brusque et rude; nous ne voulons pas préconiser ces défauts; la douceur est une vertu si belle! mais la nature parfois se plaît à cacher les cœurs les plus tendres sous des formes austères, comme les fruits les plus délicats sous une rude écorce. Attendez que les occasions de se sacrifier pour les autres se présentent, vous verrez si ces caractères calculent avec les dangers et mettent dans le sacrifice, un esprit étroit de vaine prudence et de parcimonie!

Toutefois, cette impétuosité et cette fougue de caractère, jointes à l'activité curieuse de son esprit, faisaient trembler Mme Des Genettes. On vivait alors dans des temps si agités, où les doctrines philosophiques et révolutionnaires commençaient à se faire jour, qu'il était à craindre qu'elles n'exerçassent une fatale influence sur l'âme ardente et généreuse de Charles. La nouveauté a tant de charmes pour l'adolescence, les imaginations ardentes s'éprennent si vite de l'inconnu, lorsqu'il leur apparaît à travers le mirage trompeur des bruyantes doctrines de philanthropie et de liberté, que les alarmes de Mme Des Genettes n'étaient pas sans fondement. Aussi, dans la prévision de ce malheur, qu'elle redoutait pour son cher enfant, disait-elle comme Blanche de Castille, la mère de saint Louis : « Oh! quelles tortures cruelles il en coûterait à mon cœur, si je devais perdre mon fils; mais qu'il meure plutôt que de tomber dans une faute qui souillerait sa vie ! »

L'éducation que recevait Charles sous les yeux de sa mère devait le prémunir contre ce danger. La maison paternelle alors était encore comme un sanctuaire. On savait le respect profond qu'il fallait avoir pour l'enfance. Aucune peinture indécente ou efféminée n'y venait souiller les yeux de l'innocence ; les productions immorales d'une littérature aux abois n'encombraient pas, comme aujourd'hui, les salons, et jamais les oreilles de l'enfant n'étaient attristées par le regrettable éclat de dissensions domestiques. Mais rien que de bon, dit l'historien de Des Genettes, rien que de pur, rien que de vrai n'était offert à l'imagination si vive de Charles. Heureuse vigilance, qui préserva ses premières années de ces impressions fausses ou mauvaises, dont l'esprit conserve presque toujours la trace ineffaçable !

Il n'en faudrait pas conclure, cependant, que Charles échappa aux légèretés et aux imperfections du jeune âge. Les Louis de Gonzague et les Stanislas Kostka sont rares ! Mais la vivacité de sa foi était un contrepoids à son impétuosité. Lorsqu'il lui arrivait de contrister sa mère par quelque faute, il recevait ses remontrances avec docilité; il prodiguait alors, dit M. l'abbé de Valette, les plus belles et les plus sincères promesses, allait devant un petit autel qu'il avait élevé dans la maison, réciter le *Miserere* dans les sentiments d'un profond repentir, s'assurait qu'il était devenu un homme nouveau, et néanmoins recommençait le lendemain à affliger sa mère par ses méfaits enfantins. Sa légèreté était si grande, que, pour en punir les excès, on ne l'admit à faire sa première communion que six semaines après ses camarades, quoi qu'il fût l'un des enfants les mieux instruits de la science du catéchisme. Mais ce grand acte de religion, et l'humiliation profonde qu'il reçut d'en avoir vu pour lui seul différé l'accomplissement, influèrent d'une manière heureuse sur son caractère. Sa piété devint plus sérieuse, sa conduite plus régulière, et l'on s'aperçut qu'il luttait avec courage contre les entraînements de son humeur. C'était ainsi qu'il offrait à Dieu les prémices de son adolescence.

II

Les faits, dans la peinture des hommes, servent beaucoup mieux à les faire connaître que toutes les paroles. Celles-ci ne font qu'effleurer la nature, les faits la mettent à découvert. Empruntons donc à l'historien de M. Des Genettes, quelques-uns de ces traits saillants dans lesquels la nature, surprise par l'imprévu, dessine avec tant de vérité les grandes lignes qui la composent.

C'était dans les premiers jours de la Révolution, Charles Des Genettes était au collége de Chartres, où il continuait ses études. Les jeunes gens d'alors, quoi qu'emportés déjà par le souffle des idées nouvelles, tenaient encore aux traditions religieuses qu'ils avaient reçues de leurs parents. C'était à notre âge qu'il était donné de voir une jeunesse ignorante et légère insulter, sans la connaître, à une religion que dix-huit siècles avaient respectée. On pense bien que Charles, élevé par les soins d'une mère sage et pieuse, tiendrait toujours le premier à honneur de conserver ses sentiments de religion. Or, le temps de Pâques était venu. On conduit Charles pour remplir ses devoirs aux pieds d'un prêtre assermenté. La République n'en tolérait pas d'autres dans nos temples désolés ; c'est ainsi qu'elle préludait, par l'arbitraire et la violence, à l'usage de la liberté ; mais, dans la circonstance, elle avait compté sans la fière et religieuse indépendance d'une conscience libre. Charles se met à genoux pour obéir à la règle, et reste muet.

— Dites votre *Confiteor*, mon ami, dit le prêtre.

— Je ne dis point de *Confiteor*.

— Mais pourquoi, mon enfant ?

— Parce que je suis amené ici de force, je ne me confesse pas aux prêtres assermentés. Vous n'êtes pas catholique.

— Est-ce que vous pouvez décider de pareilles questions ? Croyez-vous en savoir plus que M. Bonnet, notre évêque ?

— Je vous dis, Monsieur, que vous n'avez pas de pouvoirs, que

M. Bonnet, que vous appelez votre évêque d'Eure-et-Loir, ne peut vous en donner, parce qu'il n'en a pas, et qu'il n'est pas plus évêque que moi ; c'est un intrus.

C'est ainsi que Charles avouait franchement ses croyances; et si l'on s'étonne de voir tant de résolution et de lumières dans un jeune homme, on saura que, profitant de ses jours de sortie du collége, il allait les puiser chez un de ces courageux ministres qui, cachés dans la solitude, avaient préféré la France à l'exil pour servir les intérêts religieux des fidèles.

La religion n'avait pas seule les prédilections du jeune collégien. Il semblait qu'il avait inscrit sur son drapeau cette fière devise : *Dieu et le Roi*. Et, certes, les folies de la Révolution et ses premiers crimes paraissaient la justifier assez. Voici, dans ces jours de sanglante mémoire, la preuve que son intrépidité sut donner de son dévouement à la cause royale. Jean Bon Saint-André, nous étions alors en 93, présidait la distribution des prix du collége de Chartres dans l'ancienne église des Cordeliers. On appelle Charles Des Genettes pour recevoir un prix de version. Le jeune homme s'avance, et, de son côté, le président se lève pour l'embrasser selon l'usage ; mais Des Genettes, qui ne voulait pas voir son front souillé par la bouche d'un régicide, prend son livre d'une main, sa couronne de l'autre, salue et se retire sans daigner faire un pas vers Jean Bon Saint-André. Un mouvement général se fait sentir dans l'auditoire, les élèves éclatent en applaudissements, et celui qui faisait trembler nos provinces du Nord et de l'Ouest paraît se déconcerter à son tour devant un jeune homme de quinze ans.

Charles touche à la fin de ses études. Les scènes sanglantes de la Révolution, dont le sombre tableau s'est déroulé sous ses regards, n'ont fait qu'affermir ses bons sentiments ; la foi chrétienne persécutée lui devint plus chère, et ces haines stupides et cruelles dont on poursuit les ministres de l'Église, ne servent qu'à développer en lui le désir de partager leurs glorieuses luttes. Les âmes lâches et dégénérées saluent avec servilité la force brutale qui triomphe, les cœurs, comme celui de Charles, savent seuls trouver des accents pour défendre la vérité bannie et persécutée. Aussi, dans ces jours de lamentable mémoire, quelle mâle énergie déploya ce jeune homme pour la défense de l'Église et des opprimés! Ne lui parlez ni de menaces, ni de périls. Celui qui affronta Saint-André au collège de Chartres ne tremblera pas devant ses séides et ses représentants. A Dreux, où sa famille habite, il visite les prêtres cachés dans la ville, ménage aux catholiques restés fidèles les moyens de communiquer avec eux. Un jour, c'était en l'absence de sa mère, est-ce que notre jeune rhéthoricien ne conçoit pas le projet d'aller délivrer cent cinquante malheureux pères de famille que la Convention avait jetés dans les prisons de Dreux? Son père alors gémissait dans les cachots pour avoir, en gardant ses serments et son honneur, refusé son adhésion à l'horrible attentat du 21 janvier. Voici donc Charles qui se rend au club de la ville, et, sous l'empire des généreux sentiments qui l'animent, il trouve dans son cœur des accents de justice et d'humanité qui électrisent l'assemblée. A sa descente de la tribune, l'auditoire émerveillé se lève; on ne peut supporter plus longtemps que la religion et la vertu *languissent* dans les cachots; une commission est nommée, séance tenante, pour aller délivrer les opprimés, et si le gardien s'oppose, prétextant le décret de la Convention, la foule, entraînée par l'éloquence de Des Genettes, brisera les portes de la prison.

Les succès qu'il obtient, en défendant les droits de la justice et de la vraie liberté, ne font qu'enflammer le zèle de notre jeune audacieux. Une autre fois, le 24 mars 1795, il organise une manifestation en faveur de la réouverture des églises. Pas d'hommes, les femmes seules se rendront auprès de l'administration du district. Des Genettes, qui était devenu populaire dans les faubourgs des Caves, de Saint-Thibaud et du Valgelé par son dévouement et ses soins, entraîne facilement ces populations croyantes et laborieuses. Trois cents femmes acclament la parole du jeune apôtre et sont disposées à le suivre. On se met en marche vers les bureaux de l'administration. Des Genettes, accompagné de quelques membres de la députation, pénètre dans l'enceinte où siège le président, pendant que les autres en assiègent les abords. — « Citoyen président, dit le jeune homme, que la manifestation, dont la ville de Dreux est le témoin, n'inquiète pas la République; la vue de ces femmes désarmées qui m'entourent vous répond de son caractère pacifique. Je viens, au nom du peuple de la ville, au nom de la liberté de conscience, dont de récents décrets semblent peu respecter les droits sacrés, demander à l'administration les clefs de nos églises. Citoyen président, l'antiquité païenne n'a jamais porté atteinte aux droits de la conscience, et l'on ne voit pas dans l'histoire qu'Athènes ou Rome ait jamais fermé au peuple les portes de ses temples. » Le président, interdit à la vue du sang-froid qui anime cet intrépide jeune homme, hésite un instant, puis remet à sa demande les clefs de Saint-Jean et de Saint-Pierre.

La foule se précipite sur les pas de Des Genettes ; mais, à Saint-Pierre, raconte M. de Valette, elle se trouve arrêtée par une muraille qu'on avait élevée à l'entrée du chœur avec des débris de statues. Un mouvement d'hésitation se manifeste, Des Genettes s'en aperçoit, il fait apporter un levier, porte les premiers coups, et bientôt la muraille est abattue, les emblèmes républicains arrachés et traînés dans la boue pendant la semaine Sainte et le jour de Pâques, le temple naguère désolé retrouve la pompe de ses beaux jours. » Mais la République s'en alarme; la prière de quelques pauvres femmes lui fait peur, et elle envoie ses dragons apprendre au peuple de Dreux à mépriser les lois de Dieu, mais à respecter celles de la Convention. On ouvre bientôt une enquête contre les coupables, la République peut-elle jamais souffrir un tel mépris de ses décrets? Mais le tribunal et la ville se montrent si sympathiques à la jeunesse de Charles Des Genettes que les menaces de la Convention demeurent sans effet. Quand, à quatre-vingts ans de là, on relit ces actes de courage et de noble hardiesse, c'est à peine si nous pouvons y ajouter foi. Ah! c'est qu'alors les circonstances grandissaient et mûrissaient les âmes, tandis qu'aujourd'hui, enfants dégénérés de ce siècle, les événements nous aplatissent et nous écrasent sous leur grandeur et leur poids.

Toutefois, M. et M{ne} Des Genettes, pour éviter à leur fils l'occasion de se compromettre de nouveau, quittèrent le théâtre de ses récents exploits et se retirèrent dans leur petite propriété de Saint-Lomer. Cette précaution, excellente pour beaucoup de caractères, ne devait être d'aucun effet pour Charles. Les hommes de sa trempe peuvent très-bien changer de lieux, mais ils ne changent jamais de cœur. Aussi, verrons-nous Charles aussi courageux, aussi intrépide à Saint-Lomer que dans son ancienne résidence! A peine installé dans l'humble manoir qui reste à sa famille, le voici, muni de l'autorisation civile et ecclésiastique, parcourant les métairies du canton, enseignant les enfants, ouvrant des écoles, venant en aide aux prêtres persécutés, convoquant au temple les paysans des hameaux, et ménageant aux fidèles depuis si longtemps déshérités des secours de la religion les moyens de se les procurer. Vraiment, n'admire-t-on pas déjà, sous les traits de ce jeune homme, le futur curé de Notre-Dame-des-Victoires? Mais ne croyez pas que les difficultés et les menaces l'ébranlent et l'arrêtent dans ses desseins, non, pas plus qu'elles ne l'arrêteront plus tard. La vertu et la vérité, déjà si fortes d'elles-mêmes, ont rencontré chez lui un caractère énergique qui saura doubler leur puissance. Un jour (nous empruntons ce trait à M. l'abbé de Vallette), le préfet, instruit par d'odieuses dénonciations de la conduite de Charles, le mande à son cabinet, et croyant déconcerter sa fermeté, lui reproche de troubler l'ordre dans le canton du Saint-Lomer et de désobéir aux lois. Pierre et Jean avaient répondu, il y avait dix-huit siècles, au Sanhédrin « qu'il fallait mieux obéir à Dieu qu'aux hommes. »

— Monsieur le préfet, répond à son tour Des Genettes, je ne désobéis pas aux lois du pays, j'exerce mon culte, aucune puissance ne peut m'arracher ce droit.

— On vous accuse de favoriser la révolte.

— Je reste tranquille ici.

— Mais enfin, votre conduite est suspecte, et si vous ne renoncez à vos menées, je vous ferai arrêter.

— Monsieur le préfet, reprend Des Genettes que les paroles de l'officier ministériel venaient d'exciter, puisque vous voulez connaître mes crimes, les voici : J'enseigne aux enfants à aimer Dieu, à respecter leurs parents, à ne faire de tort ni de mal à personne, à vivre dans l'innocence et la pureté. Si vous me le défendez, je vous obéirai ; mais le canton de Courtomer saura que c'est par votre ordre, et je publierai que vous ne voulez pas que les enfants de nos campagnes reçoivent une instruction morale. »

L'incident, à ce qu'il paraît, se termina devant ces énergiques paroles du jeune homme. Le préfet céda, et l'on vit une fois de plus que si la vérité doit marcher escortée de la prudence, elle doit se rappeler aussi qu'elle est la vérité et qu'elle n'a pas à baisser la tête devant la force ignorante et brutale. C'est ainsi que Des Genettes passait ses jours à Saint-Lomer, partageant ses moments entre l'étude, les services qu'il rendait à sa famille, et les soins qu'il donnait à l'enfance et à la vérité proscrite et persécutée. En général, les hommes, suivant la parole d'Ézéchiel, tournent volontiers leurs regards vers le soleil levant et adorent avec amour le bonheur et la puissance ; mais pour Des Genettes, il avait de bonne heure réservé ses sympathies pour la faiblesse et l'infortune. Prêtre par la foi et la charité avant de l'être par l'onction sainte, il préludait par ces bonnes œuvres à son futur ministère.

III

Quand on étudie le caractère de Des Genettes à travers les jours de son enfance et les saillies de son ardente jeunesse, il semblerait qu'il y eut peu d'harmonie entre cette vivacité et cette trempe d'esprit toute martiale et les calmes et paisibles fonctions du sacerdoce. On se représente volontiers le prêtre sous les traits de l'agneau qui marche au sacrifice, et non pas sous ceux du soldat qui court plein d'ardeur au combat. Cependant Charles manifesta, dès les premières heures de sa vie, un penchant pour l'état ecclésiastique. Il était encore enfant qu'un jour son confesseur lui demanda ce qu'il pensait devenir plus tard.

— Prêtre, répondit l'enfant.

Et cette idée allait toujours grandissant et se développant dans son cœur. Il aimait les prêtres, les chants de la liturgie sainte plaisaient à son âme, le spectacle de nos églises abandonnées lui arrachait des larmes. Enfant, il avait élevé un petit autel dans l'intérieur de la maison paternelle; jeune homme, nous le voyons à Saint-Lomer présider l'office religieux au milieu des paysans, heureux de se retrouver dans leur chère église. Il était si modeste dans le temple que, malgré son jeune âge, plusieurs personnes pensaient qu'il était prêtre. Ses camarades le révéraient comme tel à Alençon, lorsqu'il y terminait son cours de mathématiques. A son approche, les conversations légères cessaient tout à coup. — « Taisons-nous, disaient-ils, voici Des Genettes, nos paroles lui feraient beaucoup de peine. » Que de fois on recourut à ses conseils, et sous sa légitime influence, combien de ses amis finirent par imiter son exemple! Tant de circonstances réunies semblaient devoir ne laisser aucun doute sur la vocation de M. Des Genettes. C'était la pensée d'un des prêtres les plus vénérables et les plus éclairés du canton de Courtomer qu'il avait pris pour directeur à son retour d'Alençon, et dont il reçut les commencements d'une forte et solide étude en théologie.

Mais, soit pour éprouver la vocation de Charles, soit pour lui donner plus de consistance encore par la lutte, Dieu se plut alors à contrarier les desseins du jeune homme. M. Des Genettes, qui ne voyait le sacerdoce qu'à travers les sacrifices et les proscriptions sanglantes de la Convention, s'opposa aux désirs de son fils. Il avait rêvé pour Charles un avenir plus brillant, selon lui, que le sacerdoce. Sa première ambition eut été de le faire entrer dans la magistrature, afin de perpétuer dans sa famille les traditions de robe; toutefois, devant le peu de goût que Charles avait manifesté pour ces fonctions, son père avait cédé; mais, en retour, il avait exigé de son obéissance qu'il étudiât la médecine. Il est toujours si beau

17

d'obéir que Des Genettes préféra les volontés de son père à l'attrait qui le portait vers l'état ecclésiastique. Il étudia la médecine. Mais les pensées des hommes ne sont pas toujours les pensées de Dieu, et souvent la Providence, quand on traverse ses vues divines, dissipe bien vite nos illusions et nos rêves. C'est ce qui arriva pour les projets de M. Des Genettes. Son fils tomba malade, et se vit obligé pour longtemps, de renoncer à ses nouvelles études. Sur ces entrefaites, la paix fut rendue à l'Église, nos temples se rouvrirent, et la religion, meurtrie et ensanglantée, vit apparaître enfin l'aurore de meilleurs jours. Charles profita de ces heureuses circonstances pour tenter une nouvelle démarche auprès de son père. Ce fut Mme Des Genettes qui devait se rendre, auprès de l'inflexible magistrat, l'avocate des fervents désirs de son fils. Dieu avait-il déjà changé les dispositions de sa volonté, ou Mme Des Genettes avait-elle trouvé, dans sa tendre affection pour Charles, des accents d'une irrésistible éloquence? M. Des Genettes, vaincu par les instances de sa femme, céda, et permit à son fils de suivre son attrait pour la vocation ecclésiastique.

Voilà donc Charles dans sa voie, dans la voie des combats et des sacrifices. Oh! l'on avait déroulé devant ses regards cette longue série d'épreuves qui attendent le jeune homme dans la carrière sacerdotale, et, si sa riante imagination conservait encore quelqu'illusion, M. Desprez, son directeur, s'était chargé de la faire évanouir devant l'austère vérité. Mais pour cette âme ardente, les difficultés étaient un aiguillon, et les dangers, un attrait. Charles entra le 24 juin 1803 au séminaire de Séez, et ce fut le 9 juin 1805 qu'il reçut le caractère sacerdotal, caractère qu'il porta, dit l'auteur de sa vie, pendant cinquante-cinq années avec un sentiment si profond de sa grandeur et de ses redoutables obligations.

Le suivrons-nous dans le cours de sa carrière? Partout où il passe, à Saint-Lomer, à Courtomer, à Argentan, au collège de Laigle et à Montsort, nous retrouvons l'ardent et généreux jeune homme que nous avons connu à Dreux. L'onction sainte qu'il a reçue n'a fait qu'augmenter son zèle et creuser davantage en son cœur l'abîme de charité qu'il renfermait déjà. Son passage à Saint-Lomer et à Courtomer est rapide ; mais pendant les quelques mois de son ministère, il s'y acquit tellement l'affection de ces braves paysans de l'Orne qu'il est obligé de tromper leur sollicitude pour opérer son départ. Encore, le long de la route, rencontrait-il quelques-uns de ses bons paroissiens qui lui criaient, en lui montrant les petits enfants qu'ils avaient emmenés avec eux « Quoi ! Vous nous quittez ! Mais vous ne voulez donc pas faire pour eux ce que vous avez fait pour tant d'autres ! » Mais dut son cœur en souffrir, le prêtre, comme le soldat, doit toujours obéir. C'est là sa force et sa gloire.

L'abbé Des Genettes obéit, et se rendit à Argentan où l'appelait la voix de son évêque. Nous n'avons pas la pensée, pendant les dix années qu'il passa en qualité de vicaire dans cette ville, de raconter jour par jour le détail de ses nombreux travaux. Qu'il nous suffise de dire que, grâce à son zèle, l'œuvre des catéchismes refleurit, la ville fut délivrée d'un schisme qui la menaçait, et la vieille église normande retrouva, comme avant la révolution, quelques-uns de ses beaux jours. Mais ce travail quotidien, dans lequel l'homme dépense silencieusement ses forces, suffisant pour ces caractères graves qu'un juste équilibre de toutes les facultés tient toujours dans la mesure, ne pouvait convenir longtemps à la bouillante ardeur de M. Des Genettes. L'année 1813 lui fournit un théâtre digne de lui et l'occasion de s'y montrer avec toute l'impétuosité et la générosité de son âme. Argentan était encombrée de blessés et de prisonniers de guerre que l'on avait entassés dans les prisons de la ville. Malgré les soins de l'administration, ces malheureux, dans les premiers jours de leur arrivée, étaient en proie aux plus cruelles privations, on en voyait, à travers les fenêtres, qui tendaient les bras et demandaient à grands cris du pain. L'âme compatissante de l'abbé Des Genettes ne put tenir à la vue d'un spectacle si déchirant. Nouveau Vincent de Paule, il parcourt la ville, excite la charité des fidèles et revint à la prison chargé de vêtements et de pain. Mais le typhus, douloureuse conséquense des guerres, se déclare bientôt parmi ces pauvres exilés. Ils tombaient plus nombreux que sur le champ de bataille entre les murs sombres des prisons, presque sans secours et sans consolation. Est-ce que le zélé vicaire de Saint-Martin calculera avec sa vie devant d'aussi poignantes infortunes? Le voici, dit M. De Valette, qui organise une quête en leur faveur, trente personnes sous sa direction traversent, une corbeille à la main, toutes les rues de la ville, on recueille de l'argent, du linge, des habits, des soulagements de toute espèce. Voilà pour le corps; mais les plaies de l'âme, qui les soignera? Mais les consolations du cœur, qui les prodiguera? Qui osera pénétrer dans ces cachots infects et respirer cet air empoisonné qui donne la mort?

— J'irai, répond l'abbé Des Genettes.

— Mais à quoi bon? lui disent ses amis. Ces malheureux ne vous comprendront pas.

— J'irai, s'ils ne me comprennent pas, ils auront au moins, en mourant, la consolation de voir au milieu d'eux un prêtre qui les bénira, qui leur tiendra lieu de père, de sœur et de mère.

« Son charitable dévouement, ajoute l'auteur de sa vie, trouva sa récompense dans le bien qu'il put faire. En apercevant un prêtre au milieu d'eux, les malades lui tendaient les bras, faisaient le signe de la croix pour montrer qu'ils étaient catholiques, baisaient le crucifix et répondaient de leur mieux à ses signes. Dans une de ses visites, il découvrit un sous-officier hongrois qui parlait latin et qui se fit son interprète auprès de ses camarades. M. Des Genettes put ainsi leur adresser des exhortations, les consoler, les encourager, leur parler du pays, de leurs sœurs et de leurs mères. Que de consolations prodiguées par ses tendres paroles! Que de cœurs par son auguste ministère retrouvent la paix et l'espérance! O religion sainte qui enfante de tels dévouements! toi qu'une Providence divine a donnée à la terre pour le bonheur de l'humanité, est-il possible qu'il y ait des hommes assez ignorants et assez ingrats pour insulter à tes bienfaits? Mais ils n'ont donc jamais souffert, ceux qui te méconnaissent et le blasphèment!

Cependant M. Des Genettes et l'un de ses confrères, M. l'abbé Alleaume, chapelain de l'hôpital, ressentirent bientôt les premières atteintes du terrible fléau. Le dernier mourut victime de son devoir ; la constitution plus robuste du vicaire de Saint-Martin le sauva de la maladie. Quelle énergie et quelle foi animaient donc ce jeune prêtre dont les souffrances avaient brisé le corps ! c'est à peine si l'on ose y croire. Malgré la faiblesse, malgré la fièvre qui le dévorait, il se traînait encore dans les salles ; aucun conseil, aucune prudence humaine ne pouvaient l'arracher à ses chers malades.

— Et si je les abandonne, disait-il, qui leur montrera le chemin du ciel ?

Il justifiait ainsi par ses exemples la vérité de cette parole de l'Écriture-Sainte : « Que l'amour est plus fort que la mort. »

A quelque temps de là se présente un autre spectacle non moins émouvant. Un convoi de prêtres et de religieux espagnols, dont le crime était d'avoir combattu pour leur patrie et leurs autels, venait d'arriver à Argentan. Qui peindra dans cette circonstance les prévenances, les soins et le dévouement fraternel de l'abbé Des Genettes pour ces malheureux exilés ? Il est partout où il y a des consolations à prodiguer, partout où il y a des privations à adoucir. Le pain, le cidre affluent sur ses pas pour rendre à la vie ces infortunés épuisés par la fatigue des marches et les privations les plus cruelles. On veut les enfermer dans les prisons encore infectées par le typhus.

— Vous voulez donc les faire périr, s'écria l'abbé Des Genettes, et il se rend en toute hâte à la mairie, et y plaide avec tant de chaleur la cause de l'humanité que cet ordre est révoqué sur le champ. Sa charité ira plus loin encore. Il ne peut voir sans une profonde douleur que des religieux et des prêtres soient privés de l'assistance aux saints mystères. « Est-ce que ce n'est pas assez, semble-t-il dire, de leur avoir fermé les portes de la patrie ? Faut-il encore leur fermer celles du temple ? » Et sous l'influence de cette pensée, il rappellera, avec une sainte liberté, à l'administration d'Argentan l'odieuse tyrannie qu'il y aurait à priver ces malheureux prisonniers de la seule consolation qu'ils puissent goûter dans l'exil. « Que craignez-vous ? qu'ils prennent la fuite ? Mais, croyez-moi, ce sont des prêtres, leur parole qu'ils vous ont donnée d'être fidèles, est une barrière qu'ils franchiraient moins facilement que leurs Pyrénées. »

C'est au milieu de ces actes de dévouement que les événements de 1815 vinrent le surprendre. Aussi ardent royaliste que fervent apôtre, l'abbé des Genettes ne tarde pas à prendre une vive part au mouvement politique qui s'accentue de jour en jour en faveur des Bourbons. Élevé au milieu des horreurs de la Révolution, humilié de la pesante tyrannie sous laquelle gémissait l'Église, comment ne pas accueillir avec transport le retour de ceux qui avaient été si longtemps la gloire de la France et la sauvegarde de l'Église? Le trône alors était encore abrité contre l'autel ; et tous les deux, unis par les siècles et par les épreuves, se portaient une mutuelle protection. C'est donc avec l'impétuosité de son caractère et la fougue de ses sentiments que l'abbé des Genettes prend en mains le parti du roi. Plus de crainte, plus de vains ménagements dès qu'il s'agit de cette cause sacrée ; pourrions-nous dire même que les lois de la prudence humaine aient toujours été respectées par le zélé vicaire d'Argentan?

Nous nous garderons de caractériser la conduite de l'abbé Des Genettes dans ces délicates circonstances. Il est des actes que les conseils austères de la prudence pourraient blâmer, mais que les temps excusent et justifient. Toutefois, une remarque se présente à notre esprit, c'est que jamais l'Église, à travers le cours de son histoire, ne s'est attelée au char d'aucun parti. Peu lui importe la forme différente des États, pourvu que, sous leur gouvernement, elle puisse remplir librement sa mission divine, et prêcher aux hommes les doctrines de justice, d'amour et de vérité ! Elle paya le tribut aux Césars avec autant de fidélité qu'elle servit Charlemagne. La seule chose que l'Église ne puisse supporter, la seule chose qu'elle condamne dans les gouvernements de la terre, ce sont, disait dernièrement une voix éloquente, les libertés sans frein, les droits sans devoirs et les sociétés sans Dieu. En dehors de là, éternelle et immuable comme Dieu, elle plane dans une sphère supérieure aux passions politiques et aux luttes incessantes des hommes,

C'est pourquoi, tout en respectant les convictions politiques honnêtes et sincères, comme celles auxquelles l'abbé des Genettes était toujours resté loyalement fidèle, nous ne pouvons nous empêcher d'émettre le désir, que ceux, qui par leur caractère participent à l'immutabilité de l'Eglise, ne s'enchaînent pas par leurs opinions aux formes mobiles et changeantes des sociétés humaines. C'est pour n'avoir pas suivi cette sage ligne de conduite, mais préféré la manifestation bruyante de ses sentiments politiques aux graves insinuations de la prudence, que l'abbé Des Genettes se vit sérieusement inquiété pendant les Cent-jours. Il fut obligé de quitter Séez et Argentan où ses opinions politiques étaient connues, pour aller s'enfermer à Caen dans la solitude profonde du couvent du Bon-Sauveur. C'est là qu'il attendit, au milieu des ennuis et des inquiétudes, le retour de Louis XVIII.

Après les Cent-Jours, lorsque M. Des Genettes fut rendu à la liberté, l'administration diocésaine ne voulut pas tarder sans utiliser les talents et l'activité prodigieuse du jeune prêtre. On le nomma curé de Montsort à Alençon. Comptait-on sur la générosité de son cœur et sur la mâle énergie de son caractère pour remplir ce poste difficile? Peut-être; car, de toutes les paroisses de la Normandie, il n'en était pas une dont les difficultés fussent plus nombreuses et plus graves qu'à Montfort. Imaginez-vous une paroisse où la basse et niaise impiété est en honneur, où règne la haine stupide du prêtre, où de petits orateurs de tavernes, excitateurs de faubourgs, gouvernent et mènent une foule ignorante et encore abrutie par les folies de la Révolution, c'était Montsort dans les premiers jours de la Restauration. En peu d'années, sept curés en avaient été chassés par les violences brutales de la population, et le dernier était mort par suite des mauvais traitements dont il avait été victime.

— Où m'envoyez-vous donc, disait M. Des Genettes, au vicaire-général qui était son ami?

— A un poste digne de votre courage, répond M. Levavasseur.

Il arrive à Alençon. Sa réputation de royaliste et de prêtre austère l'avait devancé sans doute. On lui ferme les portes de son église, et sur ses pas se manifeste une attitude hostile de la foule.

— « Je suis envoyé ici par mon supérieur, dit l'abbé Des Genettes, et si je n'y entre pas du plein gré des habitants, j'y pénétrerai par la force. » Et il requiert la gendarmerie pour se faire ouvrir les portes du temple.

Cette intrépidité étonne. Le peuple, qui est peu sensible aux sentiments élevés et délicats, subit toujours le prestige de l'audace et de la force. L'abbé Des Genettes saura dans sa conduite lui en donner l'image. Avec lui, pas de ménagements timides, pas de capitulations déguisées avec le devoir, mais une ligne de conduite ferme, nettement accusée, et qui ne connaît pas ces biais auxquels les croyances affaiblies obligent quelquefois d'avoir recours. C'est une règle inflexible au milieu de cette population sans frein de Montsort. Il nous semble le voir dans une attitude toute martiale tenir d'une main solide le joug de la loi sous lequel tous, riches, pauvres, grands, petits doivent indistinctement passer.

Si ce courage étonna le peuple d'Alençon, on juge bien qu'il ne devait pas toujours lui plaire. Mais l'abbé Des Genettes disait volontiers comme saint Paul : « Peu m'importent les jugements des hommes pourvu que ceux de Dieu me soient favorables ! » Aussi rien ne le déconcertait : ni les injures, ni les railleries, ni les menaces. Le devoir était autour de son âme comme une cuirasse qui renvoyait tous ces traits. Il semblait par sa conduite dire sans cesse à ses paroissiens : « Vous avez beau faire, vous entendrez la vérité, et vous verrez, malgré vous, brillamment éclairée la route du devoir. Vous voudriez que, semblable aux chiens muets d'Israël, je gardasse le silence, je parlerai ; que je quittasse la paroisse, j'y demeurerai ; j'y suis venu malgré moi, j'y resterai malgré vous. »

Les conduites franches et bien dessinées ont toujours le privilége, en rassurant les gens de bien, de s'en faire des amis, c'est ce qui se produisit à Montsort pour M. Des Genettes. On vit un homme qui avait des allures fières et indépendantes, et l'on se fit un devoir plus impérieux de s'engager avec lui dans la voie de la religion. Mais les méchants s'alarmaient de ces premiers triomphes et cherchaient dans leur aveugle haine mille prétextes d'accusation contre le curé de Montsort. Voici dans quelle circonstance éclatèrent surtout leur ressentiment et leur vengeance. C'était à l'occasion d'un convoi funèbre. On voulait, au mépris des lois ecclésiastiques et dans la coupable intention de battre en brèche l'autorité du pasteur, que cet enterrement fût présidé par un prêtre étranger. Les députés, chargés d'arracher l'autorisation à M. Des Genettes, arrivent chez lui la menace à la bouche.

— Je m'y refuse, répond gravement le curé, mon devoir dans ces circonstances m'y oblige.

L'abbé Des Genettes procède donc lui-même à la levée du corps. Mais le coup est monté. À peine est-il arrivé à la maison mortuaire que des meneurs, dans un état voisin de l'ivresse, vomissent contre lui les insultes les plus grossières. Le curé de Montsort était aguerri de trop longue main pour s'en émouvoir. Le cortége arrive à la porte de l'Eglise. M. Des Genettes, par mesure de salubrité publique en temps d'épidémie, ordonne que le corps soit déposé à l'entrée du temple; on foule aux pieds ses ordres, on éclate en murmures, et le corps est traîné sans pudeur à l'extrémité de la nef. Les scènes les plus scandaleuses se renouvellent pendant le trajet de l'église au cimetière, et ce n'est qu'au milieu des cris, des vociférations et des menaces que l'on parvient au lieu de la sépulture.

— Si vous ne respectez pas les vivants, s'écrie l'abbé Des Genettes d'une voix retentissante, au moins respectez les morts. Silence devant la tombe!!

On se tait, et le curé, impassible au milieu des agitations de la foule, achève la triste cérémonie; mais il va bientôt désarmer par la générosité de son âme ceux que l'intrépidité de son caractère et son amour du devoir n'avaient pu ébranler.

Cependant, le bruit du scandale parvient aux oreilles de la justice. Une enquête s'ouvre pour découvrir les premiers auteurs de ces regrettables désordres. Le magistrat instructeur interroge M. Des Genettes.

— Un père ne dépose jamais contre ses enfants, répond le curé de Montsort; et il garde sur la conduite de ses ennemis le plus louable silence.

On mande les accusés devant le tribunal; M. Des Genettes plaide leur cause. On condamne le plus coupable à trois semaines de prison; il paie l'amende, et pendant les jours de sa détention, pourvoit à la nourriture de sa femme et de ses enfants. C'est ainsi qu'à une grande fermeté d'âme, l'abbé Des Genettes joint la tendresse et la générosité.

« Cette conduite, si naturelle chez un prêtre, et qui était un besoin, remarque M. de Valette, pour le cœur si compatissant du curé de Montsort, impressionne vivement la population; et par un de ces revirements soudains familiers aux gens qui obéissent aux préjugés et aux passions, ils se prennent d'une affection enthousiaste pour le curé que naguère ils ne regardaient qu'avec haine et défiance ». Ce n'est plus un ennemi; c'est un père, c'est un ami, c'est une providence qui est venue les visiter. En quelques jours, le *Tolle* a fait place à l'*Hosanna*. Hier, la multitude aveuglée voulait le jeter dans la fosse avec le vieillard qu'il conduisait au cimetière; il tombe malade aujourd'hui, près de quatre-vingts personnes se font inscrire pour le soigner sur son lit de souffrances. Attendons quelques mois encore; que par un secret dessein de la Providence, M. Des Genettes vienne à quitter Montsort, vous ne verrez que pleurs, vous n'entendrez éclater que plaintes et cris de tristesse. Admirable nature que celle qui produit de tels changements! Ce fut le privilége dont jouit M. Des Genettes pendant le cours de sa longue carrière.

IV

D'après toutes les prévisions humaines, l'abbé Des Genettes devait rester plus longtemps à Montsort. Quelle paroisse, en effet, pouvait lui offrir désormais plus de consolation et de religieuses espérances? Montsort n'était-il pas son œuvre, et de jour en jour n'allait-il pas recueillir les fruits de ses labeurs et de sa générosité?

Comme le laboureur qui a confié la semence aux sillons creusés par ses efforts, il n'avait plus qu'à demander au ciel l'accroissement et attendre ainsi la moisson prochaine. Dieu, qui avait sur lui des desseins de miséricorde en faveur de son Église, en décida autrement. Une difficulté survint, comme il en arrive souvent quand, aux prises avec la vanité et l'orgueil, le curé n'écoute que la voix de la conscience et du devoir. Ce fut l'occasion dont la Providence se servit pour conduire à Paris son serviteur.

Le voilà donc maintenant sur le théâtre où se déploiera désormais son activité, et qu'il doit, dans quelques années, féconder par ses prières et son admirable Archiconfrérie ! Mais il ne s'avancera que lentement vers cette grande œuvre de résurrection morale. Arraché brusquement à sa chère Normandie, Paris est pour lui un monde tout nouveau. Il faut, auparavant, qu'il en connaisse la vie, qu'il en sonde les hontes, les grandeurs et les misères.

M. Des Genettes fit son début à Paris par le vicariat des Missions étrangères. Son zèle y fut si ardent, et l'influence qu'il acquit bientôt dans la paroisse, si grande, qu'un an plus tard, au départ de M. Desjardins, il en fut nommé le curé. Quel champ pour son ardeur et sa bouillante jeunesse !... Malgré les efforts que firent les ministres de Dieu qui exercèrent au sortir de la Révolution, ils n'avaient pu relever encore les ruines de l'Église et de toutes les œuvres de bienfaisance. « Toutes les institutions de charité, dit
« M. Aubineau dans sa notice sur M. Des Genettes, avaient été
« désorganisées et détruites. Quelques années du gouvernement
« populaire et du régime de ce que l'on est convenu d'appeler la
« Liberté, avaient suffi pour renverser les nombreuses et puissantes
« barrières que l'Église avait élevées pendant dix-huit siècles avec
« amour et persévérance autour de l'âme du pauvre. Plus rien ne
« subsistait désormais pour aider sa faiblesse, rien pour l'éclairer,
« rien pour le diriger, rien pour faire pénétrer jusqu'à lui la cha-
« leur et la force de la lumière divine.

Cette situation douloureuse et si pleine de périls émut vivement l'âme compatissante de M. Des Genettes. Les petits, les pauvres, les affligés, c'était les affections de ce pieux serviteur de Marie. Ne les avait-il pas instruits à St-Lomer, à Argentan et dans sa dernière paroisse de Montsort? Pouvait-il, au milieu de misères qu'aucune langue ne peut décrire, au milieu d'un abandon dont Paris seul offre le spectacle, délaisser ainsi les malheureux qui furent toujours l'objet de ses prédilections? Nous ne suivrons pas M. Des Genettes dans toutes les actions qu'il entreprit pour soulager et éclairer les pauvres et les malheureux sans asile. Qui connait la générosité et la tendresse de son âme, peut entrevoir tous les efforts tentés dans ce but par son noble cœur. Mais il est une œuvre qui caractérise son passage aux missions étrangères, et à laquelle il attacha son nom et sa gloire, c'est la fondation de la maison de la Providence en faveur des jeunes orphelins.

C'est un miracle de charité que cette œuvre! Née de l'amour que ce vénérable prêtre portait à cette classe si intéressante d'infortunés, elle n'avait pour croître et se développer que son inépuisable dévouement. Tout lui manquait, logement, protection, ressources. Mais est-il un trésor comparable à un cœur généreux et tendre? M. Des Genettes en fit sortir ces résolutions admirables qui créent les grandes œuvres, et ces merveilleux sacrifices qui les alimentent et les font prospérer. Ne lui parlez ni des étroits calculs de la prudence humaine, ni des vaines appréhensions qu'engendre toute responsabilité; M. Des Genettes a vu les larmes de ces pauvres jeunes filles abandonnées, il a calculé la grandeur de leurs maux et deviné les suites fatales de leur abandon et de leur misère; faut-il pour tarir ces larmes, et rendre un asile et une mère à celles qui n'en ont plus et ses économies et la fortune de sa famille? Les voici. Un de ses biographes rapporte que, se réservant seulement quinze cents francs de rente pour ses vieux jours, il consacra près de 400,000 francs à cette œuvre.

La cour apprend ces merveilles de charité. Aussitôt la charitable princesse de Narbonne, madame la duchesse d'Angoulême, envoient leur présent au pieux curé des Missions étrangères. « Quoi! disait Charles X à la nouvelle de cette fondation : ce bon prêtre fait cela!

Portez-lui ces trente mille francs, je ne veux pas que dans mon royaume des œuvres si excellentes se fondent sans que je n'y prenne part. » Et dans la suite, chaque fois que M. Des Genettes avait l'occasion de voir le roi : « Eh bien, lui disait Charles X avec la plus aimable bonté; comment, mon bon curé, vont nos enfants de la Providence? » Parole admirable qui confond dans le même éloge et le roi qui la prononçait et le prêtre qui la méritait !

Mais les œuvres d'éclat n'occupent pas exclusivement les loisirs du bon curé. Sa charité se plaît encore davantage à se cacher qu'à se produire. Le bruit l'épouvante, et par goût, il préférerait donner le verre d'eau de l'Évangile et l'obole silencieuse de la veuve de Jérusalem. Aussi, qui les racontera ces charités discrètes que sa main cachait avec pudeur dans le sein du pauvre? « Plus d'une maison actuellement prospère, dit M. de Valette, n'a évité la ruine que grâce aux secours donnés à propos par cette main généreuse; plus d'une existence désespérée a retrouvé le calme, la confiance, et a conquis sa place dans la société, parce que le bon curé lui est venu en aide et l'a soutenue dans les mauvais jours. » On dirait que M. Des Genettes ait fait le vœu de St-François-d'Assise, de ne laisser jamais sans secours l'infortune qui lui tendait la main.

— Mais on surprend votre bonté, lui disait-on quelquefois.

— Si l'on ne voulait donner qu'à coup sûr, répondait-il, on s'exposerait à délaisser bien des misères trop réelles. Sans doute, il faut s'éclairer, mais j'aime mieux être trompé trois fois que de refuser une seule à un véritable nécessiteux. » Ne voyons-nous pas déjà apparaître sous ces traits de générosité et de bonté d'âme qui caractérisent le curé des missions étrangères, le pasteur admirable que la chrétienté tout entière a connu et contemplé à Notre-Dame-des-Victoires?

Ainsi s'écoulait au milieu des occupations de son ministère et des devoirs de la charité, la vie de M. Des Genettes. « Mais cette
« vie douce, tranquille et entourée d'applaudissements ne devait
« pas être toujours le partage du saint prêtre. Il était appelé, dit
« Léon Aubineau, à une œuvre plus haute, mêlée de contradictions,

« qui devait d'abord, comme toute œuvre solide, être fondée dans « la douleur. » Dans les desseins de Dieu, les missions étrangères n'étaient dans son existence qu'une étape où il devait apprendre à connaître cette misère horrible, typique de Paris, qui creuserait en son cœur l'abîme des miséricordes; mais c'est à N.-D.-des-Victoires qu'il devait seulement en répandre les flots sur la grande ville. La Révolution de 1830 qui arriva sur ces entrefaites, contrairement à tout ce qu'on pouvait espérer, ne servit qu'à hâter cet heureux événement. M. Des Genettes quitta la paroisse des Missions étrangères; et, soit que sa charité l'eut compromis en portant secours aux soldats restés fidèles au roi, soit qu'il ne put contempler sans douleur la chute d'un trône qu'il aimait, il se réfugia en Suisse à la suite des événements de juillet.

Plusieurs personnes ne virent dans cette démarche qu'un effet de la peur, qui, dans les tempêtes révolutionnaires, agite souvent de grands courages. Il ne fut pas jusqu'à ses amis mêmes qui n'en blâmèrent les inconséquences. Nous n'essaierons pas de combattre les vaines suppositions que la malice et la légèreté bâtirent sur le départ de l'abbé Des Genettes; il nous semble que celui qui sut arracher aux cachots les prisonniers de Dreux, braver Jean-Bon-Saint-André, et plus tard affronter les balles des émeutes de 48 et de 51, n'a pas besoin que l'on fasse bruyamment l'apologie de sa bravoure. La bravoure et M. Des Genettes, est-ce que ce n'est pas même chose? Pourquoi juger, répondrons-nous aux autres? Dieu ne s'est-il pas réservé le secret des cœurs? Et n'est-ce pas être présomptueux que de s'arroger la prétention de qualifier leurs démarches et souvent de leur prêter des sentiments qui ne sont que l'expression de nos imperfections et de nos misères? Nous aimons mieux voir dans sa sortie de France, la main de la Providence qui l'arrache aux douceurs et aux agréments d'une position trop agréable, pour achever de le préparer dans l'exil, aux luttes et aux épreuves de celle que le Ciel lui réserve.

V

M. Des Genettes demeura deux ans en Suisse. Si nous ne connûmes pas les raisons de son départ, nous connûmes les regrets amers qui l'accompagnèrent et le suivirent. Que de fois, dans son exil, lui apparut l'image de la patrie absente, de cette France souvent coupable, mais toujours adorée, et loin de laquelle on ne peut vivre! Bientôt connu et aimé, chacun s'intéresse à lui. L'évêque de Fribourg lui offre la cure de Genève; et s'il veut partir pour la Russie, la paroisse française de Moscou est mise à sa disposition par l'ambassadeur du Czar. Mais qu'importe, loin de la patrie, les positions brillantes et avantageuses? Ce qu'il faut à l'âme patriotique de M. Des Genettes, ce n'est ni la Suisse avec ses beaux lacs, ni la Russie avec ses promesses, c'est la France, dût-il s'y ensevelir dans le plus obscur des villages. Aussi fatigué de son exil que de son inaction, il cherche donc à rentrer en France. C'est le R. P. Etienne, le supérieur des Lazaristes, qui est chargé de négocier son retour auprès de Monseigneur de Quélen.

« Est-ce qu'il aurait jamais dû nous quitter, répond l'archevêque, écrivez-lui de revenir au plus vite. »

Sitôt que cette parole est connue de M. Des Genettes, il arrête son départ pour le lendemain. En vain ses amis s'opposent-ils à cette prompte détermination; mais votre santé est encore bien délicate, mais le choléra règne dans toute sa fureur à Paris, lui dit-on.

— « C'est justement pour cela que j'y vais, répond-il avec intrépidité. »

Il part. La joie de revoir la France lui rend la santé. Il arrive aux missions étrangères dans les premiers jours de mai 1832, et se met aussitôt à la disposition de l'archevêque qui lui confie au bout de quelques jours la cure de N.-D.-des-Victoires.

Quand après une longue traversée, pleine de périls et d'orages, les marins aperçoivent se dessiner à l'horizon la silhouette des arbres, tout l'équipage n'a qu'une voix pour crier : Terre, terre ! Tel pouvait être aussi, après les agitations de sa vie, le cri de M. Des Genettes, lorsqu'il arriva à N.-D.-des-Victoires. C'était bien pour lui la terre, la terre où il devait désormais travailler, la terre où il devait aussi dormir un jour. Il y arrivait, mûri déjà par les années et l'expérience des hommes ; les luttes de toute sa vie avaient donné à son âme la virilité qui ne craint plus les épreuves, Paris avec ses misères sans nom et ses profondes infortunes avait creusé plus avant encore dans son cœur la source des miséricordes. Restait à dompter cette ardeur inquiète de caractère qui ne lui permettait pas, au milieu de ses diverses positions, de conserver cette stabilité si désirable au ministère apostolique, les dernières épreuves de l'exil avaient opéré cet heureux changement. M. Des Genettes était donc mûr pour l'œuvre que la Providence avait résolu d'établir par son ministère.

Il avait alors cinquante-deux ans. S'il vous arrive d'aller vous agenouiller un jour aux pieds de N.-D.des-Victoires, pénétrez jusque dans la grande sacristie de l'église, et contemplez-y son portrait peint par Court, dont M. le baron Thayer, son ami, a fait présent à la fabrique. Une sorte d'auréole n'entourait pas encore ses cheveux blancs ; ce n'était pas non plus ce visage transfiguré par la piété, et sur lequel la Vierge plus tard semblait avoir fait descendre comme une impression toute céleste ; mais déjà se voyait empreinte sur ses traits calmes, reposés, je ne sais quelle dignité douce et sereine qui accusait la paix et la tranquillité de son âme. Peut-être que les lignes sévères de la rudesse primitive de sa nature n'en avaient pas encore disparu ; et sans doute, un œil exercé eût encore retrouvé dans ses regards la vivacité qui caractérisait l'ancien vicaire d'Argentan. Mais quelle paisible lumière, comme empruntée au ciel, tempérait déjà le vif éclat de ses yeux, et faisait briller la bonté qui rayonnait sur sa noble figure ! On devinait à son approche qu'il y avait dans ce cœur un trésor de tendresse et de miséricorde.

Nous raconterons dans le chapitre suivant, l'institution de l'Archiconfrérie du St-Cœur de Marie. Nous y suivrons M. Des Genettes à travers ses luttes et ses épreuves, admirant ses efforts, partageant ses craintes, assistant à ses premiers succès, et bientôt le félicitant de ses glorieux triomphes. A partir de cette époque, le curé de N.-D.-des-Victoires a disparu du monde. Comme pour tous les hommes qui portent en leur esprit un grand dessein ou une pensée féconde, les événements de la vie n'ont plus à ses yeux qu'un intérêt secondaire. Il ne connaît plus que trois choses : son église, son modeste prie-Dieu aux pieds de la Vierge et son confessional. Mais à ces trois choses, quelle admirable fécondité il a su leur donner ! Qui racontera jamais pendant vingt-cinq ans les merveilles de conversions opérées à son confessionnal ! Qui dira les secrets qui lui ont été confiés, les larmes dont il a tari la source, les cœurs auxquels il a rendu l'espérance, les âmes égarées que sa miséricorde a forcées de rentrer dans les voies de la vérité et de la vertu? Ses jours et ses nuits étaient aux pécheurs, on dirait qu'il avait pour mission de réconcilier la terre entière avec le ciel.

Aussi combien il aimait son église, sa chère N.-D.-des-Victoires qu'il avait trouvée si pauvre et que la reconnaissance de l'univers enrichissait chaque jour de nouvelles magnificences ! Qu'il aimait surtout ces foules pieuses, recueillies qui venaient sans cesse prier, l'espérance sur les lèvres, la Vierge bénie de l'illustre sanctuaire ! Quelle consolation ce spectacle apportait à son âme ! La terre pouvait-elle jamais en fournir d'aussi douce? Là, se passait sa vie entière. Point de voyages, point de vacances, point de repos pour le curé de N.-D.-des-Victoires, mais son église, rien que sa chère église. Ne le cherchez ni dans les soirées, ni dans les fêtes et les festins du monde, il ne quitte le temple et sa modeste demeure que pour remplir les devoirs de son ministère. Jamais, dans le cours de sa longue carrière, il ne manqua d'assister aux réunions de l'Archiconfrérie. Tous les dimanches, à sept heures du soir, vous le retrouviez au milieu de son peuple chéri ; tous les samedis, à neuf heures, il convoquait les associés à la sainte Messe. Le soldat brisé à la discipline n'est pas plus fidèle à son poste que ne le fut toujours le bon curé de N.-D.-des-Victoires. Les autres prêtres, en dehors des obligations de leur ministère, jouissent de leur liberté; M. Des Genettes, lui, ne s'appartenait plus, il se regardait comme sans cesse obligé de s'interposer entre son peuple et le trône de Marie, et de provoquer, pour toutes les faiblesses, les miséricordes de la Vierge. Toujours vous le trouviez en prières. Voyez-vous ce vieillard vénérable appuyé sur un modeste prie-Dieu ? Ses yeux se dirigent avec amour vers la douce image de N.-D.-des-Victoires, ses traits semblent être éclairés comme par un reflet de cette grâce intérieure qui l'anime, c'est M. Des Genettes qui prie pour tous les pécheurs de la terre, et gémit dans le silence sur nos infirmités. « Quand il sentit arriver les défaillances de l'âge, rapporte M. Léon Aubineau, et que déjà il ne pouvait plus célébrer les saints Mystères, il se réjouissait de pouvoir prier encore. Il demandait à Dieu de n'interrompre qu'à la mort sa prière ici-bas. Il a été exaucé. L'occupation de toute sa vie a été celle de ses derniers instants. La prière avait été sa force dans la douleur, son énergie dans le travail, et l'épanouissement même de sa joie, elle fut dans ses derniers moments sa consolation et sa suprême espérance. »

Nous n'insisterons pas sur les vertus qui firent de M. Des Genettes un modèle de la vie sacerdotale. Si le vice est rarement seul dans un cœur qui lui donne asile, il en est de même des vertus qui s'y appellent les unes les autres. Aussi vinrent-elles embellir à l'envi cette âme qui en comprenait si bien la beauté. Sévère pour lui-même, le curé de N.-D.-des-Victoires avait pour les autres une grande indulgence. Sa tendresse pour les pécheurs surtout est proverbiale. Il disait volontiers comme St-Remy « Ce n'est pas pour juger sévèrement nos frères, que le Seigneur nous a constitués en dignité, mais pour panser avec amour les plaies de leur âme. » Personne ne fut plus humble au milieu de ses triomphes et de la considération universelle dont il jouissait. Plusieurs fois dans sa vie, l'épiscopat lui fut offert, il ne crut pas devoir en assumer sur lui la lourde et glorieuse charge. Son âme supérieure aux distinctions terrestres, s'effrayait des préséances. Au milieu des gloires de l'Archiconfrérie, il a maintenu toujours la simplicité des origines.

On montre encore l'humble chaise sur laquelle il venait s'asseoir devant cette foule immense qui entourait l'autel de la Vierge. Son désintéressement fut absolu et sa charité sans bornes, la mort révéla la grandeur de l'un, les larmes des pauvres qui pleurèrent sa perte firent connaître l'immensité de l'autre. Dépouillé de tout, il n'emporta avec lui dans le ciel que des mérites et des regrets. Son cœur connut la bonté, mais peut-être, chez lui, n'avait-elle pas ces formes aimables et douces qui ne s'harmonisaient pas avec la rudesse de son caractère. Le diamant brut était très-riche; si les aspérités en eussent été polies par la douceur, tous l'auraient trouvé d'un prix infini. Il poussa, jusqu'à l'austérité, l'intégrité de ses mœurs et le mépris pour toute mondanité. Dédaigneux de toutes ces petites frivolités de la vie qui amusent tant les hommes ordinaires, il n'attachait de prix qu'aux choses graves et sérieuses. Sa table fut toujours d'une simplicité antique, et sa demeure, simple comme ses goûts, n'eut pas été désavouée par le religieux le plus sévère.

Parlerons-nous des qualités de son esprit? Ceux qui l'ont intimement connu, avouent qu'il ne possédait aucun de ces talents qui séduisent, qui attirent et qui dominent les hommes. Sa puissance, comme celle de l'apôtre, était dans sa faiblesse et sa grande foi. Cependant son esprit avait de la solidité et de la science. Voici ce que Léon Aubineau raconte de la force de sa parole : « En chaire, dit l'ancien rédacteur de l'*Univers*, M. Des Genettes portait une simplicité dont rien n'a jamais approché. Quelle éloquence cependant a provoqué plus de larmes! Quelle parole a pénétré plus avant dans les âmes! Il ne savait que deux choses : Célébrer les louanges de Marie et provoquer les pécheurs au repentir! Il réussissait à l'une et à l'autre. Marie a été bien honorée et glorifiée dans son église, et les pécheurs emportaient dans leurs cœurs les blessures de sa parole. Elle entrait, elle brûlait, elle triomphait. » Vous sortiez électrisé des conférences de Lacordaire, ravi des entretiens éloquents de l'abbé Bautain et de M. Deguerry; mais le curé de N.-D.-des-Victoires, avec son langage inculte et négligé vous charmait, vous attendrissait et surtout vous convertissait. La conviction et la charité, la vraie charité qui ne désire que le salut des âmes s'exprimaient par ses lèvres. C'était une éloquence qui n'avait aucun souci des règles de la rhétorique ni des finesses de l'art, mais qui atteignait son but. « Dieu a accordé à cet homme, disait M. de Riancey, un don bien rare : non point l'éloquence de l'art, mais l'éloquence du cœur. Est-ce lui qui parle, ou Dieu parle-t-il par sa bouche? On le croirait. Il raconte, il prêche, il prie, il pleure. L'auditoire est touché, ébranlé, vaincu, et ces hommes qui n'aiment que les charmes du beau langage se laissent prendre par cette voix attendrie, par cette parole rude et privée des artifices de l'éloquence. Étrange éloquence qui, contrairement aux règles de l'art, éclaire, persuade et confond! Nous ne pouvons pas mieux la caractériser que par ces mots de Mgr Lavigerie : « Ce sont des paroles, dit l'illustre prélat, qui sortaient brûlantes du cœur, et dont le cœur garde un éternel souvenir! »

Tel était M. Des Genettes. Nous n'écrivons pas ici son panégyrique. Des plumes plus éloquentes l'ont entrepris ; pourtant il nous en coûterait de ne pas dire un mot de la popularité dont jouit cet homme de bien, et des hauts témoignages de louanges que lui attirèrent ses vertus. On ne saurait croire, rapporte un de ses premiers biographes, le degré de popularité et de vénération, qu'on lui portait dans Paris, ce Paris indifférent et perverti. Les foules s'ouvraient d'elles-mêmes pour faire place au curé de N.-D.-des-Victoires. La jeunesse surtout, qui avait toujours vu en lui un confident et un ami, se distinguait par un respect particulier. La grande ville déjà avait perdu le respect de bien de choses augustes et saintes, cependant la simple vue de ce vieillard produisait encore sur elle une impression suave, profonde et forte que nos paroles peuvent exprimer à peine.

De hauts témoignages d'estime et de vénération ne manquèrent pas non plus à la personne de M. Des Genettes. Louis-Philippe rendit plusieurs fois hommage à son dévouement sacerdotal ; l'empereur l'honorait comme un saint prêtre, au cœur plein de zèle et de charité. Connu et vénéré de tous les évêques du monde, ses louanges étaient dans toutes les bouches; les uns le saluaient comme le fervent apôtre du culte de Marie au XIXe siècle ; pour les autres c'était, disait l'évêque de Quimper, le fondateur de la gloire du sanctuaire illustre de Notre-Dame-des-Victoires. Mais combien ces éloges sont dépassés par l'appréciation que faisait le souverain pontife de la sainteté de M. Des Genettes. « Nous avons confiance, écrivait Pie IX à M. l'abbé Desfossé, l'éditeur de ses œuvres, que celui qui a été si dévoué à la Vierge, mère de Dieu, nous obtiendra de plus en plus la protection céleste de cette Très-Sainte Mère, et pour nous et pour l'Église entière. » Qu'ajouter à ces paroles ? Ne sont-elles pas la plus belle apologie que l'on puisse faire des vertus de ce grand serviteur de Marie ?

Mais les années et les mérites s'étaient multipliés sur la tête du pieux fondateur de l'Archiconfrérie. La vieillesse était venue l'atteindre avec ses lourdes infirmités au milieu de ses travaux; et sans arrêter le cours de sa gloire, on sentait que d'un moment à l'autre elle allait arrêter celui de ses jours. Le saint prêtre s'apercevait de sa marche insidieuse et rapide, et, comme saint Martin, il répétait : « Seigneur, si vous voulez pour votre gloire prolonger mes jours, je ne refuse pas le travail, mais si vous avez résolu de m'appeler à vous, que votre volonté soit faite ! »

Un jour, c'était le 25 avril 1860, on lut sur une des portes de l'église de Notre-Dame-des-Victoires les lignes suivantes : « Ce matin, à une heure trois quarts, M. le curé de Notre-Dame-des-Victoires a rendu son âme à Dieu. MM. les vicaires de la paroisse le recommandent aux prières des fidèles. »

M. Des Genettes n'était plus !

Sa mort fut un deuil presqu'universel. Paris lui fit de magnifiques funérailles, où se trouvait représentée la société tout entière. Les plus grandes voix, les voix de la religion et de la presse pleurèrent sur son cercueil. L'archevêque de Paris le compare au juste de l'Écriture-Sainte, et il parle avec amour et louanges de ce nom qui a retenti des humbles parvis de Notre-Dame-des-Victoires jusqu'aux extrémités de la terre. « Une grande existence vient de s'éteindre, écrivait la *Gazette de France*, M. Des Genettes est mort cette nuit dans la 82ᵉ année de son âge. Il a été donné à cet illustre serviteur de Dieu de voir l'œuvre importante de sa vie, l'Archiconfrérie de Notre-Dame-des-Victoires, se fonder au milieu d'épreuves difficiles, puis grandir, s'étendre et se propager avec une rapidité qui tient du prodige. Nous n'avons pas à redire les vertus sacerdotales, le zèle, l'incomparable charité d'un homme dont le nom, associé à celui de l'Archiconfrérie de Notre-Dame-des-Victoires, est aujourd'hui béni et vénéré de la chrétienté tout entière. »

Le gouvernement lui-même ne voulut pas rester étranger au deuil de Paris et de l'Église, et tout ce qu'il put faire pour honorer cette grande mémoire, il le fit. Il permit que M. Des Genettes fut inhumé sous l'autel de Notre-Dame-des-Victoires, près duquel il avait prié trente années pour le salut des fidèles et de la France. « Les vertus du saint curé, écrivait le ministre des cultes à l'empereur, les pieuses fondations qui ont fait de son église, jadis si délaissée, l'un des plus illustres sanctuaires du monde, justifient en faveur de M. Des Genettes une mesure exceptionnelle. »

C'est ainsi, remarquait M. Léon Aubineau, que dans l'espace de dix mois, l'église de France a perdu ses deux plus illustres curés : le curé d'Ars et le curé de Notre-Dame-des-Victoires. Dans les plaines de la Dombes et au milieu des rues de Paris, ils ont fait tous les deux la même œuvre, et accompli les mêmes merveilles. Ils ont attiré les foules vers des lieux dont elles étaient éloignées, et les ont attirées pour leur faire connaître la gloire et la miséricorde divines. Tous deux ont été de grands confesseurs.

Cet éloge, nous sommes heureux de l'espérer, suppléera aux oublis et aux graves imperfections de notre biographie.

M. Des Genettes fut un grand confesseur !!

Et si nos lecteurs en doutent, qu'ils suivent ce saint prêtre à travers les phases de l'Archiconfrérie, l'œuvre féconde de ses longs et glorieux jours.

CHAPITRE III

De l'institution de l'Archiconfrérie du Saint-Cœur-de-Marie pour la conversion des pécheurs dans l'église de Notre-Dame-des-Victoires. — Situation religieuse de la France et de la paroisse à cette époque. — Des raisons qui déterminèrent M. Des Genettes à fonder cette œuvre. — Fondation miraculeuse de l'Archiconfrérie. — Inspiration que M. Des Genettes reçoit du ciel de créer cette œuvre. — Appréhensions du pieux curé au sujet de la réussite de ses desseins. — Ses premières contradictions. — Bénédictions du ciel qui accompagnent le début de l'Archiconfrérie. — Conversion de M. Joly, ministre de Louis XVI.

I

L'établissement de l'Archiconfrérie du Très-Saint et Immaculé Cœur de Marie, dans l'église Notre-Dame-des-Victoires, remonte au 3 décembre 1836. Six ans s'étaient donc écoulés depuis la révolution de Juillet, dont les suites, surtout pour les provinces qui avoisinent Paris, furent si désastreuses à l'Église, et quatre depuis qu'un zélé pasteur, M. Charles Des Genettes, avait été promu à la cure de Notre-Dame-des-Victoires.

L'église de Notre-Dame-des-Victoires, comme presque toutes les églises de France, n'avait pas encore eu le temps de réparer les brèches faites à son sanctuaire par deux révolutions successives, et de ranimer autour d'elle la foi presqu'éteinte. Depuis 1809, époque à laquelle ce temple fut rendu au culte catholique, des ministres aussi recommandables par leur piété que par leur bienfaisance, parmi lesquels nous sommes heureux de citer les noms de MM. Gravet, Decroix et Fernbach, avaient travaillé sans relâche, comme Esdras après la captivité, à relever les ruines de ce sanctuaire autrefois si illustre. Mais s'il ne faut aux fureurs des partis et des révolutions qu'un tison enflammé, ou le marteau d'un démolisseur pour couvrir en un instant la terre des ruines les plus augustes, il faut souvent des demi-siècles de travaux et de pénibles efforts pour réparer dans l'ordre moral comme dans l'ordre physique, les résultats douloureux d'un jour d'égarement et de fureur populaire.

Ces fervents ministres de l'Évangile avaient beaucoup prié pour le retour de leur paroisse à l'antique foi. Que de fois, dans la solitude de leur église abandonnée ils avaient levé les mains vers le ciel et demandé, comme Abraham, grâce pour la grande ville coupable! Vœux empressés, dévoûment, larmes solitaires, exhortations pieuses, rien n'avait été oublié pour appeler sur ce troupeau infidèle les bénédictions de Dieu. Mais, quand du haut de la tribune sainte, ils répandaient la semence divine de vérité, ils ne rencontraient pas même le sol ingrat et pierreux de la parabole; la terre leur manquait, une solitude profonde régnait autour d'eux, et les voies du temple de Sion, comme aux jours de Jérémie, versaient des pleurs parce qu'il n'était plus personne qui vînt à ses cérémonies saintes. L'indifférence plus encore que le respect humain, avait éloigné les fidèles mêmes des tribunaux sacrés de réconciliation; et c'est à peine, dans nos grandes solennités, si quelques rares chrétiens, glorieux restes des anciens jours, osaient braver le mépris de la foule pour se présenter à la table eucharistique. On pouvait dire avec le prophète que la désolation s'était répandue sur cette terre, parce qu'il ne se trouvait plus personne pour songer en son cœur.

Telle était la paroisse de Notre-Dame-des-Victoires lorsqu'en 1832, M. Des Genettes en fut nommé le pasteur. Mais de peur qu'on ne nous accuse d'exagération dans la peinture des maux qui affligeaient alors cette église, écoutons deux voix plus autorisées que la nôtre en faire le sombre et douloureux tableau, celle de M. de Riancey dont les lettres pleureront longtemps la perte prématurée, et celle du vénéré pasteur de Notre-Dame-des-Victoires répandant son cœur affligé dans celui de Mgr de Quélen.

« Le temple bâti par Louis XIII, écrivait M. de Riancey le 9 juillet

1853, semblait abandonné. A peine quelques rares fidèles dispersés encore par les ébranlements renouvelés des révolutions, animaient aux grands jours la solitude des parvis sacrés. Le respectable pasteur répandait en vain aux pieds des autels ses pleurs d'amertume. »

Oh! oui, c'était bien en vain qu'avaient coulé sur sa chère paroisse ses larmes d'attendrissement et de douleur. Écoutons-le dans le récit qu'il fait à son évêque des maux qui désolaient son église : « Vous me disiez, Monseigneur, que Notre-Dame-des-Victoires n'était pas, à proprement parler, une paroisse ; ces paroles me frappèrent, mais je ne m'attendais pas, je l'avoue, à les trouver si vraies et surtout d'une vérité si étendue. Depuis la révolution de Juillet, les sacrements n'y sont plus fréquentés, les malades meurent comme s'il n'y avait pas d'avenir, la table sainte est abandonnée, l'église déserte; c'est à peine si, aux jours de nos grandes solennités, quelques fidèles assistent aux saints mystères. Plus de croyance à ce qui fut longtemps la vénération des siècles, plus de respect pour ceux qui apportent à la terre l'Évangile de la paix et du bonheur. Les ministres de la religion sont détestés, et quand le dernier des citoyens peut traverser sans crainte nos quartiers populeux, le prêtre ne peut le faire sans déposer l'habit saint qui le distingue. Quelles couleurs ajouter encore à ce sombre tableau, si ce n'est que Jésus-Christ était plus à l'abri des insultes dans sa misérable crèche qu'il ne l'est aujourd'hui peut-être dans ma pauvre église ! »

II

Que dire maintenant du temple matériel, quand dans le temple spirituel tout n'est plus qu'un monceau de ruines, quand le nom de Dieu ne s'y fait plus entendre et que la prière, comme un encens d'agréable odeur, ne s'élève plus d'un seul cœur vers le ciel ! Hélas ! quel contraste affligeant entre la maison de Dieu et les palais des hommes ! Ici, les ameublements les plus somptueux, les tapis les plus magnifiques ; et, comme si l'or qui rayonne sur les murailles n'était pas assez précieux encore pour en rehausser l'éclat, de splendides tapisseries ou de riches tableaux dont un seul suffirait à la restauration d'un temple. Là, dans ce sanctuaire privilégié de Notre-Dame-des-Victoires où la France reconnaissante était venue tant de fois s'agenouiller, la nudité, la pauvreté la plus humiliante. Qui le croirait, si de pieux pasteurs ne l'avaient attesté avec larmes ? A Paris, en 1832, au sein même de l'opulence, je cite M. Des Genettes, c'est à peine si le prêtre trouvait, pour célébrer le sacrifice, des habits sacerdotaux d'une décence même équivoque, et quelques vases sacrés pour nos mystères, quand l'or étincelait sur la table des simples mortels ! Ah ! ce n'était plus Notre-Dame-des-Victoires enrichie dans le siècle dernier par les présents des rois et la reconnaissance des peuples ; c'était Bethléem, et encore ! Bethléem, mais sans la foi des bergers, et avec l'indifférence la plus désolante substituée à la piété des Mages. Aussi les vieillards, comme les juifs au retour de la captivité, ne pouvaient s'empêcher de verser des pleurs en songeant à la splendeur de l'ancien temple !

Telles sont les ruines sur lesquelles doit s'asseoir le ministre du Seigneur pour y pleurer, comme Jérémie, sur la solitude de Sion ; tels sont les ossements desséchés près desquels, pendant de longs jours, doit prier le nouvel Ezéchiel en attendant qu'il plaise au Seigneur de lui dire : Fils de l'homme, souffle sur ces ossements arides et rends-les à la vie. Il faut l'avouer, la mission de M. Des Genettes était bien rude et bien ingrate, et personne n'en peut comprendre les amertumes et les poignantes douleurs, s'il ne s'est trouvé plein de jeunesse, d'enthousiasme et de foi jeté dans une paroisse abandonnée où il ne rencontre qu'indifférence et froideur en échange de son zèle et de sa fervente charité. Aussi, plus d'une fois, le courage de M. Des Genettes parut-il chanceler ; et lui que l'on avait vu si ardent, trop ardent peut-être dans ses jeunes années de 1810 à 1825, seul aujourd'hui, isolé au milieu de cette foule qui le coudoie avec indifférence, il ne sait, au milieu des troubles de son âme, quel parti prendre, et s'il reste encore quelques moyens à employer pour ressusciter cette paroisse assise dans les ombres de la mort! Il lui semblait que le succès devait toujours répondre au zèle, et la récompense suivre de près le travail et la peine. N'était-il pas temps en effet, après avoir semé plusieurs années dans les larmes, de moissonner enfin dans la joie? Mais celui qui donne aux semences l'accroissement paraissait regarder sans pitié les fatigues et l'humilité de son serviteur. Ses travaux étaient restés stériles, et les moissons ne paraissaient pas de sitôt blanchir sur la terre confiée à ses soins. C'est sur ces entrefaites qu'à peu de mois de distance, M. Des Genettes supplia par deux fois différentes l'archevêque de Paris, de le décharger d'un fardeau trop lourd pour sa faiblesse.

Mgr De Quélen jugea que M. Des Genettes n'était pas encore assez avancé dans la voie du Calvaire. Notre pauvre nature voudrait toujours, comme Pierre, demeurer au milieu des gloires du Thabor; mais celui qui est éclairé d'une meilleure lumière, sait que les humiliations de Nazareth et les souffrances de Jérusalem sont mille fois préférables à la félicité et à la gloire humaines. Aussi l'archevêque de Paris laissa-t-il la croix sur les épaules du zélé pasteur. « Homme de peu de foi, pourquoi vous découragez-vous? Est-ce que nous connaissons les temps et les moments que le père a choisis pour rétablir son royaume parmi nous? disait à M. Des Genettes le sage et vénéré Mgr de Quélen. Voyez Jésus-Christ, le semeur par excellence, n'a-t-il pas rencontré dans son ministère les épines, les rochers et l'aridité des grands chemins avant de trouver une terre féconde et bien préparée? Voudriez-vous être au-dessus du maître? Courage, vous ne serez jamais si près du Cœur de Jésus que lorsque vous vivrez dans les humiliations et les épreuves. »

Le curé de N.-D.-des-Victoires quitta donc l'archevêché emportant dans son âme avec le courage un rayon de douce espérance. O puissance d'une parole amie, quels prodiges n'opères-tu pas dans les cœurs! Tu nous consoles dans nos épreuves, tu affermis dans la voie des souffrances nos pas tremblants, et tu n'es pas plus tôt tombée d'un cœur affectueux et tendre que l'on reprend avec joie la route de son Calvaire ! M. Des Genettes se remet donc de nouveau à l'œuvre, et fait monter plus souvent encore vers le ciel, une prière qu'avaient sanctifiée l'épreuve et l'obéissance. Enfin, l'heure du succès, cette heure que l'homme, être d'un jour, voudrait devancer de tous ses efforts, allait sonner pour lui. Déjà, avant que les enfants du royaume ne revinssent à la foi, il en venait d'Orient et d'Occident qui prenaient place dans l'église de N.-D.-des-Victoires avec ceux que Dieu s'était conservés au milieu des désertions de son peuple. Mais ces retours isolés ne suffisaient pas à la sainte impatience du bien qui tourmentait M. Des Genettes. Ce n'était pas d'humbles espérances, c'était la vue splendide des brillantes moissons qu'il fallait à son caractère. Peut-être oubliait-il trop, que le laboureur qui creuse à pas lents le pénible sillon qu'il arrose de ses sueurs, a plus de mérite auprès du maître, que le moissonneur qui fait tomber en un jour sous sa faulx le produit de longs mois d'infatigables labeurs. Toutefois, il songeait pour la seconde fois à quitter sa paroisse, quand tout à coup ses résolutions furent changées par l'événement que nous allons décrire.

III

C'était le 3 décembre 1836, jour de la fête de St-François-Xavier. Mais laissons parler M. Des Genettes ; on croirait presqu'une page détachée des confessions de St-Augustin, que le touchant récit qu'il nous a transmis de l'institution miraculeuse de l'archiconfrérie du Très-Saint et Immaculé Cœur de Marie. Tout y respire un parfum de simplicité et comme un air de pieux abandon que nos paroles ne pourraient jamais remplacer. « Le 3 décembre, à neuf heures, écrit M. Des Genettes, je commençais la sainte Messe au pied de l'autel de la Vierge que, nous avons consacré depuis à son Saint et Immaculé Cœur ; je récitais le premier verset du psaume *Judica me*, ce colloque divin où, l'âme brisée du prophète cherche dans la confiance en Dieu le repos de ses agitations, quand une pensée vint s'emparer de mon esprit. C'était la pensée de l'inutilité de mon ministère dans la paroisse de N.-D.-des-Victoires. Depuis quatre années passées dans des travaux infructueux, je n'avais, il est vrai, que trop d'occasions de la rappeler à mon souvenir, mais dans cette circonstance elle exerça sur mon âme une impression plus vive que de coutume. Je fis mille efforts pour l'éloigner de mon esprit, mais elle se jouait de ma vaine résistance, et il me semblait entendre comme une voix qui venait de mon intérieur et qui disait : « Ton ministère est sans fruit dans cette paroisse, voilà plus de quatre ans que tu en es le pasteur, où sont les résultats de tes labeurs ? L'église est abandonnée et la dernière étincelle de foi menace de s'éteindre, ne faudrait-il pas céder à d'autres mains le soin de la rallumer ? » Et je redoublais d'efforts pour repousser cette pensée, mais elle était si vive, mais elle occupait tellement les puissances de mon âme que je récitais les prières de la liturgie sainte sans avoir presque la conscience des paroles que mes lèvres proféraient.

« Tels furent les troubles de mon âme, jusqu'au moment où s'ouvre la partie solennelle du sacrifice. Après avoir récité le *Sanctus*, je m'arrêtai un moment pour me recueillir et pour rappeler mes idées. Effrayé de l'état de mon âme, je me disais : O mon Dieu, puis-je vraiment continuer l'oblation sainte ? Ai-je assez de présence d'esprit pour une action si sublime ? Avant, Seigneur, avant, délivrez-moi de ces distractions qui m'obsèdent. A peine eus-je prononcé ces paroles que j'entendis très-distinctement ces mots articulés d'une manière solennelle : « Consacre ta paroisse au Très-Saint et Immaculé Cœur de Marie. » Puis la voix intérieure qui résonnait en mon âme se tut, et je recouvrai sans effort le calme et la liberté de l'esprit. L'impression fatale qui m'avait violemment agité, disparut, et il n'en resta plus, jusqu'à la fin du sacrifice, aucun vestige en mon âme.

« Les saints Mystères achevés, je m'humiliai devant Dieu de la longue distraction qui avait troublé mon âme, j'en recherchai les causes, j'étudiai la part qu'y avait prise ma volonté. Pendant que je me livrais à cet examen, le souvenir des paroles que j'avais entendues me revint à l'esprit. Oh non, me dis-je avec une espèce de terreur, non, c'est une illusion, je ne puis croire à la possibilité d'une communication du ciel. Au moins, mon Dieu, je ne suis pas coupable, mais je ne veux plus songer à ces paroles.

« Telles étaient mes résolutions lorsque, me levant de mon prie-Dieu, j'entendis une deuxième fois distinctement ces mêmes paroles : « Consacre ta paroisse au Très-Saint et Immaculé Cœur de Marie. » Je retombe à genoux stupéfait et confondu. Je cherche à douter encore, et à m'affirmer à moi-même que je suis l'objet d'une illusion nouvelle ; mais je ne puis plus me le dissimuler. Marie veut à N.-D.-des-Victoires un nouveau culte et de nouveaux hommages, ses paroles ont la clarté de l'évidence, elle donne pour refuge à nos misères son Cœur saint et immaculé.

« Je rentre dans mon appartement sous l'influence de cette pensée. « Pourquoi tant d'hésitation et de crainte, me disais-je ? Est-ce que cette dévotion envers la Vierge sainte ne peut avoir un effet salutaire sur ma paroisse ? » Et je me mis à composer les règlements de notre association, et je vis, à mesure que j'écrivais, que le sujet s'éclaircissait à mes yeux. Bientôt les statuts de N.-D.-des-Victoires furent rédigés ; je ne prévoyais guère alors, qu'un jour presque tout l'univers s'y soumettrait avec amour. Telle fut la conduite de la Providence dans cette affaire ; elle choisit pour cette œuvre, ce qu'il y a de plus faible et de plus infirme selon le monde, afin que plus tard tous puissent dire en songeant aux triomphes de l'Archiconfrérie, et à la faiblesse de son fondateur : « Le doigt de Dieu est vraiment là. »

Voilà dans sa simplicité primitive le récit que nous a laissé M. Des Genettes, de ce moment si solennel de sa vie ! Nous ne nous perdrons pas en vains raisonnements pour en discuter le caractère sinon merveilleux, du moins fort extraordinaire. Qu'il nous suffise de savoir que cette voix de Dieu qui résonna dans son âme, s'est fait entendre bien des fois dans le cours des âges aux grands personnages destinés à jouer un rôle dans l'église. Qui ne se rappelle le réveil mystérieux de Samuel, le *Saule, Saule, quid me perse-*

quæris de St-Paul, le *Tolle et lege* de St-Augustin, et ce songe étonnant de la princesse Palatine dont le grand Bossuet ne craignit pas d'entretenir les oreilles délicates de la cour de Louis XIV? Qui ne sait au surplus que les philosophes d'Athènes et de l'ancienne Rome enseignaient que la divinité se révèle à l'homme dans le silence mystérieux des nuits? Ah! sans doute, il faut prendre garde de confondre les avertissements du ciel avec les rêves d'une imagination exaltée; et peut-être vaudrait-il mieux taire les prodiges de la puissance de Dieu, qui désormais ne sont plus nécessaires à la religion, que d'en rapporter un seul qui par son caractère d'incertitude fît douter de la vérité des autres. Toutefois, nous pensons qu'il ne convient pas à un esprit sérieux de s'élever contre ces révélations célestes que l'histoire, dans chaque siècle, a toujours enregistrées dans ses annales. Est-ce que ce ne serait pas vouloir interdire à Dieu, qui est le Verbe par excellence, le pouvoir de se faire entendre à l'homme, et par là matérialiser l'histoire, en faisant toujours disparaître de ses pages Celui qui en est le sommet et la fin.

Voilà donc instituée cette association, aujourd'hui si célèbre, en l'honneur du Saint et Immaculé Cœur de Marie! Voilà de nouveau la Vierge sainte qui retrouve sa place d'honneur dans son sanctuaire de prédilection! Mais pour se produire au dehors, et faire monter vers le trône de Marie un concert de prières et de louanges, il faut que la nouvelle association soit revêtue de la sanction épiscopale. Le monde étranger aux usages et aux traditions de l'Église se figure trop aisément, dès qu'il est question d'offices et d'exercices de piété, que les prêtres peuvent se livrer sans règle à l'ardeur de leur foi et de leur dévotion. Qu'il ignore combien l'Église, gardienne sévère de toutes les traditions antiques, veille avec sollicitude sur toutes les innovations, même les plus pieuses! Est-ce qu'elle n'a pas sur la route qu'elle doit traverser, les Augustin, les Vincent de Lérins et les Bossuet pour crier, à la première innovation, comme les sentinelles vigilantes : « Pas d'innovation! La tradition !! *Nihil innovandum, nisi quod traditum est* ». Cependant Mgr de Quélen ne put refuser son autorisation à une œuvre qui ne s'écartait en rien des principes de la plus sévère théologie, et qui s'offrait à lui sous les auspices de celle dont il aimait tant la dévotion. Il permit donc à M. Des Genettes, par sa lettre du 10 décembre, de commencer dès le lendemain les pieux exercices de l'association.

Le troisième dimanche de l'Avent, 11 décembre 1836, M. Des Genettes, encouragé par l'approbation de son évêque, mais le cœur rempli de ces craintes que l'habitude de l'insuccès rend si naturelles, annonce au prône de la messe paroissiale, que vers sept heures du soir, on célébrera dans l'église de Notre-Dame-des-Victoires un office de dévotion pour demander au ciel, par la protection du Très-Saint Cœur de Marie, la grâce de la conversion des pécheurs. Le désir, l'espérance et la crainte qui tour à tour agitent l'âme de M. Des Genettes ont-ils ouvert en elle la source de l'éloquence? Nous ne savons; mais la voix du bon pasteur est émue, il presse, il prie, il exhorte avec larmes le petit troupeau qui l'entoure. Hélas! son appel sera-t-il entendu? Sa voix perdue dans la solitude de son église trouvera-t-elle un écho qui en portera à ses brebis absentes les accents attendris? Et le soir, quand sonnera l'heure des plaisirs profanes, quand les théâtres s'ouvriront et que les premiers sons de l'orchestre se feront entendre, qui voudra s'arracher à ces faciles plaisirs, pour aller dans une église abandonnée, assister à un office dont le nom seul suffit pour déconcerter la religion des fidèles mêmes?

Aussi pendant tout le jour, écrit M. Des Genettes, nous flottions entre la crainte, l'inquiétude et quelques lueurs seulement d'espérance. Nous calculions, d'après nos douloureuses prévisions, quel serait le nombre des fidèles qui se rendraient le soir au pied de l'autel de Marie. Hélas! qu'il devait être petit! C'est à peine si nos conjectures osaient le porter à quarante ou cinquante personnes. Mais, o mon Dieu! Qu'est-il donc arrivé? Est-ce que vous béniriez déjà cette œuvre? et rendriez-vous à la piété ce temple autrefois si cher à la France? Sept heures étaient sonnées à peine, et nous nous trouvions déjà en présence d'une réunion

réunion de quatre à cinq cents personnes. Quel écho mille fois béni leur a transmis notre invitation? Qui les a pressées de quitter leurs réunions de famille, leurs jeux ou leurs affaires pour se réunir au pied d'un autel si longtemps désert.

L'office commence. Les débuts en sont accueillis avec une indifférence assez froide. Les douces et graves mélodies de l'église ne plaisent pas d'abord, aux oreilles habituées aux accords bruyants et chargés de la musique profane. Chacun, étonné de se voir dans un temple à l'heure où les plaisirs se multiplient dans Paris, cherche et regarde s'il ne surprendra pas des regards de connaissance qui le rassurent. On avait alors besoin de la vue d'un ami pour justifier sa présence sous les regards de Dieu! Enfin M. Des Genettes monte en chaire; et avec cet accent pénétrant que lui donne sa confiance en Marie, il explique, dans la simplicité de son cœur, les motifs et le but de la réunion. Ce peuple, accueille avec respect la parole du bon prêtre; sa foi ébranle les cœurs, la conviction qui l'anime s'empare de la multitude, et quand, dans un instant, agenouillé au pied de l'autel de Marie, il entonnera les magnifiques litanies de Lorette, à ces mots : « Refuge des pécheurs, priez pour nous », la foule inspirée répétera par trois fois différentes, spontanément, et d'une voix attendrie: *Refugium peccatorum, ora pro nobis.* Ne cherchons plus la formule de l'association du Saint Cœur de Marie; le peuple vient de la trouver dans son enthousiasme et dans sa foi. Désormais la triple invocation du *Refugium peccatorum* qui est sortie sans effort de son âme deviendra, l'expression des sentiments et le chant favori de toutes les réunions de l'Archiconfrérie de Notre-Dame-des-Victoires.

A ces cris soudains de repentir et d'amour poussés par plus de quatre cents voix, le cœur de M. Des Genettes tressaille de bonheur et de joie; et levant vers l'image de Marie des yeux baignés de larmes; «O ma bonne mère, s'écrie le saint prêtre, vous les entendez ces cris de la confiance et de l'amour; votre cœur n'en sera-t-il pas ému et ne sauverez-vous pas ces pauvres pécheurs qui vous appellent leur refuge? Adoptez, o Marie, cette association fondée pour leur salut; et pour faire voir à votre humble serviteur qu'elle vous est chère, donnez-m'en pour signe la conversion d'un de mes plus chers paroissiens. »

V

Parmi les hommes qui composaient la paroisse de Notre-Dame-des-Victoires, il y en avait un qui réunissait en lui toutes les grandeurs de la terre, celles du rang, du savoir et de l'intelligence. Il ne manquait à ce front, que la vieillesse, depuis de longues années, déjà, entourait d'une majesté nouvelle, que l'auréole de la religion et de la foi. Cet homme, c'était M. Joly, le dernier des ministres de Louis XVI. Attaché à la secte des prétendus philosophes du dernier siècle, M. Joly, depuis sa jeunesse, ne pratiquait plus aucune espèce de religion. Un philosophe anglais disait : « Beaucoup de philosophie ramène à Dieu » mais la haute philosophie de ce temps consistait à s'en éloigner de plus en plus, et on ne méritait le nom de sage qu'autant que l'on niait l'auteur même de la sagesse. Agé de plus de quatre-vingts ans, privé de la vue et depuis plusieurs mois malade, M. Joly n'avait éprouvé dans ses facultés intellectuelles aucun affaiblissement; il était encore le conseil d'un grand nombre de familles dont il gouvernait les intérêts, et qui recevaient ses avis comme s'ils émanaient du sanctuaire même de la Justice. C'est que, dans les fortes intelligences, quand le corps dépérit, la raison jette souvent encore, au milieu même de ses ruines, les plus vives clartés.

Tel est l'homme que Dieu choisit pour faire briller en lui les premiers effets de la puissance et de la miséricorde du Saint Cœur de Marie; comme s'il voulait nous faire voir, lorsque les desseins de sa gloire et de celle de l'auguste Vierge le demandent, qu'il tient dans ses mains les cœurs des rois comme ceux de leurs conseillers. « Est-ce que je n'ai pas au désert, fait jaillir l'eau d'un rocher, » dit le Seigneur? Est-ce que je ne puis pas d'une pierre faire un enfant d'Abraham?

Le lundi, douze décembre, après plusieurs tentatives infructueuses pour être introduit auprès du malade, M. Des Genettes, plein de confiance dans la protection de la Vierge dont il vient d'implorer le secours, se présente de nouveau chez l'ancien ministre. Même refus. Il insiste; on objecte alors ces mille prétextes dont une fausse délicatesse se sert trop souvent pour éloigner le prêtre du chevet des malades. La bonté de M. Des Genettes en triomphe et il pénètre enfin dans la chambre de l'illustre vieillard. Après quelques instants d'une conversation de pure politesse, « M. le curé, interrompt brusquement M. Joly, voulez-vous être assez bon pour me donner votre bénédiction? — Puis, un moment après, « que votre visite me fait de bien, Monsieur le curé! Mes yeux ne peuvent vous voir, mais je sens votre présence à je ne sais quelle douce paix répandue dans mon âme. Depuis que vous êtes auprès de moi, j'éprouve comme un calme, comme une joie intérieure que je n'avais jamais connus » M. Des Genettes ne peut plus contenir son émotion. — La vue de ce vénérable vieillard, cette fière raison qui se courbe enfin sous la foi, ces gloires qui vont s'éteindre et la marque de la bonté de Dieu et de la puissance de Marie dans cette circonstance ont ébranlé son âme. Qui n'admirerait avec lui la miséricorde infinie de Dieu qui attend jusqu'à la onzième heure sa pauvre créature? Et vous, Notre-Dame-des-Victoires, vous, qu'on vient de saluer hier avec enthousiasme comme le refuge des pécheurs, qui ne vous bénirait d'avoir donné sitôt à votre confrérie une nouvelle preuve si éclatante de votre protection?

M. Des Genettes ne quitta son illustre pénitent qu'après en avoir reçu les preuves de la confiance la plus touchante. A partir de ce jour, Dieu combla cette âme des faveurs les plus signalées; une foi vive, la soumission à sa volonté sainte dans les épreuves, une douce confiance dans sa miséricorde marquèrent tous les moments de la vie de M. Joly jusqu'au 10 avril 1837, jour de sa mort. Les préjugés et les passions dans le cours de la vie nous font parfois oublier le Dieu qu'avait béni notre enfance, mais que l'on est toujours près d'être religieux lorsque l'on porte en soi un grand cœur éclairé par une grande intelligence!!

Telles furent les prémices de cette moisson de grâces et de bénédictions dont la Providence ne cessa depuis lors d'enrichir l'Association nouvelle. Oh! de quelle joie fut inondé dans cette circonstance le cœur de M. Des Genettes! Et qui pourrait dire les heureux augures qu'il en tirait pour l'avenir de son œuvre chérie? Le bonheur incline l'âme vers l'espérance; le bon pasteur voyait déjà, comme à travers le prisme le plus brillant, sa chère église de Notre-Dame-des-Victoires se peupler de fidèles; les tribunaux sacrés de réconciliation étaient entourés d'une foule recueillie, les fêtes augustes de la religion se célébraient comme aux plus beaux jours de l'église, et une ère nouvelle de foi et de piété succédait dans sa paroisse et dans Paris, à un demi-siècle d'indifférence et d'irréligion. Mais, hélas! les dernières lueurs de cette apparition n'étaient pas encore dissipées qu'il entrevoyait déjà le calvaire. Ce n'était qu'au milieu des épreuves que Dieu promettait à son œuvre le succès et la gloire.

CHAPITRE IV

Des obstacles et des épreuves de tout genre qui s'opposent au progrès de l'Association nouvelle. — Raisons diverses de ces épreuves. — Difficultés que M. Des Genettes rencontre en lui-même pour le triomphe de son dessein. — Obstacles que lui suscite le monde pour faire échouer son projet. — M. Des Genettes ne trouve pas de sympathies plus vives dans ses supérieurs et dans ses frères. — Son courage et sa foi ne tardent pas à en triompher.

I

Tout ce que Dieu destine à l'immortalité ou même à la gloire éphémère du temps, soit qu'il s'agisse des œuvres de la religion ou de celles que produit le génie de l'homme, doit être marqué du sceau de l'épreuve et de la contradiction. C'est dans ces luttes providentielles que les institutions se fortifient, comme ces arbres qui ne portent jamais de plus puissants rameaux que lorsque les tempêtes, en les ébranlant jusque dans leurs racines, leur ont ouvert par leurs secousses un sol plus riche et plus profond. Quels sont les desseins de la Providence en multipliant ainsi les obstacles autour des œuvres de la religion ou du génie? Veut-elle montrer que les hommes vulgaires eussent été emportés par la tempête, et que les œuvres humaines, suivant la pensée d'un sage de Judée, se fussent détruites d'elles-mêmes: Peut-être; mais ce qui est certain, c'est que cette loi de l'humanité est si générale, que le Fils de Dieu lui-même n'y voulut pas faire exception, et que, dans la suite des âges, jamais il ne permit que les grandes révolutions religieuses et les vastes desseins des hommes fussent exempts de combats et d'épreuves. Que l'on parcoure les annales de l'histoire, depuis l'instant où elle s'ouvre pour recevoir les luttes et les douleurs de l'humanité ; voyez s'il est une seule de ses pages qui n'atteste cette vérité ! Sublimes conceptions des saints, nobles pensées, chefs-d'œuvre immortels du génie, prenez-les dans les arts, dans la religion, la politique ou l'éloquence, ils ont vu se dresser autour d'eux la jalousie, l'envieuse médiocrité, et la persécution, fille de l'intérêt et du mensonge. N'est-ce pas l'histoire d'un Saint-Paul, d'un Saint-Dominique, d'un Saint-Benoît et d'un Saint-Bernard, dont les combats et les épreuves remplirent alors l'Europe.

Sans doute, nous n'avons pas la pensée de comparer l'humble prêtre de Notre-Dame-des-Victoires à ces grands noms historiques, ni d'assimiler son œuvre à ces fondations illustres, à ces desseins puissants qui transformèrent le monde. Ce que nous voulons faire voir, c'est que M. Des Genettes eût aussi sa couronne d'épines, et que dans la mesure de son importance, si l'Association dont il fut le fondateur ne rencontra pas les mêmes difficultés que les grandes créations dont nous venons de parler, elle en subit d'assez nombreuses pour rendre visible le doigt de Dieu dans ses succès et dans ses pacifiques triomphes.

II

En effet, quand on étudie la naissance de l'Archiconfrérie de Notre-Dame-des-Victoires ; avant même de la voir aux prises avec les préjugés et les passions des hommes, que de difficultés ne doit-elle pas rencontrer dans les circonstances mêmes qui entourèrent son berceau ? Lorsque Saint-François d'Assise établit le tiers-ordre en Europe, il avait sa sainteté pour prestige ; le rosaire eût pour propagateur le génie de Saint-Dominique, et quand la dévotion du Sacré Cœur prit naissance en France, c'était dans un siècle croyant et religieux qu'elle faisait son apparition. Mais ici, soit que nous considérions, comme ne craignait pas de le faire M. Des Genettes lui-même, la personne du fondateur de l'Archiconfrérie, le temps où elle apparut, la ville et l'endroit qu'elle prit pour son siége, que d'obstacles sur la route que doit parcourir la nouvelle association !

Trois choses, dit Bossuet dans son panégyrique de Saint-Paul, contribuent ordinairement à rendre agréable et efficace un homme appelé à paraître et à prendre la parole en public ; la personne de celui qui parle, la beauté des choses qu'il traite, la manière ingénieuse dont il les explique ; et la raison en est évidente ; car l'estime de la personne prépare la bienveillance et une attention favorable ; les belles choses nourrissent l'esprit, et l'adresse de les expliquer d'une manière qui plaise, les fait doucement entrer dans le cœur. Mais de la manière que se présente sur la scène le fondateur de l'Archiconfrérie du Saint Cœur de Marie, il est bien aisé de juger qu'il ne possède guère ces avantages.

S'il ne peut dire, comme saint Paul, que son extérieur est peu relevé ; écoutons la manière dont il parle lui-même du reste de sa personne. « Au moins, dit M. Des Genettes dans son manuel, l'instrument que Dieu choisira pour propager le culte du Saint Cœur de Marie, justifiera le choix qu'il en aura fait. Ce sera sans doute un homme puissant en œuvres et en paroles, un Ravignan, un Lacordaire dont la persuasive éloquence attire les cœurs et dompte les esprits ? Non ; c'est un pauvre prêtre obscur, inconnu même dans sa paroisse et dont l'esprit est abattu par le chagrin et le cœur flétri par la douleur. Ne lui demandez pas de ces talents qui séduisent les foules ; il ne sait que gémir et prier ; de ces vertus qui captivent leur admiration ; s'il n'y avait pas toujours quelque vanité secrète à parler de soi, même pour révéler ses défauts, nous avouerions que la voix publique l'accuse d'en avoir qui sont peu compatibles avec le succès de son œuvre.

Mais cette œuvre, quelle est-elle donc pour réussir dans les mains d'un si misérable ouvrier ?... — C'est à peine si l'on ose en parler, tant le nom seul suffit pour exciter les railleries et les sarcasmes de l'impiété ! C'est une confrérie de prières en l'honneur du Cœur Immaculé de Marie. Une confrérie ! semble crier la foule, mais nous sortons à peine de la révolution de 1830 ! mais l'œuvre des Missions vient d'être l'objet dans Paris des mépris les plus insultants ! mais les autels mêmes chancellent encore sous les coups de l'impiété ! et l'on vient nous parler encore d'une confrérie de la Vierge ! d'une confrérie qui prie, qui pleure et qui gémit ! au milieu du xix⁰ siècle ! Quand la philosophie laisse à peine Dieu solitaire et tranquille sur son trône ! Quand les affiliations et les sociétés secrètes attaquent les majestés les plus saintes et cherchent à démolir par leurs écrits les fondements antiques de la religion et des sociétés ! Une confrérie en 1836 ! Quel nom et quel temps ! »

Nous pourrions ajouter : et quel siége ! On comprendrait encore que, se croyant l'objet d'une révélation céleste, M. Des Genettes allât réaliser ses pieux desseins dans quelque quartier paisible de Paris, où, à défaut de la simplicité antique, il rencontrerait au moins une indifférence protectrice. Mais non, ce n'est ni cette solitude ni ce calme qu'il demande pour son œuvre. Laissons parler plutôt M. de Riancey dans son opuscule sur le couronnement de Notre-Dame-des-Victoires. « C'est au centre même du luxe et de la corruption parisienne, rapporte l'illustre écrivain, que le zélé ministre jette les fondements de son association ; c'est près de ces lieux où la brûlante cupidité et la fortune aveugle tiennent leur cour, c'est parmi les hontes et les splendeurs de la passion et de la débauche, à deux pas des idoles de l'intérêt et du sensualisme, c'est là que Dieu a suscité la dévotion la plus pure et la plus délicate, la plus nécessaire en même temps, et celle qui affrontait le plus l'orgueil et la raillerie de l'impiété, à savoir : l'hommage au Cœur Immaculé de la Sainte Vierge et la prière pour la conversion des pécheurs. »

Tels sont les traits sous lesquels le pinceau le plus délicat a peint le quartier où l'Archiconfrérie prit naissance. En voici d'aussi vrais et de non moins énergiques que M. Des Genettes a laissés tomber d'une plume sans apprêt et sans art. « Voulez-vous, écrit M. Des Genettes, connaître le lieu où la Providence établit les fondements de la dévotion au Cœur Immaculé de Marie? Il y a dans Paris, dans cette moderne Babylone qui a infecté le monde entier de toutes les doctrines de la corruption, du mensonge et de l'impiété, une paroisse inconnue, même à la plupart de ceux qui l'habitent. Située entre le Palais-Royal et la Bourse, elle a pour ceinture des théâtres, des lieux d'affaires et de bruyants plaisirs. Sa pauvre église dédiée, sous Louis XIII, à Notre-Dame-des-Victoires, a perdu son nom avec son antique gloire. Déserte aujourd'hui, même aux jours de nos solennités les plus augustes, elle servit, en des temps plus malheureux encore, de temple à l'agiotage et à la fortune. Faut-il révéler ici toutes nos hontes? Quoi qu'il nous en coûte à l'avouer, nous dirons qu'elle était devenue un lieu de prostitution, et que nous fûmes obligés d'avoir recours à la force publique pour en chasser ceux qui la profanaient. Tel est l'endroit où il plut à Dieu de nous inspirer la pensée de fonder une association de prières qui fut, depuis, si chère à la Vierge. »

Nous nous arrêtons dans ce tableau navrant que M. Des Genettes a fait de sa paroisse. Du reste, le dernier trait que nous avons emprunté à son manuel ne suffit-il pas, pour en laisser soupçonner toutes les misères morales, et pour faire pressentir à nos lecteurs quelles difficultés et quelles luttes doivent créer à l'Archiconfrérie de Notre-Dame-des-Victoires, les circonstances au milieu desquelles elle prit naissance?

III

Mais quand Dieu se plaît à intervenir dans une lutte, et à procurer aux institutions qu'il protége le succès et la gloire, il attend qu'elles soient réduites à l'extrémité et que l'appareil du combat soit alors moins indigne de sa puissance. Ce n'est pas quand les hommes ont posé les premières assises de la tour de Babel, mais seulement lorsqu'ils s'apprêtèrent à couronner contre le ciel l'édifice de leur orgueil, que le Seigneur descendit dans sa majesté pour confondre leur folie. Ici, sans doute, les obstacles que rencontrait l'association du Très-Saint Cœur de Marie étaient assez nombreux déjà. Tout ne se liguait-il pas contre elle pour la détruire, et le temps où elle naquit, et les lieux où elle se développait, et son nom et jusqu'à la personne même de son fondateur ? Mais attendons, semble dire le Seigneur, que tous ses ennemis se réunissent à la fois, qu'ils montrent jusqu'où peut aller leur fureur, afin que je fasse voir à mon tour jusqu'où s'étend ma puissance.

La singularité de l'œuvre de M. Des Genettes et ses premiers succès ne devaient pas tarder à les multiplier. Bientôt ils apparaissent partout, dans les cercles de Paris, dans les rues, aux tribunes populaires, dans le journalisme. C'est une explosion de railleries et d'injures contre ce prêtre téméraire qui ne se contente plus de l'obscurité de son église. Chacun veut prendre part à la lutte. Ceux qui ne peuvent manier avec dextérité la plume, auront sur les groupes l'influence de leur parole ; ceux qui craignent l'attaque en plein jour s'envelopperont dans les ténèbres ; et si vous n'êtes pas assez habile pour lancer la plaisanterie, vous aurez recours au mensonge et à la grossièreté. Il y a des armes pour tous les bras dans l'arsenal de l'impiété, comme il y a dans ses camps des postes pour tous les courages. « A l'œuvre donc, orateurs des rues et des places publiques ! journalistes de Paris et de province, écrivains, aiguisez vos plumes, semble leur crier du fond de sa tombe le coryphée de l'irréligion, calomniez, raillez, mentez sans crainte, il en reste toujours quelque chose. »

Et, avec cette hardiesse que donne l'impunité, avec ce rare courage qu'on puise dans une lutte contre des ennemis qui ne savent que pardonner et se taire, voici les courageux adversaires de cet humble prêtre qui se démasquent ; les injures éclatent de toutes parts, les calomnies s'amoncellent, les plaisanteries se forgent, les quolibets s'entrechoquent. La province ne veut pas le céder en courage à la capitale, et les petits journaux de nos campagnes, serviles échos de ceux de Paris quand il s'agit de scandale et d'attaques à la Religion, veulent pouvoir dire un jour, lorsqu'on parlera de l'anéantissement de l'association de Notre-Dame-des-Victoires : « Et moi aussi, j'étais à la bataille. » Aussi, écoutez quel concert de railleries et d'injures contre la personne de M. Des Genettes et contre l'Archiconfrérie du Saint Cœur de Marie ! — « Voici la superstition qui rentre dans l'église, crie l'un. — On nous ramène au Moyen-Age, ajoute celui-ci. — Est-ce que la mission des frères ignorantins n'est pas finie, avance un habile du parti ? » Nous n'osons vraiment dans ces pages empreintes de gravité, redire toutes les plaisanteries ignobles et les facéties bouffonnes, dont la presse irréligieuse ne rougit pas de couvrir l'Association naissante du Saint Cœur de Marie. Encore si elle n'avait lancé ses insultes que contre le ciel ! Les injures et les mépris de la terre ne peuvent guère troubler son calme et sa sérénité. Mais par un reste d'impudeur, prêtant à M. Des Genettes des sentiments qui ne battent pas même au cœur le plus vulgaire, elle ne craint pas de porter contre lui les accusations les plus odieuses. C'est un ambitieux et un intrigant qui veut se produire à tout prix ; c'est un vil imposteur qui cherche à surprendre la bonne foi des ignorants, et pour quelques autres dont un reste de courtoisie dirige encore la plume, c'est un illuminé et un visionnaire qu'il faudrait interdire. Pauvre prêtre ! Et il gémissait entre le temple et l'autel ! Et pendant qu'on lui prodiguait ainsi et l'insulte et l'outrage, caché dans l'ombre du sanctuaire il priait pour les pécheurs celle qui en est le salut et le refuge.

IV

Il est injuste, mais il n'est pas étrange que M. Des Genettes ait rencontré dans le monde si peu de sympathie pour son œuvre, et autant d'attaques contre sa personne. Le monde, depuis près d'un siècle, ne voit plus l'Église et le prêtre qu'à travers le prisme odieux des préjugés. Ce n'est plus, comme autrefois, l'ami de tous les foyers, l'appui des faibles et le consolateur des malheureux. Nos préventions farouches et les accusations mensongères d'une presse coupable le forcent à marcher, sanglante récompense de tant de sacrifices, entre la glaciale indifférence des uns et la stupide hostilité des autres. Mais sans doute M. Des Genettes trouvera dans le cœur de ses frères l'appui que le monde lui refuse. Un frère soutenu par un frère, selon la belle parole des livres saints, n'est-il pas inébranlable comme une tour fortifiée? Oh! comme le pasteur de Notre-Dame-des-Victoires va bien vite éprouver la vérité de cette consolante maxime! Ses larmes perdront de leur amertume au sein de la famille que lui crée le sacerdoce. Là, on comprendra ses épreuves; là, on encouragera ses desseins, on soutiendra ses défaillances, et qui ne serait heureux de prêter ses conseils et sa protection à une œuvre qui lui est si chère et à laquelle il attache le salut et la résurrection de la foi dans sa paroisse? Vaine illusion!! Dieu ne le permit pas. La main qui s'était tendue d'abord pour serrer la sienne se ferme, le bras, qui devait naturellement servir de soutien à son œuvre, se retire. M. Des Genettes apprend bientôt que le cœur de Mgr de Quélen lui est fermé.

Nous étions alors en 1837. Le grain de senevé avait déjà percé la terre, et promettait une gerbe de bénédictions d'autant plus abondantes qu'il s'était multiplié dans les épreuves. M. Des Genettes, depuis quelque temps, avait la pensée de faire ériger en Archiconfrérie, pour toute la France, la modeste association de Notre-Dame-des-Victoires. C'est là le besoin des cœurs généreux, ils semblent ne jouir qu'à demi des faveurs s'ils n'y font participer les autres. Dans cette intention tout à l'honneur de la charité, M. Des Genettes va confier ses pensées à l'Archevêque de Paris, en le priant d'appuyer en cour de Rome la démarche qu'il se proposait de faire. Nous ne voulons pas examiner ici les raisons providentielles, qui dirigèrent la conduite de Mgr de Quélen dans cette circonstance; mais un refus sévère accueillit l'ouverture modeste des projets de M. Des Genettes, et déposa une amertume de plus dans le cœur déjà ulcéré du saint pasteur. « Pendant plus de deux ans, dit l'historien de sa vie, M. l'abbé de Valette, M. Des Genettes souffrit, dans le silence, de voir ses intentions méconnues, ses projets entravés, et ses épreuves augmentées, par ceux-là mêmes qui auraient dû contribuer à les lui rendre plus légères ».

Mais enfin, les hommes vont changer sur le siége métropolitain de Paris. Mgr Affre succède à Mgr de Quélen, c'est là la scène mobile du monde, rien n'y demeure stable ; la pourpre comme les haillons ne font que glisser sur les épaules des hommes. Mais si seulement, avec les hommes, disparaissaient les préventions qu'ils ont conçues, et que cet injuste et douloureux héritage ne fut pas transmis aux générations suivantes! Hélas! Comme si le mal, par un triste privilége, avait le pouvoir de creuser sur la terre dans la mémoire des hommes un sillon ineffaçable, tandis que le souvenir du bien n'y laisse qu'une trace perceptible à peine, les hommes passent, mais les préjugés demeurent. Et, soit que les hommes aiment les opinions toutes faites; soit que, par une funeste disposition de notre nature, la croyance au mal nous soit chère, les préventions se perpétuent d'âge en âge, sans que personne remonte aux sources injustes et puériles qui les ont fait naître. M. Des Genettes ne rencontra pas dans le nouvel archevêque un protecteur plus déclaré que dans Mgr de Quélen. Était-ce la prudence qui empêcha Mgr Affre de favoriser, dans ces circonstances délicates pour l'église, l'Association du Saint Cœur de Marie? Craignait-il, à quelques années de ces jours funestes qui ont causé tant de mal à la religion, de réveiller contre elle les préventions et les haines de l'impiété? Ou bien le caractère loyal et sincèrement pieux de M. Des Genettes lui était-il peint sous de fâcheuses couleurs? Nous l'ignorons, mais ce que nous savons, c'est que cette fois encore, l'encouragement ne lui vint pas du sanctuaire, et qu'il lui fallut chercher ailleurs qu'à Paris des protecteurs pour son œuvre.

M. Des Genettes le fit. Tout autre que lui peut-être aurait abandonné son dessein. N'avait-il pas tout mis en œuvre, prières, patience, sollicitations, démarches, pour avancer son succès? Qu'était-il résulté de tant de peines et de soins?... Mais le zélé pasteur de Notre-Dame-des-Victoires pensait toujours qu'il n'avait obéi qu'à une inspiration du ciel en fondant son œuvre, et dans ses plus grandes épreuves il lui semblait toujours entendre retentir dans son cœur cette voix divine : « Consacre ta paroisse au Saint Cœur de Marie ».

Aussi, avec cette foi robuste et cette confiance qui déplacent les montagnes, il savait toujours attendre et solliciter ; et si le succès ne répondait pas encore à ses désirs, comme Abraham il espérait contre l'espérance même. Sur ces entrefaites, il fit par l'intermédiaire de ses amis la connaissance de deux cardinaux. M. Des Genettes leur ouvre avec simplicité ses projets et son âme, et, avec cette éloquence que donne toute conviction sérieuse, il leur expose les résultats précieux qu'il en espère pour sa paroisse et pour la France, si le souverain pontife daigne ériger en Archiconfrérie l'Association de Notre-Dame-des-Victoires. Les cardinaux, ébranlés par ces instances de M. Des Genettes, promettent d'agir. « Espérez même, font-ils écrire au curé de Notre-Dame-des-Victoires » et M. Des Genettes espérait ! Et il attendait dans la prière et dans l'action de grâces le succès de cette nouvelle démarche, quand au bout de quelques mois il apprend qu'il y faut enfin renoncer, que toute tentative auprès du souverain pontife est inutile, que ces sortes de faveurs ne s'accordent jamais, et que dût même l'archevêque de Paris en faire la demande pour son église, ce privilège ne lui serait pas octroyé.

Voilà donc que tout se déclare contre M. Des Genettes, et Rome, et Paris, et ses protecteurs naturels et ses ennemis ! Que va devenir ce pauvre prêtre, seul, abandonné, sans appui, sans crédit, en butte aux railleries des uns, aux calomnies des autres, et forcé pour y déposer ses chagrins et ses peines, d'aller chercher un cœur étranger ? Ne va-t-il pas dès son début, renoncer à l'œuvre sainte, l'objet de toutes ses sollicitudes, et désormais fatigué des hommes, ensevelir ses déceptions et sa vie dans le silence et l'obscurité de son église ? Pour un homme dont le caractère eût été moins ferme, et la foi dans son œuvre moins profonde, telle eût été la résolution qu'il aurait prise. Mais M. Des Genettes a placé trop haut son espoir pour être ainsi ébranlé. Malgré le désir qu'il aurait de voir prospérer sa chère association, il se rappelle que si le mal marche à pas de géant, ce n'est que lentement que se produit le bien. Il n'oublie pas que la terre a besoin d'être déchirée par le fer de la charrue et arrosée par les sueurs de l'homme pour devenir féconde, que rien ne mûrit sous un ciel toujours pur, et que, de même que les feux des orages hâtent la maturité des moissons et des fruits, les épreuves et les luttes hâtent, à leur tour, celle du cœur et des œuvres de l'homme.

Du reste, n'y a-t-il pas dans ces contradictions et dans ces épreuves un trait marqué de la Providence? Si dès le début de cette pieuse association, l'archevêque de Paris eut applaudi au dessein de M. des Genettes, si le clergé eut secondé de tous ses efforts l'œuvre sainte, et que nulle part elle n'eut rencontré la contradiction sur ses pas, l'impiété n'eut pas manqué, en la voyant florissante, d'attribuer sa prospérité et sa gloire à l'influence de ses protecteurs. En défendant de la sorte l'œuvre de Dieu dans le présent, l'archevêque de Paris l'eut infailliblement affaiblie pour l'avenir. L'appui qu'il lui aurait prêté à l'origine l'eut compromise plus tard et rendue suspecte d'émaner, non de Dieu, mais des hommes.

Aussi n'étaient-ce pas les desseins de Dieu? Il voulait que cette Association, plus tard si célèbre, traversât, comme le christianisme naissant, les épreuves et les persécutions, qu'elle subît les secousses du temps, et s'affirmât elle-même en surmontant, sans être secourue par personne, les douloureuses traverses des combats et des épreuves. Et alors, que pourrait dire l'impiété, en contemplant dans la suite les triomphes de l'Archiconfrérie? Ne lui avait-elle pas suscité assez d'obstacles, créé assez de luttes? n'avait-elle pas vu l'indifférence entourer son berceau, l'hostilité entraver sa marche, et jusqu'à ceux qui auraient dû se montrer les amis et les protecteurs de M. des Genettes, l'abandonner à ses découragements et à sa faiblesse? Comment donc ce pauvre prêtre a-t-il pu lutter contre tant d'adversaires à la fois, et l'humble association, dont il était le fondateur, survivre à tant de périls et de difficultés? Il fallait reconnaître forcément que le doigt de Dieu était là, et que cette œuvre portait en elle le caractère d'une céleste origine.

Telles étaient les pensées qui animaient l'âme de M. Des Genettes. Aussi, tout en s'alarmant de voir se dresser sur sa route obstacles sur obstacles, difficultés sur difficultés, demeurait-il toujours néanmoins confiant et ferme ; et jetant un regard attristé sur la hauteur des remparts qui s'élevaient contre le succès de son œuvre, il se rappelait, qu'un jour, il n'avait fallu que le vain son d'une trompette pour faire écrouler les murailles de Jéricho.

CHAPITRE V

Progrès de l'Archiconfrérie. — Leurs causes : érection de l'Association de Paris en Archiconfrérie pour l'Église universelle. — Prière adressée à cet effet par la princesse Borghèse à Grégoire XVI. — Approbation du Manuel. — Sa diffusion rapide dans tous les pays du monde. — Propagation de l'Archiconfrérie dans presque tous les diocèses de France. — En Espagne. — En Italie. — Dans le Nouveau-Monde. — Mort de M. Des Genettes en 1860. — 13,265 confréries pleurent sur son tombeau. — M. Hippolyte Chanal est nommé curé de Notre-Dame-des-Victoires le 25 mai. — Continuation des mêmes progrès.

I

Nous avons vu se dérouler dans les pages précédentes cette longue série d'épreuves qui s'ouvrit pour M. Des Genettes à l'apparition de l'Archiconfrérie du Très-Saint Cœur de Marie. Il semblait que tout à la fois, et les hommes et les choses, se fût réuni pour étouffer à sa naissance cette pieuse association ; et comme si l'impiété et l'indifférence n'eussent pas suffi pour cette œuvre de destruction, on vit la piété elle-même, dans la personne de plusieurs ministres des autels, sinon prêter la main à ce complot, du moins se retirer prudemment à l'écart, et abandonner, seul et désarmé, aux attaques d'une presse irréligieuse, le zélé pasteur de Notre-Dame-des-Victoires. La froideur glaciale des uns devait donc achever, selon toute apparence, ce qu'avait violemment ébranlé les attaques redoublées des autres. Mais, comme nous l'avons déjà laissé entrevoir, s'il est des caractères que les obstacles énervent et brisent, il en est d'autres qui se fortifient au milieu des luttes. Semblables à ces oiseaux de mer qui se plaisent parmi les tempêtes,

20

défiant d'une aile invincible les bourrasques des vents, ces hommes que Dieu a trempés pour le combat savent aussi regarder l'orage en face, sans trop courber la tête quand passe l'ouragan. M. Des Genettes était de ce nombre. Aguerri dès l'enfance par les luttes de la révolution, il en avait remporté ce caractère ferme et décidé qui, une fois engagé dans le combat, ne sait plus reculer.

Toutefois c'est un bien fragile appui que la volonté humaine, fut-elle douée de la plus grande énergie! Debout aujourd'hui, demain, le moindre effort la brise. M. Des Genettes le savait. Aussi, malgré sa fermeté d'âme, s'en rapportait-il plus, pour le succès de son œuvre, au secours qui vient du ciel. Il répétait souvent avec David : « Mon Dieu, mon Dieu, depuis l'aurore je veille » j'ai levé les yeux vers la montagne sainte d'où vient le secours. Ceux-ci combattront avec la plume, ceux-là avec les traits acérés d'une langue perfide; pour nous, nous marcherons au combat en invoquant le nom du Seigneur ». C'est pourquoi les prières continuaient toujours à s'élever dans le sanctuaire de Notre-Dame des victoires; des communions fréquentes se faisaient à l'intention de la pieuse entreprise, et le pasteur sans cesse attaqué, mais non vaincu, attendait l'heure de la Providence.

La Providence ne se presse jamais. Celui qui est éternel est patient, et il choisit dans son éternité les moments qui sont le plus convenables au triomphe de la vérité. En vain les hommes, toujours impatients, lui disent-ils? « Mais, Seigneur, quand rétablirez-vous donc le royaume d'Israël? Quand ferez vous prospérer notre œuvre? — La Providence leur fait toujours la réponse du Sauveur aux apôtres : « Il ne vous est pas donné de savoir le temps et les moments que Dieu s'est réservés » Pourtant l'heure du succès vint; une femme aussi distinguée par sa piété que par sa naissance, madame la princesse Borghèse, apprend les prodiges de grâces que l'on obtient dans l'église de Notre-Dame-des-Victoires; elle sait et la faveur que M. Des Genettes sollicite auprès du souverain Pontife, et les difficultés qu'on lui oppose. Ne prenant conseil que de sa piété et du désir d'obliger, toujours si doux pour un noble cœur, elle sollicite une audience de Grégoire XVI. — Encore une grâce à demander? dit avec bonté le souverain Pontife en apercevant l'illustre sollicitcuse. — Encore, répondit la princesse — Et elle présente au Pape la requête de M. Des Genettes. Peignit-elle avec les accents irrésistibles de l'âme les pénibles épreuves de l'humble pasteur, l'ardeur de son zèle, la vivacité des espérances qu'il fondait sur le succès de son œuvre pour un retour de la France aux saintes croyances. Ou bien, déjà des hauteurs du vatican, le Pontife entrevoyait-il dans l'avenir les bienfaits sans nombre de l'Archiconfrérie? Dieu le sait. Ce qu'il nous est donné de savoir, c'est que Grégoire XVI n'est pas plutôt informé des projets de M. Des Genettes, qu'oubliant la réserve extrême avec laquelle il ménage ces sortes de faveurs, il accorde à l'une des églises les plus obscures de Paris, une grâce qu'auraient vainement implorée les sanctuaires les plus illustres.

N'est-ce pas ici le lieu d'admirer avec M. Des Genettes l'action de la Providence dans ce triomphe important de l'Archiconfrérie de Notre-Dame-des-Victoires? En 1837, à Paris, comme vingt et un ans plus tard à Notre-Dame-de-Lourdes, les hommes s'opposaient à la grâce qui s'apprêtait à descendre du ciel. Les calculs de la prudence humaine guidant les uns, l'hostilité armant les autres, ils avaient élevé contre l'œuvre de Notre-Dame-des-Victoires un puissant rempart; l'archevêque de Paris venait d'en poser le couronnement, par le refus sévère d'appuyer en cour de Rome la demande de M. des Genettes, et deux cardinaux, d'ailleurs favorables à l'œuvre de l'association nouvelle, avaient jugé que, même auprès du S. Siége, son pieux fondateur rencontrerait des obstacles à ses désirs. Jamais l'Archiconfrérie ne s'était vue menacée d'une ruine si prochaine.

Les hommes, disaient en voyant les obstacles se dresser de toutes parts contre les desseins de M. Des Genettes : — Nous avons arrêté son œuvre.

Ils se trompaient. Les projets que le ciel favorise ne sont jamais si voisins du succès que lorsqu'ils paraissent s'en éloigner le plus. Dieu suivait dans la fondation de l'Archiconfrérie de Notre-

Dame-des-Victoires ses plans éternels. Là, non plus, sa Providence ne voulait pas du secours des puissants; mais lorsque l'heure marquée pour l'accomplissement de ses pensées a sonné, il appelle une faible femme aux pieds de son représentant sur la terre, et sa parole brise tous les obstacles que l'on opposait à l'Archiconfrérie naissante, comme plus tard, la goutte d'eau tombée des montagnes pyrénéennes brisera les digues impuissantes, que la folie humaine élèvera contre la source miraculeuse de Lourdes. La démarche que l'Archevêque de Paris refuse de faire, elle la fait ; la faveur que les cardinaux désespèrent d'obtenir, elle l'obtient. Les puissants ont échoué, les faibles réussiront, c'est la conduite éternelle de la Providence à travers les choses humaines!

Mais ici (c'est un trait nouveau de la protection de Dieu,) le succès dépasse toutes les prévisions et les plus hautes espérances. M. Des Genettes, aussi réservé dans sa demande qu'ardent dans sa dévotion envers Marie, n'avait sollicité que pour la France l'extension des bienfaits de l'Archiconfrérie. Humble fleuve resserré entre des rivages connus, l'association de Notre-Dame-des-Victoires ne devait répandre ses bénédictions que sur nos provinces; mais comprimé par les efforts et les travaux des hommes, voici qu'il s'élance avec enthousiasme par delà ses digues où l'appelle la voix de Grégoire XVI; et ce n'est plus seulement la France, c'est l'univers entier que la main du souverain pontife ouvre à son cours majestueux. Par un bref en date du 24 avril 1838, Grégoire XVI érige à perpétuité et pour le monde entier, dans l'église de Notre-Dame-des-Victoires, l'Archiconfrérie du Très-Saint et Immaculé Cœur de Marie pour la conversion des pécheurs.

Cœur immaculé de Marie, quelque brillant que fut le théâtre où s'élevait votre association sainte; ni Paris, ni la France ne suffisaient à votre gloire et à votre miséricorde pour les pécheurs ; c'est le monde qu'il faut pour champ à vos conquêtes et à votre amour; c'est de ses plus lointains rivages que les regards doivent se tourner avec confiance vers votre sanctuaire béni de Notre-Dame-des-Victoires.

II

A partir du 24 avril 1838, date célèbre dans les annales de l'Archiconfrérie, une ère nouvelle s'ouvre donc devant ses pas. Ce n'est pas que les épreuves doivent lui manquer encore ; ne sont-elles pas les compagnes inséparables des grandes œuvres? Mais, au moins, l'humble association, naguère restreinte dans un quartier obscur de Paris, peut désormais prendre un vol plus hardi. Le ciel fut toujours libre, mais aujourd'hui la terre est ouverte à ses triomphes.

La liberté d'agir est nécessaire au succès des œuvres divines et humaines ; mais seule, elle ne l'assure pas entièrement. C'est surtout des moyens, dont elles disposent pour se propager, que dépend le sort des institutions. Quelle conduite va donc tenir M. Des Genettes pour répondre aux grandes destinées que crée à l'Archiconfrérie le bref du souverain Pontife? Cachée dans l'obscurité de sa paroisse ou même renfermée dans les bornes de quelques provinces, son zèle, peut-être, et ses efforts auraient pu la développer et la rendre florissante ; mais quand elle a pour carrière le monde entier, et pour mission de ranger tous les pécheurs sous son glorieux drapeau, quelle célébrité et quel pouvoir ne faudrait-il pas pour être à la hauteur d'une si grande entreprise? Quels moyens employer pour établir des relations avec toutes les chrétientés de l'univers et leur faire connaître les faveurs signalées dont le Saint Cœur de Marie comblait le sanctuaire de Notre-Dame-des-Victoires? M. Des Genettes affrontera-t-il le grand jour de la publicité? Et dans ce siècle, où tout ce qui concerne la religion rencontre si peu de croyants et tant d'adversaires, confiera-t-il aux colonnes ardentes de la presse ces récits pieux, ces prodiges de la grâce qui, sans craindre la discussion, perdent dans ces luttes leur attrait et leur charme? Sa modestie s'en effraie, son expérience s'en alarme, de sorte que les destinées glorieuses qui viennent d'être faites à l'Archiconfrérie semblent le déconcerter autant qu'autrefois son obscurité et les obstacles qu'on suscitait à sa marche.

Mais pendant que les pensées les plus contraires agitaient son esprit, et qu'il flottait d'irrésolution en irrésolution, la voix de Dieu, empruntant celle de l'amitié, lui suggère les moyens de concilier avec la modestie de son caractère, la nécessité de publier les faveurs dont le ciel enrichit chaque jour l'association de Notre-Dame-des-Victoires. Écoutons un instant M. Des Genettes lui-même nous faire le récit des impressions qu'il ressentait alors. « Nous n'osions prétendre, prêtre obscur et sans crédit, pouvoir jamais répondre aux vues élevées de la Providence sur l'Archiconfrérie ; tout en nous paraissait s'y opposer, et notre caractère, et nos habitudes et notre faiblesse ; et cependant, d'un autre côté, n'était-ce pas nous que Dieu avait choisi pour être l'instrument de ses desseins au milieu des pécheurs, et la voix mystérieuse qui nous avait appelé, il y avait deux ans, à cette mission toute providentielle ne résonnait-elle pas toujours au fond de notre cœur?

« Souvent il nous arrivait de confier à de pieux Confrères les grâces et les bénédictions dont Marie récompensait les prières de nos associés. Un jour que nous nous livrions à ces douces confidences, un de ces hommes vénérables dont la parole fut si puissante sur notre esprit, nous dit : — Mais pourquoi taire plus longtemps ces prodiges de la grâce? Sans doute l'amour de l'obscurité est cher au Seigneur, et l'humilité précieuse à ses yeux, mais Dieu n'accorde pas des faveurs aussi extraordinaires pour les ensevelir dans le silence et dans l'oubli. Nous comprenions la sagesse et la vérité de ce conseil, mais il rencontrait tant d'opposition dans notre caractère que nous négligeâmes d'abord de le suivre. Quelque forte que soit la conviction de l'esprit, c'est surtout l'attrait de l'âme qu'il faut pour agir. Ce ne fut que plus tard, et sur un ordre formel de celui qui dirigeait notre conscience, que nous finîmes par nous déterminer. Alors, dans le sentiment profond de notre insuffisance, nous priâmes Marie de nous éclairer et de guider la plume inhabile qui s'apprêtait à raconter les bénédictions et les traits inespérés de grâce dus à la miséricorde de son divin Cœur, et le *Manuel de l'Archiconfrérie*, fruit de notre confiance dans cette tendre mère, parut le 1er janvier 1839. Nous n'aimions que le silence et l'ombre, par quelle étonnante publicité allions-nous y être arraché? »

II

On a fait grand bruit, dans ce siècle, de l'immense popularité dont jouirent certains ouvrages ; et la presse irréligieuse, enchérissant encore sur cette célébrité scandaleuse, faisait sonner hautement le triomphe de ses doctrines. Qui ne sait que, chez un peuple léger et frondeur comme le nôtre, l'amour du scandale, l'étrangeté des paradoxes et la hardiesse des doctrines opposées à la religion suffisent pour expliquer ces honteux succès, surtout quand c'est un style éblouissant et pur qui revêt ces audaces et ces blasphèmes? Mais parmi ces succès malheureux, signe de nos hontes et présage de notre décadence, a-t-on parlé de l'accueil sympathique que l'univers fit au plus chaste et au moins éloquent des livres, au Manuel de l'Archiconfrérie de Notre-Dame-des-Victoires?

Sorti des maisons bénies de Saint-Sulpice et d'Issy où il avait d'abord pénétré, bientôt le Manuel se répand dans tous les diocèses de France et jusque dans les contrées les plus lointaines. Ces jeunes lévites, comme autant de précoces missionnaires du Saint Cœur de Marie, le propagent partout sur leurs pas dans les vacances; ils ont été témoins des prodiges qu'il renferme, ils ont assisté aux pieuses réunions dont il fait la peinture; leur éloquence puisée aux sources mêmes de la vérité prend un accent qui touche les cœurs ; chacun veut posséder le livre merveilleux dont ils parlent et s'édifier lui-même au récit des faveurs célestes dont il retrace le souvenir. Les vacances ne sont pas closes qu'un grand nombre de paroisses de France le possèdent. L'Irlandais, à sa lecture, voit s'augmenter en Marie son antique confiance, et sur son lointain rivage, le missionnaire français croit retrouver sa patrie, en parcourant ces lignes qui lui parlent d'un de ses plus glorieux sanctuaires.

Mais ce n'est là que l'heureux prélude des succès qui attendent le Manuel de l'Archiconfrérie. On se pressait, il y a quelques années à la porte des libraires de Paris, pour s'y disputer ces ouvrages sans pudeur que l'audace et la mauvaise foi venaient de lancer dans le monde. Tel était aussi l'empressement à chaque édition du manuel; mais, alors, ce n'était ni pour recueillir le blasphème, ou enrichir sa mémoire d'une ignorante et monstrueuse impiété, mais pour y trouver une consolation et y chercher une douce espérance. On peut à peine s'imaginer aujourd'hui l'immense popularité dont jouit ce livre simple et modeste; en quelques années, plus de quinze éditions furent rapidement épuisées en France. Quarante évêques en font imprimer des abrégés enrichis d'instructions et de prières en l'honneur du Saint Cœur de Marie, tous les ouvrages de piété qui paraissent s'honorent d'en rapporter quelques pages. On le traduit bientôt dans tous les idiomes de l'Europe et de l'univers: il n'est pas de langue qui se parle sous le ciel qui ne veuille le posséder. L'Italien le lira, à l'heure de l'angelus, au pied de sa madone; l'Espagnol, si dévot à Marie, en apprenant les prodiges de grâces de Notre-Dame-des-Victoires, ajoutera ce glorieux nom aux noms illustres de Notre-Dame-du-Pilier à Sarragosse, de Notre-Dame-des-Rois à Séville, de Notre-Dame-du-Mont-Serrat en Catalogne. Si nous en croyons l'éditeur d'une traduction allemande, on ne peut suffire dans la catholique Autriche aux demandes qui arrivent de toutes parts; cinquante mille exemplaires circulent de main en main dans toutes les provinces de l'empire, la septième édition s'imprime, le Tyrolien veut apprendre dans l'oratoire de sa montagne les bénédictions nouvelles que le Saint Cœur de Marie verse sur la terre; le paysan Bohémien racontera, le soir, à l'étranger qui viendra s'asseoir à son foyer hospitalier, les merveilles de Notre-Dame-des-Victoires, et dans tous les pays et presque sur tous les rivages, depuis la hutte du Canadien jusqu'aux splendides hôtels des capitales, tous veulent connaître ce livre étrange dont la célébrité trouble, déconcerte l'impiété et la philosophie moderne. M. Des Genettes n'avait bravé qu'en tremblant les luttes ardentes qu'enfante la publicité; vingt éditions aujourd'hui lui apprennent que, s'il restait encore dans les cœurs une étincelle de confiance et d'amour pour Marie, son livre a su l'en faire jaillir et la changer presqu'en incendie.

Mais quel est donc ce livre qui réunit autour de lui des sympathies si universelles? Ah! ce n'est pas de lui que M. John Lemoine aurait écrit : Écrivains néfastes, qui jetez en pâture à la foule vos œuvres empoisonnées, suivez le soir dans sa chambre solitaire cette jeune fille que vous faites lire et rêver, voyez ces joues qui se décolorent sous les larmes, ces yeux qui, à la lumière d'une lampe qui devait éclairer le travail, dévorent avidement le poison, ces mains émues qui laissent tomber l'aiguille inactive pour tourner impatiemment vos pages. Plus de repos pour elle, la pauvre fille! Adieu la gaîté, adieu le calme de l'âme, adieu le sommeil du corps! Oh! non, telle n'est pas l'œuvre de M. Des Genettes. Humbles pages sorties sans travail et sans art d'un bon cœur, tantôt simples et familières dans le récit des prodiges opérés par Marie, tantôt voisines de l'enthousiasme lorsque le saint prêtre raconte les progrès de l'association nouvelle; ici pieuses et naïves dans la prière, là toutes frémissantes de confiance et d'amour dans l'expression de la reconnaissance envers Marie, que de consolations, au contraire, elles ont versées sur la terre! Que de blessures secrètes elles ont guéries, que de larmes solitaires elles ont séchées! Vous en sourirez peut-être de pitié, hommes pervers, dont la plume impudente n'a pas craint de promener l'immoralité et l'irréligion depuis la chaumière de l'ouvrier jusqu'au salon des palais. Mais jamais ce livre, comme les vôtres, n'a fait gravir à la misère les sombres escaliers qui mènent aux mansardes, jamais par de trompeuses illusions il n'a doublé pour les malheureux la somme de leurs douleurs, ni fait asseoir au foyer attristé du pauvre ces désirs inquiets, ces aspirations fatales qui doivent se changer si vite en un douloureux désespoir.

Sans doute, si amoureux de la forme et de l'art de bien dire, vous désirez dans un ouvrage un ordre et une méthode sévères, si vous recherchez un style ferme, une phrase correcte et colorée dans ses expressions, n'ouvrez pas le Manuel. Assez d'auteurs, sans M. Des Genettes, ont visé à ces effets pittoresques d'un style qui étonne l'esprit sans toucher le cœur. Mais si vous êtes fatigué du monde, si au milieu des tristesses que laissent après elles nos illusions perdues, vous sentez votre cœur s'ouvrir au repentir et à la piété, alors nous vous dirons cette parole qui retentit mystérieusement aux oreilles d'Augustin: « *Tolle et lege* » oui, prenez et lisez ce livre. Lisez ces retours soudains à la foi qui feront descendre la confiance en votre cœur; lisez ces pieux récits de conversions éclatantes qui en vous apprenant les malheurs des passions vous feront connaître en même temps les douces joies de la vertu ; parcourez ces pages qui vous parlent avec enthousiasme des réunions saintes de Notre-Dame-des-Victoires, de ses chants, de ses prières, du bonheur de ses associés; et, si la source sacrée des pleurs n'est pas tarie dans vos yeux, vous mouillerez des plus douces larmes ces récits attendrissants, et vous confesserez qu'un tel livre devait être le plus puissant auxiliaire de l'association du Très-Saint Cœur de Marie.

IV

La diffusion du Manuel de l'Archiconfrérie fut en effet, pour cette pieuse association, le signal de ses succès et de ses triomphes. Une paroisse en possédait-elle un exemplaire? Le pasteur dans les réunions du soir édifiait les fidèles par la lecture des récits émouvants qu'il renferme. Puis, chacun se le passant de main en main, on vantait les grâces merveilleuses que le ciel, par la protection du S. Cœur de Marie, répandait sur la terre, on applaudissait à ces retours subits et inespérés des plus grands pécheurs à la foi de leur enfance ; on versait de pieuses larmes sur ces guérisons inattendues qui rendaient à des familles éplorées la joie et le bonheur. C'était de toutes parts comme un concert de bénédictions en l'honneur de celle que l'on appelait avec l'Église : « Le refuge des pécheurs, la santé des infirmes » et il était rare, qu'à la suite des lectures édifiantes, on ne prit la résolution de s'attacher à une confrérie qui était la source de tant de précieuses faveurs.

Le règne de Marie eut dans le cours des âges des phases bien glorieuses, comme celles qui s'ouvrirent au concile d'Ephèse et vers le milieu du 13e siècle, époques mémorables où tous les peuples chrétiens, entraînés par un courant irrésistible se pressaient en foule au pied des autels de la mère du Christ, pour y déposer leurs douleurs et leurs espérances. Nous ne voudrions pas affirmer que, le mouvement religieux qui se manifesta en l'honneur du Cœur Immaculé de Marie dans la première moitié du 19e siècle, portât le même caractère de grandeur, mais quel enthousiasme pourtant dans ces multitudes qui accourent se ranger sous la bannière du S. Cœur de Marie !

A partir de l'apparition du Manuel et de la conversion miraculeuse de M. Alphonse Ratisbonne, la propagation de l'Archiconfrérie dans toutes les contrées du monde n'est bientôt plus qu'un triomphe. Qui reconnaîtrait dans quelques années, l'humble grain de sénevé jeté par M. Des Genettes sur la poussière des grands chemins ? Voici qu'il a poussé de profondes racines, qu'il s'élève, pareil à un arbre majestueux, et s'il nous était permis de lui appliquer une parole des Saints Livres, nous pourrions dire que tous les oiseaux du ciel vont venir se reposer sous son doux ombrage. En effet de tous les climats de l'univers, comme ils accourent se réfugier sous la protection du S. Cœur de Marie ! Ils viennent des mille chemins de l'Europe et du nouveau monde, les uns des États-Unis et du Canada ; les autres, des îles Marquises et des plus lointains Archipels ; ceux-ci de la Mantchourie et des villes capitales du céleste empire, ceux-là de l'Algérie et des contrées les plus reculées de l'Afrique. L'Espagne, l'Italie, l'Empire d'Autriche envoient leurs légions immenses de dévots serviteurs de Marie ; la Suisse, l'Angleterre et la Suède arborent, au sein de l'hérésie, ce drapeau tutélaire du Cœur Immaculé de Marie: mais parmi ces nations, la France veut toujours rester ce que le christianisme l'a faite, le royaume par excellence de la S¹⁰ Vierge.

Suivons tour à tour la marche de l'Archiconfrérie à travers toutes les contrées du monde. La voici qui sort de Paris, en 1839, portant d'une main le Manuel de ses grâces, et de l'autre les annales des premiers jours de son histoire. Chacune de ses glorieuses étapes est un succès. Mais laissons à M. Des Genettes le soin de raconter les premiers triomphes de son œuvre en France: « A peine, écrit l'heureux pasteur, les premiers exemplaires du Manuel ont-ils été lus, qu'un mouvement religieux extraordinaire se manifeste en France. Ici, ce sont des pasteurs, découragés par l'inutilité de leurs efforts, qui se raniment à la pensée des secours qui viennent du Cœur de Marie ; là, ce sont des populations entières qui sollicitent au milieu d'elles l'établissement de l'association naissante. Partout les confréries s'établissent, et chacun tient à honneur d'inscrire le premier son nom sur ses glorieux registres. La foi renaît, les divins offices retrouvent dans beaucoup de paroisses l'assistance des meilleurs jours de la religion ; les prières se font en commun à l'issue des réunions de l'Archiconfrérie, et Marie récompense par des grâces signalées la confiance de ces pauvres pécheurs qui s'adressent à son divin cœur. Les juges de la foi, les pères du troupeau, les évêques de notre France se mettent à la tête du mouvement, ils ne veulent pas que l'étendard du St.-Cœur de Marie soit porté par d'autres mains. Prédications, lettres pastorales, encouragements, tout est prodigué pour favoriser l'œuvre sainte ; plusieurs mêmes d'entre eux établissent des confréries dans leurs églises cathédrales, et en présidant leurs pieux exercices, leur donnent la consécration apostolique.

Aussi, faut-il renoncer à peindre l'empressement qui porte les fidèles, d'une extrémité de la France à l'autre, vers les autels du Saint Cœur de Marie! A peine naissantes en 1838, les confréries particulières s'élèvent en 1842 au nombre de dix-huit cent. Chacun rivalise de zèle pour propager ces associations dont les prières doivent être si précieuses aux pécheurs; et comme si les pasteurs des peuples ne suffisaient pas pour ce pieux ministère, on voit d'humbles filles des campagnes, de simples ouvriers, des militaires comme à Sens et à Thionville, des artistes comme à Perpignan, prêcher la croisade sainte en l'honneur du Cœur de Marie. Qui résisterait à l'enthousiasme qui s'empare des multitudes? Dans l'espace de cinq années, tous les diocèses de France comptent dans leur sein de nombreuses congrégations; quatre mille sept cent quarante-huit sont inscrites en 1847 sur les registres de Notre-Dame-des-Victoires; cinq mille neuf cent, en 1853; de jour en jour le nombre s'en augmente, nos plus superbes cathédrales comme les modestes églises de nos hameaux, veulent posséder dans leurs murs cette confrérie si féconde en bénédictions. Parcourez la France dans les années qui s'écoulent de 1850 à 1860, c'est à peine si vous trouverez, de Honfleur à Montpellier, de Strasbourg à La Rochelle une seule de nos basiliques qui ne soit affiliée à l'Archiconfrérie de Notre-Dame-des-Victoires. De partout, s'élèvent en l'honneur du Saint Cœur de Marie pour la conversion des pécheurs et le salut des infortunés, des vœux et des prières. Les côtes perfides de la Manche et de l'Océan, si riches en sanctuaires vénérés, accueillent avec empressement l'œuvre sainte; les secours peuvent-ils jamais être trop nombreux et les prières des mortels trop multipliées au milieu des tempêtes et des mille dangers de l'Océan? Notre-Dame-des-Victoires, à la prière des marins, vient prendre place près de Notre-Dame-de-Bon-Port, Notre-Dame-de-Boulogne, Notre-Dame-de-Recouvrance sur les bords de la Loire, Notre-Dame-de Grâce près d'Honfleur et Notre-Dame d'Arcachon, protectrice de la Gascogne. Les villes elles-mêmes qui possèdent les sanctuaires les plus illustres, comme Lyon, Marseille, Chartres, Boulogne-sur-Mer, sans méconnaître les priviléges admirables dont elles jouissent, n'hésitent pas dans l'intérêt de la conversion des pécheurs, d'établir aux lieux mêmes de leurs pèlerinages séculaires la confrérie, nouvelle, il est vrai, de Notre-Dame-des-Victoires, mais non moins féconde en grâces que ces antiques sanctuaires de la Vierge. C'est ainsi que dans les murs de ces villes célèbres, Notre-Dame-de-Fourvières et Notre-Dame-de-la-Garde donnant la main à Notre-Dame-des-Victoires, étendent le réseau béni qui doit ramener des écueils du péché tant de pécheurs à la foi et à la religion de leurs pères.

V

Mais les œuvres de Dieu ne ressemblent pas aux œuvres des hommes. Tandis que les montagnes ou les mers servent d'infranchissables barrières à celle-ci, celle-là ne reconnaissent de bornes que celles que le créateur a posées à la terre elle-même. Bientôt la France ne sera plus la seule nation qui aura le privilége de posséder en son sein l'Archiconfrérie du Saint Cœur de Marie. Dieu qui se plaît souvent à faire venir de l'Orient et de l'Occident ceux qu'il appelle à lui, favorise la marche de l'Archiconfrérie au cœur même de l'hérésie protestante. Voici que deux sœurs sont nées à Notre-Dame-des-Victoires, en Suisse et dans le royaume de Suède. Le soir, quand les ombres en s'allongeant descendront des pics élevés des Alpes, et que le soleil éteindra ses derniers rayons dans les flots de la Baltique, vous verrez les bateliers de Stockholm et les paysans de Lœwenberg au milieu des rochers du canton de Coire, implorer au pied de la statue de Notre-Dame-des-Victoires la protection du Saint-Cœur de Marie, et le retour à la vraie foi de leurs pays autrefois si catholiques. L'Allemagne protestante ne tarde pas à suivre cet exemple; l'un de ses princes, le duc d'Analth Koethen, récemment converti au catholicisme, bâtit à la Vierge dans sa capitale, une église qui, l'une des premières de l'empire s'affilie à l'Archiconfrérie de Notre-Dame-des-Victoires. Dix-sept des villes principales de la Hollande et vingt-huit bourgs de ses vicariats apostoliques ont réclamé la même faveur, et l'étendard du Saint Cœur de Marie flotte au milieu des drapeaux qui pavoisent les mille vaisseaux de La Haye et d'Amsterdam. L'Angleterre elle-même, la protestante Angleterre dont M. Des Genettes, depuis la naissance de l'Archiconfrérie, n'a cessé d'implorer la conversion, ouvre ses portes à la dévotion du Cœur Immaculé de Marie ; sept villes d'abord, des paroisses, des communautés religieuses se mettent en union de prières avec Notre-Dame-des-Victoires. Dieu seul sait si, dans un avenir plus ou moins rapproché, ce précieux levain ne doit pas gagner toute la masse ; mais en attendant que, par la conversion d'un grand nombre de ses principaux ministres et les efforts de Mgr Wiseman, le mouvement religieux s'accuse davantage dans ce grand pays, autrefois la terre des saints, plus de deux cents paroisses, les villes de Liverpool, de Manchester, de Norwick et de Duncaster implorent la faveur d'être agrégées à l'Archiconfrérie du Très-Saint Cœur de Marie. Belles et douces espérances consacrées au Cœur Immaculé de la Vierge, puissent les nations qui les ont fait naître, les voir se changer un jour en fruits abondants de salut et de vie !

Telle est la marche de l'Archiconfrérie à travers les nations protestantes, mais combien elle est plus rapide et plus féconde en succès chez les peuples catholiques ! Parlerons-nous de l'Italie, cette terre spécialement consacrée à la Vierge, et dont tous les sites et les plaines et les monts, et les lacs et les vallées profondes rappellent le glorieux nom ? Il semblait, tant l'Italie est riche en sanctuaires, en fêtes et en confréries diverses consacrées à la Vierge, que l'Archiconfrérie de Notre-Dame des Victoires ne dut pas trouver asile au milieu de tant de gloires. Qu'était-elle, humble fille de l'espérance, à côté de ces pélerinages séculaires vers lesquels on accourt de tous les climats du monde ? Osera-t-elle demander l'hospitalité à Gênes, la ville de Marie, *Citta di Maria*, Gênes qui compte dans ses murs près de cinquante sanctuaires élevés en l'honneur de la Sainte-Vierge ? Est-ce à Lorette, sur les bords de l'Adriatique qu'elle abordera, quand dans son enceinte s'élève la célèbre église de la *Santa casa* dont les dalles sont usées par les genoux et les fronts des pèlerins qui n'osent s'approcher que la face contre terre de cet illustre sanctuaire ? Naples n'a-t-elle pas son image miraculeuse de Notre-Dame des Grâces placée sous un dais d'argent, et toute couverte de pierreries ? Bologne, sa Notre-

Dame de la Garde, Florence, sa Notre-Dame des fleurs et Notre-Dame de l'Annonciade si libérale dans ses dons ; Venise, Notre-Dame du Salut et Rome, près de soixante églises et basiliques dans lesquelles Marie est honorée sous les noms les plus doux et les plus magnifiques depuis Sainte Marie Majeure, Sainte Marie d'*Ara-Cæli* jusqu'à Notre-Dame de la paix, et Notre-Dame des-Anges ? »

Cependant, lorsque par la consécration solennelle que lui donne Grégoire XVI, l'Archiconfrérie de Notre-Dame-des-Victoires voit toutes les barrières s'abaisser devant ses pas, quels triomphes n'obtient pas dans toute l'Italie l'œuvre de M. Des Genettes ! Les pèlerinages célèbres de Lorette, de Notre-Dame-du-Cimier sur le sommet des Alpes, de Notre-Dame-des-Vignes à Gênes ne suffisent plus à sa piété envers Marie. On lui a dit qu'il est à Paris un sanctuaire, siège d'une pieuse confrérie, sur laquelle Marie répand les bénédictions les plus abondantes ; dans l'élan de sa foi et de son amour pour la Sainte Vierge, elle associe presque toutes ses grandes villes et ses bourgades à l'Archiconfrérie de Notre-Dame-des-Victoires. Le Piémont compte bientôt cent huit confréries en l'honneur du Très-Saint Cœur de Marie ; treize diocèses du royaume de Naples, onze de la Lombardie jouissent du même privilège. L'archevêque de Ravenne appellera désormais son église cathédrale, où il vient d'établir les exercices de l'Archiconfrérie, Notre-Dame du Saint Cœur de Marie. Rome elle-même veut ajouter à toutes ses splendeurs religieuses une gloire de plus pour Marie, et au milieu de ses superbes églises qui font l'admiration de l'univers, elle bâtit de ses pieuses mains, un temple nouveau à Notre-Dame des Victoires.

O Notre-Dame des Victoires ! O Saint et Immaculé Cœur de Marie ! Quelle gloire pour vous dans cette pacifique conquête ! L'Italien, dans sa langue si gracieuse et si douce, qu'on la croirait apportée du ciel, va désormais confondre dans une même vénération vos noms bénis ; et, des sommets des Alpes à la mer de Sicile, à genoux devant ses madones chéries, il répétera le touchant refrain de Notre-Dame des Victoires : Refuge des pécheurs, priez pour nous ! »

Mais l'enthousiasme ne préside pas seul aux conquêtes de l'Archiconfrérie. Moins expansives peut-être, mais non moins vives dans leur amour pour la Vierge que la brûlante Italie, la Belgique et l'Autriche ouvrent leurs temples à la dévotion en l'honneur du Saint Cœur de Marie. Dans l'espace de quinze jours, les registres d'Anvers portent les noms de vingt-deux mille associés à l'Archiconfrérie de Notre-Dame-des-Victoires. Le mouvement religieux n'est pas moins rapide à Courtrai et à Bois-le-Duc. Liège voit sa confiance dans le Saint Cœur de Marie récompensée par cinquante-neuf conversions éclatantes; et, à Tournai, l'affluence des fidèles aux exercices de l'Archiconfrérie est si grande, qu'on se croirait presque à Paris dans le sanctuaire de Notre-Dame-des-Victoires.

L'Autriche oubliera-t-elle Marie dans ce mouvement qui porte les peuples vers son divin Cœur? Demandez-le aux diocèses d'Eichstad, de Leopold, de Wurtzbourg et de Prague, demandez-le à la Bavière tout entière qui compte, en 1844, plus de deux cents confréries érigées en l'honneur du Cœur Immaculé de Marie. Non, l'Autriche n'oublie pas Marie, elle sait qu'en 1629, pressé vivement par les Suédois, c'est à la protection de celle qui est terrible comme une armée rangée en bataille, que l'empereur Ferdinand III dut la victoire; elle se souvient que, cinquante-quatre ans plus tard, à la fameuse journée de Kalemberg, si Sobieski sauva l'empire et la chrétienté menacés par deux cent mille Turcs, c'est que la Vierge arma son bras d'une invincible épée et ses trente mille soldats d'un courage presque divin. Aussi, la voyons-nous aujourd'hui, dans l'élan d'une reconnaissance que les siècles n'ont pu affaiblir, accueillir avec bonheur la dévotion au Cœur Immaculé de Marie et l'Archiconfrérie de Notre-Dame-des-Victoires! Il semblait que Vienne, par son culte antique pour le Rosaire, que Marienthal, méritant par sa piété d'être appelée la ville de Marie, que Dettelbach, Engelsberg, Wurtzbourg, si célèbres par leurs sanctuaires bâtis en l'honneur de la Vierge, dussent être des témoignages suffisants de la gratitude de l'Autriche envers Marie; mais une piété et une reconnaissance qui peuvent grandir encore suffisent-elles à cette pieuse et magnanime nation? Tout ce qui intéresse le culte de Marie, tout ce qui revêt dans la religion un caractère de tendre et mystérieuse poésie, trouve un sensible écho dans son âme. Le jour de l'érection de l'Archiconfrérie dans la cathédrale d'Eihstadt, l'enthousiasme était si grand qu'on se serait cru dans une église de Florence ou de Rome ; à Leopold, l'auditoire fond en larmes au récit merveilleux des grâces que l'on obtient par l'intercession du Saint Cœur de Marie, et l'archevêque de la ville, conseiller de l'empire, inscrit le premier son nom sur la liste des associés. Wurtzbourg, fière à si juste titre de posséder dans ses murs l'image bénie de Notre-Dame de Kilian, tend les bras à Notre-Dame des Victoires; c'est ainsi que bientôt, des bords du Rhin aux bouches du Danube, se propage, avec les bienfaits immenses de l'Archiconfrérie, le culte du Très-Saint et Immaculé Cœur de la Vierge.

VI

Le flocon de neige qui se détache du ciel, tombe inaperçu sur le sommet des monts ; mais quand, chassé par la tempête, il en descend les pentes rapides, il acquiert, en roulant de degrés en degrés, la puissance de l'avalanche et devient bientôt à son tour une montagne immense. Telle est l'image de l'Archiconfrérie de Notre-Dame des Victoires. Invisible à son berceau, voici qu'aujourd'hui les nombreuses contrées de l'Europe ne peuvent plus contenir ses progrès. Sa marche est si rapide qu'il semblerait, qu'elle aussi, doit posséder la terre entière en héritage. Dès l'année 1841, l'Archiconfrérie est déjà florissante dans le Canada. « Je désire offrir, écrivait le 20 août de la même année, Mgr l'évêque de Montréal à M. le curé de Notre-Dame-des-Victoires, un *ex-voto*, témoignage de ma reconnaissance, à l'autel du Très-Saint et Immaculé Cœur de Marie. Ce cœur matériel exprimera les vœux de tous les fidèles de Montréal, et réclamera pour eux tous la protection de la Mère de Miséricorde dans ces temps orageux. Il attestera à tous ceux qui accourent au pied de ce saint autel, que le diocèse de Montréal n'a pas seulement le bonheur d'être dédié au Très-Saint Nom de Marie, mais qu'il est encore tout entier consacré à son Très-Saint et Immaculé Cœur, puisqu'il n'en est pas une seule paroisse qui n'appartienne à l'Archiconfrérie. »

Comme par un concert qui tient presque du prodige, tous les évêques de ces contrées lointaines se réunissent dans la pensée de consacrer leurs missions et leurs travaux au Saint Cœur de Marie. Ecoutons, à quelques jours de là, Mgr Rouchouse, évêque de Nilopolis : « Nous consacrons, s'écrie-t-il dans l'église de Notre-Dame-des-Victoires, et dévouons solennellement au Très-Saint et Immaculé Cœur de la Vierge Marie, notre mission de l'Océanie orientale, les îles de Gambie, Otaïti, Sandwich et les Marquises soumises à notre juridiction, et nous érigeons dans chacune des églises de Mangareva, d'Akena et d'Honolulu, une association de prières en l'honneur du Très-Saint Cœur de Marie, pour obtenir, par ses mérites, la conversion des pécheurs. »

Puis, viennent aussi faire hommage au Très-Saint Cœur de Marie, les anciens royaumes de Pégu et d'Ava dans l'empire des Birmans, la mission de Siam et celle de Gibraltar. Que la protection du Cœur Miséricordieux de la Vierge est nécessaire dans ces régions si reculées! N'est-ce pas le plus sûr asile, où, le missionnaire persécuté et les chrétientés naissantes puissent aller déposer leurs douleurs et leurs espérances? Aussi comment peindre le zèle que déploient les apôtres de Jésus-Christ dans l'établissement de l'Archiconfrérie de Notre-Dame-des-Victoires ? Suivez-les en Chine, au Tonkin, dans la Perse et jusque sur ces îles perdues au sein de l'océan Indien; non-seulement l'Archiconfrérie s'établit à Pékin; mais non loin du palais des empereurs s'élève une église sous le nom de Notre-Dame-des-Victoires. Les célèbres murailles de la Chine sont devenues pour l'association de Paris des barrières impuissantes. Java a reçu des mains de Mgr Groof le diplôme d'affiliation; Macassar, l'une des îles Célèbes a son autel du Très-Saint Cœur de Marie, et l'île Maurice montre que, si elle est sous la domination de l'Angleterre, elle tient encore à la France, son ancienne mère-patrie, par sa dévotion au Cœur de la Sainte Vierge.

On parle quelquefois, et avec raison, de la rapide et fatale influence du mal; mais ici, par un dessein merveilleux de la Providence, le bien se propage avec une facilité non moins étonnante. Nous ne sommes qu'en 1842, et déjà la bannière de l'Archiconfrérie de Notre-Dame-des-Victoires protége plusieurs des contrées de l'Asie. Cependant, l'Amérique, qui semble avoir devancé l'Asie dans la dévotion au Très-Saint Cœur de Marie, voit l'Archiconfrérie se multiplier sur tous ses rivages. » Vous m'avez autorisé, écrivait, en février 1843, à M. Des Genettes l'évêque de Toronto, à recevoir dans votre admirable Archiconfrérie tous ceux qui, dans l'Amérique du Nord, désireraient en faire partie; j'ai cru que vous apprendriez aujourd'hui avec plaisir les progrès du culte du Très-Saint Cœur de Marie dans ces pays si éloignés de la France. Cette dévotion se trouve maintenant établie dans toutes les missions du Haut-Canada. Je viens de visiter les peuplades sauvages qui habitent les rives du lac Huron et les îles Manitoulin, et j'ai établi parmi ces pauvres sauvages les exercices si consolants de l'Archiconfrérie. Les contrées immenses que baignent les lacs Érié et Ontario, et celles qui s'étendent au delà du lac Supérieur n'ont pas été privées du même bonheur, de sorte qu'aujourd'hui Notre-Dame-des-Victoires compte de nombreux enfants dans nos déserts, au sein de nos forêts et sur les rivages de nos grands lacs. »

Nous le voyons, le petit flocon de neige, chassé par le souffle de Dieu, devient montagne et entraîne tout après lui sur son passage. Partout où nos vaisseaux abordent, où descendent nos intrépides missionnaires, si éloignées que soient ces plages récemment découvertes, si inhospitaliers que soient les rivages sur lesquels ils jettent l'ancre, là, bientôt, s'élève une association en l'honneur du Très-Saint Cœur de Marie. Dans quelques années, que le voyageur parcoure les vastes contrées des deux Amériques; de la Colombie au Paraguay, du Labrador aux mers du pôle, il ne sera plus un rivage sur lequel il ne trouve arboré le drapeau du Saint-Cœur de Marie.

Par les soins de la reine d'Espagne et le zèle de Mgr Benigno de Malaga, il flottera sur les Antilles; Mgr Du Cosquer le plantera en 1863 sur la terre d'Haïti; les diocèses de Guadalajara et de Léon, et le Mexique presque tout entier le salueront avec amour, et si l'illustre voyageur, qui jeta tant de poésie sur les bords du Mississipi, avait repris en 1850 ses courses aventureuses, il aurait trouvé une poésie de plus sous la hutte de jonc du Natchez: celle de la dévotion au Très-Saint Cœur de la Vierge.

Et on demande à la Religion des merveilles et de nouveaux prodiges! Des prodiges? mais ils abondent sur la terre comme au temps des Pharisiens. Est-ce que ce n'est pas un prodige au milieu de nos misères et de nos décadences, de voir fleurir une dévotion si tendre et si pure? Est-ce que ce n'est pas un prodige de la voir, en quelques années, s'étendre d'une extrémité du monde à l'autre, malgré notre impiété et notre indifférence, quand, dans un siècle de foi, c'est à peine, si en 75 ans, l'univers catholique comptait quatre-vingt-quatre associations en l'honneur du Cœur Immaculé de Marie? Des prodiges? Mais ils se dressent sous nos yeux. Étudiez-les, philosophes impies, négateurs de tout bien, et jugez! Qu'est-ce que ce temple de Notre-Dame-des-Victoires sorti en si peu de jours de ses honteuses ruines? Qu'est-ce que cette affluence de pèlerins qui, chaque année se pressent par millions dans son sanctuaire privilégié? Qu'est-ce que ces vingt millions d'associés à son illustre Archiconfrérie, et ces huit mille sept cent dix associations particulières répandues sous tous les climats du monde?

Et le prodige subsiste! Et le prodige s'accroît chaque jour avec les progrès de l'Archiconfrérie du Saint-Cœur de Marie! Rien n'arrête sa course à travers le dix-neuvième siècle, ni les efforts conjurés des hommes, ni ces commotions politiques qui ont trop de fois ébranlé la France. On croirait presque, au contraire, que ces révolutions successives n'ont servi qu'à consolider davantage l'œuvre de M. Des Genettes, tant ces populations agitées, inquiètes, malades de 1818, se réfugiaient en foule dans le Saint-Cœur de Marie pour y trouver le calme après les luttes et les tempêtes de la rue! Jamais en effet, les pieux exercices de l'Archiconfrérie n'ont été plus fréquentés que dans ces jours d'agitations, jamais la piété ne s'y montra plus vive et plus tendre ; l'église de Notre-Dame-des-Victoires ne pouvait plus contenir les foules recueillies qui se pressaient dans son enceinte, et ses glorieux registres d'inscription s'étaient ouverts pour y recueillir, en quelques années, les noms de trois mille confréries nouvelles. Aussi, dans la joie de son âme, le zélé pasteur de Notre-Dame-des-Victoires s'appliquait-il ces paroles du prophète : Nous avons eu mille sujets de joie dans ces années si fécondes en douleurs : « *Lætati sumus pro diebus quibus vidimus mala.* »

Les années de M. Des Genettes se multipliaient avec les succès de son œuvre ; déjà il touchait presque à cet âge d'homme dont le roi-prophète a dit : Au-delà, il n'y a plus que fatigue et douleur *Labor et dolor*. Pour lui, cependant, l'oracle saint n'eût pas son douloureux accomplissement, il marcha dans la force et dans la gloire jusqu'au terme de sa longue carrière. Beaucoup d'hommes, dans le déclin de leur vie, sont affligés par la ruine des espérances qui avaient embelli leurs jours ; M. Des Genettes vit croître et s'affermir les siennes jusqu'à la tombe. Son œuvre était prospère, jamais son église n'avait connu tant de splendeurs et de gloire ; il n'avait pas songé à la renommée, l'Archiconfrérie lui en fit une qu'auraient ambitionnée les personnages les plus illustres. Enfin après avoir, plus heureux que mille autres, assisté au triomphe de l'œuvre à laquelle il avait voué sa vie, il mourut le 25 avril 1860.

Il mourut, et l'on put dire de lui à sa mort, ce que l'Écriture Sainte rapporte de la mort d'un des plus illustres défenseurs de la Judée « qu'il fut enseveli dans son triomphe », car, à sa mort, treize mille deux cent soixante-cinq confréries inclinèrent sur son tombeau le glorieux étendard du Saint Cœur de Marie, et plus de vingt millions d'associés firent retentir en son honneur ce chant salutaire et sacré de Notre-Dame-des-Victoires : « Refuge des pécheurs, priez pour lui ».

VII

La mort de M. Des Genettes fut un véritable triomphe pour l'Archiconfrérie. C'est autour de son tombeau, entouré des hommes les plus éminents de Paris, honoré par une faveur toute particulière du gouvernement, et, ce qui est d'un prix mille fois supérieur à la gloire, baigné des pleurs de tous ses paroissiens, que l'on put juger de la place que tenait en France cet humble prêtre, et de l'influence que son œuvre de choix, l'Archiconfrérie de Notre-Dame-des-Victoires, exerçait alors!

Mais quelque brillantes que soient les funérailles que l'on fasse aux hommes qui ont joué un rôle dans le monde, il est une loi à laquelle échappe bien rarement leur tombeau; la loi de l'oubli et de l'indifférence. Pendant quelques jours encore, une prière amie, dit Lacordaire, les suit au-delà de cette terre, un souvenir pieux prononce encore leur nom. Mais bientôt le ciel et la terre ont fait un pas. L'oubli descend, le silence les couvre, aucun rivage n'envoie plus sur leur tombe la brise éthérée du souvenir. C'est fini, et peut-être à jamais fini de leur mémoire et des institutions dont ils ont doté leur siècle.

D'après les prévisions humaines, on aurait pu croire, quelque temps après la mort de M. Des Genettes, que la marche de l'Archiconfrérie allait être entravée par ce douloureux évènement. Mais qu'il y a loin des œuvres de l'homme aux œuvres de la religion! Pendant que celles-ci s'éteignent et disparaissent lorsque vient à mourir celui qui les a fondées, les autres, au contraire, semblent puiser dans la tombe de leur fondateur une force et une vie toutes nouvelles. C'est, qu'en descendant au tombeau, Jésus-Christ a communiqué par sa puissance à la tombe des Saints la vie et la fécondité. Vous ne les voyez plus présider les assemblées saintes, leur voix qui avait ébranlé vos âmes ne retentit plus à vos oreilles. Mais, du sein de la mort, dit l'Écriture, ils enseignent et parlent encore avec éloquence.

Nous parlons de mort; mais par un bonheur qui enlève à celle de M. Des Genettes ce qu'elle a d'amer, le saint vieillard ne revit-il pas, même dans les traits de son successeur? N'est-ce pas ce que l'on disait lorsque M. Hyppolite Chanal, ancien curé des Invalides, succéda, le 25 mai 1860, au fondateur de l'Archiconfrérie. « C'est bien là notre bon M. Des Genettes, avec ses cheveux blancs, avec son air bienveillant et affable ; oui, il avait cette dignité en arrivant à l'autel, disait-on, telle était aussi la modestie de ses regards, telle était la gravité de sa parole, lorsque, plus jeune, il nous parlait avec tant d'abandon » !

Oui, M. Des Genettes revit, avec les vertus qui font les saints prêtres, dans la personne de son successeur. Prêtre d'une humilité profonde, M. Chanal réunit en lui la douceur qui prévient les âmes, le zèle sacerdotal qui les échauffe, et ce dévouement plein d'abnégation et de tendresse si bien fait pour continuer avec fruit l'œuvre instituée pour la conversion des pécheurs. C'est à ces mains pieuses et dévouées qu'est confié, depuis dix ans, l'héritage des saints, à elles qu'est échue la mission glorieuse de propager de plus en plus dans notre France éprouvée et dans tout l'univers, le culte si plein d'avenir du Saint et Immaculé Cœur de Marie.

Aussi, hâtons-nous de le dire, les triomphes de l'Archiconfrérie ne se sont pas ralentis un seul jour depuis que M. Chanal en a pris la haute direction. « La vie intime de l'Archiconfrérie, sous son bien aimé fondateur, se résumait, écrivait M. l'abbé Dumax dans son ouvrage sur Notre-Dame-des-Victoires, en une hymne chantée à la puissance et à la miséricorde de Marie. Depuis la mort du Saint-Pasteur, l'hymne se continue toujours, ni moins glorieuse ni moins touchante, car les récits de conversion et les faits merveilleux qui l'inspirent, sont aussi multipliés que dans les premières années de l'œuvre ».

En effet, depuis 1860, quelle extension nouvelle n'a pas reçue l'Archiconfrérie? Sans parler de la France où des affiliations se sont établies jusque dans les paroisses les plus éloignées de la capitale, où des diocèses entiers ont sollicité la faveur de ses pieux exercices, n'a-t-elle pas continué ses conquêtes dans notre vieille Europe et jusqu'au delà des rivages les plus lointains ? C'est ainsi qu'en 1862 la Corse tout entière ; en 1863, le royaume de Gallice, le Grand duché de Bade, le Tyrol, plus tard le Mexique, le diocèse d'Augsbourg, la province de Trèves se dévouent au Très-Saint Cœur de Marie. Son drapeau fait de nouveau le tour du monde, ralliant sous son ombre protectrice, les peuples qu'il n'avait pas une première fois conquis. Il flotte à Port-Saïd en Égypte comme dans le Canada sur le diocèse des Trois-Rivières. La Prusse catholique a vu s'augmenter rapidement le nombre de ses pieuses associations, et ce n'est pas sans une admiration mêlée d'étonnement que, la Hollande et l'Angleterre contemplent les progrès de cette tendre dévotion à travers leurs désolantes doctrines. Plus de trois mille cinq cents associations nouvelles, répandues sur tous les points de l'univers, sont venues couronner les efforts du nouveau directeur de l'Archiconfrérie, et lui montrer que l'œuvre de sa chère église se continue au milieu des bénédictions du ciel et des louanges de la terre.

Aussi, prenant la plume dans le cours de son ministère, entendons-nous M. Chanal nous dire : « Depuis que nous sommes placé à la tête de cette paroisse, nous n'avions pas encore vu un aussi grand nombre de confréries réclamer la faveur de l'affiliation. Jamais nous n'avions reçu autant d'ex-voto, doux témoignages de la reconnaissance; jamais non plus, autant d'associés n'avaient inscrit leurs noms sur les registres de Notre-Dame-des-Victoires. Plus de trois millions de pèlerins ont visité cette année notre illustre sanctuaire, les communions ont dépassé nos prévisions, même les plus favorables; et ce que nous constatons comme une de nos meilleures joies pour le présent et une de nos plus belles espérances pour l'avenir, c'est que les demandes d'actions de grâces pour les faveurs reçues par l'intervention du Cœur Immaculé de Marie, n'ont jamais été plus nombreuses.

Elles devaient le devenir. M. Chanal avait écrit ces lignes dans des jours de paix et de prospérité publiques, et c'est dans les temps de calamités et d'épreuves que les peuples, trahis par la fortune, courent avec plus d'empressement au pied des autels saints. Hélas! notre génération les vit ces jours de deuil et de larmes, elle vit nos provinces envahies, notre prospérité nationale compromise, un ennemi sans pitié insultant aux malheurs de nos armes, et pour mettre le comble à tant d'infortunes, des catastrophes inconnues jusque-là dans l'histoire, couvrir la France de sang et de ruines. Mais au milieu de ces horreurs, quel consolant spectacle cependant n'offre pas la dévotion au Saint Cœur de Marie! Son sanctuaire privilégié fut-il jamais plus fréquenté, et ses autels arrosés de tant de larmes? Écoutons le récit touchant du tableau que présenta Notre-Dame-des-Victoires dans ces sombres et malheureux jours.

« Dans les circonstances douloureuses, écrivait M. X. Dachéres dans l'*Univers illustré*, le cœur de l'homme s'ouvre aux sentiments d'une piété plus sincère. C'est avec ferveur qu'il adresse au Dieu tout-puissant ses prières pour les êtres aimés qu'il sait en danger. Sous l'empire de poignantes préoccupations, une foule considérable se dirige, chaque jour, depuis le commencement de la guerre, vers l'église de Notre-Dame-des-Victoires. Dans une modeste chapelle, on voit se presser des vieillards, des femmes, des enfants et aussi un grand nombre de jeunes soldats. Les vieillards appellent la faveur du ciel sur leurs enfants, qui, en ce moment, affrontent le canon. Les jeunes femmes demandent à Notre-Dame-des-Victoires de leur ramener un frère, un mari, un fiancé; les enfants attendent un père, les femmes aux cheveux blanchis comptent sur la miséricorde de Dieu et la supplient d'étendre sa main protectrice sur leurs fils qui combattent pour l'honneur de la France. Tout le monde incline la tête dans le même élan de dévotion fervente et les petits cierges brillent comme des étoiles d'espérance sur la herse de la chapelle ».

Puis, quelques mois plus tard, quand, aux malheurs de la guerre étrangère, se furent joints les malheurs mille fois plus cruels de la guerre civile, et que des hommes sacrilèges, réservant pour le crime un sang dont ils s'étaient montrés si avares pour la défense de la patrie, couvraient Paris de ruines et déshonoraient aux yeux des nations le nom si grand encore de la France, quelle foule se pressait sans relâche dans le sanctuaire de Notre-Dame-des-Victoires! Que de vœux ardents adressés au Cœur Immaculé de la Vierge! Jamais, au rapport de témoins oculaires, la multitude n'avait été si nombreuse dans l'enceinte sacrée que pendant ces jours d'affliction; jamais non plus, la foi plus grande et la confiance en Notre-Dame des Victoires plus profonde. C'est ainsi que nos malheurs servirent à l'accroissement de cette tendre dévotion et aux triomphes de l'œuvre de M. Des Genettes.

CHAPITRE VI

Faveurs spirituelles obtenues par les prières de l'Archiconfrérie. — M. de Riancey, Mgr le cardinal Giraud, le R. P. Corail et le P. Félix, se plaisent à leur rendre hommage dans leurs écrits. — Faits particuliers et extraordinaires de conversion. — Conversion d'un jeune incrédule. — D'un capitaine de l'armée française. — Secours merveilleux obtenus par un médecin juif, etc., etc. — Éclatante conversion d'un nouvel enfant prodigue qui revient à Dieu, par l'intercession de N.-D.-des-Victoires. — Le R. P. Marie Bernard, prête sa parole et sa plume pour attester toutes ces merveilles de l'ordre spirituel.

I

Quand on examine les progrès admirables de l'Archiconfrérie de Notre-Dame-des-Victoires et qu'on la suit au delà des océans, faisant flotter sur toutes les plages sa glorieuse bannière; la première pensée qui frappe l'esprit à la vue d'un triomphe si rapide, c'est d'en étudier la cause.

Il n'y a rien de spontané dans les succès de la terre; tout y a besoin, pour naître et pour se développer, du travail de l'homme et de la bénédiction de Dieu. Privée de cette condition, la pensée religieuse surtout ne fleurirait pas plus à travers les générations, que les moissons ne se doreraient sur des sillons sans soleil et sans rosée. Nos lecteurs ont assisté dans les premiers chapitres de cette histoire au travail de l'homme; ils ont suivi M. Des Genettes répandant sur le champ qu'il voulait féconder, ses prières, ses sueurs et ses larmes. Telle était sa part dans l'œuvre glorieuse qu'il avait entreprise à la louange de Marie : la Providence va commencer la sienne.

Lorsque Dieu destine au succès une institution fondée pour sa gloire ou celle de Marie, il imprime sur elle un sceau que les hommes essaieraient vainement de contrefaire, il lui communique des grâces qui triomphent des cœurs les plus rebelles, et un pouvoir qui se joue souvent des lois invariables de la nature. Tels sont les deux caractères qui brillent, dès sa naissance, dans l'Archiconfrérie du Cœur Immaculé de Marie.

Sans doute, Dieu n'a cessé, dans le cours des âges, de combler la dévotion envers la Sainte-Vierge des faveurs les plus abondantes. N'est-ce pas pour cette raison que, tous les docteurs de l'Église jusqu'à Saint Bonaventure et Saint Bernard, ont salué Marie des noms les plus magnifiques, l'appelant tour à tour: « la Mère des miséricordes; le Canal de toutes les grâces; l'Appui des fidèles; la Médiatrice de notre salut; la Réparatrice des siècles coupables; la Victoire des âmes pieuses; la Fin de nos douleurs et l'Espérance de ceux qui n'en ont plus. » Mais il semble que Dieu ait voulu surpasser ses anciennes magnificences dans les trésors de grâces qu'il ouvrit à Notre-Dame-des-Victoires; il voulut que, dans ces jours malheureux où abonda le péché, surabondât la miséricorde, et que ce fût du Cœur Immaculé de Marie qu'elle se répandît sur tous les pécheurs de l'univers.

En effet, depuis la fondation de l'Archiconfrérie de Notre-Dame-des-Victoires, que de prodiges dans l'ordre de la grâce opérés dans ce sanctuaire privilégié, comme dans tous ceux qui possèdent l'association du Très-Saint Cœur de Marie! Quel est aujourd'hui, dans le monde entier, le pauvre pécheur, l'âme en proie aux afflictions, le cœur déchiré par le tourment qui ne connaisse Notre-Dame-des-Victoires? Entrez à toutes les heures du jour dans ce sanctuaire béni, quel religieux spectacle n'y frappe pas vos regards! Ici, l'un gémit sous le poids de chaînes honteuses que sa volonté, énervée par l'habitude, n'a plus la force de rompre; là, c'est un pauvre publicain qui, n'osant lever les yeux vers le ciel, se frappe la poitrine derrière un pilier du temple. Entendez-vous celui-ci? Il dépose au pied de l'image sainte de Marie, l'expression de son désespoir. Plus loin, c'est une pauvre mère agenouillée sur les pavés du temple, qui confie au Cœur Immaculé de la Vierge ses maternelles douleurs, c'est un vieux soldat qui, pour la première fois peut-être de sa vie, courbe sous les regards de Notre-Dame-des-Victoires ce front qu'il a toujours porté si haut et si fier. Ah! si ces murs sacrés, témoins de tant de vœux, de larmes de bonheur et de retours à la foi pouvaient prendre la parole! Que de merveilles ils nous raconteraient! Que de Saüls convertis sur le chemin de Notre-Dame-des-Victoires! Que d'Augustins reprenant la route du devoir en quittant ce Saint Asile! Que de pierres changées subitement en enfants d'Abraham sous l'œil de Marie! Mais sortons de ces considérations générales sur les bienfaits dus à l'intercession de Notre-Dame-des-Victoires, et, avant de laisser la parole aux faits de conversion que renferment les annales, laissons des voix plus autorisées que la nôtre, publier les merveilles de grâces obtenues par la dévotion au Très-Saint-Cœur de Marie.

II

Nous ne possédons qu'une faible partie des témoignages relatifs aux bienfaits de l'Archiconfrérie de Notre-Dame-des-Victoires ; mais, dans cet hymne de reconnaissance écrit à la louange du Saint Cœur de Marie, que de voix inspirées se font entendre! Voici celle de M. de Riancey dont l'éloquence a souvent égalé la foi. « Le monde entier, dit l'illustre écrivain, connaît aujourd'hui les grâces sans nombre obtenues par l'Archiconfrérie de prières en l'honneur du Cœur Immaculé de Marie. Née il y a dix-sept années à peine aux pieds de cette modeste statue, elle compte maintenant sur la terre habitée, plus de seize millions d'associés. Notre-Dame des Victoires vient de retrouver sa puissance. Dieu a béni la prière infatigable de son serviteur. L'Archiconfrérie est fondée, et ses pacifiques triomphes qui ne coûtent, eux, que de douces larmes, rendront un lustre inattendu au vieux titre renouvelé.

« Celle qui reçut autrefois les clés de la citadelle protestante humiliée et vaincue à La Rochelle, va voir tomber devant elle des remparts plus difficiles à emporter : les barrières des cœurs autrefois rebelles, aujourd'hui repentants, conquêtes mille fois plus précieuses et plus utiles aux nations que les ruines de villes et les dévastations de provinces.

« Est-ce assez de bienfaits? L'Angleterre s'ébranlant à la voix de ses plus illustres enfants convertis au catholicisme et faisant succéder, à des hostilités si acharnées, les douces espérances d'un retour merveilleux, des fléaux écartés, des guérisons imprévues, des bienfaits qui passent toute imagination, un abîme de miséricordes ouvert sur un abîme de souffrances et de misères, voilà l'auréole qui entoure l'Archiconfrérie, voilà ses œuvres, voilà les grâces dont Dieu la comble. »

Nous venons de voir l'écrivain traçant dans la méditation et la solitude la liste glorieuse des bienfaits de l'Archiconfrérie ; voulons-nous entendre maintenant l'orateur prenant à témoin les multitudes, des faveurs signalées obtenues à Notre-Dame-des-Victoires? Écoutons le R. P. Corail parlant, le 9 juillet 1853, devant une des plus augustes assemblées du monde. C'est le jour du couronnement de la statue miraculeuse de Notre-Dame-des-Victoires. Tout Paris est là qui l'écoute, l'armée de Rome, avec ses illustres chefs, la magistrature, plusieurs princes de l'Église et l'élite de la population parisienne, afin qu'il ne manque rien au noble témoignage qu'il va rendre des grâces octroyées en ce sanctuaire. « Tandis que vos fils et vos frères, s'est écrié le célèbre religieux, allaient combattre à Rome pour l'étendard de la France et pour celui du Souverain Pontife, que de tendres mères, que de pieuses sœurs n'ont pas invoqué Marie en dirigeant leurs vœux et leurs regards vers le sanctuaire de Notre-Dame-des-Victoires! Enfin, quand notre armée, quand nos braves Josués livraient bataille dans les plaines de Rome, ou en assiégeaient les remparts, que de Moïses, que de conducteurs du peuple de Dieu, que de saints prêtres levaient leurs mains sacrées devant l'autel de l'Archiconfrérie pour en faire descendre du ciel la victoire sur nos enfants et sur nos drapeaux !

« Dans les mêmes jours, la patrie était menacée, l'Europe dans l'épouvante, la religion et la civilisation chrétienne en péril, l'orage qui grondait sur nos têtes roulait et s'étendait au loin. L'Archiconfrérie chante, invoque et espère, et Dieu commande aux vents et aux nuages; et au milieu de la tempête, il se fait soudain un grand calme et des jours de sérénité reparaissent.

« Pie IX est exilé. Nos adresses, notre denier et nos soldats vont vers lui et vers Rome. Mais, en même temps, l'Archiconfrérie gémit, pleure, supplie, et Pierre captif voit tomber ses chaînes, et la barque apostolique amarrée aux rivages du Tibre retrouve son noble et sûr nautonnier.

« L'Angleterre garde encore quelques étincelles de la vieille croyance de ses ancêtres. Oh! si Dieu lui donnait de redevenir l'île de la foi et des saints ! L'Archiconfrérie s'intéresse, soupire, conjure; et l'Angleterre voit les hommes les plus distingués de son aristocratie, de son clergé, de ses universités de Cambridge et d'Oxford quitter les pâturages vénéneux de l'erreur, pour venir se repaître de la vérité dans le champ nourricier de l'église catholique.

« Des chrétiens oublieux des serments de leur baptême et des promesses de leur symbole, sont depuis longtemps éloignés de la maison de Dieu et de la houlette du pasteur. L'Archiconfrérie compâtit, se concerte, implore, et chaque jour, des brebis égarées rentrent au bercail, des prodigues infortunés consolent le divin père de famille, ramenés à ses embrassements par la tendresse maternelle du Saint Cœur de Marie. »

Il est difficile de rencontrer plus d'éloquence dans le récit des faveurs sans nombre qui découlent du sanctuaire de Notre-Dame-des-Victoires, et des témoins plus illustres de ces merveilles que l'assemblée d'élite qui couvre de son approbation la parole de l'orateur. Cependant il nous semble qu'il manquerait quelque chose à ce concert admirable en l'honneur du Très-Saint-Cœur de Marie, si, à cette harmonie ne se mêlait une voix qui chanta si bien les miséricordes de la Vierge, la voix de Mgr Giraud. Mgr Giraud revenait de Rome, il avait prié dans l'église Saint-André-des-Frères, sur la dalle où fut converti M. Ratisbonne. Le cœur rempli des miséricordes de Notre-Dame-des-Victoires, il s'écriait dans son église de Cambrai : « Il n'y a, chrétiens, de différence entre nous que dans le degré de malice, dans l'abus plus ou moins fréquent, plus ou moins criminel de la grâce. Ah! loin d'en rougir, couvrons-nous, qui que nous soyons, comme d'une protection, de ce titre de pécheurs, puisque c'est lui qui nous donne des droits à la clémence de celle qui aime à s'en proclamer le refuge et l'avocate. Reconnaissons, toutefois, que Marie a, pour les plaies les plus désespérées, des faveurs privilégiées; et que c'est surtout par la conversion des plus grands pécheurs qu'elle se plait à signaler sa puissance et sa miséricorde. Nous avons prié à Rome sur la dalle sanctifiée, où terrassé par la grâce, un nouveau Saül, ne respirant que haine et mépris pour Jésus-Christ et son église, se sentit tout à coup transformé en un nouvel être sous les regards de Marie. Notre-Dame-des-Victoires continue tous les jours à remplir l'univers catholique, du bruit des triomphes qu'elle remporte sur les cœurs les plus obstinés et les esprits les plus rebelles. »

Et quelle est la prière qui produit ces changements merveilleux des cœurs? Quel est le cri qui, du sanctuaire de Notre-Dame-des-Victoires, monte victorieux vers le ciel pour en ramener l'espérance, le repentir et la vie? Écoutons un illustre religieux qui après s'être fait, à Notre-Dame de Paris, le défenseur et l'organe des plus saintes choses de ce siècle, n'a pas hésité à prêter son éloquence à l'œuvre de l'Archiconfrérie de Notre-Dame-des-Victoires. « Cette prière qui obtient tant de prodiges, ce cri qui sort de tant de cœurs émus, le voici : « O Marie conçue sans péché, ayez pitié de nous qui avons recours à vous. » Telle est, dit le R. P. Félix, la prière qui de la petite église de Notre-Dame-des-Victoires et de toutes les confréries agrégées, monte au ciel pour en appeler la bénédiction. — Et de tous côtés la bénédiction descend, la grâce vient éclairer, convertir, triompher. Le sépulcre du péché se brise, rend ses victimes. Je le demande, si le miracle est une parole, et une parole infaillible, Marie, en répondant aux invocations de la piété par la voix de tant de prodiges, ne parle-t-elle pas assez haut ? »

Oui, Marie parle assez haut par les merveilles de Notre-Dame-des-Victoires. Mais quelqu'éloquents que soient les échos que l'on vient d'entendre, qu'ils sont loin de redire encore la miséricorde et la puissance du Saint Cœur de Marie ! Ce serait les milliers de pécheurs convertis à la foi, les affligés secourus, les malades guéris, les paroisses transformées par son intercession qu'il faudrait entendre ici. Quel hymne de reconnaissance alors éclaterait de toutes parts ! Ici, vous verriez des haines qu'on croyait éternelles s'éteindre tout à coup sous l'influence des prières de l'Archiconfrérie ; là, un élan religieux rempli des plus douces espérances succéder à une indifférence, voisine de la mort. Langres, Lyon, Arras, Toulouse, Besançon publient ses merveilles, Tournai ne peut plus contenir dans son immense cathédrale les fidèles que les faveurs de l'Archiconfrérie y amènent, l'Italie est pleine de ses bienfaits. « Pour moi, écrit Mgr. Bourget, évêque de Montréal, jamais je ne pourrai remercier assez Notre-Dame-des-Victoires, des grâces innombrables qu'elle a répandues sur mon diocèse depuis sa consécration au Saint Cœur de Marie. Il y a partout un élan prodigieux pour le bien, partout aussi des conversions très-nombreuses ; et ce ne sont pas seulement des particuliers qui rentrent dans les sentiers de la religion, mais des paroisses entières, qui demandent à grands cris des missions pour se régénérer en Jésus-Christ et se rendre dignes d'honorer, par une vie pure et sainte, le Très-Saint et Immaculé Cœur de Marie. »

Nos lecteurs comprennent que nous ne pouvons rapporter ici tous les prodiges de grâces dûs aux prières de l'Archiconfrérie ; ce serait vouloir refaire les annales de Notre-Dame-des-Victoires et renfermer dans un écrit très-borné, des merveilles qui n'ont pas de bornes. Toutefois pour la consolation des malheureux enfants d'Adam qui gémissent encore sous la loi du péché, nous ne résisterons pas au désir de citer quelques traits particuliers de conversion, source pour eux d'encouragement et d'espérance.

III

Parmi les milliers de conversions que l'Archiconfrérie inscrivit depuis 1836 dans ses glorieuses annales, il en est plusieurs qui jetèrent un très-grand éclat et dont le retentissement se fit sentir jusqu'aux extrémités de la France et de l'Angleterre. Londres s'est longtemps émue de ces retours fréquents au catholicisme dont les Newmann, les Thyne, les Spencer et plus de soixante ministres Anglicans donnèrent l'exemple; et qui n'a lu, à Paris et dans une grande partie de la France, les récits émouvants qui ont été publiés sur la conversion de M. Alphonse Ratisbonne et du Révérend-Père Hermann? Ce sont là les Saüls et les Augustins terrassés sur le chemin de Damas et dans l'église de Milan ; mais tout en admirant ces merveilles de la puissance du Saint Cœur de Marie, nous en choisirons toutefois de moins éclatantes. Nous préférons au merveilleux qui, par sa rareté, laisse dans le cœur plus d'étonnement que d'espoir, le récit des faveurs ordinaires dont chacun de nous peut espérer de devenir un jour l'objet de la part de Notre-Dame-des-Victoires.

Ouvrons donc le livre des annales de Notre-Dame-des-Victoires, et laissons pour quelques instants aux pécheurs et aux infortunés le soin de nous raconter les prodiges de l'Archiconfrérie.

Un jeune homme d'un caractère franc et loyal s'était corrompu l'esprit par la lecture des systèmes d'une philosophie pleine de mensonges. D'erreurs en erreurs, il était tombé dans le matérialisme le plus monstrueux. Pour lui comme pour la plupart de ces malheureux jeunes gens, que l'ignorance et l'orgueil perdent tous les jours, il n'y avait plus ni Dieu, ni religion, ni avenir. C'est le redoutable *credo* de la jeunesse actuelle. On rebâtira peut être plus tard dans le sang et les larmes le vieux culte de nos aïeux, mais aujourd'hui, malgré les ruines et les catastrophes les plus lamentables, on détruit encore !!

Ce pauvre jeune homme était atteint d'une phthisie pulmonaire, et de jour en jour il avançait vers sa fin. Une sœur tendrement aimée lui prodiguait sans cesse ces soins dévoués, ces attentions délicates qui nous aident à supporter nos douleurs. Parfois même, puisant dans sa foi le courage de surmonter la nature, elle lui parlait du ciel et du bonheur de se réconcilier avec Dieu ; mais ce jeune incrédule, dont l'orgueil avait dépravé la raison, repoussait par des blasphèmes les consolations de la foi qu'on lui offrait. Triste et barbare philosophie, que celle qui éloigne la prière des lèvres de celui qui va mourir !

Cependant une personne pieuse de la paroisse de Notre-Dame-des-Victoires qui portait un affectueux intérêt au jeune malade, conçoit la pensée de le faire recommander aux prières de l'Association ; et afin d'assurer davantage encore le succès de sa religieuse entreprise, elle fait inscrire son nom sur la liste des associés de l'Archiconfrérie. C'était le samedi 17 juin. Le lendemain, à la réunion du soir, on prie pour le malade. Celle qui s'est montrée tant de fois dans ce sanctuaire le refuge des pécheurs, on demande d'une commune voix à Marie d'ouvrir en son Cœur Immaculé un asile au pauvre égaré.

Le soir, après plusieurs crises qui l'ont presqu'anéanti, le malade reçoit la visite de son médecin. C'était un homme religieux, et qui pensait, avec raison, que la foi, loin de nuire à la science, ne sert souvent qu'à l'éclairer. Le jeune homme l'interroge sur son état ; celui-ci, avec ce tact délicat qui distingue un si grand nombre de nos médecins, lui fait comprendre, par l'expression attristée de sa physionomie, plutôt que par ses paroles, que sa position de santé offre peu d'espoir. « Cependant, mon ami, lui dit le médecin, en accompagnant ses paroles d'un geste qui ouvrait au malade une autre série d'espérances, tout n'est pas perdu pour nous lorsque, dans nos dernières épreuves, nous songeons à revenir à Dieu. — Docteur, docteur, reprend le malade d'un ton ferme, je vous comprends, mais vous savez que je n'aime pas ce langage, je ne changerai pas. Je ne crois pas en Dieu, et puis, s'il y a une éternité comme on nous le dit, je n'ai pas de reproches à me faire. Depuis sept ans, vous le savez, est-ce que je ne me sacrifie pas pour le bonheur de l'humanité »? Le malheureux jeune homme! Lui aussi, il était la victime de ces fausses théories humanitaires, véritable fantasmagorie philosophique, au moyen desquelles tant de charlatans perdaient, depuis trop d'années, la jeunesse de nos villes et de nos écoles! Le médecin continua quelques instants encore ses avis paternels, mais le malade détourna la tête et ne parut plus l'écouter.

Sur ces entrefaites venait d'entrer une sœur de Bon-Secours pour lui prodiguer les soins de la charité. Lorsque le médecin fut parti, « Ma sœur, lui dit le malade, je ne saurais vous exprimer combien ce bon docteur me fatigue! — Mais que fait-il donc, reprit la religieuse, il paraît pourtant vous soigner comme un fils. — Il me parle sans cesse de religion, j'ai beau lui faire entendre que ces discours ne me conviennent pas, on croirait qu'il ne veut pas me comprendre ». Le malade, par cette brusque confession, voulait-il arrêter sur les lèvres de la religieuse, les consolations de la religion qu'elle ne manquerait pas de lui suggérer? Peut-être; aussi la sœur hésita-t-elle quelques instants avant de répondre, puis, après un moment de silence, « Et pourtant, mon ami, ajoute la bonne sœur, dominant par la foi la crainte de déplaire à son malade, s'il y a un avenir, s'il y a un Dieu, que deviendrez-vous? Quelqu'irréprochable que l'on soit, l'est-on jamais assez pour paraître devant lui »? Le malade réfléchissait, la religieuse tremblait de l'avoir contrarié, et priait. Bientôt sous l'influence d'une émotion intérieure, le visage du jeune homme s'anime et d'une voix extraordinaire pour sa faiblesse. « Ma sœur, lui dit-il, avec de douces larmes dans les yeux, vous avez raison: Oui, la religion est divine, je me rappelle en ce moment un miracle que personne n'aurait l'audace de nier, car tout un peuple l'a vu: c'est la multiplication des pains au désert ». Puis joignant les mains sur sa poitrine « O Jésus, ajouta-t-il, je vous reconnais bien tard, mais je vous reconnais du fond du cœur pour mon Dieu ». Et le pauvre enfant prodigue demande un prêtre avec instances, et malgré sa fatigue, il ne veut pas remettre au lendemain l'instant de sa réconciliation avec Dieu.

Comme la grâce de Dieu est une habile ouvrière! A partir de ce jour, vous ne reconnaîtriez plus ce jeune incrédule qui bravait sans pudeur, ce qu'il y avait de plus sacré sur la terre. Il est devenu aussi modeste qu'il était orgueilleux, aussi docile aux enseignements de la foi qu'hier encore il y était rebelle. A mesure que les moments s'avancent, on admire le travail de la grâce dans cette âme renouvelée par la foi chrétienne. L'approche de la mort a perdu ses justes terreurs; ce n'est pas qu'il l'envisage avec ce stoïcisme farouche que lui donnait sa vaine philosophie, mais à ses yeux maintenant, on dirait presque l'aurore d'un beau jour.

Le 20 juin, le cher malade se dispose à recevoir de nouveau l'absolution « Est-ce que l'on est jamais assez pur, dit-il, pour donner asile en son cœur à celui qui est la sainteté même? » Le lendemain, selon son désir, il communie en viatique et reçoit le sacrement des mourants, dernière et sublime expression de l'amour et de la miséricorde de Dieu pour les hommes! Après son action de grâces, il ne sait comment exprimer la paix et le bonheur qui sont descendus en son âme. « Que je suis heureux maintenant, répétait-il sans cesse, que je suis heureux! Comment faire pour témoigner à Dieu ma reconnaissance? » Le 22 du même mois, il eût le bonheur de recevoir des mains de l'archevêque de Paris le sacrement de confirmation.

Depuis ce moment, sa ferveur parut s'augmenter encore; il ne parlait plus que de Dieu et de la religion, mais d'une manière si admirable, qu'il semblait qu'un ange déposât sur ses lèvres les plus belles pensées de la foi. Ah! c'est que Dieu se révèle à nous dans les épreuves bien mieux que dans la prospérité, c'est qu'une âme renouvelée par la pénitence est un miroir fidèle dans lequel vient se refléter l'image de la divinité. Souvent il disait : « Je ne demande à Dieu que quelques jours de vie pour avoir au moins à lui offrir quelques souffrances en expiation de mes fautes ». Le langage des saints se trouvait déjà sur ses lèvres. «Si Dieu me rend la vie, ajoutait-il, je l'emploierai tout entière à son service, je convertirai tous ceux que j'aime, ils se rendront à la douloureuse expérience que j'ai faite des plaisirs de la terre et des stériles doctrines d'une philosophie mensongère ». Nobles pensées, pieux désirs! Le Dieu, qui ne demande au faible cœur de l'homme que des efforts, s'en trouvera satisfait. S'il lui échappait une plainte; jetant sur le crucifix des regards attendris. « Ah! Jésus-Christ a mille fois plus souffert pour moi, et il était l'innocence même! » Puis joignant ses mains « Seigneur, répétait-il avec amour, oh! pardonnez-moi, ayez pitié d'un pauvre pécheur! »

C'est ainsi que jusqu'au 16 juillet, jour de sa mort, s'écoulèrent dans la résignation, la prière et la souffrance les derniers jours du pieux converti de Notre-Dame-des-Victoires. Il s'endormit dans le Seigneur le jour de la fête de Notre-Dame-du-Mont-Carmel, pendant que l'on offrait une dernière fois pour lui, le saint sacrifice de la messe à l'autel du Saint Cœur de Marie. Les paroles suprêmes qui tombèrent de ses lèvres expirantes furent : « Jésus, Marie, Joseph, je vous offre mon cœur, mon esprit et ma vie ».

Ah! qui ne voudrait, comme ce jeune homme, être un des vaincus de la grâce qui découle du sanctuaire de Notre-Dame-des-Victoires! Qui ne souhaiterait, avant de franchir le redoutable passage de l'éternité, d'avoir une sœur ou une mère, qui nous plaçât, fut-ce même malgré nous, sous la protection du Saint et Immaculé Cœur de Marie!

IV

Voici la jeunesse vaincue avec ses passions, ses erreurs et son orgueilleux matérialisme, par la miséricorde de Notre-Dame-des-Victoires. Un rayon doux et victorieux est descendu de cette figure sereine de la Vierge miraculeuse, et l'impiété a confessé son ignorance, et entrevu la vérité dont son orgueil lui avait caché le splendide éclat.

Mais tous les âges, toutes les conditions et tous les sexes reconnaîtront l'ineffable bonté du Saint Cœur de Marie pour les pécheurs. Il faut qu'ils viennent tour à tour confirmer la vérité de cette parole : Que si Marie n'est jamais invoquée en vain, c'est surtout dans son sanctuaire privilégié de Notre-Dame-des-Victoires, au pied de l'autel de son divin Cœur.

Un des vaillants officiers de l'armée française passait, en 1837, quelques mois de convalescence à Paris. Né sous la tente, pendant la campagne de Belgique, d'un général de brigade de l'empire, il s'était, à l'exemple de son père, distingué sur les nombreux champs de bataille de l'Europe et de l'Afrique. Blessé glorieusement au service de la France, décoré pour sa bravoure de plusieurs ordres militaires, rien ne semblait lui manquer de ce que l'on appelle la gloire parmi les hommes.

Mais tout lui manquait auprès de Dieu. Il n'était pas chrétien.

Ce brave officier n'avait pas reçu le baptême. Bercé dans les camps, élevé au bruit du canon, et, pendant son enfance et pendant sa jeunesse, marchant avec son père de champ de bataille en champ de bataille, il n'avait guère reçu d'autre instruction que celle qui fait le soldat. Quand reconnaîtra-t-on que la religion est mère de l'héroïsme, et que la croix rend souvent les épées invincibles ? Toutefois, pendant les jours de sa convalescence, ce militaire, par les conseils de M. de Forbin-Janson, évêque de Nancy, avait songé à demander le baptême ; mais il attachait si peu d'importance à cette grande action que les distractions de Paris et la nécessité qu'on lui faisait de s'instruire des vérités principales de la foi, lui avaient fait presqu'abandonner son pieux dessein.

Telles étaient ses dispositions, lorsque la Providence les changea tout à coup par une de ces grâces victorieuses qui émanent du cœur miséricordieux de Marie.

C'était le jour de la fête de saint Augustin, second patron de l'église de Notre-Dame-des-Victoires. Cet officier traversait, vers sept heures du soir, la place des Petits-Pères, pour se rendre à un rendez-vous d'amis. L'église était illuminée, et les fidèles qui, de moment en moment, pénétraient dans son enceinte, laissaient croire qu'on y célébrait un office religieux. Par une détermination soudaine dont il ne peut se rendre compte, l'officier les suit, et poussé comme par une main invisible, le voici bientôt en présence de l'autel du Saint Cœur de Marie. Le prédicateur qui venait de monter en chaire racontait à son auditoire la vie de saint Augustin. Quelles scènes émouvantes! Quel drame que la vie de saint Augustin, depuis le moment où il s'arrache des bras de sa mère pour aller chercher à Rome la renommée, jusqu'au jour où il revient, pénitent et converti, sur les rivages de l'Afrique? Quelle âme sensible et élevée ne s'attacherait pas à ces récits pleins de charmes! L'officier, étonné de tant de merveilles, n'en perdait pas un mot. Quand venait retentir à ses oreilles les noms de Tagaste, de Carthage et de Rome, il semblait dire en son âme, avec ce sentiment de satisfaction qui nous est si doux, lorsqu'on nous rappelle des noms mêlés à nos premiers souvenirs : « Et moi aussi, je connais ces champs célèbres, j'ai vu ces grandes villes. » Déjà la grâce de Dieu descendait en son cœur, avec le plaisir qu'il goûtait au récit de la vie d'Augustin. Après le sermon, l'aspect de cette foule qui se presse autour de l'autel de Notre-Dame-des-Victoires, ce chant triomphal des Litanies exécuté par des milliers de voix, augmentent encore l'émotion dans son âme; mais, vers la fin de l'office, lorsque le directeur de l'Archiconfrérie, sous l'empire d'une pieuse inspiration, s'écrie : « Mes frères, s'il est dans cet auditoire, un Augustin infidèle, prions tous le Saint et Immaculé Cœur de Marie qu'il en fasse bientôt un Augustin repentant. » Alors le capitaine, attendri jusqu'aux larmes par ce qu'il vient de voir et d'entendre, par cette foule pieuse, par ces chants, par cette charité de la religion, par la vie de ce grand docteur de l'Eglise : « Mais c'est toi, se dit-il à lui-même, c'est toi qui es cet Augustin infidèle, » et tombant à genoux, il supplie le Saint Cœur de Marie de lui obtenir la grâce de ressembler bientôt à Augustin pénitent. Mais laissons cet officier nous raconter lui-même dans son langage, simple comme la vérité, les progrès mystérieux que la grâce a faits si rapidement en son cœur.

Voici ses paroles. Ne sont-elles pas franches comme la meilleure épée?

« Mon père, nous dit-il, hier soir, attiré par un mouvement de curiosité, j'ai été à la messe dans votre église. Vous montiez en chaire. J'entends résonner tout à coup à mes oreilles les noms de Carthage et d'Hyppone. Hyppone, Carthage! me disais-je, mais je connais les rivages sur lesquels étaient bâties ces villes fameuses. Je les ai parcourus pendant le séjour que je fis en Afrique lors de la prise d'Alger. Puis vous parlez bientôt du départ de saint Augustin pour l'Italie. Je vous avoue que, même pour conquérir la gloire, je n'aurais peut-être pas eu le courage de quitter ma mère. Mais voyons, continuais-je, s'il a passé dans les villes où j'ai vécu! Rome, Milan, dites-vous, sont deux villes qui admirèrent ses talents et son éloquence. Mais je suis allé plusieurs fois à Rome; j'ai longtemps aussi séjourné à Milan. Vous fîtes intervenir dans votre discours le nom de saint Ambroise; j'ai vu son tombeau dans la cathédrale de Milan, et j'ai longtemps et bien des fois conversé avec l'archevêque de cette ville. Mais, malgré le vif intérêt de ces détails historiques, ce qui me plut surtout, ce qui fit sur mon âme une impression profonde, c'est la conduite de saint Augustin à Cassi, quand il se préparait au baptême. Cassi! Cassi! Ah! Quels souvenirs pour moi au nom de ce gracieux village! Mais hélas! qu'ils sont loin d'être purs comme ceux qu'y laissa le séjour d'Augustin.

« Dès ce moment, à ce souvenir qui date de vingt-cinq ans peut-être, il me vint à l'esprit une foule de pensées dont j'essayais vainement de me débarrasser. Je me rappelais tous les dangers que j'avais courus dans les combats divers où j'avais assisté. « Si tu avais été frappé dans ces sanglantes luttes sans avoir reçu le baptême, me disais-je à moi-même, que serais-tu devenu? » Et la sueur tombait de mon front, et je n'entendais plus vos paroles, tant les émotions qui m'agitaient avaient brisé le fil de votre discours! Je me remis pourtant quelques instants après. La piété de la foule, vos chants qui sont si beaux opérèrent une diversion dans mes pensées. Mais de quelle impression ne fus-je pas saisi lorsque je vous entendis recommander aux prières de votre auditoire l'âme qui avait le plus besoin de la grâce de Dieu! « C'est toi, disais-je, c'est toi; est-ce qu'il est personne qui ait moins connu le Seigneur, qui l'ait plus négligé? » Et je me jetai à genoux, et je priai de tout mon cœur, et cette fois je sollicitai avec instance la grâce du baptême. »

Elle ne se fit pas longtemps attendre. Les heureuses dispositions du néophyte jointes à la connaissance des grands mystères de la foi dont Dieu lui donna si vite l'intelligence, hâtèrent pour lui l'arrivée de ce grand jour. Ce fut le 17 septembre qu'il reçut le grand sacrement de la régénération. Dire les douces larmes qui coulèrent de ses yeux pendant l'administration du sacrement, les sentiments de piété qui se peignirent sur cette figure toute martiale lorsqu'il répondait à nos interrogations, notre plume le pourrait-elle? Clovis mettant la main sur la garde de son épée lorsqu'on lui racontait la passion de Jésus-Christ, n'était pas plus énergique que notre cher pénitent lorsque nous lui fîmes jurer de renoncer à Satan et à ses œuvres.

Les cérémonies du baptême terminées, il se jeta dans nos bras et nous serrait contre son cœur, baignant notre figure de ses larmes. « Mon père, que je vous remercie! répétait-il sans cesse, que vous m'avez fait de bien! Me voici maintenant l'enfant de Dieu, je le sens au bonheur que j'éprouve. » Le lendemain, ce digne officier, à qui il ne manquait que le titre auguste de chrétien, fit sa première communion et reçut le sacrement de Confirmation des mains de Mgr l'évêque de Nancy. Ah! que nous voudrions rencontrer dans nos chrétiens, vieillis dans la foi, la piété et l'énergie sainte de ce cher néophyte!

Le 21 septembre, nous reçûmes ses adieux. Combien il me fut encore donné d'admirer, dans cette circonstance, les merveilles de la grâce! Nous avions donné à ce brave soldat quelques livres de piété, avec le conseil d'y recourir parfois pour nourrir sa dévotion et fortifier sa foi ; mais comme il devait faire un long voyage en voiture publique pour regagner sa garnison, nous l'engageâmes à remplacer pendant ces jours, la lecture par de pieuses réflexions. Devinant le motif qui dictait notre conseil : « Mon père, nous dit-il, je vous remercie de vos délicates attentions, vous redoutez sans doute pour moi, les railleries trop communes en France parmi les gens ignorants et sans éducation ; mais, je vous l'assure, personne ne s'en permettra, et, si je trouve quelqu'un qui paraît étonné de ma conduite, je saurai bien lui dire que je suis chrétien, et chrétien trop nouvellement encore pour oublier mes devoirs. Oh ! j'ai affronté des feux plus meurtriers que ceux de mauvais railleurs. Je vous garantis que les balles des Arabes d'Alger étaient plus redoutables que leurs plaisanteries ; et avec le courage que la grâce de Dieu a fait descendre en mon cœur, je ne craindrai pas plus celles-ci que je n'ai redouté celles-là dans la campagne de 1830. »

O vous qui lisez cette histoire, si parfois comme cet officier, vous vous sentez pressés par la grâce, mais retenus ou par la vue de vos faiblesses ou les vaines hésitations du respect humain ; rappelez-vous, si vous êtes faibles, que vous avez été précédés au pied de l'autel de Marie par un long cortège d'infirmités ; et si vous êtes dominés par la crainte et le respect humain, souvenez-vous que la voie qui conduit à Notre-Dame-des-Victoires vous a été frayée par la bravoure et l'honneur.

V

Nos lecteurs peuvent déjà se convaincre, par les exemples que nous venons de citer, de la diversité des grâces que l'Archiconfrérie du Saint Cœur de Marie ménage aux pécheurs repentants. Elle arrache celui-ci aux ténèbres profondes d'une orgueilleuse philosophie ; celui-là, prévenu par ses faveurs, s'arrête brusquement dans le chemin de l'indifférence ; en voici un troisième à qui Marie ouvre son cœur si miséricordieux quand l'abîme allait se refermer sur son désespoir.

« Le lundi, 25 janvier 1847, fête de la conversion de Saint Paul, Mgr. Bénédict Truffet, évêque de Calliopolis, vicaire apostolique de la mission du Sénégal et des deux Guinées, reçut la consécration épiscopale dans l'église de Notre-Dame-des-Victoires. Le soir, le nouvel évêque présida l'office. Vers la fin de son discours, après avoir sollicité les prières de l'Archiconfrérie pour le succès de son ministère « Mes frères, ajouta-t-il, avant de quitter ce sanctuaire privilégié, j'aurais une dernière faveur à solliciter de votre charité. Il est par le monde, où? je l'ignore, mais enfin, il est une âme au salut de laquelle je m'intéresse depuis dix ans avec la plus vive sollicitude. C'est un pauvre jeune homme dont j'ai fait autrefois l'éducation, et qui se destinait à l'état ecclésiastique dont ses heureuses dispositions de cœur et d'esprit le rendaient alors si digne.

« Mais sous quelle malheureuse influence renonça-t-il à sa vocation? Je ne sais. Ce qui est certain, c'est, qu'à l'exemple de tant de jeunes gens séduits par l'imagination et conduits par l'inexpérience, il courut à Paris chercher la gloire et la fortune. Les a-t-il trouvées? ou la misère et l'infortune sont-elles venues humilier cette âme d'élite? Dieu seul le sait. Pendant quelques mois, je lui écrivis beaucoup; mais au ton de ses réponses, je m'aperçus bien vite du changement fatal que la grande ville opérait déjà dans son cœur. Ce n'était plus ce jeune homme modeste et doux, et dont la religion guidait les pensées et les désirs. Je ne sais quel air de légèreté, quel ton décidé et presque railleur avait remplacé les belles vertus de sa jeunesse. Au bout de quelque temps, toute correspondance cessa entre nous; un silence glacial, augure assuré pour moi de la perte de mon jeune ami, accueillit la dernière expression de ma sollicitude et de mon amitié. Il y a huit ans que j'ignore s'il vit encore.

« C'est ce pauvre jeune homme que je recommande à vos prières. Oh! s'il est égaré, s'il a vu la misère et le vice effeuiller tour à tour ses illusions, je vous en supplie, mes frères, conjurez Marie de lui ouvrir, comme dernier asile, son divin Cœur. Jusqu'à ce que la miséricorde de Dieu l'ait recueilli, ne l'oubliez pas au pied de l'image vénérée de Notre-Dame-des-Victoires ; tous les jours au saint sacrifice, j'unirai mes prières à vos pieux et charitables soupirs ».

Tel est l'enfant prodigue que Mgr Bénédict Truffet confiait en 1847 à la sollicitude de Marie. Qu'il avait dû, loin du tranquille asile où s'écoula son enfance, souffrir de chagrins et de déceptions amères ! Pauvres jeunes gens, ils croient que, loin du champ de leur père, loin de ces modestes carrières où ils auraient vécu dans le calme et le bonheur, ils trouveront au milieu des splendeurs et du luxe de Paris, la réalisation des rêves qui ont caressé leurs passions naissantes ! Quand est-ce que le fleuve majestueux qui baigne tant de palais, s'entrouvrira pour leur laisser voir les milliers d'espérances qu'il engloutit chaque année dans ses flots ? Qu'ils lisent et qu'ils relisent pour leur instruction les lignes suivantes ! !

« Le vendredi 28 août de la même année, rapporte M. Des Genettes dans le livre des annales, j'étais à mon confessionnal quand y entre brusquement un jeune homme ; son air inquiet, sa respiration entrecoupée trahissaient en lui d'indicibles émotions. Je l'engage à réciter les prières d'usage qui précèdent la réception du sacrement.

« Monsieur, me dit-il, je ne viens pas me confesser, je n'en éprouve aucunement l'intention, mais je suis poursuivi par le malheur, accablé de chagrins et réduit au désespoir, et je viens seulement causer avec vous.

« Mon pauvre ami, lui dis-je, je vois bien que vous souffrez, aussi serais-je heureux de pouvoir apporter quelque consolation à vos maux ! Que désirez-vous de moi ?

« Des conseils, me répondit-il.

« Comme je lui faisais observer que, pour lui être vraiment utile, j'avais besoin de connaître la nature et la cause de ses épreuves et de ses chagrins. — Oh ! ajouta-t-il, l'histoire de ma vie serait trop longue, et je craindrais, en vous racontant la longue suite de mes infortunes, d'abuser de votre temps et de votre patience.

« La vie du prêtre, lui répondis-je, appartient surtout aux malheureux. Vous paraissez être trop instruit pour ne pas connaître l'évangile. Est-ce que Jésus-Christ ne passa pas des jours entiers chez Simon et chez Zachée, au milieu des conversations des pêcheurs? Est-ce qu'il n'attendit pas de longues heures la Samaritaine au bord du puits de Jacob?

» Touché du tendre intérêt que je lui marquais, l'infortuné me fit avec larmes la triste et douloureuse histoire de ses égarements, de ses luttes cruelles, de ses souffrances et de son désespoir; vous en entendrez tout à l'heure le récit de sa bouche même. Toutefois, pendant qu'il me dépeignait avec les détails les plus circonstanciés les épreuves de sa poignante situation, il me semblait, qu'à chaque parole, je reconnaissais le jeune homme que l'évêque de Calliopolis avait recommandé naguère aux prières de l'Archiconfrérie. Chaque trait qu'il ajoutait ne faisait que compléter le tableau. Cédant alors au désir d'expliquer une situation, que ces étranges rapprochements rendaient si merveilleuse, « Mais, lui dis-je, je connais, mon cher ami, une histoire qui paraît avoir avec la vôtre des rapports bien intimes. Il y a un an environ, un évêque est venu recommander aux prières de l'Archiconfrérie un jeune homme, son ancien ami. Lui aussi, il avait été son maître, lui aussi, il avait espéré que ce jeune homme deviendrait prêtre un jour, et il n'avait pas non plus, comme de celui que vous parlez, reçu de ses nouvelles depuis huit ans. C'est Mgr Truffet, évêque de Calliopolis.

« Mgr Truffet! Reprit le jeune homme avec une exaltation mêlée de surprise, mais c'est mon ancien maître, c'est mon ami, et c'est moi qui suis l'ingrat élève qui l'ai abandonné ! »

Et le pauvre pêcheur à ce souvenir éclatait en sanglots : la sollicitude de son ancien ami, l'intérêt qu'on lui prodiguait, la tendresse de Marie avaient vaincu ses dernières irrésolutions, et sous l'empire d'une émotion qui lui enlevait presque le sentiment de l'existence. « O mon Dieu, s'écriait-il, que votre miséricorde est infinie! Quoi! C'est ainsi que vous me rappelez à vous, moi qui vous ai tant offensé! Jamais, jamais mes jours ne seront assez nombreux pour réparer les outrages que j'ai commis envers votre bonté ».

Mais que la plume du prodigue nous raconte elle-même les luttes et les sanglantes douleurs de ses lointaines pérégrinations. Rien n'est simple et éloquent comme un cœur qui a souffert. Voici les lettres qu'il écrivit à M. Des Genettes le 3 octobre 1847.

« Je ne puis quitter Notre-Dame-des-Victoires, je ne puis m'éloigner du sanctuaire privilégié de Marie sans avoir déposé devant l'autel de son Très-Saint et Immaculé Cœur, le faible, mais sincère hommage de ma reconnaissance et de mon amour. J'avais résolu quelque temps d'en garder l'expression dans mon cœur ; mais on me fit entendre que, s'il est des grâces dont il faut goûter les fruits en silence, il en est d'autres qu'il est bon, pour l'encouragement des pécheurs, de manifester au dehors. Je cédai à ce conseil, et dans une pensée d'expiation et d'amende honorable pour mes infirmités, je vous envoie le récit fidèle de ma conversion.

« A peine sorti des mains de ma pieuse mère, je vins m'asseoir sur les bancs d'un collège de Savoie, dirigé par de vénérables et savants ecclésiastiques. C'est là que ma jeunesse reçut ces principes de foi et les germes de cette dévotion pour Marie dont le souvenir, même au milieu de mes plus grands égarements, n'abandonna jamais entièrement mon cœur.

« Vers la fin de mes études, que je terminai sous la direction d'un prêtre pieux et éclairé, il me semblait que mes goûts me portaient vers la vie religieuse. Je me voyais déjà, sous l'humble habit du missionnaire, au milieu de ces régions lointaines dont le spectacle inconnu séduisait d'avance mon imagination. Le saint abbé, dont l'amitié, si utile à ma jeunesse, me fut dans la suite plus profitable encore, secondait ces vues par la puissance de ses exemples, bien plus que par la sagesse de ses conseils. Ah ! si fidèle à ses leçons et plus reconnaissant pour sa tendre amitié, j'avais suivi la route qu'il m'avait tracée ! Mais la jeunesse ! L'imprudente jeunesse !!! On croit tout savoir à vingt ans, et pilote inexpérimenté on s'essaie au milieu des tempêtes quand on devrait prudemment garder le port !

« Mes parents firent mille efforts pour me détourner du projet que j'avais formé de quitter la vocation ecclésiastique. Tout ce que peuvent les supplications d'un père, la tendresse et l'affection d'une mère chérie, fut employé dans cette circonstance. Je demeurai inflexible dans ma résolution. Je ne rêvais plus que Paris et ses illusions de fortune et de gloire, et je partis bientôt pour la capitale avec les larmes de ma mère sur le cœur.

« Pendant quelque temps je fus heureux ; je me le crus du moins. Les spectacles multipliés qu'offre la grande ville, ses plaisirs, ses fêtes, la puissance et le charme de la nouveauté, quelques succès que j'obtins dans les affaires, tout contribua à m'éblouir. — Et moi aussi, me disais-je en voyant ces superbes attelages traîner l'opulence au bois ou aux spectacles, et moi aussi, un jour, je n'aurai plus à envier ce faste et ces grandeurs. Ah ! je ne savais guère les déceptions cruelles et la misère que recouvrent ces rêves insensés d'un jeune homme ! Je me figurais qu'à Paris la vie ne devait être qu'une succession de fêtes, d'énivrements et de jouissances; je négligeais le travail, je me livrais sans retenue aux plaisirs; entraîné par de coupables amis, je faisais les connaissances les plus funestes et les plus ruineuses: oserai-je avouer jamais jusqu'où je descendis pour soutenir cette vie de désordre et de libertinage? O honte ! O déchirant souvenir! je ne craignis pas de tromper mon père et de lui arracher, pour satisfaire mes passions criminelles, l'argent qui était le prix de ses sueurs et de ses sacrifices. Que m'importaient les travaux d'un père, les peines, les privations et les inquiétudes d'une mère ? Tout s'était effacé devant les exigences de mes passions, et le plus monstrueux égoïsme avait remplacé dans mon cœur la patrie, la famille et les plus saintes choses de la vie. Vous aussi, o l'ami de ma jeunesse, o saint évêque de Calliopolis, qu'il y avait longtemps que je vous avais chassé de mon cœur comme un importun remords !!

« Mais si la vie a de brillantes séductions, ah ! qu'elles cachent, sous leurs trompeuses apparences, de profonds et cruels chagrins! La punition de tant de désordres ne se fit pas longtemps attendre. Le ciel est juste. Je compris au bout de quelques jours que, la misère et la honte sont les compagnes inséparables des plaisirs faciles, et que la main qui n'avait pas voulu se prêter à un travail honnête, était un jour forcée de se tendre comme celle des malheureux. La gêne entra dans ma pauvre mansarde avec son douloureux cortége de privations ; je comptais alors sur le secours d'amis que j'avais obligés dans ma prospérité. — Est-ce qu'il n'en viendra pas un, me disais-je, pour me tendre une main bienfaisante et fidèle? Ils s'étaient tous enfuis avec les débris de mes dernières épargnes, et je me vis seul, seul avec la hideuse misère devant les yeux, seul avec ma fierté humiliée et en présence du plus sombre désespoir!

« Je frémis encore, quand j'y songe, au souvenir des pensées terribles qui agitèrent alors mon âme. Est-ce que je ne voulus pas, moi si pieux dans ma jeunesse, moi si distingué dans mon éducation, demander au suicide l'oubli de tous mes maux? Deux fois, mon père, j'en cherchai les moyens sans pouvoir arriver à l'exécution de cet horrible projet. — Quoi! répétais-je tristement en mon cœur, ce n'était donc pas assez que les hommes me trahissent, la mort même ne veut pas venir au secours de ma misère! Une troisième fois, je pris les mesures que je croyais les plus certaines pour n'être pas contrarié dans l'accomplissement de mes fatales pensées ; je me dirigeai vers le canal, dans un de ces endroits tristes et solitaires que ne fréquente pas la foule. C'est là que je m'assis, implorant comme un dernier bienfait, les ténèbres de la nuit pour y cacher mon désespoir. Puis-je vous peindre les pensées confuses qui se croisaient en mon âme? Je songeai à mes jours d'innocence, à mon pays, à ma mère que cette triste fin eut accablée de douleur, si la mort moins cruelle ne l'eut prévenue déjà. L'image de ce que j'avais eu de plus cher me repassait devant les yeux, et à travers mes rêves évanouis et mes illusions perdues je considérais les flots sombres, horribles qui allaient dans un moment s'entrouvrir, pour se refermer sur mes hontes et ma misère.

« Mais, o mon Dieu, que votre miséricorde est grande pour les pécheurs ! Pendant que je roulais en mon cœur ces déchirantes pensées et que, comme un dernier adieu à la terre, je récitais l'unique prière à laquelle j'étais resté fidèle : le *Souvenez-vous* de mon enfance, je ne sais quelles réflexions s'emparèrent soudainement de mon âme. Je songeais à Dieu, je songeais à l'avenir. — Mais, après la mort, me disais-je, après ces noirs abîmes, est-ce qu'il n'y a pas un Dieu juste et vengeur ? Est-ce qu'une Providence cruelle confondrait dans le même sort, et le libertin qui l'insulte et l'homme pieux qui se résigne à ses volontés saintes ? Et réveillé par ces graves réflexions, je quittai sans but et sans direction ces lieux sinistres. Où allai-je ? Je ne sais. Quelle route pris-je ? Je l'ignore. Absorbé par des pensées qui ne me laissaient pas maître de moi-même, je traversais des rues, je coudoyais des foules sans voir ni entendre ; je marchais, je marchais poussé comme par une main mystérieuse. Ce que je sais, c'est qu'après avoir ainsi erré plusieurs heures dans Paris, je me trouvais aux pieds de la chaire de Notre-Dame-des-Victoires où j'entrais pour la première fois.

« Vous raconterai-je, mon père, sous les yeux de la Vierge dont j'avais imploré le secours, et mes agitations, et mes regrets et mes remords ? Ces doux et ineffables sentiments n'ont pas encore trouvé leur langue. Cependant mon orgueil, cet orgueil qui m'avait perdu, n'était pas encore terrassé, Notre-Dame-des-Victoires n'avait fait que commencer son œuvre en mon cœur. Ce ne fut que le lendemain 28 août, après une nuit passée dans les réflexions et les larmes, que, cédant à l'influence irrésistible de la grâce qui m'agitait dans le sanctuaire privilégié de Marie, j'entrai dans votre confessionnal sans vous connaître et sans vous avoir jamais vu ».

Nos lecteurs connaissent la scène touchante dont il fut le théâtre, nous ne la décrirons pas de nouveau, quelques charmes qu'elle ait en passant par la plume de notre cher converti. Puisse-t-elle inspirer aux pauvres pécheurs qui la liront la pensée de recourir dans leurs épreuves à Notre-Dame-des-Victoires !!

VI

Les misères humaines revêtent sur la terre de si nombreuses et lugubres formes que, pour l'encouragement de ceux qui en sont les victimes, nous voudrions leur montrer que les grâces dues aux prières de l'Archiconfrérie sont plus variées et plus nombreuses encore. Mais dans cette voie toute remplie des triomphes de Notre-Dame-des-Victoires, où nous arrêter? Quel que soit le nombre des conversions éclatantes que nous citions, ne nous sentirons-nous pas toujours surpassé par les miséricordes presqu'infinies du Saint et Immaculé Cœur de Marie?

Toutefois avant de clore ce chapitre des grâces dues à l'intercession de Notre-Dame-des-Victoires, écoutons-en seulement encore quelques échos rapides, qui redoubleront notre confiance envers la consolatrice des affligés et l'avocate de toutes nos infortunes.

« C'est à la divine Marie, écrivait un médecin juif à M. Des Genettes, c'est à la reine de votre Archiconfrérie que je dois toutes les grâces que j'ai reçues. Je ne puis retenir en mon cœur ce cri de la vérité et de la reconnaissance envers Notre-Dame-des-Victoires ».

Puis, c'est une voix douloureuse qui nous arrive à travers les grilles sombres d'une prison. Approchez de ce triste et malheureux séjour d'où s'échappent tant d'imprécations et de blasphèmes et prêtez l'oreille à la voix pleine de larmes qui se fait entendre : « Gloire à Notre-Dame-des-Victoires! dit la voix, j'ai lu le Manuel des grâces de l'Archiconfrérie, et je me suis écrié : Ah! si le cœur des hommes s'est fermé pour moi, le Cœur Immaculé de Marie est donc ouvert à mes remords et à mes infortunes! et je me suis jeté à genoux et j'ai béni Notre-Dame-des-Victoires, et je sens, au changement que j'éprouve en mon âme, qu'elle n'a pas abandonné un pauvre pécheur ».

Voici que le même cri s'échappe du milieu des fêtes et des plaisirs bruyants du monde. « Gloire et reconnaissance à Notre-Dame-des-Victoires, à Marie mon refuge et ma libératrice, s'écriait à son tour une pauvre pécheresse. C'en est donc fait ; mes chaînes sont brisées, et je sens le calme et un bonheur inconnu qui pénètrent en mon âme. Que je suis heureuse ! Que ne puis-je dire à tous ceux que je rencontre : « Ah ! vous aussi, chers amis, vous souffrez, non, non, croyez-moi, le luxe et les plaisirs ne peuvent nous rendre heureux, je l'ai tant éprouvé ! Mais si vous voulez la paix de l'âme et quelque bonheur, venez avec moi à Notre-Dame-des-Victoires ; l'Archiconfrérie priera pour vous et vous serez consolés » !

Nous ne pouvons mieux suspendre cet élan de la reconnaissance envers Notre-Dame-des-Victoires qu'en rapportant ici les belles et admirables paroles qu'un religieux de l'ordre du Carmel laissa tomber un jour de la chaire à la louange du Saint et Immaculé Cœur de Marie. « Mes frères, disait ce religieux, est-il possible que, dans cet auditoire, quelqu'un doute encore de la puissance et de la bonté de Marie ? Ne sommes-nous pas ici dans cette église de Notre-Dame-des-Victoires, sur la terre des miracles ? Qui nous assurera que Dieu, comme nous eûmes le bonheur de l'apprendre tant de fois, n'a pas fait venir aujourd'hui au pied de cette chaire une de ces âmes meurtries dans les luttes de la vie et qui, dégoûtées des eaux contagieuses du torrent, demandent une goutte de cette eau qui jaillit jusqu'à la vie éternelle ?

« S'il en était ainsi, o mon Dieu, s'il avait plu à votre miséricorde d'amener ici une de ces âmes suspendues entre le mal et vous, oh frappez-la donc, frappez-la, comme il arrive si souvent dans ce sanctuaire béni, par ce coup irrésistible et décisif de la grâce, sous lequel une pécheresse se lève au souvenir de sa faute, les larmes aux yeux, et revient à la vertu. »

Nous ignorons si une Madeleine repentante est allée, sous l'influence de ces brûlantes paroles, briser son vase d'albâtre aux pieds du Sauveur, et les arroser de ses larmes. Ce que nous savons, c'est que des milliers de fois dans ce sanctuaire et dans ceux qui jouissent des bienfaits de l'Archiconfrérie, de pauvres publicains s'y sont frappé la poitrine sous le coup de la grâce et du remords ; c'est que le ciel s'ouvre encore tous les jours au-dessus de ces voûtes sacrées; c'est qu'il n'y a pas une dalle de ce temple qui n'ait été mouillée par les pleurs du repentir ou de la reconnaissance. Voilà ce que nous avons appris par la lecture des annales de Notre-Dame-des-Victoires, voilà ce que des milliers de pécheurs et tant d'infortunés secourus par l'intercession du Très-Saint Cœur de Marie, peuvent confesser tour à tour avec nous.

O Marie, o Notre-Dame-des-Victoires, c'est donc à juste titre que l'univers catholique vous a décorée du glorieux nom que vous portez. Que de fois, dans le cours des âges, ne l'avez-vous pas justifié, ce nom béni, par les faveurs signalées, que vous avez accordées soit aux particuliers, soit à des nations entières? Mais depuis qu'un prêtre zélé a fondé dans l'un de vos sanctuaires vénérés une Archiconfrérie de prières en l'honneur de votre divin cœur, combien ces grâces ne furent-elles pas plus nombreuses! Et combien ces paroisses transformées par vos faveurs, ces pécheurs convertis, l'hérésie vaincue jusque dans ses temples, toutes ces merveilles de l'Archiconfrérie ne publient-elles pas hautement que, vous méritez plus que jamais d'être appelée par ce siècle Notre-Dame-de-la-Victoire!!

CHAPITRE VII

Miracles dans l'ordre de la nature. — Préjugés de l'ignorance contre les miracles. — Opinion d'un philosophe moderne sur les miracles. — Sage réserve qu'il faut apporter dans leur admission. — Guérison subite et extraordinaire de Mgr l'archevêque de Bordeaux. — Paroles du docteur Récamier. — Récit de la guérison merveilleuse de Mlle Pauline Dumortier, raconté par elle-même. — Réflexions suggérées par cette guérison miraculeuse. — Faits divers de guérisons qui jettent la science humaine en défaut. — Guérison subite d'une jeune paralytique dans le sanctuaire de Notre-Dame-des-Victoires. — Un jeune séminariste de Versailles recouvre la vue, grâce aux prières de l'Archiconfrérie.

I

Il n'y a rien de plus merveilleux, et cependant rien de moins admiré que le changement des cœurs. Quel grand docteur de l'Église a dit que, la conversion d'une seule âme était une œuvre plus admirable que, la création de l'univers? On le comprend facilement quand on veut y réfléchir. Lorsque Dieu fit sortir des abîmes du néant toutes les créatures, il n'en fut aucune qui s'opposât à sa puissante volonté. Le soleil, à sa voix, alluma ses brillants rayons, la fleur docile déploya ses couleurs, et l'on vit bondir joyeusement le lion obéissant des déserts. « Dieu dit : est-il écrit aux premières pages de la Genèse, et tout a été fait, il a commandé et tout a été créé. » Mais quand il faut transformer le cœur de l'homme, quand il faut faire d'un cœur orgueilleux un cœur humble, d'un cœur dominé par les plaisirs un cœur mortifié, et rendre doux et charitable celui qu'animaient la vengeance et la haine, oh! alors vous voyez se dresser contre la volonté du Tout-Puissant toutes les passions frémissantes de l'homme, et le *Non Serciam* des premiers jours du monde, est encore le cri trop souvent répété de la Liberté humaine.

Ce fut pourtant une partie de la mission de l'Archiconfrérie de Notre-Dame-des-Victoires, de travailler à la conversion des cœurs. N'est-ce pas la devise qu'on lit sur son drapeau : « Refuge des pécheurs, priez pour nous? » Et que de fois depuis 1836, cette noble tâche ne fut-elle pas couronnée de succès? Nous n'avons pu, dans le chapitre précédent, rapporter que quelques exemples de conversions célèbres, que nous avons détachés au hasard des annales de Notre-Dame-des-Victoires ; mais s'il nous avait été donné de citer les noms des hérétiques revenus à la foi de leurs pères, des pécheurs convertis, des paroisses renouvelées, des royaumes s'ébranlant aux prières de l'Archiconfrérie et rentrant peu à peu dans le sein de l'Église, qu'il eût été facile de voir que Marie, surtout dans ce jours, est vraiment la médiatrice du genre humain, et que, selon la parole de S. Bernard, c'est toujours par elle que l'on arrive plus sûrement à Jésus.

Toutefois, ces prodiges de la grâce, quelque merveilleux qu'ils soient, n'ont pas le privilège de réveiller beaucoup le monde. Il les voit se dérouler sous ses yeux, sans même daigner s'y arrêter un instant ; et pourvu que l'Église se bornât à chanter de tels triomphes, jamais on ne le verrait sortir de sa torpeur. Son *Credo* admet encore qu'un Zachée donne aux pauvres la dixième partie de ce qu'il possède, qu'un Mathieu abandonne sa carrière pour suivre Jésus-Christ, ou qu'une Samaritaine fatiguée de boire aux torrents de la route, demande au Sauveur quelques gouttes de l'eau mystérieuse qui calme nos brûlants désirs. Mais il ne faut pas que la religion sorte de ce domaine, la philosophie effarée jetterait alors le cri d'alarme.

L'Archiconfrérie de Notre-Dame-des-Victoires en sortit. Si Marie, sa reine, est le refuge des pécheurs, elle est aussi le salut des infirmes. Parcourez Notre-Dame-des-Victoires, et suivez cette longue et admirable chaîne d'*ex-voto* qui tapissent tout l'intérieur de l'église. Que de fois, à la lecture de ces inscriptions dictées par la reconnaissance, vous sentirez de douces larmes mouiller vos yeux ! Ici, c'est une mère qui remercie Marie de lui avoir rendu, contre toute espérance, son fils bien aimé ; là, c'est une jeune ouvrière qui trace sur le marbre, de sa main naguère enchaînée par la paralysie, l'expression de sa gratitude envers Notre-Dame-des-Victoires ; avancez de ce côté, ce sont des yeux éteints qui se sont ouverts miraculeusement à la douce lumière du jour ; comptez si vous le pouvez, ces dons, ces mosaïques, ces chasses élégantes, ces faisceaux de béquilles que la reconnaissance a déposés dans l'Église ou suspendus à ses voûtes sacrées, langage éloquent qu'ont emprunté nos douleurs et nos infirmités pour redire la puissance et la miséricorde de Marie !

Ici, sans aucun doute, vont s'élever contre nous mille contradicteurs. On ne veut plus aujourd'hui entendre parler de prodiges. La haute raison de ce siècle ne peut souffrir que, celui qui a formé l'œil de l'homme puisse rendre la lumière à ses regards éteints, elle ne veut pas comprendre que, celui qui a planté l'oreille lui fasse recouvrer la délicatesse qu'elle avait perdue, ni que le Dieu puissant qui a étendu les muscles et les nerfs sur les ossements de l'homme leur rende, quand ils sont brisés, leur élasticité première. C'est assez, pour la foi débile de ce siècle, des miracles pour ainsi dire officiels rapportés par les évangiles et les actes des apôtres. Ces miracles ayant été indispensables pour fonder l'église et lui donner de l'autorité, on les accepte comme une nécessité de cette époque de formation. Mais, d'après la théologie du monde, Dieu doit s'arrêter là et ne pas troubler désormais, le train constitutionnel des choses de la terre par des interventions inopportunes et par des actes personnels de sa puissance. Il n'en sera que plus mystérieux et moins contredit, demeurant dans des profondeurs invisibles de l'infini et dans le silence de son éternité.

Bossuet écrivait dans ses élévations sur les mystères : « Si Dieu astreint la nature à de certaines lois, il ne s'y astreint lui-même qu'autant qu'il lui plaît. Il se réserve le pouvoir suprême de détacher les effets qu'il voudra, des causes qu'il leur a données dans l'ordre commun, et de produire ces ouvrages extraordinaires que nous appelons miracles, selon qu'il plaira à sa sagesse éternelle de les dispenser. »

Ainsi pensaient tous les grands philosophes et ces immortels génies qui, depuis l'origine du christianisme avaient éclairé le monde de leurs lumières ! Mais quel progrès notre âge a fait faire à la philosophie ! Écoutons, c'est un des grands prêtres de la philosophie moderne qui va prendre la parole.

« Le miracle, dit-il, appartient à une série de civilisation qui est en train de disparaître. Si Dieu ne change pas, l'idée que les hommes s'en font, change d'époque en époque, suivant le degré de leur moralité et de leurs lumières. Des peuples ignorants, qui ne soupçonnent pas l'importante harmonie des lois de l'univers, voient partout des renversements de ces lois. Tous les jours Dieu leur apparaît, leur parle, converse avec eux, leur envoie ses anges. A mesure que les sociétés s'éclairent, que les hommes s'instruisent, que les sciences d'observation viennent former contrepoids aux élans de l'imagination, toute cette mythologie s'évanouit. Le miracle qui, à de certaines époques, a pu être la condition de la foi et servir d'enveloppes à des vérités profondes, est devenu de nos jours l'épouvantail de toute conviction sérieuse. Pour moi, on m'avancerait qu'un fait surnaturel, fût-il des plus frappants, se passe à côté de chez moi, sur la place de la Concorde, je ne me détournerais même pas pour l'aller voir. »

O siècles antiques ! O philosophie divine ! O vastes et immortels génies, éteignez vos divins flambeaux ; voici la vraie lumière qui paraît !! Prière, que tes accents inspirés ne montent plus vers le ciel ! Et vous troupe nombreuse et infortunée d'infirmes et de malades, cessez vos chants et vos litanies saintes ! Celui qui a créé l'univers ne peut plus porter sur son œuvre une main miséricordieuse et toute providentielle, il s'est enchaîné le premier par les lois qu'il a données au monde. Tels sont les oracles de la philosophie du XIXe siècle !

Ainsi, que Dieu se tienne donc pour averti, et que, supplié par l'auguste Marie, il n'aille pas faire bondir de joie un boiteux sur les parvis de Notre-Dame-des-Victoires, ni rendre aux pieds de l'Image Sainte la vue à un aveugle ; ni le Siècle ni l'Opinion Nationale ne sont plus décidés à souffrir ces contraventions inopportunes aux lois de la nature. Et pour l'un de leurs plus célèbres rédacteurs, quand Paris tout entier lui affirmerait l'authenticité d'un miracle qui s'opérerait dans ce temple privilégié de la France ; passât-il sur la place des Victoires, il ne ferait pas un pas pour s'assurer de la vérité.

Selon ces nouveaux docteurs, la prière qui perce le ciel comme un trait puissant, la foi qui transporte les montagnes, la confiance en Jésus-Christ, si féconde en prodiges aux jours du Sauveur, ont perdu leur empire. Bossuet, dès son siècle, les a peints, ces étranges philosophes qui se posent en superbes négateurs de la puissance de Dieu dans le gouvernement du monde. Admirons sous quels traits ! « Leur raison, dit-il, qu'ils prennent pour guide, ne présente à leur esprit que des conjectures et des embarras. Les absurdités où ils tombent en niant la religion, deviennent plus insoutenables que les dogmes dont la hauteur les étonne, et pour ne vouloir pas croire des vérités incompréhensibles, ils suivent l'une après l'autre d'incompréhensibles erreurs. »

Mais qu'ont-ils fait ces prétendus philosophes en traçant à Dieu le domaine dans lequel doit seulement s'exercer sa puissance? Étudiez dans le monde les résultats de leurs doctrines insensées. Jamais la superstition ne fut plus fréquente que depuis qu'ils s'efforcent à faire disparaître la foi dans la puissance de Dieu. Ils ont érigé en dogme l'infaillibilité de la science humaine, aujourd'hui le scalpel est tout, la médecine est divinisée, l'antichambre du médecin est plus fréquentée que les parvis sacrés des sanctuaires ; on ne demandera plus le secours au Seigneur, au Seigneur qui a fait le ciel et la terre, mais vous voyez nos générations ignorantes et affaiblies, se presser stupidement dans le temple de la médecine pour venir l'attendre, le cœur palpitant d'une fiévreuse émotion, d'un Dieu nouveau qu'on ne peut pas toujours aborder.

Insensés qui avez remplacé la confiance en la miséricorde et en l'éternelle puissance de Dieu par cette vaine et stupide crédulité, quand est-ce donc que vous cesserez de rendre vos faux oracles, et d'abuser ainsi par vos sonores déclamations de notre ignorante incrédulité ! Gardez, si vous le voulez, et votre science et votre haute philosophie, mais laissez-nous notre croyance aux miracles, laissez-nous nos sanctuaires bénis, la Vierge vénérée de nos églises, nos antiques pèlerinages, et cette confiance si souvent justifiée en la bonté et dans le pouvoir de Notre-Dame-des-Victoires !

Pour nous, s'il nous était permis, dans cette grave question du miracle, d'émettre notre avis : « Nous ne sommes pas de ceux, dirions-nous, qui prétendent que Dieu intervient à chaque instant par le miracle dans le gouvernement physique de l'univers, et bouleverse, sans de hautes raisons, les lois admirables qui le régissent. Nous savons que le miracle, nécessaire à l'établissement du christianisme, a cessé, suivant le sentiment du pape Saint-Grégoire, d'avoir aujourd'hui la même utilité qu'aux premiers jours de l'Église ; nous n'ignorons pas non plus que souvent des fidèles, plus imprudents que raisonnables, ont devancé, dans ces matières délicates, par des jugements précipités, la sage lenteur de l'autorité ecclésiastique. Vantez-nous encore les ressources admirables de la nature et les caprices bizarres auxquels elle est parfois sujette ; nous l'admettons volontiers. Mais toutefois faut-il prendre garde, à force de vouloir être raisonnable, de devenir sceptique, et tout en exaltant les lois et les harmonies divines de l'univers, d'emprisonner fatalement dans ces mêmes lois, la puissance et la bonté de Dieu.

N'en déplaise donc aux libres penseurs de ce siècle, nous parlerons dans cet ouvrage des prodiges dus à la puissance de Marie. Pourquoi serions-nous plus sages qu'un St-Bernard et tant d'illustres personnages qui ont chanté dans leurs écrits les bienfaits sans nombre de la Vierge ? Voudrions-nous que notre timidité et notre foi défaillante reculassent devant l'apparition du miracle, quand Châteaubriand, Lamartine et Alexandre Dumas lui-même, dans son voyage en Suisse, n'ont pas hésité à encadrer, dans leurs admirables pages, les récits des prodiges attribués à l'intercession de Marie ?

Nous en parlerons, sans craindre les railleries de l'ignorance et de l'impiété, mais cependant, avec cette réserve et cette prudente circonspection que l'église recommande toujours dans l'examen de ces matières.

Du reste, après avoir ouvert les pages de notre livre, aux cris de reconnaissance que tant de pécheurs et de cœurs désolés ont élevés vers Notre-Dame-des-Victoires, serait-il juste de les fermer à ceux de tant de pauvres infirmes, qui ont recouvré la santé dans cet illustre sanctuaire et dans ceux qui sont affiliés à l'Archiconfrérie du Saint-Cœur de Marie? Ah! qu'ils viennent, ces malades si nombreux, guéris aux pieds de Notre-Dame-des-Victoires, qu'ils viennent avec le douloureux cortége de leurs infirmités, avec leurs yeux éteints, leurs membres raidis par la paralysie, leurs corps brûlés par la fièvre, et qu'ils nous disent à nous, générations malades et incrédules, comme Jésus-Christ à l'apôtre Thomas : « Voyez mes pieds, voyez mes mains, voyez ces yeux perdus qui ont retrouvé la lumière; regardez ces malades qui s'arrachent contre tout espoir à leur lit de souffrance, ces sourds qui entendent, ces boiteux qui courent avec l'agilité de la santé et de la force. » Et à cette vue, nous serons aussi forcés de dire, comme les Juifs au Sauveur: « Elle aussi, Notre-Dame-des-Victoires, a bien fait toutes choses : Elle a fait entendre les sourds et parler les muets. »

II

L'année 1841, Mgr l'Archevêque de Bordeaux devait, selon la promesse qu'il en avait donnée, célébrer les offices de la fête du Saint-Cœur de Marie dans l'Église de Notre-Dame-des-Victoires. Mais il ne faut à la maladie qu'un moment pour déjouer les projets de l'homme. Dans l'intervalle qui s'écoula entre sa promesse et le jour de la cérémonie, voici qu'il est atteint d'un mal de pied violent et compliqué bientôt d'inflammation et de douleurs si vives que le malade ne peut plus poser son pied par terre. Le médecin qui le traitait, jugea cette affection si sérieuse qu'il lui prescrivit le repos le plus absolu.

Sur ces entrefaites, M. Des Genettes rendit visite au prélat, et lui exprima la double peine qu'il éprouvait, et de le voir si souffrant, et d'être privé, pour une des fêtes principales de l'Archiconfrérie, de l'honneur de sa présidence.

Mgr de Bordeaux chargea M. le curé de Notre-Dame-des-Victoires de tous ses regrets auprès des associés de la pieuse Archiconfrérie. « Cependant, ajouta-t-il, si le mal venait à diminuer, ce serait avec bonheur que je partagerais encore une fois la joie de vos fêtes. »

Mais il n'y fallait pas songer. La science avait prononcé sur cette douloureuse affection un terrible oracle : « C'est cette même maladie, aurait dit le médecin, qui, pour une légère imprudence, fit courir l'an dernier, au P. de Géramb les plus graves dangers; longtemps même, on avait agité la question de savoir si l'on ne serait pas forcé de lui couper la jambe. »

La veille de la fête du Saint Cœur de Marie, M. Des Genettes envoie chercher des nouvelles de la santé de Mgr de Bordeaux. Il n'y avait aucune amélioration qui se fût encore produite.

Dans la journée, le prélat, désireux d'avoir sur son état le dernier mot de la science, mande auprès de lui son médecin, le docteur Récamier dont les talents connus de toute l'Europe, montrent qu'un grand savoir peut s'harmoniser très-bien avec une grande foi.

— « Docteur, lui dit l'évêque, pas de précautions exagérées, pas de délicatesses inutiles. Dites-moi, je vous prie, croyez-vous que je puisse sortir demain ? »

M. Récamier réfléchit un instant : Monseigneur, reprit-il, à tout autre qu'à vous, je répondrais : « Non, car il y aurait le plus grand danger ; mais à vous, Monseigneur, je ne tiendrai pas le même langage. Je sais que, demain, vous avez promis d'assister à une des fêtes de Notre-Dame-des-Victoires. La Sainte Vierge opère des miracles dans cette église ; allez-y. Vous avez la foi en sa puissance, elle vous guérira ».

Dans la soirée, Mgr de Bordeaux fait savoir à M. Des Genettes que, malgré ses souffrances, il tient à accomplir la promesse qu'il lui a faite, de célébrer l'office le jour de la fête du Saint Cœur de

Marie. Le lendemain vers neuf heures et demie, le pontife fait son entrée dans l'église, mais dans quel triste et douloureux état! Sa vue effraie ceux qui le voient se traîner avec peine dans le temple. Son pied horriblement gonflé par la douleur, était emprisonné dans un appareil qui en maintenait un peu la solidité, et ce n'était qu'au prix des plus pénibles efforts qu'il parvenait à le soulever.

La procession commence. — Monseigneur, lui dit M. Des Genettes, comme cette cérémonie doit durer assez longtemps, peut-être serait-il plus prudent d'en attendre le retour sur votre siège?

— « Non, non, répond le prélat, je veux l'accompagner, je m'appuierai sur ma crosse. »

A l'issue de la procession qui dura plus d'une demi-heure, Mgr de Bordeaux célèbre le saint sacrifice de la messe. Que se passa-t-il pendant l'offrande de nos mystères? Notre-Dame-des-Victoires voulut-elle récompenser par un prodige le courage et la foi vive du prélat? Ce que tous les fidèles ont pu voir, c'est que, la messe terminée, Mgr. l'Archevêque descendit aisément les dégrés du sanctuaire, et se dirigea vers la grille du chœur pour adresser au peuple une allocution. On s'empresse autour de lui, on lui présente un fauteuil pour s'y asseoir.

— « Non, répond le courageux évêque, je me sens mieux, je parlerai debout. »

Il parla assez longtemps à la foule recueillie et émue; il était mieux en effet, il était guéri! La prédiction du docteur Récamier s'était accomplie.

Aussitôt la cérémonie terminée, Mgr. de Bordeaux vint chez M. Des Genettes. Or, pour arriver à l'appartement de M. le curé de Notre-Dame-des-Victoires, il fallait monter quatre-vingt-dix marches. Monseigneur monta et descendit sans effort le long escalier, quand, quelques heures avant, il pouvait à peine se soutenir sur sa jambe! Dans l'après-midi, sa Grandeur alla prêcher à Saint Thomas d'Aquin, puis aux Missions étrangères. Et le soir venu, on retrouva au pied de l'autel du Saint-Cœur de Marie l'infatigable évêque, célébrant lui-même l'office que le Révérend Père Lacordaire était venu rehausser encore par la puissance et le charme de son éloquence.

Notre-Dame-des-Victoires venait donc de faire encore une fois éclater sa puissance ; et ce n'était pas en vain que l'illustre docteur Récamier, plus confiant en Marie que dans les ressources admirables de son art, avait dit : « Allez, Monseigneur, à Notre-Dame-des-Victoires, la Ste Vierge vous guérira. »

La nouvelle de cette guérison instantanée circula bien vite dans Paris, mais ce fut le 16 janvier 1842, à l'office du soir, que M. l'abbé Baulain, en présence même de Mgr l'Archevêque de Bordeaux, porta ce fait à la connaissance de la foule.

Le prélat était dans cette circonstance tellement convaincu de l'intervention miraculeuse de la Sainte Vierge que, de retour à la sacristie, il dit à M. Baulain. — « Vous avez bien établi l'action directe de Notre-Dame-des-Victoires dans ma guérison, mais vous auriez pu ajouter comme preuve, que, le mardi qui suivit ce dimanche, je me rendis à Bordeaux, pour y assister à une retraite que je faisais donner aux fidèles de ma cathédrale, que le prédicateur étant venu à manquer, je fus obligé de le remplacer, qu'au sortir de cette retraite, j'allai faire une visite de plusieurs semaines dans mon diocèse pendant laquelle je prêchai tous les jours, et que jamais pendant ce temps ni depuis, je n'ai éprouvé aucune réminiscence du mal dont j'étais affecté ».

Nous ne nous permettrons pas de commenter ce récit. Devant une affirmation aussi grave que celle de Mgr l'Archevêque de Bordeaux, en présence des grands personnages dont les noms figurent dans cet événement, il nous semble que nos paroles seraient inutiles et ne serviraient qu'à diminuer le resplendissant éclat de ce fait merveilleux. Laissons plutôt Notre-Dame-des-Victoires continuer à nous donner de nouvelles preuves de sa puissance et de sa miséricorde. Que la voix humaine se taise quand les faits eux-mêmes se chargent de célébrer le pouvoir de celle que l'Église salue du nom si consolant de *Santé des Infirmes* !

III

Une jeune fille appartenant à une des premières et des plus respectables familles de Tournai, Mlle Pauline Dumortier, était atteinte depuis quarante-cinq jours d'une de ces maladies étranges qui déconcertent, si souvent encore aujourd'hui, la science la plus éclairée. Trois jours avant la guérison subite de la malade, le médecin trouvait cette redoutable affection compliquée de symptômes si alarmants, qu'il crut devoir laisser envisager à Mme Dumortier, la fin prochaine de sa pauvre fille. En effet, elle était plongée dans un accablement et dans un marasme si profonds que le 15 décembre, on crut qu'elle touchait à sa dernière heure. La nuit avait été une nuit d'angoisses, les extrémités du corps s'étaient refroidies, une sueur mortelle inondait la malade, c'était, pour un œil exercé, le douloureux prélude de l'agonie.

Cependant, les parents de Mlle Dumortier, ne cessaient de réclamer avec instance en sa faveur les effets de la puissance et de la bonté de Marie. Quand la terre nous abandonne, les cœurs croyants et pieux ont encore le ciel pour espoir. Une neuvaine de prières, en l'honneur du Saint et Immaculé Cœur de Marie est entreprise, le 8 décembre dans plusieurs couvents de la ville. Pendant neuf jours, les vœux les plus purs, les prières les plus ardentes vont sortir de ces asiles d'innocence et de paix pour monter vers l'auguste Vierge, tout imprégnés des parfums de la Charité. N'accusons jamais cette douce et sainte confraternité de la prière, si elle n'obtient pas toujours pour les pauvres malades la santé et la vie, que de consolations ineffables, que d'espérances saintes, que de sentiments de résignation elle leur ménage !!

On fait part à Mlle Dumortier de ces témoignages de pieuse affection; on lui parle de ces désirs, de ces concerts de prières qui vont s'élever, pour sa guérison, jusqu'au trône de l'auguste Marie. Sa confiance en la Sainte Vierge s'en augmente autant que sa piété s'en réjouit. A ce nom si consolant de Notre-Dame-des-Victoires que l'amitié lui offre comme asile, son visage s'illumine, un rayon de douce joie traverse le front de la pauvre malade en même temps qu'une ferme espérance d'un retour à la santé se repose en son cœur. Mais écoutons M⁽⁾ᵉ Dumortier nous peindre elle-même les phases diverses de sa maladie et l'action toute merveilleuse du ciel dans sa guérison.

« A partir du jour où ma mère m'annonça que l'on intéressait en ma faveur la puissance du Saint et Immaculé Cœur de Marie, écrivit M⁽⁾ᵉ Dumortier après sa guérison, j'eus la conviction intime que la fin de la neuvaine déciderait de mon sort. Du reste, à part la peine que j'éprouvais en voyant les alarmes de ma famille, j'étais résignée à la sainte volonté de Dieu. Le mardi 12, M. le Doyen de Tournai vint consoler ma mère, et ranimer son courage en lui parlant des prodiges obtenus par l'intercession du Cœur Immaculé de Marie. Ma mère monta bientôt près de moi, elle me parut moins triste et moins abattue que de coutume.

— « Pauline, me dit-elle, M. le Doyen m'a promis, le dernier jour de la neuvaine, de célébrer la messe pour ta guérison, à l'autel privilégié de l'Archiconfrérie.

« Cette nouvelle me fit grande impression, un surcroît de confiance dilata de nouveau mon âme. Il est toujours si doux d'espérer quand on souffre !

— « Ma mère, repris-je, eh bien ! il est impossible alors que samedi je ne sois pas guérie. Tant de ferventes prières adressées à un cœur si miséricordieux et si bon que celui de Marie, ne peuvent jamais être vaines. »

« Cette pensée, dès lors, ne me quitta plus. Etait-ce une grâce du ciel, qui me laissait cet espoir pour tempérer mes douleurs, ou une disposition de l'imagination qui, pendant la maladie, garde plus facilement l'empreinte des objets ou des sentiments qui la frappent? Je l'ignore. Ce que je sais, c'est que je communiquais cette impression à toutes les personnes que je voyais. On m'annonce la visite du médecin.

— « Docteur, lui dis-je, samedi je serai guérie. » Comme je voyais le doute et l'incrédulité se peindre tristement sur sa figure, — « Vous ne croyez pas, docteur, à ma prédiction, continuai-je, eh bien! voulez-vous vous engager à donner telle somme aux pauvres de Tournai, si elle se réalise? » Le bon docteur qui avait pour moi une affection de père, souscrivit, pour me faire plaisir, à tout ce que je voulus.

« Pendant trois jours, mes souffrances n'avaient pas diminué; rien dans ma triste situation n'annonçait une guérison prochaine. Cependant je continuai toujours à ranimer et à encourager ma famille. Mais, précautions inutiles! Je voyais clairement que ma pauvre mère ni aucun des miens ne partageaient ma confiance.

« Le vendredi, 15 septembre, je vis de nouveau le médecin; comme je remarquais qu'il était plus affecté, je lui demandai s'il croyait que, par des moyens naturels, je pusse être guérie pour le lendemain à huit heures.

« Mon enfant, me répondit-il, je ne voudrais pas vous bercer d'un vain espoir, c'est impossible; les ressources de la médecine ne vont pas jusque là; mais par des moyens surnaturels, peut être. Dieu est tout-puissant et vous pouvez avoir des secrets que j'ignore. »

« Il me prescrivit alors une ordonnance. Après son départ, je demandai avec larmes qu'il me fut permis d'en différer l'application d'un jour, voulant laisser à la Sainte Vierge seule le soin de me guérir. Du reste, jusqu'ici, tous les remèdes que j'avais essayés, l'avaient été sans succès. Le trentième jour de ma maladie, on m'avait appliqué un vésicatoire, dans le but de prévenir une congestion cérébrale, mais il n'avait réussi qu'à produire des attaques nerveuses sans calmer les violentes douleurs de tête qui me faisaient cruellement souffrir.

« Nous touchons au moment où la puissance de Marie devait si visiblement intervenir dans ma maladie. Le 16 au matin, j'eus le bonheur de communier; je reçus même, afin d'obtenir plus de courage pour souffrir, le sacrement de l'extrême-onction; mais pour ménager la douleur de ma mère et de toute ma famille, ce fut en secret que l'on m'apporta les dernières consolations de la religion. Qui aurait dit, en me voyant si faible, si anéantie par quarante jours de souffrances et de mortelles angoisses, que dans quelques heures je serais entièrement rendue à la santé et à la vie ?

« Je faisais mon action de grâces, ou plutôt, j'essayais de balbutier entre mes lèvres inanimées quelques paroles de reconnaissance et d'amour envers Notre Seigneur. C'était environ l'heure à laquelle on célébrait en ma faveur le Saint Sacrifice de la messe. Tout à coup, ô mon Dieu ! comment peindre ce moment ineffable dont le souvenir ne quittera jamais mon cœur ? vers huit heures et quelques minutes, j'éprouve dans tout mon être une révolution que je ne saurais définir. Le corps, qui était comme paralysé, reprend ses fonctions habituelles, le gonflement causé par l'hydropisie disparaît, l'inflammation de la bouche et de la gorge s'éteint, mes dents ébranlées se raffermissent, plus de faiblesse, ni de douleur ; ma tête est libre et le vésicatoire, qui jusqu'alors était resté sans effet, prend son cours ordinaire. — « Mais je suis guérie, m'écriai-je, je suis vraiment guérie. » Et avec une effusion du cœur indescriptible, je répétais mille fois dans l'élan de ma reconnaissance, que c'était à Marie, et à Marie seule que je devais mon retour à la vie.

« Je m'habille, je me lève, j'écris à la hâte quelques lignes pour informer de ma guérison et mon confesseur et le directeur de l'Archiconfrérie. Je ne serai vraiment heureuse et ne veux avoir de repos que, lorsqu'on viendra constater en moi ces merveilles de la bonté du Saint Cœur de Marie. Je descends l'escalier qui conduisait à mon appartement et j'attends, sur le palier du vestibule, ma famille qui ne devait plus tarder à rentrer de l'Église.

« Parlerai-je de la scène attendrissante qui se passa lorsque ma famille m'aperçut sur le seuil de la maison : — « Quoi ! Pauline, ma Pauline ! s'écria ma mère en me voyant, c'est toi !

« Et aussitôt de me presser dans ses bras, d'inonder de larmes mon visage, de me faire mille questions diverses.

— « Tu ne t'es donc pas trompée, la Ste Vierge t'a guérie ! Oh ! qu'elle soit mille fois bénie, ma chère enfant ! »

« Et chacun imitant l'exemple de ma mère, c'était à qui me serrerait la main, m'embrasserait avec affection, me féliciterait dans les termes les plus tendres de mon retour à la vie, tant l'étonnement était profond, tant la joie était grande ! On aurait dit que tous avaient retrouvé une fille, une sœur et une amie qu'ils avaient crue perdue à jamais.

« Mais c'est la surprise, et je l'avouerai, la joie du docteur, qui furent extrêmes lorsqu'il me vit bien portante. Il n'en pouvait croire ses yeux ; on aurait pensé, en me voyant agir, marcher et parler qu'il sortait d'un rêve. Ses prévisions ordinaires et la longue pratique de son art lui avaient fait défaut. Il me demanda la permission de constater mon état, et après l'examen le plus minutieux et le plus sévère de ma santé :

— « Mon enfant, me dit-il avec émotion, il y a de ces faits devant lesquels la science doit s'incliner. Votre guérison est complète, et je ne puis l'expliquer que d'une seule manière, c'est qu'il y a là haut, un grand médecin capable de faire des miracles, et que nous, nous ne sommes ici bas que ses faibles instruments. »

Oui, docteur, il y a là haut un grand médecin capable de faire des miracles, et vous parlez avec une vraie philosophie quand vous dites que, vous ici bas, malgré votre science, malgré vos talents, vous n'êtes que ses faibles instruments. Mais la science humaine ratifiera-t-elle cet aveu, et déconcertée dans ses vues, verra-t-elle un trait de la puissance de Marie dans cette guérison dont vous constatez vous-mêmes les circonstances miraculeuses ? Hélas ! dans ce siècle d'orgueil et d'impiété, qui croit encore à l'intervention du ciel dans les choses humaines ? et ne suffit-il pas d'avoir quelque nom dans la science, pour se poser en adversaire du miracle et être prêt à entasser absurdité sur absurdité plutôt que d'y avoir recours ?

Mais les cœurs droits, les âmes simples, ceux que n'enflent pas l'orgueil ni le vain étalage d'une fausse science ont cru. Le lendemain de cette guérison, plusieurs milliers de personnes de la ville de Tournai se sont rendues à la messe et aux prières de l'Archiconfrérie, pour s'assurer par elles-mêmes de la guérison providentielle de M¹¹ᵉ Dumortier. La libre pensée osera-t-elle dire que, dans cette circonstance, les faits se sont enveloppés d'ombre et de mystère? M¹¹ᵉ Dumortier, par sa naissance et ses nombreux bienfaits, était connue de toute la ville. Personne n'ignorait l'état désespéré dans lequel elle se trouvait depuis six semaines. Chacun, dans Tournai, lui portait un respectueux et sympathique intérêt. Aussi, lorsque, le samedi, à l'issue de la messe, M. le curé donna lecture de la lettre par laquelle M¹¹ᵉ Dumortier lui annonçait sa guérison miraculeuse, ce fut, dans l'église, un mouvement d'indicible émotion. Les uns fondent en larmes, quelques autres se rendent chez le père de la malade pour juger par eux-mêmes de cette guérison subite, ceux-ci ne savent comment expliquer le fait étrange dont ils sont témoins, ceux-là restent frappés d'étonnement et peuvent à peine en croire leurs yeux, une amie de M¹¹ᵉ Dumortier tombe évanouie à ses pieds, en revoyant celle à qui elle croyait avoir dit un éternel adieu, et c'est M¹¹ᵉ Dumortier qui s'empresse de la relever et de lui prodiguer les soins nécessaires à son état.

Tel est le fait qui s'est passé à Tournai le 10 décembre 1843. Une jeune personne de la ville était malade depuis quarante-cinq jours, son état ne laissait aux médecins que peu d'espoir de la sauver; pendant six semaines, toutes les prescriptions de la science avaient été sans effet sur sa maladie. Le mal s'était joué de tous les efforts que l'on avait faits pour le combattre, et le médecin avait déclaré que, d'après les données de la science humaine, il ne fallait pas compter de sitôt sur un retour à la vie.

Presque sans espoir du côté de la terre, M¹¹ᵉ Dumortier tourne ses regards vers celle que l'Église appelle le Salut des infirmes. On fait pour elle de ferventes prières au Saint et Immaculé Cœur de Marie, elle est recommandée avec instances à la charité des associés de l'Archiconfrérie, et, le samedi 10 décembre, on doit célébrer à son intention le saint sacrifice de la messe à l'autel privilégié de Marie. La piété de M¹¹ᵉ Dumortier et sa confiance en la Sainte Vierge redoublent d'ardeur dans ces circonstances, et du milieu de ses plus vives douleurs et presque aux portes de la mort, elle fixe au samedi 16 l'instant de sa guérison. Est-ce que Dieu ne peut pas récompenser la foi, une foi ardente et chaude par d'aussi clairs pressentiments? Mais la science humaine s'y oppose, elle n'a pas vu dans ses annales d'exemples de guérisons aussi promptes dans des maladies si rebelles et si graves.

Qu'elle s'y oppose ! Le grain de sable sur le bord des mers s'oppose bien à la puissance des flots. Mais Dieu fera reculer d'étonnement la science, comme sur le rivage de l'océan, il balaie les montagnes de sable avec ses vagues majestueuses.

Le 10, ô Marie, ô Cœur Saint et Immaculé de la Vierge, qui ne saluerait avec reconnaissance votre puissance et votre bonté? Mlle Dumortier, pendant la célébration de la sainte messe est subitement guérie, comme elle l'avait annoncé; pas de convalescence, les forces ont reparu tout d'un coup. Voici qu'elle parle, qu'elle marche, qu'elle agit, comme si elle n'avait pas subi les terribles épreuves d'une maladie de quarante-cinq jours. C'est le boiteux qui bondit de joie dans le temple de Jérusalem. C'est la fille de Jaïr que Jésus-Christ vient de rendre pleine de santé aux bras de son père.

A l'instant même de sa guérison, ses parents en sont frappés d'admiration et de stupeur, ses amies et sa famille l'entourent et l'interrogent; le lendemain, la ville de Tournai la voit aux offices du dimanche et la salue avec applaudissement; la presse s'empare de ce fait extraordinaire, et le fait connaître à la Belgique et à la France. Tournai, à partir de ce jour, voit par milliers s'augmenter le nombre des associés à l'Archiconfrérie du Très-Saint Cœur de Marie. Peut-on exiger, pour l'authenticité d'un fait, une publicité plus grande et des caractères plus saisissants de vérité?

Nous ne voudrions jamais, éclairé et vaincu même par l'évidence de la vérité, devancer dans ces matières, la sage lenteur et la prudence extrême de l'église; mais au moins, nous est-il permis de dire avec le médecin de Tournai: « Il y a de ces faits devant lesquels la science doit s'incliner; pour celui-ci, je ne l'explique que d'une seule façon, c'est qu'il y a là haut, un médecin capable de faire des miracles. »

Oui, raison humaine, incline-toi : incline-toi et adore. Sache que, s'il a plu à la puissance de Dieu de créer, sans y être sollicité, ce faible néant qu'on appelle l'homme, il peut, quand il veut, le guérir de ses infirmités et de ses maladies, surtout quand c'est la divine Marie, la mère puissante de Jésus-Christ qui l'en supplie !

A quelques jours de là, on vit aux pieds de Notre-Dame-des-Victoires, confondue dans la foule des assistants, une jeune fille qui priait Marie avec ferveur. La piété la plus angélique se trahissait dans tout son maintien, et dans ses yeux, qui se portaient souvent avec amour vers l'image sainte, éclatait la plus vive reconnaissance ; c'était Mlle Pauline Dumortier qui était venue remercier dans son sanctuaire de prédilection Notre-Dame-des-Victoires, la reine de l'Archiconfrérie.

IV

Autre épisode.

Ah ! si les infirmités qui affligent la pauvre nature humaine sont innombrables, la puissance et la bonté du Saint Cœur de Marie ne sont-elles pas plus grandes encore ? Aucun âge, même le plus tendre et le plus innocent, ne doit être épargné dans l'arrêt mystérieux qui condamne aux souffrances tous les enfants d'Adam ; aucun non plus ne sera oublié dans le rôle de miséricorde et d'amour que Marie doit remplir sur la terre.

Voici le fait qui s'est passé à Versailles le 5 et le 14 avril 1845.

Deux cents élèves du petit séminaire en ont été témoins, le supérieur de la maison en atteste la vérité sous la foi du serment, et M. Noble, docteur médecin, garantit l'entière exactitude de tous les détails qui vont être rapportés.

M. Pierre Renauld, élève du petit séminaire de Versailles fut tourmenté, pendant l'été de 1843, de palpitations de cœur si violentes qu'il dut suspendre ses études jusqu'à la fin de l'année scolaire. Les vacances terminées, il rentre au séminaire avec ses camarades. A dix-sept ans, quand le cœur est plein d'illusions et de pensées d'avenir, peut-on se figurer que la souffrance et la maladie vont éternellement s'attacher à votre jeunesse? Hélas! le pauvre enfant présumait trop des ressources du jeune âge. Bientôt il éprouve des crises violentes et d'affreuses convulsions durant lesquelles quatre hommes peuvent à peine le contenir. Le médecin de l'établissement met tout en œuvre pour le guérir; tout est inutile, les accès de la terrible maladie deviennent de jour en jour plus effrayants et plus nombreux.

Le supérieur du séminaire justement alarmé des progrès rapides de la maladie, veut avoir, sur l'état de son cher élève, le dernier mot de la science.

— « Monsieur, lui répond tristement le médecin, pour espérer la guérison du malade, il faudrait lui refaire un autre cœur, et ce prodige surpasse la puissance de la médecine. »

Quelques mois plus tard, en effet, se vérifia cette douloureuse prédiction de la science humaine. Un jour que le jeune Renauld se rendait à la classe du matin, c'était le 21 février 1844, voici qu'il est repris subitement par des crises plus redoutables encore que les précédentes. Le mal de jour en jour s'aggrave; un épanchement au cerveau, déterminé par les battements convulsifs du cœur se déclare, et il en résulte une paralysie des nerfs optiques.

On mande à la hâte le médecin. La cécité est complète, la pupille de l'œil est devenue tellement insensible, que le docteur y porte le doigt sans que le malade en ressente la moindre impression. Tous ses camarades ont pu le voir dans ce malheureux état. Les paupières retirées laissaient à découvert le globe de l'œil, et le montraient immobile comme celui d'une statue de marbre. Pendant trois jours et trois nuits, le pauvre patient éprouva des douleurs qui lui arrachaient des gémissements à déchirer le cœur.

Le médecin en chef de l'hospice de Versailles, docteur d'une grande réputation et d'une expérience consommée, vint en consultation le vendredi 4 avril. Il examine le malade; et jugeant, d'après les caractères saisissants qu'elle présente, de la gravité de la maladie, — « Ce jeune homme, nous dit-il, porte au cœur une maladie qui ne pardonne pas, non seulement il est très-probable que jamais il ne recouvrera la vue, mais je crains, ajouta-t-il, qu'un peu plus tôt, un peu plus tard, la mort ne l'enlève brusquement ».

« La terre, écrivit dans cette circonstance Monsieur le supérieur du séminaire, nous laissait donc bien peu d'espoir. A qui nous adresser alors si ce n'est à celui qui forma l'œil, et dont la puissance, secondée par la miséricorde, rendit un jour la vue à l'aveugle-né ? Tous les élèves du séminaire se mettent en prières, on recommande particulièrement le cher malade à Notre-Dame-des-Victoires, et une neuvaine à la Sainte Vierge est entreprise pour sa guérison. »

Toutefois, dans l'extrême faiblesse où se trouvait le malade, et craignant avec raison qu'une crise un peu plus violente ne vînt à l'emporter, nous lui administrons le sacrement des mourants. Pendant que nous remplissions ce triste et pieux ministère, les élèves réunis à la chapelle priaient pour leur jeune ami. Quant au malade, il était sans connaissance, les yeux fixes et entièrement ouverts; à peine respirait-il, et la dernière lueur de vie semblait si près de s'éteindre en lui, que nous craignions que le pauvre enfant ne rendît le dernier soupir avant la fin de la cérémonie. Sa mère était là qui fondait en larmes, priant, comme savent prier les mères, Celle qui comprit si bien sur la terre les angoisses et les souffrances de la maternité.

Quelle révolution soudaine s'est-elle opérée dans notre cher malade? Il y avait un quart d'heure à peine que le jeune Renauld avait été administré, et voici que, sortant de cette léthargie si voisine de la mort, il reparaît subitement à la vie. Plus de souffrances; le même jour il se lève, et se promène dans l'infirmerie, il assiste, le dimanche 6 avril, à tous les exercices religieux de la journée, et, à partir de ce moment, on ne se douterait plus que ce jeune homme se soit trouvé, il y a deux jours, aux portes du tombeau.

Mais, hélas, la guérison que l'on avait sollicitée du ciel en faveur du jeune Renauld, n'était pas entièrement complète. Était-ce pour éprouver notre foi qu'il en fut ainsi, ajoute dans son récit M. le Supérieur, ou Dieu voulait-il que l'on redoublât auprès de lui de ferveur et d'instances ? Peut-être. Toujours est-il que Dieu parut avoir refermé la main miséricordieuse d'où s'échappaient ses dons. Le jeune séminariste ne souffrait plus, mais il restait toujours aveugle, quoique les paupières eussent repris leur mobilité.

Le vendredi 11 avril, on mande de Paris un oculiste des plus distingués, M. Demares. A la première inspection du malade, il reconnut bien vite, comme ses autres confrères, que l'épanchemen vers les nerfs optiques, déterminé par la maladie du cœur, était la cause de la récité. — « Le cas est bien grave, dit le médecin, et ce que je puis faire, c'est d'essayer, au moyen d'un traitement énergique, à rendre quelque faible lumière à ces yeux presque perdus. »

Le jeune homme s'y résout. Le ciel demande de nous la confiance, mais il ne veut pas cependant qu'on néglige les remèdes qu'il a mis sur la terre au service de nos infirmités. Renauld doit donc entrer le 14 avril à l'hospice de Versailles, pour commencer ce traitement rigoureux, dernier espoir que donne la science humaine.

Mais que l'on admire ici la foi vive de ce pieux jeune homme et les saintes inquiétudes qu'elle lui suggère ! — « Que vont penser mes condisciples, dit-il, en voyant inefficaces leurs nombreuses et ferventes prières ? N'est-il pas à craindre qu'ils ne soient ébranlés dans leur foi ? Oh ! je veux y avoir de nouveau recours avant de les quitter, et je désire que l'on me recommande encore aux prières de l'Archiconfrérie de Notre-Dame-des-Victoires.

Le jour de son départ, on le conduit à la messe qui se dit pour la communauté à sept heures. Le cher malade doit y communier, comme membre de la Confrérie du Sacré Cœur de Marie, et afin d'obtenir la force dont il aura besoin pour supporter la rigueur du traitement auquel il doit être soumis. Le moment de la communion arrivé, un de ses camarades le mène par le bras à la table sainte. O bonté ineffable de Jésus-Christ ! O puissante intercession de Notre-

Dame-des-Victoires ! La puissance et l'amour se sont rencontrés, et le miracle de l'aveugle-né de l'évangile est encore une fois renouvelé sur la terre. Mais laissons à M. Lambert, supérieur du séminaire, le soin de terminer ce touchant récit.

« Après avoir donné la sainte communion à notre cher élève, j'achevai la sainte messe. De retour à la sacristie, je bénis un crucifix qu'il devait emporter avec lui. Sur ces entrefaites, l'infirmier s'approchant de moi, me dit que Renauld avait voulu retourner seul à sa place. Cette circonstance ne m'avait pas échappé, mais je n'y avais fait attention que pour conclure combien vite les aveugles s'habituent aux localités. L'élève, chargé du soin de la sacristie vint se joindre à l'infirmier pour m'affirmer que le jeune homme revenu à son banc, avait pris et ouvert un livre. Je croyais être le jouet d'un songe. Je vais m'en assurer, leur répondis-je, et je me hâtai de quitter les ornements dont j'étais revêtu.

« En ce moment, la porte s'ouvrit, et je vis avec une joie indicible le jeune Renauld descendre les six marches qui joignent le sol de la sacristie à celui de la chapelle, puis venir se précipiter dans mes bras et se presser contre mon cœur. Partageant sa reconnaissance et son admiration, je mêlai mes larmes aux siennes et je lui dis : — « Mais, qu'avez-vous donc éprouvé, cher enfant, et que vous est-il arrivé ? Quoi ! la lumière vous est rendue !! »

— « Oui, me répondit-il, lorsque j'étais à genoux au pied de l'autel, en attendant la Sainte Communion, une voix me dit : Crois-tu ? Crois-tu ? et je répondis : Oui, Seigneur, je crois que pouvez faire un miracle. Vous m'avez ôté la vue, vous pouvez bien me la rendre. — Dès que la sainte hostie eut touché ma langue, je me suis trouvé ébloui, je voyais tout, et je ne voyais rien. Comme je restais là immobile, mon camarade me poussa légèrement pour m'avertir de me lever. Alors j'aperçus distinctement la marche de l'autel. En me retournant, je vis un banc vers lequel je me dirigeai en refusant le secours de mon guide. Il y avait là plusieurs livres ; j'en pris un et je l'ouvris pour voir si je pourrais en distinguer les caractères. C'était une Imitation de Jésus-Christ. Je passai plusieurs feuillets qui contenaient l'ordinaire de la messe, et je tombai sur ces paroles que je lus distinctement : « Celui qui me suit, ne marche pas dans les ténèbres, dit le Seigneur ». Alors je fermai le livre et me mis à prier. »

« Telle fut la réponse de Renauld.

« Cependant, parmi les deux cents élèves présents à la messe, beaucoup s'étaient aperçus de l'évènement. Ils avaient remarqué que le jeune aveugle était retourné sans secours à sa place, ils avaient vu qu'il ouvrait un livre. La nouvelle passa bientôt de bouche en bouche, et ce fut un enthousiasme universel, quand, à la récréation qui suit le déjeuner, on vit paraître dans les cours, au milieu des autres élèves qu'il discernait et appelait par leur nom, celui qui, vingt minutes auparavant, n'avait pu faire six pas pour se rendre à l'autel sans le secours d'un œil étranger. On l'entourait, on battait des mains, on le félicitait, on rendait gloire à Dieu.

« A la fin de la récréation, Renauld se rendit chez les sœurs de la lingerie et de l'infirmerie ; de mon côté, je m'occupai d'envoyer un exprès à M. le curé de Saint-Symphorien, pour lui faire part de la guérison miraculeuse de son protégé. Sur ces entrefaites, vers neuf heures, la mère de notre élève, qui depuis dix à douze jours s'était établie à Versailles, afin de suivre de plus près le cours de la maladie, se présente au parloir la douleur dans l'âme, car elle venait pour procéder aux apprêts du départ. Mais quelle ne fut pas sa surprise lorsqu'on lui apprit que son fils venait d'être subitement guéri ! Les grandes joies sont souvent plus redoutables pour l'homme que les grandes douleurs. Celle de cette pauvre mère fut si vive et son émotion si profonde qu'elle faillit s'évanouir.

« Vers dix heures du matin, à la fin de la classe, le docteur qui n'était instruit de rien arriva pour visiter ses malades, et avec l'intention de prendre notre cher élève et de le présenter lui-même aux personnes qui devaient le soigner. Il montait l'escalier lorsqu'il vit venir à sa rencontre un séminariste qui descendait les marches deux à deux et qui le salua en lui serrant la main. Quelle surprise ! C'était Renauld ! C'était le jeune homme sur lequel il avait prononcé un arrêt de mort ! Laissant le docteur interdit, Renauld se rend en toute hâte à la chapelle pour assister à la réunion du Sacré Cœur. A sa vue, les associés, ravis de revoir au milieu d'eux celui qu'ils croyaient perdu pour toujours, entonnèrent le *Magnificat*. En les entendant, les élèves qui étaient en récréation dans la grande cour, vinrent aussitôt unir leurs voix à celles de leurs condisciples, et ce ne fut bientôt dans toute la maison qu'un chant de gratitude et de reconnaissance.

« Après ces moments donnés à la religion et à la piété filiale, Renauld vint retrouver le docteur toujours ému du spectacle qu'il venait de voir. Celui-ci l'interroge, le palpe, l'examine, et ne peut en croire ses yeux. Est-ce bien le pauvre aveugle qui ne pouvait, il y a trois heures à peine, se conduire lui-même ? Est-ce ce malade désespéré à qui il aurait fallu rendre un autre cœur pour lui sauver la vie ? Renauld voit, il lit très-distinctement, il marche sans aucune peine, et malgré les émotions de la matinée qui ont agité son cœur, le docteur déclare qu'il le trouve en très-bon état ».

O Jésus, vos bontés n'ont donc pas été épuisées sur le chemin de Jéricho ! Et vous, ô Marie, ô Salut des Infirmes, ô Notre-Dame-des-Victoires, si jamais l'on ne vous invoque en vain, ah ! que cet oracle se vérifie surtout aujourd'hui dans cette guérison si merveilleuse !

V

Nous voudrions, pour la gloire de Marie et l'édification de nos lecteurs, continuer la liste des témoignages les plus touchants de la bonté de Notre-Dame-des-Victoires envers les pauvres infirmes. Quelle est glorieuse et nombreuse en même temps cette liste des victoires de Marie sur les infirmités humaines ! Parcourez l'Église de Notre-Dame-des-Victoires, vos regards n'y sont-ils pas continuellement frappés par les preuves de la toute puissante miséricorde de Marie pour nos douleurs ? L'antiquité payenne suspendait aux murailles et aux voûtes de ses temples les dépouilles qu'elle avait remportées sur les nations vaincues, comme pour reconnaître, par ce témoignage de gratitude, la protection de la divinité. Dans ce temple pacifique de Paris, vos yeux ne rencontrent aucun objet dont la vue puisse vous attrister un instant, ni épées brisées dans le cœur des vaincus, ni manteaux souillés de sang, ni casques, ni cuirasses traversées par le glaive, mais quelles dépouilles plus agréables, quels trophées plus glorieux : les fléaux arrêtés, les infirmités guéries, les maladies vaincues ont attachés aux murs de cette célèbre église !

Entrez, pieux pèlerins, qui préférez les douces et suaves émotions de la foi et de la religion aux joies tumultueuses du monde ; quel livre admirable s'offre à vos yeux écrit par la reconnaissance sur la pierre, sur le marbre et sur l'or ! Tout parle en ce temple ; tout y publie la puissance et la bonté de Notre-Dame-des-Victoires envers les affligés de la terre, depuis ces lampes qui brillent devant la statue miraculeuse de la Vierge jusqu'à ces guirlandes de cœurs d'or, et ces milliers de marbre qui revêtent tous les murs de l'église. Lisez ; y trouvez-vous une infirmité qui n'ait pas éprouvé la protection de Marie ? Est-il une seule de nos provinces qui n'ait été témoin de ses prodiges ?

A Voiron, c'est Mlle Marie Deschaud-Beaume de Charavines qui recouvre, par l'intercession du Saint Cœur de Marie, l'usage de tous ses membres. « Le doigt de Dieu est là, s'est écrié l'évêque de Grenoble en apprenant cette guérison subite et inespérée. » Triancourt, petite ville du diocèse de Metz, conservera longtemps le souvenir des prodiges opérés en la personne de Mlle Carton. La pauvre enfant, depuis neuf mois, était en proie à des souffrances intolérables ; la médecine, impuissante, avait vainement essayé ses ressources. Tout est désespéré sur la terre. On invoque avec confiance le Saint et Immaculé Cœur de Marie, et la santé descend du ciel sur les ailes de la foi.

Elle descendit aussi sur une jeune fille de Neufchatel (Aisne). Privée, depuis plusieurs années, de l'usage de ses membres, Mlle Léonie Fournaise souffrait dans toutes les articulations, et surtout dans les genoux, d'horribles douleurs. Ni le temps, ce roi de

la science, ni les remèdes les plus énergiques ne lui apportaient aucune amélioration. « Il faut prendre les eaux de Néris, disait une célébrité de Paris » Sans un traitement par l'hydrothérapie, ajoutait un autre, vous devez pour toujours renoncer à la guérison. »
Mˡˡᵉ Pournaise heureusement connaissait un autre médecin. Dans un voyage à Paris, elle se fit conduire pour sa première visite à Notre-Dame-des-Victoires, là, en présence de la statue privilégiée, « O ma mère, s'écrie la pieuse jeune fille dans l'élan de sa foi, il n'y a plus maintenant que vous qui puissiez me guérir, je ne quitterai pas votre sanctuaire que vous ne m'ayez rendu la santé »… Sa prière fut exaucée, bientôt les liens qui enchaînaient ses membres tombent comme d'eux-mêmes, la jeune fille se lève et se jette à genoux devant la balustrade de l'autel sans peine et sans souffrance, et un instant après bondissant de joie dans le temple comme le boiteux du portique de Salomon, elle court au troisième étage de l'hôtel de Flandre se jeter dans les bras de son trop heureux père.

Même grâce à Beauvais. La Vierge modeste qui dut à son humilité d'attirer sur elle les regards du Seigneur ne détourna pas non plus les siens d'une de ses plus humbles servantes. Florinde G… pauvre fille du village de Fay-Saint-Quentin, était réduite pour gagner le pain de chaque jour, à la condition de servante. Mais voici que, depuis de longs mois, une nouvelle épreuve s'est ajoutée à celles de son humble, mais saint état; une maladie de langueur, dont rien ne pouvait arrêter les progrès, la menait irrésistiblement à sa perte. Tout espoir est-il donc perdu ? Sur la terre, oui. Mais le ciel n'a jamais épuisé ses dernières grâces pour les pauvres et les déshérités du monde. On fait à l'intention de l'humble fille une neuvaine de prières au Sacré Cœur de Marie, on supplie à genoux Notre-Dame-des-Victoires d'abréger ses douleurs, et la neuvaine n'est pas terminée que la modeste servante de Fay a recouvré subitement la santé.

Echos de Notre-Dame-des-Victoires, nous sommes obligé d'imposer silence à vos voix divines. Seuls, ne rempliriez-vous pas nos pages de vos longues et douces expressions de reconnaissance?

Toutefois, avant de terminer ce chapitre où les malheureux viendront chercher quelque consolation et une dernière espérance, citons encore un trait de la sollicitude et de la tendresse de Marie pour nos infirmités.

VI

C'est une jeune ouvrière qui en est l'objet. Mlle Eugénie D... âgée de dix-huit ans, était atteinte de paralysie. Obligée non-seulement de renoncer à travailler sur le métier auquel elle était condamnée depuis l'âge de quatorze ans, cette jeune fille ne pouvait plus même ni s'habiller, ni prendre seule sa nourriture.

Vainement elle avait essayé, au pays natal, de consulter les médecins et de suivre avec rigueur leurs ordonnances ; le mal plus fort que la science avait résisté. Elle songeait à faire un voyage à Paris pour s'y faire traiter, si c'était possible, par les plus hautes célébrités médicales, quand sur ces entrefaites viennent à tomber dans ses mains les annales de l'Archiconfrérie de Notre-Dame-des-Victoires. Elle entr'ouvre ce livre, ses yeux s'arrêtent sur le récit de la guérison inespérée d'une jeune enfant de Mattaincourt. Cette relation l'impressionne vivement. Quand on est souffrant ou malheureux, l'âme devient plus sensible, et l'espérance qui a tant de peine à quitter nos cœurs y rentre bien vite. « Eh moi aussi, se dit Mlle Eugénie, pourquoi n'éprouverais-je pas la protection du Saint Cœur de Marie ? Pourquoi, comme tant d'autres, ne serais-je pas guérie, si j'allais prier Notre-Dame-des-Victoires, dans son sanctuaire privilégié » ?

La jeune infirme fit part de son projet au curé et aux religieuses de la paroisse qui s'intéressaient sincèrement à son sort. L'une d'elles avait sa mère à Paris qui était maîtresse couturière dans la rue du Bac. Rien ne paraît impossible quand on porte un cœur charitable et dévoué ; cette bonne religieuse écrira donc à sa mère de recevoir pour quelques jours sa jeune protégée.

Mlle Eugénie part, et, le 30 avril, arrive à Paris où la reçoit Mme R... qui la conduit avec bonté chez elle. — « Voici une nouvelle compagne que je vous amène, dit Mme R..., aux onze ouvrières qui composaient son atelier, en leur présentant Mlle Eugénie ». — Ce sera une sœur de plus, répondirent les jeunes filles. Et elles entourent la nouvelle arrivée de toutes sortes de soins, et avec le tendre intérêt que les cœurs généreux prennent vite pour les malades et les pauvres infirmes, on l'aide à se débarrasser de ce qui la gêne, et tout le jour, c'est une succession de soins empressés qui lui rendent moins pénibles et la nouveauté de son séjour et sa cruelle infirmité.

Pauvre enfant! Elle n'en est pas moins triste et moins inquiète; et malgré ses efforts, on voit toujours percer ces appréhensions, même au milieu des témoignages de sa reconnaissance.

Le lendemain, premier jour de mai, M. le curé de Notre-Dame-des-Victoires, par une faveur toute particulière, doit offrir le Saint Sacrifice de la messe pour Mlle Eugénie. C'est aussi le jour où doit se terminer la neuvaine de prières que ses amies font à son intention. Mlle Eugénie, accompagné de Mme R., et de plusieurs de ses ouvrières se rend à Notre-Dame-des-Victoires. Bientôt le prêtre monte à l'autel, et comme elle le disait en son naïf langage, sa messe, à elle, commence. A la vue du prêtre vénérable qui offre les saints mystères pour elle, et qui présente au ciel en sa faveur les prières de l'Archiconfrérie, la jeune ouvrière sent, en son cœur, revenir le courage qui l'avait abandonnée.— « Je vais donc être guérie, répétait-elle avec une pieuse confiance, oh! quand viendra ce moment si désiré! » La Vierge de l'atelier de Nazareth devait bientôt combler les vœux de la jeune fille. Au moment de la communion, quand elle venait à peine de se relever de la table sainte, voici que soudain se fait une commotion dans ses membres, et toutes ses douleurs se calment comme par enchantement. Aussitôt elle essaie de faire usage de ses bras. O merveille! ils ont repris leur souplesse. — « Je suis guérie, je suis guérie, dit-elle d'une voix émue à Mme R...; puis faisant à ses compagnes le signal dont elles étaient convenues, si Notre-Dame-des-Victoires exauçait ses vœux, elle agite ses bras, en tous sens pour leur montrer que la paralysie a disparu et que Dieu a béni entièrement sa confiance.

Le sacrifice achevé, les quatre dames entrent à la sacristie et demandent à parler à M. le curé. A leur émotion, aux paroles de reconnaissance qui s'échappent de leurs lèvres, on comprend bien vite le motif de leur visite. M. le curé accourt en toute hâte, la foule qui avait vu la jeune infirme, et qui avait suivi avec un vif intérêt la scène qui venait de se passer, se presse sur les pas de Mlle Eugénie, on l'entoure, on la questionne, ce sont des transports d'admiration, les larmes coulent de tous les yeux ; et elle, encore attendrie, sans voix, ne sait répondre aux mille questions du peuple, qu'en agitant les bras et en les faisant mouvoir avec la plus admirable souplesse.

Mais peut-être que les doigts n'ont pas retrouvé leur élasticité première, et que, de la terrible maladie qui avait réduit à l'inaction la jeune martyre, il reste encore quelques douloureuses traces ; M. le Curé, pour s'en assurer, présente à Mlle Eugénie une plume et un papier, et voici que, d'une main libre et dégagée des horribles liens de la paralysie, la jeune fille trace ces lignes :

« 1er jour de Mai 1864, qu'elle est bonne, Marie ! O Salut des infirmes ! O Notre-Dame-des-Victoires ! soyez à jamais bénie ! »

Et Mlle Eugénie, et les douze personnes qui composaient la maison de Mme R., s'empressèrent de déposer en faveur de cette guérison inespérée et toute miraculeuse.

Nous n'entreprendrons pas de discuter, ni de caractériser les faits nombreux de guérisons soudaines et vraiment extraordinaires, que nous avons enregistrés dans ce livre. Ceux qui ont lu ces pages avec bonne foi et sans esprit de prévention, ont pu voir que rien n'a manqué à ces faits pour leur donner une origine surnaturelle, du moins dans les circonstances qui les ont accompagnés.

Maintenant, qu'une philosophie sans principe les nie, qu'un faux-savoir les dénature pour les expliquer, que les esprits légers s'amusent à les couvrir de railleries, nous connaissons trop les préjugés de la prétendue philosophie de notre siècle contre tout ce qui revêt un caractère religieux pour nous en étonner. Il y a longtemps, lui aussi, que Pharaon niait la possibilité des miracles de Moïse ; il y a longtemps que les Pharisiens demandaient à Jésus-Christ des signes dans l'air, quand le Sauveur venait de les multiplier sous les yeux de ces faux docteurs. L'orgueil humain est de tous les siècles ; et depuis ces âges lointains, comme une avalanche de neige qui se précipite du sommet des montagnes, il n'a fait que s'accroître et se fortifier de ses résistances et de ses sottises. Ses yeux malades ne peuvent supporter la lumière, et les œuvres merveilleuses de Dieu déconcerteront toujours sa faible et débile raison.

Mais, malgré ces révoltes insensées de l'orgueil humain, Dieu n'en continue pas moins à nous donner des preuves de sa puissance, et Notre-Dame-des-Victoires, de son inépuisable miséricorde. Pour nous, ce n'est pas à l'orgueil et à la fausse science du monde que nous dédions ces lignes, c'est aux âmes droites, c'est aux cœurs simples qu'elles s'adressent. Aussi avons-nous l'espoir que, celui qui révèle aux petits ce qu'il cache aux savants de la terre, leur fera goûter la piété et le charme de ces récits, et, qu'à leur lecture, ils ne pourront pas s'empêcher de dire avec nous :

« Oui, c'est bien vrai, ô Marie, vous êtes véritablement le Salut des Infirmes. »

CHAPITRE VIII

Témoignages de vénération et d'amour rendus à Notre-Dame des Victoires par toutes les classes de la société. — Grégoire XVI, Pie IX et l'Archiconfrérie. — Couronnement de la statue de Notre-Dame-des-Victoires — Témoignages de plusieurs prélats français en l'honneur de l'Archiconfrérie. — L'Italie, l'Autriche, la Hongrie, etc., applaudissent au bien opéré par les prières de l'Archiconfrérie. — Paroles de Mgr Bourget, évêque du Haut-Canada, en l'honneur de Notre-Dame-des-Victoires, etc. — Le monde se joint au clergé dans les louanges qu'il rend à l'Archiconfrérie. — Langage expressif des *ex voto*. — Louanges rendues à Notre-Dame-des-Victoires par M. Léon Aubineau. — M. de Mirecourt rapporte les belles paroles du P. Félix en faveur du sanctuaire de Notre-Dame des Victoires. — Les plus grands noms de France se font inscrire sur le registre des associés à l'Archiconfrérie du Saint-Cœur de Marie. — M. Amédée Thayer, bâtit à Notre-Dame-des-Victoires une chapelle dans son domaine de Tourent. — Consécration solennelle de cette église. — Plusieurs grands personnages reconnaissent les bienfaits de Notre-Dame des Victoires. — Nouvel hommage de L. Aubineau. — Présentation d'un magnifique *ex-voto* donné par l'Impératrice en souvenir des campagnes de Crimée et d'Italie. — L'Impératrice dans le sanctuaire de Notre-Dame des Victoires après nos premiers revers.

I

Rien ne fut plus humble ni plus soumis à la contradiction que les débuts de l'Archiconfrérie du Saint Cœur de Marie. Renfermée dans une des plus pauvres églises de Paris, elle n'avait pour gémir et pour prier qu'un sanctuaire désolé; la grande ville paraissait sourde à ses larmes et à ses supplications, et c'est à peine si quelques rares fidèles assistaient, de loin en loin, à ses cérémonies saintes. Mais le grain de sénevé, pour devenir un grand arbre, n'a besoin que d'une goutte de rosée et d'un rayon de soleil. Ainsi en fut-il de l'Archiconfrérie de Notre-Dame-des-Victoires. Un jour, elle sortit des humiliations de sa naissance; Dieu regarda, comme autrefois, l'humilité de sa servante; et toutes les nations, et les plus illustres personnages de la terre ne tardèrent pas à la proclamer bienheureuse. Voici que les perles ornent les couronnes que l'on jette à ses pieds; que les sympathies les plus augustes lui sont prodiguées, que les plus gracieux témoignages de vénération et d'amour accueillent ses progrès naissants. Aucune classe de la société, aucun rang ne veut rester étranger à ces manifestations. Vous verrez presque tous les évêques du monde venir rendre à Notre-Dame-des-Victoires le plus éclatant hommage; la poésie chantera ses gloires, les épées invincibles s'inclineront devant son image, l'éloquence redira ses titres à notre amour, les reines viendront s'agenouiller dans son sanctuaire désormais illustre. Mais ces hommages, quelque glorieux qu'ils soient, s'effaceront toujours devant ceux que lui ont rendus et que ne cesseront de lui rendre les souverains Pontifes.

II

C'était un dimanche de Juillet de l'année 1842, écrit M. Des Genettes dans le livre des annales de Notre-Dame-des-Victoires, nous allions, M. l'abbé Ratisbonne et moi rendre une dernière visite au souverain Pontife, et le remercier des faveurs insignes dont il avait daigné combler notre association naissante. Le saint Père nous reçut, comme la première fois, avec une bonté ineffable. Il nous entretint de Paris, de la France qui lui fut toujours si chère, et de l'Archiconfrérie. Que d'absurdes préjugés contre Rome dans notre pauvre France mais qu'ils disparaissent bien vite aux pieds de ses Pontifes ! Sur le point de quitter Grégoire XVI, nous nous prosternâmes pour recevoir sa bénédiction ; je la demandai, la tête inclinée, pour notre œuvre de prédilection. De sa main gauche, le saint Père me releva la tête avec bonté, et pendant qu'il nous bénissait, j'entendis sortir de sa bouche ces paroles que je voudrais graver en lettres d'or.

— « Vous me demandez ma bénédiction pour l'Archiconfrérie de Notre-Dame-des-Victoires. L'Archiconfrérie ! Je la bénis, oh ! je la bénis de tout mon cœur. Dites-le bien à tous vos associés, je suis très-reconnaissant envers elle de tout le bien qu'elle fait en France et dans toute l'Église. »

Et chaque fois que le saint Père prononçait ces mots : « Je la bénis » il traçait sur nous le signe de la croix.

Grégoire XVI aimait cette œuvre, il l'aimait avec prédilection, et faisait sans cesse des vœux pour sa prospérité et son accroissement. — « Je voudrais, disait-il un autre jour, à un prélat qui s'entretenait avec lui des progrès de l'Archiconfrérie, je voudrais qu'il y eût dans toutes les églises de la catholicité, une confrérie du Très-Saint Cœur de Marie pour la conversion des pécheurs. »

Aussi, ce grand Pontife ouvrit-il à l'Archiconfrérie les trésors les plus précieux de l'Église ! C'est lui qui daigna conférer à cette pieuse association le titre auguste d'Archiconfrérie. Sa sollicitude l'accompagna dans ses progrès comme elle l'avait entourée dans son humble berceau. L'église de Notre-Dame-des-Victoires lui exprimait-elle un désir? C'était avec bonheur qu'il y déférait. C'est ainsi qu'il lui fit présent des reliques de Sainte Aurélie. — « Vous les déposerez, ajouta Grégoire XVI en signant l'acte de donation, dans le tombeau de l'autel de l'Archiconfrérie. » Comme si ce grand Pontife voulait encore rendre plus cher à la France cet autel déjà vénéré de presque toute la chrétienté. Rien pour sa chère Notre-Dame-des-Victoires n'était assez grand ni assez précieux. Il écrivait à cette pauvre église, naguère en ruines, dans les formes augustes que la cour de Rome n'emploie que dans sa correspondance avec les plus illustres églises. « Vous transmettrez à l'Archiconfrérie de Paris, disait Grégoire XVI à l'un des prélats de sa chancellerie, une nouvelle faveur que je lui accorde, mais que ce soit dans les termes les plus solennels. l'Archiconfrérie est une œuvre trop importante pour agir autrement en correspondant avec elle. »

Premiers et doux témoignages de vénération tombés d'une bouche auguste envers l'Archiconfrérie de Notre-Dame-des-Victoires. Oh! que vous lui fûtes utiles alors! Vous encourageâtes ses efforts naissants, et si plus tard des personnages célèbres entourèrent cette œuvre de leur protection, n'est-ce pas sur votre noble initiative qu'ils vinrent se jeter aux pieds de Notre-Dame-des-Victoires?

Grégoire XVI est descendu dans la tombe. L'Archiconfrérie pleure son premier et l'un de ses plus généreux protecteurs. Mais la mort va-t-elle briser la chaîne qui unit désormais Rome à Notre-Dame-des-Victoires? Oh! rien ne meurt à Rome, ce n'est pas comme sur les trônes de la terre où pensées, promesses, bienfaits, protection, tout disparait avec ceux qui ont cessé de les occuper un jour; ici, les hommes tombent du trône, renversés seulement par la mort, mais les traditions y restent éternellement assises. Notre-Dame-des-Victoires jette donc de nouveau les yeux sur Rome, et voici qu'elle aperçoit sur la chaire de saint Pierre l'un des plus zélés serviteurs de Marie qui aient jamais illustré le trône pontifical, l'immortel Pie IX. Oh! elle peut en être certaine, jamais l'Archiconfrérie ne fera vainement appel à sa tendresse pour Marie. Toutes les fois qu'il sera question de sa gloire, celui dont la vie n'est qu'une hymne de louanges en l'honneur de la Mère de Dieu, sera toujours le premier à la défendre et à la propager. Nous ne parlerons pas ici des grâces insignes, des faveurs spirituelles sans nombre que Pie IX, à l'exemple de son prédécesseur, répandit dans le sein de Notre-Dame-des-Victoires. Mentionnons seulement le témoignage éclatant qu'il lui rendit dès les premiers jours de son pontificat, et les louanges qu'il ne cessa de lui donner dans la suite.

Un jour, un prêtre attaché à l'église de Notre-Dame-des-Victoires se présente devant Pie IX. Vers la fin de l'audience, encouragé par la bonté du Saint-Père, il se met à genoux et lui demande sa bénédiction. Le pape le bénit et l'ecclésiastique ne se relevait pas. Pie IX le regarde.— « Très-Saint Père, lui dit le pieux solliciteur, j'aurais encore une faveur à vous demander. Et laquelle, répartit le pape?— Ce serait une dernière bénédiction pour l'Archiconfrérie de Notre-Dame-des-Victoires. — Pour l'Archiconfrérie de Notre-Dame-des-Victoires? ajouta Pie IX, oh! de tout mon cœur, oui, je la bénis avec effusion, et dites bien à tous vos associés qu'ils prient la Sainte Vierge pour l'Église et pour moi. »

Quelque temps après, nous touchions au mois de février de l'année 1849. Mgr Monnet, vicaire apostolique de Madagascar, présidait à Notre-Dame-des-Victoires l'office de l'Archiconfrérie. Le zélé missionnaire revenait de Rome où il était allé rendre compte du troupeau qui lui avait été confié. Écoutons le nouvel hommage que Pie IX rendit à l'Archiconfrérie dans l'entretien qu'il eut avec l'apôtre de Madagascar. C'est Mgr Monnet qui parle : « Je racontais au Saint Père, dit l'évêque, les phases différentes de notre mission, je lui parlais de ses périls, de ses succès et de ses besoins. — Avez-vous eu soin, interrompit Pie IX, d'établir dans vos missions l'Archiconfrérie du Saint Cœur de Marie? — Je lui répondis que tel avait été notre premier soin, et combien, depuis ce temps, nous avions obtenu de bénédictions et de fruits précieux parmi nos sauvages. Le Saint Père écoutait mes paroles avec un vif intérêt, sa figure devint radieuse, ses yeux pleins de larmes s'élevèrent vers le ciel; puis, quand j'eus fini de parler, Pie IX regarda Mgr Brunelli, secrétaire de la congrégation de la Propagande, et avec un accent prophétique, il lui dit : — « L'Archiconfrérie du Saint Cœur de Marie est l'œuvre de Dieu; c'est une pensée du ciel qui l'a produite sur la terre, elle sera, dans ses mauvais jours, la ressource de l'église. » Ensuite le Souverain Pontife s'adressant à moi :— « Établissez-la, me dit Pie IX, partout où vous irez, et dites à vos chers confrères de l'établir partout où ils porteront la croix de Jésus-Christ, c'est l'œuvre de Dieu. »

Qu'ajouter à ces paroles qui sont la glorification la plus parfaite de l'œuvre entreprise par M. Des Genettes? Ne semble-t-il pas que la louange ait été épuisée par ce dernier hommage, et la générosité de Pie IX, par les bienfaits nombreux dont il a gratifié Notre-Dame-des-Victoires? Que l'on se tromperait si l'on jugeait ainsi la tendresse de Pie IX pour l'Archiconfrérie! Celui qui aime ne croit jamais avoir rien fait pour l'objet de sa prédilection, s'il lui reste encore une louange à donner, un bienfait nouveau à prodiguer. C'est bien le sentiment de Pie IX pour la Vierge bénie de Notre-Dame-des-Victoires. Aussi, après ces jours douloureux d'exil passés à Gaëte, comme éclate la reconnaissance de Pie IX pour la France et l'Archiconfrérie de Notre-Dame-des-Victoires!

« Il est, dit M. de Riancey, dans le trésor des honneurs dont dispose le vicaire de Jésus-Christ, un grand et noble privilège : celui de décerner aux images les plus vénérées de la Mère de Dieu une couronne d'or, signe de gratitude et de consécration, dont une fondation pieuse a remis la disposition aux mains du chapitre de l'insigne basilique de Saint-Pierre de Rome. »

« Eh bien! quelle est l'image sainte qui va recevoir des mains de l'illustre exilé ce cadeau royal? Certes, qu'elles sont nombreuses dans l'Europe catholique les images vénérées de la Vierge! Et dans ces tristes jours, qui dira les vœux qui s'élevèrent en leur présence en faveur du grande captif du Vatican? Cependant, parmi tous les sanctuaires célèbres du monde, il n'en est aucun d'où partirent tant de vœux pour Gaëte que du sanctuaire de Notre-Dame-des-Victoires. Pendant ce long exil du père commun des fidèles, jamais la prière ne cessa d'y faire retentir ses accents, des milliers de cierges y symbolisaient l'affection toute filiale que l'Archiconfrérie avait vouée à son bienfaiteur, et l'on ne peut dire les foules recueillies qui vinrent, en ces jours, prier pour Pie IX, Celle qui tant de fois a donné la victoire aux armées chrétiennes.

Aussi, de retour à Rome, lorsque le Souverain Pontife prit, sous la protection du drapeau français, possession de la ville éternelle, ce fut vers la France que se tournèrent d'abord ses regards, et c'est une image française, c'est Notre-Dame-des-Victoires qu'il désigne pour recevoir ce don magnifique et sacré,

Dans l'un de nos derniers chapitres, une plume qui s'est immortalisée dans la presse catholique, celle de M. de Riancey, racontera à nos lecteurs cette grande solennité du couronnement de Notre-Dame-des-Victoires. Pour le moment, reconnaissons que l'Archiconfrérie ne pouvait recevoir du Souverain Pontife un témoignage plus éclatant de vénération et d'amour.

Mais un trait qui distingue l'affection de Pie IX envers l'Archiconfrérie, c'est que jamais elle n'abandonne son souvenir. Se présente-t-il une occasion de parler de ses succès et de ses destinées pour l'avenir? qu'il est heureux de la saisir! Le 6 octobre 1865, lorsque M. le sous-directeur de l'Archiconfrérie lui remet, au nom de la fabrique de Notre-Dame-des-Victoires, un présent, don de la reconnaissance et de la piété filiale, — « Et l'Archiconfrérie de Notre-Dame-des-Victoires, dit Pie IX, que devient-elle? Continue-t-elle toujours ses conquêtes? Est-elle toujours florissante? » Puis, quelques jours après, dans une lettre de reconnaissance adressée aux membres de la fabrique de Notre-Dame-des-Victoires: « Mes chers fils, écrivait
« Pie IX, l'expérience que vous avez de nos dispositions toujours
« bienveillantes à votre égard, les marques d'intérêt que vous avez
« reçues de nous, les faveurs spirituelles dont nous avons enrichi
« votre association et ses pieux exercices, vous feront facilement
« comprendre quel bonheur nous éprouvons à voir se multiplier
« parmi vous, le culte de la Mère de Dieu, et à apprendre quels
« heureux résultats pour le bien des âmes, enfante l'Archicon-
« frérie de Notre-Dame-des-Victoires! »

Voilà le cœur du père à l'endroit de l'Archiconfrérie! Quel sera celui de ses plus illustres fils?

III

Dans l'Église de Jésus-Christ, où tout se règle d'après l'ordre le plus parfait, le troupeau, pour marcher, attend toujours le commandement du pasteur. Quelque attrayants que soient les pâturages qui lui sont offerts, il faut qu'on l'y conduise. Les brebis n'avancent que le pasteur en tête. Aussi, depuis que Grégoire XVI et Pie IX ont ouvert le magnifique cortège d'illustrations qui viennent rendre hommage à Notre-Dame-des-Victoires, quelle suite brillante sur leurs pas !

Voici d'abord les évêques de France qui, depuis 1837 jusqu'à ce jour, sont venus presque tous vénérer en son sanctuaire Notre-Dame-des-Victoires. C'est Mgr de Bonald, une des gloires de l'église de Lyon, Mgr de Bordeaux dont la confiance en Marie fut récompensée par une guérison miraculeuse, l'archevêque d'Avignon, les évêques de Nancy, de Clermont, de S. Flour, de Metz, les archevêques de Paris, de Tours et d'Albi, l'ancien évêque de Strasbourg Mgr Tharin qui déclarait à son lit de mort, qu'un de ses plus grands motifs de confiance et de consolation dans ce terrible moment, c'était d'appartenir à cette sainte et universelle Archiconfrérie qui prierait pour lui.

Voulons-nous maintenant entendre en l'honneur de Notre-Dame-des-Victoires la voix de nos grands évêques ? « Notre-Dame-des-Victoires, écrit Mgr Giraud, archevêque de Cambrai, remplit l'univers catholique du bruit de ses triomphes, et des succès qu'elle remporte chaque jour sur les cœurs les plus obstinés, et les esprits les plus rebelles. » Mgr Sibour, archevêque de Paris, tracera ces belles lignes à l'occasion du couronnement de la statue de Notre-Dame-des-Victoires : « Les sentiments de piété envers la St^e Vierge qui ne se sont jamais éteints dans la grande cité parisienne, ont permis d'y allumer, dans ces derniers temps, ce grand foyer de dévotion qui, de l'autel de Notre-Dame-des-Victoires, fait sentir au loin sa salutaire influence, et va ranimer dans tous les cœurs égarés ou perdus les étincelles de la foi et de la charité. » Puis, c'est un des premiers et des plus illustres évêques de France qui, après un pèlerinage à Notre-Dame-des-Victoires, jette dans le cœur de M. Des Genettes ces prophétiques paroles : « Combien je suis heureux d'avoir célébré l'auguste sacrifice à cet autel, que de grâces, que de consolations j'ai reçues pendant la Sainte messe! Je ne doute pas que cette église ne devienne bientôt un pèlerinage fréquenté comme celui de Notre-Dame-de-Lorette. Oui, quand on connaîtra les grâces que l'on obtient à cet autel, on y viendra de toutes les parties de l'univers. »

La France, notre France si dévouée à Marie, s'y est fait représenter d'abord. La plupart de ses évêques sont venus consacrer à Notre-Dame-des-Victoires les travaux de leur ministère. C'est par milliers que l'on compte les prêtres qui, chaque année, célèbrent le divin sacrifice à l'autel privilégié de l'Archiconfrérie, et il n'est pas un missionnaire français, avant de quitter la patrie pour aller affronter la mort en des climats lointains, qui ne vienne chanter à Notre-Dame-des-Victoires son cantique d'adieu. Liesse vante, à juste titre, son antique et glorieux pèlerinage, Chartres montre, avec orgueil, usé par les baisers des fidèles, le pilier sur lequel est apparue la Vierge, et Notre-Dame-de-Fourvières voit accourir chaque année dans son enceinte toutes les populations lyonnaises, mais aucun de ces illustres sanctuaires n'a réuni en son sein plus de célébrités religieuses que Notre-Dame-des-Victoires.

A l'épiscopat Français prosterné devant la Vierge de ce temple célèbre, se sont joints les religieux les plus distingués de France; c'est là qu'ont prié les Bautain, que se sont agenouillés les Lacordaire, que les Ravignan ont puisé leur douce et féconde éloquence. Est-il un orateur chrétien qui ne soit venu s'inspirer aux pieds de Notre-Dame-des-Victoires? Le P. Félix attribuait aux prières de l'Archiconfrérie ses succès de Notre-Dame de Paris, le P. Millériot, les nombreuses conversions qu'opéraient son zèle et son éloquence.

Qui ne se souvient, à Paris, d'avoir vu ces fervents disciples du cloître, confondus dans les foules qui se pressent continuellement dans ce temple privilégié, et surtout qui ne se rappelle les éloges magnifiques qu'ils ont décernés à Notre-Dame-des-Victoires?

IV

Il convenait à la France de s'agenouiller la première dans le sanctuaire de Notre-Dame-des-Victoires ; Marie n'a-t-elle pas toujours été dans ses gloires et dans toutes ses prospérités? Mais bientôt les évêques du monde catholique, instruits des merveilles qui s'opèrent en ce lieu de bénédiction, viendront tour à tour rendre hommage à l'Archiconfrérie du Saint Cœur de Marie, et vénérer en son temple Notre-Dame-des-Victoires. L'un des premiers évêques étrangers qui présidèrent les exercices de l'Archiconfrérie, ce fut Mgr Gellis, coadjuteur d'Édimbourg. L'Angleterre après la France. Elle aussi, cette grande nation, n'a-t-elle pas été nommée la terre des saints, la terre privilégiée de Marie? En 1842, suivi des deux fils du Bey de Constantine, voici l'évêque d'Alger qui vient reconnaître la puissance de Notre-Dame-des-Victoires en lui consacrant nos Colonies et ses périlleux labeurs. Puis, d'année en année, vous voyez apparaître dans ce sanctuaire, si humble naguère, presque tous les évêques de l'univers ; ils arrivent de tous les cieux, portés par tous les vents du monde ; en 1840, c'est l'évêque de Babylone, l'évêque de Sydney dans l'Australie, l'évêque de Montréal ; bientôt ils sont suivis de l'archevêque de Constantinople, des évêques de Londres, des deux Guinées sur les côtes d'Afrique, et de Louisville aux États-Unis. L'Asie s'ébranle à son tour, Nankin députe à Notre-Dame-des-Victoires, Mgr Bressi ; la Mantchourie-Tartare, son vicaire apostolique ; il n'est aucune nation, si perdue qu'elle soit au delà de l'immense Océan, qui ne veuille déposer ses hommages aux pieds de la statue de Notre-Dame-des-Victoires. Quel spectacle admirable et saisissant à la fois n'offre pas de distance en distance, ce temple chéri de la Vierge ! En 1865 comme en 1815, vous y voyez représentées toutes les nations de la terre. La vieille Europe y donne la main au Nouveau-Monde, l'Orient s'y rencontre avec l'Occident, l'Archevêque de Westminster, Mgr l'évêque de Beverley écoutent au pied de la chaire de Notre-Dame-des-Victoires les hommages que rendent à l'Archiconfrérie le préfet apostolique du Chili et Mgr Amaton, évêque de Théodosiopolis.

Mais prêtons l'oreille à des éloges plus signalés que rendent à Notre-Dame-Des Victoires tant de prélats étrangers. Le bruit ne s'en est-il pas répandu d'une extrémité du monde à l'autre? Écoutons. C'est Mgr Bourget, évêque du Haut-Canada, qui parle du haut de la chaire de Notre-Dame-des-Victoires. « J'accomplis ici, Messieurs, dit l'évêque de Montréal, un vœu que j'ai fait dans mon église en présence de mes diocésains. Vers la fin de l'office du Saint Cœur de Marie, je leur annonçai, qu'allant à Rome, je passerais par Paris, et qu'arrivé dans cette grande ville, ma première visite serait pour Notre-Dame-des-Victoires. Ce fut parmi les assistants une joie sans bornes. Et je prierai pour vous tous, ajoutai-je, et je me souviendrai de vos besoins et de vos épreuves, lorsque je célébrerai les saints mystères à cet autel qui est révéré de toute la terre, dans ce sanctuaire, devenu le refuge et l'asile de tous les infortunés de ce monde. L'enthousiasme était à son comble, et je reconçus de mon diocèse le meilleur augure pour l'avenir en le voyant si dévoué au Saint et Immaculé Cœur de Marie. »

L'Italie n'est pas moins expansive dans les éloges qu'elle adresse à l'Archiconfrérie, l'Italie qui possède dans son sein Notre-Dame-de-Lorette, et tant d'illustres sanctuaires consacrés à la Vierge. « Combien d'âmes, écrivait en 1844 l'Archevêque de Ravenne, qui depuis longtemps se précipitaient dans les sentiers de l'impiété, combien qui avaient obstinément repoussé la foi ou qui l'avaient sacrilégement abandonnée, éclairées subitement par la mère de Dieu que sollicitait l'Archiconfrérie de son divin Cœur, ont ouvert enfin les yeux à la lumière céleste et sont retournées dans les voies de la justice et de la vérité! Ces heureux résultats ont occasionné non-seulement en France, mais en Europe, et dans presque toutes les contrées de l'Univers catholique, l'érection des pieuses congrégations marchant au même but que l'Archiconfrérie de Notre-Dame-des-Victoires de Paris ».

Mais parmi ces grandes voix qui se firent entendre en l'honneur de l'Archiconfrérie de Notre-Dame-des-Victoires, quelle voix surpassera jamais en éloquence celle de Mgr Mermillod, évêque coadjuteur de Genève ? L'Archiconfrérie croira longtemps encore l'entendre s'écrier « O Sainte Mère de Jésus, Notre-Dame de toutes les cités, partout où un autel s'élève à Jésus, nous voyons s'élever aussi un autel en votre honneur, car vous êtes le reflet nécessaire de la gloire de votre divin Fils, mais encore une fois, comme il nous est doux de vous saluer dans ce temple privilégié de Notre-Dame-des-Victoires ».

« O Notre-Dame-des-Victoires, ô Sanctuaire si merveilleusement placé au milieu des agitations de la grande cité parisienne, au milieu de toutes les préoccupations de la fortune, puisse ton autel sacré, abriter toutes les souffrances, toutes les douleurs ! Puisses-tu toi-même répandre de plus en plus au loin la céleste influence !

« O mon Dieu ! soyez mille et mille fois béni de nous avoir donné ce sanctuaire vénéré, où vous aimez à manifester vos miséricordes ! Vous nous aviez déjà donné Notre-Dame de Paris, vous avez voulu qu'il y eût aussi Notre-Dame-des-Victoires. Vous répondez ainsi aux vœux des cœurs, car tous, nous avons des victoires à vous demander.

« O Marie, ma Mère ! pour moi, vous savez mes vœux de prêtre et de pontife, vous connaissez mes désirs de conquête, je vous les répète en ce jour.

« O Notre-Dame-des-Victoires, je voudrais, conquérant béni, vous gagner bien des âmes, je voudrais, avec votre assistance, ramener au bercail de votre fils toutes ces brebis égarées qui me sont confiées, afin qu'il n'y ait plus qu'un troupeau sous la houlette du même pasteur. O Notre-Dame-des-Victoires, soyez donc victorieuse dans ma chère cité de Genève. Hâtez-vous, la moisson blanchit, vous avez naguère écouté les accents du pèlerin, écoutez aujourd'hui les accents de l'évêque.

« Que votre victoire s'étende sur le monde entier ; amenez partout les âmes jusqu'au cœur de votre divin Fils. Abritez les évêques, ô Mère de miséricorde ! abritez les peuples qui leur sont confiés, et que tous, ô Notre-Dame-des-Victoires, marchent au combat sous votre sainte et triomphante bannière » !

Manque-t-il encore quelques notes harmonieuses à ce concert de louanges qui s'élève en l'honneur de Notre-Dame-des-Victoires de toutes les parties de l'épiscopat catholique ? L'Angleterre, la Hongrie, la Belgique, l'Autriche et l'Orient nous les enverront par les grandes voix des archevêques de Westminster, de Prague, de Malines, d'Alep, de Mossoul, d'Antioche, et des évêques de Léopold et de Wurtzbourg. Ouvrez les annales de 1865 et lisez : « Henri-Édouard Manning, archevêque de Westminster, je recommande aux intercessions des fidèles de Notre-Dame-des-Victoires et des associés de l'Archiconfrérie, mon diocèse, pasteur et troupeau, spécialement les pauvres enfants catholiques de Londres, privés d'éducation chrétienne et place mes intentions et mes efforts sous la protection de l'Immaculée Mère de Dieu ».

La vieille Hongrie toujours fidèle à la Vierge et à Dieu n'est pas moins expressive dans son dévouement à Notre-Dame-des-Victoires. Elle ne veut pas qu'on taise son nom dans la glorieuse liste de ceux qui ont chanté les louanges de l'Archiconfrérie du Saint Cœur de Marie. Aussi, le cardinal prince de Schwarzemberg, l'un de ses plus illustres archevêques, s'empresse-t-il d'affilier son diocèse à l'Archiconfrérie de Notre-Dame-des-Victoires, et de croiser l'étendard du Saint Cœur de Marie, avec les étendards si célèbres de cette terre de héros.

En Autriche, l'Archevêque de Léopold, Conseiller d'État de l'Empire, réclame de Notre-Dame-des-Victoires l'honneur d'ériger dans son diocèse les pieux exercices de l'Archiconfrérie. Son nom est inscrit le premier sur la liste de ceux qui s'enrôlent sous cette nouvelle bannière. Là, comme partout, il veut que le pasteur soit en tête du troupeau. Bientôt, lorsqu'il apprend les merveilles opérées par cette tendre dévotion ; les autres ont d'éloquentes paroles pour en raconter les prodiges, lui n'a que des larmes abondantes pour en faire l'éloge.

Maintenant que les pasteurs des peuples sont venus s'incliner devant l'Image sainte de Notre-Dame-des-Victoires et dire les merveilles de son Archiconfrérie ; laissons les fidèles défiler avec vénération devant cette auguste statue de la Vierge et célébrer à leur tour ses louanges.

V

Jusqu'ici, dans le tribut d'éloges accordés à l'Archiconfrérie du Très-Saint Cœur de Marie, et dans ce concert de bénédictions dont la catholicité tout entière a répété depuis 1839 les nombreux échos, nous n'avons entendu que les voix imposantes du chef et des princes de l'église.

C'était justice que ceux, que le Seigneur a constitués juges en Israël, fissent d'abord entendre leur voix. Mais hélas ! qu'aujourd'hui, la parole des évêques a perdu de son influence et de sa force ! Dépositaires des traditions saintes et juges autrefois des choses de la piété, ils n'avaient qu'à manifester leurs sentiments, pour voir les peuples, justement dociles à la voix de l'église et de la raison, acclamer leurs décisions ; on marchait sous la bannière déployée par son évêque comme le guerrier sous l'étendard de son pays, avec enthousiasme et sécurité.

Mais aujourd'hui, l'évêque parle-t-il ? Sa parole provoque la défiance. Ce qui aurait dû toujours être, en matière de piété, la garantie la plus puissante de la vérité, est tombé dans la plus malheureuse suspicion. On dirait qu'on ne peut plus raisonner des choses de la religion, dès que le signe de l'autorité ecclésiastique repose sur votre front, et que la vérité a fui les lèvres que l'esprit de Dieu a marquées pour garder la sagesse et la science.

Eh bien ! sacrifions aux préjugés d'un monde injuste. Que la voix de nos évêques soit, comme si elle n'avait pas retenti partout l'univers en faveur de l'Archiconfrérie du Saint Cœur de Marie. Pasteurs des peuples, cessez vos louanges, et vous, juges d'Israël, suspendez vos jugements ! Entrons, enfants d'une génération incrédule, dans le temple de Notre-Dame-des-Victoires, et puisque nous voulons, en l'honneur de l'Archiconfrérie, d'autres témoignages que ceux de nos évêques; que l'or qui ruisselle dans Notre-Dame-des-Victoires, que les marbres, que les richesses en tous genres qui la décorent, que les douloureux appareils qui soutenaient nos infirmités, que les croix de la bravoure et de l'honneur, que la reconnaissance a suspendues à ses murailles, que les cinq mille cœurs d'or et de vermeil, qui enrichissent ses autels et ses trésors, publient la gloire de l'Archiconfrérie ! Est-il une seule place que la reconnaissance ait laissée vide dans ce sanctuaire illustre ? Cherchez ! Sa main n'a-t-elle pas passé partout ? Et depuis ces superbes lustres qui brillent devant ses autels, ces vases sacrés qui servent aux sacrifices, jusqu'aux toiles magnifiques, jusqu'aux riches verrières qui embellissent ce temple, n'y voyez-vous pas les plus éclatants hommages de la piété et de la vénération ? C'est là vraiment que les murs parlent et que l'or et les marbres ont une entraînante éloquence !

Toutefois, il est temps que la pierre cède la place à la parole humaine. Il est des voix qui se sont élevées en l'honneur de l'Archiconfrérie que le monde ne dédaignera pas d'entendre. L'hommage ici sort de ses rangs. Écoutons M. Léon Aubineau, si connu dans la Presse française : « La source des grâces ouverte devant l'autel du Saint Cœur de Marie, écrit le célèbre publiciste, est accessible à tout le monde. On y vient des extrémités de la terre. Il n'est pas une œuvre de notre temps qui n'ait été y retremper sa force. Tout ce qui s'est relevé, tout ce qui s'est inauguré de nos jours, a reçu sa consécration de Notre-Dame-des-Victoires. Ce sanctuaire est devenu un centre qui attire tout.

« Le premier restaurateur d'un ordre monastique en France depuis la révolution de 1830, l'abbé de Solesmes, est venu y montrer sa coule aux yeux étonnés des parisiens. Après l'habit noir de Saint Benoît, l'habit blanc de Saint Dominique a paru à son tour, présenté par le P. Lacordaire. Les capucins ont aussi porté la livrée de Saint François dans la chaire de Notre-Dame-des-Victoires, avant de la montrer dans les autres églises de Paris. Toutes les œuvres de piété et de charité particulières aux besoins de notre époque, ont pris naissance devant cet autel privilégié, ou sont venues y chercher une sanction. C'est à Notre-Dame-des-Victoires qu'a pris naissance et que s'est établie l'œuvre de l'adoration nocturne du Saint Sacrement. Il n'est pas une réunion de la Sainte Famille, de Saint François Xavier, de patronage et d'apprentissage, qui n'ait voulu prendre part aux bénédictions de ce lieu et visiter aussi Notre-Dame-des-Victoires. Beaucoup des cœurs qui tapissent les murs de l'église, et dont le nombre dépasse six mille, ont été offerts par ces diverses associations. »

Voulons-nous entendre à son tour l'auteur des biographies contemporaines, M. de Mirecourt dans sa vie du R. P. Félix ? « Qu'est-ce qui, de nos jours, rapporte M. de Mirecourt, a le plus saintement remué les âmes, grossi les rangs des catholiques et tenu le monde stupéfait devant les miracles de l'ordre moral ? Qu'est-ce qui a le mieux mérité l'honneur d'être maudit par l'impiété et glorifié par ses frémissements ? Personne n'entreprendra de le nier. C'est l'Archiconfrérie de Notre-Dame-des-Victoires, l'Archiconfrérie, œuvre marquée du sceau éclatant de la Providence dans son origine, dans ses développements et son action miraculeuse ? Pour le nier, il faut insulter les faits accomplis et braver stupidement les clartés de l'évidence. Eh bien ! regardez, qu'y a-t-il sur cette bannière levée par la main de Dieu ? Une seule chose : le Cœur Immaculé de Marie ! Et dans toutes ses réunions fraternelles et saintes dont la piété sympathique et le chant spontané semblent ressusciter la foi rajeunie de nos pères, quel est le chant que vous entendez sortir de tous les cœurs émus ? « O Marie, conçue sans péché, ayez pitié de nous qui avons recours à vous. »

Voilà l'hommage du monde ! voilà son chant de reconnaissance envers Notre-Dame-des-Victoires. Nos lecteurs veulent-ils voir combien d'hommes, et parmi ces hommes, combien d'illustres personnages s'y sont associés ?

VI

Vraiment, c'est un prodige que cette innombrable armée de combattants pacifiques qui sont venus depuis 1838, se ranger sous l'étendard de Notre-Dame-des-Victoires. Est-il dans le monde un rang, une classe, un sexe, une dignité qui n'ait rendu hommage à Notre-Dame-des-Victoires ? Le nombre de ses associés s'élève à plus de dix-huit millions. Toutes les conditions de la société s'y trouvent représentées. Vous voyez confondus dans l'égalité du sanctuaire, le nom du prince et du sujet, celui du pauvre et du riche ; la servante a gravé le sien près de celui de sa maîtresse, et l'homme du peuple, près de celui qui commande aux nations. Nous n'avons pu soulever que quelques feuilles de ces glorieux registres de Paris, qui renferment les noms de près d'un million d'associés, mais quels titres et quelles gloires nous ont apparu ?

Qu'on ne s'y trompe pas cependant ; si nous citons quelques-uns de ces noms célèbres, ce n'est pas que nous attachions une importance exagérée aux honneurs et aux dignités de la terre. Élevé à l'école du Dieu de Bethléem, nous savons que la pauvreté lui est plus agréable que la richesse, et que l'humble Vierge de Juda est aussi glorifiée par la prière d'une pauvre servante, que par celle des reines du monde. Mais notre siècle qui ne respire, en dépit de ses protestations d'égalité, qu'ambition et qu'orgueil, ne veut ses modèles que parmi les riches et les puissants. L'humilité et la pauvreté ne sont pas à ses yeux, même en religion, d'assez glorieux étendards. La paille de la crèche et la croix du Calvaire ne lui suffisent plus, il lui faut des noms et des titres.

Eh bien ! si la piété ne lui sourit que rehaussée par des titres : glorieuses pages des annales de Notre-Dame-des-Victoires, ouvrez-vous devant ses regards ! Voici Mme la Duchesse de Parme, la princesse Borghèse, la princesse de Sulmona qui se trouvent plus honorées d'appartenir à l'humble Association de Notre-Dame-des-Victoires, qu'aux familles illustres qui portent leur nom. C'est M. de Ravignan, c'est Lacordaire, le célèbre dominicain, dont les voix éloquentes firent longtemps l'admiration de l'Europe. Vous voyez ensuite les comtes de Montalembert, de la Ferronnays et de Brissac inscrire leurs noms à côté de ceux des princes de Broglie, de Rohan, et des ducs de Larochefoucauld, de Montmorency et de Luynes. La duchesse de Bragance, la vice-reine d'Irlande, Pauline De Maistre et son illustre famille rêvent une autre gloire que celle de la naissance, le titre d'enfant privilégié de Notre-Dame-des-Victoires leur sourit plus que les dignités de la terre.

Un de nos plus célèbres peintres de bataille, Horace Vernet regrette, dans sa dernière maladie, de ne pouvoir plus accomplir un dernier pèlerinage à Notre-Dame-des-Victoires.

La mort surprend Flandrin quand il cherchait dans son fécond génie, le motif d'un tableau qu'il destinait à orner le sanctuaire privilégié de Marie.

Là se convertirent le prince d'Analht et sa famille.

On vint prier et pleurer dans ce sanctuaire sur les grandes âmes de Lamartine et et de Lamoricière.

Quelles illustrations en présence de cet autel ! Quels témoignages immortels de vénération rendus à ce sanctuaire !

En voici qui arrivent des extrémités du monde.

« J'ai lu avec plaisir, Monsieur, écrivait en 1864 la Présidente d'Haïti, au curé de Notre-Dame-des-Victoires, les bulletins des annales de l'Archiconfrérie, et particulièrement les détails qui s'y trouvent relatés de la visite de Mgr du Cosquier dans le sanctuaire de votre œuvre, et de la consécration qu'il y a faite à la Très-Sainte Mère de Dieu de tout son diocèse.

« Cette pieuse inspiration de Monseigneur, est une preuve de son amour pour ses ouailles d'Haïti, je me propose de l'en féliciter à son arrivée.

« Je suis reconnaissante des prières dites chaque dimanche pour mon pays. Soyez assuré que, de mon côté, je demanderai à Dieu dans mes prières, d'étendre sa divine protection sur les œuvres de l'Archiconfrérie de Notre-Dame-des-Victoires dont je désire vivement la prospérité. »

L'un des derniers jours d'octobre de l'année 1863 se présente à Notre-Dame-des-Victoires un officier supérieur du génie, M. le commandant Ch. Le Genissel, directeur des établissements militaires de France en Chine. Il demande qu'on l'introduise auprès de M. le curé. Après un échange de politesses réciproques « Monsieur le curé, dit l'officier, j'ai de bien grandes actions de grâces à rendre à la patronne de votre Archiconfrérie. Vous êtes ici sur la terre des prodiges, rien ne vous étonnera dans le récit que je vais vous faire. »

« Le 10 août vers 0 heures du soir, un bâtiment français, qui filait
« rapidement, se rencontra dans les mers de la Chine entre Chang-
« Haï et Hong-Kong, en face d'un navire américain lancé à toute
« vapeur. Le danger était imminent, l'abordage allait avoir lieu, et
« deux cents passagers français allaient périr dans les flots. On
« déploie les signaux d'alarme, on crie, on se désespère. Pour moi,
« rappelant mon courage et mes sentiments de religion, je me jette
« à genoux sur le pont de navire avec ma femme et quelques amis
« qui m'entouraient, et avec la conviction d'une foi sincère « Notre-
« Dame-des-Victoires, sauvez-nous, m'écriai-je. »

« Le croiriez-vous, Monsieur le Curé ? Soudain, le navire américain qui, selon toutes les probabilités, devait prendre en flanc le bâtiment français et le couper, dévie de sa ligne et se contente de le heurter à l'arrière.

« Mais quel choc ! Le trois-mâts américain tombe sur le vapeur français, lui brise sa mâture et lui fait perdre tous ses engins, mais pas un homme de l'équipage n'eut à souffrir de ce terrible abordage.

« Voilà ce que j'ai vu. C'est un de ces prodiges qu'il ne nous est pas permis d'étudier et de définir. A coup sûr, nous devons la vie à Notre-Dame-des-Victoires. Vous pouvez le dire hautement. Racontez à vos associés cette nouvelle preuve de la bonté et de la puissance de la grande protectrice de ce sanctuaire, qui sait, à 4,500 lieues de vous, atteindre et sauver ceux qui l'invoquent. Quant à mon nom, Monsieur le Curé, je vous autorise à le citer, ce sera la preuve irrécusable, pour ceux qui me connaissent, de l'authenticité de ce récit. »

Et le brave commandant, en souvenir de la protection signalée que lui avait accordée Notre-Dame-des-Victoires, lui fit hommage de ses épaulettes d'officier.

Voici maintenant un de nos consuls, mille fois encore plus dévoué à Notre-Dame-des-Victoires! Ce n'est pas seulement un de ses admirateurs, c'est un de ses apôtres. M. le comte de Maricourt établit lui-même dans l'île de Chypre, dont il est le gouverneur, les saints exercices de l'Archiconfrérie. Il fait, pour arriver à ce but, toutes les démarches; il prévient toutes les difficultés et il semble qu'il ne doive pas avoir de repos avant d'avoir fait flotter sur ces mers autrefois si célèbres de la Grèce, le doux étendard du Saint Cœur de Marie.

« Monsieur le Directeur, écrivait M. le comte de Maricourt, je pense maintenant que rien ne s'oppose plus à ce que notre belle île de Chypre soit associée à l'Archiconfrérie de Notre-Dame-des-Victoires. Dans quelque temps, cette chère île deviendra le domaine de la bienheureuse Mère de Dieu. Qu'elle en soit bénie! et que Notre-Dame-des-Victoires, apparaissant sous ce riant climat de la Grèce, apporte dans les plis de son drapeau, la prospérité et la foi. »

Est-il un plus noble et plus profond hommage de vénération rendu à Notre-Dame-des-Victoires que celui-là? L'impiété en sourira de pitié peut-être, mais qu'elle se rappelle que ceux qui parlent et agissent ainsi, ne déshonoreront jamais la France par leur faiblesse, et n'auraient pas, ô triste et honteux souvenir! exploité ses malheurs au profit de leur orgueil ou de leur cupidité!!

VII

Parmi les témoignages de vénération du monde envers l'Archiconfrérie de Notre-Dame-des-Victoires, il en est deux surtout auxquels les noms de leurs auteurs, leur caractère et le retentissement qu'ils eurent en France, ajoutent un plus grand éclat ; ce sont les hommages que rendirent à Notre-Dame-des-Victoires, M. Amédée Thayer et sa femme, la fille du général Bertrand, et l'Impératrice Eugénie.

Par une matinée d'octobre de l'année 1866, le voyageur qui aurait traversé le département de l'Indre, aurait été frappé de l'animation et de la vie qui régnaient dans toute cette partie du Berry. De toutes les routes de l'Indre, arrivaient à Touvent de nombreux équipages, et plus on approchait de ce gracieux village, plus se grossissait la foule qui se dirigeait vers ce lieu par les belles vallées de l'Indre.

Quel enthousiasme anime-t-il donc cette vieille terre du Berry, et quelle est la fête qui s'y prépare? Demandez-le à ces milliers de pèlerins qui s'en vont, bannières déployées, vers le château de M. Thayer, demandez-le à cet important cortège de prélats et de prêtres qui devancent ces processions rustiques. Voici d'abord Mgr de La Tour d'Auvergne, archevêque de Bourges, assisté de ses vicaires généraux, Mgr Forcade, évêque de Nevers, Mgr Fruchaud, évêque de Limoges, Mgr Berault des Billiers, protonotaire apostolique, vicaire général de Bourges; puis ce sont les curés de Châteauroux, et plus de cent cinquante prêtres accourus de tous les points du diocèse, des religieux de tous ordres, un grand nombre de prêtres étrangers parmi lesquels les vénérables curés de Notre-Dame-des-Victoires et de Saint-Thomas-d'Aquin, MM. Chanal et Debeauvals.

Arrivent aussi de leur côté tous les dignitaires du département. Vous voyez à leur tête, Monsieur le Préfet de l'Indre, le Président du tribunal, M. Charlemagne, député, Monsieur le Maire et les autorités de la ville de Châteauroux. Parmi les étrangers, M. le duc de Padoue, sénateur, ancien ministre de l'intérieur, et Madame la duchesse de Padoue étaient venus, sur l'invitation de M. Thayer et de sa femme, rehausser par leur présence la cérémonie qui s'apprête.

Dix heures sonnent à l'horloge du château; l'affluence devient de moment en moment plus considérable, les voitures encombrent l'avenue du parc, décorée de mâts vénitiens et de banderolles aux couleurs nationales. Partout brillent les emblèmes de Marie, ses chiffres bénis surmontent les arcs de triomphe, et se lisent dans les guirlandes de fleurs qui relient entre eux les grands arbres du parc.

Ah! c'est qu'aujourd'hui il y a fête à Touvent, c'est qu'aujourd'hui l'on bénit la superbe chapelle que Monsieur et Madame Thayer viennent d'élever dans leur manoir en l'honneur de Notre-Dame-des-Victoires, et que, d'après l'autorisation du souverain Pontife, l'on y couronne solennellement la Vierge qui doit étendre sur ces lieux sa puissante protection.

Admirons les témoignages de vénération et d'amour qu'une des plus belles provinces de France rend ici à Notre-Dame-des-Victoires! Une chapelle, véritable bijou d'architecture romane, dira, d'âge en âge à tout le Berry, les gloires de l'Archiconfrérie et la piété de ses généreux fondateurs pour son illustre patronne. Ses évêques et ses prêtres sont venus de toutes les vallées de l'Indre chanter les louanges de Notre-Dame-des-Victoires; le monde s'y est fait représenter par les principaux personnages des contrées voisines; et, comme si tant d'honneurs n'étaient pas encore assez dignes de Notre-Dame-des-Victoires, le souverain pontife n'a pas voulu rester étranger à cette fête, mais a doté la Vierge de Touvent et sa magnifique chapelle des plus glorieux privilèges.

Mais que notre faible voix se taise dans ce concert de louanges qui s'élève, en l'honneur de Notre-Dame-des-Victoires, de toute la terre du Berry; laissons à Mgr l'Archevêque de Bourges le soin de redire le but et le caractère de cette solennité.

« Dans quelques instants, mes frères, s'est écrié Mgr de Bourges,
» nous allons, au nom du souverain Pontife qui nous a spécialement
» délégué pour cette cérémonie, procéder solennellement au cou-
» ronnement d'une statue de Notre-Dame-des-Victoires dans cette
» église de Touvent qui lui est consacrée.

» Vous rappeler les motifs qui ont inspiré le Saint-Père dans cette
» faveur si extraordinaire qu'il accorde à Notre-Dame-de-Touvent,
» vous les avez compris et devinés ; vous avez senti ce que, dans cette
» circonstance, il a voulu récompenser et bénir ! Son regard paternel
» a traversé l'espace, il a vu le dévouement sans bornes aux grands
» intérêts de l'église, il a vu la religion et la charité se servant des
» trésors de ce monde pour faire le bien. Il a vu la maison des
» pauvres s'élevant à côté de la maison de Dieu, la pauvreté de
» Saint François s'abritant sous les grandeurs de la terre. Il a vu ce
» noble et splendide sanctuaire, s'ouvrant chaque jour aux popula-
» tions des campagnes pour les sacrés mystères et la parole de
» Dieu ; il a vu enfin cette douce et gracieuse image de Marie, aux
» formes si suaves et si pures, où le ciseau de l'artiste a été chré-
» tiennement inspiré. Il l'a vue, disons-nous, entourée déjà de la
» vénération de la contrée, et il a dit dans son cœur de père : Ils
» ont travaillé pour Dieu, pour la Vierge et pour les pauvres, ils
» ont voué au culte de Marie et les jours et les forces de leur vie,
» eh bien, nous donnerons à leurs cœurs si chrétiens et si pieux une
» récompense qui sera plus qu'une joie, plus qu'une gloire, qui sera
» une bénédiction éternelle. Nous couronnerons leur œuvre, nous
» couronnerons de nouveau, en son nouveau sanctuaire, Notre-Dame-
» des Victoires ».

Tel est le solennel hommage que rendirent, en 1860, à Notre-Dame-des-Victoires, M. Amédée Thayer et la fille de l'illustre général Bertrand. Le département de l'Indre en a compris la portée ; aussi l'a-t-on vu s'associer, dans ces circonstances, à ces pieuses manifestations en l'honneur de l'ancienne patronne du Berry.

Au spectacle des négations audacieuses qui se produisaient avec retentissement contre les croyances les plus élémentaires de l'ordre surnaturel, à la vue de ces défaillances sans nombre, de cette apostasie, de tous les devoirs préconisés par une presse impie, M. Thayer opposa le spectacle des croyances les plus douces et les plus chères à la foi. Il éleva, au cœur même de la France, plus haut que le monde ne l'avait jamais fait, l'étendard du Saint Cœur de Marie. Plusieurs avaient pu dire, en contemplant la décadence religieuse de notre âge : ce siècle sera nommé le siècle de l'athéisme pratique. » Mais en réfléchissant sur ces solennelles manifestations qui se sont renouvelées dans l'Indre en l'honneur de Notre-Dame-des-Victoires, d'autres voix plus autorisées peuvent prédire le rajeunissement par Marie de la foi chrétienne dans notre malheureux pays !

VIII

Telle est la couronne de bénédictions et d'hommages que la terre a déposée sur le front de Notre-Dame-des-Victoires. La main d'un grand pape en avait attaché le premier anneau, nous vîmes l'épiscopat du monde entier se disputer l'honneur, de concert avec les plus hautes illustrations de la terre, de l'enrichir des plus beaux diamants. Il ne restait plus qu'à la fermer avec un joyau du plus grand prix. Mais quelle main, à la fois magnifique et pieuse, doit en faire le présent ?

Le samedi 14 avril 1866, au moment où M. le curé rentrait chez lui, on lui présente un pli revêtu du sceau des Tuileries. Est-ce une nouvelle faveur que vient d'accorder Notre-Dame-des-Victoires ? Est-ce une gloire nouvelle qu'on lui rend en retour de ses bienfaits ? M. le curé ouvre la lettre. C'était l'Impératrice qui se proposait, en souvenir de la campagne d'Italie, d'offrir à Notre-Dame-des-Victoires une lampe en argent, don de la reconnaissance et de la foi.

Ce présent devait être offert officiellement le lendemain à 4 h. 1/2. Tout, dans ce don magnifique, et sa richesse, et la solennité qui devait présider à sa présentation, allait montrer à la France la vénération et l'amour que sa souveraine portait à Notre-Dame-des-Victoires.

Le lendemain dimanche, à l'heure indiquée, une voiture de la cour s'arrêtait devant l'église de Notre-Dame-des-Victoires. Deux ecclésiastiques revêtus du grand costume des chapelains de l'empereur, en descendaient. C'était M. l'abbé Laine, vicaire général de la grande aumônerie, et M. l'abbé Cuttoli, maître des cérémonies de la chapelle impériale. Un huissier de la cour et deux domestiques les suivaient. Ces derniers portaient l'*ex-voto* de l'Impératrice.

M. le curé, entouré du clergé de la paroisse était venu recevoir à l'entrée de l'église MM. les chapelains de l'Empereur. Quand le cortège fut arrivé à la chapelle de l'Archiconfrérie, M. l'abbé Laine prit la parole, et fit connaître, à M. le curé et à toute l'assistance, l'origine et l'histoire de l'*ex-voto* qu'il était chargé par l'Impératrice d'offrir à la Très-Sainte Vierge.

« Monsieur le curé, dit M. l'abbé Laine, c'est au nom et par les
» ordres de sa Majesté l'Impératrice, que je viens m'agenouiller
» devant cet autel. Un vœu fait à notre Seigneur, dans le secret du
» cœur et d'une prière fervente, pour obtenir, sous le patronage
» de Celle qui est le secours des chrétiens, une grâce d'un prix inestimable,
» la préservation des jours de l'empereur pendant la campagne
» d'Italie, a été exaucé.

« Un monument public, éclatant, d'une âme reconnaissante était
» dû à l'autel de la Mère des miséricordes qui a comblé d'augustes
» supplications. C'est à ce titre que j'offre à la Reine des cieux, au nom
» de Sa Majesté, cette lampe que je dépose en vos mains, vénérable
» et pieux gardien du sanctuaire de Notre-Dame-des-Victoires. Suspendez-là
» devant l'autel de celle que l'Univers ne se lasse pas
» d'invoquer, et que sa lumière qui ne s'éteindra pas, atteste à
» ceux qui viendront prier et pleurer dans ce lieu de bénédiction,
» la dette de l'action de grâces acquittée et la persévérance de la
» prière de sa Majesté l'Impératrice. »

La reconnaissance pouvait-elle étendre plus loin son expression et revêtir, en l'honneur de Notre-Dame-des-Victoires, des formes plus augustes et plus solennelles? Et pour nous, devant cet hommage de la foi et de la piété rendu à Notre-Dame-des-Victoires par une auguste princesse, alors l'idole et la gloire de la France, que pouvons-nous désirer encore? Après avoir vu les plus hautes gloires de la terre prosternées dans ce sanctuaire, voudrions-nous y contempler à leur tour les plus profondes et les plus sympathiques douleurs?

Quelques années après, c'était dans les derniers jours d'Août 1870, écrit le journal *Le Gaulois*, une femme dont la parure modeste et simple ne pouvait faire connaître la grandeur et le rang, venait s'agenouiller dans le sanctuaire privilégié de Marie. L'éclat déjà ne convenait plus à ses malheurs. Elle venait prier pour la France jetée dans les hasards d'une horrible guerre et frappée déjà par de subits et épouvantables revers.

C'était l'Impératrice.

Elle avait offert en 1866 à Notre-Dame-des-Victoires, l'hommage de ses grandeurs et de ses gloires.

Elle venait lui offrir en 1870 celui de ses larmes et de ses malheurs.

Et elle était là, sous la lampe qui lui rappelait son bonheur et sa fortune, songeant aux maux de la patrie, aux larmes et au désespoir des mères, à l'empereur, à son fils.

Elle priait avec ses larmes et son cœur Notre-Dame-des-Victoires pour le salut de nos provinces envahies, et pour la vie de tant de pauvres soldats que la Fortune continuait à trahir.

Elle ne fut pas exaucée!

L'heure des expiations, pour le trône d'abord et pour la France ensuite, avait sonné!

Français qui aviez toujours, même dans vos malheurs suprêmes, respecté les femmes et les mères, vous l'avez accusée, calomniée et maudite.

L'Impératrice, sous le poids d'injustices que vos malheurs seuls expliquent, a quitté la France que de faux républicains et des ambitieux vulgaires ont contribué plus qu'elle à précipiter dans l'abîme; et pour toute vengeance, en abandonnant cette terre de France qu'elle avait tant aimée, elle nous a laissé, à nous Français, comme gage de son affection et comme hommage de sa piété, des larmes et des prières au pied de Notre-Dame-des-Victoires.

Ce furent là ses adieux et son dernier présent! Puisse Notre-Dame-des-Victoires les agréer, et les faire retomber sur la France en une pluie de bénédictions qui lavera ses hontes et lui fera retrouver ses antiques gloires!

CHAPITRE IX

De l'influence du culte de la Vierge aux différentes époques de l'histoire. — Formes diverses que revêtit ce culte. — M. de Montalembert, le R. P. Lacordaire et l'histoire. — Le culte de Marie dans l'Archiconfrérie de Notre-Dame des Victoires, son influence dans la paroisse, dans Paris, et bientôt dans toute la France — Toutes les œuvres religieuses qui se forment viennent chercher leur inspiration à Notre-Dame-des-Victoires. — M. de Ravignan et le R. P. Lacordaire dans le sanctuaire illustre de Marie. — Plusieurs évêques constatent en France l'heureuse influence que l'Archiconfrérie exerce sur la religion. — Le nouveau monde subit cette douce influence. — Paroles de M. Des Genettes à ce sujet. — M. Léon Aubineau présage à l'Archiconfrérie une influence plus grande encore dans l'avenir.

I

Les écrivains qui ont étudié l'histoire des mouvements religieux à travers les siècles ont toujours été frappés de l'influence que le culte de la Sainte Vierge a exercée sur ces grandes époques. « Sans doute, écrivait, il y a quelques années, un journal religieux, on a quelquefois exagéré, par un zèle louable au fond, la portée que pouvait avoir sur les destinées du christianisme, la dévotion à la Sainte Vierge ; cependant il faudrait être entièrement étranger à l'histoire religieuse, depuis que l'on voit, en France surtout, les autels de Marie entourés de tant d'éclat et d'honneur, pour nier l'influence de la dévotion à la Vierge sur notre siècle. »

En effet, à ne considérer les choses que sous un point de vue général, il ne serait pas difficile de montrer que les grands mouvements progressifs de l'esprit religieux, ont coïncidé presque toujours avec quelque manifestation de la piété envers Marie.

C'est ainsi que l'expansion du christianisme qui eut lieu au cinquième siècle, son introduction dans les lois et dans les formes sociales, le renouvellement des sociétés, la préparation d'un monde nouveau, au moyen de l'appel merveilleux des barbares, suivirent de près le concile œcuménique d'Éphèse. L'Église, dans cette mémorable assemblée, n'eut pas plus tôt offert à Marie le plus solennel hommage qu'elle ait encore reçu, en lui confirmant d'une voix unanime le titre de Mère de Dieu, qu'une sève toute nouvelle circula dans la société chrétienne, et y fit grandir ces germes puissants de vie que le christianisme avait déposés dans les sociétés païennes.

Plus tard, au moyen âge, quand la société chrétienne se développe sur de plus vastes proportions, nous trouvons un accord spontané et universel, un entraînement irrésistible et comme un redoublement d'amour pour la Vierge Marie. La terre s'étonne des temples que l'on bâtit en son honneur, les drapeaux des rois portent son image, les arts la prennent pour type du beau. Saint Bernard, le grand homme de cette époque, celui dont la voix tonnante précipitait les populations vers la Syrie, trouve des accents d'une inexprimable douceur pour célébrer Marie; on dirait qu'une lumière supérieure lui a révélé, qu'au moment où la chrétienté allait se trouver exposée à la fascination du vieux serpent oriental, il fallait, en toute hâte, réveiller l'enthousiasme pour la Vierge divine qui l'a terrassé, et opposer à l'impure séduction la chaste magie de son culte.

Puis, quelque temps après, vous voyez, par toute l'Europe, des ordres religieux se vouer au service de la Mère de Dieu. Il se forme comme une armée innombrable de volontaires de tout âge et de tout sexe, qui s'engagent spécialement sous les bannières de Marie. Le Rosaire, le Scapulaire, deviennent les armes et l'habit de cette nouvelle milice. C'est un enthousiasme sacré qui s'est emparé des sociétés ; le marteau, la plume, l'épée, le pinceau, vont chercher leur inspiration et leur force à ce foyer d'amour qui s'est allumé autour du nom de la Vierge. Est-ce que jamais les couleurs se sont fondues plus riches et plus pures que sous cette gracieuse influence? Le ciseau des artistes fut-il jamais mieux inspiré? et quelle plume peut-on comparer à celle des Bernard et des Bonaventure? Non, jamais ce doux éclat, cette grâce presque divine qui tempèrent, avec un charme insaisissable, la majesté des œuvres de l'art, ne brillèrent plus que dans ce temps, et l'on sent que le culte de l'humble Vierge d'Israël et de la Mère du Christ put seul opérer ce mélange admirable de la grâce avec la majesté et de la grandeur avec la plus touchante simplicité.

« N'est-ce pas, en effet, le culte de Marie, écrit M. Maxime de Mont-Rond dans son ouvrage intitulé *La Vierge et les Saints*, qui a exercé la plus magnifique influence sur le développement des arts comme sur celui de la religion? Est-il rien dans la nature, rien dans l'humanité, qui ne trouve dans Marie un type auguste où sont réfléchis, sans voile et sans tache, les rayons de l'éternelle beauté? Un vaste champ d'harmonies saintes s'ouvre ici à nos regards. Qu'il nous serait doux de l'explorer! Nous voudrions rappeler ce que la poésie, l'architecture, la peinture ont emprunté, d'une manière spéciale, au dogme si fécond d'une Vierge, Mère d'un Dieu; raconter sous quelles admirables formes elles ont reproduit son image, ses attributs; énumérer, enfin, les admirables madones de Francia, du Pérugin, de Raphaël, et ces merveilleuses conceptions poétiques qui ont célébré sa gloire, depuis le *Salve Regina* des Croisades et le *Stabat Mater*, jusqu'aux hymnes de Pétrarque et du Tasse. »

Il n'est pas jusqu'au soldat du moyen âge, au guerrier bardé de fer qui ne ressentît, au sein même des batailles, l'influence du culte de la Vierge. Volait-il au combat? C'était sous sa bannière. Mourait-il loin de sa patrie? Le nom de sa noble dame se trouvait avec celui de sa mère le dernier sur ses lèvres. Qui racontera jamais les héroïsmes qu'enfanta le souvenir du nom de la Vierge? Souvent, au milieu des scènes de carnage, il attendrit de fiers guerriers dont aucune puissance n'aurait désarmé le bras. Aucun chevalier n'aurait voulu souiller l'image de Marie, qu'il portait sur son cœur, par le spectacle d'une lâcheté ou d'un déshonneur.

En un mot, pour développer tous les caractères de l'influence que la dévotion à la Sainte Vierge revêtit au moyen âge et dans la suite, il faudrait énumérer tous les triomphes de l'Église sur les hérésies, les victoires gagnées par les armées chrétiennes combattant sous son égide, les pestes, les fléaux, les calamités de tous genres arrêtés par sa puissante intercession; il faudrait parler des basiliques nombreuses qui s'élevèrent en son honneur, des villes et des royaumes qui se consacrèrent plus spécialement à son culte, des mœurs qui s'adoucirent sous sa tendre influence, des arts qui lui empruntèrent leurs grâces et leurs conceptions les plus pures, de la piété qu'elle fit descendre avec ses trésors de calme et de bonheur jusque dans la chaumière la plus ignorée; ou plutôt il faudrait interroger chaque page de notre histoire de France. Est-ce qu'il est un génie que Marie n'ait pas inspiré? Est-ce qu'elle n'a pas conduit le ciseau de nos grands architectes, le pinceau de nos peintres les plus illustres? Est-ce que ce n'est pas sous sa divine influence que se sont formées ces légions d'ouvriers qui s'en allaient par toute l'Europe, le marteau et la truelle à la main, doter tant de villes des plus superbes basiliques? Non, la Vierge n'est demeurée étrangère à aucune page de notre histoire ni de celle de l'Europe. Elle en est la gloire, elle en est l'ornement et la vie, et si, dans ces siècles plus fortunés que les nôtres, la religion, les arts et la littérature jetèrent un si vif éclat, croyons que le nom de Marie s'est mêlé à tous leurs triomphes.

Nous ne nous arrêterons qu'un instant à constater l'influence de la dévotion à la Sainte Vierge sur le seizième et le dix-septième siècle. Ah! les orgueilleuses et arides doctrines du protestantisme la redoutaient bien! Aussi, que de merveilles elles ont détruites, églises, tableaux, images, monastères, qui faisaient l'honneur des arts en même temps que celui de la Vierge qui les avait fait naître! Le protestantisme avait compris l'influence que le culte de Marie pouvait exercer à chaque siècle sur l'avenir du christianisme, et au mépris de l'antiquité dont il invoquait à tort les traditions, il s'en était déclaré le plus ardent adversaire. Mais, quand il sapait d'un côté ces croyances salutaires, voilà qu'elles se réveillaient d'un autre plus vives et plus fécondes; c'est ainsi qu'en France, en face de ces désolantes doctrines qui arrachaient à la religion ses charmes et ses grâces divines, s'élevait le culte de Marie conçue sans péché; c'est ainsi que, dans le Comtat-Venaissin, dans l'Auvergne et la Normandie, ne tarda pas à fleurir la dévotion au Très-Saint Cœur de la Vierge. On éprouvait le besoin, au milieu de ces désordres et de ces luttes que l'orgueil avait enfantés, de se reposer avec amour dans cette dévotion si consolante envers la Sainte Vierge. Et certes, si les provinces du nord de notre France, si la fidèle Auvergne, si la Bretagne et plusieurs autres contrées de notre pays ont conservé pur et intact le dépôt de la vraie foi, il nous est bien permis de penser que la dévotion à la Sainte Vierge, qui était florissante dans ces régions, n'y est pas restée étrangère. Marie fut pour ces provinces si privilégiées cette armée rangée en bataille qui s'opposa à la marche triomphante de l'erreur, et pendant que la foi chrétienne perdait en Angleterre, en Allemagne, et dans quelques endroits de notre patrie ses vives lumières, étoile du matin, elle ne cessa d'éclairer la plus grande partie de la France.

Et que nos lecteurs ne croient pas que nous soyons seul à partager ces pensées sur l'influence du culte de la Sainte Vierge. Sans parler des ouvrages si excellents de M. Adrien Egron, de Paul Sauceret et de l'abbé Orsini sur le rôle de la Vierge dans le christianisme, écoutons sur ces matières les grandes voix de Montalembert et de Lacordaire. « Il était impossible, dit M. de Montalembert, que l'influence de cette sublime croyance à la Vierge Mère, qui avait exercé un empire si croissant sur les mœurs depuis la proclamation de la maternité divine au concile d'Éphèse, ne fut pas comprise dans l'immense mouvement des âmes au 13e siècle. Toutes les œuvres, et toutes les institutions de cette époque, surtout toutes les inspirations de l'art, telles qu'elles nous ont été conservées dans les grandes cathédrales et dans les chants des poètes, nous montrent un développement immense dans le peuple chrétien de sa tendresse et de sa vénération pour Marie.

« Toutes les croyances, toutes les tendres affections qui s'élançaient du cœur de l'homme de ce temps là vers le ciel, se rencontraient et se fixaient sur une image suprême : Celle de Marie, Reine de la terre, autant que reine du ciel ; pendant que tous les fronts et tous les cœurs étaient inclinés devant elle, tous les esprits étaient inspirés par sa gloire ; tandis que le monde se couvrait de sanctuaires, et de cathédrales en son honneur, l'imagination de ces générations poétiques ne tarissait pas dans la découverte de quelque nouvelle perfection, de quelque nouvelle beauté au sein de cette beauté suprême. C'est ainsi que la chrétienté, pleine d'une inébranlable confiance en l'objet de tant d'amour, convaincue de sa vigilance maternelle, s'en remettait à Marie de toutes ses peines et de tous ses dangers, et se reposait dans cette confiance. »

La plume de Lacordaire rencontra sur ce terrain celle de Montalembert. Ces deux grandes âmes, passionnées pour le christianisme et la liberté, ne devaient pas se séparer, dès qu'il s'agissait de faire l'éloge de celle qui, jette tant de grâces et de charmes sur la religion chrétienne. « Au milieu des fureurs de la guerre, écrivait l'illustre dominicain, Saint Dominique ne cessait de demander la paix au ciel. Ce fut dans le but de l'obtenir et de hâter le triomphe de la foi qu'il institua, non sans une secrète inspiration du ciel, cette manière de prier qui, s'est depuis répandue dans l'église universelle sous le nom de rosaire. Lui, qui n'ignorait pas la puissance de l'association dans la prière, crut qu'il serait utile de l'appliquer à la Salutation Angélique, et que cette clameur commune de tout un peuple assemblé, monterait jusqu'au ciel avec un grand empire. Telles étaient les armes auxquelles Saint Dominique avait recours contre l'hérésie et contre les maux de la guerre : La patience, une charité sans bornes et enfin, « la promotion du culte de la Sainte Vierge par l'institution du Rosaire. »

II

Dans le cours des âges, l'aspect des siècles change, et les misères et les faiblesses, qui composent le douloureux héritage de l'humanité, reçoivent des formes diverses. C'est ainsi qu'à partir du jour où le protestantisme défia la raison humaine en la substituant à l'autorité de l'Église, l'orgueil s'empara des sociétés modernes et, plus d'une fois, ébranla les fondements sur lesquels elles reposaient tranquilles. « Notre siècle surtout, écrivait M. l'abbé Combalot, sortant des entrailles de la philosophie du XVIIIe siècle, comme la lave d'un volcan, est un siècle où l'orgueil de l'esprit semble avoir atteint ses dernières limites. Voyez ce délire des opinions que n'arrêtent même pas les barrières de l'absurdité, ce désordre des esprits impatients de tout connaître et ne s'arrêtant dans la vérité que pour lui contester ses droits, ce travail désespéré de la pensée cherchant dans la nuit de ses systèmes ce que la foi seule lui donnerait, ces flots de l'erreur qui montent et qui descendent comme les marées de l'Océan. Or, qui domptera ces élévations de l'âme en guerre contre la vérité ? Qui arrachera aux séductions de l'orgueil ces pauvres esprits qui subissent, selon la pensée de saint Paul, les opérations du roi des ténèbres ? Laissez-moi proclamer qu'il existe un remède contre ces maladies morales dans la dévotion au Cœur Immaculé de Marie. »

C'était ce remède, en effet, que choisit la Providence pour combattre ce mal toujours croissant de l'orgueil : les croyances les plus humbles en face des tendances les plus orgueilleuses, la dévotion modeste au Très-Saint Cœur de la Vierge pour lutter contre nos erreurs, nos folies, et le délire de la raison humaine. Il faut toujours que l'humilité apparaisse dans le salut et la rédemption de l'homme.

Dès l'année 1830, après plus d'un demi-siècle d'impiété, de bouleversement et de ruines, un mouvement religieux commence à se faire sentir dans les esprits, non-seulement dans notre patrie, mais dans presque tous les royaumes de l'Europe. Les voies qui mènent au temple de Sion sont moins désertes, un souffle religieux a passé sur ces sociétés desséchées par les arides doctrines de la philosophie, voici que la jeunesse s'ébranle, saisie par un élan religieux qui promet à la religion les plus belles espérances, de nombreux pécheurs se convertissent, et les autels saints retrouvent un reste de leur ancienne splendeur. Quelle est la cause de ce retour inespéré à la foi et à la religion ? Une petite médaille à l'effigie de la Vierge !

Une pauvre religieuse du noviciat des Filles de la Charité obéit à l'inspiration de faire représenter une image de la Vierge, qu'elle a plutôt vu des yeux de l'âme que de ceux du corps, et bientôt, comment expliquer ce phénomène ? on ne peut satisfaire à l'empressement de tous ceux qui demandent la médaille miraculeuse de l'Immaculée Conception de Marie. Elle est portée jusqu'aux extrémités du monde habité, et des hommes qui n'ont jamais fléchi le genou devant Jésus-Christ, qui ne croient pas en lui, ont foi en la miséricordieuse protection de sa Mère. Le soldat la suspend sur sa poitrine, et les princes ne la croient pas déplacée au milieu des décorations qui brillent sur leur manteau royal. « Ce nouvel éclat que prend le culte de Marie, écrit à ce sujet l'évêque de Digne, doit consoler la religion et relever ses espérances. Oh ! qu'elle se réjouisse donc, cette religion désolée, en voyant apparaître dans le ciel, sinon le présage de la cessation de tout combat, du moins l'annonce de nouveaux triomphes et de nouvelles conquêtes ! »

La Providence ne laissa pas son œuvre inachevée. Ce qu'elle a commencé par Marie dans ces jours d'indifférence et d'impiété, elle l'accomplira par Marie. Un humble prêtre de Paris, isolé, inconnu même à ses paroissiens, gémissait depuis plusieurs années sur les misères affreuses du troupeau qui lui était confié. « Comment lutter contre ce torrent d'impiété qui s'était répandu sur sa paroisse ? Comment rappeler à la vie ceux qui n'aspiraient qu'à s'ensevelir dans la mort ? » Un jour, à travers ses sanglots, voici qu'une voix mystérieuse se fait entendre, et que retentit à ses oreilles un nom doux comme le miel. Ah! lui aussi, c'est par Marie qu'il va régénérer sa paroisse, c'est en fondant pour les pêcheurs une association de prières en l'honneur de son Cœur Immaculé, qu'il va contribuer d'une manière si puissante à la résurrection de la foi dans Paris et dans presque toute l'Europe.

En effet, à partir de 1833, qui n'a remarqué ce grand mouvement religieux qui s'est manifesté, en France, en Angleterre, et jusque dans les contrées les plus lointaines? Partout s'élèvent de nouveaux autels en l'honneur de Marie, refuge des pêcheurs; on court, on se presse dans ces sanctuaires de miséricorde, ouverts à toutes nos infirmités, les affligés y retrouveront l'espérance; les pécheurs, le pardon de leurs faiblesses; les malades, la guérison ou un allégement à leurs souffrances. Quel souffle religieux a donc passé dans ces jours sur la France? Jamais les réunions autour de l'autel de la Vierge ne furent plus nombreuses, ses fêtes célébrées avec plus d'enthousiasme, ses chants mieux inspirés. Etudiez depuis cette époque, ce que les arts ont produit à la gloire de Marie, peut-être ne trouverez-vous aucun siècle dans l'histoire de l'église où, la musique, la peinture et l'éloquence se soient plu davantage à célébrer les vertus et les triomphes de la vierge? Son nom béni se trouve sur les lèvres de nos plus grands orateurs; le pinceau le plus délicat immortalise ses litanies à Notre-Dame-de-Lorette; l'architecture bâtit des temples à Notre-Dame-des-Victoires, à Rome, à Mattaincourt, à Londres, à Pékin, à Ars et à Alençon; on croirait qu'une ère nouvelle s'ouvre pour la religion, et que l'établissement de l'Archiconfrérie du Saint Cœur de Marie, est comme le signal de la résurrection de la foi parmi nous.

III

Mais, suivons un instant avec nos lecteurs, la marche de l'influence de Notre-Dame-des-Victoires à travers les nations catholiques. Et d'abord, depuis l'érection de cette pieuse association, qui reconnaîtrait dans Notre-Dame-des-Victoires, fréquentée par des foules toujours croissantes, embellie par les dons de la piété, et bientôt célèbre dans le monde entier par les bienfaits que l'on y reçoit, la pauvre et misérable église des Petits-Pères? Quel changement s'est opéré dans ce temple naguère désert, et rappelant par sa pauvreté l'étable de Bethléem? Chaque jour des milliers de fidèles affluent en son enceinte ; les annales en portent parfois le nombre jusqu'à vingt et vingt-deux mille ; et c'est par millions qu'il faut compter ceux qui, chaque année viennent s'agenouiller dans ce sanctuaire privilégié. « Il n'y a peut-être pas dans Paris, dans la France et dans l'univers entier, écrivait M. Des Genettes en 1834, une église qui soit aussi visitée, aussi fréquentée que la petite église de Notre-Dame-des-Victoires. Les dimanches, et aux fêtes de la Sainte Vierge surtout, l'église est devenue trop petite et ne peut contenir la foule des fidèles qui viennent prendre part à nos solennités. »

Mais cette œuvre toute providentielle, semblable à un soleil bienfaisant, ne concentre pas sur un seul point, ses faveurs et ses bénédictions. Bientôt toutes les églises de Paris se ressentent de son heureuse influence. Si la contagion du mauvais exemple gagne comme un cancer, Dieu a permis aussi que celle du bon exemple ne fît pas de progrès moins rapides. Ici, c'est encore M. Des Genettes que nous allons entendre dans le récit qu'il fait de la résurrection religieuse de Paris. « La face de Paris, n'est plus reconnaissable, écrivait le zélé curé de Notre-Dame-des-Victoires; depuis plusieurs années, ses églises, autrefois désertes, se remplissent, et surtout d'hommes et de jeunes gens dont le maintien pieux atteste une conviction sincère et profonde. Les sacrements sont fréquentés. Qui n'a entendu parler de ces glorieuses agapes, auxquelles, depuis vingt ans, sont venus prendre part, dans la grande fête de Pâques, deux mille, et bientôt plus de quatre mille hommes? Quel spectacle étonnant et admirable à la fois de voir ces foules d'élite composées de ce qu'il y a de meilleurs esprits dans Paris, foulant aux pieds l'ignorance et les vains préjugés du monde, s'asseoir, dans cette grande solennité de Pâques, à la table eucharistique ! Mais, ce qui est à la louange de Notre-Dame-des-Victoires dans ce glorieux retour à la foi, c'est que les grands orateurs qui se sont succédé depuis 1838 dans la chaire de Notre-Dame, sont venus mettre leurs travaux évangéliques sous la protection de Notre-Dame-des-Victoires, c'est que les associés de l'Archiconfrérie n'ont cessé, pendant les stations du carême, d'appeler les bénédictions de Marie sur leur parole, et que, ces admirables succès obtenus, nous vîmes ces illustres prédicateurs, le P. de Ravignan en tête, confesser, au pied de la statue de Marie, que ces victoires étaient dues, non à l'éloquence de leur parole, mais à l'influence des prières de l'Archiconfrérie et à la protection visible de Notre-Dame-des-Victoires. »

Toutes les églises de Paris, nous en avons le témoignage écrit dans les mains, mettent Notre-Dame-des-Victoires dans tous leurs succès et dans ces retours inespérés à la foi dont elles constatent chaque jour de nouveaux exemples. Désormais, il est impossible de nier que le mouvement religieux, qui s'accentue de jour en jour au sein de la grande ville, ne soit en partie l'œuvre des prières de l'Archiconfrérie. Le nom de Notre-Dame-des-Victoires est dans toutes les bouches et dans tous les cœurs. On n'entreprendra plus aucune œuvre dans Paris sans avoir auparavant imploré son secours. Les pensées fécondes, les desseins de grande importance viendront se mûrir et chercher leur consécration dans ce sanctuaire.

Depuis 1840, et surtout dans les années suivantes, quand l'église eut reconquis sur le despotisme des partis quelques-unes de ses libertés, et qu'elle eut brisé, par sa patience plus encore que par l'éloquence de ses défenseurs, une trop faible partie des chaînes dont les gouvernements ombrageux l'avaient chargée, un grand nombre d'œuvres excellentes et d'institutions riches en biens divers commencèrent à s'élever dans Paris. Où naissent ces desseins? Où ces institutions bienfaisantes vont-elles chercher leur appui? Écoutons M. Des Genettes : « C'est à Notre-Dame-des-Victoires, écrit-il, que sont nées plusieurs associations scientifiques et religieuses. Les confréries des artistes, des médecins et des littérateurs chrétiens puisent au pied de l'autel du Cœur Immaculé de Marie leurs meilleures inspirations. C'est sous les auspices de Notre-Dame-des-Victoires, c'est dans son temple que ces pieuses sociétés se rassemblent chaque semaine pour étudier les moyens de purifier les arts, de sanctifier l'exercice de leur noble profession et de venger la religion des attaques de l'impiété philosophique. »

Notre-Dame-des-Victoires, par les grâces que l'on reçoit dans son sanctuaire et les lumières qui s'en échappent, devient bientôt cette précieuse école où s'élaborent, se fortifient et se perfectionnent toutes les œuvres religieuses de notre époque. Les conférences de Saint-Vincent-de-Paul, les sociétés d'ouvriers sous le patronage de Saint-François-Xavier, l'œuvre de la conversion des noirs, celles des écoles d'Orient et des jeunes étudiants anglais, la société des prêtres du Très-Saint et Immaculé Cœur de Marie voués à l'apostolat des races noires ne doivent-elles pas leur inspiration, leur force ou leur éclat à son sanctuaire? N'est-ce pas encore l'Archiconfrérie qui, secondant le bien partout où il se présente, devient la protectrice des maisons de refuge de Versailles et comme la gardienne de ces pieux asiles qui se sont ouverts aux Orphelins de Stockholm et de Paris? C'est elle qui, toujours, patronne les œuvres des Polonais malades, de Notre-Dame-de-France à Londres, des hôpitaux et des premières communions de jeunes adultes. Rien de ce qui intéresse le bonheur des hommes et l'avenir de la religion n'échappe à son heureuse influence. Le missionnaire prêt à partir pour de lointains rivages vient demander à Notre-Dame-des-Victoires le courage et l'amour du sacrifice ; le jeune étudiant qui va reprendre ses études la supplie de faire descendre le succès sur ses efforts ; toutes les classes de la société ont reconnu sa puissance et se plaisent chaque jour à confesser son influence sur le mouvement religieux qui s'est opéré dans Paris jusqu'à ces derniers et malheureux jours.

Lacordaire veut-il rétablir en France le tiers-ordre de Saint-Dominique, et profiter, pour ce noble but, de la liberté qu'il sut conquérir par son éloquent mémoire sur le rétablissement des ordres religieux en France? Où ira-t-il chercher la consécration qu'il veut donner à son pieux dessein? Sous quelle protection en placera-t-il le succès? Par une matinée de janvier de l'année 1844, au milieu d'une foule compacte qui remplissait déjà les nefs du temple, voici que s'avancent trente jeunes gens dont l'extérieur, élégant et modeste à la fois, trahit la plus haute instruction jointe aux sentiments les plus distingués. Les foules s'écartent et livrent passage à cette phalange de jeunes gens, curieuses de voir l'objet de leur démarche à Notre-Dame-des-Victoires. A leur tête est un Moine qui porte le manteau et le blanc scapulaire de Saint-Dominique. Que va-t-il donc se passer de nouveau dans ce sanctuaire de Notre-Dame-des-Victoires, témoin chaque jour, de tant de scènes pieuses et touchantes? Le religieux apparaît dans la chaire chrétienne, et avec l'accent de la plus pathétique éloquence, explique à cette brillante jeunesse qu'il tient comme suspendue à ses lèvres, la doctrine et la règle de l'ordre des Frères-Prêcheurs. Le discours terminé, ces jeunes gens se lèvent, et se dirigent vers celui qui vient de leur révéler la doctrine de saint Dominique, puis tombant à ses genoux et mettant leurs mains dans les siennes, ils jurent d'appartenir jusqu'à la mort au tiers-ordre, et de vivre selon les règles du célèbre fondateur. Ces jeunes gens, voulez-vous les connaître? C'est l'élite de Paris, ce sont des avocats, des artistes, des médecins, des soldats et des architectes distingués, et cet homme qui porte l'habit de Saint-Dominique, c'est le grand prédicateur de Notre-Dame de Paris, c'est Lacordaire, qui vient abriter sous la puissante égide de Notre-Dame-des-Victoires sa famille naissante, et reconnaître solennellement par cet acte, la haute influence du Saint Cœur de Marie sur les destinées de son ordre dans notre patrie.

C'est donc un fait notoire que l'influence de l'Archiconfrérie du Saint Cœur de Marie, sur la résurrection de la foi dans Paris. Du reste, bien avant nous, la presse religieuse l'avait constaté. Voici, parmi plusieurs écrivains, ce qu'en rapporte M. Léon Aubineau : « Les années qui suivirent la conversion de M. Alphonse Ratisbonne, dit-il, furent surtout remarquables par l'influence qu'exerça l'Archiconfrérie sur les diverses classes de la société à Paris. Les adeptes de l'éclectisme, les illuminés de la révolution sociale, les fantaisistes mêmes de l'art, pénétraient de tous côtés dans l'église de Notre-Dame-des-Victoires, et tous, peut-on dire, abjuraient leurs folies et venaient cueillir la vérité sur les lèvres de M. Des Genettes, la vraie charité sur son cœur. Ce n'étaient ni les lumières de l'esprit, ni les habiletés du langage qui les charmaient, c'était la force et l'autorité de la foi qui les réduisait. Ces jeunes convertis de Notre-Dame-des-Victoires étaient assez nombreux pour former, autour de son autel et dans le centre même de l'Archiconfrérie, diverses confréries ayant un but particulier, tout en concourant au but général. Il y avait celle des médecins, celle des peintres, des artistes, et des hommes de lettres. Elles ont toutes accompli leur tâche et contribué à l'influence générale de l'Archiconfrérie. Les ordres religieux se sont recrutés dans leur sein; l'ordre de Saint-Dominique entr'autres, a pris parmi elles, quelques-uns de ses membres les plus fervents et les plus précieux. »

Telle fut, jusqu'en ces derniers jours, l'influence de l'Archiconfrérie de Notre-Dame-des-Victoires sur les destinées religieuses de Paris. Eh! mon Dieu, même dans cette lugubre et terrible année que nous venons de traverser, si, par un dessein mystérieux du ciel, il ne nous a pas été donné d'admirer l'action ostensible de Notre-Dame-des-Victoires au milieu de nos immenses malheurs, qui pourrait nier l'influence invisible qu'elle exerça sur tant de courages abattus, sur tant de cœurs désespérés? Vit-on jamais son illustre sanctuaire plus fréquenté par les fidèles que dans ces jours de calamités inouies? Que de prières pour la France humiliée et surprise! Que de larmes pour ces pauvres enfants, qui luttaient contre la force avec l'énergie du désespoir? Que de vœux pieux, que de communions, que de larmes d'expiation pour conjurer le bras de Dieu qui s'appesantissait sur notre patrie! Il semble que la foi grandissait avec nos malheurs dans l'âme des chrétiens fidèles, et que la piété se retrempait dans les épreuves et dans les luttes. Vous paraissiez, ô Notre-Dame-des-Victoires, demeurer en votre sanctuaire comme étrangère à nos infortunes et aux épreuves de la religion, et cependant, comme Paris sentait votre influence au milieu de ses privations, de ses héroïsmes et de ses épouvantables désastres !

Disons-nous même assez ? Nous lisions ces jours-ci, dans un écrit tombé de la plume d'un prisonnier de la Roquette, que, là aussi, dans ces sombres murs, avait pénétré la douce et fortifiante influence de Notre-Dame-des-Victoires. Déjà, les ignobles satellites de la Commune, plus sanguinaires peut-être que les septembriseurs de 93, avaient indignement fusillé deux sections de prisonniers parmi lesquels Paris comptait tant de nobles et saintes victimes. Restaient dans la troisième section de la prison quatre-vingt-deux soldats, quelques laïques et plus de vingt prêtres, attendant, au milieu des incendies et des feux de pelotons qui foudroyaient leurs frères, l'appel fatal qui devait les livrer à la mort. L'Église célébrait alors les fêtes de la Pentecôte et rappelait à ses enfants le souvenir de ces jours où les premiers fidèles, renfermés dans le cénacle, priaient avec Marie, mère de Jésus.

« Prions comme eux, » disaient les prêtres.

Les infortunés prisonniers prennent mille moyens pour communiquer entre eux et se faire part de leur pieux dessein. On s'entend, et le 27 mai, à trois heures de l'après-midi, le nom de Notre-Dame-des-Victoires est dans tous les cœurs et sur toutes les lèvres.

La sombre et horrible Roquette paraît transformée en un nouveau sanctuaire de Marie.

« Vierge sainte, disent les victimes de la Commune, votre sanctuaire, si connu du monde entier, est profané ; les prêtres qui vous honorent et vous aiment sont emprisonnés ou massacrés. Sans vous, nous allons tous périr. Il nous faut un miracle de votre cœur. Il le faut, oh ! oui, il le faut ; vous nous l'accorderez. O Notre-Dame-des-Victoires, après tant de désastres, est-ce trop de vous demander une seule victoire ? »

Qu'elle fut touchante, cette prière, faite au milieu des angoisses les plus inexprimables et répétée par les sourds échos d'une prison !

Une demi-heure après, un gardien, nommé Pinet, apporte aux malheureux prisonniers un signal de mort : « Mes amis, leur dit-il, tenez-vous sur vos gardes ; on veut vous fusiller tous. »

Les vengeurs de Flourens, les mêmes qui, la veille de l'Ascension, avaient cerné Notre-Dame-des-Victoires, se trouvaient, en effet, au greffe de la Roquette, réclamant tous les otages avec une extrême impatience.

Mais déjà l'idée de la résistance s'était emparée de l'esprit de quelques prisonniers. Un prêtre, qui en est informé par le sergent de ville Laurent Soissong, recommande à Notre-Dame-des-Victoires ce dessein héroïque. La négligence providentielle des gardiens de la prison servit merveilleusement à en assurer l'exécution.

Depuis deux jours, le gardien préposé à la surveillance de la 3ᵐᵉ section se contentait de fermer seulement les portes des cellules au moyen du verrou, sans avoir recours à la clé qui en aurait rendu l'ouverture impossible. Un soldat, blotti dans une retraite obscure, s'en aperçut. Sitôt que le gardien est parti, fermant sur son passage les énormes grilles du corridor, le brave militaire ouvre toutes les portes des cellules ; en un instant, tous les prisonniers sont dans le couloir. On s'entend, on se communique ses projets, on s'encourage, et l'on organise à la hâte, avec l'intelligence qui caractérise le soldat français, une admirable défense.

Il faudra maintenant, si les honteux séides de la Commune veulent encore verser le sang innocent, qu'ils s'exposent au moins à y mêler le leur, car ce ne serait qu'après avoir forcé une puissante barricade qui s'élève à l'entrée du corridor, qu'ils pourront arriver jusqu'aux otages.

Tous les prisonniers sont à leur poste, prêts à défendre chèrement leur vie. Un grand nombre a voulu recevoir, avant de mourir, les consolations suprêmes de la religion ; et à cette heure solennelle qui va décider de leur liberté ou de leur mort, ceux qui n'ont pas encore eu ce bonheur se jettent à genoux, confessent avec courage la foi chrétienne, et reçoivent le pardon de leurs fautes. La grâce descendue du sanctuaire de Notre-Dame-des-Victoires avait pénétré dans l'horrible cachot.

Bientôt, à l'aide de généreux efforts, on parvient à communiquer avec les otages de la 2º section, une large ouverture est pratiquée dans le plafond ; la même scène se renouvelle. Les prêtres du 3º étage étendent leurs mains sur ces infortunées victimes, et prononcent solennellement les paroles de l'absolution.

Les cœurs sont émus, des larmes coulent de tous les yeux, et tous jurent de mourir plutôt que de se rendre.

« Mes amis, ajoute un prêtre, invoquez Notre-Dame-des-Victoires, comme nous l'avons fait nous-mêmes, et vous serez sauvés ! »

Cet appel à la protection de Notre-Dame-des-Victoires ne fut pas vain.

En effet, la Commune aux abois, inquiétée par l'approche des troupes de Versailles, a bientôt abandonné le quartier de la Roquette pour se retirer dans son dernier retranchement. Un bandit, condamné à mort par la justice, monte, armé d'un fusil, vers la barricade du grand escalier, s'efforce de la démolir, et dans son désespoir, se contente d'y mettre le feu.

C'est dans ces cruelles circonstances, quand les vivres commençaient à manquer, que la prévision certaine de la défaite enflammait la rage des partisans de la Commune, et qu'il semblait n'y avoir plus aucune espérance de salut pour les pauvres prisonniers, qu'arrivent de Versailles les troupes libératrices. Honneur aux braves marins et au 85º de ligne qui plantèrent les premiers le drapeau tricolore sur la Roquette ! Mais aussi reconnaissance à Marie, à Notre-Dame-des-Victoires, qui après avoir mis l'héroïsme et la foi dans le cœur des victimes de la révolution, a si visiblement ensuite protégé leur existence !

IV

Le caractère des œuvres que Dieu marque du sceau de sa Providence n'est pas de vivre restreintes dans les étroites limites où elles ont pris naissance ; mais, semblables au grain de senevé de l'Évangile, elles étendent bien vite leur influence, et leur berceau est encore ignoré, que déjà on les suit partout à la trace de leurs nombreux bienfaits. « J'ai parcouru presque toute la France, évangélisant les villes et les campagnes, disait en 1843 Mgr Dufêtre, évêque de Nevers, et partout j'ai remarqué d'innombrables prodiges de grâces et des conversions nombreuses opérés par la protection du Très-Saint Cœur de Marie, à la prière de l'Archiconfrérie. »

Déjà, en effet, lorsque, dans un de nos précédents chapitres, nous avons parlé des progrès de l'Archiconfrérie, nous avons dû toucher indirectement à l'influence qu'elle exerçait sur presque toute la France. Qu'elle fut salutaire, cette influence sur notre patrie ! Là, des divisions qu'on avait crues éternelles tombaient, comme par miracle, devant les prières de l'Archiconfrérie ; ici, c'étaient des pécheurs qui rachetaient, par la pénitence, les fautes de toute une vie passée dans le crime et le désordre ; ailleurs, l'Archiconfrérie attendrissait des cœurs, insensibles jusque là, à la charité fraternelle, et l'on voyait d'abondantes aumônes tomber de ces mains, jadis si resserrées, en faveur des malheurs de l'Algérie et des infortunes de Pie IX.

Ouvrez les annales : combien de voix ne se prêtent-elles pas à reconnaître l'influence de l'Archiconfrérie de Notre-Dame-des-Victoires ! « Je ne saurais assez bénir la Providence, écrivait à M. Des Genettes, en 1842, un des archevêques de France les moins favorisés sous le rapport religieux, de m'avoir inspiré l'heureuse pensée d'instituer dans mon diocèse les confréries du Très-Saint Cœur de Marie ; des milliers d'âmes, qui se sont converties au Seigneur par la protection de Notre-Dame-des-Victoires, seraient encore, sans ce précieux secours, dans les voies de la perdition. Depuis ce moment, je puis dire que la face de mon diocèse est changée. »

Langres, Bordeaux, Toulouse, Nancy publient les mêmes merveilles. « Dieu soit loué ! » C'est le cri d'un prêtre des environs de Bordeaux qui confie à son ami les succès de son ministère. « Depuis que j'ai fondé dans ma paroisse les exercices de l'Archiconfrérie, elle n'est vraiment plus reconnaissable. Chaque jour, je constate de nouveaux retours à la religion. Ce sont des pécheurs de tout âge et de toute condition qui reviennent en foule à la source des grâces. Que de gémissements ! que d'accents de repentir sincère ! Il y a dix-neuf ans que je suis dans cette paroisse, jamais je n'ai remarqué, ni ici, ni ailleurs, un tel mouvement religieux. Des pécheurs qui ne s'étaient pas approchés des sacrements depuis la révolution viennent, le cœur gros, faire l'aveu de leur coupable négligence et inonder de leurs larmes le tribunal du pardon. »

Combien de prêtres pourraient faire ces heureuses confidences ! Ils étaient venus dans leurs paroisses, le cœur serré et presque sans espoir à la vue de l'indifférence qui les désolait. Longtemps leurs efforts avaient été inutiles, leurs prédications n'avaient rencontré aucun écho dans les âmes. Qui sait ? Peut-être même n'avaient-ils trouvé que le terrain pierreux de l'Évangile pour y déposer la bonne semence du salut ! Un jour, voici qu'une heureuse inspiration leur vient du ciel ; ils établissent dans leurs églises abandonnées les exercices de l'Archiconfrérie. O merveille de la grâce ! en quelque temps, voilà des paroisses entièrement transformées. Tout y a ressenti les douces et salutaires irradiations du Cœur Immaculé de Marie. Le pasteur et les ouailles en ont été comme inondés. Là, était une population inattentive aux choses de Dieu, indolente pour le bien, peu soucieuse du salut, idolâtre des biens de ce monde, conservant la foi, il est vrai, mais une foi morte et sans œuvre ; l'indifférence enveloppait tout de son voile de mort. Le jeu, les cabarets, source de tant de désordres, provoquaient des querelles et des ruines ; et, l'amour des jouissances s'adjoignant à ces funestes habitudes, bientôt la Religion ne devait pas tarder à déserter ces pays coupables. Notre-Dame-des-Victoires intervient, sa douce image apparaît sur l'autel rustique du village, on vient répéter à ses pieds le *Refugium peccatorum* de l'église-mère. Tout se renouvelle insensiblement. La vraie piété s'insinue peu à peu; la légèreté disparaît, les sacrements sont fréquentés, non plus seulement par des personnes que leur sexe incline tout naturellement à la piété, mais par des jeunes gens dans toute la fougue de l'âge et des passions, par des hommes que l'ignorance autant que le respect humain avait depuis longtemps éloignés des pratiques saintes. L'esprit de l'Évangile a repris peu à peu, et, aujourd'hui, il est permis de croire à un avenir heureux pour la religion dans ces paroisses naguère si indifférentes. Tel est l'hommage que rend à l'influence de l'Archiconfrérie un curé du diocèse de Gap.

Nous pourrions multiplier à l'infini ces exemples, qui accusent la part que prit l'Archiconfrérie de Notre-Dame-des-Victoires dans le mouvement religieux qui s'est manifesté de nos jours en France. Que coûterait-il, en effet, de citer les diocèses de Limoges, de Séez, de La Rochelle, où l'influence de l'Archiconfrérie se fit si vivement sentir? Mais c'est là l'œuvre par excellence des annales, d'enregistrer jour par jour les triomphes de l'Archiconfrérie et de noter partout la salutaire influence qu'elle exerce sur la religion et sur les mœurs. C'est aux annales à raconter que, dans plusieurs paroisses des environs de Limoges, des haines et des divisions qu'on craignait de voir s'éterniser cessent tout à coup lorsque l'on commence dans ces pays les pieux exercices de l'Archiconfrérie; c'est à elles à montrer que, si des fruits précieux de bénédiction apparurent dans le diocèse de Séez, c'est sous l'empire de la dévotion au Très-Saint Cœur de Marie qu'ils se sont produits. Pour nous, nous ne pouvons détacher de ces pages intéressantes que quelques faits un peu plus saillants, et les offrir à nos lecteurs comme des exemples du rôle que l'Archiconfrérie de Notre-Dame-des-Victoires remplit dans le retour de la France aux idées religieuses.

V

L'Archiconfrérie ne fut pas bornée dans son influence par nos montagnes et nos mers. Il est dans les destinées de la France de propager au loin les idées fécondes qui naissent en son sein ; c'est ainsi que nous vîmes bientôt cette association modeste de prières, qui naquit un jour à Paris, répandre ses bienfaits sur toute l'Europe et jusque dans les contrées les plus lointaines. « A partir de la révolution de 1830, écrivait M. Gaume, comptez, si vous le pouvez, tous ces milliers de Lazares, en Allemagne, en Angleterre, en Amérique, tirés du tombeau de l'hérésie et rappelés à la vie de la foi ; ce nombre toujours croissant d'hommes et de jeunes gens convertis depuis quelques années par les prières de l'Archiconfrérie du Cœur Immaculé de Marie ; la multitude d'âmes pieuses qui, d'année en année, vient, plus empressée et plus grande, environner les autels de la Vierge des Vierges au retour du printemps ! »

Que l'on parcoure, en effet, la nombreuse correspondance qui, depuis quarante ans, arrive chaque jour à Notre-Dame-des-Victoires de tous les points du monde. Sous quels traits éclatants ne fait-elle pas briller l'empire irrésistible que l'Archiconfrérie exerce sur toutes les contrées qui ont arboré son drapeau ? La Suède doit à ses prières la résurrection de la foi dans quelques-unes de ses antiques églises restées fidèles à Jésus-Christ ; la religion n'a jamais vu ses sanctuaires de Liége, de Tournai, de Malines, de Bois-le-Duc, plus fréquentés que depuis l'érection de l'Archiconfrérie dans leurs murs. Personne ne met plus en doute aujourd'hui l'influence du culte de Marie, et surtout de la dévotion à son Cœur Immaculé, sur les destinées religieuses de l'Angleterre ; les hommes les plus considérables de ce grand pays se sont plu à le reconnaître, un grand nombre de ses ministres l'ont publié, et si, aujourd'hui, des églises catholiques s'élèvent sur tous ses rivages et jusqu'au cœur même de

Londres, il est reconnu, sans contredit, que c'est aux prières ardentes que l'Archiconfrérie fait depuis plus de trente ans pour ce royaume illustre, qu'est dû ce retour aux traditions antiques.

Quant aux contrées lointaines, séparées de l'Europe plus encore par la différence des croyances que par les abîmes de l'Océan, l'étoile du matin s'est aussi levée sur elles, et, de la Mantchourie aux embouchures du Gange, des grands lacs de l'Amérique du Nord au sud de la Floride, les pacifiques conquêtes de l'Archiconfrérie ont contribué à civiliser les peuples, à propager la foi chrétienne et à communiquer aux mœurs plus de douceur et d'humilité. Quelle meilleure preuve en voulons-nous que les paroles de Mgr Amouton, évêque d'Arcadiopolis en Perse? « L'intervention de la Très-Sainte Vierge, dit l'éloquent prélat du haut de la chaire de Notre-Dame-des-Victoires, apparaît dans toutes les œuvres de l'Église catholique. Depuis vingt-six ans surtout, qui n'a été frappé des résultats dus à l'influence de ce culte béni? L'Archiconfrérie de Notre-Dame-des-Victoires a puissamment contribué à l'extension dans l'univers du culte de la glorieuse Vierge Marie et à la réalisation des miséricordes de Dieu sur la terre. »

Nos gouvernements athées, depuis trop longtemps, cherchent dans d'impuissantes théories les moyens de rattacher davantage à la mère-patrie nos colonies rebelles. Croiraient-ils donc que la prédication de la vérité et le culte si suave du Saint et Immaculé Cœur de Marie, dans ces pays fanatisés par l'erreur, nuiraient aux succès de cette œuvre si difficile et si importante? Qu'ils lisent l'heureuse influence que ce culte exerça sur les habitants sauvages de la Nouvelle-Zélande et des îles de l'Océanie! « Dès que l'œuvre de la conversion des pécheurs, écrivait M. Des Genettes, et les confréries du Très-Saint Cœur de Marie furent établies sur le sol de l'Australie, leurs peuplades, naguère anthropophages, se civilisèrent et devinrent facilement chrétiennes. Les sauvages des Montagnes-Rocheuses, continue le regretté pasteur de Notre-Dame-des-Victoires, peuples toujours en guerre les uns contre les autres, se rapprochent de jour en jour; les confréries du Saint Cœur de

Marie, établies parmi eux, sont comme ce lien de paix et de charité qui rattachent entre elles ces tribus si cruelles et jadis si divisées.

Nous citons ici quelques faits isolés de l'influence de la dévotion au Saint Cœur de Marie sur les mœurs et sur les caractères; mais que de merveilles nous aurions à raconter, si, nous inspirant des récits des missionnaires, nous suivions pas à pas à travers le Nouveau-Monde les traces de l'influence de l'Archiconfrérie de Notre-Dame-des-Victoires? Nous entendrions Mgr Bourget, évêque de Montréal, dans le Haut-Canada, nous dire que depuis le jour où il a consacré son diocèse au Très-Saint Cœur de Marie, les grâces les plus abondantes sont venues récompenser sa pieuse initiative. « Il y a dans ma chère province du Canada, dit le saint évêque, un élan remarquable pour le bien. Les conversions y sont innombrables; et ce ne sont pas seulement des particuliers qui reviennent dans la voie de la religion, ce sont des paroisses entières qui demandent à grands cris des retraites et des missions pour se régénérer en Jésus-Christ et se rendre dignes d'honorer le Très-Saint et Immaculé Cœur de Marie par une vie pure et irréprochable. » L'Océanie orientale, consacrée solennellement au Très-Saint Cœur de Marie par Mgr Rouchouse, voit se renouveler les mêmes prodiges de grâces. Les églises de la Cochinchine et du Tonkin, relevées à peine d'une sanglante persécution, proclament, par la bouche de leurs vicaires apostoliques, qu'elles doivent à l'influence des confréries établies dans leur sein la conversion d'un grand nombre d'idolâtres. La mission de Pondichéry atteste les mêmes résultats. Les provinces du Maduré obtiennent, par les prières de l'Archiconfrérie, l'extinction d'un schisme qui les désolait. La foi se ranime en Chaldée à l'apparition de l'étendard du Saint Cœur de Marie. Et, résumant en quelques mots les bienfaits sans nombre dus à l'influence des exercices de l'Archiconfrérie, le R. P. Combe écrivait, à la date du 3 août 1847 : « Partout où les confréries du Très-Saint Cœur de Marie sont en honneur, des grâces et des bénédictions sensibles ont accompagné le ministère évangélique; la piété a augmenté chez les chrétiens; les hérétiques, devenus plus humbles, ont abjuré leurs erreurs, et les païens, en plus grand nombre, sont venus solliciter la grâce du baptême. »

Telle est partout, en Europe comme en Asie, et dans les contrées du Nouveau-Monde, l'influence qui s'est produite dans la religion et dans les mœurs, grâce à la dévotion au Très-Saint Cœur de Marie ; et cette influence fut, dès le commencement, si visible, qu'elle frappa même les yeux distraits du monde. « L'influence de l'Archiconfrérie, dit M. Léon Aubineau, que nous sommes toujours heureux de citer, n'a pas été seulement de réconcilier un grand nombre de pécheurs ; elle a contribué à renouveler le monde ; et si le culte de Marie a pris tant d'éclat dans notre siècle, si ce temps de désolation et de matérialisme où nous vivons vaut quelque chose par sa piété envers la Mère de Dieu et son empressement à célébrer ses bienfaits, n'est-ce pas à la petite association de Notre-Dame-des-Victoires qu'il en faut rapporter la gloire ? Quand nous parlons de gloire, nous avons la confiance que le lecteur nous entend. La gloire de toutes choses revient uniquement à Dieu. L'Archiconfrérie a été l'instrument dont il s'est servi pour ranimer la confiance et la dévotion de son peuple. M. Des Genettes n'en doutait pas, et lorsqu'il voyait, en 1842, à la communion pascale, des hommes protester hautement contre l'apostasie des cinquante dernières années de notre histoire, rendant gloire à Marie et recherchant l'instrument dont elle s'était servie pour opérer ces merveilles, il indiquait les prières de l'Archiconfrérie de son Très-Saint et Immaculé Cœur. Elles étaient, à ses yeux, la source des grâces et la semence des vraies conversions.

« Aujourd'hui, continue le même écrivain, M. Des Genettes est mort, après avoir réuni autour du Saint Cœur de Marie plus de vingt millions d'associés, mais l'impulsion qu'il a donnée par la création de cette féconde association ne cessera pas avec lui, elle se perpétuera d'âge en âge. Elle apparaîtra chaque jour plus grande aux yeux des hommes à mesure que les résultats s'en accuseront dans l'histoire. C'est là notre espérance ; malgré les désastres du passé et les inquiétudes du présent, ce siècle placé dans le cœur de Marie porte en son sein un germe puissant de résurrection et de glorieux avenir.

CHAPITRE X

Des raisons pour lesquelles Dieu choisit Paris comme siége de l'Archiconfrérie. — Gloire nouvelle que l'Archiconfrérie apporte à Paris. — Nouveau sujet d'espoir en la bonté de Dieu et la miséricorde de Marie. — Paris devenue la capitale du royaume de Marie par l'établissement de l'Archiconfrérie dans son sein. — Second dessein : influence de Paris sur tout ce qui se fait dans l'univers. — Plusieurs voix illustres le reconnaissent — Dieu se sert de cette influence pour étendre le règne de la Vierge et la dévotion à son divin Cœur. — Paris, malgré les révolutions et les horreurs de la guerre, ne perd rien de son influence.

I

Au point où nous sommes arrivé de notre histoire, il est une question qui s'offre naturellement à l'esprit : c'est d'examiner les raisons pour lesquelles Dieu semble avoir choisi Paris pour en faire le siége de l'Archiconfrérie du Saint et Immaculé Cœur de la Vierge.

Peut-être qu'en lisant ces pages, des esprits sérieux, du reste, mais qui n'examinent pas, à la lumière de la foi, la conduite de la Providence dans le gouvernement des choses humaines, trouveront que nous attachons une bien grande importance à une modeste association de prières. « Quel rapport peut-il exister, entre une humble confrérie qui gémit aux pieds des autels de la Vierge et cette ville immense, rendez-vous universel des nations ? En quoi les destinées du culte de Marie, en France et dans le monde, sont-elles liées à celles de Paris ? » Ainsi parle la raison humaine, si clairvoyante souvent dans le domaine des choses visibles, toujours si aveugle dans celles de Dieu. Mais pour le chrétien qui sait que rien sur la terre n'arrive sans la permission de Dieu, qui croit, sur la parole de l'Évangile, qu'un seul cheveu ne se détache pas du front d'un homme sans son ordre, il se refusera toujours à croire que la Providence n'ait pas eu des desseins particuliers sur Paris et sur son église en fixant, au milieu de cette grande ville, le siège de l'Archiconfrérie du Saint et Immaculé Cœur de Marie.

Après avoir médité quelque temps sur la conduite de la Providence dans le choix qu'elle fit de Paris comme siège de l'Archiconfrérie du Saint Cœur de Marie, il nous est impossible de ne pas y voir une preuve nouvelle de la munificence et de la miséricorde de Dieu envers cette grande ville, ainsi que le dessein bien accusé de favoriser, par ce moyen, l'extension du culte de Marie dans l'univers.

II

Un grand pape a dit de la France que cette noble terre était le royaume de Marie. En effet, à quelque époque de notre histoire nationale et religieuse que nous nous reportions, le nom de Marie est mêlé à toutes nos gloires, et il n'est pas un seul de nos triomphes qui ne serve à l'extension de son culte et à la majesté de ses autels. L'Espagne et l'Italie surtout ont toujours montré envers la Vierge la dévotion la plus tendre. Qui ne connaît les chefs-d'œuvre de peinture et d'architecture que cette dévotion a produits sous ces heureux climats? Qui n'a entendu parler de la splendeur des fêtes célébrées en l'honneur de la Vierge? La piété filiale de l'Espagnol, l'affection pleine d'enthousiasme de l'Italien envers Marie sont proverbiales. On voit que Marie doit y avoir un sanctuaire dans tous les cœurs, comme elle a des temples splendides au sein des grandes villes, des chapelles au fond de toutes les vallées et sur le sommet de toutes les montagnes. Toutefois, cette dévotion n'a pas revêtu chez ces peuples si dévoués à Marie le même caractère qu'en France. A Madrid comme à Rome, à Tolède comme à Naples, Marie est plus la reine du foyer que la maîtresse de la ville; on la regarde comme une mère, comme une sœur, comme une amie qui ne pourrait disparaître de la maison sans que le foyer ne perdît en même temps ses charmes, ses grâces et sa vie ; chez les Français, la dévotion envers la Sainte Vierge est plus grave et plus contenue, mais elle s'est élevée à ce caractère national qu'on ne rencontre chez aucun autre peuple. Marie plane au-dessus de la nation, comme un génie bienfaisant qui veille sans cesse à ses destinées ; elle prend sa part dans ses gloires, elle s'associe aux douleurs de la patrie. Bouvines et La Rochelle réjouissent son cœur comme Metz et Sedan l'attristent et jettent un sombre voile sur ses antiques gloires. Ce n'est pas une place au foyer domestique, c'est un trône que la France a donné à la Vierge. Marie est la patronne et la reine des Français.

Avant 1836, dans la France, son royaume, Marie n'avait pas encore sa capitale. Ses gloires et ses merveilles étaient semées partout. Vous les voyiez dans plus de cinquante villes de France, où de superbes cathédrales s'élevaient en son honneur. Lyon avait sa Notre-Dame-de-Fourvières ; Marseille, Notre-Dame-de-la-Garde ; la Normandie, Notre-Dame-de-Bon-Secours ; la Picardie, Notre-Dame-de-Liesse, si chère aux rois de France ; c'étaient, dans nos provinces, autant de lieux consacrés à la Sainte Vierge. Restait à leur trouver une capitale digne de tant de piété et de gloire. La Providence choisit Paris, et en fondant dans ses murs, déjà si remplis de merveilles, l'Archiconfrérie de Notre-Dame-des-Victoires, elle contribua à embellir et à fixer à jamais sur son front glorieux la couronne qu'y avait déposée Louis XIII en consacrant cette grande cité à la Sainte Vierge. Paris, désormais, ne sera donc plus seulement la ville des sciences et des arts, la ville des grandes et fécondes pensées, la ville du luxe et de toutes les magnificences réunies. Reine déjà, par son génie et son influence, de toutes les capitales du monde, elle possède aujourd'hui un trône de plus dans son enceinte et une fleur nouvelle dans sa couronne quinze fois séculaire. Paris est devenu la capitale du royaume de Marie.

Chacun juge, à son point de vue, de la gloire des nations :

les uns se laissent éblouir par des lauriers couverts de sang, les autres par l'éclat de royales magnificences, ceux-ci la placent dans les pacifiques conquêtes de l'industrie, ceux-là dans l'influence des idées à travers les civilisations étrangères. Que Paris, avant ses désastres, revendiquât toutes ces gloires, que du milieu de ses ruines encore fumantes, il les réclame encore aujourd'hui, certes, tous les peuples se plaisent encore à les lui accorder. Toutefois, il nous semble qu'au milieu même des splendeurs les plus brillantes, ce n'est pas pour une grande ville une gloire moins illustre et moins digne d'envie, que de renfermer dans ses murs un sanctuaire connu et fréquenté du monde entier. Voyons, en effet, quelle illustration l'Archiconfrérie de Notre-Dame-des-Victoires jette sur Paris. De toutes les contrées du monde, voici que les peuples se pressent dans le sanctuaire privilégié de Marie et sollicitent l'honneur d'être agrégés à son Archiconfrérie. L'Italie oublie qu'elle possède Notre-Dame-de-Lorette, l'Espagne, Notre-Dame-du-Pilier à Saragosse, la Bavière, Notre-Dame-de-Kilian. Tous ces royaumes, malgré leurs pèlerinages célèbres et leurs milliers de temples consacrés à la Vierge, veulent se placer sous la protection de Notre-Dame-des-Victoires. Il semble qu'à toutes les gloires dont la Providence a doté Paris, Marie ait voulu y joindre celle de s'y rendre plus propice qu'en aucun lieu de la terre. Écoutons le chant de victoire qu'entonne M. Des Genettes, lorsqu'il voit toutes les villes les plus renommées venir reconnaître Notre-Dame-des-Victoires pour leur reine :

« Quelle gloire et quel honneur pour toi, petite église de Notre-Dame-des-Victoires, d'avoir vu naître et de posséder dans ton sein l'Archiconfrérie du Cœur Immaculé de Marie? N'est-ce pas l'arbre de vie planté par la divine miséricorde et dont les racines s'étendent jusqu'aux extrémités du monde? Qui aurait pu soupçonner tant de gloire?

« Voici que les principales villes de Belgique, d'Allemagne et d'Italie viennent te faire hommage, et, à leur tête, ne voyons-nous pas Rome et cette grande église de Ravenne, fondée par saint Apollinaire, le disciple de saint Pierre, réclamer la faveur de participer aux trésors que Marie a ouverts en ton sein? Ah! les jours de tes humiliations sont passés! la Vierge puissante a changé ta triste solitude en un sanctuaire illustre, vers lequel on accourt de toutes les parties de la terre! » En effet, depuis trente ans, voici le glorieux spectacle dont Paris a été le témoin, et s'il compte pour une de ses gloires de voir chaque année des millions d'étrangers admirer ses magnificences et ses richesses artistiques, qu'il s'enorgueillisse de savoir que plus de deux millions de pèlerins, foulant peut-être aux pieds ses merveilles et son luxe, viennent s'agenouiller dans l'une de ses plus modestes églises.

Mais nous n'entrevoyons ici qu'une partie des gloires que l'Archiconfrérie répand sur Paris. Sur tous les rivages où elle déploie le drapeau du Sacré Cœur de Marie, elle y porte inscrit le nom de Notre-Dame-des-Victoires et de Paris à la fois, et c'est au milieu des bénédictions des peuples qu'il est accueilli en même temps que celui de la Vierge de son illustre sanctuaire. « Partout, a dit le R. P. Corail, le jour du couronnement de la statue de Notre-Dame-des-Victoires, partout où l'on sent l'influence de la propagation de la foi, où l'on connaît une fille de charité, où l'on rencontre les prières de l'Archiconfrérie, on bénit Dieu, on bénit Paris, on bénit la noble terre de France. » Il est pour les nations et les villes, assurément, de bruyantes renommées et d'éclatantes gloires. En est-il de plus douces que d'entendre son nom mêlé aux prières et aux bénédictions des peuples? N'est-ce pas un noble et légitime sujet d'orgueil de pouvoir se dire à chaque instant: « Mes splendeurs peut-être n'ont pas ébloui tous les yeux; mes palais et mes fêtes sont inconnus aux nations perdues au delà des océans; qui sait? les prodiges de mon industrie, l'éclat que j'ai donné aux arts, la splendeur de mes musées, toutes ces merveilles ont rencontré des barrières en popularisant ma gloire. Et quelle gloire fragile! Une heure de plus de fureur et de désespoir, n'était-elle pas éteinte à jamais? Mais voici que sur les plages où n'avait pas retenti le bruit de ma gloire et de mes célébrités, voici que l'Archiconfrérie l'a emporté sur ses ailes. Mes assemblées puissantes, l'illustration de mes grands hommes ne m'avait pas conquis une renommée universelle ; une modeste association de prières, qui se forme dans mon sein et qui unit mon nom à Celui de la Vierge Immaculée, le porte au delà des mers et le rend cher à tous les peuples. Dans la cabane du sauvage comme sous le toit opulent de l'Européen, partout où l'on invoque le nom de Notre-Dame-des-Victoires, j'entends les échos de toute la terre m'apporter le mien au milieu des louanges et des plus douces bénédictions. » Que nos lecteurs l'avouent, n'y a-t-il pas, même pour une ville rassasiée de gloire, un honneur bien digne d'envie dans la situation religieuse que la Providence vient de créer pour Paris, en y établissant le siège de l'Archiconfrérie ?

III

Toutefois, la gloire, quelque pure qu'elle soit, présente toujours un caractère éphémère. Soumise aux vicissitudes du temps, si elle n'a pas un déclin assuré, elle a parfois du moins des éclipses qui la dérobent douloureusement aux yeux. Mais l'Archiconfrérie n'apporte pas seulement la gloire à Paris ; Paris en possède assez, et, si elle lui en offre quelqu'une, c'est seulement pour en entourer les miséricordes qu'elle lui réserve.

Oui, la miséricorde ! Voilà ce que l'Archiconfrérie apporte surtout à Paris. En face de la grande misère, elle est venue, selon l'expression de saint Augustin, présenter la grande miséricorde. *Ubi summa miseria, ibi summa misericordia.*

Certes, que Paris en avait besoin ! Voici ce qu'écrivait, il y a vingt-trois ans, M. Paul Sauceret, des crimes et des misères morales de Paris : « Hélas ! Il est trop vrai que cette ville est bien coupable et grandement criminelle. Il est bien vrai qu'elle est, dans ses bas-fonds, dans sa partie la plus infime, un cloaque immonde de vices, un réceptacle impur des plus honteuses turpitudes, et comme la sentine et l'égout de l'univers. Il est bien vrai que dans son sein fourmillent les êtres les plus vils et les plus méprisables, et que de ses antres ténébreux sortent les hommes et les principes qui volcanisent le monde, ébranlent la société, et tendent à remplacer l'ordre par le chaos, le droit par la violence, la vertu par le crime et la foi par l'athéisme.

« Aussi ne sommes-nous pas surpris des innombrables pronostics d'après lesquels Paris serait menacé du sort de Tyr et de Sidon, de Babylone et de Ninive. Et quand on nous prédit que la charrue passera un jour sur l'emplacement de ses palais et de ses musées, que les troupeaux parqueront sur ses places immenses, où manœuvrent des armées de trois cent mille hommes, que Dieu détruira par le feu cette ville superbe, comme il le fit de Sodome et de Gomorrhe, sans attacher à ces prédictions redoutables plus d'importance qu'elles n'en méritent, toutefois, à la vue des crimes de cette Babylone moderne, nous ne pouvons nous empêcher d'en être vivement impressionnés ! »

Tel est, sous la plume de M. Paul Sauceret, le Paris de 1849 ! Qu'aurait-il dit du Paris de 1871 ? Quelque horribles que soient les couleurs dans lesquelles l'écrivain trempe sa plume, peindra-t-il jamais ces abominations, ces luttes fratricides et ces scènes sanglantes qui ont épouvanté l'univers ? A qui voudrait voir jusqu'où peut s'étendre le délire des passions humaines, on dirait : « Allez à Paris, allez voir ses églises profanées par des foules sans nom, ses musées pillés, ses palais en cendres, ses quartiers les plus somptueux dévorés par l'incendie, les représentants de l'ordre massacrés, et la foule ivre de fureur et de sang menaçant d'une destruction totale cette ville, l'orgueil de la France et la reine de l'univers. » « J'ai vécu dix-sept ans chez les peuples barbares du Nouveau-Monde, disait dans sa déposition un missionnaire, naguère prisonnier de la Commune ; jamais, chez ces hordes sauvages, je n'ai rencontré un spectacle pareil à celui de cette tourbe boueuse, avinée, féroce, d'hommes et de femmes qui nous conduisit de Mazas à la Roquette. »

Oh ! oui, Paris avait besoin de miséricorde ! Il avait besoin d'une miséricorde immense comme ses crimes. Un pontife illustre a dit en parlant de la France, et lorsqu'il parlait de la France, pouvait-il dans sa pensée en séparer Paris ? « Lorsque Dieu semble avoir épuisé la mesure des grâces qu'il accorde aux nations, il garde toujours pour la France une faveur particulière, une grâce de conversion qu'il tient en réserve dans ses trésors. » Eh bien ! cette grâce de prédilection qu'il tenait en réserve dans les trésors de sa miséricorde, ne l'a-t-il pas donnée à Paris, en y établissant cette Archiconfrérie du Très-Saint Cœur de Marie pour la conversion des pécheurs ? N'a-t-il pas laissé voir, par ce bienfait, qu'il ne voulait pas que pérît la ville à laquelle il avait déjà donné dans sa miséricorde un saint Louis et une Geneviève ? Comme si le Seigneur s'était dit : « Tu as beau faire, ô Paris, tu as beau, dans ton délire, imaginer des crimes inconnus à la terre, nier mon nom, blasphémer mon Christ, incendier mes autels; crois-tu que tes forfaits égaleront jamais la grandeur de mes miséricordes ? Et n'aurai-je pas toujours ce Cœur Immaculé de Marie qui intercédera sans cesse pour tes crimes ? Et du pied de l'autel béni de l'Archiconfrérie, ne verrai-je pas se tendre vers moi les mains des dix justes qui auraient sauvé Sodome ? »

Oui, l'Archiconfrérie sera la ressource et la sauvegarde de Paris dans ses plus mauvais jours. Tombée du cœur d'un saint prêtre au milieu des vices et des turpitudes de la capitale, elle les rachètera par ses prières et les purifiera dans ses larmes. Pendant que des hommes insensés, en proclamant l'athéisme, justifieront tous les désordres et glorifieront les passions les plus honteuses, des milliers de voix pures ou repentantes feront retentir le sanctuaire de Notre-Dame-des-Victoires de ce cri de détresse : « Cœur Immaculé de Marie, ayez pitié de nous qui avons recours à vous ! » Elles appelleront sans cesse le salut et la miséricorde sur Paris, quand ces hommes audacieux et impies ne rêvent pour lui que la destruction et la mort ! Et le soir, quand les travaux ont cessé, et que la foule, ivre de jouissances, court de tous côtés aux plaisirs, c'est alors surtout que l'Archiconfrérie remplira pour Paris son rôle de médiatrice. Si le bruit des orchestres et le tumulte des réunions mondaines n'ont pas encore entièrement fermé vos oreilles à la voix gémissante de la religion, écoutez ! Entendez-vous ces soupirs et ces chants inspirés qui s'élèvent du sanctuaire de Notre-Dame-des-Victoires ? Quelles voix puissantes, au milieu de ce Paris qui s'amuse, font entendre ces supplications divines : « Refuge des pécheurs, priez pour nous ! Priez pour nous, ô vous qui êtes le secours des chrétiens ! » C'est l'Archiconfrérie qui pleure, qui gémit et qui prie pour Paris qui n'aime que le plaisir, pour Paris qui ne sait plus prier ni se souvenir de ses glorieuses et antiques destinées ! C'est l'Archiconfrérie qui demande grâce pour la grande ville coupable, grâce pour la prostitution qu'elle a faite de son génie et de son influence, grâce pour ses misères et les enseignements sinistres et redoutables qu'elle a donnés au monde ; c'est elle qui, portant réunis dans ses mains les vœux et les mérites de vingt millions d'âmes pieuses, s'interpose, comme Abraham, entre la justice de Dieu et les crimes de cette grande cité.

M. de Maistre, dans son immortel ouvrage des Soirées de Saint-Pétersbourg, a dit : « Le châtiment peut être prévenu par nos ferventes supplications ou par celles d'amis qui s'intéressent à notre sort. » Eh bien ! ces amis, ces vrais amis qui s'intéressent au sort de Paris, ces amis qui ne ressemblent en rien aux factieux qui l'agitent, aux utopistes insensés qui l'aveuglent, aux pompeux déclamateurs qui le repaissent de vains mots, aux libéraux égoïstes qui ne plaident la cause de la liberté que pour mieux asservir les autres, ces vrais amis, ce sont ces modestes associés de l'Archiconfrérie de Notre-Dame-des-Victoires, qui, sans cesse préoccupés des fautes et des aspirations de Paris, prient pour lui ce cœur si miséricordieux de Marie. On parlait, dans l'antiquité, de ce fameux *Palladium* qui protégeait les cités assez heureuses pour le posséder en leurs murs. Mais que Paris, léger et insouciant, songe donc un instant aux millions d'âmes qui plaident au pied de l'autel du Sacré Cœur de Marie la cause de ses misères : ne sera-t-il pas forcé de reconnaître que son temple de Notre-Dame-des-Victoires et son Archiconfrérie sont pour lui mille fois plus riches en bienfaits et en miséricordes que le *Palladium* antique ?

IV

C'est un dessein très-élevé déjà de vouloir faire contribuer l'Archiconfrérie à racheter par ses supplications les misères sans nombre de Paris. Et quand on y songe sérieusement, il y a dans ce rôle de médiatrice entre cette ville immense et le Saint Cœur de Marie un je ne sais quoi qui agrandit l'horizon que l'on prête ordinairement à ces pieuses associations de prières. Mais les desseins de Dieu, en prenant Paris pour la métropole de l'Archiconfrérie, sont plus grands encore. Chaque siècle, en politique, en morale et en religion, a son caractère propre. Le dix-neuvième siècle, qui a peut-être surpassé les autres en indifférence et en audaces sacrilèges, les a surpassés aussi dans le culte qu'il rendit à la Vierge. La Providence, comme pour faire un contre-poids aux maux qui désolent la terre, semble avoir fait de ce siècle le siècle de Marie. A côté des autels de Jésus-Christ, qu'une ignorante et orgueilleuse impiété s'efforçait d'abattre, elle a multiplié les autels de la Vierge, guérissant ainsi les fautes de l'orgueil humain par le baume de l'humilité. Nous ne pensons pas, si l'on consulte l'histoire de notre temps, que l'on puisse nier les vues providentielles et miséricordieuses de Dieu dans ce mouvement qui porte les peuples vers les autels de Marie.

Mais, pour travailler à cette grande œuvre de régénération religieuse par le culte de la Vierge, il faut de puissants ouvriers. Dieu s'en charge. Comme autrefois la Providence a choisi Rome pour propager plus facilement la religion chrétienne, dont elle emportait les idées dans les voiles de ses mille vaisseaux, elle choisit aujourd'hui Paris pour étendre par toute la terre, au moyen de son irrésistible influence, le culte de la Mère de Dieu. Il semble qu'elle ait dit à cette ville superbe : « Je t'ai donné la gloire et le salut par l'établissement de l'Archiconfrérie du Saint Cœur de Marie, que j'ai fixée dans ton sein ; j'ai doté tes murs d'un sanctuaire qu'envieraient tous les royaumes et dans lequel tu ne fléchiras jamais vainement le genou ;

mais j'attends de ton influence et de la générosité de ton cœur que tu travailles à propager partout avec moi ce culte si cher aux pécheurs. » Tel nous paraît être un des desseins principaux de Dieu dans le choix qu'il fit de Paris pour y fonder le siége de l'Archiconfrérie du Cœur Immaculé de Marie.

Et combien ce dessein prend de crédit et de force quand on réfléchit à la conduite de la Providence dans l'emploi qu'elle fait des forces humaines pour le triomphe de ses pensées, et que, d'un autre côté, on étudie l'influence de Paris sur le monde entier! « Paris est, depuis un siècle surtout, dit M. Paul Sauceret, comme le grand centre qui donne l'impulsion à tout, le mouvement à tout, et vers lequel toutes les nations ont le regard tourné. Sous le rapport des idées, Paris est la capitale non-seulement de la France, non-seulement de l'Europe, mais de tout l'univers. Ce qu'il fait, l'univers le fait; ce qu'il dit, l'univers le dit; ce qu'il veut, l'univers le veut; ce qu'il change, l'univers le change; ce qu'il brise et renverse, l'univers aussi le renverse. » — « Messieurs, disait en 1861, du haut de la chaire de Notre-Dame, Mgr Darboy, victime plus tard de l'influence terrible de ce Paris qu'il préconisait alors, votre communion pascale de 1861 ne peut manquer d'avoir une portée considérable. Vous savez quel grand rôle Paris remplit dans la France, et la France dans le monde, et quel retentissement s'attache à tout ce qui se fait dans cette immense cité! »

Cette influence irrésistible de Paris sur les destinées des autres nations n'a échappé à aucun esprit sérieux. Déjà, dès le commencement de ce siècle, M. Joseph de Maistre disait de la France, et Paris en était à ses yeux la tête puissante : « La France exerce sur l'Europe une espèce de magistrature. » Tous les écrivains, qui ont dans la suite médité sur le rôle providentiel de Paris, loin de détruire ce sentiment, n'ont fait que le confirmer par de nouvelles preuves. « Paris, écrivait M. le vicomte d'Arlincourt dans sa brochure intitulée *Dieu le veut*, Paris fut de tout temps le point de mire des nations; imiter Paris à tout prix semble être devenu plus que jamais une loi générale. Proclamons-nous une usurpation? le besoin de changer de dynastie se fait sentir ici et là. Revenons-nous à la royauté légitime? toutes les vieilles monarchies se replacent, triomphantes, sur leurs bases? Voulons-nous la guerre? tout s'arme. Nous jetons-nous dans la spéculation de l'industrie? voilà l'Europe entière en actions et en commandites. Déclarons-nous que, la société ancienne ayant fait son temps, une civilisation nouvelle est destinée à prendre sa place? aussitôt, c'est à qui, de toutes parts, jettera à bas les institutions connues pour se livrer à de vagues utopies. Chrétiens, nous ramenons la foi sur la terre; impies, nous démoralisons les peuples. Que Paris progresse, tout marche; qu'il rétrograde, tout recule. »

Qui oserait en douter aujourd'hui? Est-ce que, depuis deux ans que Paris s'agite dans les convulsions de la guerre civile et étrangère, le monde entier n'est pas en souffrance? Arts, sciences, industrie, commerce, qu'est-ce qui a progressé depuis cette lamentable époque? Ah! nos ennemis l'ont vu et le voient encore en frémissant, que Paris est le cœur du monde; ils voient que, si l'on forge ailleurs les machines puissantes qui détruisent les villes, c'est à Paris que s'élaborent les grandes pensées qui vivifient les nations. C'est donc en vain, oh! oui, bien en vain, que par la force brutale ils ont voulu anéantir l'influence de la France et de Paris. Leurs formidables bombes ont brisé sans doute quelques pierres de ses fortifications; leurs escadrons impies ont essayé de s'asseoir un jour en tremblant dans ses murs. Mais qu'ils sachent que la destruction d'une muraille qui, en tombant, a si cruellement meurtri ses envahisseurs, n'est pas la destruction d'un grand peuple! Qu'ils s'éloignent avec leurs faciles triomphes, et demain l'univers, affluant à Paris, leur apprendra que le cœur du monde est là et non pas à Berlin!

Dieu, qui a gratifié Paris d'une telle influence sur les sociétés modernes, s'en est servi, de nos jours, pour propager la dévotion salutaire au Très-Saint Cœur de Marie. Paris, sans doute, pouvait ignorer sa mission; absorbé par ses affaires et par ses plaisirs, songeait-il même à cet autel de Notre-Dame-des-Victoires connu du monde entier? Il ne pensait, comme toujours, qu'à régner dans le domaine des arts et de l'industrie, à communiquer aux nations ses idées fécondes, et à déployer aux yeux des étrangers, qu'il attirait par millions dans son sein, l'éclat de ses magnificences. Mais Dieu, à son insu, dirigeait son influence vers des vues plus élevées.

Oui, les étrangers afflueront dans son enceinte, attirés par ses fêtes, séduits par ses merveilles; ils y viendront, de tous les climats du monde, emprunter ses arts et son industrie; ils viendront voir cette ville célèbre, copier ses beautés artistiques, communiquer avec ses savants et s'inspirer au souffle de son génie. Mais Dieu leur réserve un autre spectacle. Ils étaient accourus visiter le Paris mondain, le Paris des théâtres, des arts et des sciences: il leur montrera en même temps le Paris religieux, le Paris si dévoué au Saint Cœur de Marie. La main de Dieu les conduira à ces fêtes si charmantes et si suaves de Notre-Dame-des-Victoires. Là, ils verront se renouveler sans cesse des foules immenses qui viennent supplier le Cœur Immaculé de la Vierge; ils apprendront les merveilles qui s'opèrent dans ce sanctuaire; ils éprouveront les douceurs secrètes qu'on y goûte; la vue de ces multitudes croyantes et recueillies les charmera plus que les plaisirs du monde. Ils s'étaient imaginés qu'on ne devait trouver Paris qu'aux spectacles ou dans le temple de la Bourse: ils seront surpris de le rencontrer pieux, recueilli, et tenant saintement embrassés les autels du Très-Saint et Immaculé Cœur de Marie. Qu'ils retournent maintenant dans leurs royaumes et dans leurs provinces: ne sont-ce pas autant de missionnaires de cette tendre dévotion au Saint Cœur de la Vierge? S'ils emportent de Paris ses mœurs et ses arts, n'emporteront-ils pas en même temps le souvenir de sa dévotion envers Marie? Et, rentrés au cœur de leur famille, ne vous semble-t-il pas les entendre dire: « Oh! oui, Paris est bien la ville des magnificences, la ville des merveilles, mais il en est une qui nous a plus vivement impressionnés que les autres: c'est sa piété envers le Saint Cœur de Marie, c'est son Archiconfrérie de prières pour le salut des pécheurs, c'est son temple vénéré de Notre-Dame-des-Victoires! »

C'est ainsi que Paris, par son prestige et la magique puissance de ses exemples, est destiné à seconder les vues de Dieu dans l'extension de l'Archiconfrérie de Notre-Dame-des-Victoires.

Puisse-t-il comprendre la grandeur de cette mission, et mettre au service de Dieu cette influence parfois si redoutable dont il s'est servi pour répandre sur la terre ses doctrines pleines de tempêtes et d'orages! Qu'il se rappelle que le culte de Marie est lié à toutes les gloires de son histoire; qu'il se souvienne que ses plus grands princes furent les dévots serviteurs de la Vierge, que sa basilique, l'une des plus illustres du monde, doit à la Mère de Dieu l'inspiration qui l'a fait naître et ses inépuisables merveilles, et que, s'il manquait encore quelque chose à la gloire religieuse de notre France et à la sienne, le sanctuaire de Notre-Dame-des-Victoires et son Archiconfrérie viennent de déposer ce dernier fleuron sur son glorieux diadème.

CHAPITRE XI

Des fêtes en l'honneur de Notre-Dame des Victoires. — Nécessité des fêtes pour alimenter la piété. — Fêtes du Sacré Cœur de Marie et de sainte Aurélie. — Le mois de mai à Notre-Dame-des-Victoires. — Anniversaire du couronnement de la statue de Notre-Dame-des-Victoires. — Fête patronale de l'Archiconfrérie, le 4e dimanche d'octobre. — Description de la fête du couronnement solennel de l'image de Notre-Dame-des-Victoires, le 9 juillet 1853. — Une soirée à Notre-Dame-des-Victoires. — Impressions diverses qui agitent l'âme dans ces pieuses réunions.

I

Nos lecteurs s'attendent, après avoir parcouru avec nous les phases diverses que l'Archiconfrérie a traversées depuis sa fondation, que nous leur parlions de ses fêtes, et surtout des réunions intimes du dimanche que leur charme ont rendues si populaires. Quoique la plume de l'écrivain n'ait que des ressources bornées et des couleurs bien pâles pour rendre les sentiments ineffables de l'âme qui font le caractère principal des fêtes religieuses, aidé dans notre tâche par M. de Riancey et par M. l'abbé Balthazar, ancien vicaire à Notre-Dame-des-Victoires, nous entreprendrons ce dernier chapitre. Et puis, il faut l'avouer, il manquerait, ce semble, à notre livre, le seul charme peut-être qu'il doive posséder, si nous passions sous silence les réunions du soir de l'Archiconfrérie, véritables fêtes de familles dont les douces joies, au milieu de nos défaillances et de nos tristesses, consolent et fortifient le cœur.

Les fêtes, qui sont le symbole extérieur et l'éloquente expression de la piété, ne pouvaient faire défaut à l'Archiconfrérie de Notre-

Dame-des-Victoires. Fondées sur la nature de l'homme, elles ont toujours été, et tant que la nature de l'homme restera ce que Dieu l'a faite, elles seront toujours la vie et l'aliment indispensable de toute dévotion. Supprimez-les, la piété languit et décline. Elle ne se développe et ne se fortifie qu'autant que ses tendres sentiments, imprimés dans la langue vivante des fêtes, viennent, de distance en distance, puiser une vie nouvelle dans les pompes et les cérémonies du culte extérieur.

Aussi, dès l'origine de la dévotion au Très-Saint Cœur de Marie dans les provinces de Normandie et de Bretagne, voyons-nous Eudes Mézeray, son fondateur, solliciter l'autorisation de célébrer une fête en l'honneur du Cœur Immaculé de la Vierge. Mentionnée déjà dans les *Annales des Eudistes*, à la date de 1646, nous apprenons que, le 8 février 1648, grâce à l'autorisation de Mgr de Ragny, il fut permis au P. Eudes, dans le cours d'une grande mission, de la célébrer avec une pompe extraordinaire dans la cathédrale d'Autun. Tel est l'exemple que suivit plus tard M. Des Genettes dans l'institution des fêtes de l'Archiconfrérie de Notre-Dame-des-Victoires.

En dehors de plusieurs fêtes de Notre-Seigneur, de la Vierge et des Saints, que l'Archiconfrérie célèbre d'une manière toute particulière, et auxquelles les souverains Pontifes ont attaché la faveur inappréciable de l'indulgence plénière, l'Archiconfrérie a ses solennités propres, ses jours que le Seigneur a faits, pendant lesquels elle déploie toutes ses splendeurs et entonne ses chants de reconnaissance et d'allégresse. La première de ces solennités, celle qui ouvre le cycle religieux de son année ecclésiastique, est la fête du Sacré Cœur de Marie, fixée par Pie IX au dernier dimanche après l'Épiphanie de Notre-Seigneur. Célébrée vers le milieu du XVII° siècle dans toutes les provinces du nord de la France, et, dès la plus haute antiquité, dans la ville d'Aurillac, sous le titre de Notre-Dame-du-Cœur, cette fête, que l'Archiconfrérie a rendue universelle comme ses conquêtes, reçoit un nouveau lustre et un plus radieux éclat dans le sanctuaire de Notre-Dame-des-

Victoires. En ce jour, ce ne sont ni les mélodies de l'orgue, ni les décorations du temple, ni l'exécution parfaite des chants, qui exercent sur l'âme leur irrésistible influence. Pourquoi les bruits de la terre dans la fête du Cœur? Mais quel spectacle dans ces foules qui viennent s'agenouiller au pied de l'autel privilégié de Marie et confier à ce Cœur, qui a connu tant de douleurs, leurs angoisses, leurs espérances et leurs infortunes! Voyez ces pleurs qui tombent silencieusement sous les voiles de tant de mères, ces visages résignés, cette piété qui espère, ces mains qui se joignent suppliantes: c'est bien la fête paisible et douce de ceux qui souffrent.

Plus tard, quand le printemps est venu pour jeter des lys et des palmes sur le tombeau de sainte Aurélie, l'église de Notre-Dame-des-Victoires célèbre la translation des reliques de la jeune martyre dont Grégoire XVI fit présent à l'Archiconfrérie, le 18 avril 1842. Inaugurée le 23 mars 1843, par Mgr Garibaldi, internonce du Saint-Siège, cette fête se célèbre annuellement, depuis cette époque, le troisième dimanche après Pâques.

Puis, mai arrive, paré de toutes les grâces de la nature, mai, ce mois si cher à tous les dévots serviteurs de Marie. Si, à cette saison charmante de l'année, la pauvre église de nos hameaux, sortant de son silence et de sa nudité, emprunte aux prairies ses bluets et ses blanches marguerites pour en orner l'autel rustique de la Vierge, que dire des magnificences de Notre-Dame-des-Victoires pendant ce mois de bénédiction?

En un moment l'autel se pare, les serres les plus riches de Paris s'ouvrent, et autour de Celle que l'Église salue du nom gracieux de *Rose mystique* viennent se ranger les fleurs de tous les climats du monde. Les roses de Nice, les orangers de la Provence, les gigantesques camélias des Indes, et jusqu'à ces splendides arbustes qui ne croissent que sous le ciel de la Floride, sont disposés avec art dans le sanctuaire privilégié. Vous vous croiriez transportés sous un de ces heureux climats où la nature, que l'avarice ou la culture excessive n'a pas encore épuisée, produit d'elle-même, et sans effort, tant de merveilles.

Les fleurs ne suffisent pas à l'embellissement du sanctuaire. Bientôt s'allument des milliers de cierges. Vous les voyez tantôt s'arrondir en cercles de feu et servir de couronne à la Vierge que nos litanies appellent *l'Étoile du matin*, tantôt s'élever en gerbes éclatantes de lumière. Ici, ils courent en longues guirlandes autour de l'autel; là, par leurs gracieuses arabesques, ils décrivent le nom, mille fois béni, de Notre-Dame-des-Victoires. Partout, ces milliers de lumières disent, dans leur éloquent symbolisme, ou l'âme qui s'exhale en prières, ou le cœur qui se consume en sentiments de repentir ou d'amour. Croirait-on que leur nombre, vive et brillante image de la piété, s'est parfois élevé jusqu'à vingt et vingt-cinq mille, que des mains reconnaissantes et pieuses ont allumés devant l'autel de Marie?

Mais ces dons et ces magnificences, peut-être les verrait-on dans les autres sanctuaires de Paris? Qui n'a admiré les peintures magnifiques de la chapelle de la Vierge à Saint-Roch? Qui n'a vu Saint-Sulpice et ses jeux si doux et si mystérieux de lumière qui portent l'âme comme d'elle-même à la piété? Qui n'a entendu ces chants inspirés de Notre-Dame-de-Lorette, ces voix si pures et si mélodieuses, qu'en les entendant on se croirait transporté au milieu d'un concert céleste? Notre-Dame-des-Victoires n'a pas ces beautés artistiques des grandes églises de Paris; la peinture n'a laissé aucun chef-d'œuvre dans la chapelle de Marie, et jamais on n'y entend que les chants graves et solennels de la liturgie sainte. Mais ce qu'elle possède, et ce qu'elle possède seule, c'est la foule immense, c'est la vie, c'est l'enthousiasme, c'est l'ivresse sacrée, c'est ce saisissement involontaire qui s'empare de l'âme pendant les cérémonies de ce mois béni. Vous pénétrez dans l'enceinte du temple; qui vous a frappés? Est-ce cette multitude pieuse et recueillie de fidèles? Est-ce le chant grave des litanies ou de quelques cantiques à la Vierge? Est-ce ces torrents de lumière qui inondent la statue de Notre-Dame-des-Victoires, la voix pénétrante du prédicateur ou le parfum de l'encens? On l'ignore; mais, sous le charme d'un sentiment irrésistible qui résulte peut-être de l'ensemble des cérémonies, vous vous jetez à genoux, vous priez avec ferveur, et il se passe dans le cœur un je ne sais quoi qui l'attire et qui l'enivre doucement. Vous sortez de Notre-Dame-de-Lorette, l'admiration sur les lèvres ; heureux, des réunions du soir de Saint-Sulpice: mais d'où sort-on meilleur, avec le regret de sa conduite passée, avec un désir de changer de vie? N'est-ce pas de Notre-Dame-des-Victoires, le soir de ses réunions pendant le mois consacré à la Vierge?

Bientôt l'année touche à ses plus hauts jours. C'est l'époque, dans la nature, où tout se couronne, les arbres de fruits, les moissons de leurs épis jaunissants. L'homme même, si souvent déçu sur cette terre dans ses plus douces espérances, semble tendre à son tour sa main endurcie par le travail pour recevoir la récompense de ses travaux annuels. L'Archiconfrérie ne laissera pas s'enfuir ce mois de juillet sans offrir sa couronne à Notre-Dame-des-Victoires. Quand paraît l'aurore du neuvième jour, elle célèbre dans l'allégresse le glorieux anniversaire du couronnement de la statue miraculeuse de Notre-Dame-des-Victoires. On dirait, dans ce jour, que l'Archiconfrérie ait voulu égaler sa reconnaissance aux bienfaits dont la Providence comble en ce mois la nature, et, elle aussi, couronner la reine du ciel pendant qu'il couronne la terre de ses dons précieux.

Le quatrième dimanche d'octobre ferme le cycle religieux des fêtes propres à l'Archiconfrérie. Commencé par la fête du Sacré Cœur de Marie, il se termine par la fête patronale de Notre-Dame-des-Victoires. L'église de Louis XIII se rappelle en ce jour ses illustres origines; rien n'est plus magnifique que l'autel de la Vierge; Notre-Dame-des-Victoires a ceint son plus superbe diadème, don de la munificence de Pie IX, et, pendant tout le jour, la foule ne cesse d'aller s'agenouiller devant l'autel saint. On voit que Paris se souvient qu'il est la cité de Marie, et qu'il est fier de venir, à la suite de ses anciens rois, bénir celle qui accorda tant de fois la victoire à la France. C'est dans cet espace, entre la solennité du Saint Cœur de Marie et la fête de ses gloires séculaires que s'échelonnent, de distance en distance, les fêtes de l'Archiconfrérie de Notre-Dame-des-Victoires, fêtes vraiment touchantes, qui rappellent aux associés les vertus comme les triomphes de Marie, et qui servent, dans ces tristes jours où la foi diminue, où la charité se refroidit, à ranimer, au cœur des peuples chrétiens, le foyer de la vie religieuse, si près, hélas! de s'éteindre sans retour!

II

Outre les fêtes que l'Archiconfrérie célèbre chaque année à des époques régulières et déterminées, il en est une qui lui fut trop glorieuse et qui influa sur ses destinées d'une manière trop providentielle, pour que nous nous refusions à en donner le récit. Il est conçu, du reste, avec tant de charme, qu'il sera, sans aucun doute, une des plus belles pages de l'ouvrage que nous livrons au public.

Il est des jours privilégiés, écrivait, en 1854, M. de Riancey, où le ciel semble s'abaisser complaisamment vers la terre pour donner aux tristes pèlerins de cette vallée de larmes des spectacles pleins d'espérance et comme un avant-goût des joies immortelles de la patrie d'en haut.

Le 9 juillet 1853 fut un de ces jours.

Aux premiers rayons d'une de ces matinées splendides dont la Providence s'était montrée si avare durant le cours de l'été, une foule plus nombreuse que de coutume assiégeait les abords de l'église de Notre-Dame-des-Victoires, humble monument, mais habitué à l'empressement des pieuses multitudes.

Tout respirait un air de fête. Sur la place, des détachements de l'armée française, en uniforme de parade et de bataille, avaient formé leurs rangs au son des instruments de guerre. Ces lignes pressées ne s'ouvraient que pour livrer passage à de hauts dignitaires, à des princes de l'Église, aux grands de l'État, à des évêques, à des généraux, à des religieux illustres, à l'élite des fidèles de la capitale ou à des étrangers de renom.

Au delà se pressait une assistance émue, avide, mais recueillie, et qui, si elle n'espérait pas trouver dès le matin même entrée dans le sanctuaire, savait bien qu'elle aurait aussi sa part dans cette sainte journée, et, en attendant, s'associait de loin, par sa respectueuse attitude, aux allégresses de la solennité qui s'annonçait.

Quelle est donc cette cérémonie qui attire un tel concours ? et, pour parler le langage des saintes lettres, *quæ est ista religio?*

Point de férie extraordinaire dans le calendrier ; point de commémoration particulière dans les souvenirs de la patrie ; ou plutôt, nous nous trompons : c'est tout à la fois une grande date et une grande gloire pour les annales de l'Église et de la France.

C'est le couronnement solennel de l'image vénérée de la Très-Sainte Vierge, couronnement accompli, au nom de Sa Sainteté Pie IX, en actions de grâces de la délivrance de Rome par les armes de la France.

Ces braves soldats, ce sont les délégués des divers corps qui ont eu l'honneur de verser leur sang pour cette cause et de prendre part à cet exploit ; ce sont des détachements des 32e et 36e régiments de ligne, du 13e léger et de ces infatigables chasseurs de Vincennes, l'admiration et la terreur de nos ennemis. Presque tous portent sur leur poitrine la médaille bénie dont le Saint-Père les a décorés.

Ces généraux, ce sont ceux qui les ont conduits à la victoire, c'est le récent gouverneur de Rome, le général Gémeau, ce sont soixante officiers généraux et supérieurs de l'armée d'Italie, en ce moment à Paris. Au milieu de tous, brillant par sa modestie non moins que par sa renommée, le chef de l'expédition, le vainqueur de la révolution romaine, le duc Oudinot de Reggio, héros par droit de naissance, rajeunissant les gloires paternelles, et les couronnant de cette force d'âme qui se rehausse dans la disgrâce.

Ces magistrats, ces religieux, ces pontifes dans leurs majestueux costumes, ce sont ceux dont nous avons dépeint, dans un de nos chapitres précédents, l'illustre assemblée, couronne admirable, formée de tout ce que la France possède de plus renommé dans la science et dans la piété.

Tels sont les principaux personnages de cette assistance d'élite.

Pour cette fête, l'église Notre-Dame-des-Victoires a revêtu des pompes sans pareilles.

Le portique est tendu de courtines d'or et de velours, et les emblèmes qui décorent la façade redisent, au dehors, les actes qui vont s'accomplir dans la profondeur du sanctuaire. Les insignes et les armoiries du souverain Pontife, heureusement régnant, annoncent que la cérémonie est faite au nom du chef de la catholicité. Les armes du cardinal Mattei, archiprêtre de la basilique vaticane, rappellent que le don vient du chapitre illustre de cette basilique ; celles de Mgr Pacca attestent quel noble délégué a été choisi pour cette imposante cérémonie ; et, au centre de tous ces glorieux insignes, l'image de la Très-Sainte Vierge, se détachant sur l'azur, symbolise l'objet et figure la reine de la fête.

A l'intérieur, partout des tentures, des tapisseries, des fleurs, des candélabres ; on dirait que l'église est devenue un reliquaire où brillent à l'envi l'or, les lumières et les étoffes précieuses.

Chaque pilastre est orné, chaque clé de voûte, chaque chapiteau sont couverts de dorures ; à tous les arceaux paraissent les armes du Saint-Père. Dans le chœur se reproduisent celles de l'Église romaine, la tiare avec les clés et la croix patriarcale.

Mais c'est surtout à la chapelle privilégiée, à celle où est placée la statue miraculeuse, que les ornements sont prodigués. Un immense voile de gaze d'or et d'argent protége l'autel et laisse voir cette inscription : « *Archiconfrérie universelle,* » qui fait assister à la fête les associés de l'univers entier. Dans les lustres d'or scintillent des milliers de bougies, symbole de la ferveur des âmes pieuses. Les innombrables *ex-voto*, cœurs d'or, tables de marbre, croix et insignes de distinction, gages de reconnaissance et monuments de prières, racontent les merveilles obtenues devant l'image bénie et servent, tout ensemble, de cortége et de témoins à la gloire qu'elle va recueillir.

Puis le regard, suivant les degrés couverts de fleurs et ornés de lampadaires, s'arrête enfin sur l'image de Marie, de celle qui fut le tabernacle virginal où le Fils du Très-Haut a voulu enclore sa divine grandeur, de celle qui a mérité l'ineffable honneur d'être la Mère de Dieu, la réparatrice de l'Ève coupable, le refuge de ceux qui tombent et le secours de ceux qui souffrent, c'est-à-dire l'asile de tous les enfants d'Adam.

Vous apercevez enfin, sur une crédence richement décorée, les deux couronnes réservées à la Vierge et à l'Enfant Jésus. Le Saint-Père a mis à cette œuvre une sollicitude et comme une recherche particulières. Non content de désigner au chapitre de Saint-Pierre l'image vénérée, il a tenu à contribuer lui-même au royal présent. Rien ne lui a paru trop magnifique pour témoigner à Marie et à la France sa souveraine gratitude; les plus beaux diamants de son trésor ont été, par ses ordres spéciaux, consacrés à ce monument de piété, de richesse, d'art et de goût. A l'imitation de son auguste maître, le cardinal secrétaire d'État, l'ami et le compagnon de ses jours d'adversité, a offert ses pierreries et ses émaux, et les chanoines de la basilique vaticane ont ajouté encore à l'opulence ordinaire de leurs dons.

Excitée par tant de munificence, l'habileté renommée des artistes de la ville éternelle s'est surpassée. Les deux couronnes, formées de l'or le plus pur, et enrichies de pierres précieuses, de rubis, d'émeraudes, de topazes et d'hyacinthes, sont d'incomparables chefs-d'œuvre.

Tels sont les préliminaires de la magnifique cérémonie qui rassemble une foule si empressée et si brillante.

L'heure est arrivée, le temple est rempli, l'ordre et les rangs sont observés. Les députations sont sur leurs bancs. Son Em. le cardinal Gousset, Ngrs Leherpeur, Pallegoix, Charbonneau, Bodichon et Kobéi occupent des fauteuils dans le chœur, du côté de l'Évangile, à côté de Mgr Vecchiotti.

Mgr Pacca a été reçu par M. le curé, par le clergé paroissial, par M. le maire, ses adjoints et le Conseil de fabrique, à la porte de l'église, avec le cérémonial d'usage, et conduit à la place qui lui a été réservée. Mgr l'archevêque de Paris est sur son trône. La cérémonie commence.

Pendant la divine liturgie, des chants sacrés se font entendre. La musique est grave et joyeuse, tout ensemble ; les voix, pleines de piété et de recueillement. Ce ne sont pas les accents renommés et les harmonies célèbres de la chapelle papale, cette maîtrise du monde ; ce sont de simples mélodies, le chant de l'humble supplication et de la modeste prière.

Après l'évangile, un membre du vénérable chapitre de l'église métropolitaine est monté en chaire et a lu la lettre pastorale par laquelle Mgr l'archevêque proclame les indulgences accordées par le Saint-Père et s'associe avec tout son clergé aux joies de ce beau jour.

Le sacrifice s'achève. Le pontife qui vient de célébrer dépose ses ornements sacrés. Pendant ce temps, les prélats se rendent du côté du chœur à une estrade élevée devant l'autel de Saint-Augustin et faisant face à la statue de la Très-Sainte Vierge ; Mgr l'archevêque de Paris, suivi de son cortége, prend place au milieu de cette couronne de pontifes. Mgr Pacca, accompagné du vénérable curé, traverse les rangs du clergé qui s'aligne au pied de l'autel, monte sur l'estrade richement ornée et prononce à haute voix les belles oraisons du rituel ; puis il place successivement les diadèmes sur la tête de Marie et du divin Enfant. Cependant, le chœur fait entendre cette admirable antienne :

> Regina cœli, lœtare, alleluia.
> Quia quem meruisti portare, alleluia.
> Resurrexit sicut dixit, alleluia.
> Ora pro nobis Deum, alleluia !

L'image est couronnée. Le désir du souverain Pontife est accompli ; honneur et gloire sont rendus à la Très-Sainte et Immaculée Mère de Dieu !

Mgr l'archevêque de Paris succède à Mgr Pacca ; il monte près de la statue, offre l'encens à l'image privilégiée et entonne l'hymne d'actions de grâces. Les voûtes retentissent des chants sacrés du poëme d'Ambroise et d'Augustin, et cet élan de la reconnaissance de l'Église s'élève jusqu'au ciel avec les prières et les larmes des assistants.

Il faut renoncer à peindre l'émotion qui s'est emparée alors de tout l'auditoire. Un mouvement d'enthousiasme a parcouru cette assemblée d'élite ; elle a senti que quelque chose de grand venait de s'achever, et que l'Archiconfrérie pouvait répéter les admirables paroles qui brillaient autour de la voûte du temple : « Celui qui est tout-puissant a fait en moi de grandes choses. »

Un dernier acte a clos la cérémonie. Le vénérable curé, les membres du Conseil de fabrique ont juré solennellement, entre les mains de Mgr Pacca, de garder fidèlement et précieusement les deux couronnes, de ne jamais les aliéner, ni d'en changer la destination sacrée.

Chose remarquable ! en un temps et dans un pays où, trop souvent, les puissances temporelles se sont montrées indifférentes, hostiles même, à la religion, les magistrats municipaux avaient tenu à honneur d'intervenir dans cette auguste solennité. Le maire du 3me arrondissement, homme grave et religieux, a promis aussi, sous la foi du serment, de veiller au précieux dépôt. De plus, comme gage de sa piété, il s'est uni à M. le curé pour offrir, au nom de la ville comme de la paroisse, un cierge richement orné et d'un poids considérable pour brûler devant la Sainte Image. Ce cierge, qui avait été déposé dans le chœur, est apporté immédiatement et allumé par M. le curé.

Un notaire impérial a constaté dans un document authentique les détails principaux de la cérémonie et la prestation de serment, comme il avait fait précédemment pour la donation des deux couronnes au sanctuaire de Notre-Dame-des-Victoires. L'acte a été revêtu de la signature des personnages les plus illustres de l'assemblée.

Il était une heure quand, au son des orgues, l'armée, les prélats, les dignitaires, toute l'assistance quitta l'église de Notre-Dame-des-Victoires, laissant accès à la foule respectueuse, dont les flots non interrompus l'occupèrent jusqu'aux vêpres.

Qui pourrait peindre les sentiments de douce et religieuse émotion qui pénétrèrent l'âme des foules pendant ce jour de bénédiction? Les fêtes de la terre fatiguent le cœur et les sens par leurs fiévreuses agitations; leurs plaisirs sont trompeurs; précédés d'inquiétudes, de quels cuisants remords ne sont-ils pas souvent suivis? Mais demandez à ceux qui furent témoins de cette touchante solennité, s'il en est ainsi des joies de la religion? Ah! comme ils vous répondront : Non, ses joies ne ressemblent pas à nos bruyantes joies, ses beaux jours à nos beaux jours, mais on peut dire seulement des siens, tant ils sont purs et remplis de suaves consolations : « Voici bien le jour que le Seigneur a fait, réjouissons-nous pendant sa durée et tressaillons d'allégresse. »

III

Nos lecteurs n'ont assisté jusqu'ici qu'aux grandes solennités de l'Archiconfrérie de Notre-Dame-des-Victoires. Mêlés aux foules qui se pressaient dans ce sanctuaire vénéré, ils ont vu les splendeurs, ils ont entendu retentir les chants de triomphe de l'Archiconfrérie.

Mais ces fêtes solennelles, nécessaires peut-être, dans les desseins de la divine Providence, pour imprimer à l'œuvre de M. Des Genettes, le sceau glorieux des œuvres de Dieu, n'en devaient pas constituer la vie intime. Comme la lumière perd de son intensité et de sa chaleur en multipliant ses rayons, les fêtes éclatantes et pompeuses ne parlent aux sens par leurs magnificences qu'au détriment des charmes secrets qui réjouiraient plus délicieusement le cœur. Mais ce fut le privilége de l'Archiconfrérie de Notre-Dame-des-Victoires, d'unir à ces fêtes augustes qui frappent les yeux par leur éclat extérieur, ces réunions intimes, ces fêtes de famille qui laissent dans l'âme de ceux qui en furent les témoins, de si délicieuses impressions. On devine que nous voulons parler des soirées de Notre-Dame-des-Victoires.

Mais plutôt, écoutons une voix plus éloquente que la nôtre qui, venue des lointaines Amériques, nous dira les attraits ineffables de ces fraternelles réunions. « Voici plus d'une année déjà que j'ai quitté Paris, écrivait Mgr l'évêque de Montréal, et je ressens encore les profondes émotions éprouvées à Notre-Dame-des-Victoires, pendant les douces soirées passées au pied de l'autel du Très-Saint et Immaculé Cœur de Marie. Les chants si touchants, les gémissements pieux que j'y ai entendus retentissent encore à mes oreilles ; l'agréable odeur de cet encens de prières qui s'élève de l'enceinte sacrée vers le ciel, réjouit mes sens ; c'est que sans doute cette odeur suave, en montant vers le ciel, se répand jusqu'en nos lointains climats, à cause de l'union étroite que j'ai formée avec l'Archiconfrérie pendant mon séjour à Paris. Je pense donc toujours à vos belles et touchantes réunions ; je pense à vous, âmes ferventes, qui aidez à travailler à la conversion du monde entier ; je pense à vous, dévots serviteurs de Marie, qui courez à l'odeur des parfums qui s'exhalent de ce lieu de bénédiction. »

Qu'est-ce donc que ces soirées intimes de Notre-Dame-des-Victoires pour laisser, après de longs jours déjà, d'aussi doux souvenirs ?

Le soir est arrivé, la grande cité parisienne s'illumine de toutes parts. A voir ces milliers de feux qui étincellent sur les quais, dans les rues et le long des boulevards, vous croiriez presque que le firmament est descendu sur Paris avec son cortége éblouissant d'étoiles. Bientôt les rues nombreuses qui se brisent et se croisent en tous sens avant d'aboutir à la place des Victoires, se couvrent d'une multitude innombrable d'hommes, de femmes, d'enfants, de vieillards, d'ouvriers et de soldats. — Où va donc cette foule empressée ? Est-ce que l'orchestre des théâtres a fait entendre ses premiers sons ? Est-ce que l'heure des plaisirs profanes a sonné pour la grande ville ? Suivez-la. Apercevez-vous au détour de la place des Petits-Pères, au milieu de ces rues tortueuses, resplendir, à la clarté des lumières, un temple de modeste apparence ? Voici bientôt que la foule afflue sur les parvis de l'église, à chaque instant ses flots grossissent, et, dans un moment, les lieux les plus retirés, les chapelles, le chœur et le sanctuaire réservés aux pompes du culte catholique, seront remplis d'une foule pieuse et toujours croissante. C'est qu'il y a, ce soir, réunion de l'Archiconfrérie à Notre-Dame-des-Victoires.

Aucun spectacle n'offre un sujet plus intéressant d'étude que, celui de Notre-Dame-des-Victoires, le jour de ses réunions saintes. Le monde, jusque dans le plus grand abandon de ses fêtes, garde toujours son cérémonial et ses rangs, mais ici, aux pieds de la Sainte Vierge, pas de places réservées, pas de vaines préséances. Les grands, les petits, les riches, les pauvres sont confondus dans la sainte égalité du sanctuaire.

Ici, graves et impassibles dans cette tranquillité sculpturale que donne l'habitude de la discipline militaire, vous apercevez des groupes de soldats de toutes armes, encadrant, comme d'une ceinture d'honneur, la foule qui se presse devant la chaire et dans la chapelle du Saint Cœur de Marie. Enthousiaste et religieux par instinct, il est peu de fêtes à Notre-Dame-des-Victoires que le soldat français ne rehausse par sa présence.

Là, encore revêtus de la blouse du travailleur, ce sont des ouvriers qui, avant de regagner le foyer domestique et d'y porter avec la joie de leur présence, la glorieuse et sainte épargne du jour, viennent s'agenouiller un instant aux pieds de celle qui est la consolatrice des affligés et la douce espérance de ceux qui n'en ont pas sur cette terre. Halte bénie entre l'atelier et le toit conjugal! Ah! si l'ouvrier n'en faisait pas d'autres, si d'imprudentes voix ne venaient pas lui enseigner d'autres doctrines que les doctrines de paix, de sacrifice et de charité qu'il recueille aux pieds de Notre-Dame-des-Victoires!!!

Le long des nefs latérales et dans la pénombre mystérieuse des chapelles, de jeunes ouvrières semblent s'être partagées en groupes, comme pour donner à la prière de la faiblesse, plus de force et de puissance. Les unes laissent courir sur leurs livres d'heures leurs yeux déjà fatigués des travaux du jour ; celles-ci font rouler entre leurs doigts les perles de leur modeste chapelet.

Des hommes de toute profession, de tout âge et de tout costume, des magistrats, des religieux, des négociants, des médecins, des militaires, des avocats, des jeunes gens des écoles remplissent la grande nef. C'est la science, c'est le travail, c'est l'art, c'est le dévouement, c'est l'éloquence, c'est la société tout entière avec ses besoins et ses diverses aptitudes au pied de Notre-Dame-des-Victoires.

Plus près de l'autel de Marie, comme par un privilége qui leur est dû, sont assises, sur de longues rangées de chaises, les jeunes filles des pensionnats, les femmes, les mères et les enfants, tous ceux que la virginité ou la maternité sainte rapprochent de la plus pure des vierges et de la plus parfaite des mères.

Telle est, à la clarté des lustres et des milliers de lumières qui brillent dans le temple, le spectacle de Notre-Dame-des-Victoires le soir de ses réunions, véritable mer humaine, aussi variée dans les reflets extérieurs qu'elle présente que dans les sentiments divers qui l'agitent! La foi, la prière, la curiosité, l'espérance, le regret, l'innocence, le scepticisme même, se peignent sur tous les visages. Toutes les classes, toutes les idées, tous les sentiments sont représentés dans cette vaste assemblée. Il est là, le fervent chrétien, qui sait qu'une heure passée dans le sanctuaire de Notre-Dame-des-Victoires vaut mieux qu'un siècle dans les assemblées profanes : elle est là, la mère croyante, qui attend, dans l'émotion de son âme, que la Vierge puissante rende à son cher enfant ou la santé ou la vertu ; il est là, le pauvre jeune homme, fatigué déjà de la vie dès ses jeunes ans, demandant à Marie un rayon de sa gloire pour l'éclairer dans ses voies incertaines et ténébreuses. Ah! que d'Augustins dans ce sanctuaire qui n'y viennent chercher que l'éloquence d'un Ambroise, mais qui en remporteront le désir efficace de la régénération spirituelle! Que de Samaritains blessés, non point sur le chemin de Jéricho, mais sur celui des voluptés profanes! Que de pauvres publicains coupables qui se cachent derrière les piliers du temple, et qui disent, dans le silence de leur âme : « Refuge des pécheurs, priez pour nous! »

Enfin, l'heure a sonné. L'autel de Marie s'est couvert d'un océan de lumières qui forment, autour de la statue vénérée, comme une splendide couronne. Le directeur de l'Archiconfrérie, suivi de ses collaborateurs, vient prendre place auprès de l'image sainte. Nulle distinction ne l'accompagne. « Même au milieu des plus grands triomphes de l'Archiconfrérie, écrit M. Léon Aubineau, le vénérable M. Des Genettes tenait à conserver la simplicité primitive. On le voyait, assis sur un modeste siége, comme les simples fidèles ; c'était le bon père au milieu de sa famille bien aimée. »

L'orgue vient de lancer ses premières notes : les chants commencent. Ce sont les psaumes de David, hymnes sacrés, cantiques saints qui renferment, dans leurs poésies divines, les douleurs, les joies et les espérances de l'humanité. Je ne sais ce qu'il y a de puissance et d'enthousiasme dans cette psalmodie entraînante de tout un peuple assemblé, mais le soir des réunions de Notre-Dame-des-Victoires, la véritable musique a quitté son temple pour venir faire retentir ses mélodies inspirées dans le sanctuaire de Marie. Quelle âme ! Quels transports dans ces chants ! Ce n'est pas seulement la voix, c'est le cœur de toute une multitude qui gémit, qui pleure, qui se répand, qui espère avec la grande âme du prophète. Puis l'*Ave Maris stella*, l'hymne par excellence de la Vierge, retentit sous les voûtes du temple. Admirable déjà dans son antique simplicité, lorsqu'il est exécuté dans les modestes églises de nos campagnes, quelle expression ne revêt pas, à Notre-Dame-des-Victoires, ce chant national des enfants de Marie ! Et lorsque ces milliers d'hommes, se tournant vers l'image de la Vierge, chantent, d'une voix empreinte de désir et d'amour, le « *Monstra te esse Matrem*, Montrez que vous êtes notre Mère, » qui n'a senti son cœur se remplir des plus douces émotions de la piété ?

Voici bientôt que d'une extrémité du temple à l'autre, la multitude s'ébranle et se lève, c'est le *Magnificat* qu'on entonne, le *Magnificat*, le poëme de l'humilité et des gloires de Marie. Oh ! oui, il est bien juste de dire, à Notre-Dame-des-Victoires surtout, ces paroles du beau cantique : « Le Tout-Puissant a fait pour moi de grandes choses. »

Le cœur du peuple le sent, et à l'expression de sa voix, vous croiriez entendre ces paroles : « Je n'étais rien à Paris, et voilà que Celui qui peut tout, m'a donné des milliers de voix pour me louer et des millions de cœurs pour m'aimer. »

Aussi, quelle piété ! quelle ardeur ! quel élan ! quel saint enthousiasme ! Combien de douces larmes vous montent aux yeux ! Combien de pieux désirs se forment dans votre cœur ! On oublie tout dans la vie, ses joies, ses douleurs, même les souvenirs innocents du jeune âge ; mais qui oublie jamais les réunions de Notre-Dame-des-Victoires, lorsqu'il a eu le bonheur d'en goûter une fois les émotions ineffables. « Il y a déjà quelque temps que j'ai dit adieu au sanctuaire de Notre-Dame-des-Victoires, écrivait en 1865 un de ses associés, mais, du fond du grand-duché de Bade, je pense toujours à cette chère église, je me souviens avec bonheur et avec regret de ces belles réunions du dimanche, l'une des plus grandes joies que j'ai goûtées pendant mon séjour à Paris. Souvent je me transporte au milieu de vos associés, il me semble entendre leurs cantiques, et ce beau chant des Vêpres et ces magnifiques litanies de Lorette, prolonger, jusqu'au delà du Rhin, leurs sympathiques échos. »

Les chants ont cessé. Écoutons M. l'abbé Balthasar, à qui nous empruntons la marche de ce récit : « Voici, écrit-il dans son histoire religieuse de Notre-Dame-des-Victoires, qu'un ministre du Seigneur monte dans la chaire de vérité ; c'est tantôt un illustre prélat qui vient entretenir les fidèles des bontés dues au Cœur de Marie, tantôt un missionnaire arrivé des contrées lointaines où les peuples dorment encore à l'ombre de la mort, avec cette ardeur et cette imagination qu'ont enflammées et colorées les plus brillants soleils, vient répandre sur son auditoire ému, ces flots de pensées et de sentiments féconds que de longues années de solitude ont amassés dans son cœur ; ou bien, c'est quelque membre d'une de ces saintes et austères congrégations religieuses, auxquelles la France, un instant désabusée, a rendu le droit de vivre et de se bâtir un abri sur le sol natal ; c'est un Lacordaire ; c'est un Ravignan ; c'est un Milleriot qui, tour à tour, font entendre leurs grandes voix dans ce sanctuaire privilégié. Voyez cette foule attentive ! avec quelle émotion elle écoute cette voix du missionnaire qui a retenti sous tous les climats du monde ! Comme elle le suit dans le récit dramatique de ses luttes et de ses souffrances ! Raconte-t-il un prodige de la grâce, dû à l'intercession du Cœur de Marie, ou quelqu'un de ces actes d'héroïsme et de vertu que ne connaissent plus nos brillantes civilisations? Alors les yeux se mouillent de larmes, les cœurs s'attendrissent, on promet de devenir meilleur, et pourquoi se laisserait-on devancer par ces derniers venus dans le royaume de Dieu ?

C'est une succession non interrompue de pensées pieuses, de résolutions, de sentiments, d'émotions saintes qui agitent l'âme de l'auditoire. Oh, oui ! si vous voulez la simplicité de la parole évangélique, la conversation paternelle de l'apôtre, le récit imagé du missionnaire, la peinture émouvante et fidèle des mœurs et des civilisations étrangères, venez à Notre-Dame-des-Victoires le soir de ses réunions intimes.

Bientôt le spectacle change ; à l'éloquence succède la prière, et, à la place du prédicateur qui descend de la tribune sainte au milieu de l'émotion de son auditoire, vous voyez s'acheminer, porteur des vœux et des prières du monde entier, le pasteur du troupeau, le vénéré directeur de l'Archiconfrérie. Qu'il est sublime dans sa mission, cet humble prêtre, lorsque s'interposant entre le ciel et la terre souffrante et coupable, il expose à Notre-Dame-des-Victoires nos vœux, nos regrets, nos douleurs, nos infirmités et nos maladies, si nombreuses, hélas ! que le poète les voit se précipitant comme un bataillon sur la pauvre humanité ! C'est une Monique qui, par sa bouche, demande à Notre-Dame-des-Victoires la conversion de son Augustin; c'est Marthe et Marie qui empruntent ses larmes pour raconter à Jésus et à sa tendre Mère la mort de leur frère bien aimé; c'est une épouse, nouvelle Clotilde, qui ne cessera ses prières ardentes que, le jour où elle verra son époux s'asseoir avec elle à la table sainte ; puis viennent les affligés, les malades, tous ceux que l'adversité et l'infortune éprouvent ; oh ! qu'ils sont chers au pasteur de Notre-Dame-des-Victoires, les pauvres et les infortunés! Avec quelle ardeur il plaide auprès du Cœur compatissant de Marie la cause de leurs privations et de leurs douleurs! A l'entendre, il semble que les souffrances et les angoisses de tous les malheureux ont rempli son âme, et on dirait, tant sa voix est émue, tant sa prière est éloquente, que toutes les infortunes de la terre, toutes les privations, toutes les appréhensions cruelles, tous les secrets désespoirs, toutes les tortures silencieuses du cœur et du corps lui ont dit : « Prends notre cause, ô toi qui remplis auprès de Notre-Dame-des-Victoires un si doux ministère. » Aussi, l'auditoire, au récit émouvant de nos douleurs, est touché, ébranlé, vaincu. A la voix attendrie de l'avocat de nos infirmités et de nos misères, bien souvent des larmes secrètes, des repentirs mystérieux se sont élevés du fond des consciences troublées et ont prosterné, au pied de la croix, des orgueils naguère intraitables et des passions tout à coup domptées.

Les recommandations sont finies. Marie a reçu l'expression de notre reconnaissance et le vénéré directeur de l'Archiconfrérie a déposé dans son divin Cœur le nombre toujours croissant de nos infirmités et de nos désirs. Les chants reprennent. Le *Tantum ergo*, cette hymne toute céleste, inspirée au génie de saint Thomas d'Aquin, annonce, par sa grave et solennelle mélodie, que Jésus-Christ vient de sortir du tabernacle pour bénir son peuple. Puis les mille voix de la foule s'unissant dans un commun accord, éclatent les triomphantes litanies de Lorette « qui semblent, dit M. de Riancey, un cri de confiance et d'espoir parti du cœur et perçant le ciel. » Chantées dans toutes nos processions, le long des prairies qui fleurissent et des blanches haies d'aubépines, ces tendres invocations à la Vierge en gardent toujours, malgré leur antiquité sept fois séculaire, la fraîcheur et le parfum ; mais c'est à Notre-Dame-des-Victoires, le soir de ses réunions, qu'il faut entendre exécuter cette magnifique prière à la Vierge, quand cette assemblée innombrable d'hommes, de femmes, de jeunes filles, imprime à ce chant les passions qui l'agitent, nos craintes comme notre quiétude, nos joies comme nos douleurs. Quel enthousiasme dans ces voix! Quelle sainte ivresse! La Sainte Vierge apparaîtrait sur l'autel privilégié, entourée de gloire et souriant à ces prières, que la foule n'aurait pas dans son chant plus de puissance et de religieuse émotion. Vous priez avec elle, vous soupirez avec elle, vous espérez avec elle, et, malgré vous, je ne sais quelle douce émotion s'empare de l'âme et vous emporte au ciel.

Mais, tout à coup, les chants paraissent redoubler d'intensité, les fronts attendris s'inclinent, c'est le *Refugium peccatorum*, c'est le chant sacré de l'Archiconfrérie, l'invocation si chère de M. Des Genettes, qui vient de retentir par trois fois. Oh! oui, à ce chant sorti des entrailles de tout un peuple ému, on sent que toute la vie de l'Archiconfrérie, que le secret de sa force et de ses triomphes est là, dans le cœur de Marie, dans ce Refuge assuré des pécheurs. Que de volontés rebelles ses accents ont brisées! Que d'énergiques résolutions ils ont fait naître, et que de fois, tout parfumés de l'encens, ils sont venus dans une chapelle solitaire réveiller et consoler l'âme abattue d'un pauvre enfant prodigue!

Le chant de la pénitence et du remords succède à celui des gloires de Marie. Le *Parce Domine et le Miserere*, ce sanglot douloureux sorti du cœur oppressé de David, rappelle aux associés la nécessité du repentir et des larmes. C'est le moment que choisit Jésus-Christ pour bénir la pieuse assemblée, comme s'il voulait lui faire entendre qu'il nous apparaît plus volontiers dans les larmes que dans la joie. Le peuple se relève, fortifié par la bénédiction de Dieu, et entonne l'*Adoremus*, ce chant de la reconnaissance et de l'amour, qui vient clore la cérémonie.

Il est neuf heures et demie. Qui s'est aperçu de la fuite des heures? Qui a senti la fatigue, le regret ou l'ennui s'emparer de son âme? Ah! c'est que le temps disparaît pour le cœur qui jouit. Il n'y a plus de temps au ciel. Le bonheur nous met, comme par avance, en participation de l'éternité. Demandez-le plutôt aux associés de Notre-Dame-des-Victoires, vous qui trouvez les heures si longues, qui ne savez quelles distractions puériles inventer pour tromper l'ennui mortel de vos soirées, vous verrez qu'ils vous répondront qu'au pied de l'autel de Marie les moments sont rapides, et que les joies saintes qu'on y goûte, n'ont rien qui ressemble aux plaisirs inquiets et aux jouissances troublées des fêtes de la terre.

Et cependant vous ne voyez rien dans ce sanctuaire vénéré qui puisse attirer la foule : ni préséances pour son orgueil, ni luxe pour ses regards, ni chants passionnés pour ses oreilles délicates ; rien que l'encens qui fume au pied de l'autel de Marie ; rien qu'une foule immense qui se recueille et qui prie ; que des chants qui s'élèvent graves et solennels de ces milliers de poitrines humaines ; que d'humbles prêtres qui gémissent avec le peuple sur les fautes et les infortunes de la terre. Voilà Notre-Dame-des-Victoires. On se réunit ensemble, on prie, on chante, on gémit, on demande, on regrette, on soupire, on se repent, on jouit et on aime. Mais, il y a, dans cette pieuse assemblée, je ne sais quel charme plein d'attraits ; dans ces chants, je ne sais quelle ivresse ; dans ces prières, je ne sais quelle ferveur ; dans toute cette église, dans tous ces cœurs, dans toutes ces voix, je ne sais quel enthousiasme, quel contentement et quel bonheur, qu'il semblerait que le ciel vient de s'entrouvrir un instant sur cet endroit, hélas trop resserré de notre exil.

« Si le péristyle du ciel est quelque part sur la terre, disait, en quittant Notre-Dame-des-Victoires, Mgr Maupoint, évêque de Saint-Denis (Ile Bourbon), il est à Notre-Dame-des-Victoires le soir de ses pieuses réunions.

Puisse la lecture de cet ouvrage nous inspirer à tous, pauvres voyageurs qui accomplissons au milieu des épreuves et des larmes la durée de notre triste pèlerinage sur cette terre, le désir de venir parfois nous y reposer une heure ! Aux pieds de Notre-Dame-des-Victoires, les agitations s'apaisent, les douleurs se calment, les blessures du cœur se cicatrisent, l'espérance renaît, la force rentre dans l'âme abattue ; halte sainte qui nous a permis de reprendre haleine et de puiser sur le cœur d'une mère un nouveau courage pour de nouvelles épreuves et des combats nouveaux.

PIÈCES JUSTIFICATIVES

Note à page XXXIV

INTRODUCTION

Statue équestre dans l'église cathédrale de Notre-Dame de Paris. — Extrait des *Essais historiques sur Paris* par de Sainte-Foix

Tome IV, page 193, 1776

« M. le président Hénault dit : « qu'en mémoire de la victoire que Philippe le Bel avait remportée sur les Flamands, à Mons en Puelle, le 18 août 1304, on éleva à Notre-Dame, une statue équestre de ce prince et qu'il fonda une rente de 900 livres à l'église Notre-Dame de Paris ; il y a eu, ajoute-t-il, des méprises sur ce monument, que quelques auteurs, et entr'autres Nicole Gilles, ont attribué à Philippe de Valois ; mais pour s'assurer de la vérité du fait, il n'y a qu'à lire le nécrologe de Notre-Dame de Paris, ainsi que la sixième leçon du bréviaire, où il est fait commémoration de cette victoire au 18 août, jour auquel se donna la bataille de Mons en Puelle, au lieu que celle de Cassel se donna le 23 août. » M. le président Hénault ne s'est pas souvenu qu'un historien, témoin oculaire, et qui a écrit l'histoire de son temps, depuis 1310 (Guillaume de Nangis), en parlant de Philippe le Bel et de la bataille de Mons en Puelle, dit simplement que ce prince, en actions de grâces de cette victoire, fit des fondations à Notre-Dame, à Saint-Denis et dans plusieurs autres églises ; au lieu que ce même historien, en parlant de Philippe de Valois et de la bataille de Cassel, dit que : « Philippe de Valois, à son retour en France, alla à Saint-Denys et ensuite à Notre-Dame de Paris où il monta sur le même cheval, et se fit armer des mêmes armes qu'il avait dans le combat, et les présenta en offrande à la Sainte Vierge. »

« *Rex vero (Philippus Valesius) in Francia existens, B. Dionysium primitus devote et humiliter visitavit, et postea ivit Parisios, et ecclesiam B. Mariæ ingressus, coram imagine eisdem armis quibus in bello armatus fuerat, se armari fecit, et super equum cui existenti in bello insederat, ascensus, B. Mariæ cui se in hoc belli periculo facturum dona voverat, Ecclesiæ ejusdem arma et equum deferens, devotissime præsentavit, eidem de tanti evasione periculi gratias agens.* » On prétend que s'il y a dans quelques manuscrits, *ivit Parisios*, il y a dans d'autres *ivit Carnotum*, c'est-à-dire à Chartres, et que ce fut dans cette église de Chartres, que Philippe de Valois entra à cheval et fit l'offrande de son cheval et de ses armes, comme Philippe le Bel avait fait vingt-quatre ans auparavant dans la cathédrale de Paris. Mais est-il naturel que, l'historien contemporain de ces deux princes ayant rapporté l'action de Philippe de Valois, n'eut pas parlé de la même action faite par Philippe le Bel, surtout lorsqu'il fait mention des fondations que fit Philippe le Bel en mémoire et reconnaissance de la victoire qu'il avait emportée à Mons en Puelle. Joignons à ce témoignage celui d'un manuscrit qui paraît être de 1360, donné au roi par le chapitre de Notre-Dame. Il y est dit que : « Philippe de Valois, après la bataille de Cassel, l'an 1328, entra tout armé sur son destrier en l'église de Notre-Dame de Paris, et lui offrit le dit cheval et ses armes en oblation, la remerciant de la victoire qu'il avait obtenue par son intercession, et que la représentation dudit roi est assise sur deux piliers devant l'image de ladite dame en la nef de ladite église. »

On peut encore ajouter à ces autorités, celle des *Grandes Chroniques de France*, manuscrit de l'an 1380 ; elles disent que : « Philippe de Valois monta sur son destrier, et ainsi, entra dans l'église de Notre-Dame de Paris et très-dévotement la remercia, et lui présenta ledit cheval sur lequel il était monté et toutes ses armures. » A l'égard du nécrologe de Paris, il y est simplement parlé d'une fondation de 100 livres de rente faite par Philippe le Bel, en actions de grâces de la victoire remportée à Mons en Puelle, et comme il n'y est point dit que ce prince entra dans l'église Notre-Dame à cheval et qu'il fit offrande de son cheval et de ses armes à la Vierge, c'est encore une preuve que ce ne fut point lui, mais Philippe de Valois qui entra de la sorte dans cette église et y fit cette offre. L'apostille qui est à la marge de ce nécrologe est d'un style et d'une écriture très-moderne et par conséquent ne prouve rien.

Je conviens que les nouveaux bréviaires de Paris portent : « *Philippus Pulcher reversus postea Lutetiam, in ejusdem Basilica pronao statuam suam equestrem, eamque armatam, coram B. Virginis imagine, in perenne collati beneficii monumentum erigi voluit.* » Mais dans les anciens bréviaires, il n'y a que ces mots : *in Ecclesia parisiensi propter comme-*

morationem victoriæ Philippi pulchri, fit duplex. Non-seulement on n'y trouve pas les trois leçons qu'on a faites et insérées pour Philippe-le-Bel dans les nouveaux bréviaires, mais au contraire, on trouve les deux leçons suivantes : LECTIO QUINTA. Brev. Eccl. Par. anno 1684. *Quod intelligens gloriosæ memoriæ rex Philippus Valesius, cum opitulante Deo per merita B. V. matris, insignem victoriam de rebellibus Flandris obtinuisset, quæ contigit anno 1328, acturus Deo et S. Virgini gratias, triumphans et equitans Ecclesiam B. Mariæ Parisiis ingressus est, non vana ostentatione elatus, sed Deo, per quem de ancipiti bello evaserat, profunda humilitate subjectus.* LECTIO SEXTA. *Itaque et equum et arma in quibus viceral, gloriosissimæ Virgini devovit, atque ut testimonium tanti beneficii posteritati relinqueret, statuit ut infra octavam Assumptionis ejusdem genitricis Dei, dies ista duplo celebrior haberetur, et propter Assumptionis B. Mariæ solemnitatem, et propter tantæ victoriæ nullis abolendam temporibus memoriam.* On demandera sans doute pourquoi ces changements dans les bréviaires nouveaux, je répondrai que je n'en sais pas la raison, mais que de mauvais esprits pourraient s'imaginer, qu'attendu la rente de cent livres fondée par Philippe le Bel, pour qu'on fît commémoration de sa victoire, on a jugé que ce prince méritait qu'on se souvînt de lui; au lieu qu'on a cru qu'on pouvait enfin oublier Philippe de Valois qui n'avait donné à l'église que ses armes et son cheval. Dans le récit de la bataille de Cassel, on voit que l'attaque des ennemis fut assez soudaine et imprévue, mais que cependant, Philippe de Valois eut le temps de s'armer à moitié et de monter à cheval; au lieu qu'à la bataille de Mons en Puelle, Philippe le Bel fut surpris dans sa tente, et combattit à pied jusqu'à ce que plusieurs seigneurs étant accourus à son secours, il eut le temps de monter à cheval. Or, s'il avait voulu qu'on mît sa statue à Notre-Dame, il n'est pas douteux qu'il s'y serait fait représenter à pied comme au moment du plus grand danger, et, par conséquent, le plus glorieux pour lui ».

Note B page 26

Fundatio regalis Ecclesiæ Dominæ nostræ de Victoriis, Augustinianorum discalceatorum conventus Parisiensis.

Ludovicus decimus tertius Galliarum et Navarræ rex christianissimus, invictus, triumphator, hostium terror, principum decus, posterorum exemplum : princeps vere catholicus, vere justus, et in beatissimam Virginem Mariam vere pius.

Post debellatos sui regni Calvinistas hæreticos et rebelles, qui innumera prope modum mala fidelibus catholicis intulerant, ecclesiis scilicet eversis, aut incensis, rebus maxime sacris profanatis; sacerdotibus, religiosis et quam plurimis aliis catholicis immanissime trucidatis; sanctissimo Eucharistiæ sacramento impiissime pedibus conculcato; crucis et sanctorum imaginibus fractis ac pollutis, eorum reliquiis igne combustis; ac aliis inauditis ac horrendis crudelitatibus atque sacrilegiis perpetratis.

Post supra centum et quinquaginta eorumdem hæreticorum civitates partim vi, partim deditione, imperio suo intra biennii spatium subjugatas, vero Veri Dei, Virginisque Matriæ, et sanctorum cultu ubique restituto.

Post devictam Rupellam toto orbe celeberrimam, oceano compedibus vincto, regibus ac principibus frustra conjurantibus, Rupellam non minus civium suorum pervicacia, quam naturæ munimentis inexpugnabilem, triplici murorum cincta, et multo magis oceano æstuante confisam, quam vires suas olim experta, tot regum jugum detrectaverat, hæreseos firmissimum propugnaculum, subrutis abimis fundamenta ejus mœnibus, et fossis complanatis; fusis antea terra marique Anglis, qui in auxilium rebellis civitatis venerant.

Post pulsos a Valtelina Hispanos, Genuensium cum Duce Sabaudiæ discordiam compositam, Ducis Mantuæ jura contra Germanos, Hispanos et Sabaudos defensa, armis suis ubique victricibus; tot ac tantorum beneficiorum ac victoriarum a Deo Virginis Deiparæ patrocinio acceptarum. Non immemor piissimus Rex, Ecclesiæ Augustinianorum discalceatorum Parisiensium fundatorem munificentissimum seipsum declaravit, cujus etiam primarium lapidem regiis manibus, regia pietate ponere voluit, Deoque in honorem Dominæ nostræ de Victoriis dicavit; hunc primarium lapidem benedicente illustrissimo ac reverendissimo Domino Joanne Francisco de Gondy, archiepiscopo Parisiensi, assistentibus urbis præfecto et ædilibus, Die IX mensis decembris anni MDCXXIX.

Note C page 26

Lettres patentes du Roy, de la fondation royale du monastère de Notre-Dame-des-Victoires des Augustins déchaussés de Paris, du mois de décembre 1629.

Louis, par la grâce de Dieu, Roy de France et de Navarre. A tous présents et à venir, salut.

Les roys nos prédécesseurs ont tellement chéry la piété, et avec des soins particuliers recherché l'augmentation de l'église catholique, apostolique et romaine, que les fréquents tesmoignages qu'ils ont rendus de leur insigne dévotion, leur ont acquis le titre et l'éminente qualité de fils aîné d'icelle. Qualité qui nous est en telle recommandation, que nous nous proposons de faire tousiours des actions qui en soient dignes, moyennant la grâce et assistance divine, que nous implorons et implorerons toute nostre vie, pour n'en point faire qui semblent y contrarier. Et à cet effet reconnaissant les grandes et manifestes utilitez que nos sujets reçoivent de iour en iour de la congregation des religieux Augustins reformez deschaussez par tous les lieux de nostre royaume où ils sont establis, tant par leurs bons exemples, sainteté et austérité de vie, que par leurs confessions, prédications, exhortations et autres pieux et devots exercices dont nos dits sujets tirent des assistances spirituelles extraordinaires au salut de leurs âmes; et mettant à ce sujet en considération les louables et grands services que ladite congrégation rend au public, désirant leur témoigner la satisfaction que nous en receuons, comme aussi aiant égard à la recommandation et exhortation que Nostre Saint Père le Pape Urbain VIII nous a faites en leur faveur par sa bulle du 28 juillet 1628. Pour marque à iamais de la piété et dévotion que nous avons à la glorieuse Vierge Marie, et pour témoignage de la singulière affection que nous portons au dit ordre des religieux Augustins reformez deschaussez, nous auons voulu estre fondateur de leur Église et couuent de nostre bonne ville de Paris, laquelle nous auons dediá à Nostre-Dame des Victoires, en actions de grâces de tant de glorieuses Victoires que le ciel nous a favorablement départies par l'entremise de la Vierge, et assister en personne en l'action de ladite fondation, et à toutes les cérémonies et solennitez qui y ont esté faites par nostre amé et féal conseiller en nostre conseil d'État le sieur archeuesque de Paris, le 9 du présent mois.

A ces causes et autres à ce nous mouvans, sçavoir faisons : que pour la particulière déuotion que nous auons au dit ordre et l'augmentation des religieux d'iceluy, pour l'exacte et soigneuse obseruation qu'ils font de leur règle, et pour le désir aussi que nous auons de participer à toutes leurs prières, jeusnes et oraisons ausquelles ils vacquent incessamment, et les conuier particulièrement de prier Dieu pour nostre personne, et celles des Reines, nostre Dame et mère, et très-chère et très-aimée épouse et compagne, et pour la prospérité de nostre Estat. Avons agréé et agréons leurs supplications, et ensuite d'icelle leur avons octroyé et accordé, octroyons et accordons ces nostres lettres patentes signées de nostre main, par lesquelles nous nous déclarons fondateur de ladite église conuent et congregation, sous le titre de Nostre-Dame des Victoires, afin qu'ils y vacquent à leurs saints exercices, messes, offices, prédications, confessions et austres fonctions religieuses comme ils font en nos austres villes, suivant et conformément aux statuts, règles et instituts de leur ordre, sans qu'ils y puissent estre troublez ni inquiettez dont nous faisons très-expresse inhibition et deffences à toutes personnes de quelle qualité et condition qu'elles soient, sous peine aux contreuenans de punition exemplaire prenant et mettant a cet effet la dite Église, maison conuent et congregation en nostre protection et sauvegarde spéciale. Et dautant que la dite Église congregation et conuent de Paris jouissent des mesmes droicts, priuilèges, exemptions, franchises et immunitez que les autres fondations royales leurs accordent octroyant a cet effet, tous les dons, graces et faueurs que nous auons octroyé aux Églises et maisons de la qualité susdite. SI DONNONS EN MANDEMENT, a tous nos amez et féaux conseillers les gens tenans nostre cour de Parlement, Chambre des Comptes, Cour des Aydes, et nos Procureurs généraux en icelles, et à tous nosautres Iusticiers, Officiers et Sujets qu'il appartiendra, que de ces dites lettres et tout le contenu en icelles ils fassent, souffrent et laissent iouyr plainement et perpetuellement la dite Congregation des Religieux Augustins Reformez Deschaussez perpétuellement toûjours, cessant et faisant cesser tous troubles et empeschemens à ce contraires, nonobstants nos Édicts que nous auons foits pour l'establissement et reception des Religieux aux Villes que nous voulons estre d'oresnauant plainement et exactement obseruées, lesquelles nous n'entendons toutefois porter aucun préjudice à la dite Congregation, attendu qu'ils sont postérieurs à la Fondation que nous auons faite de leur dite Église, maison et conuent de Nostre-Dame des Victoires, et generalement nonobstant toutes ordonnances, reglements et choses a ce contraires, auxquelles nous auons pour ce regard dérogé et dérogeons par ces dites presentes : car tel est nostre plaisir. Et afin que ce soit chose ferme et stable a toûjours nous nous y auons fait mettre notre scel.

Donné à Paris, au mois de décembre, l'an de grâce mil six cent vingt-neuf, et de nostre règne le vingtiesme.
Ainsi signé. LOVIS,
Et sur le reply, Par le Roy, de Loménie.
Scellé du grand sceau de cire verte sur lacs de soye rouge et verte.

Ces lettres ont été vérifiées en parlement, le 25 de juin 1633, en la Chambre des Comptes, le 13 juillet 1633. En la Cour des Aydes le deuxiesme aoust 1633, et aux requestes de l'Hôtel, le 6 avril 1636.

Note D *page* 27

Brevet du roi Louis XIII, pour les armoiries du Couvent royal de Paris

Aujourd'hui sixième de janvier 1618, le roi étant à Saint-Germain-en-Laye, voulant ainsi que ses prédécesseurs laisser aux maisons claustrales et régulières de sa fondation les marques d'honneur et de piété dont elles doivent user et être décorées en signe de leur royale fondation, et de la juridiction et de leur obédience; a ordonné et veut, que le royal couvent et monastère qu'il a plu à Sa Majesté de fonder à Paris en l'honneur de la Vierge Marie sous le titre de Notre-Dame-des-Victoires, en l'ordre des Pères hermites Augustins déchaussés, de la congrégation de France, ait et porte pour ses armes conventuelles, les mêmes et pareilles armes que celles de S. M. à la réserve toutefois et à la différence d'une vierge, qui aura la tête couronnée d'une couronne fermée dans le milieu de l'écu qui sera blasonné du blason de France, d'azur aux trois fleurs de lys d'or avec la couronne; sans toutefois lui donner l'ornement des SS. et Glorieux Ordres de Saint Michel et du Saint Esprit. Au lieu desquels les palmes de la Victoire y seront mises avec les anges soutenants; et parceque est la volonté de S. M. elle m'a commandé le présent brevet expédié aux chartres du dit couvent et monastère, afin qu'à toujours les dits religieux y aient et gardent le respect qui lui est dû, et lequel elle a voulu signer de sa main et contre signer par moi son conseiller secrétaire d'Etat et de ses commandements.

LOUIS.   PHÉLIPPEAUX.

Note E *page* 28

Brevet de Louis XIV, pour les armoiries de la Congrégation royale, des Augustins déchaussés de France

« Aujourd'hui, vingtième jour de juin 1649, le Roi étant à Amiens, voulant ainsi que les rois ses prédécesseurs, donner aux ordres réguliers qui ont leur generalité et leur principe en son royaume, les marques d'honneur dont elles doivent user et être décorées en signe de leur établissement français, veut et ordonne que l'ordre des Augustins deschaussés de la sacrée et royale Congrégation des Gaules, que le feu Roi d'heureuse mémoire Louis le Juste, XIII° du nom, son très-honoré Seigneur et Père, a mis en sa particulière et royale protection, comme Sa Majesté la met en sa spéciale et perpétuelle protection de la couronne de France, aie et porte les armes générales d'honneur et de juridiction, l'écu d'azur semé de fleurs de lys d'or accompagné en cœur d'un petit écu d'or à trois cœurs de gueule chargés de trois fleurs de lys d'or, et anglées de quatre petites fleurs de lys de même; couronné de l'ancienne couronne de France, et orné d'un chapeau épiscopal, ayant pour soutenants ou supports deux Pères de l'ordre, tenant l'écu d'une main et de l'autre chacun une crosse d'or semée de cœurs et de fleurs de lys de même. Et parce que S. M. veut et entend donner pour toujours son règlement aux armes de ladite congrégation; elle veut et ordonne que les trois provinces mères dans lesquelles elle a été originairement, et est encore présentement divisée, savoir : Provence, Dauphiné, et France, porteront toutes trois, escartelées au premier et dernier des armes générales de l'ordre; au second et au troisième, Provence portera d'or à la croix de sable, cantonnée de quatre clous de même, à la bordure d'azur chargée de quatre cœurs et de quatre fleurs de lys d'or entouré du chapelet de l'ordre et soutenu de deux religieux, d'une main à l'écu et un cœur de l'ordre à l'autre ; couronné d'une couronne d'or de trois fleurs de lys seulement et orné d'un chapeau épiscopal. Dauphiné, d'azur à trois fers de lance d'argent deux et un, à la bordure d'or chargée de quatre dauphins d'azur, le chapelet et la couronne, le chapeau et les supports comme l'autre. France, d'azur à cinq couronnes d'épines de sinople, deux, une, et deux, à la bordure d'azur, semée de cœur et de fleurs de lys d'or : le chapelet, la couronne, le chapeau et les supports comme les autres. Et pour ce qui est des provinces qui seront divisées à l'avenir, S. M. donnant pour priviléges d'honneur et de faveurs spéciales à ces trois premières provinces, les trois mères de l'ordre, qu'elles seulement écartèleront des armes générales de la congrégation, veut et ordonne qu'elles écartèleront au premier et au dernier de la province dont elles seront émanées, et au second et troisième de ce qui leur sera ordonné par le chapitre général avec le chapelet, la couronne, le chapeau et les supports des anciens. Et pour ce qui est des couvents particuliers, les chapitres provinciaux en ordonneront. Voulant pourtant et ordonnant S. M. qu'ils porteront la bordure de leur province, et les chapelets et supports seulement à la réserve du royal couvent de Notre-Dame-des-Victoires de Paris, auquel elles demeureraient telles et ainsi que feu d'heureuse mémoire le Roi son très honoré Seigneur et Père les a ordonnées par le brevet de la fondation, et parce que telle est la volonté de S. M. elle m'a commandé le présent brevet en être expédié, lequel elle a voulu signer de sa main et fait contresigner par moi son conseiller et secrétaire de ses commandements.

LOUIS.

De Loménie.

Note F page 36

Placet présenté par le frère Fiacre à Louis XIV.

AU ROI

Sire,

Les pauvres religieux Augustins déchaussés, les petits Pères du couvent de Paris : Le feu roi Louis XIII au retour du siége de La Rochelle, et des autres villes rebelles à S. M., le Roi les ayant réduites à son obéissance, y ayant planté la foi ; à son retour de la prise de La Rochelle, le Roi lui-même vint mettre la première pierre à notre église de Paris, accompagné de Mgr le cardinal de Larochefoucauld, grand aumônier de France, et de Mgr l'archevêque de Paris : Le Roi mit lui-même la première pierre en action de grâces des victoires remportées sur les villes rebelles à Sa Majesté, et nomma notre église Notre-Dame des Victoires. Cette pauvre église est demeurée à moitié faite depuis l'année 1629 jusqu'à présent. Nous supplions Votre Majesté au nom de Dieu par les mêmes victoires que

Dieu vous a faites depuis peu d'avoir remporté sur les ennemis de l'État, de nous faire parachever cette église que nous ne pouvons faire parachever sans le secours de V. M.

Si Votre Majesté trouvait bon de nous faire donner une somme d'argent à prendre sur les régales des abbayes et bénéfices de France durant six années pour faire parachever le bâtiment de notre église, que le roi a fait commencer, nous prierons Dieu pour Votre Majesté.

Note G page 33

Le P. Frizou, jésuite, un des plus habiles poètes de son époque, fit à ce sujet une belle ode que nous devons transcrire ici. Il suppose l'église Notre-Dame-des-Victoires arrivée à sa perfection; mais il confond la cérémonie de la bénédiction avec celle de la consécration ou de la dédicace.

LUDOVICI XIII JUSTI, PII, VICTORIS,
TRIUMPHALI MEMORIÆ.

Cum an. M.DC.LXVI Templum, cujus ipso redux ab expugnata Rupella, primum lapidem fecerat an. M.DC.XXIX jam perfectum ornatumque MARIÆ VICTRICI dedicaretur (1).

Sæclis amicum, nec violabile
Stabit trophæi Borbonii decus,
Nimbosa dum stabit Pyrene
Magnanimo superata regi :

Dum fronte olympum terrifica minax
Invadet Alpis : quo bene provida
Natura vallo, destinatam
Imperio Ausoniam, comatæ.

Form'doloso gentis ab impetu
Munivit. At vim quæ mora Gallicam

(1) *Inter opera poetica*, tom. 2, ode 12.

Objecta sistat? Non fragosus
Saxa rotans, scopulosaque torrens;

Non frigus æternum, et rigidæ nives
Cœloque mixtæ; aut vallibus horridis
Patientia in præceps sepulchra, et
Vix aquilis juga transeunda.

Per inviorum confraga montium,
Ceu prata virtus mollia permeat,
Collesve formosi supinos
Tiburis, aut nemorosa Tempe.

Virtus periclis lætior emicat,
Rebusque robur ducit ab arduis.
Nec solus Alcides, et audax
Hannibal aërias ferentur.

Transcendens arces. Ivit Abeneas
Moles agendo, fulminis æmulus
Bellator; et longe tremendis
Intonuit Lodoicus armis.

Coram ipse primos instruere ordines;
Pugnæ ipse princeps, ore manu suos
Urgere gaudens, perque anhelus
Nubivagas volitare turmas:

Segusionis dira repagula
Ferroque vastisque aspera cantibus
Disjecit, insultare nimbis
Victor ovans, trepidisque castris.

Casale captum nec potuit capi,
Terrore magni nominis haud semel
Servatum; et hispanos labores
Risit et indecores receptus,

Vix jura firmat, Mantua Francico
Asserta in hostes Austriadas duci
Regis triumphos, mox amicum
Allobroges subiere fædus.

Exin revulsa Ruscino janua
Late trementem pandit Iberiam,
Perrupta ut olim Pigneroli
Claustra, Italæ patuere fauces.

Quid Atrebatum mœnia, Belgici
Dicam Leonis rapta cubilia
Quid clara Germanas per oras
Palmiferi monumenta regis,

Cadente Nancejum Austrasia rapit;
Sedana cursu robora proterit,
Rhenumque captivo Mosellæ
Adjicit Alsatiam Brisaco.

Fractos sed amnes, et domitis stupens
Trophæa ripis prosequor! En, mari
Depacta, jamdulum vagantem
Prodigia increpitant Camœnam.

Ducto æstuosas aggere per vias
Obstructa Rupella oceanus freta
Sensit, reluctantique frustra
Sustinuit juga dura collo.

Frustra procelloso infremuit sinu
Tumensque, spumansque, et socios vocans
In bella ventos et furentem
Agmina conglomerans aquarum.

Terra politum denique principem
Et ipse adorans, imperiosum onus
Demulsit; ac pulso Britanno
Frœna pati docuit rebelles.

Ergo illa regum spernere contumax
Divumque leges! illa diu ferox
Rupella, telluris superba
Præsidiis pelagique cessit.

Artis stupendo tandem operi suos
Insana fastus mœnia, funditus

Excisa, summisere, Francis
Digna: animis opibusque moli.

Quanquam caducis non opibus stetit
Superba moles, non animus virûm
Vimque tanta celestem probavit
Machina, belli potensque numen.

Dux belli, et autor consilii, Deus,
Suæ ipse vindex causæ agit, et pios
Juvat labores, sæva regi
Prosubigens elementa Christus.

Florent, amica Virgine, lilia
Suspensa nutu quam Domino colit
Victoria; et plausis Mariam
Advolitans comitatur alis.

Agnovit altam Borbonides opem,
Lustrale in urbis compita ferculum
Secutus; angustam que pompam
Rex humili celebrat triumpho.

Tunc erutarum informibus arcium
Surgunt acervis splendida numini
Trophæa : Rupellæque prisco
Templa micant renovata ritu.

Tunc auspicata magnificum imbuit
Dextra laborem; dum pia Virgini
Victor patronæ, sumptuosas,
Digna refert monumenta, grates.

Augusta primi quam lapidis manus
Jactu dicarat, crevit ad æthera
Tot ducta in annos, conditori
Posthuma laus, operosa moles.

Nunc templa sacrant regia præsules,
Infusa fervat supplice civitas
Pompa ; vaporatumque thuris
Nube locum facibus coronat

Gemmisque et auro sidereus nitor :
Tubisque plectrisque, et liquido virûm
Maria concentu, Maria
Regifico venerata cultu.

Discant Mariæ quid valeat favor.
Ducesque regesque. Et solidum cliens
Mox Galliam Divæ sacravit
Rex memori celebrandus ævo.

Note H page 38

Placet présenté au roi, le 30 juin 1704, par le R. P. Ange de Sainte
Rosalie, provincial des Augustins déchaussés, afin d'obtenir une
loterie en faveur de leur église.

AU ROI

Sire,

En ce jour fameux où toute la France se réjouit avec Votre Majesté des nouvelles bénédictions que le ciel vient de répandre sur vous, les Augustins déchaussés du couvent de Paris, après avoir pris part à la joie universelle, se présentent avec quelque confiance devant Votre Majesté pour lui demander une grâce qui intéresse plus le public qu'eux-mêmes. C'est, Sire, la permission d'ouvrir une loterie pour faire alonger leur église. L'empereur Arcadius, tout plein de la joie que lui donnait la naissance du jeune Théodore, son fils, ne put refuser une grâce qui lui fut demandée dans une si agréable conjoncture par un ministre de Jésus-Christ. C'était la démolition d'un temple des idoles. Les prêtres du Seigneur, dans la plus heureuse conjoncture de ce monde, au jour fortuné où Dieu semble vous marquer qu'il veut perpétuer votre auguste race sur le trône de France, vous demandent l'agrandissement d'un temple consacré à celle de qui vient toute bénédiction. Ce temple, Sire, fut commencé par le Roi votre père de glorieuse et triomphante mémoire, en actions de grâces des victoires dont Dieu l'avait béni depuis le commencement de son règne, et particulièrement de la plus signalée de toutes, celle qui affermissait le plus son trône, la prise de La Rochelle. De la même main dont ce prince venait de moissonner tant de lauriers devant ce boulevard des ennemis de l'Église et de l'État, il voulut bien, le 9 décembre 1629, mettre la première pierre à cette église qu'il consacra à Dieu sous le titre de Notre-Dame des Victoires, comme pour éterniser sa reconnaissance pour toutes celles que le bras de l'Éternel venait de lui faire remporter.

Ces religieux, sensibles à l'honneur qu'ils avaient reçu se crurent dans l'obligation d'entreprendre un édifice digne s'il était possible de la majesté de celui qui le dédiait au Roi des rois.

Ils ont employé, Sire, en différents temps, des sommes considérables provenues en partie de la piété des fidèles, partie des grands emprunts qu'ils ont faits dans la seule vue d'immortaliser autant qu'il était en eux la piété de leur auguste fondateur. Mais le bâtiment n'ayant pu être achevé à cause de leur pauvreté, il est demeuré trop petit de beaucoup pour contenir l'inconcevable multitude de gens qui s'y assemblent, étant la seule église commode dans un quartier très-peuplé, ce qui fait que malgré les soins du lieutenant de police, des officiers préposés pour cela et des religieux mêmes, on n'a pu jusqu'à présent empêcher une confusion presque continuelle d'entrée et de sortie qui y cause des irrévérences dont on gémit. Il serait aisé, Sire, d'y remédier si le tiers de l'édifice dont les fondations sont hors de terre, pouvait être mis au même état où sont les deux autres. C'est donc dans la pensée de voir cesser ces profanations de la maison de Dieu que les Augustins déchaussés de Paris ont recours aujourd'hui à la piété de V. M. pour la supplier très-humblement de leur permettre d'ouvrir, pour pousser leur église dans la longueur, une loterie conforme entièrement à celle que V. M. permit l'année dernière pour le bâtiment de l'église de Saint-Louis, à condition pourtant de ne se servir de cette permission, qu'après que la loterie qui est actuellement ouverte en faveur de l'hôpital des Enfants-trouvés sera entièrement fermée; à condition encore de n'employer pour recevoir l'argent des billets que des personne du dehors, d'une probité reconnue et agréable aux magistrats, et ils seront obligés, Sire, de redoubler dans ce saint lieu l'ardeur de leurs vœux et la ferveur de leurs prières pour la conservation de V. M. et pour demander au Seigneur pour vous la récompense promise à celui qui fit bâtir son temple, c'est la stabilité de votre maison royale et l'affermissement de votre trône pour jamais.

Placet présenté au roi Louis XIV en juin 1713.

AU ROI

Sire,

Les Augustins déchaussés du couvent de Paris, près la place des Victoires, osent remontrer très-humblement à V. M. que le feu roi Louis XIII, de triomphante mémoire, son père, ayant assiégé l'importante place de la Rochelle, fit pendant ce siège un vœu au Seigneur, que si par sa puissante protection, il prenait cette ville, le rempart des ennemis de la religion et de son état, il édifierait un temple en l'honneur de la Sainte Vierge, sous le titre de Notre-Dame des Victoires; le ciel exauça son vœu et ce Prince Très-Chrétien, pour y satisfaire, choisit l'église des Augustins déchaussés. Il s'y transporta, et rempli de zèle et de piété, il voulut bien poser la première pierre au mois de décembre 1629, étant accompagné de Jean-François de Gondy premier archevêque de Paris et cela pour rendre cette action de grâces éclatante et plus solennelle. Plusieurs contre-temps fâcheux qui sont survenues ont empêché l'exécution des desseins de Louis XIII, et ensuite ceux de la feue reine Anne d'Autriche, d'heureuse mémoire, pour le bâtiment de cette église; le quartier où elle est situé augmenté par le voisinage de la place des Victoires, semble demander l'exécution des plans de cette église qui ont été présentés à Louis XIII et agréés par ce prince. C'est pour des raisons si importantes, Sire, que les suppliants ont recours à la piété de V. M. pour qu'elle ait la bonté de leur accorder une loterie de quatre mois consécutifs de recette sur le total de laquelle recette il sera remis 15 pour 100 pour aider à continuer le bâtiment d'une église si nécessaire au public et qui sera pour la postérité un monument très-recommandable de la piété et des victoires de Louis le Juste et de Louis le Grand. Que V. M. Sire, par un effet de sa grande piété daigne ordonner que ladite loterie sera la première ouverte après l'expédition des ordres qu'elle aura la bonté de donner à ce sujet, et les suppliants, Sire, redoubleront leurs vœux et leurs prières pour la santé d'un monarque qui ne règne que pour la félicité de ses peuples.

A ce placet on joignit le mémoire suivant :

Mémoire de l'état présent du bâtiment de l'église des Augustins déchaussés de Paris.

Louis XIII, de triomphante mémoire, fondateur des Augustins déchaussés de Paris, a mis en personne la première pierre de leur église, sous le titre de Notre-Dame des Victoires, en actions de grâces de celles qu'il avait remportées à la prise de la Rochelle. Le dessin de ce bâtiment est digne de la piété d'un aussi grand prince, et l'exécution n'en est pas moins digne de la piété de Louis le Grand. Ce dessin est entre les mains de M. Le Duc, architecte et entrepreneur ordinaire des bâtiments du roi, il demeure à Versailles rue de l'Orangerie, il en a aussi les profils, la longueur, la largeur et les hauteurs différentes : il pourra dire que toutes les fondations de ce bâtiment sont déjà faites, que de plus, le grand autel, la croisée et une chapelle de chaque côté, par delà, sont élevés jusqu'à la première corniche, et que les quatre piliers du milieu de la croisée sont de la même hauteur avec tout le massif nécessaire pour soutenir le reste de l'élévation qui doit porter le dôme. M. Le Duc pourra mieux qu'aucun autre rendre compte à S. M. du bon goût que doit avoir ce bâtiment dans son exécution ; par un tel exposé, il sera facile de se représenter combien ce temple de Notre-Dame des Victoires doit donner de lustre et d'éclat à la place des Victoires ; ces deux monuments aussi voisins l'un de l'autre, fourniront à la postérité de quoi rappeler tout à la fois la précieuse mémoire de la piété et des triomphes des deux grands rois père et fils, Louis-le-Juste et Louis-le-Grand.

Le placet et le mémoire furent renvoyés à M. Desmarest, ministre d'État et contrôleur général des finances, au mois de juin 1713, avec un placet construit à peu près dans les mêmes termes.

Note I page 112

Lettres patentes d'Anne d'Autriche, mère du Roi Louis XIV et régente de France

« Anne par la grâce de Dieu, Reine de France et de Navarre, à tous
» présents et à venir, salut.

» La piété des grandes reines dont la vertu a honoré la couronne de
» France, et qui nous reste encore aujourd'hui toute brillante sur la sain-
» teté de nos autels, ayant passé, depuis les premiers siècles de cette
» monarchie, de vénération en vénération jusqu'à la nôtre, il nous serait
» de grand blâme qu'un zèle si saint et de si longtemps confirmé en ce
» royaume s'amortît en notre personne, et qu'ayant devant les yeux le bel
» exemple de dévotion de ces grandes princesses, nous laissassions éteindre
» et mourir en nous le sentiment et la mémoire des belles actions qu'elles
» y ont opérées à la gloire de Dieu et à l'honneur de notre couronne.

» La sanctification que ces royales âmes ont contractée dans le service
» de Jésus-Christ et de la Vierge, sa Sainte Mère, les bénédictions qu'elles
» ont attirées sur elles et sur cet état, par l'assiduité de leurs prières et
» les récompenses qu'elles ont reçues de Dieu pour le service qu'elles y
» ont rendu en son nom, dans les compagnies qu'elles ont établies pour
» le soin et pour le besoin des pauvres, pour la consolation des affligés
» pour le secours des malades et pour l'assistance des morts, nous
» obligent bien à faire quelque chose de semblable, pour exciter nos
» sujets par notre exemple et à notre imitation à ces œuvres de piété
» et de miséricorde et à complaire avec nous à Dieu, en faisant à son
» honneur et pour l'amour de lui quelques actions de notre respect et
» de l'agrément de Sa Divine Majesté: Et comme il est de vérité tout
» entière, qu'après avoir rendu à Dieu ce qui appartient à Dieu, sa pre-
» mière et plus chère complaisance est en l'honneur et en la vénération
» que l'on rend à la Sacrée Vierge; aussi pouvons-nous croire que n'ayant
» point eu depuis la mort de Jésus-Christ son fils, de plus chère occupa-
» tion de l'âme en ce monde que le sentiment et la souvenance des dou-
» leurs de sa passion, que l'institut d'une compagnie en forme de confra-
» ternité sous le titre de Notre-Dame-des-Sept-Douleurs, ne lui sera point
» désagréable, puisque en l'érigeant en l'honneur de leurs communes
» souffrances, elle sera sans doute bien reçue du Père, du Fils et du
» Saint-Esprit: Les compagnies royales de semblables institutions se re-
» mettant devant nos yeux et spécialement celle de la Reine Anne de Bre-
» tagne en l'établissement de l'ordre des Cordelières en l'honneur des
» Liens de Jésus-Christ; nous avons pensé que celle que nous ferions
» pour l'amour et à la gloire des douleurs du Fils et de la Mère, engage-
» rait les gens de bien et de grand zèle avec nous, aux dévotions et aux
» emplois des offices de charité qui lui seraient destinés et présentés.

» Pour ce est-il, qu'ayant remis entre les mains du Roy notre très-
» honoré Seigneur et Fils, le fardeau de la Régence et de l'administration
» de son état et de ses affaires, et que notre viduité nous convie d'hono-
» rer la Sacrée Vierge Mère de Jésus-Christ dans la révérence et dans la

» majesté de son deuil et de ses douleurs, après une délibération mûre-
» ment concertée avec personnes d'intelligence et d'une grande piété,
» choisissant comme nous avons choisi et choisissons encore ces deux vé-
» nérables objets de deuil et de douleurs de Notre-Dame, pour le fonde-
» ment et pour le motif de nos exercices ordinaires de dévotion et de
» piété, aussi avons-nous résolu l'institut d'une compagnie en forme de
» confraternité qui sera exigée et destinée, comme nous l'exigeons et la
» destinons, en l'honneur des belles actions du dernier âge de la vie, qui
» s'étant passé en sa retraite en l'union inaliénable de son âme avec Dieu,
» n'a reçu d'autres mouvements que ceux de l'imitation de Jésus-Christ
» en terre, où n'étant venu que pour la gloire de son Père et pour souf-
» frir et pour prier pour les pécheurs, n'a laissé à sa Sainte Mère que la
» prière et la souffrance pour son patronage, et le service du prochain
» pour son hérédité; Cette Sainte Mère affligée étant donc achevé les
» funérailles de Jésus-Christ son fils, et s'être retirée chez elle, avec les
» dames de sa maison et de sa confiance, sa charité commença ses prières
» pour les pécheurs et sa compassion sur leurs misères; de sorte, que les
» recevant en leurs besoins, elle nous a laissé exemple que comme elle
» leur a fait, nous leur fassions; et c'est sur ce principe et sur ce modèle
» des belles actions de cette première sainte que notre intention s'est
» dirigée, et que nous nous sommes résolue de donner à cette compagnie
» l'oraison et la prière continuelle pour son ordinaire entretien; et pour
» son occupation extérieure le soulagement des pauvres et le soin des
» morts, suivant et conformément aux règlements qui en seront faits et
» aux ordres qui en seront donnés.

» La grande estime que l'ordre des Augustins déchaussés s'est acquise
» en toutes les nations du monde et spécialement en la congrégation des
» Gaules de la fondation de cette couronne, nous engagent à les avoir en une
» recommandation très-grande et toute particulière, nous a aussi excitée
» faire le choix d'un ordre si saint et si célèbre, pour y asseoir l'établisse-
» ment de la compagnie que nous voulons ériger et commettre à leur
» conduite, et comme le grand ordre s'est mis en la protection de Notre-
» Dame sous le titre et sous la vénération de ses douleurs, aussi avons
» nous résolu d'en choisir les pères pour les seuls directeurs de l'écono-
» mie spirituelle et temporelle avec les personnes choisies de la compa-
» gnie et confirmées de nous : Ayant donc été pleinement informée par
» nos-dits Amés et Féaux, les Augustins déchaussés de la très-chrétienne
» congrégation des Gaules qu'ils ont reçu le bref de Notre Saint Père le
» Pape, pour l'érection et pour l'établissement de la compagnie de confra-
» ternité du titre de Notre-Dame-des-Sept-Douleurs, nous avons résolu
» de nous en rendre la protectrice, le chef et la souveraine régente et

» d'en faire et établir l'institut en notre nom, priant les reines qui nous
» succéderons en cette couronne, de vouloir aussi pour la Vierge Mère
» de douleurs et en notre considération nous succéder à perpétuité
» dans la qualité que nous y prenons.

» A ces causes, nous inclinant à la très-humble supplication des pères
» de l'ordre et qu'il nous est apparu dudit bref de notre Saint Père le
» Pape avec l'acceptation et les approbations nécessaires, nous nous
» sommes volontairement déclarée et déclarons par ces présentes, la pro-
» tectrice, le chef et la régente souveraine de ladite compagnie qui aura
» son application en la chapelle des douleurs de la Vierge dans l'église
» de Notre-Dame-des-Victoires des Augustins déchaussés, en leur mo-
» nastère de Paris, de la fondation royale du feu Roy, d'heureuse mémoire,
» notre très-honoré Seigneur et époux, et désirant de rendre à la mé-
» moire de la passion de Jésus-Christ et aix douleurs de la Vierge sa
» Mère affligée, tout l'honneur et tout le respect qu'il nous sera possible,
» nous voulons qu'il soit fait dès à présent et à toujours et de notre par-
» ticipation, la nomination du cent dames princesses, duchesses et autres
» de la cour et de notre maison, pour tenir dessous nous en chef le ser-
» vice d'honneur de la Vierge en ce monde, en la qualité des dames de son
» grand deuil de Jésus-Christ dont sera composé le premier ordre et le
» grand rang de la compagnie, laissant aux supérieurs ordinaires de la
» religion, l'admission générale des fidèles qui se présenteront pour y
» être reçus, parmi lesquels l'on fera le choix des officiers et des officières
» des emplois nécessaires et ordonnés de l'ordre des dames qui seront en
» chef dans les charges du ministère et de la direction de l'institut. Si
» donnons en mandement à nos Amés et Féaux les grands officiers de
» l'ordre, les généraux y tenant la séance pour le chapitre général et à
» tous les provinciaux, prieurs et autres officiers de juridiction de quel-
» que qualité et condition qu'ils soient, que ces présentes ils fassent lire,
» publier et registrer aux registres de leurs chartes avec les règlements
» qui seront faits en l'ordre et de notre participation; car tel est notre
» plaisir et afin que ce soit chose ferme et stable à toujours, nous avons
» fait apposer notre sceau à ces dites présentes signées de notre main
» et contresignées de notre secrétaire de commandement.

» Donné à Paris le vingtième jour de Décembre mille six cent
» cinquante six.

» ANNE ».

Note J page 169

Tableau des religieux Augustins déchaussés dressé par le P. Delatour, prieur de la communauté, le 4 mars 1790.

Jacques-François Duclos, prêtre, 70 ans, ancien professeur de philosophie et de théologie, ancien assistant général, ancien prieur de Paris, prédicateur et confesseur et provincial pour la troisième fois.

François-Pierre Delatour, prêtre, 60 ans, quatre ans de religion, trente-six de prêtrise, trente-cinq d'exercice dans le monastère et près de trente en différentes supériorités. Ancien professeur de théologie, ancien secrétaire général de la congrégation, prédicateur et confesseur, ex-provincial et actuellement prieur de Paris.

Pierre-Guillaume Garillaud, 77 ans, prêtre, ancien prieur de divers couvents, confesseur, et actuellement procureur général en cour de Rome.

Michel Lerliot, 45 ans, prêtre, ancien sous-prieur de Rouen, prédicateur et confesseur, actuellement assistant général.

Jacques-Pierre Gandolphe, 43 ans, prêtre, sous-prieur du couvent de Paris et définiteur, dix-neuf ans de prêtrise et trente-six de religion.

René-Charles Le Breton, 69 ans, prêtre.

Antoine-Jean Charpentier, 69 ans, prêtre, ancien professeur de théologie, ancien secrétaire général de la congrégation en cour de Rome, et ancien provincial, prédicateur et ancien définiteur.

François Madot, 69 ans, prêtre, ancien père des novices, ancien prieur d'Auxerre, prédicateur et confesseur.

Jean-Baptiste La Bigne, 64 ans, prêtre, ancien professeur de philosophie pendant quatre ans, de théologie pendant quatorze ans, ancien vicaire général de la congrégation pendant six ans, deux fois provincial de sa province, deux fois prieur de Paris, ancien secrétaire provincial et définiteur, ayant passé trente-sept ans dans le ministère de la prédication et de la confession.

Ignace-Michel Potentier, 65 ans, prêtre, ancien définiteur, ancien maître des novices, ancien sacristain, prédicateur et confesseur.

André-Nicolas Lemaire, 60 ans, prêtre, ancien maître des novices, ancien définiteur, ancien professeur de théologie, ancien provincial, bibliothécaire, prédicateur et confesseur.

Antoine Jacquemard, 63 ans, prêtre, ancien professeur de philosophie et de théologie, ancien définiteur et secrétaire particulier, ancien assistant général, ancien provincial, confesseur et prédicateur de diverses cathédrales.

Louis PIROELLES, 62 ans, prêtre, ancien prieur de Paris, prédicateur et confesseur, actuellement secrétaire provincial.

Denis-Michel COREL, 67 ans, prêtre, ancien prieur de divers couvents, prédicateur, confesseur et desservant de la communauté des religieuses de Dourdan.

Pierre-Michel VOISIN, 55 ans, prêtre, ancien sous-prieur de Paris, ancien secrétaire, provincial, prédicateur et confesseur.

Pierre-André SÉGARD, 48 ans, prêtre, ancien prieur de Paris, ancien secrétaire provincial, prédicateur et confesseur, trente-trois ans de profession et vingt-quatre de prêtrise, vingt-trois de ministère.

Antoine-François BEZ, 53 ans, prêtre, ancien prieur de Clairefontaine, ancien secrétaire provincial, actuellement procureur du couvent de Paris.

Gilbert TOUZET, 40 ans, prêtre, ancien supérieur et procureur de la maison d'Argenteuil, ancien sous-prieur de celle de Paris, prédicateur et confesseur, et actuellement définiteur, procureur et maître des novices, vingt-neuf ans trois mois de religion, dix-neuf ans de prêtrise et quinze dans le ministère.

Denis-François MAILLAUT, 43 ans, prêtre, ancien vice-prieur du couvent de Rouen, confesseur et prédicateur et actuellement définiteur.

François-Joseph LAMBERT, 41 ans, prêtre.

Jean-Honoré de BUIGNE, 41 ans, prêtre.

Louis-François de MORY, 30 ans, prêtre.

CLERCS ÉTUDIANTS.

Charles LE BASTIEN, 50 ans, clerc perpétuel.

Jean-Antoine THIENNÉE, 34 ans, chantre, clerc tonsuré.

Jean-Gabriel MACHELART, 35 ans, diacre.

Pierre PANNIN, 31 ans, clerc acolyte.

Amable PETIT, 20 ans, acolyte.

Pierre-Nicolas-Florimond de CHEVENNY, 20 ans, acolyte.

Jean-François-Nicolas VASSEUR, 41 ans, chantre, clerc tonsuré.

Jean-Dominique MICHEL, 23 ans, serpent.

François JACQUES, 23 ans, acolyte.

Auguste-Waneng MARTIN, 23 ans.

FRÈRES CONVERS LAÏCS.

Jacques-Philippe LERAT, 72 ans.
Claude-François PETIT, 72 ans.
Claude-Antoine BAILLY, 61 ans.
François-Vincent GARNIER, 59 ans.
Claude LA RUE, 62 ans.
Ignace-François LA RIVIÈRE, 51 ans.
Jean-François HENNEVEUX, 50 ans.
Jean GEOFFROY, 36 ans.
Claude DUBUISSON, 45 ans.

RELIGIEUX ABSENTS.

Jean-Joseph DIEUZET, 77 ans, prêtre à Notre-Dame-de-la-Garde, par obédience et de son choix.
Jean-Simon DAVID, 69 ans, prêtre absent par obédience.
Pierre SIMONNEAU, 36 ans, prêtre, aumônier du régiment de Lorraine, par obédience.
Guillaume-Nicolas SÉJOUR, 17 ans, prêtre.
Bruno CINAND, 10 ans, absent sans obédience.
Charles-Pierre BOULANGER, 46 ans, au couvent des Hyéronymites des Divers-Monts, près Fumay en Hainaut, par obédience et de son choix.

RELIGIEUX DU COUVENT D'ARGENTEUIL.

Candide PAILLY.
René RIVIÈRE.
Antoine de VILLY.
Armand ANGOT.

COUVENT DES LOGES.

Martial de BAUVE.
Paul LE VACHER.
Stanislas MAVRÉ.
Julien DOUCHE.

COUVENT DE ROUEN.

Chrysostôme CLAVELIN.
Charles GOUSSEAU.
Justin PACAUT.
J.-B. GAMBETTE.

COUVENT DE CLAIRE-FONTAINE.

André VACOSSIN.
Félicien LE BRUN.
Raymond VITRY.
Alphonse LEGRIS.

COUVENT D'AUXERRE.

Germain GAVAILLE.
Simplicien CONSIBERT.
Hyacinthe COQUELLE.
Placide DU FEU.

RELIGIEUX RENONÇANT A LA VIE COMMUNE ET DEMANDANT A SORTIR EN 1790.

Bleuzet, — Potentier, — Tissier, — Le Bastier, — Distre, — David, — Séjour, — Boulanger, — Leuliot, — Le Breton, — Corel, — Voisin, — Ségard, — Touzel, — Maillant, — Lambert, — De Bulgne, — De Mory, — Thierrée, — Machelart, — Lorrain, — Petit, — De Cheverry, — Vasseur, — Martin, — La Rivière, — Henneveux, — Coquelle, — Douche, — Pailly, — Gavaille, — Jacques. — Les autres demandent à rester. Tous quittent en 1791 et abandonnent la vie religieuse.

Note K page 177.

Tableau des couvents des religieux Augustins déchaussés de France en 1773.

PROVINCE DE PARIS

Paris, Les Loges, Claire-fontaine, Auxerre, Rouen, Argenteuil.

PROVINCE DU DAUPHINÉ.

Lyon, Brou, Boiron, Burnan, Clermont, Lezoux, Chambéry, Grenoble, Villars-Benoît, Voiron, Vinay, Lozier, Bourgoin, Vienne.

PROVINCE DE PROVENCE.

Marseille, Saint-Pierre-d'Aix, Saint-Laurent-d'Aix, Toulouse, Arles, Toulon, Tarascon, Malaucène, Orgon, Bargemont, Tauliguan, Avignon, Perpignan, Aups, Frigoulet.

Tableau des Prieurs et des sous-Prieurs du couvent des Augustins déchaussés de Notre-Dame-des-Victoires de Paris.

1628 Anselme de Ste-Marguerite.　　1636 Ange de Ste-Eugénie.
　　　　　　　　　　　　　　　　　　　Jean Chrysostôme.
1630

1632　　　　　　　　　　　　　　　　1638

1634 Jean Évangéliste.　　　　　　　1639 Simon.
　　　Jean Chrysostôme.　　　　　　　André de Ste-Marthe

1642 Augustin de Ste-Marguerite.
Philibert de Ste-Monique.

1644 André de Ste-Marthe.
Célestin de Sainte-Magdelaine.

1646 Ignace de Ste-Christine.
Jacques de la Nativité.

1648 Célestin de Ste-Magdelaine.
Constantin de Ste-Agnès.

1650 Germain de Ste-Geneviève.
Jérôme de Notre-Dame.

1652 Agathange de Ste-Marie-Magd.
Patrice de Ste-Magdelaine.

1654 Jérôme de Notre-Dame.
Pierre de Ste-Ritte.

1656 Ignace de Ste-Christine.
Grégoire de Ste-Thérèse.

1658 Ignace de Ste-Christine.
Germain de Ste-Geneviève.

1660 Bernard de Ste-Marguerite.
Léandre de Ste-Maoline.

1662 Célestin de Ste-Magdelaine.
Philippe de Ste-Anne.

1664 Agathange de Ste-Marie-Magd.
Pacifique de Notre-Dame.

1666 Agathange de Ste-Marie-Magd.
Pacifique de Notre-Dame.

1668 Bernard de Ste-Marguerite.
Robert de N.-D. de Loches.

1670 Germain de Ste-Geneviève.
Philippe de Ste-Anne.

1672 Germain de Ste-Geneviève.
Claude de Ste-Agnès.

1674 Zacharie de Ste-Élisabeth
Arsène de Ste-Clotilde.

1676 Chérubin de la Vierge-Marie.
Archange de Ste-Marie.

1678 Léandre de Ste-Maoline.
Léonard de Ste-Catherine.

1680 Léon de Ste-Monique.
Cyrille de Ste-Anne.

1682 Chérubin de la Vierge Marie.
    Cyrille de Ste-Anne.

1684 Léandre de Ste-Maoline.
    Arsène de Ste-Clotilde.

1686 Chérubin de la Vierge-Marie.
    Adrien de Ste-Suzanne.

1688 Arsène de Ste-Clotilde.
    Eusèbe de Ste-Martine.

1690 Léandre de Ste-Maoline.
    Eusèbe de Ste-Martine.

1692 Léon de Ste-Monique.
    Benoît de Ste-Geneviève.

1694 Esprit de Ste-Françoise.
    Sulpice de Ste-Pélagie.

1696 Eusèbe de Ste-Martine.
    Anastase de la Vierge-Marie.

1698 Maximin de Ste-Magdelaine.
    Grégoire de Ste-Thérèse.

1700 Eusèbe de Ste-Martine.
    Martial de Ste-Christine.

1702 Ange de Ste-Rosalie.
    Adrien de Ste-Suzanne.

1704 Léon de Ste-Monique.
    Patrice de Ste-Magdelaine.

1706 Adrien de Ste-Suzanne.
    Henri de Ste-Françoise.

1707 Léonard de Ste-Cath. de Sienne.
    Vincent de Ste-Jamme.

1708 On différa l'assemblée du chapitre, les mêmes supérieurs ont continué d'exercer leurs fonctions jusqu'en 1711.

1711 Marcel de Ste-Julienne.
    Isidore de Ste-Magdelaine.

1713 Les mêmes sont réélus ou continuent leurs fonctions.

1715 Romuald de Ste-Claire.
    Félix de Ste-Domitille.

1717 Basile de Ste-Suzanne.
    Eleuthère de St-Denis.

1719 Eusèbe de Ste-Martine.
    Michel-Ange de Ste-Catherine.

1721 Paul de Ste-Marguerite.
Joachim de Ste-Anne.

1723 Félix de Ste-Domitille.
Ambroise de Ste-Félicité.

1725 Michel-Ange de Ste-Catherine.
Fulgence de Ste-Marguerite.

1727 Les mêmes sont continués ou réélus.

1729 Élie de Ste-Thérèse.
Gervais de Ste-Félicité.

1731 Basile de Ste-Suzanne.
Albert de Ste-Éléonore.

1733 Ambroise de Ste-Félicité.
Maurice de Ste-Catherine.

1735 Michel-Ange de Ste-Catherine.
Albert de Ste-Éléonore.

1737 Michel-Ange de Ste-Catherine.

1739 Alphonse de Ste-Euphrasie.
Cyprien de Ste-Marie.

1741

1713 Fortuné de Ste-Félicité.

1715

1717 Gaspard de Ste-Jamme.
Thimothée de Ste-Thérèse.

1719 Gaspard de Ste-Jamme.

1751 Laurent de la Ste-Vierge.
Thimothée de Ste-Thérèse.

1753 Alexis de Ste-Suzanne.
Barnabé de Ste-Ursule.

1755 Clément de Ste-Praxède.
Barnabé de Ste-Ursule.

1757 Hyacinthe de l'Assomption.
Cyprien de Ste-Marie.

1760 Cyprien de Ste-Marie.
François de Ste-Catherine.

1761 Paulin de Ste-Colombe.
Anselme de Ste-Suzanne.

1763 Hyacinthe de l'Assomption.
Anselme de Ste-Suzanne.

1765 Hyacinthe de l'Assomption.
Charles de Ste-Julie.

1767 Eusèbe de Ste-Agnès.
Julien de Ste-Rose.

1769 Michel de Ste-Cath. de Sienne.
François de Ste-Catherine.

1771 Barnabé de Ste-Ursule.
Jacques de St-Denis.

1773 Barnabé Larticle.
Armand-Joseph Ravarry.

1775 Les mêmes sont réélus.

1777   Id.

1779 Jacques Toutain.
Jacques Ravarry.

1780 Jacques Ravarry.
Léon Leuliot.

1781 Valentin Piroëlle.
Norbert Touset.

1783 Cyrille Segard.
Stanislas Mavré.

1786 Cyrille Segard.
Germain Gavaille.

1788 François Delatour.
Germain Gavaille.

1789-1791 François Delatour.
Pierre Gandolphe.

Note L page 176

Inventaire de la Sacristie

13 février 1700

(*Archives nationales. — Section administrative L. L. 3815-3816*)

ARGENTERIE

Un soleil de vermeil garni de perles et de diamants ; cinq calices dont un doré, une croix d'argent pour les processions et les deux chandeliers, trois ciboires, deux encensoirs, deux navettes, deux cuillères, deux burettes, un plat ovale et une cuvette, un bénitier et son goupillon, une niche garnie en argent où repose une vierge d'argent, une sonnette, une croix d'argent d'environ deux pieds de haut, une petite croix d'ébène avec Christ en argent, un petit vase pour les saintes huiles, deux livres garnis en argent, un brodé en or, une petite cuvette de vermeil où sont des reliques de Sainte Monique, cœur et boîte d'argent relatifs à Saint Fiacre, un cœur d'argent à la Vierge. Ce cœur était au cou de Notre-Dame-de-Savone et a été volé le 22 janvier 1700, et treize pales brodées en or et en argent.

EFFETS ORDINAIRES

Une grosse lampe de cuivre argentée très estimée pour le bouquet, une petite lampe argentée, un bougeoir argenté, deux croix argentées, quarante chandeliers, tant grands que petits, argentés, les branches du premier baldaquin de cuivre doré, d'or moulu d'un goût nouveau; Notre-Dame-de-Montaigu en cuivre, deux cuvettes de cuivre, deux lampes de cuivre, un chandelier de fer pour le cierge pascal et un chandelier à quinze branches pour les ténèbres.

EFFETS PRÉCIEUX

Deux baldaquins enrichis de franges d'or et un plus commun, deux voiles pour le Saint Sacrement, fond d'argent, brodés en or; deux dais très-vieux brodés en or; un noir qui sert pour le service de Louis XIII. Huit missels romains dont un relié en maroquin rouge, deux nouveaux missels parisiens et un ancien. Un très-beau devant d'autel brodé en or et un en argent, vingt-cinq ceintures rouges et bleues garnies de leurs franges, une pendule à la seconde. Deux glaces et deux Christs en ivoire, un très-beau tableau de la translation des reliques de Saint-Augustin chef-d'œuvre de Galoche, les quatre évangélistes, le Christ, Tobie et l'ange, la cène, et deux dessus de porte.

ORNEMENTS

Verts. — Trois chapes de damas galons d'or; deux tuniques, la chasuble et une écharpe de pareille étoffe.

Violets. — Trois chapes damas, deux dalmatiques, une chasuble et une chape galons d'argent, une chasuble de velours, l'étole pour le diacre avec deux manipules.

Blancs. — Sept chapes d'étoffe et de soie brochées en or; quatre de damas galons d'or, un fond d'argent brodé en or et la chasuble de même, une dalmatique pour le porte-croix, deux dalmatiques brodées en soie galons d'or, quatre dalmatiques d'étoffe fleurie, une chasuble de même, galons d'or, deux écharpes, quatre dalmatiques, une chasuble de soie brodée en or.

Rouges. — Quatre chapes de velours galons d'or, une de velours brodée en or, quatre dalmatiques et la chasuble de même, deux tuniques et la chasuble de même étoffe, deux écharpes, quatre chapes de damas, quatre tuniques et la chasuble de galons d'or.

Noirs. — Trois chapes de velours, deux dalmatiques et la chasuble d'argent, trois chapes de velours en argent brodé, deux tuniques et la chasuble de même étoffe. Trois chapes de velours galons de soie, deux dalmatiques et la chasuble de même, un grand rideau pour le maître-autel ainsi que le devant brodé en argent, deux poêles pour la représentation dont un uni et l'autre galons d'argent et sa croix en moire d'argent, trois rideaux de serge pour les trois autels pour les jours de service, et les devants d'autel de velours galons de soie.

ORNEMENTS POUR LES MESSES

Six chasubles de damas blanc galons d'or ; 10 chasubles de différentes étoffes galons d'or, quatre vieilles chasubles blanches galons de soie.

Cinq chasubles de damas rouge galons d'or, quatre chasubles presque usées, galons d'argent, trois vieilles chasubles rouges, galons de soie, cinq chasubles de damas violet, galons d'argent.

Cinq chasubles vertes dont une d'un très-beau velours ciselé galons d'or. Quatre chasubles de velours noir, galons de soie, et six vieilles chasubles noires galons de soie.

LINGE

Cent treize aubes communes, trente à linon, quatre à dentelles, quatre à mousseline brodée, dix-neuf à mousseline unie, six de batiste usées, huit surplis de batiste et deux à ailes pour les prédicateurs. Vingt-deux surplis, deux à linon, douze à mousseline, neuf nappes à cordons pour attacher aux grilles, trente corporaux, environ 250 purificatoires, vingt-six lavabos, 10 pales, cent cinquante amicts, vingt-deux essuie-mains et un tablier pour la cène, vingt-neuf nappes, treize grosses nappes de dessous et six de communion.

INVENTAIRE DE L'ÉGLISE

Un orgue de seize pieds, instrument excellent et harmonieux, fait par le fameux Sclop; sa menuiserie ainsi que celle de la tribune du tambour, des portes de l'église et de la chaire d'un goût nouveau et bien travaillé par le sieur Renier, menuisier; dix confessionaux sculptés, la chapelle de Saint-Augustin en bois et couleur de marbre, le lambris du chœur en panneaux pilastres, chapiteaux sculptés d'un goût riche, soixante-quinze stalles tant en haut qu'en bas, le bureau des messes.

La chapelle de Notre-Dame-de-Savone toute en marbre ainsi que la Vierge, la statue de Saint-Augustin en marbre, le maitre-autel, les carreaux du chœur, du sanctuaire, le tabernacle, le dessus des crédences en marbre, deux anges adorateurs en carton doré, les deux pieds des crédences en bois doré, six chandeliers, la croix de six pieds de haut, les agrafes de l'autel, les ornements du tabernacle, ces deux bras aux côtés de l'autel, un coude à douze branches, le tout en cuivre doré d'or moulu et d'un goût nouveau, l'aigle aussi d'un modèle nouveau en cuivre et couleur, deux médaillons en marbre et en rond, le premier représentant Jésus-Christ et l'autre la Sainte Vierge, un fauteuil, trois tabourets et une banquette, le tout couvert de velours rouge, sept tableaux à cadres dorés de *Carle Wanloo*, seule collection de ce fameux artiste, le premier représentant le vœu de Louis XIII; le deuxième, le baptême de Saint-Augustin; le troisième, son discours devant Valère; le quatrième, son sacre; le cinquième, sa dispute avec Donat; le sixième, sa mort et le septième, la translation de ses reliques.

Il y a dans le nombre des sept petites chapelles, deux où il y a des autels de marbre, savoir : celle du crucifix et celle de Saint-Martin : dans celle de Lully, il y a son mausolée et le fond de l'autel tout en marbre, le tableau de cette chapelle représentant Saint-Jean-Baptiste est du fameux Boulogne. Dans la chapelle de Saint-Jean l'évangéliste, il y a quantité de superbes morceaux en stuc. Il y a à l'entrée de l'église deux bénitiers en marbre ainsi qu'à la porte du chœur; dans les fausses croisées sont quatre tableaux représentant les quatre évangélistes par le sieur Robin. Toutes les chapelles sont entourées de grilles de fer. Il y a huit livres de lutrin en parchemin et garnis en cuivre, quatre cloches d'un charmant accord. Au petit chœur est un tableau de l'enfant Jésus qui est très-estimé des connaisseurs, les fenêtres de l'église et du chœur sont aussi garnies de chassis de fer.

SALLE ROYALE

Une grande table de marbre à pieds de bois sculpté, une console à dessus de marbre incrusté de différentes couleurs, quatre fauteuils et huit chaises en velours d'Utrecht, plusieurs tableaux représentant des portraits, un de Louis XIII en grand, un autre de Louis XV, un de Notre-Dame-des-Sept-Douleurs, un représentant la femme adultère, un Christ en bas relief et deux grands rideaux de toile et de coton.

CHAPITRE

Une stalle, une chaire, un lambris de cinq pieds de haut, plusieurs tableaux sur différents sujets et divers auteurs.

RÉFECTOIRE

Treize tableaux très-estimés de différents auteurs, un Christ par Lafosse, la Vierge et Saint-Jean par Jouvenet, la conversion, le baptême, la prêtrise, le sermon devant l'évêque Valère, le sacre, la dispute avec Donat, les miracles, la mort et la translation des reliques de Saint-Augustin, la perte de Sainte-Monique sa mère. Treize tableaux, une chaire et un lambris de sept pieds de hauteur.

INFIRMERIE

Dix lits complets pour les malades, environ douze matelas employés pour la troupe dans différentes chambres, six à sept mauvais matelas dans le magasin ainsi que des bois de lits, toutes les chambres des malades meublées seulement d'un buffet, un fauteuil et quelques sièges, quarante-cinq paires de drap, soixante-quatre serviettes, soixante-deux chemises, cinquante-sept taies d'oreiller, cent-trente coiffes de nuit, quatorze nappes tant grandes que petites et à peu près les ustensiles nécessaires aux malades.

Histoire naturelle

PIERRES

Une suite de pierres de couleur, d'agates, de jades, de jaspe, de cailloux d'Égypte, de cailloux de Rennes et d'Angleterre, de prismes, d'améthystes et d'émeraudes, etc., etc. Cette suite est très-nombreuse et pourrait servir à faire un cours de *lithologie* par la multitude des échantillons qu'elle comporte et tous rangés dans leur ordre naturel.

COQUILLES

Une suite de coquilles toutes rangées par familles, toutes bien conservées, mais sans un grand degré de rareté.

ANIMAUX

Une suite assez nombreuse et très-curieuse d'insectes renfermés dans des bocaux remplis d'esprit de vin, un monstre humain contenu dans un vase rempli de vingt-cinq pintes d'esprit de vin, ce monstre est de la plus belle conservation.

Plusieurs autres animaux desséchés, attachés au plafond du cabinet.

MINÉRAUX

Un assez grand nombre d'échantillons de mines, galène, plomb, cuivre, fer, argent et très-peu d'or, dans les demi-métaux, mercure, bitume, etc.

Ajoutez à cela un choix de madrépores curieux et de la plus belle conservation.

TABLEAUX

Une suite de près de 100 tableaux de différentes écoles et des plus grands maîtres.

CURIOSITÉS DE L'ART

Quelques ouvrages indiens et assez curieux. Quelques armes anciennes et autres petites curiosités de l'art.

Nous, prieur et procureur du couvent royal des Augustins de la place des Victoires, attestons que la présente déclaration est véritable et est faite la plus exactement possible, en foi de quoi nous nous sommes soussignés le 11 février 1790.

Signé :
F. François Delatour, prieur. F Patrice Bèze, procureur.
F. Norbert Touset, définiteur et procureur.

Nous ne donnons pas ici le détail de la déclaration relative à la bibliothèque et au cabinet des médailles et des antiques, nous avons rapporté textuellement les notes du P. Delatour.

Note M page 177

Procès-verbal de récollement des objets mobiliers dans la maison des Petits-Pères

Transport des-dits objets aux petits Augustins, 12 octobre 1791.

L'an mil sept cent quatre-vingt-onze, le mercredi douze octobre, huit heures du matin. Nous Philibert Borie, officier municipal, commissaire à l'administration des biens nationaux ecclésiastiques, en conséquence d'un arrêté du comité, en date du 4 du présent mois, pris sur une lettre officielle du substitut de M. le procureur, syndic du département, en date du 3 dudit mois.

Nous nous sommes transporté au couvent des Petits-Pères, sis place des Victoires, où étant arrivé, nous avons fait appeler M. Pierre Delatour, supérieur, lequel nous avons requis de faire assembler sa communauté, ce qui a été fait au son de la cloche en la manière accoutumée.

Les dits sieurs religieux étant assemblés dans une des salles de ladite communauté, nous avons fait lecture de l'arrêté du comité, en date du 3 du présent mois, qui nous charge entre autre chose de transférer, dans la maison des Carmes de la place Maubert, leurs meubles et effets à leur usage et de tout dresser procès-verbal. Nous leur avons requis d'y satisfaire dans la journée et de préparer toutes les choses nécessaires à cet effet.

Nous avons reconnu ensuite que ladite maison était composée de quatorze religieux et profès, savoir :

MM. Delatour, prieur, Pierre Guillaume Garillaud, Pierre La Biche, Sulpice Martin de Beauve, Antoine Jacquemard, Louis Pirouel, Antoine Rivière, Jacques-Pierre Gandolphe, Antoine-François Bèze, Jacques-Philippe Lerat, Claude-François Piou, François-Vincent Garnier, Jean Geoffroy, Claude Dubuisson, tous cinq frères lais.

Lesquels nous ont dit, savoir : lesdits sieurs Delatour, Garillaud, La Biche, de Beauve, Jacquemard, Pirouel, Gandolphe et Bèze, tous religieux profès, et lesdits sieurs Lerat, Piou et Garnier qu'ils étaient tous dans l'intention de quitter la vie commune, et qu'ils nous suppliaient de vouloir bien leur accorder encore quelques jours pour vuider leurs appartements, attendu que le peu de temps qu'ils ont eu depuis l'avertissement que nous leur avons fait donner ne leur a pas permis à tous de trouver de quoi se loger.

Ledit sieur Rivière nous a dit qu'il embrassait la vie commune, mais qu'il ne pouvait dans le moment satisfaire à l'arrêté, eu égard à la grande quantité d'objets précieux qu'il a dans son appartement, qu'il avait présenté à cet effet une requête au directoire du département et qu'on lui avait répondu que la municipalité avait des ordres pour surseoir à son évacuation.

Interpellé par nous de représenter la preuve de ce qu'il nous avançait, il nous a justifié d'une lettre à lui adressée par M. Blondel, secrétaire du département, et par laquelle il lui annonce notamment qu'en attendant l'avis de la municipalité, il sait que la commission de la municipalité ayant le département des biens nationaux a donné des ordres pour surseoir à l'enlèvement de ses meubles.

Et quant auxdits sieurs Geoffroy et Dubuisson, ils nous ont dit qu'ils sont tout prêts à se soumettre à l'arrêté du comité, et qu'ils allaient en conséquence préparer toutes les choses nécessaires pour cet effet.

Sur quoi nous, commissaire, ne nous croyant pas suffisamment autorisé par l'arrêté ci-dessus, nous avons fait déménager par six hommes de journée et par neuf charretiers les meubles et effets appartenant auxdits sieurs Geoffroy et Dubuisson, et quant au surplus nous en avons référé au comité pour y être statué, en prévenant toutefois ceux des religieux et des frères lais qui veulent quitter la vie commune de donner dans le plus bref délai la déclaration qu'ils venaient de nous faire conformément au décret de l'Assemblée nationale.

Dont et de tout ce que dessus, nous avons dressé le présent procès-verbal auquel a été vacqué depuis ladite heure de 8 du matin jusqu'à celle de 8 du soir sonnée, sans interruption que celle du dîner et nous nous sommes ajourné à jeudi 13 octobre huit heures du matin pour continuer la suite de nos opérations : et ont signé avec nous.

F. DELATOUR, sup.   ROBERT GADOLPHE,
URBAIN JACQUEMART, RENÉ RIVIÈRE,   GEOFFROY,
MARTIAL DE BEAUVE, PIOU,
PATICE BEZE,   LE RAT,
                    GARNIER,
                                        P. BORIE.

Note N page 183

Extrait du registre des délibérations du conseil de fabrique

Procès-verbal de prise de possession de l'église Notre-Dame-des-Victoires

L'an 1809, le jeudi 9 novembre, 11 heures du matin, sur la convocation faite par M. le curé desservant de l'église Notre-Dame des Victoires, à l'effet de prendre possession de ladite église en exécution de l'arrêté de M. le préfet du département de la Seine, du 27 octobre dernier, de l'autorisation de MM. les vicaires généraux capitulaires du diocèse de Paris, du 3 novembre courant, et de la délibération de l'administration de la fabrique de ladite église, du six du même même mois de novembre, se sont réunis et étaient présents dans la maison presbytériale, sise à Paris, rue des Petits-Pères, n° 3.

MM. Gravel, curé de l'église.
  Jolliveau,
  Ferrand,
  Robin,   } Marguilliers et fabriciens.
  Leullier,
  Ganneron,
  Henry,
  Le Vacher,
Chabot, ancien évêque de Mende.
Joubert, nommé à l'évêché de Saint-Flour.
Lévy, curé de l'abbaye de Saint-Germain-des-Prés.
Leclerc, curé de Saint-Étienne-du-Mont.

Laïeu, curé de Saint-Louis-Saint-Paul.
Faison, curé de Saint-Ambroise.
Laurent, curé de Saint-Leu.
Berthier, curé de Saint-Médard.
Desmarais, curé de Saint-Valère.
Cagny, curé de Bonne-Nouvelle.
Poidevin, curé du Saint-Sacrement.
Hure, curé de Saint-Nicolas-du-Chardonnet.
Marduel, curé de Saint-Roch.
L'abbé Berthron Duprat, vicaire général, chanoine et archidiacre de Coutances.
Bizet, premier vicaire de Saint-Étienne-du-Mont.
Achard, chanoine de Notre-Dame.
Le général Duplessis.

De suite tous les susnommés se sont transportés dans ladite église et là s'est effectuée la prise de possession avec les prières, cérémonies et toutes les formalités du rit catholique.

Mgr l'évêque de Mende, a officié pontificalement et M. Laurent, curé de Saint-Leu, a prononcé un discours analogue à la cérémonie. L'orateur a pris pour texte ces paroles de l'évangéliste Saint-Jean: *Ego sum pastor bonus*, je suis le bon pasteur. Il a développé de la manière la plus édifiante, les devoirs des curés envers leurs paroissiens et ceux des paroissiens envers leurs curés, et il a invité les fidèles à se réunir souvent dans le temple consacré pour y faire leurs prières accoutumées en y joignant leurs vœux pour la conservation des jours de Sa Majesté l'empereur et roi qui a bien voulu ordonner le rétablissement de cette église pour l'exercice du culte catholique.

Les cérémonies terminées, le clergé et les assistants se sont retirés.

Fait à Paris, les jour et an susdits.

Gravel, président, Jolliveau, Ganneron, Robin.

Note O page 229.

Procès-verbal de constatation du pillage de Notre-Dame-des-Victoires.

Paris, le 20 mai 1871.

Nous soussignés :

1° G. Delacroix, vicaire à l'église Notre-Dame-des-Victoires, sous-directeur de l'Archiconfrérie.

2° Cyrille de Mont de Benque, président du bureau des marguilliers de Notre-Dame-des-Victoires.

3° Adolphe Gérardin, maître des cérémonies à l'église Notre-Dame-des-Victoires.

Reconnaissons être entrés dans l'église Notre-Dame-des-Victoires, aujourd'hui, vendredi 26 mai 1871, à deux heures trente-cinq minutes de relevée.

Nous constatons reconnaître la profanation faite du lieu saint, et les dégâts commis par les envahisseurs qui ont pénétré dans l'église, le mercredi 17 mai, veille de l'Ascension, à quatre heures quarante-cinq minutes du soir, l'office du mois de Marie finissant avec une nombreuse assistance qui a été expulsée violemment.

Entrés dans le chœur, nous trouvons le maître-autel en marbre blanc dépouillé d'un bas-relief en zinc doré représentant la mise au tombeau de Notre-Seigneur, de deux ornements en forme de croix en bronze doré placés à droite et à gauche, d'un tabernacle aussi en bronze doré, de six chandeliers et d'une croix en cuivre verni.

Le bas-relief, en zinc doré, arraché était resté dans l'église, les deux motifs en forme de croix, en bronze doré, avaient disparu, ainsi que le tabernacle en bronze doré, les six chandeliers et la croix.

Nous constatons que le marbre du maître-autel est intact, ainsi que les deux grands candélabres bois et bronze.

Dans le sanctuaire, nous constatons que les tableaux, au nombre de sept, de Carle Wanloo, sont intacts.

Nous trouvons disparus :

Deux lustres rocaille en bronze verni, à trente-six lumières chaque, deux lustres rocaille en bronze verni, à vingt lumières, tous les quatre garnis de cristaux, plus une lampe de chœur en cuivre verni style XV° siècle, quatre lampes de chœur Médicis en cuivre repoussé et verni, et un appui de communion en fer poli avec montures en cuivre.

Dans le chœur, nous trouvons disparus, quatre lampadaires, style renaissance, à quatre lampes et quatre bouquets à cinq lumières style rocaille. Deux petites lampes de chœur, style XVe siècle, quatre croix de consécration sur les piliers, et quatre bras à deux lumières, le tout en bronze verni; l'orgue d'accompagnement est en mauvais état, les stalles, les deux buffets d'orgue sont intacts.

Dans le panneau, au-dessus de la stalle de M. le curé, se trouvait un *ex-voto* en lapis lazuli d'une grande valeur intrinsèque qui a disparu.

Sur le pilier, au-dessus de l'ambon de l'épitre se trouve un *ex-voto* en marbre blanc avec une inscription en langue italienne, qui était garni d'ornements en bronze doré, cœurs et armoiries, toute cette garniture a disparu. Au-dessus du panneau de la stalle du premier vicaire se trouvait un *ex-voto* en lapis lazuli d'une grande valeur intrinsèque, quoiqu'inférieure à celle de l'*ex-voto* qui lui faisait face, il a disparu.

Sur le pilier, au-dessus de l'ambon de l'Évangile, se trouve un *ex-voto* en marbre blanc avec inscription en langue italienne, donné par les Polonais, qui était garni d'ornements en bronze doré, cœurs et armoiries; toute cette garniture a disparu.

CHAPELLE DE LA SAINTE VIERGE

Nous constatons que la statue de Notre-Dame des Victoires est intacte, les deux tableaux de chaque côté aussi; les croix d'honneur, les cadres d'*ex-voto* tous les objets mobiliers ont disparu.

L'autel servant de reliquaire à sainte Aurélie est à peu près intact, le socle en a été brisé ainsi que les glaces de la châsse.

Le corps en cire de sainte Aurélie recouvrant les reliques en a été retiré et profané. La tête, séparée du reste du corps, a disparu.

Le tabernacle en bronze doré, huit chandeliers, quatre candélabres, une croix en cuivre verni ont disparu.

Suspendus à la voûte du sanctuaire de la chapelle de la Sainte Vierge se trouvaient six lustres renaissance, garnis de fleurs de lys à vingt lumières chaque, en bronze verni, huit lampes Médicis, une belle lampe très-ornée, argent et bronze, donnée par l'impératrice, une petite lampe en argent, rapportée de Bomarsund : le tout a disparu.

Au pied de l'autel de la Sainte Vierge, nous avons trouvé le tombeau de M. Des Genettes profané, le premier cercueil en bois de chêne recouvert d'un drap noir est brisé; le cercueil en plomb renfermé dans le premier est déchiré dans la partie supérieure.

La tête du vénérable M. Des Genettes est séparée du reste du corps, mais elle est dans le cercueil, le corps est entier, sauf quelques phalanges des doigts.

La pierre de marbre avec son inscription recouvrant le tombeau est brisée complètement, l'encadrement en cuivre de cette pierre a disparu.

De chaque côté des colonnes de l'autel de la Sainte Vierge, se trouvaient deux girandoles à plusieurs lumières, en cuivre verni, elles ont disparu.

CHAPELLE SAINTE-ANNE

Nous avons trouvé le marchepied de l'autel enlevé, le caveau ouvert, les confessionnaux brisés, les cœurs en vermeil qui se trouvaient sur les *ex-voto* en marbre blanc, disparus; sur l'autel se trouvaient deux chandeliers en cuivre argenté, une croix en bronze verni, ils ont disparu, ainsi qu'une lampe de chœur, style XV° siècle, en bronze verni, qui était suspendue au cintre de cette chapelle.

CHAPELLE NOTRE-DAME-DES-SEPT-DOULEURS

L'autel en bois sculpté est brisé, le caveau ouvert, un panneau et un confessionnal sont aussi brisés. Sur l'autel se trouvait une croix en bronze verni, à la voûte de la chapelle une suspension de lampe en cuivre verni et au cintre une lampe de chœur style Médicis en bronze doré, ces objets ont disparu.

CHAPELLE SAINT-JOSEPH

Le marchepied de l'autel est brisé, le caveau est ouvert; sur l'autel se trouvaient six chandeliers, une croix, deux candélabres en cuivre verni, ils ont disparu ainsi que la porte du tabernacle en cuivre verni, deux girandoles à douze lumières formant bouquet de lys, un lustre à lys, à vingt lumières en cuivre verni, suspendu au milieu de la voûte, et une lampe Médicis, en bronze doré, suspendue au cintre de la chapelle.

CHAPELLE SAINT-PIERRE

Le caveau est ouvert; à la statue de Saint-Pierre, il manque les deux pieds en bronze, les clefs, l'auréole manquent également. Deux grands candélabres, à douze lumières, en cuivre verni, deux cadres renfermant les armes du Saint-Père et deux autres renfermant des brefs avec indulgences ont été enlevés. La grande lampe de l'œuvre du denier de Saint-Pierre, donnée par M. Edmond Lafond et suspendue à la voûte de la chapelle, est seule restée. Tous les ossements provenant de la sépulture des anciens religieux, ont été retirés du caveau avec une grande quantité de terre et jetés dans tous les coins de l'église.

CHAPELLE DES FONTS BAPTISMAUX

Le caveau a été ouvert, les couvercles en cuivre des fonts ont été arrachés, une suspension de lampe en cuivre verni qui était suspendue à la voûte, a disparu.

CHAPELLE SAINT-JEAN

Le caveau a été ouvert, le dallage arraché, le confessionnal brisé, le marche-pied de l'autel arraché, la statue de Saint-Jean évangéliste brisée, la statue de Saint-Jean-Baptiste a un bras cassé, de chaque côté de l'autel existaient deux bras en cuivre verni, à six lumières, ils ont disparu.

CHAPELLE DE LA SAINTE-ENFANCE

Le caveau a été ouvert, le marchepied en marbre blanc brisé, le dallage arraché, les armoires de chaque côté brisées, le groupe en plâtre galvanisé est détérioré, la tête de l'Enfant Jésus manque.
Sur l'autel se trouvaient deux chandeliers et une petite croix en cuivre verni ; de chaque côté de l'autel, deux bras à six lumières ; suspendue à la voûte existait une suspension de lampe en cuivre verni ; au cintre de cette chapelle se trouvait une lampe Médicis en cuivre verni : tous ces objets ont disparu. Deux ex-voto qui étaient sur les panneaux de l'autel à droite et à gauche, ont disparu.

CHAPELLE DU SACRÉ-CŒUR

Le caveau dans lequel se trouvait renfermé le trésor de l'église est ouvert, le trésor a été enlevé. Le confessionnal est brisé, le marchepied de l'autel, ainsi que le tabernacle, sont arrachés. Sur l'autel se trouvaient six chandeliers et une croix en cuivre verni, style XVe siècle, tous ces objets ont disparu. Le cadre renfermant une image de la Sainte Face de Notre-Seigneur, donné par Madame la vicomtesse Jurien, a été enlevé.

CHAPELLE SAINT-AUGUSTIN

Le marchepied de l'autel est brisé, une des glaces de l'autel est également brisée, les reliquaires qui se trouvaient sous l'autel ont disparu. Le tabernacle est arraché, six chandeliers et une croix en cuivre verni ont disparu ainsi qu'une lampe Médicis qui était suspendue à la voûte et deux petites lampes qui étaient à droite et à gauche des piliers.

A droite et à gauche de l'autel se trouvaient deux bras de candélabres avec cuvette en zinc pour les petits cierges, ils sont brisés.

LA NEF

Dans la nef il existait suspendus huit lampadaires, style renaissance, à quatre branches chaque, en cuivre verni, ils ont disparu. Sur les piliers de l'église existaient huit croix de consécration avec huit bras à deux lumières en cuivre verni, ces objets ont disparu. En face du buffet d'orgue se trouvait une suspension de lampe en cuivre verni qui a disparu. Tous les cœurs qui se trouvaient sur la boiserie du banc-d'œuvre ainsi que la croix qui était au-dessus du fronton ont été enlevés. A l'escalier de la chaire un barreau a été arraché.

TRONCS

Celui de l'Archiconfrérie a été forcé; à celui de la chapelle de Saint-Joseph, la serrure a été arrachée et la ferrure brisée; au tronc du bureau de bienfaisance du 2e arrondissement la porte sur laquelle était la serrure ainsi que la ferrure et le cadenas ont été arrachés; à celui de la Sainte-Enfance, la porte a été arrachée et la ferrure brisée. Au-dessus du tronc, se trouvait un ex-voto en bronze représentant l'enfant Jésus qui a disparu. La porte du tronc pour les blessés a été forcée.

Un bouquet de porte-cierges de trente-une lumières, cuivre et fer, a disparu.

SACRISTIES

Ornements. Ont disparu, savoir : Un ornement en damas violet composé de quatre chapes, deux tuniques, une chasuble, brochées et galonnées argent fin, un ornement en velours de soie noire avec orfrois en moire argent fin, galon et franges argent fin, composé de cinq chapes, deux tuniques et une chasuble.

Un ornement en velours de soie rouge avec orfrois en drap d'or mi-fin, galons et franges or fin composé de quatre chapes, deux tuniques et une chasuble. Un ornement en gros de Tours fond blanc, broché, couleurs avec orfrois en drap d'or fin, mi-galons et franges or fin composé de cinq chapes, deux tuniques, une chasuble.

Un ornement en moire d'argent fin brodé or fin, galons et franges or fin, composé de deux chapes, deux tuniques, une chasuble.

Une chape en drap d'or avec orfroi en drap d'or fin broché, mi-galons et franges or fin.

Quatre tuniques en moire de soie blanche, brodées soie de couleur.

Un ornement noir en damas, orfroi, galons et franges argent faux, composé de quatre chapes, deux tuniques, une chasuble. Un ornement blanc en tissu de verre composé de cinq chapes, six tuniques, franges et galons or mi-fin. Un ornement rouge en tissu de verre, composé de cinq chapes, six tuniques, galons et franges, or mi-fin. Deux vieilles chapes en damas rouge, galons et franges or faux.

Une vieille chape en damas noir avec orfroi, franges et galons, soie blanche.

Les ornements et le linge qui se trouvaient dans les meubles de la sacristie des prêtres ont disparu.

Le vestiaire des chantres, des clercs et des enfants de chœur a disparu.

ORFÈVRERIE

Deux crosses d'évêques, une aiguière en bronze doré, une croix de procession, en cuivre argenté, une croix de procession, en bronze doré, deux chandeliers acolytes, deux vraies croix, un ostensoir en argent, deux ciboires, trois calices, une custode, une boîte de baptême garnie, en vermeil, une boîte d'extrême-onction garnie de même, un petit ciboire, une boîte aux saintes huiles, en vermeil, deux petits chandeliers, un bénitier, une croix en cuivre doré, un écrin renfermant une mitre d'évêque, brodée en or fin, une brodée argent fin, une paire de bas de soie rouge, une paire soie blanche brodée or fin, une tunicelle en soie rouge et une en soie blanche, ont disparu.

Tous les candélabres, les chandeliers qui existaient dans les sacristies, ont disparu.

Le tronc de la fabrique a été brisé.

La sacristie du public, le bureau de l'Archiconfrérie ont été saccagés, ainsi que la salle des archives de l'Archiconfrérie, dont plusieurs registres ont été déchirés.

Le coffre-fort de la fabrique a été forcé.

La caisse, renfermant les ornements légués à la fabrique par M. Des Genettes, a été ouverte et les ornements enlevés.

Une partie notable de la correspondance de l'Archiconfrérie colligée en volumes, la collection des annales, une grande quantité de pièces diverses, anciens comptes ou autres ont été lacérés, déchirés et les parcelles répandues dans les sacristies en si grande quantité, que le sol en était entièrement couvert.

En résumé l'église et ses dépendances présentaient l'aspect le plus douloureux de la désolation et les plus tristes marques du séjour qu'y avaient fait les spoliateurs ainsi que de leurs sauvages dévastations.

En foi de quoi nous avons signé les jour et an que dessus.

G. DELACROIX, docteur en théologie, sous-directeur de l'Archiconfrérie.

C. DE MONT DE BENQUE, président du bureau des marguilliers.

GÉRARDIN, maître des cérémonies et fabricant d'ornements d'église, rue d'Argout, 18.

Note P page 229

Procès-verbal de constatation du pillage et profanation du tombeau de M. Des Genettes.

Nous soussignés,

G. Delacroix, docteur en théologie, sous-directeur de l'Archiconfrérie de Notre-Dame-des-Victoires.

Cyrille de Mont de Benque, secrétaire du Conseil général de la Banque de France, président du bureau des marguilliers de l'église Notre-Dame-des-Victoires.

Paul Latteux, docteur en médecine, chirurgien-major du bataillon de la Banque.

Faisons la déclaration suivante :

A la suite du pillage de l'église Notre-Dame-des-Victoires qui eut lieu les 17, 18 et 19 mai 1871, par ordre de la Commune de Paris, le tombeau du vénérable M. Des Genettes, ancien curé de la paroisse et fondateur de l'Archiconfrérie du Très-Saint et Immaculé Cœur de Marie pour la conversion des pécheurs, fut profané. La dalle en marbre blanc qui le recouvrait et sur laquelle était gravée l'inscription funéraire reproduite sur le pilier à droite de la chapelle de la Sainte Vierge, fut brisée, le cercueil remonté dans la chapelle de la Sainte Vierge, l'enveloppe en plomb déchirée. Le corps fut enlevé de la bière, mais tous les efforts des profanateurs ne purent le dégager des vêtements qui l'entouraient, en sorte que le corps resta intact ; la tête fut séparée du tronc, passée de mains en mains, et, enfin, remise dans le cercueil avec le corps.

Après avoir réparé les désordres causés par cette profanation, reconnu et constaté l'identité et l'intégrité du corps, nous avons, ce jourd'hui, fait replacer le cercueil de plomb qui le renferme en respectant les dégâts qu'il a subis, dans une seconde enveloppe de plomb recouverte elle-même d'une enveloppe en chêne, et afin de confirmer l'identité de ce corps vénérable, nous reproduisons ci-après, conformément à une copie qui en a été conservée, le texte du procès-verbal dressé lors de la première exhumation, et dont l'original placé dans le tombeau, n'a pas été retrouvé par nous.

« Nous, soussignés,

« Premier vicaire de l'église Notre-Dame-des-Victoires, à Paris.

« Sous-directeur de l'Archiconfrérie du Très-Saint et Immaculé Cœur
« de Marie.

« Membre du Conseil de fabrique de ladite église,

« Docteur en médecine de la Faculté de Paris,

« Déclarons que le corps renfermé dans ce cercueil et qui y a été mis
« sous nos yeux, aujourd'hui, à sept heures du matin, après être resté
« trois jours exposé à la vénération des fidèles, est celui du très-digne,
« très-vertueux et très-respectable curé de Notre-Dame-des-Victoires,
« Monsieur Charles-Éléonore Dufriche Des Genettes, fondateur de l'Archi-
« confrérie du Très-Saint et Immaculé Cœur de Marie pour la conversion
« des pécheurs, chanoine honoraire des diocèses de Paris et de Séez, cheva-
« lier de la Légion d'honneur, de Saint-Grégoire le Grand, et de l'Éperon

« d'or, décédé à Paris, rue du Mail, n° 14, le 25 avril 1860, fête de saint
« Marc, apôtre, à une heure trois quarts du matin, dans sa 82ᵉ année,
« muni des sacrements de l'église.

« En foi de quoi nous avons signé la présente déclaration, à Paris, le
30 avril 1860.

Signé :

J.-B. Tessier,
L'abbé Michel, premier vicaire de Notre-Dame-des-Victoires,
Herpin, sous-directeur de l'Archiconfrérie,
H. du Caurroy, vicaire,
L'abbé Desfossés, vicaire,
François Lussigny, trésorier de la fabrique,
C. de Mont de Benque, président du bureau des marguilliers.

En foi de ce qui précède, nous avons signé la présente déclaration.
À Paris, le 31 mai 1871.

Signé :

F. Delacroix, docteur en théologie, sous-directeur de l'Archiconfrérie.
Coquereau, curé de Saint-Germain de Charonne,
Caillebotte, premier vicaire de Saint-Germain de Charonne,
D.-P. Latieux, chirurgien-major du 12ᵉ bataillon (Banque de France),
Gérardin,
C. de Mont de Benque, président du bureau des marguilliers de Notre-Dame-des-Victoires.

Note Q page 308

Brefs et induits des Souverains-Pontifes conférant des faveurs spirituelles à Notre-Dame-des-Victoires et à l'Archiconfrérie

1° *Bref d'érection.*

BREVE APOSTOLICUM

GREGORIUS P. P. XVI

Ad perpetuam rei memoriam. In sublimi principis Apostolorum cathedrâ nullis certè nostris pro meritis, sed arcano divinæ Providentiæ consilio collocati, ac propterea de universo dominico grege vehementer solliciti, singulari sanè benignitate pias eorum hominum preces excipere solemus, qui eo potissimùm spectant ut Christi fideles magis magisque in fide stabiles atque fundati, et pietatis ac religionis amore inflammati, omni studio ambulent in viis Domini, ejusque mandata diligenter ac religiosè servent. Non mediocri certè paterni nostri animi voluptate accepimus à dilecto filio presbytero Carolo-Eleonoro Dufriche-Desgenettes parocho ecclesiæ B. Mariæ Virginis, cui a Victoriis nomen, vulgo *les Petits-Pères*, urbis Parisiensis in Galliâ, auctoritate Venerabilis fratris Archiepiscopi Parisiensis in parochiali templo sodalitatem in honorem sanctissimi et immaculati cordis B. Mariæ Virginis pro conversione peccatorum unà cum statutis et legibus ab eodem Venerabili fratre, ut fertur, probatis fuisse institutam, atque ex hujusmodi institutione non levia in spiritualem Christi familiam bona redundàsse. Quocircà idem dilectus filius presbyter Carolus-Eleonorus Dufriche Desgenettes, commemorati templi animarum curator, enixis precibus à nobis efflagitavit, ut ipsam sodalitatem Archisodalitatis titulo ac juribus decorare ac nonnullis indulgentiis ditare velimus, quo in dies Christi fidelium pietas augeatur.

Nos vero quibus nihil potiùs esse potest, quam omni ope et operâ sempiternæ Christi fidelium saluti prospicere ac Deiparæ Virginis cultum propagare, quæ utpotè Regina adstans à dextris Dei in vestitu deaurato et circumamicta varietate; nihil omnino est, quod ab eo impetrare non valeat, quæque tam præsens catholicæ Ecclesiæ tutela et spes fidissima nostrûm, quàm libentissimè ejusmodi votis annuendum existimavimus. Itaque ad illius sodalitatis decus augendum, quantùm in Domino possumus, omnes et singulos, quibus hæ litteræ favent, peculiari beneficentiâ prosequi volentes, et à quibusvis excommunicationis et interdicti, aliisque ecclesiasticis censuris et pœnis, quovis modo et quâcumque de causâ latis, si quas forte incurrerint, hujus tantùm rei gratiâ absolventes et absolutos fore censentes, sodalitatem in honorem sanctissimi et immaculati Cordis B. Mariæ Virginis pro conversione peccatorum cum statutis et legibus à Venerabili fratre Archiepiscopo Parisiensi, ut asseritur, probatis seu probandis, in parochiali templo B. Mariæ Virginis à Victoriis, vulgo *les Petits Pères*, urbis Parisiensis in Galliâ jam rite institutam, Archisodalitatis titulo auctoritate nostrâ apostolicâ hisce litteris perpetuo decoramus. Illi propterea omnia et singula jura, privilegia, honores et indulta quovis nomine designanda quibus aliæ archisodalitates ex usu et consuetudine utuntur, fruuntur, vel uti ac frui possunt et poterunt, concedimus et indulgemus.

Præterea eâdem auctoritate nostrâ apostolicâ singulis confratribus et consororibus commemoratæ Archisodalitatis, verè pœnitentibus et confessis, ac S. communione refectis, die quo in eam coaptati fuerint, *Plenariam* omnium peccatorum suorum indulgentiam et remissionem misericorditer in Domino concedimus et indulgemus.

Item, *Plenariam* iisdem tribuimus indulgentiam in mortis articulo constitutis, quoties verè poenitentes et confessi sanctissimum Eucharistiæ sacramentum sumpserint, vel quatenùs id facere nequiverint, sanctissimum *Jesu* nomen ore vel saltem corde invocaverint.

Plenariam quoque elargimur indulgentiam ipsis confratribus et consororibus qui dominico die cujusque anni immediatè præcedente dominicam septuagesimam, æquè ac festis diebus Circumcisionis Domini et Purificationis, Annuntiationis, Nativitatis, Assumptionis, Conceptionis B. Mariæ Virginis, ejusque Dolorum, et Conversionis Beati Pauli Apostoli, ac S. Mariæ Magdalenæ, sacramentali confessione peracta, ad sacram synaxim accesserint.

Plenariam quoque impertimur indulgentiam unicuique confratrum et consororum illius Archisodalitatis, qui piè Salutationem Angelicam pro conversione peccatorum singulis diebus recitaverint, die anniversario baptismi sui lucrandam, modo confessi et communicati fuerint.

Insuper tam prædictis confratribus et consororibus quam aliis devotè adstantibus missis quæ celebrantur unoquoque die sabbati in honorem sanctissimi Cordis B. Mariæ Virginis in oratorio seu ecclesiâ ejusdem Archisodalitatis et ibidem orantibus pro conversione peccatorum, *quingentos dies* de injunctis eis, seu aliàs quomodolibet debitis pœnitentiis in formâ Ecclesiæ consuetâ relaxamus.

Denique ejusdem Archisodalitatis moderatoribus, eâdem auctoritate nostrâ, in perpetuum facultatem facimus, cujus vi alia quæcumque sodalitia ejusdem nominis et instituti extrà urbem ubilibet erecta in commemoratam archisodalitatem, servatâ tamen formâ constitutionis felicis recordationis Clementis VIII prædecessoris nostri edita adscissere seu aggregare liberè et licitè possint, atque cum illis omnes et singulas indulgentias, peccatorum remissiones ac pœnitentiarum relaxationes, de quibus habita mentio et communicare. Hæc concedimus atque indulgemus decernentes has litteras firmas, validas et efficaces semper existere et fore, suosque plenarios et integros effectus sortiri et obtinere, ac illis in omnibus et per omnia plenissimè suffragari, sicque in præmissis per quoscumque judices ordinarios seu delegatos etiam palatii apostolici auditores, Sedis apostolicæ nuntios, ac S. R. E. Cardinales, etiam de latere legatos, sublatâ eis, et eorum cuilibet quàvis aliter judicandi et interpretandi facultate et auctoritate ; Judicari et definiri debere, ac irritum et inane, si secùs super his à quoquam quàvis auctoritate scienter vel ignoranter cortigerit attentari. Nonobstantibus constitutionibus et sanctionibus apostolicis, necnon quoties opus fuerit ejusdem sodalitatis, etiam juramento, confirmatione apostolicâ, vel quâvis firmitate aliâ, roboratis statutis et consuetudinibus, cæterisque contrariis quibuscumque.

Datum Romæ apud sanctum Petrum, sub annulo Piscatoris, die XXIV aprilis M.D.CCCXXXVIII, Pontificatûs nostri anno octavo.

Ibi subscribitur :

E. CARD. DE GREGORIO.

(Locus sigilli annuli Piscatoris).

HYACINTHUS-LUDOVICUS DE QUELEN, miseratione divinâ et Sanctæ Sedis Apostolicæ gratiâ, Archiepiscopus Parisiensis.

Vidimus et usui dedimus in nostrâ diœcesi presentes litteras apostolicas quibus sanctitas sua Gregorius Papa, XVI, piam sodalitatem die 16 decembris 1836, à nobis approbatam et canonicè erectam in honorem sanctissimi et immaculati Cordis B. M. Virginis pro conversione peccatorum, in ecclesiâ ejusdem B. Mariæ Virginis à Victoriis dictâ Parisiis, et Archisodalitatis titulo in perpetuum decoravit eam omnibus facultatibus, juribus et privilegiis hinc titulo adnexis, et pluribus indulgentiis ditavit in formâ consuetâ lucrandis.

Datum Parisiis, sub signo et sigillo nostris ac secretarii Archiepiscopatûs nostri subscriptione, anno Domini 1838, die vero mensis junii 11.

Subscribitur :

HYACINTHUS, Archiepiscopus Parisiensis.

De mandato :

MOLINIER, Can. Secretarius.

(Locus sigilli.)

Traduction française du bref apostolique

GRÉGOIRE XVI, PAPE

POUR EN PERPÉTUER LE SOUVENIR

Placé sur la chaire sublime du Prince des Apôtres, sans aucun mérite de notre part, mais par une vue secrète de la divine Providence, et ressentant par cette raison une vive sollicitude pour le troupeau du Seigneur, nous avons coutume d'accueillir avec une bienveillance toute spéciale les prières pieuses de ces hommes dont les efforts tendent principalement à ce que les fidèles de Jésus-Christ, fondés et affermis de plus en plus dans la foi, et enflammés de l'amour de la piété et de la religion, mettent toute leur étude à marcher dans les voies du Seigneur, et observent ses commandements avec une religieuse exactitude.

Notre cœur paternel a ressenti la joie la plus vive, lorsque nous avons appris par notre cher fils Charles-Éléonore Dufriche-Desgenettes, prêtre, curé de l'Église de Notre-Dame-des-Victoires, vulgairement les Petits-Pères, à Paris, en France, que par l'autorité de notre vénérable frère l'Archevêque de Paris, on avait institué dans cette même église paroissiale une congrégation en l'honneur du Très-Saint et Immaculé Cœur de Marie pour la conversion des pécheurs, avec des statuts et des règles approuvées, comme on l'assure, par notre vénérable frère le même Archevêque, et que l'institution de cette congrégation avait produit avec abondance de grands biens pour le salut spirituel des fidèles de Jésus-Christ. C'est pourquoi notre cher fils, le même prêtre, Charles-Éléonore Dufriche-Desgenettes, curé de l'église mentionnée, nous a instamment supplié de vouloir bien décorer cette congrégation du titre et des droits d'Archiconfrérie et de l'enrichir de quelques indulgences, afin que la piété des fidèles de Jésus-Christ s'accrût de jour en jour.

Pour nous, qui n'avons rien de plus à cœur que de pourvoir autant qu'il est en nous au salut éternel des fidèles de Jésus-Christ et à la propagation du culte de la Vierge, mère de Dieu, qui, en sa qualité de reine, debout à la droite de Dieu, revêtue d'or et parée de ses divers ornements, voit toujours exaucer ses prières et est là la défense toujours assurée de l'Église catholique et notre plus ferme espérance, nous avons cru devoir accéder de tout notre cœur au désir qui nous était exprimé.

C'est pourquoi, afin d'honorer cette congrégation autant qu'il nous est possible dans le Seigneur, voulant donner à tous ceux en faveur desquels nous délivrons les présentes, un témoignage spécial de notre bienveillance, les absolvant à cet effet seulement, et les tenant pour absous de toute sentence quelconque d'excommunication et d'interdit, et de toutes autres censures ecclésiastiques, sentences et peines portées de quelque manière et pour quelque cause que ce soit et qu'ils auraient pu encourir, de notre autorité apostolique nous décorons à perpétuité par les présentes du titre d'Archiconfrérie la congrégation en l'honneur du Très-Saint et Immaculé Cœur de la Bienheureuse Vierge Marie pour la conversion des pécheurs, déjà canoniquement instituée dans l'église paroissiale de Notre-Dame-des-Victoires, vulgairement les Petits-Pères, à Paris, en France, avec des statuts et des règlements approuvés, comme on l'assure, ou à approuver par notre vénérable frère l'Archevêque de Paris. Nous lui accordons donc et lui octroyons tous et chacun des droits, priviléges, honneurs et indults, sous quelque nom qu'on les désigne, dont les autres archiconfréries usent et jouissent d'après la coutume et dont elles peuvent ou pourront user et jouir.

En outre, de notre même autorité apostolique nous ordonnons et octroyons miséricordieusement dans le Seigneur, à chacun des confrères et consœurs de ladite Archiconfrérie qui, étant véritablement contrits, se seront confessés et auront reçu la sainte communion, le jour où ils seront admis dans ladite confrérie, l'indulgence plénière et la rémission de leurs péchés.

Nous leur accordons de même une indulgence plénière toutes les fois qu'à l'article de la mort, étant vraiment contrits et s'étant confessés, ils auront reçu la sainte communion, ou, que n'ayant pu le faire, ils auront invoqué de bouche ou au moins de cœur le très-saint nom de Jésus.

Nous accordons encore une indulgence plénière aux mêmes confrères et consœurs qui, ayant reçu le sacrement de Pénitence, s'approcheront de la sainte Table le dimanche de chaque année qui précède immédiatement celui de la Septuagésime, ainsi qu'aux fêtes de la Circoncision de Notre-Seigneur et de la Purification, de l'Annonciation, de la Nativité, de l'Assomption, de la Conception et de la Compassion de la Bienheureuse Vierge Marie, de la Conversion de saint Paul, apôtre, et de sainte Marie-Madeleine.

Nous accordons de même une indulgence plénière à chacun des confrères et consœurs de ladite Archiconfrérie qui auront pieusement récité tous les jours la Salutation angélique pour la conversion des pécheurs. Ils pourront gagner cette indulgence le jour anniversaire de leur baptême, pourvu qu'ils se soient approchés des sacrements de Pénitence et d'Eucharistie.

De plus, nous remettons auxdits confrères et consœurs, selon la forme usitée dans l'Église, et à tous les fidèles qui assisteront avec dévotion aux messes qui se célèbrent tous les samedis en l'honneur du Très-Saint Cœur de la Bienheureuse Vierge Marie, dans l'oratoire ou dans l'église de ladite Archiconfrérie, et qui y prieront pour la conversion des pécheurs, nous leur remettons cinq cents jours des peines qui leur sont imposées, ou dont ils sont redevables de quelque manière que ce soit.

Enfin, de notre même autorité, nous donnons à perpétuité aux directeurs de ladite Archiconfrérie le pouvoir d'y recevoir ou agréger librement et licitement toutes les autres congrégations du même nom et érigées pour la même fin, quelque part que ce soit hors notre ville, en conservant toutefois la forme prescrite par la constitution de Clément VIII d'heureuse mémoire, notre prédécesseur, et de les faire entrer en communication de toutes les indulgences, rémissions de péché, relaxations de peines déjà mentionnées, et de chacune d'elles en particulier.

Nous concédons et octroyons toutes ces grâces, en décrétant que les présentes lettres sont et demeureront toujours valables, valides et efficaces, qu'elles doivent obtenir leur plein et entier effet, qu'elles doivent être en tout et partout complètement adoptées et soutenues, et qu'ainsi, relativement à ce qui précède, tous les juges ordinaires, délégués ou auditeurs du Palais apostolique, Nonces du Siége apostolique ou Cardinaux de la sainte Église romaine, et même légats à *latere*, doivent juger et définir selon la teneur des présentes, toute permission et tout pouvoir de juger et d'interpréter autrement leur étant enlevé et à chacun d'eux en particulier, et déclarant cassé et de nulle valeur tout ce qui pourrait être attenté au contraire sciemment ou par ignorance par qui que ce soit, jouissant de quelque autorité que ce puisse être. Le tout, nonobstant les constitutions et les sanctions apostoliques, et toutes les fois qu'il en sera besoin, nonobstant les statuts et coutumes de la susdite congrégation, établis même par serment ou confirmation apostolique, ou par tout autre principe d'autorité, et enfin nonobstant tout ce qui pourrait être contraire aux présentes.

Donné à Rome, à Saint-Pierre, sous l'anneau du Pêcheur, le XXIV avril M. D. CCCXXXVIII, de notre pontificat l'an huitième.

E. CARD. DE GREGORIO.

Place du sceau de l'anneau du Pêcheur.

HYACINTHE-LOUIS DE QUÉLEN, par la miséricorde divine et la grâce du Saint-Siége apostolique, Archevêque de Paris, etc.

Nous avons vu et remis pour qu'il en soit fait usage et fait jouir dans notre diocèse les lettres apostoliques par lesquelles Sa Sainteté, le Pape

Grégoire XVI, a décoré à perpétuité du titre d'Archiconfrérie, ainsi que de toutes les facultés, droits et privilèges annexés à ce titre, et a enrichi de plusieurs indulgences à gagner en la forme accoutumée, la pieuse Congrégation que nous avons approuvée et érigée canoniquement le 16 décembre 1836, en l'honneur du Très-Saint et Immaculé Cœur de la Bienheureuse Vierge Marie, pour la conversion des pécheurs, dans l'église de Notre-Dame-des-Victoires.

Donné à Paris sous notre seing et notre sceau, et sous la signature du secrétaire de notre Archevêché, l'an du Seigneur 1838, le 11 de juin.

HYACINTHE, Archevêque de Paris ;

Par mandement :

MOLINIER, Chan., Secrét.

Lettre pastorale de Monseigneur l'Archevêque de Paris, adressée à MM. les Curés du diocèse.

ARCHEVÊCHÉ DE PARIS

Paris, 4 Juillet 1853.

Monsieur le Curé,

Vous savez l'insigne honneur que le Souverain-Pontife et le vénérable Chapitre de Saint-Pierre du Vatican viennent de décerner à l'un de nos plus pieux Sanctuaires. Une couronne d'or d'un grand prix a été envoyée de Rome pour la statue de Notre-Dame-des-Victoires, comme un témoignage de la tendre piété de Pie IX, comme l'expression de ses sentiments pour la France, et aussi comme un monument de la reconnaissance de l'Église pour les innombrables bienfaits obtenus du Ciel par les prières d'une Archiconfrérie connue dans tout le monde catholique, et par l'intercession de Marie. Le vœu du Souverain-Pontife était que la cérémonie du couronnement eût lieu le 2 juillet, fête de la Visitation. Nous nous étions empressé d'obtempérer, en ce qui nous concernait, à ce pieux désir ; mais un obstacle imprévu et insurmontable en est venu empêcher la réalisation. Ce délai nous permettra au moins de vous annoncer cette cérémonie, Monsieur le Curé, et il vous permettra aussi de l'annoncer à vos Paroissiens, en leur en faisant comprendre la religieuse signification.

Marie est la Reine des Anges et des hommes. Elle a été couronnée dans le ciel au jour de son assomption et de son triomphe. Pour exprimer sa grandeur et sa puissance, les Livres saints empruntent les images que nous faisons des splendeurs de la royauté; ils nous la montrent assise sur un trône, revêtue du soleil comme d'un vêtement, ayant la lune sous ses pieds, et autour de sa tête une couronne d'étoiles : *Mulier amicta sole, et luna sub pedibus ejus, et in capite ejus corona stellarum duodecim* (1).

Qu'elle est douce et salutaire aux âmes, cette royauté de Marie! L'Église catholique l'a toujours reconnue et célébrée; elle a compris ce qu'il y avait de souverainement puissant dans ses supplications maternelles et dans une pareille intercession : *Omnipotentia supplex*. (2). La France, la fille aînée de l'Église, a suivi fidèlement les traditions catholiques de piété et de confiance en la bonté et en la puissance de Marie.

Le Diocèse de Paris peut se glorifier aussi des témoignages éclatants qu'il a constamment donnés à sa dévotion à la Reine des cieux, et de la fidélité avec laquelle il a toujours défendu ses glorieux privilèges. Ne s'est-il pas placé sous son égide depuis les temps les plus reculés? Ne l'a-t-il pas choisie pour sa Patronne? Et en élevant à sa gloire le magnifique monument de Notre-Dame, résumé le chef-d'œuvre de l'art du moyen âge, n'a-t-il pas gravé sur la pierre en mille traits ineffaçables son amour pour Marie, et composé à son honneur l'hymne le plus sublime et le mieux inspiré?

Ces sentiments, qui ne sont jamais éteints dans le sein de la grande cité, ont permis d'y allumer, dans ces derniers temps, ce grand foyer de dévotion qui, de l'autel de Notre-Dame-des-Victoires, fait sentir au loin sa salutaire influence, et va ranimer dans tous les cœurs égarés ou perdus, les étincelles de la foi et de la charité.

Allons donc avec empressement reconnaître ces merveilles de la miséricorde de Dieu et de la puissance de Marie, en offrant à l'autel de notre Mère et à son image, les dons de la piété de Pie IX. Ils auront à nos yeux un prix inestimable, venant de la main d'un Pontife bien-aimé, auquel la France n'est pas seulement unie par sa foi, mais par tant de circonstances et de sentiments particuliers, qui ont rendu cette union plus affectueuse et plus étroite. Exprimons aussi notre reconnaissance à l'illustre corps que l'antique piété a rendu dépositaire et dispensateur de ces faveurs insignes auxquelles il nous fait, cette année, participer. Remercions-le de nous avoir délégué, pour nous apporter les trésors de sa piété, un de ses jeunes membres qui porte un nom illustre dans l'Église, nom particulièrement cher à la France, où son souvenir et ses traces sont restés.

(1) Apocal., xii, 1.
(2) S. Bernard.

Vous annoncerez, Monsieur le Curé, que la cérémonie de Notre-Dame-des-Victoires aura lieu samedi prochain, 9 de Juillet. Il y aura Messe pontificale. Nous voulons, autant qu'il est en nous, relever cette touchante solennité; c'est le vœu de notre cœur, et ce doit-être aussi celui du Souverain-Pontife, qui a bien voulu ouvrir, dans cette circonstance, les trésors de l'Église, et y puiser une Indulgence plénière, accordée par Sa Sainteté à tous les fidèles qui, avec les dispositions requises, assisteront à la cérémonie.

Je vous réitère, Monsieur le Curé, l'assurance de mon bien tendre attachement.

† MARIE-DOMINIQUE-AUGUSTE,
Archevêque de Paris.

Marius miseratione divina episcopus Tusculanus
S. R. E. Cardinalis MATTEI

Sanctæ Patriarchalis Basilicæ Vaticanæ Principis Apostolorum de urbe Archipresbyter, etc., etc., necnon capitulum et canonici ejusdem Basilicæ.

Parisiis civitate florentissima, in Ecclesia Beatissimæ Virginis Mariæ a Victoriis nuncupata, ad sacellum nempe Archisodalitatis a Sanctissimo et Immaculato ejusdem corde, magna in veneratione est marmoreum simulacrum ipsius Beatissimæ Virginis Infantem JESUM gestantis. Illud etiam apud religiosissimos Galliæ universæ Christi fideles aliosque populos summa in celebritate versatur, eo quod misericordissima Dei Mater, titulo Refugium peccatorum, a pia illa Archisodalitate præsertim invocata, plurimos, intercessione potentissima, e vitiorum cœno eruerit, et ad eam, quæ veros Christianos decet, vitæ normam traduxerit.

Hisce permotus Sanctissimus Dominus Noster Pius PP. IX, cui nihil magis cordis est, quam fidelium spirituale bonum promovere, et cultum ac devotionem erga clementissimam Virginem per quam tot tantaque in Christianum populum beneficia descendunt, magis magisque propagare et augere, nostro Capitulo, cui percelebres Deiparæ imagines coronandi munus antiquitus attributum est, Ipse auctor fuit, ut prædictum Virginis Beatissimæ cum divino Filio simulacrum corona aurea decorandum solemni capitulari decreto constitueret; et ad novum eximiæ, qua in Dei Matrem flagrat, pietatis testimonium coronas ipsas, quæ sacris capitibus imponantur, sese oblaturum Sanctissimus idem DOMINUS significavit.

REVERENDISSIMUM CAPITULUM, cui nihil gratius aut jucundius potest contingere, quam venerationis erga Sanctissimam Virginem incremento studere, ac pontificiis obsequi desideriis, in comitiis habitis die quarta maii Ann. M.D.CCCLIII, ea quæ superius narrata sunt plausibus excepit. Itaque, ad majorem Omnipotentis DEI gloriam, qui Beatissimam Virginem Unigeniti Filii sui Matrem singularibus honoribus ac privilegiis cumulare dignatus est, simulacro ejusdem Virginis infantem JESUM gestantis, quod in præfata Ecclesia et sacello colitur, aureas coronas, et privilegiorum participationem, quæ in similibus concedi solent, libentissime decrevit.

Hinc, ut solemnis coronatio rite statuta condignum sortiatur effectum, Illmo ac Rmo Duo Antonio GARIBALDI, Archiepiscopo Myrensi, S. Sedis Apostolicæ apud Serenissimum Francorum Imperatorem religionis et pacis adsertorem nuntio, olim sacrosanctæ nostræ Basilicæ canonico, officium committimus, quod gratissimum fore non dubitamus, ut die secundo proximi Julii, festo Visitationis ejusdem Mariæ, hujusmodi Coronationis solemnitatem juxta ritum ad hoc præscriptum ac typis vulgatum exequatur (1). Cuncta insuper privilegia per Capitulum concedi solita, atque in eodem sacro ritu expressa, omni meliori modo quo possumus et debemus, hisce de causis, in Domino concedimus et largimur.

In quorum omnium et singulorum fidem has præsentes litteras per Illustrissimum et Reverendissimum Collegii nostri Canonicum a secretis, ac per nostrum, ejusdemque Sanctæ Basilicæ Vaticanæ Concellarium subscriptas fieri, sigillique nostri Collegii, quo in similibus utimur, jussimus et fecimus respective impressione muniri.

Datum Romæ, ex Aula Capitulari, Anno Incarnationis Dominicæ Millesimo octingentesimo quinquagesimo tertio, Idibus Junii, Indictione XI. Pontificatus vero Sanctissimi in Christo Patris ac Domini Pii Divina Providentia PP. IX. Ann. VII.

MARIANUS MARINI,

Canonicus a Secretis.

Pro Domino Benedicto Pomponj, Cancellario:

PHILIBERTUS POMPONJ,

Substitutus Camerarius.

---

(1) Mgr Antoine Garibaldi, craignant que sa santé bien chancelante ne lui permit pas de remplir la mission du Chapitre de Saint-Pierre, avait demandé qu'un autre délégué fût expressément envoyé de Rome. C'est ainsi que Mgr Pacca avait pris la route de France. A l'arrivée de ce dernier, le vénérable Légat du Saint-Siège avait déjà quitté la terre pour une patrie plus digne de ses vertus.

TABLE DES MATIÈRES

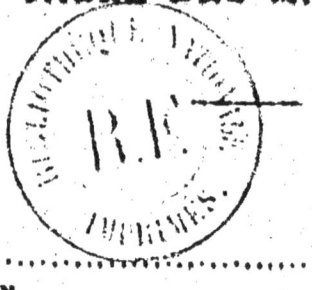

	Pages
PRÉFACE	1
INTRODUCTION	1

PREMIÈRE PARTIE

HISTOIRE DE L'ÉGLISE NOTRE-DAME-DES-VICTOIRES

CHAPITRE Ier 3

Premiers commencements de l'ordre des ermites de Saint-Augustin. — Réforme de l'ordre des Augustins déchaussés. — Leur introduction en France. — Ils s'établissent à Paris. — Les Petits-Pères.

CHAPITRE II 15

Siége de La Rochelle. — Louis XIII fonde l'église de Notre-Dame-des-Victoires. — Bénédiction de la première pierre. — Armoiries de l'église. — Premiers travaux. — Mort de Louis XIII. — Sa bienveillance à l'égard des Petits-Pères. — Les religieux prennent possession de l'église. — Difficultés multipliées qui entravent les travaux. — Consécration de l'église.

CHAPITRE III 43

Description de l'église de Notre-Dame-des-Victoires : le chœur, la nef, portail. — Chapelles du Saint-Esprit, de Notre-Dame-de-Savone, de Saint-Augustin, de Notre-Dame-des-Sept-Douleurs, de Saint-Jean-Baptiste. — Cave commune des morts.

CHAPITRE IV 79

Tableaux et légendes : Saint Grégoire, pape, et saint Nicolas. — Le frère Fiacre, sa vie. — Tableau de Notre-Dame-des-Victoires. — Vision du frère Fiacre. — Naissance de Louis XIV. — Seconde vision du frère Fiacre. — Naissance du grand Dauphin.

	Pages
CHAPITRE V	103

Confréries et dévotions établies en l'église de Notre-Dame-des-Victoires. — Confrérie de Notre-Dame-des-Sept-Douleurs. — Confrérie des Agonisants. — Confrérie des Salpêtriers. — Confrérie de la Ceinture de sainte Monique.

CHAPITRE VI 131

Origine et établissement du plain-chant en l'église des Augustins déchaussés. — Des cloches. — Des litanies de la Sainte Vierge tous les samedis de l'année. — Fondations établies dans l'église de Notre-Dame-des-Victoires.

CHAPITRE VI bis 144

Tablettes chronologiques des faits les plus importants qui se sont passés en l'église de Notre-Dame-des-Victoires, jusqu'en l'année 1789. — Hommes illustres de l'ordre des Augustins déchaussés.

CHAPITRE VII 160

Histoire de l'église de Notre-Dame-des-Victoires pendant la révolution, depuis 1789, jusqu'à la réouverture de l'église. — Tendance de la révolution à l'égard du clergé séculier et régulier. — Le clergé renonce à ses privilèges. — Les Augustins déchaussés envoient leur argenterie à la monnaie. — Suppression des ordres religieux. — Inventaire des possessions et du mobilier du couvent des Petits-Pères; ils sont chassés de leur maison. — L'église est érigée en paroisse sous le vocable de Saint-Augustin. — Elle est supprimée et on y établit la Bourse.

CHAPITRE VIII 179

Réouverture des églises. — M. Rivière, premier curé de l'église Saint-Augustin, dite des Petits-Pères. — Démission de M. Rivière. M. Gravel, curé de l'église des Filles-Saint-Thomas, est nommé curé de l'église de Notre-Dame-des-Victoires. — Formation de la paroisse. — Réconciliation de l'église, par Mgr l'évêque de Mende. — Restauration et ornementation de l'église. — Description des tableaux de Carle Wanloo. — Mort de M. Gravel. M. Decroix lui succède. — M. Fernbach, curé de Notre-Dame-des-Victoires. — M. Dufriche Des Genettes. — M. Chanal.

CHAPITRE IX 202

Siége de Paris. — Les Bretons et les Vendéens. — La Commune à Notre-Dame-des-Victoires. — Départ de M. le curé. — L'église est menacée. — Elle est investie. — Le maire Pottier. — Le Moussu. — Horrible profanation. — Dévastation et pillage de l'église. — Scènes d'horreur. — Violation des sépultures. — Les Versaillais à Paris. — Fuite des insurgés et réconciliation de l'église.

DEUXIÈME PARTIE.

HISTOIRE DE L'ARCHICONFRÉRIE DU TRÈS-SAINT ET IMMACULÉ CŒUR DE MARIE

Pages.

CHAPITRE Ier... 231

De la dévotion au Très-Saint Cœur de Marie — Son antiquité dans l'Église. — Les raisons solides sur lesquelles elle repose. — Son objet. — Le nom de ses propagateurs en France. — La dévotion au Saint Cœur de Marie en Normandie. — Dans le comtat d'Avignon. — Dans la Haute-Auvergne. — Quelle est la contrée qui peut revendiquer pour elle les origines de ce culte? — Monuments divers qui nous en restent.

CHAPITRE II... 247

Vie abrégée de M. Des Genettes. — Son caractère vif et bouillant. — Les appréhensions qu'il cause à sa mère par sa vivacité. — Éducation maternelle avant la révolution — M. Des Genettes et le confesseur du collége de Chartres. — Le collégien de Chartres et le fameux révolutionnaire Jean-Bon Saint-André. — Zèle du jeune collégien pour les proscrits de la Révolution et pour l'Église. — Charles Des Genettes prélude à la carrière sacerdotale par la vie sacerdotale qu'il mène. — Son goût pour les fonctions du sacerdoce. — Opposition de son père à sa vocation. — Assentiment de M. Des Genettes aux volontés de son fils. — Charles au Séminaire de Séez. — Son vicariat à Saint-Lomer, à Argentan. — Sa conduite admirable auprès des prisonniers de guerre. — Son attachement à la cause royale. — M. Des Genettes, curé de Montsort, l'une des paroisses d'Alençon. — Sa conduite ferme et énergique dans cette cure. — Cause de son départ. — Son arrivée à Paris aux Missions étrangères. — M. Des Genettes, Curé des Missions étrangères. — Il institue l'orphelinat de la Providence. — 1830. — Son départ de Paris pour la Suisse. — Son retour à Paris en 1832. — Sa nomination de Curé à Notre-Dame-des-Victoires.

CHAPITRE III... 279

De l'institution de l'Archiconfrérie du Saint Cœur de Marie pour la conversion des pécheurs dans l'église de Notre-Dame-des-Victoires. — Situation religieuse de la France et de la paroisse à cette époque. — Des raisons qui déterminèrent M. Des Genettes à fonder cette œuvre. — Fondation miraculeuse de l'Archiconfrérie. — Inspiration que M. Des Genettes reçoit du ciel de créer cette œuvre. — Appréhensions du pieux curé au sujet de la réussite de ses desseins. — Ses premières contradictions. — Bénédictions du ciel qui accompagnent le début de l'Archiconfrérie. — Conversion de M. Joly, ministre de Louis XVI.

	Pages
CHAPITRE IV..	293

Des obstacles et des épreuves de tout genre qui s'opposent au progrès de l'Association nouvelle. — Raisons diverses de ces épreuves. — Difficultés que M. Des Genettes rencontre en lui-même pour le triomphe de son dessein. — Obstacles que lui suscite le monde pour faire échouer son projet. — M. Des Genettes ne trouve pas de sympathie plus vive dans ses supérieurs et dans ses frères. — Son courage et sa foi ne tardent pas à en triompher.

CHAPITRE V...	305

Progrès de l'Archiconfrérie. — Leurs causes : érection de l'Association de Paris en Archiconfrérie pour l'Église universelle. — Prière adressée à cet effet par la princesse Borghèse à Grégoire XVI. — Approbation du Manuel. — Sa diffusion rapide dans tous les pays du monde. — Propagation de l'Archiconfrérie dans presque tous les diocèses de France. — En Espagne. — En Italie. — Dans le Nouveau-Monde. — Mort de M. Des Genettes en 1860. — 18,265 confréries pleurent sur son tombeau. — M. Hippolyte Chanal est nommé curé de Notre-Dame-des-Victoires le 25 mai. — Continuation des mêmes progrès.

CHAPITRE VI..	332

Faveurs spirituelles obtenues par les prières de l'Archiconfrérie. — M. de Riancey, Mgr le cardinal Giraud, le R. P. Corail et le P. Félix, se plaisent à lui rendre hommage dans leurs écrits. — Faits particuliers et extraordinaires de conversion. — Conversion d'un jeune incrédule. — D'un capitaine de l'armée française. Secours merveilleux obtenus par un médecin juif, etc., etc. — Éclatante conversion d'un nouvel enfant prodigue qui revient à Dieu, par l'intercession de Notre-Dame-des-Victoires. — Un carme déchaussé, prête sa parole et sa plume pour attester toutes ces merveilles de l'ordre spirituel.

CHAPITRE VII...	359

Miracles dans l'ordre de la nature. — Préjugés de l'ignorance contre les miracles. — Opinion de M. Guéroult sur les miracles. — Sage réserve qu'il faut apporter dans leur admission. — Guérison subite et extraordinaire de Mgr l'archevêque de Bordeaux. — Paroles du docteur Récamier. — Récit de la guérison merveilleuse de Mlle Pauline Dumortier, raconté par elle-même. — Réflexions suggérées par cette guérison miraculeuse. — Faits divers de guérisons qui mettent la science humaine en défaut. — Guérison subite d'une jeune paralytique dans le sanctuaire de Notre-Dame-des-Victoires. — Un jeune séminariste de Versailles recouvre la vue grâce aux prières de l'Archiconfrérie.

CHAPITRE VIII..	389

Témoignages de vénération et d'amour rendus à Notre-Dame-des-Victoires par toutes les classes de la société. — Grégoire XVI, Pie IX et l'Archi-

et alors ma villion l'es disparue de moy
a moz grand Contentement. J'ay escrit cette
Relation avec la permission de mon confesseur
et de mon directeur le reverend pere cherubin
moz directeur

frere fiacre augustin
dechaussé

FAC-SIMILE DE L'ÉCRITURE DU FRÈRE FIACRE, RELIGIEUX AUGUSTIN DÉCHAUSSÉ

confrérie. — Couronnement de la statue de Notre-Dame-des-Victoires. — Témoignages de plusieurs prélats français en l'honneur de l'Archiconfrérie. — L'Italie, l'Autriche, la Hongrie, etc., applaudissent au bien opéré par les prières de l'Archiconfrérie. — Paroles de Mgr Bourget, évêque du Haut-Canada, en l'honneur de Notre-Dame-des-Victoires. — Le monde se joint au clergé dans les louanges qu'il rend à l'Archiconfrérie. — Langage expressif des ex-voto. — Louanges rendues à Notre-Dame-des-Victoires par M. Léon Aubineau. — M. de Mirecourt rapporte les belles paroles du P. Félix en faveur du sanctuaire de Notre-Dame-des-Victoires. — Les plus grands noms de France se font inscrire sur le registre des associés à l'Archiconfrérie du Saint Cœur de Marie. — M. Amédée Thayer, bâtit à Notre-Dame-des-Victoires une chapelle dans son domaine de Touvent. — Consécration solennelle de cette église. — Plusieurs grands personnages reconnaissent les bienfaits de Notre-Dame-des-Victoires. — Nouvel hommage de L. Aubineau. — Présentation d'un magnifique ex-voto donné par l'impératrice en souvenir des campagnes de Crimée et d'Italie. — L'impératrice dans le sanctuaire de Notre-Dame-des-Victoires après nos premiers revers.

CHAPITRE IX.. 416

De l'influence du culte de la Vierge aux différentes époques de l'histoire. — Formes diverses que revêtit ce culte. — M. de Montalembert, le R. P. Lacordaire et l'histoire confirment cette proposition. — Le culte de Marie dans l'Archiconfrérie de Notre-Dame-des-Victoires, son influence dans la paroisse, dans Paris, et bientôt dans toute la France. — Toutes les œuvres qui se forment viennent chercher leur inspiration à Notre-Dame-des-Victoires. — M. de Ravignan et le R. P. Lacordaire dans le sanctuaire illustre de Marie. — Plusieurs évêques constatent en France l'heureuse influence que l'Archiconfrérie exerce sur la religion. — Le Nouveau-Monde subit cette douce influence. — Paroles de M. Léon Aubineau qui présage à l'Archiconfrérie une influence plus grande encore dans l'avenir.

CHAPITRE X... 440

Des raisons pour lesquelles Dieu choisit Paris comme siège de l'Archiconfrérie. — Gloire nouvelle que l'Archiconfrérie apporte à Paris. — Nouveau sujet d'espoir en la bonté de Dieu et la miséricorde de Marie. — Paris devenu la capitale du royaume de Marie par l'établissement de l'Archiconfrérie dans son sein. — Second dessein : influence de Paris sur tout ce qui se fait dans l'univers. — Plusieurs voix illustres le reconnaissent. — Dieu se sert de cette influence pour étendre le règne de la Vierge et la dévotion à son divin Cœur. — Paris, malgré les révolutions et les horreurs de la guerre, ne perd rien de son influence.

CHAPITRE XI.. 454

Des fêtes en l'honneur de Notre-Dame-des-Victoires. — Nécessité des fêtes pour alimenter la piété. — Fêtes du Sacré-Cœur de Marie. — De Sainte-Aurélie. — Le mois de mai à Notre-Dame-des-Victoires. — Anniversaire du couronnement de Notre-Dame-des-Victoires. — Fête patronale de l'Archiconfrérie le quatrième dimanche d'octobre. — Description de la fête du couronnement solennel de l'image de Notre-Dame-des-Victoires, le 9 juillet 1853. — Une soirée à Notre-Dame-des-Victoires. — Impressions diverses qui agitent l'âme dans ces pieuses réunions.

PIÈCES JUSTIFICATIVES 475

FIN DE LA TABLE

Magny. — Imprimerie O. PETIT.

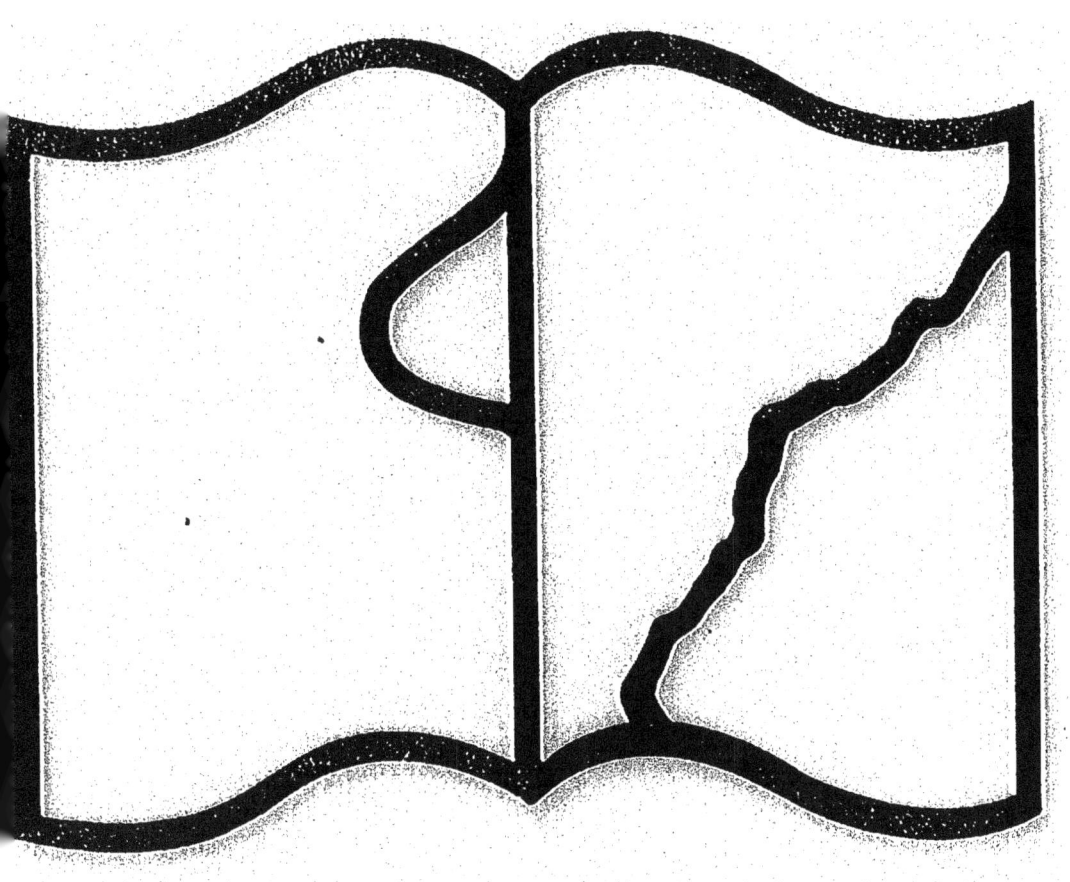

Texte détérioré — reliure défectueuse

NF Z 43-120-11

Contraste insuffisant

NF Z 43-120-14

www.ingramcontent.com/pod-product-compliance
Lightning Source LLC
Chambersburg PA
CBHW060302230426
43663CB00009B/1560